大港油田年鉴

1995·1996

《大港油田年鉴》编委会 编

石 油 工 业 出 版 社

图书在版编目(CIP)数据

大港油田年鉴:1995~1996/《大港油田年鉴》编委会编.
北京: 石油工业出版社,2000.3
ISBN 7-5021-2924-3

Ⅰ.大…
Ⅱ.大…
Ⅲ.大港油田-1995~1996-年鉴
Ⅳ.F426.22-54

中国版本图书馆CIP数据核字(2000)第13138号

石油工业出版社出版
(100011 北京安定门外安华里二区一号楼)
大港石油报社印刷厂排版印刷
新华书店北京发行所发行
*
787×1092毫米 16开本 30 1/2印张 16插页 860千字 印数1-2000
2000年3月北京第1版 2000年3月大港第1次印刷
ISBN 7-5021-2924-3/TE·2275
定价: 130.00元

《大港油田年鉴》编委会

《大港油田年鉴》主编、副主编

主　　编: 高金水　田慧星
副 主 编: 常守智　郭正阳

《大港油田年鉴》编辑部

主　　任: 王凤霞
副 主 任: 杨小元　赵旭东　刘荣军
执行编辑: 赵旭东　刘荣军
编　　辑: 陈凤萍　李　峰　陈建强
图片编辑: 王炳华　官建义
编　　务: 薛爱玲　刘艳梅　王松华　张克艳
资料提供: 王世国　郭兰丽　黄仕胜

编 辑 说 明

一、《大港油田年鉴》是大港油田集团有限责任公司主办的专业性年鉴，是一部全面记录大港油田主要发展情况的编年书，是一部具有权威性的资料工具书。书中全面系统真实地记述了大港油田年度发展的基本情况，向读者展示了大港油田在社会主义物质文明和精神文明建设中取得的成就。

二、本年鉴采用“板块式”结构，分类编纂，点面结合，把综合记述和条目记述结合起来，力求全面反映所记事项。全书分篇目、栏目、条目三个层次，以文字叙述为主。内容包括大港油田大事记、生产建设情况总述、油气勘探、油气田开发、油气加工与销售、辅助生产、科技、信息与人才开发、经营管理、油田改革、对外合作与交流、党群工作、社区管理、机构与队伍、先进集体与个人名录、基层单位概览及以附录形式收入的各种统计数据表等内容。

三、本年鉴为1994年和1995年合卷本，采取分年编写、自成一体、两年合卷的方式出版，旨在加快年鉴编辑进度，尽快使年鉴编辑工作与年度工作同步。

四、本年鉴引用的各种数字、资料截止到当年年底。所收资料、数据虽经过反复核实，但由于收集、统计的角度、重点不同，来源的时间、渠道有差异，因此，难免存在不够周全，不十分准确，甚至相互矛盾之处。凡遇此类问题，有关数字、资料均以统计部门提供的数据为准，统计部门未曾统计的，以油田集团公司主管部门提供的数据为准。

五、本年鉴中一般对机构名称采取以下处理方法：在首次出现时用全称，随后出现时用简称。如：1994年，“大港石油管理局”简称为“大港油田”或“管理局”，“大港石油管理局钻井工程公司”简称为“钻井公司”等；1995年，“大港油田集团有限责任公司”简称为“大港油田”或“油田集团公司”，“大港油田集团钻井工程公司”简称为“钻井公司”等。

六、按照年鉴编辑的有关规范和要求，编辑部对来稿进行了必要的编辑加工，统一体例，规范行文，力求做到文字顺畅，资料翔实，叙述简洁，数据准确。

七、本年鉴稿件、资料主要由油田集团公司机关各部室及各直属单位、各基层单位办公室同志提供，各部门、各单位领导对稿件进行了审核。

八、本年鉴是一部综合性出版物，横及全油田各部门、各单位，纵贯全年各项工作发展变化，内容庞杂，条目众多，涉及面广，编写难度大，尽管编写人员做了很大努力，但由于初次涉及此项工作，缺乏足够的经验和水平，加之资料和时间有限，存在疏漏、不妥之处，恳请读者提出批评意见，以便改进。

九、在本年鉴编辑出版过程中，承蒙油田集团公司机关各部门和各单位领导和同志们的大力支持和帮助，在此，谨向为本年鉴提供稿件、资料、数据和审查稿件及提供各种帮助的同志们致以诚挚的谢意。

《大港油田年鉴》编辑部

1995年5月

1995年1月11日，中华全国总工会副主席张丁华慰问施工作业现场的油田职工。(罗 兴 摄)

1994年 5月 27日，大港油田勘探开发30周年纪念大会。(辛海进 摄)

大港油田勘探开发30周年图片展览剪彩仪式。(王炳华 摄)

油田职工业余艺术团为庆祝勘探开发30周年表演的大型歌舞剧《太阳潮》。(王炳华 摄)

1995年12月1日，大港油田集团有限责任公司成立大会。（辛海进 摄）

中国石油天然气总公司总经理王涛、天津市委书记高德占为大港油田集团有限责任公司成立揭牌。（官建义 摄）

大港油田集团有限责任公司董事长、总经理姚和清手执企业营业执照。（王炳华 摄）

大港油田集团有限责任公司董事会成员：（左起）高兰成、石彦民、张大德、汪国良、姚和清、王鹏、张德寿、吴照生、郭德宝。（罗 兴 摄）

大港油田集团有限责任公司党委常委委员：（左起）朱敬成、高兰成、姚和清、王鹏、张德寿、陈玉瑾、郭德宝。（罗 兴 摄）

大港油田集团有限责任公司总经理班子成员：（左起）刘厚敏、石彦民、朱敬成、姚和清、吴照生、张幸福、郭德宝。（罗 兴 摄）

大港油田集团有限责任公司监事会成员：（左起）石桂臣、张有、刘经华、陈玉瑾、高凤祥、曲延龄、徐树荣。（罗 兴 摄）

1994年9月21日，中共大港石油管理局第三次代表大会召开。（王炳华 摄）

1995年5月，在天津市第八届科技专利发明展览会上，管理局人工岛技术获科技专利发明奖。（王炳华 摄）

1995年5月，大港油田与南开大学企业管理专业研究生课程进修班协议签字仪式。（李 斌 摄）

由公路公司承建的巴基斯坦印度河9号公路工程正在施工中。(姜焕煊 摄)

1995年，地质录井公司504队在新疆塔里木沙漠中部为塔中45井提供录井服务。(曹金海 摄)

1994 年 7 月，大港石油管理局深化改革信息发布会。（王炳华 摄）

1994 年 8 月，生活后勤系统与生产单位分离，实行社会化服务管理。（官建义 摄）

1994年7月，普教系统与各二级单位分离，实行专业化管理。

1994年8月，卫生系统与各二级单位分离，实行专业化管理。

1995年6月6日，中国石油天然气总公司总经理王涛陪同苏丹王国能源矿产部部长卡拉尔参观大港油田。（官建义 摄）

1994年6月30日，中国石油天然气总公司总经理王涛与印度石油部长夏尔玛在大港油田就中印双方友好合作签署备忘录。（贾玉琴 摄）

1994年3月15日，大港石油管理局和美国哈里伯顿公司结成姊妹公司牌匾揭幕仪式。（罗 兴 摄）

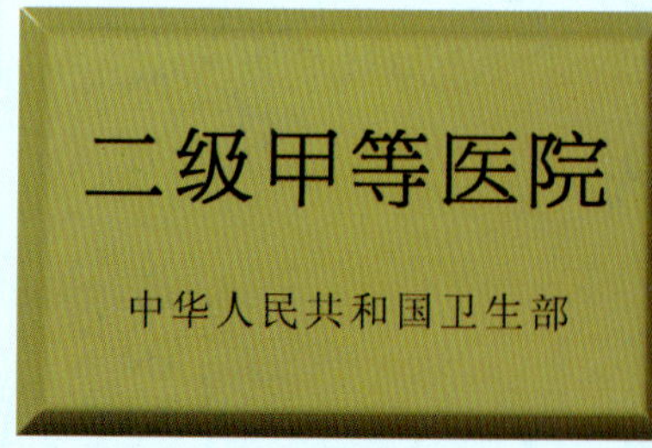

1994年10月，经天津市卫生局评审验收，职工总医院达到国家二级甲等医院标准。

1994年8月，大港石油学校被国家教委批准为全国重点中等专业学校。

全国“五一”劳动奖章获得者杨均凤。

第二届亚洲铁人三项锦标赛 20-29 岁年龄组第一名郭庆山。（罗 兴 摄）

三十年艰苦創業
六萬人再譜新篇

王濤
一九九四年元月

艰苦创业建油田
改革開放立新功

祝賀大港油田開發建設卅周年
張丁華
一九九四年元月八日

团结奋斗 深化改革
加快发展 再创辉煌

高德占
一九九四年

贺大港油田创建卅周年

继承传统
发展大港

张文彬
一九九四年春月

要　　目

目　　录

1995

引　言

第一篇　大事记

第二篇　总　述

综　述

特　载

第三篇　油气勘探

油气勘探综述

大港探区陆地油气勘探

黄骅坳陷滩海区油气勘探

第四篇　油气田开发

油气开采

油田地面建设

第五篇　油气加工与销售

第六篇　辅助生产

第七篇　科学技术与人才开发

人才开发

第八篇　经营管理

企业管理

生产管理

劳动工资管理

规划计划管理

财务管理

物资装备管理

国有资产管理

审计工作

安全环保管理

多种经营

法律事务工作

档案管理

信访工作

行政事务工作

第九篇　油田改革

综合改革

分系统改革

第十篇　对外合作与交流

对外交流

对外经济技术合作

第十一篇　党群工作

组织工作

宣传工作

纪检监察工作

工会工作

共青团工作

武装工作

第十二篇　社区管理

第十三篇　机构与队伍

第十四篇　先进集体与个人

第十五篇　基层单位

第十六篇　附　录

1996

第一篇　大事记

第二篇　总　述

综　述

特　载

第三篇　油气勘探

油气勘探综述

大港探区陆地油气勘探

黄骅坳陷滩海油气勘探

新疆尤尔都斯盆地油气勘探

第四篇　油气田开发

油气开采

油田地面建设

第五篇　油气加工与销售

原油加工

原油、成品油销售

天然气加工

天然气销售

第六篇　辅助生产

公路与运输

供水能力建设

电力供应

物资供应

通信

机械修造

第七篇　科学技术与人才开发

科学技术

信息工作

人才开发

第八篇　经营管理

企业管理

生产管理

劳动工资管理

规划计划管理

财务管理

物资装备管理

国有资产管理

审计工作

安全环保管理

多种经营

法律事务工作

档案管理

信访工作

行政事务工作

第九篇　油田改革

油田改革

第十篇　对外合作与交流

对外交流

对外经济技术合作

第十一篇　党群工作

组织工作

宣传工作

纪检监察工作

工会工作

共青团工作

武装工作

第十二篇　社区管理

人口管理

基础教育

第十五篇　基层单位

第十六篇　附　录

大港油田年鉴

1995

引　言

继编辑出版《大港油田志》之后,《大港油田年鉴》(1995)作为大港油田第一部年鉴,在油田领导的组织和有关部门、单位大力参与支持下,在组稿单位、编辑和审核人员的共同努力下,经反复审阅、修改,终于正式出版了,这是一件值得庆贺的事情。

《大港油田年鉴》(1995)全面、系统、真实地记录了大港油田 1994 年生产经营等各方面取得的重大成就和发展变化,它既可为油田各级领导和部门制定政策、组织生产经营提供依据,又可为国内外了解大港油田情况提供参考,还为今后编修油田史志积累了可靠的资料。

1994 年,大港油田在原中国石油天然气总公司和天津市委、市政府的正确领导下,各项工作取得了新的进展。地质勘探获得重要发现,全年探明石油地质储量 3132 万吨,探明天然气地质储量 15 亿立方米;油气生产保持稳定增长势头,全年生产原油 425 万吨、天然气 4.0 亿立方米,分别比上年增加 20 万吨和 0.5 亿立方米;企业经营迈上新台阶,全年实现销售收入 69.18 亿元,比上年增加 14.02 亿元,实现利税 5.95 亿元,比上年增加 4.5 亿元;内部改革迈出新的步伐,进行了开发体制改革和生活后勤改革,着眼于创建现代企业制度,加快了向“油公司"体制模式靠拢的步伐;企业管理水平有所提高,科技进步工作取得新进展,150 个课题通过鉴定,推广应用新技术 120 项,增产科技油 40.6 万吨;精神文明建设得到加强,进一步增强了职工队伍凝聚力。

《年鉴》编纂工作是一项大型复杂的系统工程,希望撰稿人员、编辑人员和审核人员再接再厉,通过精选内容,扩大信息,通力合作,进一步提高《大港油田年鉴》的质量水准,使其在油田生产经营和精神文明建设中发挥更大作用。

祝《大港油田年鉴》办得更好。

第一篇

大事记

第一篇

大事记

1994年大港油田大事记

一 月

1日 天津市市委副书记、常务副市长李盛霖，副市长王德惠一行来大港石油管理局(简称大港油田或管理局)慰问。管理局局长孙希敬、党委副书记、常务副局长姚和清等陪同到采油四厂压气站慰问节日坚持生产的干部职工。下午，天津市艺术团在局三号院礼堂进行了慰问演出。

13日 管理局工会召开三届十五次全委(扩大)会，有70人参加会议。局工会主席高兰成做工作报告，局党委副书记张德寿讲话。会议确定了1994年工会工作的指导思想和主要工作。

二 月

2日 农历大年初一下午1时许，中国石油天然气总公司(简称总公司)副总经理周永康一行3人来油田南部油区慰问。先后到采油二厂南一站、钻井公司在该油区执行任务的32880队、采油三厂自来屯一站、自来屯二站、枣六站、采油三厂调度室慰问节日坚持生产的干部职工。下午5时许，周永康一行离开南部油区。这次慰问没有事先通知，没有油田领导迎送，没有宴席招待。

20日 中国共产党党员、原河北勘探指挥部(大港油田前身)副指挥、离休干部关耀家同志，因病医治无效，在管理局职工总医院逝世，终年67岁。

22日 法国道达尔石油公司专家一行3人来油田，就如何建立现代企业制度进行咨询服务。管理局副局长俞叔武和局机关有关部门负责人参加了咨询。

28日 管理局党委召开二届十三次全委(扩大)会，有150多人参加。张大德、姚和清分别代表局党委和管理局做了工作报告。

三 月

2日 管理局党委和管理局召开享受政府津贴人员颁证仪式暨座谈会。会上为26名享受政府特殊津贴的专家颁发证书。

10日 管理局召开1994年度勘探技术座谈会。会议确定了1994年勘探部署，即："加强重点地区的勘探，力争探明整装优质储量，选好后备战场"。中国地质大学教授万天丰和西北大学教授刘池阳到会做报告。

14日 管理局采油四厂输气队司机驾驶"三星"双排座小货车由河北省返回大港，行至油田川港路总机械厂西约1千米处与对行的一辆"55"型拖拉机相撞，造成"三星"车内5人死亡、2人重伤、1人轻伤，汽车报废。

29日 位于"中华第一岛"——张巨河人工岛上的第一口参数井张参1井完井，完钻井深3367.8米。该井在中生界录井中油气显示活跃。

同月 美国宾斯石油公司远东区域勘探经理阿仑·史密斯一行6人到管理局沈家铺油田考察，并与管理局交换了合作意向。

四 月

8日 管理局召开首批探井公开招标信息发布会。首批公开招标的探井有塘37—1、塘39—1、新1—1三口定向斜井。华北油田、中原油田及我局的钻井公司参加了会议。新1—1井由我局钻井公司中标。

19日 赵东合同区c—1井开钻庆典在我局宾馆举行。这是总公司与美国路安公司在我国北方合作的第一口勘探井，也是我国浅海地区中外合作的第一口探井。

五　　月

24日　管理局召开油田生活后勤单位实行社会化服务动员大会，局长孙希敬、党委副书记张德寿、副局长俞叔武、刘厚敏、工会主席高兰成等出席。会上宣布组建港东、港西、港北、港南、港中、中心区6个生活服务公司及中心区房产公司。是年11月30日，管理局又成立了港骅、港狮两个生活服务公司；至此，全油田生活后勤系统共成立了9个生活服务公司（含中心区房产公司），有7446名在职职工和1490名离退休人员与各主业单位分离，接收了水、电、气、暖、食堂、浴池、托幼园所、环卫绿化、矿区维护、房产建设及管理等18个服务项目，完成了生活后勤单位与各主业单位的分离交接工作，形成了以区域管理为特色、条块结合的生活后勤管理体制。

27　管理局举行庆祝建厂30周年纪念系列活动。上午，在大港油田展览馆门前举行了“大港油田勘探开发30周年图片展览”剪彩仪式，局党委副书记张德寿主持，副局长姚和清讲话，局长孙希敬、老领导曹进奎为展览剪彩。油田各界人士及各方来宾1200余人参观了大型展览。下午，在三号院礼堂召开了庆祝大会。局职工业余艺术团表演了以大港油田30年勘探开发历史为背景的、以弘扬大港人拼搏奉献、锐意进取精神为素材的大型歌舞剧《太阳潮》。

同日　为庆祝建厂30周年征集的厂徽、厂旗、厂歌的内容及寓意得以确定。厂徽主体构成为“大港”两字汉语拼音第一个字母“DG”的变格美化，中间红色代表了光和热，字头本身为金黄色，配以浅蓝色的底；厂旗以白色为基色，中间由一条浅蓝线条分开，白色代表大港石油工人纯洁无私的心地，蓝白相间表明油田濒临渤海的地理位置，一条蓝带既代表渤海湾的海潮也象征着大港地下涌动油潮。旗的左上方配一厂徽，是大港油田的标志；厂歌为《大港石油工人之歌》。

六　　月

10日　管理局召开局党政领导会议，总公司副总经理周永康到会宣布了总公司关于姚和清任局党委书记和常务副局长及孙希敬延长任期的决定，并对大港油田的改革发展和队伍建设提出了目标和要求。

11日　管理局2名残疾人运动员郝世鹏（视力残）、刘国权（四肢三残）入选国家集训队，备战今年9月在北京举行的第六届远东及南太平洋地区残疾人运动会。

23日　赵东合同区c—1井的2个层位获高产工业油气流，日产原油分别为80.58吨和81.16吨。

30日　印度石油工业部长萨蒂史·沙尔玛在总公司总经理王涛的陪同下，来我油田参观。局党委书记、常务副局长姚和清向沙尔玛部长介绍了我局的发展情况，并陪同参观了我局石油机械厂整筒泵车间、物探公司计算中心和定向井公司。

七　　月

12日　管理局召开教育体制改革动员大会，副局长俞叔武、党委副书记张德寿出席。会上宣布油田普教系统与各单位主业分离，41所中小学全部划归教育处实行专业化统一管理，具体组建交接工作用半年左右时间完成。

18—21日　美国微生物采油技术专家一行5人来我油田，为油田100余名工程技术人员讲授微生物采油技术。

26日—10月22日　管理局职工总医院经天津市卫生局医院分级管理评审团验收，达到国家二级甲等医院标准，获得卫生部颁发的达标标牌。

同月　油气开发公司于月初正式成立并开始运作，与此同时，第一采油作业区、综合生产服务公司也正式成立，采油作业区改革试点工作投入运转。开发公司是集油气生产、集输、注水、产能建设、系统改造等功能为一体的、直接管理采油作业区的经济实体，负责完成管理局下达的投资、产能建设、油气商品量和上交利润指标。开发公司是未来油田集团公司的分公司。开发公司下设各采油作业区（原采油厂），采油作业区下设各生产区（原采油矿）。第一采油作业区下设港东、港中、港西3个生产区。综合生产服务公司由原采油一厂生产辅助单位组成，直接归开发公司管理。

八 月

3日 管理局第一口短半径水平井官 H_2 井开钻。这是我国第一口短半径水平井。

6日 管理局开发公司综合生产服务公司司机驾驶大客车在津榆公路由西向东行驶，在东堤头大桥东超越一辆大货车时，与对面驶来的东风半挂车左前大厢角相撞，造成大客车内5人死亡、3人重伤、3人轻伤。

27日 白水头地区白10—1井板4油组获高产工业油气流，射开3570.1—3597.5米油层及干层2层8.9米，用8毫米油嘴自喷，日产凝析油46.1吨、天然气 16×10^4 立方米。该断块探明天然气储量 3.18×10^9 立方米，石油地质储量 97×10^4 吨。

31日“中国银行总行与管理局第三次日本能源贷款”1993年度154亿日元(折合美元1.1亿元)转贷签字仪式，在天津利顺德大饭店举行。

同月 位于张东构造南翼地堑区，利用海堤向极浅海钻进的预探井张海2—2井钻探成功，7月15日交井，8月12日射开沙二段3389.0—3404.0米，油层2层10.1米，获工业油气流，用6毫米油嘴自喷，日产原油51.3吨、天然气2931立方米。

同月 管理局及采油四厂分别被天津市人民政府授予“天津市1993年度优秀企业”称号，物探公司经理毛立言被授予“天津市1993年度优秀企业家”称号。

九 月

6—8日 在北京举行的第六届远东及南太平洋地区残疾人运动会上，管理局两名残疾人运动员郝士鹏和刘国权在游泳比赛项目中均夺得金牌。

6日 在全国首届石油职工“铁人杯”小品大赛中，管理局编排的以反映改革开放后，石油工人正确处理家庭矛盾为主线的小品节目《理解男子汉》荣获“铜杯”奖。

十 月

11日 我国第一口短半径水平井官 H_2 井钻探成功。

22日 管理局中心区生活服务公司司机驾驶“五十铃”双排座客货车去山西省运城地区办事，行至山西省介休县境内发生追尾事故，造成“双排”车内两名职工死亡。

28日—11月1日 由国务院发展研究中心、国家经贸委、国家体改委在北京展览馆联合主办的“中国改革开放十五年企业发展成就展”上，管理局荣获“优秀设计装修”和“最佳组织”奖。总公司总经理王涛观看了管理局展品并题词：“加快改革步伐，争当后起之秀”。

十 一 月

2日 管理局召开卫生系统实行专业化管理改革动员大会，党委副书记张德寿、副局长刘厚敏出席。会上宣布全局医疗单位与各单位主业分离，实行专业化管理，按照生活区域划分重新调整布局。局机关设卫生处(下属卫生防病站1个)；全油田设职工总医院1个；职工总医院直接管理8个分院(港东、港西、港北、港南、港中、王徐庄、王官屯、团泊洼职工医院)和中心区门诊部；组建21个职工保健站，划归各分院和门诊部管理。

5日 管理局赵东合作区c—2井获高产工业油流。c—2井与c—1井处于同一断鼻上，两井相距1.4千米。

7日 在国务院召开的现代企业制度试点工作会议上，大港石油管理局被国务院确定为全国百家现代企业制度试点单位之一，也是陆上石油企业中惟一一个全国现代企业制度试点单位。

8日 塘北新村构造上第一口预探井塘42井交井，完钻井深3644米，井底地层为中生界。该井录井中于沙三段见各类油气显示，31层92米，电测解释油层20.9米，可能油气层4层6.7米，展示了该地区勘探的良好前景。

16日 管理局召开首次优秀青年知识分子表彰

会，参加会议的有1400多人。大会授予熊金良等10人为青年知识分子标兵、周宝华等100人为优秀青年知识分子；授予地质勘探开发研究院等7个单位为青年知识分子工作先进单位；授予曾灏等10人为培养知识分子优秀工作者；朴顺玉等20人为青年知识分子工作先进个人。

同月　管理局与河北省沧县商讨处理了油田在王官屯地区两年以上的临时占地，办理永久性征地15项、面积357.1亩（1亩=666.67平方米）；退耕4项、面积139.4亩。

十　二　月

1日　在总公司安全生产经验交流会上，管理局被评为1993—1994年度总公司工业安全生产先进单位。

5日　管理局按照全国消灭脊髓灰质炎强化免疫活动的统一安排，组织了二次强化免疫活动。天津市人大常委会副主任黄其兴、市卫生局副局长赵克正以及大港区副区长尹国斌，管理局局长孙希敬、党委书记姚和清、副书记张德寿、副局长刘厚敏分别到职工总医院、新兴西里托儿所等六个单位亲自给0—4岁的儿童服用小儿麻痹糖丸。

7—8日　管理局召开1994年度重大科技成果汇报会，发布22项重大科研成果和10项新技术推广成果。出席这次会议的有总公司及天津市的有关领导，孙希敬局长讲了话。

16日　管理局石油机械厂经中国长城（天津）质量保证中心审查，通过ISO 9001认证。这是管理局首家通过质保体系国际认证的企业，也是全国石油系统机加工行业的第一家。

28日　在海南省三亚市举办的'94三亚亚洲杯铁人三项系列赛暨全国铁人三项锦标赛中，管理局职工郭庆山获20—29岁年龄组第一名。

同月　国务院发展研究中心、管理世界杂志中国企业评价中心发出通知：在1994年中国500家最大工业企业及行业50家企业评价中，大港石油管理局位于中国500家最大工业企业第57位；位于中国石油和天然气开采业最大企业第7位；位于中国天津最大工业企业第4位。

第二篇

总　　述

综 述

1994年大港油田发展概述

1994年，油田各级组织认真学习贯彻党的十四届三中、四中全会精神，深化内部改革，搞好生产经营，强化企业管理，推进科技进步，加强队伍建设，圆满完成了全年的生产建设和经济技术指标。

——生产原油425万吨，完成总公司年计划的102.4%，比上年增加20万吨；生产天然气3.98亿立方米，外输3.12亿立方米，分别为年计划的114.6%和121.8%。

——新增探明石油地质储量3132万吨，新增天然气储量15亿立方米，分别为年计划的104%和101%。

——加工原油95.7万吨，成品油销售收入达到12.1亿元，分别完成年计划的106.4%和100%。

——主业实现产品销售收入50.3亿元，比上年增加7.1亿元；实现利税5.95亿元，比上年增加4.5亿元。

——多种经营完成生产经营总值11亿元，实现利税1.1亿元，均为年计划的110%。

一、油气勘探开发取得了新成果

地质勘探获得重要发现。在滩海地区发现了5000万吨级的张东大型含油构造，新增探明石油地质储量2319万吨，控制石油地质储量2031万吨；预探歧东和新港地区取得重要进展；在白水头—驴驹河构造发现小而肥区块；赵东合作区勘探成果显著，所钻两口探井均获百吨以上的高产油流。全年钻探成功率达到72.2%，超过全国平均水平，平均每口探井和每米进尺探明储量分别达到100.5万吨和368.2吨。

油气产量继续保持增长势头。新组建的开发公司，努力理顺关系，划清管理层次，加快建立新的运行机制，认真组织生产经营工作，逐步进入正常的管理轨道。全年在12个区块上实施了“控水稳油”措施，累计增产原油6.3万吨。建成原油生产能力37.5万吨，当年新井产油近31万吨。老区滚动勘探新增原油储量185.9万吨，新增可采储量31.6万吨。油田自然递减率和综合递减率分别比上年降低4.13和1.08个百分点，综合含水上升率低于1%。

二、内部改革迈出了新的步伐

着眼于为建立现代企业制度创造条件，坚持走“油公司”路子，进一步解体了“大而全、小而全”，加快了“油公司”管理体制模式的形成。

按照精干主体，分清决策层、管理层和执行层的原则，以形成职责清晰和专业化程度高、效率高的管理体制为目标，进行了开发系统管理体制改革。组建了油气开发公司，在采油一厂进行了采油作业区试点，成立了综合生产服务公司，推动了“油公司”体制的建立。

按照整体划出、自成系统、按区布局、跨区经营，逐步达到独立核算、自负盈亏的原则，将原属二级单位的生活后勤全部划分出来，按区域组建了7个生活(房产)服务公司。医疗卫生、教育系统专业化管理改革全面推开。油田生活后勤服务在实行企业化经营、社会化服务和专业化管理方面进行了初步探索。

三、企业经营管理状况有了新的改善

与管理局签订承包经营合同的45个二级单位和局直属处级单位，绝大多数完成或超额完成了承包指标。大多数单位在扩大市场占有份额、增加收入方面取得了新的成果，超额完成了管理局下达的内部利润指标。

钻井、物探、定向井、录井、井下、测井、运输、油建、矿建等施工作业单位纷纷进入了行业和国内外市场，上述9个单位全年共实现对外劳务收入3.45亿元。

质量管理指标稳定提高，现场管理进一步加强。工业安全生产管理取得了好成绩，管理局被评为总公司1994年度安全生产先进单位。

四、科技进步工作取得了新的进展

1994年管理局下达的338个科研攻关课题，有150个年内通过了鉴定。全年共推广应用新技术120项，增产科技油40.6万吨。在张巨河地区开展的油气勘探综合配套技术应用，共推广应用了16项新技术、新工艺，科技增储效果显著，受到了总公司的通报表扬；在枣园油田配套推广应用了4大类23项新技术，确保了枣园油田稳产原油50万吨目标的实现。列为国家重点科技攻关项目的长、中、短半径水平井攻关提前一年完成。

进一步推进了科技体制改革，加快了技术市场的形成与完善。全年共实现技术交易额2600万元，是上年的2倍多，其中，对外交易额1614万元。

五、多种经营保持稳步发展

全局共投入多种经营发展资金8000万元，新上项目19个，当年投产12个，新增产值1亿元，其中，新增产值千万元以上的项目5个，500万元以上的项目9个。新工业区的0.5平方千米起步区的“六通一平”工程全面完成，招商引资工作开始起步。

多种经营系统加快了老企业的技术改造，推行了股份合作制和股份制试点，促进了经营机制的转换。全年，共对5个老企业进行了技术改造，新增产值5000万元。实行股份合作制的企业达到14个，有700多个生产经营厂点实行了风险抵押承包。多种经营系统的整体经营状况有所改善，全年产品销售率达到90%以上，其中，外部市场销售率达到60%以上，保持了销售收入和利税的同步增长。涌现出了一批发展快、效益好的先进单位。

六、队伍建设水平有了新的提高

油田各级党政组织围绕深化改革和生产经营中出现的“热点”问题，加强宣传教育，耐心细致地做好思想政治工作，化解矛盾，解决问题，理顺情绪。各级工会、共青团组织积极引导职工投身油田改革和各项生产经营活动，组织开展了多种形式的劳动竞赛、合理化建议和“四小”、“五小”、“岗位创效”等活动，推动了各项任务的完成。

各级领导班子认真加强自身建设，注重理论学习，全面提高素质，自觉廉政勤政，务实求效，不断提高对新形势的适应能力，有效地组织生产经营。很多单位的领导班子在激烈的市场竞争面前，勇于带领队伍进入行业和社会市场，积极改善经营状况，工作实绩比较突出。

职工群众的物质文化生活条件有了新的改善。全年共新建住宅20.7万平方米，完善了4个生活小区的配套建设，建成投产了一批公共设施。职工年平均工资收入比上年有较大幅度提高，油田的凝聚力进一步增强。

（陈尚红）

特　　载

在大港油田调查研究时的讲话

（根据录音整理）

周永康

（1994年6月11日）

这次来大港油田，主要是宣布总公司党组关于姚和清同志任中共大港石油管理局党委书记的决定，同时调查了解大港油田改革和生产建设情况。下面，我就大港油田的改革工作讲几点意见：

一、关于大港油田的总体改革情况

这次到大港油田了解了不少改革上的情况，我很高兴。大港油田已经不是坐而论道，而是真抓实干，在改革上动真格的了。现在出台的措施，主要是油田分成三大块来管理。一是生活服务社会化。把生活服务系统从各个二级单位分离出来，组成6个大的区域性生活服务公司，还有3个小的区域性生活服务公司。医院、学校也从各二级单位分离，由管理局统一管理。二是施工作业专业化。今年要在5个单位进行法人试点。三是“油公司”主体单位进行组织结构调整。主要是撤销采油厂，组建局开发公司，形成开发公司—作业区(生产区)—专业班组的组织结构，已经在采油一厂开始试点。总的叫服务社会化、生产专业化、管理企业化、竞争市场化。

昨天下午听了局里的汇报，我认为从改革的总体思路到工作进展都是好的。现在看来，我们的改革仅仅从承包制上考虑运作是不够的，改革进行到现在，不从体制入手，机制很难转换，也很难进入社会大市场。因此说，大港这套改革思路和方案是符合国家建立社会主义市场经济体制要求的，符合总公司关于油气田企业要走"油公司"路子的要求的，有可能尽快走上以效益为中心的轨道。

大港油田今年这套改革方案的形成，经过了仔细研究，上下结合，事先做了大量调查研究。你们走出去考察学习，请进来咨询，思想比较解放，领导班子多次酝酿讨论。形成这套方案是一个创新，决心下的是对的。

在走"油公司"路子上进行探索和尝试，走的完全是一条新路。我们油田的环境和情况又很复杂，没有现成的模式可套，这个路子只能往前"拱"。不管有多大的困难，也要排除障碍往前"拱"，往前闯。一般的"拱"还不行，我看要用D80推土机来"拱"。

二、关于组建大港油田集团公司的问题

从以往的经验看，体制改革应该是从上往下搞比较顺。如果上面问题解决不好，就会影响下面的改革。要从整体上把体制理顺。你们提出要建立大港油田集团公司，我看是可以的。在集团公司内部，"油公司"这一块包括勘探公司、开发公司、炼化公司、销售公司和地质研究中心，是主体，按照分公司办法管理。施工作业、工程技术和生活服务，要成为若干个子公司。医院、学校作为集团公司所属的事业单位，按专业化来管理。施工作业、工程技术服务公司和事业单位要逐步和"油公司"分离。集团公司作为总公司国有资产的产权代表，管理大港油田各方面的国有资产。要从整体上来考虑和探索大港油田的改革方案，要根据国家政策抓紧进行现代企业制度改造。

我看你们要在前段工作基础上，抓紧进行研究，编制好集团公司的改革方案和集团公司机关的改革方案，6月底向总公司进行专题汇报。今年，我们要按现代企业制度的要求，明确大港油田集团公司的管理模式问题，试点单位要在这方面先行一步。

三、关于处理好改革中的几个关系问题

一是要处理好体制改革与搞好当前勘探开发生产经营的关系。这是一个关系甚大的问题。体制改革必然涉及所有干部和所有人员，必然会产生这样那样的波动，弄得不好，有可能影响当前的生产经营工作。我很赞成你们采油一厂采取的办法，就是稳住一头，组织得力人员把当前的生产经营工作抓好，抓紧抓实，不受任何影响，甚至比原来搞得更好。另一头，精心抓改革，落实各项改革措施。局里也要这样。主业的发展是最重要、最基本的。我们改革的落脚点最终还是要促进主业发展，最有效益的还是在这一块，容纳劳动力也是这一块。因此，局、处两级领导班子在部署改革工作时，都要处理好这个关系。只有创造一个良好的生产经营环境，才能促进改革的顺利进行。生产上去了，我们谈改革成果才能理直气壮。这一点你们现在做得很好，当前的生产形势比较主动，上半年可以实现"双过半"。今后，要继续处理好这个关系。

二是要处理好油气生产主业与施工作业、生活后勤服务系统的关系。这个关系现在需要很好处理一下。总体上是要把施工作业、生活后勤服务系统推向局内、外市场，让他们在市场竞争中求得生存和发展，不是像计划经济时那样吃派饭。这是完全对的。但是现在一下子要他们到市场上挣钱吃饭来解决自己的全部问题，恐怕还不行，还要有一个过程。我想，局里要做出统筹安排。我到哪个油田都遇到了这个问题。这些单位有些工人说，我们过去辛辛苦苦打了上万口井，搞了多少年产量，现在把我们分出去，油都是你们的了，心理承受不了。再说，这些公司都背着相当大的社会包袱，在现在的情况下，连亏损的问题都解决不了，还要他靠自己挣钱盖房子，解决职工福利等一系列问题，一时恐怕难以办到，你们要很好考虑一下。采油厂解体后，作业区和综合生产服务公司也有这个问题。刚分开时，亲兄弟你好我好，有事还好说，经过一段时间的磨合期就很难说了，互相要是制约起来，事情就复杂了。因此，局里在改革过程中，要在具体政策上予以体现。比如对钻井，要承认他们几十年来为油田作出的贡献，目前形成的油气生产规模有他一份。在利益格局调整时，要充分考虑这些专业公司的利益。我曾经考虑过，福利费干脆从局里切出一块，盖房子资金也切出一块，固定下来给他们。过去的水平局里认可了，今后再增加的靠自己解决。给专业公司吃一个时期的定心丸，回头我们再硬碰硬，认真解决这个问题。另外，这些单位长期折旧没有到位，设备的新度系数很低。要面向市场竞争，需要给他们一定的资金武装自己，创造条件让他进入市场。否则矛盾就不好平衡，局里在处理上要过细研究。总之我们要研究若干条政策性措施，来确保专业作业队伍分离的顺利进行。

*三是要处理好机构、人员变动过程中的各种关系。*我们改革的总体目标是要精干高效，基本要求是要建立新机制，解决好管理上的交叉和重复。现在你们的开发公司内部包括决策层、管理层、执行层三个层次，各有各的职责。总体改下来，必须是机构和层次比原来要减少，人员比原来要精干，效率比原来要提高。同时，对富余人员先要做出过渡形式的安排，然后逐步消化。过渡有两种形式，一种是主业先背一块；另一种是把主业搞精干，多余人员分出来，局里背起来。我倾向于把主业搞精干，不要让主业背着包袱过渡。这种办法力度大一些，但今后操作方便。局里要在这方面做出些牺牲，今年局里要下这个决心。如果确有困难，让主业先背，也要尽量缩短这个时间。这里面最终都涉及人的问题，涉及稳定的问题，这个关系要处理好。

*四是要处理好近期效益与远期效益的关系。*改革是要付出一点代价的。改革措施有的近期是可以看到效益的，也有些是眼前看不到效益的。我们是在背着包袱前进，不改革有些问题还不太明显，一改革问题就暴露无遗，过去的潜亏变成了明亏。全国的形势也一样。在计划经济下，靠上头下计划，厂子开足马力生产就成了。市场经济一来，产品一旦销不出去，厂子马上停工，发不出工资，连退休工资也发不出。这些厂子的职工有两句话，一要活干，二要饭吃。这样的情况在全国有相当大的一个面。这就是计划经济向市场经济转化时所要付出的代价。所以，我们在效益问题上要实事求是。在改革过程中可能会把潜在的问题暴露到明处，这恐怕是大量的。不管“油公司”也好，专业公司也好，“三产”也好，都有这个问题。对这个问题，我们要有足够的思想准备，认真分析，提前研究对策。我们要讲眼前效益，更要讲整体效益和长远效益。

*五是要处理好企业办社会的问题。*我们的石油矿区一般都处在比较偏僻的地方，社会依托条件很差，我国的社会化服务在相当一个时期也不可能像西方国家那样发达。因此，石油企业办社会，不是办不办的问题，而是如何办好的问题。我想还是下决心办，而且按照社会专业化分工认真地办。经过多方努力，办出一定的现代化水平来，一切基础设施、服务功能都市化，使我们的矿区经济繁荣，广大职工、家属生活方便。

还有一个很重要的问题，就是要大力做好改革中的干部准备工作。改革必然涉及广大职工特别是各级干部，是惊天动地的事情。改革能否取得成功，一方面在于方案的本身，另一方面在于实施中的干部准备。我们要抓好干部队伍的思想准备。如果干部的思想观念仍停留在计划经济的老框框下，改革就无法推进，无法取得成功。当前，局处两级干部要带头掀起学习社会主义市场经济理论的热潮，从思想深处去理解改革方案，变成改革的强大推动力。要一级一级地把改革当中的思想认识问题解决好，保证改革举措按时到位。现在改革触及到了深层次的问题，也到了关键阶段，各级干部必须统一认识和行动。有的改革方案讨论了多次，有些思想认识还是没有解决，看来干部思想准备很重要。同时，干部组织准备方面的任务也很繁重。要认真按照总公司青岛会议上提出的“三干法”(即个人申请干，群众拥护干，组织批准干)，做好干部的聘任工作，选聘一批着力改革、着力创新的干部，依靠他们把改革推向前进。

大港油田作为总公司局级综合配套改革试点单位，搞试点是要担一些风险的。总公司要和你们共同承担这个风险。但在改革中，我们每一步都要考虑细一点，深一点，把风险降到最低限度。我们要以大港的改革，推动整个渤海湾地区油田的改革，乃至整个陆上石油工业的改革。大港油田要认真按照总公司的安排，大胆地往前闯。只要大方向对了，大政策把握住了，出一点小问题也不要怕。不然我们就永远走不出去。现在大港的开发公司刚刚组建，担子很重。听了张大德同志(副局长兼开发公司总经理)和几位新经理的汇报，我很高兴。这一步改革走出去，在体制上有突破，我们的改革才有出路，有希望。

着力深化改革 加快经济建设
全面促成大港油田新的发展与繁荣

——在局五届一次职代会上的工作报告

孙希敬

(1994年3月3日)

大会主席团、各位代表:

自局四届一次职代会到这次大会,已经整整三年时间了。这三年,是油田深化改革与加快发展历史上具有重要意义的三年,是两个文明建设取得重要成果的三年,是广大干部、群众紧跟形势、解放思想、顾全大局、团结奋斗的三年,也是为从今年起开始企业制度创新、实现经济新的发展全面奠定基础的三年。在此期间,局四届职代会历次主席团、全体职工代表自觉发扬主人翁精神,积极主动参政议政,全力支持管理局的工作,带头执行职代会的决议,为全局目标的实现和成绩的取得发挥了十分重要的作用。借此职代会换届之际,请允许我代表管理局,对上届职代会和全体职工代表真心实意的合作与卓有成效的工作,表示崇高的敬意和衷心的感谢!

上届职代会共立案28件提案,其中,属于生产建设的5件,经营管理的10件,科技进步的1件,文教卫生的5件,生活福利的7件。管理局对此十分重视,落实部门、采取措施、定期检查、促其完成。经努力,已落实18件,占64.3%。所剩10件,有的也做了一些工作,但由于资金问题、政策问题或技术问题,尚未取得预期进展。我们要继续重视这些提案,深入做好有关工作,积极创造条件,力争有一个满意的结果。

下面,我代表管理局向大会报告工作,请予审议。

一、把握时机 真抓实干
1993年油田各项工作取得了重要成果

1993年,是我们实施"八五"计划前三年打基础、蓄后劲的最后一年,是承前启后的重要一年。一年来,在总公司、天津市的领导下,油田各级党政组织团结带领广大职工,认真学习贯彻党中央、国务院一系列重要会议、文件精神,紧紧围绕建立社会主义市场经济新体制,以提高油田总体效益为中心,深化内部改革,转换经营机制,强化企业管理,推进科技进步,狠抓以勘探开发为重点的生产建设,并在改革与发展的全过程中,坚持"两手抓"、"两手硬",大力改善和加强思想政治工作,深入开展反腐倡廉活动,全面提高队伍素质,进一步调动了各方面的积极性。经过上下共同努力,整个油田改革全面深化、生产稳步发展、职工精神振奋、队伍安定团结的大好局面得到巩固和发展,各行各业取得了新的成果,油田形势越来越好。主要标志是:

1. 地质勘探开辟了新的领域,增储上产战场又有扩大

我们继续把地质勘探放在首要地位,深化地质研究,选准主攻方向,明确实施重点,加快运行节奏。全年共完成二维地震测线2664.55千米,三维地震测线260.71平方千米,发现有利圈闭17个,面积164.82平方千米。共完成探井进尺16.2万米,试油交井56口,为今年提供了××个新建产能区块,可建成原油生产能力××万吨;甩开勘探亦有新的突破,提供了×个今年拿储量地盘,有利勘探面积为×××平方千米。同时,滚动勘探开发成果显著,新增探明石油地质储量×××万吨。全年共新增探明石油地质储量××××万吨,新增天然气储量××××亿立方米。

2. 油气产量超额完成,开发水平继续提高

我们进一步巩固了油气均衡生产的局面,以控水稳油为中心的老区综合治理有效展开,油田稳产基础得到增强,油田开发水平有了新的提高。全年共生产原油407.5万吨,比计划超产17.5万吨;生产天然气3.53亿立方米,外输2.68亿立方米;老油区综合含水较上年下降了0.29个百分点;油田自然递减和综合递减得到有效控制;产能建设全面实现超前运行,45万

吨产能全部于当年建成投产。

3. 深化改革力度加大，新的机制正在形成

我们坚持整体部署、配套实施、重点突破、阶段到位的原则，加快了经营机制的转换。有些改革取得了突破性进展，得到了总公司的鼓励和肯定。油田四个内部市场在加快运转中逐步完善，市场竞争主体比较活跃，施工作业正在按市场规则组织运行，竞争机制发挥了较大的作用；解体"大而全"、"小而全"，实行专业化管理有了突破性进展，二、三号院地区生活社会化服务试点全部完成了交接工作，正在向社会化服务、企业化经营的方向努力；开发系统专业化管理取得了新的进展，为油公司的组建创造了条件；三项制度改革大面积推开，全局共有51个单位通过验收，全面推行了岗位技能工资制；二级单位机关机构改革按要求进展顺利，精简后的二级单位处级领导职数、机关人数、科室数分别比改革前减少20%，34.9%，30.9%，机关素质和职能有了较大转变；住房制度改革方案全面实施，油田住房建设和管理步入了新的轨道。

4. 经营管理得到强化，经济效益有所提高

我们坚持闭合管理，全面实施《加强企业管理，提高企业整体素质三年计划》，靠"质、品、效"活动起步，靠现场管理深化，靠专业管理和基础工作提高，三年迈了三大步，企业管理现状有了较大改观；强化经营管理，学习、掌握、驾驭市场的本领，努力占领油田内外市场，经营、产品、劳动收入有较大增加，仅去年全局油气产品销售收入就比上年增长28.18%；广大职工眼睛向内，走内涵发展道路的意识明显增强，四季度全局集中开展的挖潜增效活动见到成效；在资金紧张的严峻形势下，通过采取经济分析、严格奖罚等措施，投资规模控制在总盘子之内，全年共完成总产值16.10亿元(不变价)，上缴税金10325万元，分别为年计划的109.9%和166.42%；加强了定额管理，进一步修订完善了专项定额标准和技术定额标准。现场管理标准实施率达到了100%，一线队种达标率达到50%。全年有58项工程、产品、方案设计达到创优标准，有2项被评为总公司优质产品。安全生产状况进一步改善，工伤、交通、火灾事故均比上年和当年考核指标明显降低，已连续两年被评为总公司安全生产先进企业。

5. 多种经营实现长足发展，产值、利润实现翻番

我们把发展多种经营视为支持油田改革与促进经济发展的一件大事。全年注入资金1.2亿元，比上年增长87.5%；新上项目60个，新增产值3亿元，其中，有11个产值超过500万元，有6个超过1000万元；亏损企业和亏损数额分别比去年有较大幅度减少。全局全年多种经营系统共实现产值10.3亿元，实现利税1.49亿元，分别为上年的2.71倍和3.69倍，提前两年实现了"八五"计划。

6. 科研和科技进步进度加快，增产增效成果明显

我们把科技进步作为发展生产、提高效益的不可替代的手段，紧紧围绕增储上产，深化科技改革与管理，收到了明显成效。全年共完成科研项目105项，并全部达到了鉴定条件；推广应用了131项新技术、新工艺，增产原油40多万吨，创经济效益2400万元。

7. 尽心尽力为职工办实事、办好事，职工生活水平有新的改善

我们在发展生产经营，提高经济效益的前提下，积极改善矿区面貌，尽量满足群众需要。年初职代会确定的十件好事全面完成。胜利路北段西侧明沟变暗沟工程竣工，职工总医院门诊楼、科技展览中心、钻采研究综合楼共计2.4万平方米的三座大型建筑于年内竣工，三个样板小区的配套建设基本完成，矿容矿貌明显改善。全年共竣工住房面积19万平方米，竣工率达到93%，比计划指标提高13%，可使2140户搬入新居。职工年平均货币收入达到6920元，比上年增长50.4%。各种职工文化活动场所有较大增加，有组织的大型文体活动明显增多，丰富了职工的业余文化生活。

8. 思想政治工作开展活跃，广大职工焕发了新的精神面貌

我们始终把加强队伍建设作为大事来抓，搞好系统教育，加强思想政治工作，促使人们不断树立了与市场经济相适应的新思想、新观念，增强了承受能力，涌现出一批敢于在市场经济大潮中开拓进取的先进典型；广大职工以油田改革与发展为己任，积极做贡献的人越来越多。据不完全统计，全年职工群众提交合理化建议27567条，采纳14601条，实施9314条，创经济效益6140万元。基层建设水平进一步提高，基层建设创优率和达标率分别达到24.5%和76%。广大党、团员带头学习，勇于实践，成为改革与发展的排头兵；广大职工代表热心参政议政，搞好民主管理，较好发挥了桥梁、纽带作用；调整后的二级班子和两级机关，更新观念，忠于职守，转变作风，搞好服务，特别是通过开展廉政勤政建设，整体功能得到强化。

1993年，我们正处在由计划经济体制向市场经济体制过渡的时期。既要保证当年生产经营任务的完成，又要增强自我发展能力，为油田持续稳定发展积蓄后劲；既要积极争取外部环境的尽快改善，为搞活企业创造条件，又要致力于内部环境的不断优化，为调动各方面积极性注入生机;既要搞好物质文明建设,又要强化精神文明建设。任务艰巨,工作繁重。面临这样一个形势,我们整体考虑,远近结合,把握时机,突出重点,坚持狠抓勘探开发,狠抓经营效益,狠抓机制转换,狠抓队伍建设,有目标、有计划地适时、递进推开工作,与广大职工一道奋斗,取得了可喜的成效。

(一)坚定不移抓主业、上水平,为油田发展奠定良好基础

勘探开发是我们的主业,储量、产量是维系油田存在和发展的根本所在。对勘探、开发,我们像其他企业抓主导产品那样,舍得花气力、下本钱,努力多拿储量、多产油气,力求从中获取更大的经济效益,促进油田的发展。

(1)坚持科学决策,选准主攻方向。去年,我局用于勘探、开发的投资达到12.03亿元,占全局总投入的72.03%,比上年有较大增长。为提高投资效果,我们坚持科学决策,充分发扬技术民主,认真选择主攻方向,优化方案设计,落实实施重点,都取得了较好的效果。

在勘探上,通过年初和年中两次勘探技术座谈会,经过充分研究分析和经济技术论证,确定了以长芦—驴驹河等四个区块为重点的拿储量战场,并确定了以张东等五个新区为重点甩开勘探地区。实施后都取得了重要成果。在张东构造海陆地区所钻的两口探井,均发现了较厚的油气层,其中张海2—1井试油获高产油气流。

在开发上,我们以增强油田稳产基础,提高开发水平为中心,经分析优选,确定在20个开发区块上进行“控水稳油”综合治理,当年完成各种措施385井次,20个区块综合含水控制在81%,有13个区块达到了产量上升或稳定,占总数的65%,总产量实现了综合不递减。

为了保证生产建设的良性循环,我们去年四季度作出了提前实施今年产能建设计划的决策。至年底,共完成钻井进尺12.5万米,投产油井5口,为实现今年产量计划增加了保险系数。

(2)加强生产组织,保证正点到位。产量稳,一稳百稳。手中有储量,发展有希望。去年,我们进一步加强了生产组织协调,根据不同季节的生产特点,突出抓好分阶段的勘探、开发重点工作按时到位,对日常生产运行,做到了问题抓得准、原因看得清、措施上得快,一步一步达到了预期目标。如在开发上,年初我们安排了“四个超前”(部署、工作、措施、实施),二季度强化了生产环节的衔接,三季度开展了多种形式的上产竞赛,四季度又开展了“493223”活动,因而,继续巩固了均衡生产的良好局面。

在勘探上,我们针对任务要求紧迫,前期工作量大、运行节奏快的特点,坚持突出重点,整体实施,抢建重点探区的前期工程,集中钻探力量抢打重点探井,加强勘探各环节的工作协调。在四个重点勘探战场先后集中30个钻井队、23个试油队等勘探力量,完成进尺18.22万米,交井48口,试油交井46口,完成了预定的勘探任务。

(3)建立新的机制,提高运行质量。去年,我们继续完善了勘探项目管理,分为四个项目组,实行投资、储量、风险、效益总承包,提高了实施效果。我们还在板深80井上试行了日费制管理,使该井钻井周期比设计缩短110.5天,生产时效和纯钻时效分别达到97.7%和38.4%,均创油田同类井最高记录,消化了材料涨价因素后,仍节约资金150万元。另外,我们运用市场机制组织探井、开发井的钻井工作,全年组织招标6次,成交井235口,成交金额4.6亿元。还组织井下作业招标1次,成交金额30万元。在市场机制作用下,钻井速度已达到我国东部油田先进水平。同时,我们在采油单位试行了班组承包、夫妻承包、个人承包边远井站等方法,也取得了好的效果。

(二)深化内部改革,转换经营机制

去年,是我们对改革的认识不断加深、改革的力度不断加大的一年。围绕建立与市场经济体制相适应的经营机制、运行机制和管理体制,我们认真抓好总体改革目标的研究和重点改革工作的实施等项工作,使油田内部改革取得了实质性进展。

(1)围绕发展生产经营,积极推进油田改革。我们把深化改革的立足点始终放在促进生产发展和提高经济效益上,突出抓好落实承包经营责任制、推进专业化管理、培育内部市场等与生产和效益直接相关的改革,提高了改革的实效性。在落实承包经营责任制上,围绕完成年度生产和效益指标,层层依照自主经营、独立核算的原则实行了各种形式的承包,并根据指标完成情况严格兑现奖惩政策。在上半年进行承包考核时,管理局对未完成生产效益指标的二级单位未进行工资调整,在全局引起了较大反响。这些单位变压力为动力,在下半年工作中,有7个单位通过采取措施,补上了上半年欠产、欠收,完成了全年的生产、效益指标。对推行专业化管理,我们不但着眼于内部组织结构的调整,又着重于适应现代化大生产的要求,强调先行试点,逐步推开,增强长远性。开发系统完成专业化管理改革的13个矿(大队)都基本达到了改革目标的要求,人员压缩13.5%，劳动生产率提高13.6%，油井利用率、设备完好率均有不同程度的提高。

(2)围绕建立新的体制，积极推进油田改革。我们通过广泛的考察、研究、论证，基本形成了走“油公司”的路子，建设油田企业集团的思路。管理局制定了抓紧前期工作，整体推进、单项突破，为形成企业集团逐步创造条件的改革部署，突出抓好解体“大而全”、“小而全”等五项改革内容。实施结果证明，这些重点改革工作的展开，有效地促进了油田由现体制向新体制的过渡。如在建立油田内部市场上，我们边推开、边完善，硬是咬死确立市场竞争主体、建立市场体系、制订市场活动规范、形成买方市场等市场要素不放，并敢于“引狼入室”，打破独家经营，不保护落后，使油田内部市场建设取得了很大的进展和成效。

(3)围绕发挥整体功能，积极推进油田改革。我们认真处理整体改革与局部改革的关系，认真抓好各项配套改革，发挥改革的整体功能。从1992年底开始，管理局就着手制定了财务、计划、科技、物资供应等配套改革方案，去年初出台实施。财务体制改革一方面认真抓《两则》的贯彻落实，另一方面减少了统一核算的职能，强化了宏观管理、监督、协调、服务职能。计划管理变高度集中统一的管理体制为分级负责、分级管理的体制，强化了决策、管理、组织职能。科技管理依照“稳住一头、放开一片”的方针，加快了科研进展和成果向生产力的转化。物资供应根据实行专业化管理、社会化服务、开放型经营的要求，下放了部分大宗物资采购权限，并启动了油田内部物资供应市场。这些配套改革的实施，都较好地促进了我局新的机制的形成。

(三)强化经营与管理，努力提高经济效益

去年，我们坚定不移地把各项工作都纳入到提高经济效益的轨道上来，在思想上积极实现生产经营观念的转变，在实际工作中积极发挥内部优势，充分利用国家改革开放提供的机遇，扩大生产经营，强化内部管理，较好地实现了增产增收。

(1)抓增产，扩大宏观效益。我们采取多种措施，调动油气产品生产单位的积极性，并将有限资金、实用技术较集中地应用于扩大油气生产领域，使油气生产有了较大幅度增长，全年超产原油和轻烃增加效益1.84亿元。另外，回收落地油和探井试采增产2.5万吨，创经济效益2100万元。我们还充分利用成品油销售看好的有利条件，对炼厂进行技术改造，扩大炼量，增加产量，深化加工，开发新品。全年实际加工量比计划增加13.06万吨，增加成品油产量12.06万吨，增加收入1.07亿元。

(2)搞创收，走向外部市场。有关单位积极适应新的形势要求，组织队伍参与外部市场竞争，在竞争中锻炼队伍，增加收入。全年有9个二级单位在国内外市场签订劳务合同，成交金额和实现收入都比上年有较大幅度的上升。机械加工和石油炼制有4个产品分别挤进了国际市场，创汇233万美元。

(3)深挖潜，努力扭亏增盈。挖潜增效、扭亏增盈是我们去年开展的一项重点工作，尤其是下半年，我们根据效益指标的完成进度，适时组织开展了全局性挖潜增效活动。各单位认真落实管理局下达的挖潜指标，采取多种形式、多种渠道组织职工节约支出，增加收入，取得了较好的成果。

(4)练“内功”，提高管理水平。全局各单位依照加强管理三年计划，全面安排，突出重点，狠抓关键环节，加强检查、考评，使全局管理基础工作和专业管理水平有了进一步提高。通过开展“一打、二反、三讲”活动，假冒伪劣产品进出油田的现象得到了有效控制。通过宣传贯彻《产品质量法》，推进了油田产品管理的改善，全年全局共有8种产品达到优质产品标准，其中2种获得总公司或天津市优质产品称号，有26项被评为局或公司优质产品、工程。安全管理进一步落实“一个必办、两个推广”，完善了“四个管理体系”，基层安全达标率由去年的70%提高到80%。成本管理、各项费用管理水平进一步提高。

为了加强三年计划的严肃性，鼓励先进，推动工作，局里大检查和综合考核的基础上，评比产生了先进单位。总的看，评比结果是公平的、实事求是的、比较客观的。但由于多种原因，也不可能绝对合理。希望大家正确对待，继续努力，发扬成绩，克服不足，为提高本单位乃至全局管理水平做出新贡献。

(四)全方位启动运行，加快发展多种经营

多种经营是油田发展的半壁河山。我们把形成适当的多种经营企业规模作为建设油田、发展油田的根本任务，全方位启动运行，使我局多种经营呈现了快速发展的良好势头。

(1)增加资金投入，形成规模经营。全年管理局投资5000万元，总公司投资920万元。各二级单位也积极筹集资金，支持发展多种经营。同时，调整了内部产业结构，新上了一些效益好、附加值高的大项目。目前，年产值超过千万元的厂子已达到18个，产值在200万元以上的高新技术的厂子已达到26个，在发展规模型经营上迈出了一大步。

(2)适应新的形势，转换经营机制。多种经营系统采取新的经营方式，有420个企业实行了风险抵押承包，有3个推行了股份制。到去年底，30个与局签订承包合同的二级单位，22个单位全面完成了承包指标。

(3)扩大经营渠道，进入国内国际市场。全年新上的项目中，有80%属于社会型、外向型项目，其中，销往国际市场的产品共成交450万元，并建立了边贸窗口，全年完成贸易成交额6000多万元。

(五)积极推进科技进步，加快提高油田生产力水平

去年，我们按照“稳住一头、放开一片”的原则，继续实施“科技兴油”的发展战略，积极推行科技管理体制改革，加速科研成果向生产力的转化，进一步提高了油田技术水平。

(1)运用新的机制，抓好科研项目的实施。我们进一步完善了科研管理办法，实行了科研资金计划分配与有偿使用相结合的方法，重奖在科研上有突出贡献人员，加快了项目进展，又有一批科研成果通过了局和总公司鉴定。其中，国家重点科研攻关项目官H—1中半径水平井已安全优质完钻投产，在国内属先进水平。国家和总公司重点科研攻关项目桩基单环双壁沉箱整体垫升人工岛，在张巨河浅海区建成，并投入了工业性使用；张巨河张10井水力活塞泵试采先导试验、原油集输系统除砂工艺技术、油水井侧钻技术、无电缆射孔与抽油生产管柱一次完成技术等科研攻关项目，都取得了阶段性成果。

(2)整体配套应用新技术，提高宏观经济效益。我们在推广应用新技术上，采取“科技示范田”的办法，把多项成熟技术集中应用于生产领域。去年实施的枣园“1475”工程、港西“7670”工程和钻井二公司“21891”工程三个“科技示范田”，都取得了良好的进展。枣园油田年产油量达到47万吨，比去年增加7万吨。港西油田综合治理后，全年累积增产原油5.94万吨；钻井二公司生产指标有了较大提高，跃上了东部地区先进水平。

(六)切实加强队伍建设，全面提高队伍素质

坚持把政治教育和思想政治工作，贯穿于深化改革和生产经营的全过程。去年，我们认真组织干部、群众学习贯彻党的十四大精神和十四届三中全会精神，学习《邓小平文选》第三卷，用建设有中国特色社会主义理论、社会主义市场经济的理论武装干部、职工的头脑，进一步解放思想，更新观念，自觉适应新形势，争当推进油田改革与发展的促进派。在改革和生产的不同阶段，我们坚持把思想教育做在前头，并有侧重地做好一人一事的思想工作，保证了改革方案的到位和生产经营工作的顺利展开。

坚持抓好职工培训，努力提高队伍素质。我们在干部培训上，组织了基层干部岗位培训、技术干部继续工程教育、专业管理干部培训和学历教育；在职工培训上，组织了班组长管理知识培训、技术工人等级培训、特殊工种持证培训等。全年共培训干部15000人次，职工37270人次。同时，还适时大规模开展了不同形式的劳动竞赛和技术比武活动，推进了干部、群众业务技术素质的提高。

坚持抓好各级班子建设。根据形势的要求，我们对全局34个二级单位的领导班子进行了调整，选拔了一批具有开拓创新精神，懂经营、会管理，年龄在35岁以下的年轻同志进入了领导岗位，提高了班子的整体素质和功能。各级领导干部带头学习，带头解放思想，带头投入改革与发展的实践，成为油田各行各业的中坚力量。两级领导班子和机关，认真落实党中央提出的反腐败斗争的三项任务，集中抓了领导干部的廉洁自律，清理纠正了几股行业不正之风，查处了一批违法违纪案件，取得了阶段性成果。

在抓好上述工作的同时，我们还从增强企业的凝聚力出发，坚持量力而行、尽力而为、多数人受益的原则，认真落实全年为职工办的十件好事、实事，并尽量满足不同层次人们的需要，丰富了生活情趣，提高了生活质量。越来越多的人安心油田，勤奋工作，为油田改革与发展争做贡献。

在1993年的工作中，全局各级党政工团组织团结带领广大工人、干部和专业技术人员，解放思想，勇于开拓，深化改革，加快发展，努力适应社会主义市场经济的新形势，都为全局的改革与发展做了大量而富有成效的工作，付出了艰辛的劳动。开发系统努力增产，多创效益，为油气生产任务的完成作出了重大贡献。采油一厂的老油田管理，采油二厂的均衡生产，采油三厂的挖潜增产，采油四厂的老井深抽和滚动勘探开发都取得重要成果。勘探系统积极完善新的运行机制，不断扩大勘探成果。物探公司的地震资料采集和处理解释，钻井公司的钻井速度和质量，录井公司的单井评价，测井公司的应用各种先进技术，定向井公司的技术服务，滩海公司的人工岛建造等都达到了新的水平。各施工作业单位积极适应市场经济要求，不断拓宽经营领域。井下公司在市场竞争中不断改善队伍素质，油建公司不断提高竞争能力，矿建公司积极开辟外部市场，运输公司狠抓内部管理，内挖潜力、外找市场，都大力促进了经营机制的转换。各科研单位充分发挥专家和技术人员的作用，推动了油田技术水平的提高。

研究院深化地质研究，设计院努力提高工程设计质量，钻采院积极搞好先进工艺技术的研究和应用，积极进入国内市场，都为推进油田生产建设发展发挥了重要作用。总机械厂和石油机械厂大力加强营销工作，严格成本管理，强化拳头产品，努力提高市场占有率。炼油厂不断扩大油气加工能力，发展深度加工，为油田经济效益指标的完成做出了重要贡献。水电厂切实加强用水用电管理，全力保证了生产和职工生活需要。供应处在深化供应体制改革中，较好地发挥了对油田生产建设保障作用。通信公司努力搞好通信设备的维护保养，保证了生产指挥系统通讯畅通。生活后勤单位逐步走上了专业化管理、社会化服务的轨道，文教、卫生、商业、公安等单位认真做好本单位的工作，各项工作取得了新的成绩。局直属处级单位抓住机遇，开拓进取，经营工作逐步走上了正轨。局、处两级机关认真转变作风，提高工作效率，进一步强化和发挥了当好参谋、参与决策、组织实施、控制协调等职能作用。两级离退休职工管理部门认真做好老职工、老干部工作，满腔热情为他们服好务，使他们老有所养、老有所乐、老有所学、老有所为。老同志特别是老干部、老领导紧跟形势，顾全大局，十分关心油田的改革与发展，积极支持局里的工作，与全局六万多名职工同呼吸、共命运，继续为油田各项工作的顺利进行发挥了重要作用。

总之，1993年是我们各项工作取得成果比较显著的一年。借此机会，我代表管理局，对各单位取得的成绩表示热烈地祝贺；向全年辛勤工作在各条战线、各个岗位上的各级干部、广大职工和家属同志们，向继续关心和支持油田改革与发展的离退休老同志，表示衷心地感谢和亲切地慰问，并致以崇高的敬意！

虽然我们在1993年取得了很大成绩，但也必须清楚地看到，我们油田的改革与发展还存在着不少的薄弱环节，主要有：一是在主业上，表现为勘探取得的成果仍不适应上产要求，开发上工艺技术的准备不适应高含水开发阶段和复杂油田的特殊要求，某些区块的综合治理及各类措施的效果不十分理想，稳产基础仍不十分牢靠。二是在经营管理上，表现为各种质量和浪费问题时有发生，开支大手大脚、管理费用增长很快、生产成本居高不下，部分单位出现经营性亏损。三是在深化改革方面，表现为各项改革举措整体进展不均衡，有的未按部署实施到位，单位之间改革的步伐和力度相差较大，影响了改革的整体功能。四是在队伍素质方面，我们一些专业或单位的技术装备比较陈旧，干部工人素质不高，业务单一，不适应改革的要求，难以在日益激烈的市场竞争中站稳脚跟，立于不败之地。我们要高度重视这些问题，多方面抓紧做工作，改善现状，以更好的适应形势发展的需要。

二、加快改革　协调发展
开创油田生产经营的新局面

今年，国家出台一系列重大改革措施，加快了建立社会主义市场经济体制的步伐，指明了建立现代企业制度的方向，标志着我国企业改革已经由政策调整进入了制度创新和加快经营机制转换的新阶段。总公司前不久召开的工作会议，对石油工业的改革与发展做出了全面部署。会议提出，我国陆上石油工业从适应国家经济建设的要求和加快自身发展出发，将继续实施“稳定东部、发展西部”的方针，提前一年实现“八五”计划确定的九五年原油生产指标，实现新增可采储量与采出油量的平衡和投入产出的基本平衡。同时，按照建立现代企业制度的改革方向，加大计划、投资、财务、劳资等配套改革的力度，调整企业组织结构，培育和建立石油行业市场，并对油气田实行“核定油气统售量，核定企业上缴利润，并全额上交储量有偿使用费；生产经营自负盈亏，建设资金自求平衡；工资总额与企业增加值、实现利润挂钩浮动”的“两定、两自、一挂钩”的新的经营政策，进一步放开油气销售价格，加快由计划体制向市场经济的过渡。这标志着石油工业的改革和发展也进入了一个新的阶段。

国家及总公司对油气田实行的新政策，将大大推动石油企业走向市场，按照市场经济体制的内在要求转换经营机制，加快走上自主经营、自负盈专、自我约束、自我发展的轨道。我们每个职工在思想观念、经营目标、经营战略和经营方式等方面，都必须发生一系列深刻的变革，才能适应新形势的要求。

必须把提高经济效益放在首位。从今年开始，总公司在对我局的原油销售实行定向、定量、议价的同时，取消了政策性补贴。原油价格上调后，我们的产品销售收入有所增加，但是，由于年初新税制出台和外汇汇率并轨，加之今年前四个月油气销售执行原价格，调价与新税制、汇率出台不同步，支出大大增加，总的收入增加有限。按照目前的成本上涨幅度和我们的管理水平，搞的不好，就可能由政策性亏损变为经营性亏损。投资体制改革后，我们是负债经营，建设资金自筹，创效益归还贷款，剩余收入扩大再生产。如果效益不好，收不抵支，油田就会被置于十分困难的境地。今年，总公司对我局全面实行工效挂钩办法，油田工资总额随着效益高低而增减，职工收入随着效益高低而升降。效益问题越发成了我局生存和发展的核心问题，

要向每个职工交待清楚。

必须把增储上产和挖潜增效统一起来。石油是国家的战略物资。国家的经济发展客观上要求石油企业增加原油生产。我局又是东部少数几个产量上升的油田之一，对落实“稳定东部、发展西部”的方针具有重要作用。增储上产是油田发展的基础，也是油田收入的主要来源。我们要把勘探开发这一中心工作抓紧抓好，同时，又要按照市场经济的要求，将其置于追求最好经济效果的运行目标之下，把增储上产和挖潜增效统一起来，保持投入产出的平衡。现在，油田拿储量的难度很大，老油田的开发进入高含水期，面临着投入增加、经济效益下降的问题。由于资金筹措不足，勘探开发工作量都比去年有一定减少。必须大力提高勘探部署质量，提高投资效果，多打聪明井，多打高效井，多拿优质储量，多搞有效工作量，千方百计挖掘生产潜力，拿到更多的产量，创出更多的收入。

油田改革必须有新的突破。无论是适应市场经济要求，培养有市场竞争力的职工队伍，还是发展生产建设，提高经济效益，改善职工生活，都要依靠和借助于改革，以建立新的经营机制，从根本上增强企业活力和实力。我局是总公司进行独资有限责任公司试点单位，也是全国100家实行现代企业制度的试点单位，必须对计划经济条件下形成的组织结构、管理体制、核算体制、投资体制、利益格局，进行公司化改造，建立起现代企业制度。这些方面的改革层次深、力度大、牵涉面广，要坚定信心，真抓实干，抓住机遇，不断深化，取得突破，把油田改革推向一个新的阶段。

必须加快进入市场的步伐。今年国家调整了油价，为石油企业进入市场进一步创造了条件。目前，外部市场环境初步形成。同时，油田的生产建设工作量，已经不能容纳现有的设备、队伍能力，如果仍是自我封闭，还是在油田的小圈子打转转，只能坐吃山空。只有尽早地瞄准大市场，进入大市场，才会有更多的机遇，更多的活力。才能利用市场机制，促进结构调整，提高队伍素质，增加经济收入，提高经营管理水平。这是各个二级单位领导同志现在就要研究和下手解决的问题。

必须解放思想、更新观念。思想不解放，观念陈旧，行动上必然落后。这里有两个重要问题，首先要提高各级干部的适应能力，带头学习中央一系列文件精神，带头转变观念；二是提高广大职工群众的承受能力，克服眼前困难，甚至做出一点牺牲。在新的形势下，深化油田改革，发展生产经营，特别需要各级领导具有新的意识、新的思路，能够把握机遇，开拓创新，能够有效地解决那些深层次的矛盾，有效地解决那些复杂情况和问题，这些都必须以解放思想，更新观念为先导。改革的深化，必将涉及利益格局、利益关系的调整，改革又是逐步深化，逐步达到目标的，只有更新观念，消除思想障碍，才能正确理解所推行的改革举措，积极适应改革的要求。

总之，1994年，油田的内外部条件都发生了一系列重大变化，对我们提出了许多新的要求和挑战。我们前进中面临着困难，但也有许多有利条件。总公司对我局实行的经济政策，更大程度地把我们推向了市场。能否在生产经营上有所作为，更大程度地取决于我们自身的工作水平。我们一定要变挑战为机遇，变压力为动力，珍惜机遇，抓住机遇，深化改革，加快发展，以新的思想、新的举措，达到新的水平。

1994年我局总的工作指导思想是：认真贯彻党的十四届三中全会精神及总公司1994年工作会议精神，加强政治教育和思想工作，紧紧依靠广大职工，加大改革力度，转换经营机制，推进科技进步，强化经营管理，眼睛向内，苦练内功，挖掘潜力，降低成本，提高适应市场经济体制的能力，把工作重点放在多找优质储量，多生产原油，加快多种经营发展上来，实现油气生产的稳定增长和经济效益的明显提高，调动广大职工的积极性，夺取两个文明建设的新成绩，在走向“四自”的道路上迈出实质性的步伐。

主要工作目标是：全年新增探明石油地质储量××××万吨，新增天然气地质储量××亿立方米。全年生产原油×××万吨，力争完成×××万吨。生产天然气××亿立方米，外输××亿立方米。新建原油生产能力××万吨。

实现投入产出的基本平衡，全年销售收入达到34.3亿元，比1993年增长10%。

深化改革取得实质性进展。调整组织结构，全面完成生活后勤系统与主业的分离，部分二级单位走上自主经营、自负盈亏的轨道，在转换经营机制上取得实质性进展。

多种经营继续超常规发展，全年生产经营总值达到10亿元，力争达到14亿元；实现利税1亿元，力争达到1.5亿元。

围绕实现上述目标，全年要抓好五个方面的重点工作。

(一)优化部署，精心组织，提高生产建设水平

今年要继续集中资金、集中力量、集中精力，以提高经济效益为中心，以完成增储上产任务为目标，加快以勘探开发为重点的生产建设步伐，确保各项生产建设任务的高效完成。

千方百计寻找优质储量,提高勘探效益。今年,我局的勘探部署是以滩海地区为重点,甩开钻探陆海9个含油构造,重点加快张巨河滩海勘探步伐,探索新区、新领域,准备后备战场。集中力量钻探张巨河、长芦—塘沽两个区带,力争拿到一批整装优质储量。计划在张巨河地区新增探明石油储量××××万吨,控制××××万吨;在长芦—塘沽地区探明石油地质储量×××万吨,控制××××万吨。继续搞好板桥~北大港及孔南地区的滚动勘探开发,计划找到×××万吨优质储量。

我局资源接替紧张,主要是拿到的优质储量不足。近年来,我们每年新增的储量,能够投入开发的只占50%左右。为了较好地解决资源接替问题,必须大力提高投资效果,精心研究,优化部署,多找优质储量,提高开发效果。

强化老油田综合调整,增强稳产基础。目前,我局投入开发的老油田综合含水达到81%,维持稳产的难度增大,但仍有很大的潜力。今年,油田开发工作要以提高开发水平,完成年产原油计划为目标,强化老油田综合调整,大力提高采收率,延长稳产期。全年安排在14个开发区块实施控水稳油措施,增强稳产基础。要大力提高井下作业质量,减少无功低效作业,提高措施效果。全年安排油井大修井126口,计划增产原油5万吨,把自然递减率和综合递减率分别控制在14%和5.4%以内,油井综合时率达到68.7%以上。

针对今年产能建设区块分布零散、地质情况复杂的特点,要强化实施过程中的跟踪分析研究,不断完善开发方案,搞好系统试采,分层次进行钻探,并加快建设速度,提高配套建设水平和工程质量,力争在三季度末全面配套建成40万吨生产能力,当年新井产油达到30万吨。

要进一步提高生产建设运行质量,保持均衡生产。今年,采油一厂全年生产原油×××万吨,采油二厂生产原油×××万吨,采油三厂生产原油××××万吨,采油四厂生产原油34万吨。这个指标是按420万吨安排的,各采油厂要努力超产,力争使全局年产油量达到425万吨。要按季、按月达到完成全年任务所要求的日产水平,在抓好一季度起步到位的基础上,实现全年生产的均衡运行,提高生产管理水平。

依靠科技进步,提高生产建设水平。今年的科技工作,要紧密围绕实现增储上产目标,大力开展科研攻关和新技术、新工艺的推广应用。全年安排科技攻关300个课题,推广应用150项新技术。搞好科技进步的重点是研究应用复杂地区三维地震处理技术等勘探八大技术系列;推广应用20项开发配套技术,进行5个区块先导生产试验。全年依靠科技进步,增产原油28万吨,创经济效益1亿元。

推进油田科技进步,要发挥市场机制的作用,调动各单位和广大科技人员的积极性。要继续深化油田科技体制改革,培育油田技术市场,试行科研攻关项目招标,推进内部科研生产联合体的形成,实行新技术应用目标管理。改革奖励制度,建立油田科技奖励基金,重奖为油田科技发展做出突出贡献的人员,加速形成油田科技领域的激励机制,提高油田整体技术水平。

(二)以转换经营机制为中心,加快油田改革步伐

为了适应新的形势要求,必须加大改革力度,加快改革步伐,按照建立现代企业制度的改革方向,在几个重大方面取得实质性进度,实现经营机制的转换,探索加快油田发展的新路子,逐步进行公司化改造,建立起"油公司"管理体制。

我局今年深化改革的主要内容是:抓住一个改革重点,推进七项配套改革,完成六项改革试点,做到整体改革取得有效进展,重点改革取得实质性突破。

(1)总体规划,解体分离,调整现行组织结构。解体"大而全"、"小而全",实行专业化生产,社会化服务,企业化经营,是向现代企业制度转换的一个重要条件,必须坚定不移地抓紧抓好。调整现行组织结构,是我们今年深化改革的重点,要坚定信心,加快步伐,取得实质性突破。

根据条件成熟情况和专业管理迫切程度,今年解体分离工作总的安排是:全面完成生活后勤单位与主业的分离,形成区域性生活服务公司。已于去年完成分离工作的局生活服务公司和房产公司,经过一年左右的努力,要做到自主经营、自负盈亏;其他陆续分离组建的区域生活服务公司行政关系上直接隶属管理局,视具体情况,定期走上自负盈亏的轨道;总机械厂、石油机械厂、油建公司、物探公司、设计院、第一实业公司作为今年第一批实行自主经营、自负盈亏的单位,理顺产权关系,成为独立法人。还将根据改革进程和实际情况,确定第二批分离单位;供应系统实行分片设库,门市化经营;划清多种经营系统与主业的经济关系,每一个二级单位成为一个独立法人,面向市场,自主经营。

(2)推进配套改革,实现经营机制的转换。管理局安排,今年要进行七项配套改革,其目的是促进各单位走向市场,为独立开展经营工作创造条件,逐步形成符合市场经济体制要求的经营机制。

改革计划投资管理体制。要依据财务预算编制投资计划，逐步形成科学的计划管理体系。简化年度计划，强化季度计划，取消月度计划。管理局只向甲方和建设单位下达建设投资计划，对乙方和施工单位不再下达施工计划。

进一步改进投资分级管理办法。各单位通过挖潜增效、降低成本增收或节支获得的建设资金，可自行安排自身配套项目。勘探项目继续实行投资、任务一次核定，资金包干使用，超支不补的办法。从主体分离出来成为独立法人的单位，自身需要的配套建设项目，资金自筹，实行谁建设、谁受益，谁借贷、谁还本付息。实行新的投资管理办法后，各单位要提高投资管理水平，严格执行国家产业政策，按照全局总体发展规划，合理安排，确保重点，防止盲目、重复建设，防止搞新的"大而全"、"小而全"。

改革财务管理。推行全额预算管理。各单位在资金安排上要自求平衡，在打足收入、压缩成本费用的基础上编制财务收支预算，报经局审批后实施。要按照财务预算认真组织创收，严格控制费用支出，努力实现增收节支。预算外支出必须报经局批准。推行责任会计和目标成本管理，根据目标利润，确定目标成本，层层分解落实，把成本指标控制与职工经济利益相挂钩，严格考核兑现。实行税收集中统一管理，根据油田生产分散进行、材料多头采购、产品集中销售的特点，按照新税法的要求，管理局作为纳税义务人，增值税由管理局汇总统一向国家交纳，各单位要认真做好增值税销项税额和进项税额的核算。

对成为独立法人的二级单位确定有关扶持政策。对分离出来成为独立法人单位的历史旧帐，进行清理和妥善处理，原有的专项贷款余额，按谁借谁还的原则处理，并负责归还管理局分摊的其他贷款数额。对目前经营条件尚不完全具备，创收确有困难的单位，适当减轻还贷任务；计划安排给这些单位的矿建投资和事业经费，在一定时间里予以保留。短期内酌情减少这些单位的上缴利润指标，部分单位实行增盈减亏全部留用；油田生产建设招标时，优先选择独立法人单位，积极为这些单位搞活生产经营创造条件。

完善三项制度改革。管理局对各单位的队伍总量和工资总量实行宏观调控，下放管理权限，将工资总额与职工人数脱钩，增人不增资，减人不减资。主体队伍中的职工到多种经营单位、中外合资企业、联合企业或出国承揽项目、劳务节余的工资，由各单位自行安排使用。改革工资分配办法，增加全面实行工效挂钩办法试点单位。在生产和施工单位实行30%的工资总额与承包指标效益挂钩。对机关、科研、文教、卫生等事业性单位继续实行工资总额包干。对职工个人试行劳效工资，根据岗位的劳效评价结果，确定职工上岗资格，实行上岗、试岗、待岗的三岗位制动态工资管理；根据技术水平的劳效评价结果，确立职工个人技能等级工资晋升的资格；依据劳效评价结果，区分职工个人绩、勤、德、能的表现，确定职工个人的分配水平和工资、职务的晋升。从今年起，凡是单位效益好、个人贡献大的，工资照发，奖金多拿；反之，或只发工资、不发奖金，甚至只发一定比例的基本工资。凡从主业分离出去的人员，要求重返主业的，一律进入劳动力或人才市场，否则，不得重新安排工作。要继续完善管理人员聘任制，由直接聘任向公开招聘过渡，公开招聘可在二级单位进行，也可在油田范围内进行。同时，还要完成专业技术职务聘任工作，评聘分开，择优聘任，高职可以低聘，提高聘任质量。

不断完善市场机制。要进一步搞好内部市场建设，完善内部市场运行机制，加强内部主体市场建设。油田勘探开发和地面建设项目，全部实行招投标，面向全油田选择施工作业队伍。要加快培育、启动生产要素市场，逐步形成油田内部市场体系。各甲方和建设单位要加强市场管理，完善市场主体功能，规范市场秩序，扩大招标选择队伍的范围，防止内部封锁、保护落后的行为。要结合组织结构调整，对乙方和施工作业单位采取划小核算单位的办法，取消多余的管理层次，成为相对的市场竞争主体。要积极推进与行业市场、社会市场的接轨。今年，管理局要充分发挥政策的导向作用，推动各单位走出油田、走向行业市场。

改革劳动保险制度。从今年起，石油职工养老保险由总公司组织统筹。我们要积极疏通地方关系，做好由地方统筹向行业统筹的过渡，逐步形成基本养老保险、企业补充保险和个人储蓄保险相结合的养老保险制度。积极探索开展内部集体企业待业保险，完善转岗转业培训基地，发挥接纳失业人员和促进再就业的作用。积极争取政策，筹措待业保险基金，逐步完善社会保险体系。

推进两级机关改革。机关改革要认真搞好职能结构和组织结构的调整，明确职责权限、办事程序和工作标准。要根据解体"大而全"、"小而全"的要求和进程，适应转换经营机制的要求，搞好机关调整和机构改革。要提高机关干部素质，提倡一专多能、能文能武，培养具备多种素质和技能的机关工作人员。对局直属公司，取消原来的专业管理职能。其中，经营性公司在行政上和经济上与机关彻底脱钩，工资保一年、奖金保半年的政策停止执行，自今年1月1日起实行独立核算、自筹资金、自求发展。

(3)抓好试点工作，积极探索公司制。今年，总公司将在我局进行国有独资有限责任公司试点。试点的主要内容是完善企业法人制度，确定投资者所有权和企业法人财产权，建立科学规范的组织制度、现代劳动人事制度和工资制度，探索在现代企业中党组织发挥政治核心作用的方式和途径。与此相适应，为了推进我局的改革，管理局决定今年进行六个方面的试点工作：

一是在分离出来实行自主经营、自负盈亏的单位中，进行独立法人试点。

二是在独立法人单位进行股份制试点。

三是选择一个采油厂，进行采油作业区试点。

四是进行建立现代企业制度试点。

五是在解体“小而全”之后，进行建立生产、维修、服务等方面工作制度试点。

六是扩大工效挂钩试点范围，探索建立分配风险机制。

我局的改革已进入攻坚阶段。各级领导和广大职工要增强紧迫感和责任感，明确改革方向，真抓实干，积极推动，在重要环节取得突破，保证改革顺利进行的各项措施要及时跟上，使各项改革按时推开，取得成果。管理局将成立专门改革班子，具体组织我局的深化改革工作。

(三)面向内外市场，强化经营管理，提高经济效益

今年，油田的生产经营形势非常严峻。我们必须坚决摒弃计划经济体制下形成的陈旧心理和观念，确立市场经济观念，强化市场意识、竞争意识和风险意识，以提高劳动生产率和经济效益为目标，切实加强经营管理，实现增收节支，求得生存和发展。

要认真组织油气产运销，开拓销售市场。根据我局原油生产计划，今年我局将有100多万吨原油按国家政策导向自主销售，成品油销售量90万吨。目前，国内原油和成品油市场不十分景气，销售价格呈下跌趋势，这对搞好产运销衔接，增加销售收入造成了很大困难。因此，我们必须加强经销管理，搞好产运销协调衔接，根据生产情况和市场变化，合理调整流量和流向，保产保销保价。要继续完善发展油品销售网点，提高市场占有率，并及时进行结算，收回资金。要规范油气销售，减少中间环节，产需直接见面，防止倒买倒卖和中介损益。为了适应石油产品市场形势，管理局准备投资建设储罐，提高原油储存能力。在有利地区与地方联合建设成品油销售公司或加油站，增加销售渠道，扩大经销业务。

要立足主业，实行开放式、多元化经营。各单位要对内部市场和外部市场进行认真的预测分析，根据现有队伍能力，制定灵活的经营战略，充分发挥队伍、装备能力，尽量增加创收。提倡立足主业，搞开放式、多元化经营，尤其是施工作业单位，要增强自身素质，提高竞争能力，在占领内部市场的同时，积极把多余的队伍装备组织起来，走向行业市场和社会市场，开展劳务承包，防止停工停产、设备闲置。今年钻井工作量只够现有钻井队半年的工作量。钻井公司要认真研究对策，管理局有关部门也要积极出主意、想办法、疏通渠道，力争有更多的井队打出油田。其他单位也有类似的问题，惟一的出路就是走出去。还要根据内外部市场容量和队伍实际状况，着手调整生产要素的配置，调整组织结构，调整产业结构，转变经营方式，开发新的产品，增加新的创收途径，维持自身的发展。

要坚持科学决策，提高投资效果。全局的投资工作量要与筹措的资金数量保持基本平衡，以年度预算为依据，量入为出，坚决杜绝计划外项目和预算外支出。在资金投向上，坚持“五个确保”和“四个不建”。就是：确保上交原油、天然气商品量指令性计划，确保勘探、开发基础性建项目，确保计划内矿建工程，确保炼厂改造和有竞争力强的多种经营项目，确保跨年工程建设投产；不建经济效益差的项目，不建论证不充分的项目，不建高耗能、高耗电的项目，不建不符合国家产业政策和油田总体规划的项目。对每个建设项目，都要进行严格的经济技术论证，优化方案，讲求投入产出效果。要实行严格的项目建设责任制，缩短建设工期，保证建设质量，节约建设费用。每个建设项目核定的投资额只能节约，不能突破，如有突破，以本单位自有资金弥补。

要严格控制生产建设成本。要进一步完善成本控制制度，规范成本管理。要合理确定油田施工作业和劳务价格，既要防止漫天要价，又要保证施工单位的合理收入。要深入开展挖潜增效、节能降耗活动，降低成本开支。今年的生产成本，要在消化涨价因素之后，总体比去年降低5%，管理费用比去年压缩15%。要把单位经营状况和职工利益紧密挂钩，对成本超支或亏损增加的单位，相应减少职工收入，当年不得调资升级。

控制生产建成本，是油田生存发展的关键问题，各单位和各级领导必须予以足够的重视。做局长、厂长的，做书记、主席的，当老总的，当处长、科长的，乃至每个职工都要在控制成本上用心思，下功夫，见本事，这是决定油田前途与命运的大事。况且，现在我们的原油价格已经高于国际油价。在高成本、高费用开支的情况下，我们的队伍难以在外部市场有较强的竞争力，即使是技术上有优势，争得了施工任务，也难以增加收入，只能做亏本生意。各级单位要坚持眼睛向内，过紧日子，深挖节支潜力，严禁乱摊成本，提高经营管理水平。

以上我重点讲了今年的经营管理。关于今年以至“八五”后两年的全面加强企业管理工作，管理局已经制定了“八五”后两年加强管理要点，还要召开经营管理会议进行专门部署。这里我就不展开讲了。要继续强化意识、制定目标、扎实工作、阶段到位，在前三年工作的基础上，巩固成果，再上台阶，促进油田改革与发展目标的实现，全面提高管理水平。重点要进一步加强标准、定额、计量、质检、信息、统计等管理基础工作。按照建立现代企业制度的要求，调整和改进专业管理。要进一步抓好安全生产，逐步落实安全生产责任制。要加强物资采购管理，杜绝假冒伪劣产品进出油田。要加强技术监督和审计工作，纳入到经常性的经营管理中来，发挥监督、约束作用。

（四）增加规模，提高效益，加快发展多种经营

多种经营是油田经济结构中的一个重要组成部分。要继续加快发展步伐，创建更多的产业，形成具有一定规模的企业群体，促进整个油田经济的兴旺发达。

坚持科学的发展方向，扩大规模经营。要重点发展技术含量高、经济效益好、规模大、用人多的多种经营产业，尽快形成规模经营。今年，管理局将投入资金5000万元，新上产值在500万元以上的项目20个，新增产值3亿元。要控制小型项目建设，产值在500万元以下的新项目管理局不予贷款。与此同时，要发展一批短平快的项目。对现有多种经营企业，要进行产业结构调整，对产值在30万元以下的扭亏无望的企业，实行关、停、并、转，对部分集体饮食业和产值在20万元以下的亏损企业实行公有民营或公有私营。要集中资金，重点发展石油化工、机械加工和建材行业，逐步使其成为油田多种经营的三大支柱产业。

调整经济关系，转换经营机制。建立现代企业制度，转换经营机制，也是多种经营企业面临的课题。要在清产核资的基础上，划清多种经营企业与主业的行政关系和经济关系，明确产权关系，实行完全的自主经营、自负盈亏。全民单位不得以各种形式向多种经营企业摊派，为全民筹措奖金和承担某些福利性支出，多种经营企业也不得无偿占用全民的资产和资金。多种经营企业与主业发生的业务、经济往来，完全按照市场规则进行。要进一步完善经营机制，全部实行风险抵押承包，加快推行股份合作制和股金合作制，并选择有条件的企业创办股份有限责任公司。全年计划在100家企业进行股份制和股金合作制试点。新建的多种经营企业，一上手就要按照规范的公司制进行组建。要放宽政策，积极扶持，发展个体、私营经济，拓宽就业门路。在多种经营企业中，要贯彻落实《集体企业职工（代表）大会条例》，落实职工（代表）大会选举厂长（经理）制度，取消集体企业厂长任命制，保障多种经营企业的合法权益。

理顺管理体制，提高经营水平。要简化管理层次，实行系统管理。每个二级单位原则上只设立一个法人单位，将兴办的多种经营企业全部纳入管理系统。管理局对多种经营企业的管理职责，重点是宏观调控，管好多种经营对外投资、对外合同、项目审批和产业、产品结构调整。对局直属经营性公司，视同多种经营单位，进行清产核资，明确产权关系，并制定和落实有关经济政策，实行自主经营、自我发展。多种经营系统要大力提高经营管理水平，提高队伍素质，树立形象，提高信誉，开拓市场，加快自身发展。

保持投资与安置对等，促进主业人员分离。发展油田多种经营要兼顾两个方面，既要发展资金、技术密集型产业，也要发展劳动密集型产业，解决主业人员的分离和待业子女的就业，提高社会效益和经济效益。根据总公司规定，多种经营单位每接纳一名分离人员，企业从自有资金中拿出1万元，作为多种经营发展资金，并在两年内保留其基本工资。多种经营企业在接受管理局投资的同时，要按投资与安置对等的要求，接纳一定数量的主业分离人员。接纳的方式是通过劳动力市场双向选择，竞争上岗。分离人员进入多种经营企业后，即从原单位中把工资额划出，防止回流。现在，一些多种经营企业从便于管理、减少支出出发，雇用一些外地人员，要进行清理。以今年职代会为限，今后一律不得再雇用农民工、亲属工。对待业子女，管理局准备一次性安排工作，不服从安排的，不再解决就业问题。按照我局计划，今年要从主业再分离出6000人，对各单位都核定了分离指标，要确保完成。

（五）全面改善和加强思想政治工作，努力建设适应社会主义市场经济体制要求的职工队伍

加快油田改革，提高生产经营水平，推进油田发展，必须大力提高职工队伍素质。要始终坚持“两手抓、两手都要硬”的方针，下功夫提高各级领导班子的思想业务水平，增强职工队伍的凝聚力和战斗力，把油田精神文明建设提高到新的水平。

加强思想政治工作，在增强针对性、有效性上下功夫，见效果。今年，要在全局范围内开展“四比、一争当”活动，即比学习、比本领、比形象、比贡献，争当开创油田发展新局面的模范，把各方面的积极因素充分调动起来，引导广大职工投身到油田改革与发展的实践中来。要坚持经常性思想政治工作，采取灵活多样的方法，把思想政治工作渗透到生产、经营、改革中去，坚持思想领先的原则，把思想发动工作做在前头，及时解决职工思想中产生的矛盾和问题，理顺情绪，化解矛盾，调动积极因素。

建立起职工培训与考核使用相结合的机制。要多渠道、多形式的抓好职工培训工作，对各级干部和广大职工进行党的方针政策教育，进行市场经济理论培训和新工艺、新技术培训。市场的竞争最终取决于人才的竞争。技术干部要掌握一些经济理论和经营管理知识，管理干部要加强技术学习，增强技术素养，培养造就更多的复合型人才。对广大工人要进行一专多能培训，培养和选拔技术能手。干部、劳资部门和培训中心，要坚持不懈地组织好各类培训和专项业务培训工作。

进一步改善职工群众的物质文化生活条件。要积极发展企业文化，办好报纸、电视，丰富职工业余文体活动，继续为职工办好事、实事，提高生活质量，增强油田凝聚力。今年，我们要在生产发展、效益增加的前提下，本着量力而行，好事办好、实事办实的原则，继续为群众办以下十件实事、好事：

(1)在完成生产建设任务，降低生产成本，提高经济效益的前提下，可以增加职工收入。一些效益突出，降低成本幅度大的单位，职工平均收入力争达到1万元。

(2)改善职工居住条件。今年新建住宅12万平方米。与此同时，搞好12个区片的平房改造工作，拆除危旧平房141栋，新建住宅楼7万平方米。

(3)继续完善胜利路两侧明沟变暗沟工程，净化生活环境。

(4)按市场经济要求，扩充生活社会化服务范围，经上级批准，生活补贴变暗补为明补后，要搞好服务网点建设，特别是增加边远地区的生活服务网点。

(5)进行三号院游泳池改造，加盖顶篷。

(6)建立厨师培训基地，年培训三级以上厨师80名，力争在三年内使全局所有食堂都有2名以上三级厨师。

(7)新建水厂至二号院滦河水供水管线，解决二、三号院地区滦河水管网末端压力低、供水不足的问题。

(8)开通开发二路，重点建设南起港中路北端、北至局小车队西端2千米公路。

(9)加快住宅区生活设施配套建设，继续建设自行车棚，安装公用电话。

(10)加快园林绿化步伐，全年植树12万株，新增绿地面积5万平方米。

要进一步搞好计划生育工作，提高普通教育和专业教育水平，完善医疗设施，提高医疗、防病和服务质量，严格控制不合理的医疗消费，继续抓好社会治安综合治理，维护正常的生产、生活秩序。

按照新的形势要求，加强领导班子建设。两级领导班子要勤于学习，思想艰苦，搞好团结，振奋精神，创造性地做好工作。要逐步完善干部管理制度，建立能上能下的管理机制，实行干部交流制度，注意培养、选拔、使用优秀年轻干部，不断提高各级领导班子素质。各级领导干部要根据企业走向市场的新要求，更新思想观念，转变经营思路，积极探索改革，勇于开拓进取，善于务实求实，肩负起带领广大职工深化改革、加快发展的历史责任。

要正确处理深化改革、发展生产经营与反腐败的关系。通过深化改革，从根本上遏制各种腐败现象，通过反腐败，为推进油田改革和发展生产经营创造更多的有利环境。要认真执行中央反腐败斗争方针，认真落实上级有关廉政建设要求和局党委、管理局廉政建设有关规定，定期召开会议，逐条对照检查，做到廉洁自律。要认真查处大案要案，纠正不正之风，立足防范，立足教育，整章建制，标本兼治。

要正确处理改革、发展与稳定的关系，坚持理顺职工情绪，保持安定团结的良好局面。要继续做好离退休职工管理工作，关心他们的生活和健康。继续做好待业青年和职工家属的工作，积极为他们创造就业和参加劳动的机会。

各级行政领导要注重依靠党组织和工会组织，各负其责，合作共事，尊重党委，全心全意依靠职工群众，实现决策的民主化、科学化，共同为做好油田工作做出贡献。

要加强两级机关建设，认真转变观念、转变职能，转变作风，提高工作效率和工作水平，求实务实、多干实事。要分析新情况，研究新对策，当好管理局决策的组织和实施者；要真心实意，铺路搭桥，为基层服好务。

各位代表，大港油田已进入而立之年，正在经历社会主义市场经济的洗礼。我们的面前是困难与希望同在，考验与机遇并存的新形势。具有光荣传统的大港职工，在过去的30年，创造了辉煌的业绩，也一定能够在新的形势下，开辟发展油田的新天地。希望全局广大职工进一步振奋精神，珍惜机遇，抓住机遇，真抓实干，继续发扬艰苦创业、迎难而上的优良传统和作风，团结奋斗，积极进取，推进油田改革，加快油田发展，创造新的业绩，开创新的局面，以实际行动庆祝建厂30周年。

适应市场经济要求　发挥政治核心作用
为实现油田新的目标而团结奋斗

——在中国共产党大港石油管理局第三次代表大会上的报告

姚和清

（1994年9月21日）

同志们：

现在，我代表中国共产党大港石油管理局第二届委员会，向大会作工作报告，请予审议。

一、八年工作的回顾与总结

1986年4月中共大港石油管理局第二次代表大会召开以来，已经八年时间了。这八年，是我局认真贯彻落实党的十一届三中全会以来一系列路线、方针、政策和上级的部署与要求，油田改革和发展取得丰硕成果的八年，是队伍素质进一步提高、职工物质文化生活逐步改善的八年，也是党的建设不断加强、政治核心作用较好发挥、精神文明建设取得较大成绩的八年。

从1986年开始，油田跨入了“七五”发展时期。局党委面临认真学习贯彻党的十二大精神，贯彻落实党中央、国务院颁发的三个《条例》，转变党委职能，实行厂长负责制，推进企业领导体制的平稳过渡，动员带领广大职工，按照党的十二大提出的到本世纪末工农业年总产值“翻两番”的要求和石油工业发展目标，实现全局油气产量较大幅度增长的历史性任务。转变企业党委职能，实行厂长负责制，是企业领导体制改革的重大举措。局党委以高度的历史责任感，积极拥护党中央、国务院关于企业领导体制改革的重大决策，有计划、有步骤地组织油田党、政、工各级干部认真学习三个《条例》，研究制定了三个《条例》实施办法，使党、政、工各方在思想上统一认识，在行动上有章可循。在抓好典型、摸索经验的基础上，由首批10个二级单位，逐步扩大到18个二级单位，1988年全局二级单位普遍实行了厂长负责制，管理局于1988年4月经上级批准正式实行局长负责制，使油田领导体制的转换实现了循序渐进，平稳过渡。

党委职能转变以后，油田各级党组织以新的姿态和精神面貌，积极支持各级行政领导依法行使职权，负起全面领导的责任，在生产经营上大胆决策，大打增储上产进攻仗，部署开展增产节约、增收节支和企业上等级等活动。同时，在广大干部特别是各级领导干部中有计划、有重点地开展了“一个中心，两个基本点”教育、社会主义商品经济理论教育，结合整党，对党员领导干部进行了民主评议；在广大党员中开展了理想信念教育、党的宗旨教育和“新时期党员形象”教育，组织了以讲国情、讲厂情、讲传统、比贡献为主要内容的“三讲一比”活动；在职工队伍中结合制定和实施《关于“七五”期间加强社会主义精神文明建设实施规划》，开展了理想纪律教育和普法教育，大力提倡和发扬艰苦奋斗精神和“三老四严”作风。这些都有力地调动了广大干部群众的积极性，克服了地下情况复杂、资金和电力紧张等困难，以及1986年特大暴风雪袭击等自然灾害，顺利推进“七五”计划的实施。到1988年，全局原油年产量达到422万吨，创1976年以来最高纪录，当年，管理局被评为天津市先进企业。

1989年，国内发生了政治风波，国际形势发生了急剧变化。保持油田稳定成为当务之急。局党委坚持与党中央保持思想上和政治上的高度一致，立场坚定，旗帜鲜明，积极做好防止动乱、稳定油田大局的工作，积极进行耐心的教育疏导，采取具体防范措施，制定下发了《大港石油管理局稳定一线队伍措施》，从提高党员队伍素质、增强党组织战斗力入手，把稳定工作落实到基层。从而有效地保持了油田正常的生产、工作和生活秩序。

与此同时，各级党组织紧密围绕国家治理经济环境、整顿经济秩序的总体部署和要求，围绕完善油田内部经营承包责任制、扩大项目管理、搞活内部分配等一系列改革措施的制定和实施，围绕多拿“双高”储量、抓好新的产能建设、实现老油田稳产增产的目标，发挥政治优势，从多方面开展工作。组织广大干部职工认真学习党的十三届四中、五中全会文件，进行坚持四项基本原则、反对资产阶级自由化的教育和以治理整顿、深化改革为主要内容的形势任务教育；在各级领导班子和干部队伍中认真贯彻落实党的十三届六中全会《决定》，以反腐倡廉为重点内容，进行思想作风教育，加强同职工群众的联系；在党员中普遍开展民主评议和党员标准、党的纪律教育，并逐步推行党建目标管理和党员责任区；以35岁以下青工为重点，有组织、有计划地开展了以基本国情和基本路线为内容的系统培训。同时，结合油田改革和发展不同阶段的实际，广泛深入地开展了以王光荣、杨兴祖、姚玉积等先进模范人物为榜样的学大庆、学先进活动，以“争当后起之秀”这个宏伟目标为动力的“学大庆、树雄心、比贡献”活动。使我们顺利地排除了国内政治风波的干扰，完成了油田治理整顿任务，全面实现了油田“七五”计划。为实施“八五”计划创造了良好的开端。1989年，我局首次被评为全国思想政治工作优秀企业，此后连续四年保持了这一荣誉称号。

1992年初，邓小平同志南巡重要谈话发表，油田改革进入了深层次、大力度攻坚阶段。各级党组织坚持用建设有中国特色社会主义理论武装广大干部、党员和群众的头脑，更新观念，大胆实践；加强对改革形势和任务的宣传教育，使广大干部、党员和群众不断加深对改革目的、意义的认识和对全局和本单位改革总体思路、基本方针、具体政策的了解，增强投身改革的紧迫感和使命感；积极参与改革方案的研究制定，确保方案既符合上级精神，又符合本单位实际，体现大多数职工的意愿；认真开展调查研究、综合分析和宣传解释工作，最大限度地争取群众的理解和支持，把改革方案化为职工群众的自觉行动，为深化改革提供了强有力的思想保证。

改革的逐步深化，推动油田生产建设进入了一个新的发展阶段。近几年来，管理局以油田开发工作为重点，继续加快勘探步伐，全面加强经营管理，全方位推进科技进步，努力提高经济效益，大力发展多种经营，建设油田“半壁江山”。在经济发展、效益提高的基础上，坚持每年办几件实事、好事，不断改善职工、家属的物质生活条件。在深化改革和生产经营不断发展的形势下，油田各级党组织不断强化经济工作的中心意识，让经济工作越来越深入地进入自己的思维领域和实践领域。从党建工作中的“创先争优”、目标管理和反腐倡廉，到领导班子的人员调整、结构完善；从基层建设“达标创优”、“创优夺旗”，到劳动竞赛、合理化建议以及“创建青年文明岗”、“四小”活动等，都坚持以生产经营为中心，在指导思想上坚持以是否有利于推动油田发展为出发点和归宿，在工作部署安排上注重与油田生产经营重点工作协调同步，在检查考核工作时把生产经营中见到的实效作为重点内容，从而进一步提高了思想政治工作为经济工作服务的深度和质量，推动了油田改革和生产经营等各项事业的快速发展。

总之，我们团结一致，开拓进取，一步一个脚印地走过了不平凡的八年。八年中，经历了由党委领导下的局(厂)长负责制向局(厂)长负责制的平稳过渡，经历了由计划经济体制开始向社会主义市场经济体制转变的巨大变革，经受了政治风波和自然灾害的严峻考验。尽管道路曲折，多有坎坷，我们仍然取得了丰硕的成果。这些成果主要是：

——促进了生产经营的稳步发展。八年来，全局累计探明石油地质储量32773万吨、天然气地质储量150.77亿立方米，生产原油3171.6万吨、天然气30.9亿立方米。主业和多种经营总产值分别由1986年的5.33亿元和687万元上升到1993年的30亿元和10.3亿元。油田生产经营范围不断扩大，一大批产品和劳务打入了社会市场和国际市场。

——推动了油田改革的逐步深化。承包经营责任制不断完善，“三项”制度改革全面推进，内部市场体系逐步建立，计划、财务、供应、住房制度等配套改革递进展开，解体“大而全”、“小而全”取得实质性突破，“油公司”框架初步形成，转机建制进入了新的阶段。

——加强了各级党组织的自身建设。各级党组织贯彻执行党的基本路线、围绕中心任务开展工作的自觉性日益增强，党风和廉政建设取得新的成果，党的活动内容丰富多彩，已经形成制度，党员的先锋模范作用进一步发挥，组织发展工作稳步推进，八年吸收新党员5266人，全局党员总数已经达到19693人。

——提高了油田精神文明建设水平。职工队伍思想、道德水平不断提高，涌现出一大批先进模范人物和单位,其中获市级以上劳动模范60人次、市级劳动模范集体17个、全国劳动模范1人、全国“五一”劳动奖章3人。尊重知识、尊重人才形成风气,群众性文体活动蓬勃开展,社会治安综合治理成效显著。全局先后有8个二级单位获得天津市文明单位称号。管理局多次被评为天津市和总公司文体工作、科技工作、教育工作先进单位。

——改善了职工的物质文化生活。全局职工年人均收入1993年达到6920元,人均住房面积达到9平方米,分别比1986年提高340%和34%。各种福利设施的建成使用、油田公路的拓展延伸、引滦入港入户工程的建成完善、医疗防病水平的不断提高、业余文化生活的不断丰富,使广大职工的生活质量明显提高。

在八年多的实践中,我们也积累了一定的经验,主要是:各级党组织必须把生产经营切实摆在中心地位,以强烈的服务保证意识教育引导广大职工为实现生产经营目标鼓实劲、干实事;必须坚持从严治党,下功夫把党的各级组织和党员队伍建设好、作用发挥好;必须坚持“抓基层、打基础”,不断提高基层工作整体水平,把各项工作落到实处;必须坚持继承与创新相结合,努力创造适应社会主义市场经济要求的工作方式,以生动活泼、扎实有效的工作来教育群众、凝聚力量,为实现共同的目标而团结奋斗。

同志们,不平凡的八年伴随着胜利的脚步成为了历史。在我们回顾和总结上一次党代会以来油田各方面工作的成果和经验的时候,我们十分感谢天津市委、中国石油天然气总公司党组对我们工作的指导和支持,十分感谢在各条战线上为油田改革与发展贡献力量的全体党员、各级干部和广大职工群众,十分感谢对油田改革与发展做出贡献的离退休老领导、老同志。深切怀念为我局党的建设和各项事业呕心沥血、忘我工作的好书记张俊杰同志。张俊杰同志英年早逝,虽然离开了我们,但他的革命精神和优良作风已经留在了油田广大党员、干部和群众的心里。

二、今后几年的目标与任务

从现在起到本世纪末,我国改革开放和经济建设将进入一个新的历史阶段。石油工业按照党中央、国务院“稳定东部、发展西部”的战略方针,要“进行二次创业,开辟第二战场”,进一步加大改革力度,在建立现代企业制度上迈出实质性步伐。我们油田是总公司确定的局级综合配套改革试点单位,在加快石油工业改革与发展的进程中,担负着十分重要的任务。面对新的形势,我们必须进一步解放思想,转变观念,积极进取,奋力开拓,把各项工作推向一个新的水平。

根据上级党政组织的部署和要求,我们油田到本世纪末,要努力实现以下奋斗目标:

第一,以提高经济效益为中心,保持油气储量和产量的持续稳定增长,本世纪末原油年产量达到500万吨,实现投入产出和储采比平衡两个良性循环,同时加速发展多种经营,使年产值达到30亿元,产值利税率达到10%以上;

第二,按照国家关于现代企业制度试点的要求和总公司的安排部署,借鉴国内外先进经验,对油田企业进行分离重组,建立国有独资有限责任公司,待条件具备后,再进行股份制改建,形成多个投资主体的有限责任公司或国家控股的股份有限公司;

第三,适应社会主义市场经济和油田发展的需要,建设一支能够坚持社会主义方向、具有石油工人优良传统、符合“四有”要求的职工队伍;

第四,逐步改善职工物质文化生活条件,在发展生产、提高效益的基础上增加职工收入,使职工得到更多的实惠,生活水平得到明显提高。

实现上述目标,全局各级党政组织、广大党员和群众必须坚持用邓小平同志建设有中国特色社会主义理论武装头脑,进一步解放思想,更新观念,勇于开拓,艰苦奋斗,从以下五个方面做更加艰苦扎实的工作:

(一)以提高经济效益为中心,不断加快生产建设的发展步伐

油气勘探开发是油田的主业,是我们赖以生存和发展的基础。今后几年,我们要继续坚持以提高经济效益为中心,大力发展油气勘探开发和油气加工,努力保持勘探开发储采比的平衡、油气资源产运销配置的平衡,提高石油产品深度加工水平,做到上下游同步发展,经济效益同步提高。

为此,在勘探上,要坚持自营与对外合作并举的方针,以寻找整装优质储量、提高勘探效益、增强油田发展后劲为目标,进一步加强资源评价研究和地质综合研究,甩开钻探陆地新区、新领域和边缘地带,加快滩海勘探步伐,继续加大已经开发的区块的滚动勘探力度,在“九五”期间,新增探明石油地质储量1.5亿吨、天然气储量50亿立方米。在开发上,要认真贯彻落实总公司“进行二次创业,开辟第二战场”的精神,加快滩海开发和未动用储量评价步伐,加大高含水油田、低效开发油田和滚动勘探开发工作力度,打好老区调整、控水稳油、注聚合物等7个硬仗,努力实现老区硬稳定、滩海快发展,确保原油产量逐年上台阶,使老油田在

1994年年产420万吨的水平上保持稳产，滩海地区在"九五"末形成年产120万吨的生产能力。全局原油产量1996年达到460万吨，2000年跨上500万吨的台阶。在炼油上，要充分发挥油气资源优势，加快技术改造，挖掘炼油潜力，增加适销对路产品和国家短线产品，提高深加工水平和"下游"规模效益。

加快主业发展，既有有利条件，也有不利因素。一方面，我们具有相当的储量基础，另一方面，又面临着地下情况复杂、生产建设资金紧张等困难。为了实现有效益的发展，必须高度重视科技进步，围绕油田勘探开发遇到的难题，开展科研攻关，不断提高工艺技术的适应性和实用性。加强经营管理，挖掘各方面潜力，千方百计提高主业经济效益。

（二）以建立现代企业制度为目标，进一步深化油田改革

在石油企业建立现代企业制度，是深化改革、转制增效的一个伟大尝试。今后几年，要从五个方面开展工作：一是加强调查研究，完善改革方案设计。按照国家和总公司的要求，总体构思、严密编制，使方案设计与国家百家企业试点方案相统一，与总公司培育和营造渤海湾地区油田行业市场等战略构想相结合，与油田目前的改革措施相衔接。二是确立油田企业的法人地位，在企业制度上大胆创新。完善企业法人制度，使油田企业成为独立的法人实体和市场竞争主体，实现自主经营、自负盈亏、自我约束、自我发展；建立法人治理结构，完善油田企业内部领导体制和组织管理体制，形成权责分明、团结合作、互相制约的机制。三是解体"大而全"、"小而全"，努力塑造"油公司"主体形象。坚持走"油公司"的路子，调整现行组织结构，实现专业化生产、社会化服务、企业化经营、市场化竞争，逐步向现代企业制度转变。四是按照深化改革的方向和目标，认真解决改革中出现的深层次问题。根据油田主业发展和社会市场需要，调整油田的产品结构、产业结构和队伍结构，控制管理层次的增加，防止机构总量和干部总量的膨胀，搞好改革措施的跟踪研究和政策配套，处理好改革、发展、稳定三者之间的关系。五是推进配套改革，促进经营机制的转换。继续完善市场机制，建立规范、有序、统一、开放的市场体系，加快与国内、国际市场的接轨；改革计划、投资、财务管理体制，完善劳动、人事、工资制度改革和住房制度、保险制度改革；加强机关建设，不断转变职能；积极探索在新体制下建立新型工作制度。

（三）以上规模、上档次为着力点，加速发展多种经营

全面发展油田经济，必须加速发展多种经营。今后几年，在坚持安置与增效对等的原则下，要继续在人力、物力、财力上给予相应的投入，加速产品结构、产业结构的调整，促进多种经营的发展。要以油田新工业区为基地，大力发展"三高两低"（高技术含量、高创汇能力、高附加值、低能耗、低物耗）产业，促使多种经营企业上规模、上档次，实现规模经营。

在今后几年时间里，油田多种经营要进一步发展形成四大支柱产业，实施"三个一"工程，建立一个好的机制。就是要发挥油田技术和资源优势，重点发展石油化工、建材、机电、第三产业，以这四大支柱产业为龙头，带动其它行业的发展。石油化工主要以发展精细化工、深度加工为主，生产高附加值、创汇能力强的化工产品；建材业以市场为导向，发展新型建筑材料；机电业以发展拳头产品为重点，建立以零配件专业化为主的卫星厂，形成自己的产品优势和工艺优势；第三产业以建设小商品批发市场为重点，吸引客商到油田进行商品交易，带动油田第三产业的全面发展。同时，要在全局培养15个亿元单位，形成100个产值超千万元的骨干企业，创出100个质量好、效益佳、市场有销路的名牌拳头产品。通过实施"三个一"工程，培育新的经济增长点，增加就业容量。在提高经济效益的前提下，多种经营企业还要打破全民企业传统的管理模式，积极探索多种经济成份并存的经营模式，实现全民、集体、合资、独资、私营等多种经济成份并存，在建立现代企业制度上迈出实质性步伐。现有多种经营企业要转换机制，逐步改组为股份合作制或股份有限责任公司，部分企业可以转为租赁经营、国有民营和国有私营，有条件的企业可进行横向联合，创办联合企业，也可组建企业集团。

（四）以建设"四有"职工队伍为重点，不断加强精神文明建设

要全面提高队伍素质，以建设有中国特色社会主义理论为指导，高扬爱国主义、集体主义、社会主义的主旋律，大力倡导社会主义新风尚，引导党员、干部和群众正确处理五个关系：正确处理个人利益与整体利益的关系，坚持在增加整体利益的前提下，增加个人收入，反对个人第一的倾向；正确处理市场竞争与职业道德的关系，坚持诚实劳动、合法致富，用社会主义职业道德规范经营行为；正确处理追求现代生活方式和保持艰苦奋斗传统的关系，提倡合理消费，发扬艰苦奋斗、拼搏向上的精神，反对拜金主义和享乐主义；正确处理开放搞活与反腐防变的关系，自觉抵制腐朽思想和腐化堕落生活方式的侵蚀，保持健康、科学、文明的生活方式；正确处理党性原则与等价交换的关系，坚持党员标准，廉洁奉公，遵纪守法，保持党员和干部队伍思想和作风的纯洁性。

通过强有力的政治思想教育和业务技术培训，努力培养四支队伍：一是政治素质好、熟悉市场经济、精通经营管理的企业经营者队伍；二是思想政治工作是专才、经营管理是通才、协调能力强的思想政治工作者队伍；三是精通专业技术、热心科技事业、能把握市场变化的科技工作者队伍；四是爱国、爱党、爱油田、爱岗位、技术过硬、作风优良、能适应现代化大生产要求的技术工人队伍。

（五）以生产发展、效益提高为基础，继续改善职工生活

改善职工生活，使职工得到更多的实惠，是各级党政组织必须高度重视和研究的问题。“九五”期间，我们要在努力发展生产、提高经济效益的前提下，本着量力而行、突出重点的原则，坚持为职工办实事，逐步改善职工的生活条件。一是按照职工工资总额增长低于企业经济效益增长、职工平均工资增长低于企业劳动生产率增长的原则，不断增加职工收入。二是以解决现住平房和危房的9855户职工为重点，采取多种集资方式，加快职工住宅建设，力争四年内使平房和危房住户搬入新楼，以缓解职工住房紧张的矛盾。三是充分发挥各单位现有文化体育设施的作用，采取多种形式，开展丰富多彩的文化体育活动，繁荣油田文化生活，同时不断完善生活服务网络建设，增设服务网点，提高服务质量和水平，方便职工生活。四是在财力允许的条件下，完善小区配套，增建文体活动场所，提高城区综合配套功能，美化城区环境。

实现上述目标和任务，是全局各级党政组织的共同责任，也是今后一个时期油田各方面工作的中心。顺利实现既定目标，关键是要解决好由计划经济体制向社会主义市场经济体制变革中暴露出来的制约油田生存与发展的深层次矛盾。尤其是提高经济效益与油气生产发展中成本增长的矛盾、复杂的地下情况与现有勘探开发技术水平的矛盾、构建新型经营框架与传统经营模式的矛盾、现有产品、产业和组织结构与市场经济发展不相适应的矛盾、职工队伍素质与实现新目标的要求不相适应的矛盾等等。只有精心研究和解决这些深层次矛盾，才能够顺利实现我们的奋斗目标。因此，今后几年，我们不仅要打一场深化内部改革、加强经营管理、推进科技进步、提高经济效益的攻坚仗，更要打一场转变思想观念、提高人员素质、拓展工作局面、攀登新的高峰的志气仗。各级党组织一定要清醒地认识形势，明确肩负的历史使命，切实发挥政治核心作用，带领广大党员、各级干部和职工群众，正视困难，顽强进取，变挑战为机遇，变压力为动力，同心同德，艰苦奋斗，在推进油田各项事业中再立新功。

三、新形势下党委工作的基本思路

保证本世纪末油田各项奋斗目标和任务的全面实现，是各级党组织面临的一项重大的历史性任务。油田各级党组织一定要坚持以邓小平同志建设有中国特色社会主义理论为指导，深入贯彻党的十四大和十四届三中全会精神，把握好“抓住机遇，深化改革，扩大开放，促进发展，保持稳定”这一全党工作的大局，不断加强和改善党的领导，更好地发挥党组织的政治核心作用，动员、团结、激励广大党员和群众，把油田改革与发展不断推向前进。

最近，中共中央组织部专门发出通知，对新体制企业中党的工作职责和任务做出了明确规定。其基本内容是：保证监督党的方针、路线贯彻实施；积极参与企业的重大问题决策；；加强党的思想、组织和作风建设；领导思想政治工作和精神文明建设；支持股东会、董事会、监事会和总经理依法行使职权；领导工会、共青团等群众组织。这是新体制下党组织发挥政治核心作用的主要内涵，也是我们应当认真完成的根本任务。根据这一精神，结合油田实际，我们要紧紧抓住以下几个方面，进一步明确认识，做好工作。

（一）坚持用建设有中国特色社会主义理论武装头脑，为深化改革和加快发展提供强有力的思想保证

邓小平同志建设有中国特色社会主义理论，是当代中国的马克思主义，是我们油田深化改革、加快发展、提高效益的指导思想。用邓小平理论武装党员、教育职工，是油田各级党组织的一项战略任务。搞好邓小平理论的学习，仍然要坚持“要精、要管用”的原则，结合不同阶段的实际，明确不同的学习重点。要根据不同单位、不同层次的实际，采取多种形式，把学习教育搞活、抓实，做到学有所得，学有所悟。当前，无论是干部、党员还是职工群众，都要把学习《邓小平文选》第三卷作为主要内容，并与学习党的十四届三中全会《决定》结合起来，着重学好社会主义市场经济理论和现代科学技术知识，从若干重要观点入手，通过研读原著，领会精神实质，力求学深学透。

学习邓小平理论，必须紧密联系思想实际，促进观念的转变。各级领导和群众都要适应形势的发展，不断调整思维，提高对新事物、新问题的认识能力，真正解放思想。在建立和发展社会主义市场经济的新形势下，各级领导同志必须切实转变只对国家计划负责的观念，强化质量第一、用户至上的意识；转变单纯追求生产指标、生产速度的观念，强化一切着眼于提高效益的意识；转变大树底下好乘凉的观念，强化独立自主进市场，依靠竞争图生存、求发展的意识。广大职工要抛弃一切都要企业包下来的依赖心理，树立面向市场谋职业、依靠竞争上岗位、凭借贡献论收入的意识，正确处理眼前利益与长远利益、做主人与做好本职工作、共同富裕与一部分人先富起来、提高劳动生产率与自身收入不断增长等关系。

学习邓小平理论，必须学以致用，躬身实践，同油田深化改革、转换机制、建立现代企业制度的实践结合起来；同加快生产发展、提高经济效益结合起来；同解决本单位深化改革和生产经营中的具体问题、完成各自担负的生产和工作任务结合起来，从理论与实践的结合上认真研究解决如何形成与完善本单位、本部门加快改革与发展的工作思路，如何增强各级领导干部全局意识和战略意识，如何适应社会主义市场经济的新形势，加强和改进油田思想政治工作，如何进一步加强经营管理，推进科技进步，提高经济效益等问题。广大干部、党员和职工群众，一定要发扬理论联系实际的优良学风，努力学出新意、学出生气、学出成效，使学习更好地推动油田的改革与发展。

（二）坚持“党要管党，从严治党”的方针，积极探索新体制下加强党建工作的新路子

发挥企业党组织的政治核心作用，是有中国特色的现代企业制度的本质体现。各级党组织必须主动适应企业领导体制和运行机制的逐步转变，积极探索党建工作的新路子，把自身建设好。

必须以提高领导经济工作的能力为重点，不断加强领导班子和干部队伍的建设。在抓好政治理论和党的方针、政策学习，加强思想作风建设，提高政治理论和政策水平的同时，要进一步完善领导班子的整体结构，增加党委班子中熟悉经济工作的人员；要组织各级领导干部学习经济，不断增强参与和组织生产经营工作的能力和水平；要根据新形势的需要健全完善工作制度，保证各项工作有章可循、有序运转；要不断增强班子的科学决策能力和解决自身问题的能力，掌握领导工作的主动权。与此同时，要从适应社会主义市场经济的需要出发，树立新的用人观念，完善新的管理机制，按照干部“四化”要求和德才兼备的标准培养和聘用干部。特别要放手使用年轻干部，努力创造一个使优秀人才脱颖而出的环境。

必须适应现代企业制度的需要，不断加强基层党组织建设。在建立现代企业制度、进行劳动组织的调整和重组中，党组织工作机构的设置、专职党务工作人员的配备要本着“精干、高效、协调”的原则，可以不搞一个模式，但必须做到组织完整、机构和人员相对稳定。绝不能有组织无机构，或有机构无工作人员。要认真抓好基层党支部建设，做到组织健全，工作落实。尤其是基层一线队种，必须做到党的组织健全，党务工作有专人负责。要加强新体制下党支部各项制度的健全落实，深化党建目标管理，使基层党组织建设在新形势下继续沿着制度化、经常化的轨道发展。要不断加强党员教育管理，根据新体制的运作规范，继续搞好“党员责任区”和“党员模范岗”等活动，充分发挥党员在深化改革和发展生产中的先锋模范作用。要以生产一线和青年职工为重点，进一步做好党的组织发展工作，不断壮大党员力量。要继续加强离退休职工中党员的思想教育，使他们保持优良传统，进一步发挥作用。

必须进一步加强党风廉政建设。要突出重点，加大力度，深入持久地开展反腐败斗争；要把“三个有利于”标准和具体的党纪条规结合起来，从油田实际出发，审慎处理改革和发展中出现的问题和矛盾；要切实抓好领导干部的廉洁自律，坚持对党员进行党纪和廉政教育，继续纠正不正之风；要适应新体制的特点，不断完善党内监督制约机制，探索纪检监察工作的新途径。同时要加强纪检监察队伍的思想作风和业务建设，树立“有为才能有位”的思想，不断提高纪检监察工作的整体水平。各级党组织要旗帜鲜明地支持纪检监察部门执纪办案，努力为他们开展工作创造条件。

必须不断改进党组织的工作方法和活动方式。各级党组织要在认真分析本单位情况、总结创先争优、党员责任区、党员目标管理、党员民主评议等成功经验的基础上，重视在实践中探索新的路子。这方面要做的工作很多，必须突出重点，务求突破。比如，在新的体制下，各级党组织参与企业重大问题的研究和决策，充分发挥政治核心作用，有哪些途径，应形成怎样的实施规范？党组织如何按照现代企业制度的要求开展活动，做到既有集中统一，又有分散多样？在活动时间的安排上，怎样做到既不影响党员正常的生产经营活动，又有必要的时间保证等等。要注意在深化改革、转机建制中加强研究，摸索经验，从而推动油田党的建设工作达到新的水平。

（三）坚持党对思想政治工作的领导，在转机建制过程中进一步加强和改进思想政治工作

思想政治工作是党的工作的重要组成部分，在深化改革、转机建制中绝不能削弱，必须在改进中加强。我们油田有着做好思想政治工作的优良传统，在新的形势面前，必须继续发挥这一政治优势，与深化改革、加快发展同向同步地加大工作力度，使思想政治工作在油田发展的新阶段更有作为，这是油田各级党组织肩负的重任。

在新形势下加强和改进思想政治工作，关键是要适应现代企业制度的运作规范，不断改进和完善思想政治工作的运行机制。当前，首先要抓好三方面的工作：第一，转变思想政治工作的管理方式，努力做到“宏观把住、微观搞活、落实基层”。局处两级机关和业务部门要把主要精力转到调查研究、把握方向、传播信息、搞好服务上来，具体内容、工作方式、时间安排等由各基层单位自主决定，坚决防止那种思想政治工作不是围着本单位的生产经营转，而是强求一致、“自我循环”等不切实际的形式和要求。第二，按照“大政工”的思路，进一步完善思想政治工作管理网络。各单位要根据新体制的要求合理设置专职机构和人员，同时，根据实际工作的需要逐步明确行政管理和生产技术干部做好思想政治工作的责任和要求，形成专兼结合，相互渗透，党委领导，党政工团各方积极参与的全员化管理格局。第三，加强各种规章制度建设，把思想政治工作逐步纳入企业管理工作的范畴，进一步向规范化、制度化方向发展。今年年初颁发的《基层队（车间）思想政治工作办法》等四个办法，是多年来油田思想政治工作的经验总结，目前必须认真执行。今后随着改革的深化，要根据新体制的运作规范，进行修订完善，使思想政治工作有章可循，做到运作制度化、工作上水平。

加强和改进思想政治工作，还要在方法的改进上多探索、多实践。各级党组织都要坚持以企业文化为载体、以生产经营生活为阵地，采取灵活多样的工作方式，将思想政治工作融于生产经营及管理之中，同时研究部署、同时检查考核，明确责任制，增强时效性；要把思想政治工作落实到基层，使之进班组、到人头，向八小时以外延伸，拓宽工作的覆盖面；还要坚持从实际出发，根据不同对象确定相应内容与方法，使思想政治工作求实讲质，增强针对性。总之，要适应新的形势，通过积极的探索，使思想政治工作发挥更加重要的作用，显示更大的威力。

（四）坚持用高尚的精神塑造人，努力建设一支适应新形势需要的“四有”职工队伍

用高尚的精神塑造人，就要加强思想教育。各级党组织都要以培养“四有”新人为目标，按照中共中央印发的《爱国主义教育实施纲要》部署和要求，结合实际，深入开展爱国主义、集体主义、社会主义教育，把爱国、爱党、爱社会主义与爱油田、爱岗位、爱本职工作结合起来，不断增强油田的凝聚力。要切实加强职业道德和社会公德教育，在市场竞争中树立良好的形象。要大力提倡和发扬江泽民同志倡导的64字创业精神和石油企业艰苦创业、“三老四严”的光荣传统，引导职工树立正确的思想、信念、人生观、价值观，自觉抵制拜金主义、享乐主义和极端个人主义等腐朽思想的侵蚀，做到爱厂敬业，勤奋工作，充分发挥自己的积极性、主动性和创造性。

要加强业务技术教育，促进职工岗位成才。今后几年，要从实际需要出发，采取轮岗锻炼、脱产外培等多种方式，加强对管理人员的培养，在普遍提高管理人员素质的基础上，努力造就一支业务精通、匹配合理的油田企业家队伍。要坚持开展技术人员的继续工程教育，积极创造条件，让他们及时吸取新的知识，不断提高专业水平，使之成为精通专业技术、能把握市场变化的业务技术专家。还要根据油田走向市场的需要，抓住薄弱环节，采取切实措施，加强对市场营销人员的培养，为打入社会市场、跻身国际市场储备人才。各单位要采取脱产与半脱产培训、岗位练兵、订立师徒合同进行传帮带、组织技术比武等形式，以岗位应知应会和技术规范为内容，开展对岗位工人的技术培训。要建立起工人技术培训、考核、使用、待遇相结合的机制，真正形成上岗靠竞争、收入凭贡献的局面。与此同时，要牢固确立“科学技术是第一生产力”的思想，增强广大职工的科技意识和人才意识，努力形成尊重知识、尊重人才的良好局面。同时，要重视对职工进行市场经济知识、现代管理知识、组织协调能力的培养，尽快适应现代化生产和管理的需要。

要运用多种载体，积极倡导社会主义新风尚。各级党政组织要从实际出发，以本单位、本部门各个阶段的中心工作为载体，教育广大干部、职工遵守职业道德，树立良好的职业形象；以美化生活为载体，倡导科学、文明、健康的生活方式；以文娱、体育活动为载体，寓教于乐，激发干部职工团结友爱、顽强拼搏、勇于进取、热爱集体的精神，从而把油田精神文明建设工作落到实处，提高水平。

（五）坚持全心全意依靠职工办企业，进一步密切党群关系

职工群众是油田改革与发展的主体，各级党政组织都要切实保障职工当家作主的权利，重大决策要坚持从群众中来，到群众中去，倾听群众的意见，尊重群众的首创精神。要继续坚持和不断完善职代会制度，落实职代会各项职权，重视发挥职代会各专门委员会的作用，调动职工参政议政的积极性。

工会、共青团组织是党联系群众的桥梁和纽带，各级党组织要加强对她们的领导，定期听取工作汇报，布置工作任务，提出工作要求，支持他们依照法律和章程独立自主地、创造性地开展工作。要指导、帮助工会、共青团组织加强干部队伍建设，保持工会、共青团组织的完整、工作机构与人员相对稳定，努力为工会和共青团组织正常开展工作创造必要的条件。各级工会、共青团组织要定期向党组织汇报工作，重大问题要及时请求汇报，在党组织领导下，在行政领导的支持下，积极探索适应新形势的工作方式和方法，努力开展工作，切实履行职能，充分发挥作用，在培育和建设“四有”队伍、促进油田改革与发展中建功立业。

知识分子队伍是油田建设的一支重要力量，各级党组织都要把加强知识分子工作作为一项重要任务切实摆上日程。对知识分子特别是青年知识分子，政治上要关心、工作上要放手、生活上要照顾，为他们的工作、学习和生活创造好的条件与环境，更好地发挥他们的聪明才智。

要加强对新时期统战工作的学习和研究，切实加强对统战工作的领导，充分发挥统战人士在油田经济建设中的重要作用。

（六）坚持按《企业法》、《公司法》办事，积极支持企业经营者依法行使职权

近几年来，油田各级党组织按照《企业法》和《全民所有制工业企业转换经营机制条例》的规定，顺利实现了企业领导体制的转变，确立了局(厂)长在企业的中心地位，并以积极主动的态度和卓有成效的工作，协助局(厂)长全面、准确地贯彻其工作意图，推动了各项工作的顺利开展。

今后几年，油田的管理体制要向现代企业制度转变，各级党组织要按照《公司法》和中组部《通知》的要求，找准自己的位置和角度，努力为油田及本单位经营者营造良好的工作环境。首先，各级党组织和政工干部，都要熟悉本单位生产、经营、管理业务，认准本单位、本部门改革与发展的趋势与特点，提高服务的本领与能力，为油田及本单位经营者提供政治、思想、组织保证的高层次服务；其次，要经常深入基层，深入群众，开展深入的调查研究，摸实情、知实底，准确反映各方面的意见和建议，为油田及本单位经营者进行深层次思考和决策提供“素材”和依据，支持他们依照党和国家的方针政策大胆决策；第三，决策形成后，要广泛宣传和解释决策意图，通过发挥党组织的政治核心作用、党支部的战斗堡垒作用、党员的先锋模范作用和领导干部的表率作用等，加大思想政治工作的力度，调动广大职工贯彻执行决策的积极性，真正把决策变成企业行为。总之，要通过党组织的服务、保证作用，把油田和本单位经营者的职权落到实处。

同志们，今后几年，我们油田将进入一个新的发展阶段。继往开来，再创辉煌，任务艰巨而又繁重。各级党组织要适应新形势的要求，正确把握油田深化改革和加快发展的总趋势，顾大局，抓大事，充分发挥政治核心作用，创造性地开展工作，努力把我们的工作水平提高到一个新高度，把全局党员、群众的精力引导到深化改革、发展生产、提高效益上来，为确保油田改革与发展新目标的顺利实现，顽强进取，努力奋斗！

在管理局局处两级领导干部会上的讲话

孙希敬

（1994 年 12 月 23 日）

同志们：

1994 年即将过去，1995 年就要来临。在两个年度交替的时候，局党委、管理局决定召开这次局处两级领导干部会议，简要总结今年的工作情况，明确九五年的工作思路和工作要点，安排和部署明年一季度的重点工作。关于 1995 年的全局整体工作，局里已经进行了研究，已形成了基本思路和原则意见，由于总公司 1995 年陆上石油工业部署将在元旦以后召开的局长书记座谈会上做出，我局的全年计划盘子、主要指标、财务预算等还需最后敲定，因而我局 1995 年整体工作部署将在一、二月份召开局的党委全体(扩大)会议和职代会上做出安排。由于临近年终,明年的工作急需进行安排和运作,明年一季度的工作急需着手组织和展开,必须提前进行安排和部署。在这样的背景下,局里决定召开这次会议,先将明年全局工作的总体思路和一季度的主要指标及重点工作甩下去,以便各单位在研究工作时有所遵循,并以此动员全局广大干部职工集中精力、振奋精神、扎实工作,把明年一季度的工作做好,达到高起步、高水平,使明年的各项工作有一个好的开端,为保持油田的持续稳定发展,实现明年的生产经营目标打下良好的基础。

下面,我讲三个方面的问题。

一、1994年油田工作的简要回顾

今年以来,全局广大职工认真学习贯彻党的十四大和十四届三中全会、四中全会精神,按照党中央、国务院提出的"抓住机遇、深化改革、扩大开放、促进发展、保持稳定"的20字工作方针,积极适应建立社会主义市场经济体制的新形势,从油田的实际出发,以提高经济效益为中心,深化改革,转换机制,强化经营管理,推进科技进步,大力改善和加强思想政治工作,努力保持队伍稳定,进一步调动了各方面的积极因素,使全年阶段工作有效展开、分步到位,保证了全年各项生产经营目标的顺利实现,取得了良好的成效。主要表现是:勘探工作进展顺利,成效比较明显,张东滩海主体构造上升盘已达到探明条件,赵东、驴驹河—白水头、新河村构造发现良好油气显示,南大港浅层、孔西中生界潜山、沧县隆起又有新发现,全年可较好完成油气新增储量任务。开发工作稳步发展,开发水平进一步提高,以"控水稳油"为主要内容的综合治理工作见到了明显的效果,老油田在完成今年的油气产量任务中发挥了重要作用;产能建设工作总体进展比较顺利,全年的配套产能建设可按期完成;主要开发经济技术指标控制在了年初下达的指标以内,全年可超额完成油气产量任务。经营管理工作得到加强,经营状况得以改革,经济效益进一步提高,全局的生产经营成本和投资规模得到有效控制,经营单位盈利水平提高,施工作业单位积极开拓外部市场,努力增加创收渠道,亏损的势头得到遏制,预计全年全局可实现收支平衡。油田深化改革力度加大,重点改革按期到位,在解体"大而全"、"小而全",推行专业化管理、按"油公司"模式进行改组上迈出了坚实的一大步,为建立现代企业制度创造了必要的条件。多种经营继续保持较快发展,产值、利税同步提高,预计全年可顺利完成年度计划指标。党的建设得到进一步加强,各级领导班子建设和廉政建设取得新的成绩。职工的物质文化生活条件进一步改善。思想政治工作在深化改革、生产经营和保持队伍稳定上发挥了重要作用。

截至11月底,全局累计新增探明石油地质储量2539万吨,为年计划的101.5%,预计全年可完成探明储量3000万吨,为年计划的120%;新增天然气储量15亿立方米,提前两个月完成了全年计划;生产原油391万吨,为年计划的93.1%,预计全年生产原油425万吨,为年计划的100%;生产天然气3.64亿立方米,外输2.87亿立方米,分别为年计划的105%和112.2%,分别提前40天完成了全年任务;配套建成原油生产能力35万吨,为年计划的93%,全年的配套产能建设任务可顺利完成;主业实现销售收入38.5亿元,预计年底可实现销售收入42.5亿元;多种经营完成产值9亿元,实现利税0.9亿元,均为年计划的90%,预计全年可完成产值11亿元,利税1.1亿元,均为年计划的110%。

二、1995年全局工作思路和工作要点

1995年是"八五"计划的最后一年,也是我局改革与发展最重要的一年。油田的各项工作,不仅要确保"八五"奋斗目标的顺利实现,同时也要为"九五"计划的顺利实施开创更有利的局面。1995年,国务院将我局列为全国百家建立现代企业制度试点单位,总公司确立了以经济效益为中心的发展新思路,为我们做好明年油田工作提出了更高的要求。新的形势下,我局面临的困难和矛盾是:提高主业效益与可供开发的探明优质储量不足、油气产量增长缓慢、生产成本上升过快之间的矛盾,保持老油田稳产与重大稳产、增产措施部署跟不上的矛盾;建立现代企业制度与现有的组织结构不合理、经营机制不活、管理模式陈旧、各种负担沉重之间的矛盾;构建新的经营框架与传统经营模式之间的矛盾;现有的产业、产品、组织结构与市场经济发展不相适应的矛盾;油田所能筹集到的资金与难以满足油田加快发展的实际需要的矛盾;参与市场竞争、提高竞争能力与油田现有技术、装备落后之间的矛盾;职工队伍素质与实现新的改革与发展目标不相适应的矛盾等。对此,全局各级干部要保持清醒的认识,形成共识,正视困难,振奋精神,发挥优势,充分依靠和发动职工,以新的思路、新的举措,促使油

田改革与发展取得新的成绩。

1995 **年油田工作的基本思路是**：以提高经济效益为目标，稳定发展油气生产，达到增储、增产与增效的统一；加快发展炼油化工和多种经营，推动产业、产品、组织结构的调整；推开现代企业制度试点工作，加速转换经营机制；加快科技进步，强化企业管理，增加经济效益，提高队伍素质，走出一条既有较好经济效益、又有较快发展速度的新路子。

按总公司最近通知，1995 年对我局核定的“两定”指标及指导性指标是：两定指标主要有三项，一是原油配置量 402.9 万吨，二是天然气配置量 2.7 亿立方米；三是实现利润 6000 万元，其中上缴利润 2000 万元；指导性计划指标共有四项，一是原油产量 430 万吨；二是天然气产量 3.4 亿立方米，三是新增探明石油储量 2800 万吨，其中老区滚动 300 万吨，新区探明 2500 万吨，控制石油地质储量 900 万吨，四是新增天然气地质储量 10 亿立方米。总公司核定的指标和我局的初步安排有些基本吻合，有些存有差距，有些还需要进一步测算、平衡和部署。各单位先按下列初步指标安排部署和组织工作：

全年新增探明石油地质储量 3000 万吨，新增天然气探明储量 10 亿立方米；全年生产原油 425 万吨，工作目标 430 万吨；生产天然气 3.4 亿立方米，外输 2.5 亿立方米；新建原油生产能力 39 万吨；加工原油 100 万吨。

投资总规模控制在 26.95 亿元以内，实现投入产出的基本平衡。

全年主业实现销售收入 58 亿元。

多种经营全年完成产值 12 亿元，力争 14 亿元，实现利税 1.2 亿元，力争 1.4 亿元。

全年全局经济效益比上年有较大幅度提高。

实现上述目标，必须正确认识和把握以下工作要点：

第一，以经济效益为中心，走效益型发展的新路子。

经济效益是企业追求的根本目标。总公司制定了《关于以经济效益为中心，加快发展若干问题的意见》，要求各油田必须把提高经济效益摆在首位。就我们油田目前的实际而言，效益问题更为至关重要。我们现在的主业和多种经营每年都在稳步发展。但是，我们的发展速度与客观要求仍有很大的差距，主要是我们人均占有油量低，仅是石油行业平均水平的一半，全员劳动生产率也低于同行业平均水平，全局综合经济效益排在石油行业的中下游。我们的职工队伍将近富余 2.5 万人，要使全局 6.7 万名职工的整体收入水平有一个大的提高，就必须解决建立新的经济增长点的问题，使富余的职工能够创造出新的价值来。适应以经济效益为中心的新形势，我们必须在思想观念、经营策略、工作方式、项目决策、企业管理等各个环节进行转变，将经济效益作为我们干好每项工作的先决条件，做到生产发展要讲求经济效益，提高效益要以生产发展为前提，实现发展与效益的统一，彻底改变过去那种单纯追求产量目标、靠堆工作量完成生产任务的做法。

1995 年是油田发展进程中最重要的一年。我们在研究明年工作中，遇到的最大困难就是资金紧张。明年，保持油田发展需要干的事情很多，勘探开发需要资金，炼厂改造需要资金，进行“三调”需要资金，加快多种经营发展也需要资金，而在需要与实际筹措之间存有很大缺口。在这种情况下，各项工作部署和工作组织都要以提高经济效益为前提，首先要严格把握投资方向，调整好投资结构，按照效益标准确定投资项目，大力提高投资效果。要严格控制成本上升和各项费用支出，搞好营销工作，增加经济效益。各单位必须以效益为目标，安排好明年的生产经营项目，大力提高盈利水平，走上效益型发展的新路子。

第二，加强油气勘探，提高勘探效益。

油气勘探是实现主业发展的基础。明年我们要解放思想，扩展勘探视野，坚持自营与对外合作两条腿走路，依靠优化部署，依靠科技进步，依靠加强管理，积极寻找优质高产、开发效益好的储量，大幅度降低勘探费用，提高勘探效益，有效解决储量接替问题。为此，九五年勘探部署的原则是强化陆上勘探，加快滩海勘探，积极探索新领域，努力寻找优质储量，提高动用程度，提高勘探效益，为油田开发准备出整装区块。勘探部署安排是：积极钻探新河村—塘东、白水头、马棚口、驴驹河、南大港东段浅层、张西、港西北坡、孔西中生界等 8 个新圈闭、新含油类型，力争拿下 4—5 个 300—500 万吨的小而肥区块；加强浅海区域勘探，力争在张东、赵东、歧东、新港、白东等构造上取得新成果，为“九五”准备接替战场；甩开钻探沧县隆起、王官屯、孔古三潜山构造，开辟新的找油找气领域。

为了确保明年勘探目标的实现，要按照勘探规范和勘探程序，认真抓好勘探部署的优化，大力推广应用多种新技术、新工艺，提高勘探部署的质量和水平。勘探部署确定后，要狠抓部署的落实，完善项目管理，推行单井项目招投标和日费制，搞好各施工环节的衔接和质量控制，解决好钻井、试油过程的油层保护问题，努力提高钻探成功率和勘探整体效益。明年，我局把勘探重点放在陆上，这是近期油田储量接替的实际需要，从长远看，滩海仍然是我局发展重要的和现实的后备战场，因此，明年滩海的勘探工作要继续抓紧，重点是搞好滩海的综合地质研究，形成正确的部署，搞好试采评价，做好工艺、技术准备，为"九五"油田产量的增长提供大的战场。

第三，以效益为目标，保持油气生产的稳定增长。

油气生产是我们生产经营的主体，是实现效益的主要来源。在目前油价基本理顺的条件下，油气生产具有较高效益。明年，我们要进一步加强油气生产工作，使油气生产保持一个合理的增长速度，实现增产与增效的统一。为此，油田开发工作，要以提高经济效益和开发效果为目标，研究不同类型油气田的开发政策，强化老油田管理，搞好以"控水稳油"为中心的综合治理，加快产能建设步伐，提高转化率，加大进攻性措施，提高措施有效率，强化滩海和边远零散井的试采，积极搞好薄油层的研究和开发，把油田开发工作提高到一个新水平，确保全年油气产量任务的完成。

为了确保明年原油产量任务的完成和开发水平的提高，管理局拟采取以下对策：一是提前实施1995年的产能建设工作量，力争使1995年产能建设任务于上半年全部完成，增加新井的年产油量；二是搞好油气资源的充分利用，推行科研和技术单位承包，以各采油单位为甲方，钻采院、设计院、地质研究院、物探公司、测井公司等技术密集单位为乙方，进行项目承包，承包的范围包括滚动勘探开发、难采储量动用、大修井侧钻、老井补层等项目，由油田科研和技术单位对某一区块和单个项目从方案到施工进行总承包。要加快新技术的推广应用，利用科研单位的技术优势，挖掘资源潜力，增加产量和效益。同时，调整技术经济政策，鼓励各采油厂挖潜、超产，鼓励科研、生产和多种经营单位利用报废井、边远井、零散井拿油，以此增加原油产量5万吨，确保全局生产原油430万吨；三是研究不同类型油气田的开发政策，确立油气田开发的边际经济界限，经济有效地进行开发，对预测投资效益将出现亏损的油气田（区块），不应再投入开发，对小断块且无注水开发条件的油气田，要加大开采速度，尽快回收投资；四是组织科研生产单位技术骨干，认真分析地下形势，明确挖潜方向，认真编制区块、单元综合调整方案，尽快形成规模较大、1995年可以动手实施的综合调整区块；五是从1995年1月1日起，第一采油作业区和二、三、四厂的各项工作由局开发公司统一组织领导，完善新的管理体制，形成新的生产、经营机制，实现增产与增效的统一。

第四，加大改革力度和步伐，推开建立现代企业制度试点工作。

按照全国建立现代企业制度试点工作会议安排，现代企业制度试点的实施阶段为1995年1月至1996年6月。目前，我局已经拟出了试点方案报总公司审批。试点内容初步拟定为12项，其核心内容：一是确立改建为公司的组织形式，将管理局改建为拥有两个以上投资主体的大港油田（集团）有限责任公司；二是完善企业法人制度，按照国家有关规定，界定产权，清理债权债务，核实企业法人财产占有量，以净资产作为资本重新注册，办理国有资产产权登记，使出资者所有权与法人财产权相分离；三是建立科学、规范的公司组织管理机构，形成由股东会、董事会、监事会和经理层组成的公司治理结构，通过内部调整、重组，建立产供销一条龙、内外贸并举的业务机构；四是改革劳动人事工资制度，取消管理人员的干部身份，取消行政级别，建立新的职务系列。建立企业与职工双向选择的用人制度，实行全员合同制，按照国家有关政策规定，确定企业的工资水平和内部分配方式，实现个人收入货币化和规范化；五是健全财务会计制度，遵照"两则"和《公司法》、《会计法》，完善内部财务管理和核算制度；六是创建社会保险制度，建立内部失业保险制度和管理机构，建立统一、合理的医疗保险制度，医疗保险金由单位和职工个人共同负担。由于这项工作难度较大，先把工伤保险基金和大病统筹保险基金建立起来。同时，要更好地发挥企业党组织的政治核心作用，搞好党风和廉政建设，健全监督制约机制，完善工会工作和职工民主管理，调整资产负债结构，完善生活后勤企业化，加快解决企业冗员问题，发展和规范市场中介组织。

对于试点工作，我们还要制定符合国家要求和油田实际情况的、具有很强操作性的实施细则，严密组织好各个环节的工作，在1995年内，使建立现代企业制度的试点工作取得实质性进展，探索经验，取得成果。

现代企业制度试点是一项系统工程，我们要进一步推进、完善已经进行的改革，加快各项配套改革措施的实施，要继续搞好采油作业区试点。要加快"油公司"改组进程，加快施工作业、辅助生产单位向"四自"经营的过渡，加快大港油田有限责任公司形成的步伐。要进一步完善生活后勤服务企业化，形成新的经营机制，走上自主经营、自负盈亏的轨道。要加快完成教育、医疗卫生系统的专业化管理，加快各项配套改革措施的实施。

第五，以市场为导向，进一步加强经营管理工作。

强化经营管理是企业的固本、治本大计。在企业走向市场，实行开放经营的新形势下，我们必须大力加强经营管理工作，形成和完善适应市场经济要求的、与企业追求利润和效益目标相适应的经营管理方式和制度。为此，1995年油田经营管理的重点是：以提高经济效益为目标，以建立与现代企业制度相适应的科学管理制度为主攻方向，认真抓好《管理局"八五"后两年企业管理工作要点》的落实，深入开展"转机制、抓管理、练内功、增效益"活动，加强营销管理，大力开拓外部市场，夯实各项基础管理，强化各项专业管理，全面提高企业素质，努力探索市场经济条件下改善经营状况、提高科学管理水平的新路子。

要加强营销管理，提高市场占有率。油气营销要建立起能够适应大流通、大市场的经营需要的油气销售体系，确保油气生产的正常运行，获得最佳经济效益。要发挥油田油气经销的主渠道作用，建立起计划导向、合同制约、公司运行的油气营销机制，积极开展原油、天然气和成品油的销售工作，不断拓宽营销范围，提高营销水平和盈利水平。成品油和液化气销售要采取自营、联营、合资合作、代理等多种方式，发展销售网点，提高市场占有率。各产品生产单位要根据市场变化，及时调整营销政策，加快新产品的开发和生产，不断优化产品结构，生产适销对路产品，同时，要加强产品的推销和售后服务工作，以优质的质量和良好的服务，巩固老市场，挤占新市场。各施工作业、辅助生产和生活服务单位，要加强市场预测和市场信息收集，积极开拓外部市场，承揽更多的外部工作量，多创对外劳务收入。

基础管理和专业管理要围绕实现利润最大化，推进管理现代化，扭转管理薄弱环节，保证生产建设有效运行，保证营销渠道的通畅，保证成本和各项费用的降低，保证各项设计、施工、产品的高质量，保证安全文明生产，提高管理整体水平。在财务管理方面，一是要继续实行资金预算制度，二是要普遍推行目标成本和目标利润管理，建立分级目标责任制，三是要加强资金和货款的回收工作，提高资金的周转次数，四是要坚持经常性的经济分析活动。在质量管理方面，要积极贯彻 GB/T1900—ISO 9000 系列标准，加强全面质量管理。要认真执行《产品质量法》，创优质、名牌产品，创优质方案、优质设计、优质工程，要加强物资采购的质量管理，严禁质次价高的物资流入油田。在现场管理方面，要坚持高标准、严要求，强化管理七项标准在生产现场、生产岗位的贯彻落实，使70％的生产现场、50％的基层队达到现场管理标准。在安全生产管理方面，要层层落实安全责任，真正把各项管理制度落实到基层、落实到每个管理者和操作者身上，要大力推行全员安全风险承包责任制，加大执法力度，落实安全技措经费，增加安全技措投入，力争用一年到一年半的时间，把油田安全生产中存在的主要隐患彻底解决，创造良好的安全生产秩序。

要加大承包力度，进一步完善经营承包责任制。九五年的经营承包工作要加大效益、利润指标考核力度和范围，将新成立的生活服务公司纳入承包范围。要突出经营承包者的核心地位，实行重奖重罚，并选择部分单位实施经营者收入年薪制。要强化定期考核，承包书一经签订，考核兑现时不讲客观，不讲情面，严格按承包政策兑现奖惩。

第六，调整产业、产品、组织结构，加快多种经营发展。

当前我局存在的产业、产品、组织结构不合理问题，是制约油田发展，制约提高经济效益，影响改革深化，影响职工群众加快改善生活条件的关键因素。通过今年一年，特别是通过今年下半年的调查、分析，全局在这方面已经统一了认识，并形成了一些大的思路。结构的调整是一个渐进的过程，只有早动手，才能早主动。1995年，管理局要制定"三调"规划，搞好具体的"三调"设计，并开始动作。我们所说的"三调"，是指针对油田存在的产业布局不合理，主导产业单一，大量施工设备、机具闲置，产品品种单一，不适应市场需要，加工设备、厂房利率低和人员大量富余等在产业、产品、组织结构上的问题，进行合理调整，形成新的产业、产品和组织结构。明年工作的重点是：以机修、运输、基本建设、修井作业系统为重点，进行产业结构调整，加快炼厂改造步伐，形成几个新的主导产业；以开发适销对路的产品为重点，进行产品结构调整；以加快多元开发，兴办新产业、新项目为重点，进行组织结构调整，建立新的经济增长点。

油田的发展和有效地进行"三调"，都依托于多种经营的快速发展。1995年，我局的多种经营要认真贯彻总公司多种经营工作会议精神，按照"产品多元化、市场多样化和所有制多元化"的原则，以推动"三调"为重点，以发展"四大产业"为龙头，加大资金投入，加快多元开发，使我局多种经营发展跃上一个新的台阶。要加强多种经营的宏观调控，搞好产业规划，调整项目开发思路，加快项目开发进度。要加强促销工作，充实营销队伍，积极开拓外部市场，力争使产销率达到95%以上，打入社会的产品销售额达到60%以上。要认真抓好多经企业的扭亏增盈工作，加大扭亏增盈工作力度，特别要抓好亏损大户的扭亏工作，建立起适应市场经济要求的经营机制。

第七，以增储增产增效为目标，大力推进科技进步。

随着以提高经济效益为目标的发展思路的确立，推进科技进步、加快技术改造，是推动油田走上内涵式发展道路的重要途径。1995年我局科技进步总的目标是形成12项龙头、拳头技术，推广应用8项配套新技术、新工艺，研制开发10个高新技术项目，全年科技增油30万吨，增收节支1亿元，实现技术贸易额1500万元。

要在勘探系统开展三个层次的科研攻关。一是综合采用盆地模拟、油藏描述等技术，争取在古生界、煤成气等勘探方面有新的突破，扩大找油领域。二是以张东、赵东、白东、歧东、新港五个区带为重点，加深研究主要勘探目的层沉积体系及有利沉积相带、储集相带展布，开展重点圈闭描述、储层横向预测，搞清砂体、油气分布范围，搞清储层特性及含油性，确定有利勘探区块，提高钻探成功率。三是开展高成熟区滚动勘探开发研究，综合应用“三维数据体”和地震处理解释、测井处理解释、油藏描述等技术，进行以油藏为单元的油藏描述和储层预测及剩余油饱和度研究，搞清砂体分布及油水层，提高滚动勘探开发水平。

要在开发系统加快难采储量动用技术、高含水油田增加可采储量技术、老油田调整技术、延长稳产期技术的研究应用，开展未动用储量的评价分类、高含水期油田油藏描述和数值模拟工作。发展放射性井间监测技术，搞清剩余油分布状况。继续利用水动力学原理，调整平面注采矛盾，提高水驱油效率。搞好提高采收率配套技术研究，继续推广聚合物驱油技术，继续搞好板桥—大张坨凝析油气田循环注气试验，提高凝析油田采收率。

要加快科技改革步伐，多方筹措资金，更新技术、装备和工艺，增强市场竞争能力和新产品开发能力。要充分发挥技术优势，开发高新技术项目，建立新的经济增长点。要组织职工围绕节能降耗、提高效益，开展小改小革活动，努力提高职工队伍的技术素质，把新技术、新工艺的作用充分发挥出来。

第八，加强思想政治工作，保证油田改革、发展、管理、稳定目标的实现。

“改革、发展、管理、稳定”是九五年整个工作的四大要素，全局上下要紧紧围绕这四大要素，切实加强思想政治工作，特别是围绕深化改革，加强对职工群众的宣传教育，增强他们对改革的适应性，调动他们支持改革、参与改革的积极性。改革是一项长期的任务，是一个渐进的过程，明年我们将进行现代企业制度试点，改革的动作将会更大，我们要教育职工充分认识到深化改革是促进发展和保持稳定的基本途径，不断更新观念，使他们随着改革的深化，不断增强承受能力和适应能力。要进一步加强各级党组织的思想建设、组织建设、作风建设、制度建设，不断增强凝聚力、战斗力；要进一步加强基层组织建设和基层党支部建设，发挥战斗堡垒作用，团结带领职工贯彻落实好党的方针、政策，组织好生产经营工作，并对职工关心的“难点”、“热点”问题，善于做好解释、疏导工作。广大党员、团员要成为发展油田生产、提高经济效益、维护队伍稳定的模范，把职工群众的问题解决在基层。近年来，随着改革力度的加大，各方面利益的进一步调整，职工群众集体上访增多。集体上访影响大，危害社会安定，甚至会被某些别有用心的人所利用。我们提倡以书信形式或推选少数代表反映群众意愿和意见，反对集体上访这种形式，并加以制止。对于串连、鼓动、组织集体上访的头面人物要予以严肃处理。要进一步加强各级领导班子建设和干部队伍建设。为了保证油田在社会主义市场经济体制下的长期稳定发展，要实施好我局人才培养战略，建设好跨世纪人才工程，加强培养高水平的石油专家队伍、精通经营管理的企业家队伍、具有市场开拓能力的多种经营营销队伍和懂得国际惯例、能熟练进行国际经济、技术、贸易的对外合作队伍，同时，要大力提高干部队伍整体素质，为油田的改革、发展提供强有力的组织保证。要进一步发挥工团等群众组织的作用，为推进油田的改革与发展建立新的功业。

三、明年一季度重点工作安排

1995年，我局无论生产、经营，还是深化改革以及其他工作，都面临着新的形势和新的任务，我们必须抓紧每一步，抓好每一环，把每项工作抓紧抓好。一年之季在于春，从现在开始，各单位要按照管理局确定的全年工作思路和工作要点，对明年一季度的工作进行详细的安排和部署，按照高起步、高效率、高效益的要求，认真抓好和落实，为全年各项工作达到新水平，有一个好开端，打下良好基础。

经管理局研究，一季度的主要指标安排是：

生产原油106.2万吨，平均日产水平11800吨；

生产天然气9450万立方米，外输6750万立方米；

新建原油生产能力11.3万吨；

探明石油地质储量500万吨；

加工原油25.2万吨；

实现销售收入14亿元；

多种经营完成产值2亿元，实现利润税2000万元。

为了实现上述目标，一季度全局要认真抓好以下几项重点工作：

(一)以提高经济效益为目标，一季度油田生产建设要达到高起步、高水平

勘探工作：一季度要根据全年总体勘探部署，重点抓好陆滩地区新河村、塘沽东、白水头、马棚口、南大港东段浅层、张巨河西块的钻探工作，并加快已完井的试油工作，力争有较好的发现，同时，积极展开歧东、张东、新港等地区的钻探工作。要完成二维地震测线100千米，三维地震测线20平方千米，VSP测井3口；动用钻机7—10台，钻井8口，进尺2.5万米，完成试油井9口、28层；完成二维地震资料处理1000千米，三维地震资料处理120平方千米。为此，要大力推广应用新技术，加强综合地质研究和油藏描述，进一步优化井位部署，精心组织，强化督促检查，加快重点井的钻探和试油工作，提高各个环节的施工质量，高水平、高效益地完成一季度的勘探任务。

开发工作：要根据全年的开发部署，精心搞好各种开发方案、控水稳油方案、综合调整方案的编制，提高方案的质量和水平，为搞好一季度乃至全年开发工作打下基础。要根据一季度的季节特点，认真抓好油气生产起步产量到位和运行工作，特别要组织好"两节"期间的油气生产运行。从明年1月1日起，全局的起步产量要达到11800吨，其中，第一采油作业区平均日产3950吨，采油二厂1740吨，采油三厂5000吨，采油四厂1050吨，滩海作业区60吨，全年要实现均衡生产。要超前搞好明年产能建设工作，加快实施节奏，提高配套水平，力争在一季度末完钻110口，投产新井77口，建成生产能力11.31万吨。

油田地面建设：一季度要抓紧投产提前实施的九五年产能建设配套工程，同时，认真搞好老油田系统改造的"两配套、一续建、七准备"工程建设，即配套建成枣大站污水处理系统和滨海站—炼油厂输油管线，确保一季度建成投产；抓好压气站改造续建工程，力争在"五一"前试运投产；搞好官大站、西二联、东二站、庄大站、孔一联、周李庄油库改造和滨海站消防系统完善七项工程的前期准备工作，抓好方案设计审查，落实施工队伍，确保一季度开工建设。

公用系统建设：一季度要组织好跨年续建的港西—港东110千伏电力线和压气站110千伏变电站工程建设，积极开工建设枣园110千伏变电站和羊二庄变电站改造工程。认真搞好北大港水库取水工程的前期准备，完成设计审查，落实施工队伍，确保一季度开工建设。

炼厂改造工程：一季度要继续抓好铂重整和润滑加氢装置的跨年续建施工，确保年内建成投产。要继续抓紧炼油厂改扩建工程的施工及相应的系统改造工程的建设施工，为整体配套投产创造条件。

(二)研究制定好改革方案，保证改革举措的顺利推开

一季度，我们要围绕建立现代企业制度，在认真调研和充分论证的基础上，抓紧各项重大改革方案的编制工作，提出推开各项改革的实施意见，并通过精心组织，整体推进，分步实施，保证各项改革举措的顺利实施，为年内取得重大进展创造条件。

要认真搞好现代企业制度试点方案的实施准备工作。一季度，要完成局处两级干部培训工作，统一思想，提高认识，同时，要向广大职工广泛宣传建立现代企业制度的主要内容和重要意义，形成共识，调动广大职工参与改革、支持改革的积极性。要在充分论证、广泛调研的基础上，完成公司制改造的可行性研究，拟定具体实施方案，报经上级批准后，进行部署实施。

要抓好各项配套改革方案的制定及论证工作。按照推行现代企业制度试点方案的要求，研究制定出法人试点、三项制度改革、劳动保险制度改革、财务体制、计划体制、机关改革等配套改革方案，并使各项配套改革方案逐步推开。

要继续加大采油作业区试点力度，做好完善、规范工作。重点是按照管理局确定的作业区试点"施工图"的要求，理顺管理层次，划清工作界面，明确职责权限，实现规范运作。要迅速将作业区试点向生产区延伸，在规范生产区、领班管理机制和运行机制上下功夫，尽快取得成熟经验。一季度末，要在搞好作业区试点规范运作的基础上，认真总结试点经验，形成一套作业区运作新模式，为采油二、三、四厂进行作业区改革提供成功经验。开发公司、采油二、三、四厂和局有关部门要认真搞好实施作业区改革的前期准备工作及方案的编制、论证工作，以便在条件成熟时全面推开。

要继续完善生活系统改革，重点是理顺关系，规范运行。各生活服务公司均是经营单位，要划小核算单位，建立内部经营承包责任制，制定好经营计划，控制好费用支出，努力增加收入。要把服务项目搞上去，把服务费用收上来。各生活服务公司作为经营单位，要切实搞好三个方面的生产，一是生产职工需要的生活产品，二是生产高水准的服务质量，三是生产新的服务方式。建立符合被服务单位和职工家庭需求的服务方式，理顺相互之间的经济关系。要扩展服务项目，提供高质量的、及时的、周到的服务。采油二、三厂的生活社会化服务改革，一季度要按照港油局发[1994]315号文件的要求，完成分离工作，季末开始试运行。

卫生系统改革，一季度要加快接收的收尾工作，力争在元月20日前，全面完成港内医疗机构的接收工作。要配套完善医疗系统内部管理办法，理顺内部关系，确保各项工作的尽快到位。要抓好医疗单位与各单位双向控制医疗费用管理机制的建立和完善，确定医疗费用控制指标，完成医疗单位与各单位之间医疗保健合同的签订工作，为进行规范运作创造条件。

在抓好以上改革的同时，一季度还要抓好教育系统改革，规范内部市场的运作，提高市场管理水平。

(三)面向市场，及早动作，推动经营管理工作的全面展开

1995年是我局生产经营比较艰难的一年。从目前的现实看，明年油田内部生产经营的环境仍未出现宽松的迹象。为使明年的生产经营取得比较好的成果，我们必须从年初一起步，就大力开展经营攻势，推动经营管理工作的全面展开，确保一季度的经营管理工作有一个高起步、高效益。为此，一季度要重点抓好以下工作：

一是加强市场预测，积极开展营销活动。一季度，各单位要根据管理局确定的今年工作思路和要点，结合本单位的实际，组织得力的人员，专题研究油田内外市场走向，预测市场发展趋势，确定全年的营销对策，积极开拓外部市场，打开营销局面。产品生产单位和经销部门都要主动走出去，稳定老用户，发展新用户，提高市场占有率，使一季度保持较高的产销率，并为全年的生产经营开辟一个稳定的市场。各施工作业、辅助生产单位要在做好内部工作量与队伍平衡的基础上，提早确定开拓外部市场的对策和办法，发动职工收集各方面的市场信息，采取多种方式开拓外部市场，承担更多的外部工作量，使全年施工能力与工作量保持基本平衡。

二是落实经营承包政策，为开展经营创造条件。管理局和各单位要认真组织好1994年财务决算和1995年财务预算的汇总、编制、审查和上报工作，搞好1995年度的成本、利润指标的预算，为签订1995年承包合同提供依据。要抓紧搞好1995年承包政策的研究，管理局对各单位的承包政策要于1月中旬以前出台，在征求二级单位意见的基础上进行完善修改，力争在2月份全部完成管理局与二级单位的承包合同签订工作。各二级单位的内部承包合同也要于2月份签订完毕，并将全年的利润和费用指标，逐级进行分解落实，为基层单位开展经营工作创造条件。要加快1995年的计划编制和上报工作，做好资金平衡，使全年的生产建设计划尽快得到落实。特别是一季度确定开工建设的计划项目，要抓紧下达，做到项目、资金、物资、队伍四落实。

三是提早动手，认真抓好扭亏增盈工作。预测明年将要亏损的单位，要从年初一开始，就要把扭亏增盈工作摆到十分重要的位置，树立过紧日子的思想，提早采取对策，严格控制生产成本，严格各项费用支出，严格各项管理，积极拓宽经营渠道，多出挣钱的点子，少出花钱的主意，确保一季度的生产经营取得好的成果。要加大扭亏增盈工作力度，亏损单位要建立严格的扭亏增盈责任制，落实具体措施，确定扭亏增盈的目标和时间。对近期扭亏无望的单位，要及时进行转产和调整，特别是运输、钻井、油建、矿建、井下、录井等单位，在采取其他扭亏增盈措施的同时，要根据管理局“三调”工作的部署和要求，在一季度抓紧本单位“三调”方案的编制和上报工作，尽快提出明年进行项目开发、调整、技术改造的项目，以便管理局进行平衡落实。

四是积极开展“转机制、抓管理、练内功、增效益”活动，推动油田经营管理水平的提高。明年，管理局将在全局范围内开展“转机制、抓管理、练内功、增效益”活动，目的是引导油田各单位围绕建立现代企业制度和实施《管理局“八五”后两年管理工作要点》，探索新形势下加强经营管理工作的新途径和新方法，加强和改进经营管理，全面提高企业管理素质，增强市场的适应能力和竞争能力，努力增加经济效益。通过这项活动，促使各单位产品质量、经济效益和安全生产等各项经济技术指标上一个新台阶。具体目标：一是各单位的主要经济技术指标要比上年有明显提高；二是经营性亏损单位要实现减亏或扭亏为盈；三是基础管理、财务管理、安全管理、综合管理、营销管理等要有明显加强；四是现场管理达到7条标准要求。关于这项活动，管理局正在进行研究，将在元月份以文件的形式做出具体安排。希望各单位按照管理局的要求，提高对开展这一活动的认识，加强组织领导，研究落实开展活动的具体措施，在一季度尽快掀起高潮，抓出实效来。

（四）在“严”字上下功夫，认真搞好安全生产工作

新疆石油管理局发生的特大火灾事故触目惊心，教训极为深刻。连日来，国务院办公厅、天津市和总公司陆续下发了三个紧急通知，总公司又专门召开了安全生产紧急电话会。为了进一步贯彻上级精神，把油田的安全防火和安全生产工作搞好，管理局采取了一系列措施，并于12月15日专门召开了局党政领导办公会，决定采取以下措施：

一是加大安全教育力度，利用各种宣传手段，组织开展深入的安全教育活动，使广大职工人人讲安全、懂安全，提高全员安全意识和防范意识。

二是要在今后的安全管理中，坚持“三全”、“三落实”、“三严”的标准，组织开展“三个活动”。“三全”，即增强全员安全意识，全方位进行安全管理部署，抓好全过程安全管理；“三落实”，即制度落实，责任落实，人员落实；“三严”即思想上要求严、日常管理严、对事故当事者处理严；“三个活动”，是从现在开始，在全局开展一次安全大检查活动，一次安全形势分析活动，一次安全奖惩活动。

三是加大不安全隐患整改力度，增加安技费投入，争取用一年到一年半的时间，将油田的不安全隐患彻底整改完。近期各单位要认真搞好自查自改和隐患的统计上报工作，由局处两级分别列入明年计划中实施。

四是对公共娱乐场所实行强制检查措施。油田各类公共娱乐场所先行停业，由所在单位和经营者进行自查自改，自查自改结束后，向管理局提出验收申请，管理局组织专门验收小组进行验收，验收合格者，发给安全许可证，准许营业。

五是加大执法力度，对违章指挥、违章操作、玩忽职守而造成事故的，要坚持“三不放过”的原则，进行从严从重处理。

各单位要认真贯彻管理局加强安全工作的五项决定，认真组织好安全检查，对检查出来的问题，要立即组织整改，及时消除不安全隐患，确保安全生产。一季度是最易发生安全事故的季节，又逢“两节”，我们各级领导要高度重视，切实抓好一季度的安全生产工作，以开展安全生产“五查”活动为契机，在一季度迅速掀起抓安全生产的高潮。抓安全贵在严格，我们在抓安全制度建设上要突出一个“严”字，在抓安全管理上，要做到一个“细”字，在落实安全措施上，要达到一个“实”字。以严肃的态度，严格的要求，严格的管理，严格的检查和严明的纪律，保证“两节”和一季度的安全生产，为实现全年安全生产目标打下基础。

（五）加强思想政治工作，努力保持队伍稳定

一季度，是部署实施全年工作的关键季节，我们要引导各级干部解放思想，转变观念，开拓进取，为实现全年“改革、发展、管理、稳定”目标，保证全年工作有一个良好开端，奠定良好的思想基础，并通过有针对性的思想政治工作，化解矛盾，努力保持油田队伍的稳定。

首先要认真学习小平同志关于建设有中国特色的社会主义理论和党的十四届三中、四中全会精神，促进全体党员、干部和广大职工思想观念的进一步转变，不断增强适应社会主义市场经济新形势的能力，要分层次、有重点地抓好不同层次人员的学习。各级干部，特别是处以上领导干部要带头多学一点，学深一些，注重研读原著，掌握基本原理，领会精神实质。要把理论学习同思想实际和工作实际结合起来，通过学习，一方面进一步转变观念，提高对建立社会主义市场经济体制的认识、对实行现代企业制度的认识和在新形势下加强与改善党的建设的认识；另一方面，要与安排部署本单位明年工作相结合，形成指导全年工作上水平的新思路、新举措。各单位要及时做好全年学习的安排，从一季度开始就要坚持抓好督促和检查，确保学习落到实处，见到实效。

其次要抓好经常性的形势任务教育，调动广大职工的积极性，努力实现一季度工作高起步。各单位要结合部署全年工作，认真组织，利用新年伊始的好时机，搞好明年深化改革和生产建设形势任务的宣传教育。要根据不同行业、不同单位的实际，确定宣传教育的重点，选择适合的内容，增强宣传教育的针对性；要根据不同工作阶段，适时组织专题宣传教育，使宣传教育活动既能坚持经常，又能突出重点。

第三要做好深入细致的思想政治工作，理顺情绪，化解矛盾，确保职工队伍的思想稳定。明年工作一上手，各单位就要从稳定大局出发，高度重视职工队伍的思想动态，特别要及时把握、敢于面对广大职工关注的热点问题，做好深入细致的思想政治工作。各级干部要深入基层，搞好调查研究，特别要深入到改革力度大的单位和经营亏损的单位，摸实情，出实招，办实事，帮助基层单位排忧解难，稳定队伍，搞好改革，发展生产。工作中，要注意搞好改革政策与方案的宣传解释工作，取得职工的理解和支持，提高职工心理承受能力，引导职工着眼长远发展和提高效益，做到顾全大局，不计较一时的得失。要注意区分层次，针对不同对象、不同问题，采取不同办法，做到"一把钥匙开一把锁"。年底年初，全局正在进行工资调整、住房分配、职称评聘等工作，这些工作都涉及职工的切身利益。各单位更要及时做好疏通和化解矛盾工作，引导广大职工正确处理利益关系，以实际行动为油田的稳定和发展做出新贡献。

最后，再向大家通报一下管理局一季度的重要会议安排情况。经局党委、管理局初步研究，明年一季度将筹备召开全委扩大会、职代会、勘探、开发技术座谈会、经营管理工作会、科技进步大会和多种经营工作会等七大会议，这些会议都非常重要，将对全年全局的总体工作和专业工作进行研究部署。希望大家集中精力，精心准备，为局里搞好明年的工作多提好的建设性意见，把这些会议开成研究新思路、形成大举措、掀起大落实、取得大效益的集思广益会，形成发动群众、振奋精神、调动积极性的动员会，依靠全局方方面面的共同努力，把明年全局的各项工作做好。

同志们，我们油田已进入了改革与发展的关键时期。我们面对的仍然是资源和资金两大困难，当然也有许多有利条件。我们面临的仍然是机遇和困难并存的形势，各级领导和广大职工一定要振奋精神，抓住机遇，开拓进取，真抓实干，从现在做起，把一季度的工作抓紧抓好，达到高起点、高起步的要求，为全年工作开好头，为实现全年"改革、发展、管理、稳定"目标奠定良好的基础。

谢谢大家。

发挥政治优势　动员依靠群众
为实现油田改革、发展和效益目标而奋斗

——在局党委二届十三次全体(扩大)会议上的报告

张德寿

(1994 年 2 月 28 日)

同志们：

这次局党委二届十三次全体(扩大)会议的主要任务是：以邓小平同志建设有中国特色社会主义理论和党的基本路线为指导，深入贯彻党的十四大和十四届三中全会精神，按照中国石油天然气总公司 1994 年工作会议和天津市委六届二次全体(扩大)会议的要求，研究部署全局今年的工作，审议通过《一九九四年党委工作要点(草案)》，动员和依靠广大党员、干部和群众，抓住机遇，战胜困难，为争取油田改革和生产经营的更大发展而奋斗。下面，我代表局党委常委讲一些意见，对《要点》作一些说明，请大家讨论。

一、1993 年党委工作的简要回顾

1993 年，是我们油田按照"八五"总体部署，为实现争当后起之秀目标打基础、蓄后劲的关键一年；也是全面贯彻落实党的十四大精神，进一步加大改革力度，加快经济发展的一年。面对生产建设资金不足、勘探开发难度增大的严峻形势，全局各级党政组织积极探索，锐意进取，紧密围绕油田改革与发展这个主题，大力加强和改进思想政治工作，狠抓党的自身建设和各级领导班子、干部队伍建设，动员和依靠广大职工，进一步解放思想，转变观念，把握机遇，真抓实干，使油田各方面工作在过去的基础上又有新的进展，全局上下呈现出改革稳步推进、生产均衡发展、职工精神振奋、队伍安定团结的好形势，全面完成和超额完成了各项生产建设任务和主要经济技术指标。

回顾全年工作，主要有以下几个特点：

*(1)坚持用建设有中国特色社会主义理论武装头脑、指导行动，在积极推进油田改革和发展上下功夫。*去年工作一上手，各级党组织就把用建设有中国特色社会主义理论来统一思想、指导行动作为工作重点贯穿全年，下功夫抓紧抓实。从年初开始，重点抓了党的十四大精神的学习贯彻。《邓小平文选》第三卷发行和

党的十四届三中全会召开后，在层层动员、传达精神的基础上，又及时抓了《邓选》和三中全会《决定》的学习。局党委专门下发了学习计划，明确了学习重点，分专题陆续编发了9期学习参考资料，举办了9期处级干部脱产轮训班，先后有309名处级干部参加了轮训。各二级单位利用业余党校等阵地，采取短期轮训、上党课等形式组织党员学习，采取组织干部下基层宣讲辅导、召开报告会、研讨会、知识竞赛等方法，对职工进行宣传教育。学习过程中，各单位紧密联系油田和本单位改革与生产经营工作实际，组织各级干部和广大党员、群众，普遍开展了解放思想、转变观念的专题讨论，利用油田报纸、闭路电视、广播等宣传工具，开辟专题栏目，发动各层次人员畅谈学习体会，发表思路见解，形成了浓厚的舆论声势，促进了思想的解放和观念的更新，在各级干部和职工队伍中逐步破除了五种旧观念，开始树立起五种新思想，即：破除把计划经济和市场经济作为区分社会基本制度标准的旧观念，树立重视市场机制，敢于走向市场，在市场竞争中求生存、求发展的新思想；破除单纯追求产量和产值，忽视产品质量和经济效益的旧观念，树立重视质量和效益，实现速度和效益同步增长的新思想；破除自我封闭，"万事不求人"的小生产的旧观念，树立专业化管理，组织社会化大生产的新思想；破除依赖上级，伸手向上的旧观念，树立眼睛向内，挖潜增效，自我发展的新思想；破除发展单一的内向型经济的旧观念，树立走出油田，利用油田内外市场，全面发展油田经济的新思想。在此基础上，全局各级党政组织注重联系实际，把十四大和十四届三中全会精神贯彻到油田改革和发展的各项具体工作上。局党委、管理局先后组织召开了油田勘探和开发技术座谈会、局处两级领导干部会、局职工代表大会等一系列会议，研究确定了全局"八五"期间实现"三个上台阶、两个大增长"的发展目标和与社会主义市场经济相适应的油田改革的总体目标及相应措施，并对全年工作和阶段性重点工作进行了具体部署，逐项抓好落实。各二级单位也从实际出发，着力在推进改革和发展上下功夫。如采油三厂结合本单位实际情况，研究制定了原油产量要创历史新纪录、井站管理水平要有新提高等十大生产经营目标和"围绕一个中心，做到两个加强，实现四个保证"的工作思路，并组织职工突出重点，制定措施，狠抓落实，保证了全年工作目标的顺利实现，原油年产量在168万吨的基础上超产一万吨，达到了历史最高水平。石油机械厂针对减利因素多的实际，以"居安思危话改革、自我发展定目标"为内容，在全厂职工重点是各级干部中开展"奋力爬高坡，再上新台阶"大讨论，确定了"盯住三个市场，实现六个突破"的方针目标和以转变观念、降低成本为内容的"双爬坡"活动计划，全厂出现了换脑筋、创效益的热潮，在克服减利因素681万元的基础上，全年完成产值4610万元。实现内部利润240.4万元，创造了历史最高水平。由于油田上下注重联系实际，转变思想观念，强化了工作力度，全局初步形成了抓住机遇、加快发展的良好势头。

(2)*不断强化经济工作的中心意识，在提高思想政治工作的服务深度和质量上下功夫。*企业的中心任务就是发展生产、提高效益。企业党组织理所当然必须紧密围绕这一中心开展工作。去年以来，这一思想在全局更为明确，经济工作越来越深入地进入了各级党、工、团组织的思维领域和实践领域。局处两级党委在工作的指导思想上，坚持以是否有利于推动油田改革和发展，作为思想政治工作的出发点和归宿；在工作的部署安排上，注重与油田生产建设和深化改革的重点工作协调同步；在检查考核工作时，把为改革和生产经营服务的情况作为重要内容。年初，结合改革和生产经营的部署开展了全局性的形势任务教育；年中，围绕落实二级单位领导班子和机关机构改革方案，普遍开展了谈心活动；年末和今年初开展了基层建设工作三年规划落实情况大检查。这些活动，都紧紧抓住了经济建设这根主线。党群系统各部门也注重从油田改革和生产经营需要出发确定工作内容、安排工作计划、选择活动方式，加强了与生产经营部门的联系，主动参与生产经营的重大活动，围绕中心工作，发挥各自优势，努力提高为经济建设服务的质量和效果。据不完全统计，去年仅配合安全生产工作一项，就先后总结推广先进经验、撰写调查报告和论文30多份，增强了工作的针对性和有效性，取得了良好的效果。各二级单位党委紧密围绕本单位中心任务，下力量抓了多种形式的主题活动。钻井公司在开始走向油田内外市场的情况下，为引导职工都来重视控制成本、提高效益，在公司上下广泛开展了"我与企业同呼吸、共命运、心连心"活动，增强了公司的凝聚力、向心力，去年尽管受到原材料涨价等多种因素的影响，但在扭亏方面仍然见到了明显效果。采油一厂针对老油田稳产基础较差、管理难度增大的实际情况，在全厂职工中组织开展了"爱厂爱岗做主人，献计献策比贡献"活动，有效地激发了职工积极性，全厂收到各种意见和建议5600多条，在生产上见到了明显效果，确保了全厂油气产量、经济效益等生产经营年度计划的实现。两级离退休职工管理部门和统战部门在组织老同志和统战对象为油田经济建设服务方面也摸索了一些经验，取得了新的进展。由于各方面工作突出了生产经营这个中心，形成了党政工团同耕一块田的强大合力，有力地促进了油田生产经营和改革的快速发展。

(3)坚持把调动和发挥职工积极性作为思想政治工作的着力点，在稳定队伍、激励斗志上下功夫。在新的形势下，企业肩负着“两手抓”的战略任务。如何摆顺二者的关系，实现建队伍与增效益的统一，在多年的工作实践中，各级党政组织越来越明确地认识到，调动和发挥广大干部群众的积极性，使他们始终保持勇于进取的精神和高昂的斗志，是最佳着力点。在去年工作中，全局上下自始至终把调动和发挥职工积极性作为一项突出任务，常抓不懈。各级党政组织在抓好建设有中国特色社会主义理论学习，引导全局干部职工解放思想、更新观念的基础上，把深入细致的思想政治工作做到各条战线特别是勘探、开发重点战场，做到改革方案和措施的研究制定、实施推行的过程中去。针对去年改革力度比较大，涉及人员和职工切身利益问题比较多的实际情况，各级领导干部和机关干部注意在改革方案出台前，分头深入有关单位和部门了解情况、倾听意见，努力从根本上减少各种实际问题和思想问题的发生；方案出台后，注意了解掌握各类人员的思想反映，深入细致地做好重点人员的思想工作，交换思想，提出要求，及时把工作跟上去，保证了各项改革方案的平稳推进和落实。为了激励职工斗志，使队伍保持昂扬的工作热情，各级工会组织紧密围绕生产建设的重点战役和重点战场，广泛开展多种形式、不同规模的劳动竞赛，深入开展“我为‘八五’献一计、攻一关”活动。据不完全统计，去年全局共组织各类劳动竞赛2732项，职工参赛面达83%，其中一线队参赛面达100%；共提出合理化建议61320条，采纳31601条，实施22121条，为油田创造了可观的经济效益，解决了生产工作中的一些难题。各级共青团组织以提高青年技术业务素质为重点，组织开展了“争当技术(业务)小能手、小多面手、小专家、小状元”系列竞赛活动，全局有26.9万人次参加，有效地激发了青年的积极性和创造性。各二级单位也从实际出发，在调动和发挥职工积极性上下功夫。油建公司、运输公司等单位，针对市场竞争激烈，生产任务不足等严重困难，从更新观念入手，在公司各级干部和广大群众中开展以开拓市场、占领市场为目的的“换脑筋”教育，调动广大职工练好内功闯市场的积极性，增强应变能力，激发了干部群众为公司生存与发展献计策、尽职责、做贡献的热情。井下作业公司以油田“引狼入室”为契机，积极引导干部、职工破除依赖思想，树立市场观念，增强竞争意识和效益意识，调动了干部职工在市场中求生存的积极性，扭转了公司生产一度被动的局面。在此基础上，油田先后召开了勘探战线、开发战线和科技战线思想政治工作座谈会，交流经验，研究问题，进一步增强工作的针对性和实效性，调动职工队伍投身改革和生产建设的积极性，不仅使我们在生产经营上打了漂亮仗，而且在增强职工队伍的思想政治素质方面有了可喜的收获，全局上下保持了一种团结、稳定、发展的良好势头。

(4)适应改革和发展的新要求，抓好党的自身建设，在不断增强党组织的凝聚力和战斗力上下功夫。加强党的自身建设，是实现油田改革与发展目标的根本保证。根据新形势对党的建设提出的新要求，我们突出抓了三项工作：首先，抓了各级领导班子和干部队伍建设。本着精简职数、优化结构、合理设岗、择优聘用的原则，先后对34个二级单位、26个处室、18个直属处级单位的班子进行了调整聘任，同时调整充实了党委班子，进一步优化了班子的年龄结构和知识结构。与此同时，修订完善了各级领导班子的工作、学习和有关会议制度，加强了自我约束和民主监督。开展了对广大干部的社会主义市场经济理论、经营管理和现代科技知识的培训，全年共外培180人次，内培办班61期，培训人数达3400余人，扩大了知识面，提高了综合分析和解决问题的能力。其次，加强了党的基层组织建设，引导党员在油田改革和发展中发挥先锋模范作用。结合油田深化改革和生产经营工作实际，深化基层党建工作目标管理和“创先争优”活动，修订了活动内容和考核标准，使基层党建工作内容更加充实、更加具体、更加贴紧油田经济建设。物探公司在港中、长芦等5个重点区块勘探过程中，结合生产实际修订目标，充实内容，量化指标，组织开展党建目标管理升级竞赛活动，在地震队划分了野外、技术、设备、后勤等4个党员责任区，使党员的模范作用辐射全队，形成了支部促党员、党员带群众的局面，保证了重点区块勘探任务的顺利完成。采油四厂在深化“党员形象工程”建设中，把党的建设与本单位的改革和生产经营工作结合起来，依据每个党员所担负的不同任务，提出相应的工作标准，建立承包责任制，定期考核评比，增强了党员在生产建设和深化改革中发挥先锋模范作用的自觉性，带动了各方面工作的顺利开展。在抓好经常性的基层党建工作的同时，我们还围绕各个时期的重点任务，在全局范围内部署开展了不同内容、多种形式的党员活动，引导广大党员在完成重点任务中当先锋、做模范。年初，组织广大党员开展了以争创“一流岗位、一流技术、一流产品、一流作风、一流成绩”为主要内容的“五个一”竞赛活动；四季度开始，围绕管理局“493223”工作目标，在党员中开展了为完成“493223”工作目标做贡献竞赛活动，进一步强化了广大党员在完成任务、推进改革中的模范带头作用。“七一”前夕，局党委表彰了51个先进党支部、374名优秀共产党员、68名优秀党务工作者，为基层党支部和广大党员树立了学习榜样。第三，适应新形势要求，坚持不懈抓了党风和廉政建设。努力把纪检、监察工作渗透到生产经营和管理工作中去，加强对深化改革和生产经营各项措施落实到位情况的跟踪检查监督工作，着力于支持和保护油田改革和生产建设的顺利进行。把深入开展反腐败斗争作为工作重点，以清理思想、提高认识、自觉执纪为目的，在局处两级领导班子中进行自查自纠，组织力量开展了对以权谋私和以油气产品谋私等五个方面问题的专项检查。特别是围绕油田加快发展、提高效益这个中心，加强了效能监察工作，全年在17个不同部位选择41个项目进行跟踪检查，发现各类问题284个，提出监察建议355条，建立完善监督制约制度51项，收缴各类违纪款和挽回直接经济损失两项合计达355.1万元，为油田改革和发展的顺利进行发挥了重要作用。

(5)*积极探索新形势下加强和改进思想政治工作的新途径、新方法，在求实创新、提高实效上下功夫。*去年以来，全局各级党组织把创造性地开展工作，努力形成自己的工作特色，作为一项基本的工作要求。局党委在年初部署全年工作任务时，就明确提出，要在吃透上级精神和本单位实际情况的基础上，以科学的态度创新，搞出自己的特色；在四月下旬召开的党委书记分片座谈会上，又进一步提出了要解放思想，实事求是，使思想政治工作能够“融一体、像自己、暖人心、深扎根”。为了引导大家都来重视研究和做好基层思想政治工作，夯实企业基础，管理局在十月中旬专门召开基层建设工作会议，分析了基层随着改革的深化出现的一些新情况、新问题，总结交流了在新形势下搞好思想政治工作的经验，对进一步加强和改进基层思想政治工作进行了具体研究和部署。各二级单位在工作指导上也把探索和开拓摆在重要位置，积极探索适应油田和本单位改革与发展需要的新的工作内容、工作方式，使改进与创新的思想贯穿在全年的各项工作之中，初步形成了“两头把住、中间放开”的工作局面，即把住总体部署、把住效果考核，放开具体形式，从而使思想政治工作越做越实，调动了各单位特别是基层单位的积极性和创造性，涌现出一些行之有效的新鲜经验。一些单位围绕一个时期生产建设和深化改革的重点任务，突出一条主线，协调各方面力量，抓好思想政治工作主题活动，既形成了声势，又增强了思想政治工作的实效性。水电厂等单位为加强班组思想政治工作，在班组长中实行工作双责制、业务双培训，即：工作上既明确生产工作职责，又明确思想政治工作职责，两种任务一起下，两项工作一起考核；业务上既培训生产管理知识，也讲授思想政治工作方法，增强了班组长工作的自觉性，促进了思想政治工作进班组、上岗位、到人头。采油二厂、设计院等单位，为促进精神文明建设，开展了争创文明单位和个人活动，制定文明公约和文明标准，表彰先进，正面引导，形成了群众性的自我规范、自我教育、自我约束、自我管理机制，对塑造队伍良好形象起到了积极作用。由于全局上下加强了探索的力度，注重求实创新，油田思想政治工作在活动领域、工作深度上取得明显进展，去年，管理局被授予市工业系统思想政治工作“开拓创新奖”。

各级行政领导、广大生产、行政和技术干部，在过去有效工作的基础上，更加关心和重视思想政治工作，把支持和做好思想政治工作作为自己的重要职责，在人力、物力和财力等方面努力为思想政治工作的开展创造有利条件。越来越多的同志不仅及时为做好思想政治工作提供信息、提出建议，而且结合本职业务，在抓生产经营工作的同时，注重抓人头、抓思想，使全局思想政治工作的整体优势得到了较好发挥。

1993年，油田各级党组织以邓小平同志建设有中国特色社会主义理论为指导，紧密围绕油田深化改革、转换机制、发展生产、提高效益这个中心，积极有效地开展工作，成绩是显著的。但是，在工作中也存在着一些问题和不足，主要是：一些单位对如何做好新形势下的思想政治工作，缺乏比较系统深入的调查研究，实际工作中的新思路、新招法还不够多；结合本单位改革过程中干部、群众的思想问题和实际问题，有针对性地开展思想政治工作，做得不够细致、不够深入；一些单位少数职工的情绪有时还不够稳定；在少数干部和职工中发现了一些腐败问题和丑恶现象，等等。对此，各级党组织都要认真分析研究，抓住主要矛盾，采取切实措施，认真加以解决。

二、正确认识油田面临的形势和任务，增强推进改革、加快发展的使命感和责任感

1994年，是我国陆上石油工业以转换企业经营机制为中心，推进各项改革向深层次迈进，加大改革开放力度，加快生产建设步伐，实现油气生产持续稳定发展非常重要的一年；也是我局在“八五”前三年工作基础上，抓住机遇，加快改革，加速发展，提高效益，确保油田“八五”期间奋斗目标全面实现的关键一年。我们面临着新的形势和更加艰巨繁重的任务。

在生产建设方面，总公司要求东部地区要加大工作力度，原油产量在稳定的基础上能增长的要力争多增长一些。为此，今年我局要完成原油生产计划420万吨，力争达到425万吨，也就是说，原油生产要在已经连续两年每年上升十几万吨的基础上，今年至少还要上15万吨的台阶；同时，生产天然气3.3亿立方米，力争达到4亿立方米；新增探明石油地质储量3000万吨，天然气储量15亿立方米；新建原油产能40万吨。要实现这一目标，任务十分艰巨。最突出的问题，一方面表现为，现已投入开发的主力油田稳产上产的难度和需要投入的资金进一步加大；另一方面，由于多种因素制约，优质储量和产能接替仍未得到很好的解决。在这样一个情况下，要继续以十多万吨台阶提高产量水平，难度是可想而知的。

在经营工作方面，按照国家统一部署，从5月1日起，我局的原油价格将全部放开，实行定向、定量、议价销售，总公司取消了政策性补贴。这对我们来说，拥有了更多的经营自主权，增加了一块销售收入，但是，扣除今年新增加的税负，加上原材料价格上涨、电费上调、汇率并轨后还贷增加等多支出的部分，我们实际增收的水平是很低的。也正因为如此，今年我们的勘探开发建设资金存在很大缺口，许多应该安排的工作量只能压缩。因此，资金短缺在新的一年里将是最突出的矛盾。

在深化改革方面，根据总公司1994年工作会议精神，我们和大庆一起被确定为独资有限责任公司的试点单位，同时我们还是全国100家实行现代企业制度的试点企业，这就是说，我们要在走“油公司”路子，实行现代企业制度方面先行一步。这一重大改革，涉及到经营机制的转换、组织结构的调整、内部队伍的分离、市场体系的完善、以及劳动、人事、财务、计划等一系列配套改革。可以说，今年的改革已经进入攻坚阶段，力度大，层次深，涉及的面比较广，我们将面临许多新情况、新问题。

怎样认识这样一个形势，怎样对待我们所承担的艰巨任务？各级干部在思想上必须明确以下几个基本观点：

(1)*必须充分认识加快油田发展既是国家经济建设和石油工业发展的要求，也是油田生存和壮大的需要。*石油是重要的能源，国民经济的快速发展，要求石油工业进一步加快发展步伐，而我们油田是我国东部地区几个具有发展潜力的油田之一，肩负着支持石油工业发展和国家经济建设发展的重大责任。建厂30年来，我们油田在前进中不断发展壮大，油气产量和储量持续稳定增长，形成了目前年产400多万吨原油的规模。但是，油气勘探开发生产的客观规律决定了我们油田不进则退，如果不能保持一定的发展速度，我们油田就难以生存，就难以在石油工业和国家经济发展的大潮中站稳脚跟，取得主动。近几年来，随着油田生产建设的发展和经济效益的增长，广大职工家属的生活水平逐步有了提高，经济收入有了明显增加。但是，在现有的基础上要进一步改善职工生活，增加经济收入，缩小与我国经济发达地区的差距，就必须进一步加快油田的发展步伐。发展速度上不去，经济效益上不去，一切都无从谈起。因此，我们必须进一步加深理解小平同志“发展才是硬道理”的深刻含义，认清自己肩负的历史责任，树立强烈的发展意识，抓住机遇，乘势而上，争分夺秒，加紧工作，推动油田生产建设的更快发展。

(2)*必须正视面临的困难，把握发展的机遇，坚定战胜困难、加快发展的信心。*完成今年的生产经营和深化改革各项任务，确实面临很多困难，对此，我们必须有充分的思想准备。但是，我们也应当清醒地看到，发展的机遇是和困难并存的。对我们来说，当前确实有困难的一面，但也确实面临着难得的发展机遇。首先，从全国看，《邓小平文选》第三卷的出版发行，为我们在社会主义市场经济条件下，解放思想、锐意改革，提供了有力的思想武器；党的十四届三中全会以来，全国的改革由政策调整进入制度创新的阶段，为我们深化改革、加快发展形成了更为有利的大环境；总公司最近确定我们油田为公司制改革的试点单位，又为我们以改革为动力，推进油田发展提供了极为有利的条件。其次，从油田自身来看，经过近几年的努力，我们在改革和生产经营方面已为加快发展奠定了很好的基础，积累了不少成功经验，全局上下已经开始形成加快发展的势头。“机不可失，时不再来”。我们抓住了当前的有利时机，大胆开拓，积极进取，就有可能在克服困难中取得更大、更快的发展。相反，如果丧失了这次机遇，我们就会落于人后，辜负油田13万职工家属对我们的希望和重托。

(3)*必须全面分析形势，变压力为动力，以锐意进取的精神和锲而不舍的工作，实现我们的发展目标。*完成今年生产经营和深化改革的任务，实现“八五”期间油田改革和发展目标，任务艰巨，困难很多，大家都感到担子很重，压力很大。但是，这种压力具有两重性。处理得不好，有可能把一些单位、一些同志压垮，成为前进的障碍；处理得好，它又可以激励我们的斗志，成为推进我们发展的动力。从这几年的实践来看，一些二级单位在市场萎缩、工作量不饱和、资金困难等重重压力下，经过努力，逐步走出困境，实现了减亏和扭亏为盈的目标。这里很重要的一条，就是他们在压力面前勇于进取，背水一战，依靠群众，克服困难，因而取得了可喜的成果。实践告诉我们，在困难和压力面前，关键是要有一个良好的精神状态。有了不怕困难、勇于进取的精神，就能够变压力为动力，以积极的态度做好工作。只要我们加强宣传教育，统一职工的认识，坚定发展的信心；正视差距，找准原因，制定切实可行的措施；真抓实干，舍得吃苦，并把务实精神与科学态度结合起来，开动脑筋，善于巧干，压力就不会把我们压垮，我们油田就会在化解重重压力中求得发展，不断壮大。

总之，加快油田发展，这是时代对我们的要求，也是全局13万职工和家属的共同呼声。我们必须认清形势，明确责任，抓住机遇，加快发展。在这个问题上，希望大家进一步学习和思考，增强坚定性，提高自觉性，为做好1994年工作打好思想基础，提供根本保证。

三、理顺思路，抓住重点，努力把各方面工作提高到一个新水平

根据新的一年油田面临的形势与任务，1994年党委工作总的指导思想是：以邓小平同志建设有中国特色社会主义理论和党的基本路线为指针，深入贯彻党的十四大和十四届三中全会精神，紧紧围绕油田改革与发展这个主题，大力加强党的建设、领导班子建设和干部队伍建设，进一步加强和改进思想政治工作，扎扎实实抓好基层建设，动员和依靠广大职工群众，为确保今年改革和生产经营各项任务的全面完成，夺取油田两个文明建设的新胜利而团结奋斗。

按照上述指导思想，1994年党委工作的总体思路是：把学习邓小平同志建设有中国特色社会主义理论作为贯穿全年工作的主线，以推进油田深化改革、加快发展、提高效益为根本任务，引导和组织全局职工广泛开展“四比一争”活动，以此为载体，带动各方面工作有声有色、卓有成效地开展。“四比一争”活动，即比学习、比本领、比形象、比贡献，争当推进改革、发展生产、提高效益的模范。比学习，就是要努力学习建设有中国特色社会主义理论、社会主义市场经济知识以及党和国家的方针政策，看谁学得深、指导工作效果好；比本领，就是要刻苦钻研科学技术、业务知识，苦练基本功，看谁业务精、技术高、本领强；比形象，就是要处处讲文明，事事讲道德，争做文明职工，争创文明单位，树立新的风尚；比贡献，就是要在深化改革和生产经营中，想实招，使实劲，求实效，看谁出力大，效益好。从而，在全局广大干部群众中形成一个人人争当推进改革、发展生产、提高效益模范的热潮，推动油田改革和发展跃上一个新台阶。

按照全年工作的总体部署，1994年党委工作要点安排了八个方面的具体工作，现在我就几项重点工作再讲六点意见：

(1)*学习《邓小平文选》第三卷和十四届三中全会《决定》，要把着力点放在更新观念、理清思路、指导工作上。*今年，各级党组织的首要任务，是组织广大干部职工深入学好《邓小平文选》第三卷和党的十四届三中全会《决定》，用建设有中国特色社会主义理论武装头脑，统一大家的思想和行动，努力推动各方面工作取得新的突破。要实现这样的任务，最重要的是理论联系实际，增强学习的求实意识和效率意识。具体要把握好四个环节：一要抓准学习的重点。《邓小平文选》第三卷和党的十四届三中全会《决定》内容非常丰富，要联系我们当前的思想实际和工作实际，从其中的若干重要观点入手，通过认真研读原著，领会精神实质，力求学深学透。二要联系思想实际，促进观念的转变。要用《文选》和《决定》的思想、观点对照和衡量我们的思想与工作，适应形势，调整思维，提高对新事物、新问题的认识能力，真正解放思想。三要把理论学习与形成和完善本单位、本部门加快发展的思路紧密结合起来。以小平理论和《决定》精神为指导，研究和考虑全年以及各个阶段的改革和发展工作，努力形成一套既符合上级要求，又符合本单位、本部门实际的加快发展的具体思路和措施。四要真抓实干，把思路和措施付诸于实践，变为行动。以实实在在的工作，开创本单位、本部门工作的新局面，为全局的改革和发展做出应有的贡献。

(2)*紧紧围绕经济建设中心开展思想政治工作，要进一步拓展服务广度和深度，增强实际效果。*为中心工作提供服务保证是企业党委一项根本任务。多年来，我们一直在这方面下功夫，已经积累了不少经验。特别是近几年来，各级党组织不断放开工作思路，拓宽工作领域，内容上求新，方法上求活，效果上求实，为加速油田的改革与发展出了大力，受到了各个方面的认可和欢迎。实践证明，我们的方向是正确的，思路是对头的，今年仍然要沿着这一思路继续做好工作，重点在进一步拓展服务广度和深度上下功夫。首先，要拓展服务的领域。要把思想政治工作贯穿到决策、科研、生产、销售、分配等全过程中去，把思想政治工作做到生产经营的各个环节中去，使思想政治工作不仅在宏观上发挥作用，更要在微观上发挥作用。去年，各单位在这方面进行了有益的探索，比如：为及时了解和掌握生产经营动态，建立了联络员制度；把工作做到生产经营重点区域，加强现场服务；针对生产经营的专项任务直接组织专题活动等等。今年要在这方面继续探索，努力创出新路子。还要把思想政治工作深入到多种经营领域，加强油田多种经营工作的宣传，完善和落实适应多种经营企业特点的思想政治工作制度，努力为油田多种经营的发展壮大服好务。其次，要进一步增强服务的深度。关键是要增强工作的针对性，切实把思想政治工作做到影响和制约企业发展的深层次问题上，并着力于把工作做细、做实，做出实效。1994 年，生产经营中的思想政治工作就是要在动员和组织职工千方百计完成各项生产建设任务的基础上，突出降低成本、提高效益这个重点。这既是今年生产经营工作的重要内容，也是我们思想政治工作的着力点。要认真组织和协调各方面的力量，充分发挥各种宣传舆论工具的作用，大力宣传降低成本、提高效益的重要性和紧迫性，及时总结和推广加强管理、注重质量、讲求效益的有效做法和经验，大张旗鼓地树立和表彰在各行业、各岗位工作中勤俭节约、注重挖潜、创出效益的先进典型，从而在全局形成一种事事讲成本、处处讲效益、人人为挖潜增效做贡献的良好风气，确保全年各项经济效益指标的圆满完成。

(3)*做好深化改革中的思想政治工作，要注重理顺情绪、化解矛盾，巩固油田安定团结的局面。*按照总公司的统一部署，今年我局在改革上将迈出较大的步伐。要保证各项改革方案的顺利实施、平稳推进，很重要的是要处理好改革、发展和稳定的关系。应当明确，改革是动力，发展是目的，而稳定则是条件。只有坚持改革，坚定不移地推进改革，才能推动油田生产经营的持续、均衡、快速发展，从而更好地保证油田职工队伍的稳定；而油田的稳定和人心的安定，则是推进油田改革的前提条件，没有稳定的局面，改革和发展就无从谈起。因此，我们在实际工作中，既要大胆推进改革，又要重视做好思想工作，努力做到既推进改革，又保持稳定。为此，各级党组织要把做好改革中的思想政治工作作为自己的重要责任，主动参与改革方案和措施的研究，与行政领导一起集思广益，出谋划策，努力形成正确决策，从而把握好改革的力度和方向，减少因方案、措施考虑不周带来的思想问题和实际问题，从根本上消除不稳定诱因；注重加强改革方案和措施推行过程中职工思想动态的调查、研究和分析，区分不同人员和不同情况，深入细致、理直气壮地做好工作，疏通思想，理顺情绪，化解矛盾，把问题解决在萌芽之中；认真贯彻江泽民同志和李鹏同志近期一再强调的“凡是关系人民基本生活和切身利益的事，都是头等大事”的重要指示，以高度的责任心和极大的精力密切关注和解决改革进程中职工的具体利益问题，尤其要关注那些老弱病残、生活中还存在诸多困难的职工，努力帮助他们解决一些具体问题，引导他们正确认识和处理国家、集体和个人三者利益关系，理解改革，积极投身改革。要特别重视发挥各级干部和广大党员的表率作用，教育他们积极站到改革的第一线，正确贯彻执行各项改革政策，带头顾全大局，无私奉献，以实际行动影响和带动职工群众，巩固油田稳定局面，推动改革顺利发展。

(4)*适应新形势需要不断加强党的自身建设，要把重点放到基层党支部建设上。*随着油田改革的逐步深化，基层的劳动组织结构、工作运行机制以及党员和职工的思想观念都出现了许多新变化，因此，当前加强基层党支部建设显得更加突出和重要。必须把强化基层党支部建设作为党建工作的重头戏，认真抓紧抓好。基层党支部建设要在与基层建设“创优夺旗”活动相呼应的前提下，着重解决好这样三个问题：一是要下功夫健全基层党的组织。根据基层劳动组织结构的调整，及时建立健全基层党支部，做到基层单位党的组织无“空白”。同时要以一线职工和青年为重点，做好党的组织发展工作，不断壮大基层党员队伍，为建立健全组织奠定基础。二是要注意探索和总结新的劳动组织形式中，比如多种经营企业、股份制企业、合资合作企业以及进入国内国际市场进行承包工程建设队伍中的党建工作新路子、新经验，分类抓出典型，用典型经验指导面上工作。三是要深化党建目标管理和党员责任区活动，根据形势变化和实际需要，进一步充实和完善内容，突出本单位特点，更好地发挥党支部的战斗堡垒作用和党员的先锋模范作用。在抓好基层党支部建设上，各二级单位党委要舍得下功夫，舍得花本钱，注重调查研究，搞好分类指导，努力增强基层党支部的活力，使党的建设的各项工作真正在基层得到落实。

(5)*在干部队伍建设中，要把培养“复合型人才”提到议事日程。*社会主义市场经济不仅需要一支政治素质好、熟悉市场经济、精通经营管理的企业经营者队伍，也需要一支思想政治工作是专才、经营管理是通才、组织协调能力较强的企业思想政治工作队伍，还需要一支政治素质好、精通专业技术、热心科技开发、把握市场变化的科技工作队伍。一句话，市场经济需要"复合型人才"。从油田实际情况看，不少干部在这方面是有差距的。要改变这种状况，需要做长期的努力。从今年起，我们要在提高认识的基础上，进一步加大"复合型人才"培养工作的力度。第一，要加强培训工作。各单位应采取加强轮训、送出外培等形式，有计划地组织政工干部和管理干部、技术干部交叉学习相应专业知识。在此基础上，有计划地采取轮岗代职、换岗交流等方式把他们推向实际岗位交叉锻炼，去经风雨、见世面，扩大知识面，提高驾驭相应工作的能力。第二，要建立适合"复合型人才"成长的激励机制。既要重视精神鼓励，正面引导，又要把物质利益同干部的实际才能和贡献挂起钩来，落到实处和明处，调动广大干部博学多才的积极性。第三，要拓宽人才选拔渠道。结合推行干部聘任制，敢于打破行业、部门、学历、资历的界限，交叉选拔人才、使用人才，使他们易岗锻炼，加速向"复合型"发展。同时，通过交叉选拔，也使各岗位、各部门人员专业知识单一的情况得到缓解和改善。总之，培养"复合型人才"既是跨世纪的任务，也是当前必须提上议程的任务。各单位要高度重视，积极探索，创造有效方式，使这项工作有所突破。

(6)加强职工队伍思想作风建设，要突出抓好人生观、价值观、道德观的教育。坚持"两手抓，两手都要硬"，是邓小平同志的一贯思想，是建设有中国特色社会主义理论的重要组成部分。江泽民同志最近也指出，要始终坚持贯彻"两手抓"的方针，不仅物质文明要上新台阶，精神文明也要上新台阶。两个文明都搞得很成功，有中国特色社会主义才算建设成功。在我们推进油田改革与发展的整个过程中，都不能忘记这一思想和方针。思想教育的内容很多，但基础是人生观、价值观、道德观的教育，各级党组织都必须高度重视这项工作，下功夫抓好。首先，要树立一个正确的认识。现在有一种观点，认为搞市场经济，就是讲效益，讲盈利，只要能赚钱就是好样的。这是不全面的。效益、盈利固然是企业发展的根本目的，但不是惟一目的。作为社会主义企业，加强精神文明建设，培养"四有"新人，既是提高企业效益、实现发展目标的重要保证，也是企业自身建设一项不可忽视的重要任务。我们必须把抵制和反对拜金主义、享乐主义、利己主义作为重要内容，在职工队伍中大力提倡正确的理想信念和高尚的道德情操，从而形成人人向上的氛围，为企业的发展、效益的提高提供良好的思想基础。第二，必须要有具体措施。根据全局开展的"比形象"活动，各单位都要制定并实施一些抓教育、抓精神文明建设的切实可行的措施，做到目标明确，要求具体，易于操作，使"比"能够落到实处，见到实效。第三，应当积极寻找新办法。发展社会主义市场经济，对精神文明建设提出了新的任务和要求，在新的形势下，培养良好的精神境界、思想境界和道德境界，具有开拓性的意义。需要我们花大力气，积极探索，寻找切合实际的富有成效的具体途径、办法和措施，在这方面，我们也要来一个竞赛，党政工团齐努力，共同为实现油田的经济发展、社会安定、人心稳定贡献力量。

四、加强领导，精心工作，确保1994年全局各项任务的全面完成

1994年，我们面临的任务非常艰巨，要把这些工作落到实处，达到预期目标，需要做大量艰苦细致的工作。从各级党组织和领导班子讲，特别要注意解决好以下几个问题：

(1)要加强自身的学习，不断提高驾驭全局、克服困难的本领。做好1994年工作，实现油田改革和发展的宏伟目标，很重要的是取决于干部和职工队伍的整体素质，特别是领导干部的素质。尤其是在加快改革开放步伐、石油科学技术快速更新的情况下，加强领导班子和领导干部的自身学习，提高自身素质显得尤为重要，我们必须充分认识这个问题的重要性和战略意义。加强自身的学习，可学习的内容很多。要按照学习"要精、要管用"的原则，重点学习邓小平同志关于建设有中国特色社会主义理论。学习社会主义市场经济的基本知识，学习国家和上级的各种经济法规、经济政策以及各项改革措施。加强学习最主要的是各级干部必须提高学习的自觉性，养成良好的学习习惯。要舍得下功夫，善于挤时间，紧密结合工作实际，认认真真读点书。常年坚持，必有好处。各级组织要加强对学习的组织和引导，根据不同时期、不同阶段工作的需要，制订学习计划，提出明确要求，并为各级干部的学习创造必要的条件，以保证各级干部的学习落到实处。通过各级干部带头学习的模范行动，推动本单位、本部门的学习蔚然成风。

(2)要大力改进领导作风和工作作风，进一步密切党群、干群关系。领导干部的作风如何，直接影响到领导者在职工群众中的形象，关系到领导班子整体作用能否得到充分有效地发挥。应该充分肯定，油田各级领导干部从总体上讲是好的，作风是过得硬的。这几年，在油田建设存在诸多困难的情况下，生产得到稳步发展，年年有一个新的起色，很大程度上在于各级领导干部有效的组织工作。然而，也要清醒地看到，在极少数、极个别干部中确实存在一些不容忽视的问题。因此在落实1994年各项工作任务中，我们必须把改进领导干部的作风作为一项重要工作，下功夫突出抓一下。改进领导作风，当前重点要解决好以下两个问题：一是领导干部的廉洁自律问题。各级领导干部要提高反腐败的自觉性，带头清政廉洁，克己奉公，处处严格要求自己，为群众作出表率。同时要敢抓敢管，勇于负责，带领广大群众与腐败现象作斗争。二是要增强群众观点。继承和发扬党的密切联系群众的优良传统，坚持一切为了群众，一切依靠群众，重视倾听群众的意见和呼声，关心并注意解决职工群众迫切需要解决而又能够解决的问题，以自己的模范行动树立起领导干部良好的公仆形象，从而激励广大职工同心同德，团结奋斗，为实现1994年各项任务而顽强拼搏。改进领导干部作风要靠完善制度，靠加强教育，靠上级的检查督促，更要靠每个领导者自己的人格和觉悟。各级干部都要树立起强烈的自律意识，处处严格要求自己，经常反省自己的言行，勇于承认不足，不断完善自我，努力成为一个作风过硬、工作扎实、群众信赖、有所作为的领导者，以更好地担负起带领广大职工深化改革、加快发展的历史重任。

(3)要善于总结经验，逐步完善适应新形势要求的思想政治工作机制。近几年来，各单位从实际出发，在思想政治工作方面创造和总结了不少好的经验和做法，对调动职工积极性，促进油田改革和发展起到了重要的作用。但是，从总体上看，思想政治工作如何适应建立社会主义市场经济体制的要求，特别是针对不同单位领导体制的变化和随着改革的深化职工队伍中出现的许多新情况，尚未形成比较规范、系统的运作机制。为此，在新的一年里，各级党组织要在认真分析本单位情况、总结以往思想政治工作成功经验的基础上，重视在实践中逐步形成和完善适应新体制要求、符合本单位实际的思想政治工作机制。这方面要做的工作很多，必须突出重点，力求有所突破。如党政正职“一人兼”的单位，党政正职的工作职责包括哪些，应该建立什么样的工作制度和办事程序，真正做到“两手抓”、“两手都要硬”，充分发挥“一人兼”的优势，协调好党政各方面的力量，使思想政治工作和生产经营管理工作融为一体，共同提高？又如，各级党组织参与企业重大问题的研究和决策，充分发挥政治核心作用，其基本途径有哪些，需要制定什么样的议事规则，如何实施？再如，怎样形成党政工团齐抓共管的思想政治工作“大政工”格局，真正做到“双岗双责”，更好地发挥专兼职政工人员在思想政治工作方面的作用等等。局党委有关部门要按照职责，在上半年分别选择一两个不同情况的二级单位，在搞好指导的基础上，总结经验，拿出初步意见。各二级单位也要区别情况，抓好二至三个重点单位，开展试点，摸索经验。局党委要在适当时候召开专门会议，总结交流这方面的经验、做法，从而推动油田思想政治工作在1994年上一个新的台阶，达到一个新的水平。

(4)要组织协调好各方面的力量，努力形成党政工团同心协力保中心的局面。企业的根本任务就是发展生产、提高效益。组织和带领职工群众千方百计实现企业的发展目标，这既是厂长(经理)和各级生产行政干部的重要职责，也是其他各路工作的中心任务。面对1994年繁重而艰巨的任务，要克服困难、有所作为，离不开党政工团、全局上下的共同努力。在这方面，这几年我们已经有了良好的工作基础，积累了不少成功的经验，在新的一年里，要乘势而上，再上台阶。各级党组织必须进一步加大为经济工作服务的深度，提高为经济工作服务的水平。为此，在思想上，要加强与生产行政方面的沟通，求得思想上的相互信任，相互理解，从而形成共识；在活动安排上，要搞好与生产行政工作的协调，坚持以有利于推动改革、加快发展作为我们安排落实各项活动的出发点和归宿，突出重点，统筹兼顾，服务中心；在具体工作上，要与生产行政干部相互支持，积极维护生产行政领导在企业生产经营中的中心地位，积极支持厂长(经理)依法行使职权，广泛发动党员和职工群众，支持行政领导保证各项决策的顺利贯彻实施，真正做到责任共负、风险共担，共同推进企业的发展。与此同时，要重视发挥工会、共青团等各类群众组织的作用，积极引导大家围绕油田中心任务，发挥各自优势，从不同角度、不同侧面积极主动做好工作，把一切积极因素调动起来，把各方面的力量凝聚起来，形成一个同心协力保中心，推动油田改革和发展的强大合力，保证生产建设各项任务的圆满完成。

同志们，1994年，我们油田困难和机遇并存，风险和希望同在，关键在我们的工作。只要我们团结一致，振奋精神，抓住机遇，迎难而上，就一定能够夺取生产建设、深化改革和各方面工作新的胜利，为石油工业的加快发展做出更大的贡献。

第三篇

油气勘探

油气勘探综述

【概述】 1994 年,油田勘探工作以滩海地区为重点,针对张东、赵东、歧东、新港、白—唐—马地区展开勘探,在新港地区完成三维地震野外采集 52.60 平方千米,自营区共钻井 12 口,进尺 29615 米,获工业油流井 1 口,为各级储量的完成奠定了基础。合作区完钻探井 2 口,进尺 5175 米,试油均为工业油流。

1994 年,大港油田新增探明石油地质储量 3132 万吨,探明天然气地质储量 15.22 亿立方米,凝析油储量 38.4 万吨。按 1000 立方米天然气折 1 吨油计算,探明石油地质储量为 3322.6 万吨,勘探直接投资 40642.85 万元。单井探明石油地质储量 100.68 万吨,每米进尺获石油地质储量 368.25 吨,探明 1 吨地质储量需投资 15.26 元。与 1993 年相比,勘探效益有了明显地提高。

【勘探工作量完成情况】

(1)物探及非地震物化探。1994 年大港探区共动用地震队 13 个,完成二维地震野外采集 2044.49 千米,完成三维地震野外采集 113.76 平方千米,VSP 测井 8 口,交河南地区物化探 1121 平方千米,小站地区高精度重力测量 48.96 平方千米,孔古 3 地区热释光点 810 个,面积 200 平方千米,大地岩性探矿点 208个。

1994 年新发现局部圈闭 21 个,总圈闭面积 340.3 平方千米,分布在新港、北塘、歧东、沧县隆起、孔店、张东等地区,其中Ⅰ类圈闭 10 个,圈闭面积 116.8 平方千米,Ⅱ类圈闭 10 个,面积 212.6 平方千米,Ⅲ类圈闭 1 个,面积 10.9 平方千米。

(2)钻探工作量。1994 年动用钻机 18 台,跨年钻探井 10 口,新开钻井 26 口,完钻交井 33 口,其中下套管井 28 口,地质报废井 5 口,年末正钻井 3 口,完成进尺 90227 米,探井取心井 26 口,取心进尺 419.41 米,心长 394.95 米,平均收获率 94.17%,含油岩心长 92.26米,占心长的 23.36%。

(3)探井试油。1994 年完成试油井 43 口,完成试油层 159 层,获工业油气流井 24 口,低产井 8 口,无油井 8 口,年末正试井 9 口,压裂 16 口,20 次,酸化 2 井次,地层测试 49 层,探边测试井 1 口。

(4)试采油。全年探井试采原油 23072 吨,创产值 1890.53 万元。

【主要勘探成果】 1994 年,大港油田油气勘探取得主要成果如下:

(1)北部勘探证实新村构造是一个有利含油气区。位于北部探区的新村构造是北塘凹陷中的一个中型鼻状构造,是沙三沉积早期开始发育,沙三沉积末期基本形成构造轮廓并长期发育的古构造,勘探面积 80 平方千米,该地区边缘部位被新河村、塘沽三维区所覆盖,其它地区只有少量的二维数字地震,并有 10 平方千米的地震空白区,勘探程度较低,1994 年通过地震解释,重新落实构造,并进行重力检测、热释光、大地岩性探矿等综合分析,优选钻探了塘 14 井东断鼻高部位的塘 42 井,在钻井过程中沙三^{3}见 92 米 31 层的油气显示,其中在沙三^{3}段 3186.85—3195.2 米钻井取心7.1米,见油浸砂岩 3.8 米,油斑砂岩 1.02 米,油迹、荧光砂岩 0.29 米,并在沙三^{4}电测获油层 7.5 米 3 层,沙三^{3}段电测解释油层 13.4 米 5 层,可能油气层 6.7 米 4 层,划分Ⅰ类有效厚度 14.2 米,成为一个新的有利含油气区。

(2)长芦地区找到较理想的产能接替区块。长芦构造位于海河断层下降盘。长芦断层两侧,近几年一直是大港油田的主要勘探领域,继探明长芦构造西翼为富集高产区块后,1994 年于长芦断鼻北翼钻探塘 36—1 井,电测解释油层 28.1 米/10 层,试油射开 4093.5—4122.1 米,油层 12.3 米 3 层,测液面 2447.5 米,日产油 9.99 吨。塘 36—1 井北断块的塘 37—1 井沙三^{3}电测解释油层 12.3 米 5 层,由于构造位置偏低,试油获低产。

长芦断层上升盘 1993 年钻探了塘 36 井,试油于沙三^{3}获工业油流,1994 年对沙三^{1}段可能油气 15.1 米 3 层进行再认识,射开 3222.4—3316 米,日产油 61.2 吨,发现了沙三^{1}新的高产含油层组,展现了长芦断鼻顶部是以沙三^2、沙三^{1}为主的油气富集区,翼部是以沙三^{3}为主构成的沙三段各油组油气藏迭加连片的整体含油特征。

长芦断层下降盘存在一系列逆牵引背斜和断鼻圈闭,该区完钻的塘 34、34—1、34—2 井分别钻遇塘 34 井逆牵引背斜的不同部位,塘 34—1、34—2 试油均获工业油流,证实长芦断层下降盘沙一段亦为油气富集区块。

(3)张巨河地区预探发现张东大型含油构造。张东构造位于歧口凹陷南侧的滩海地区，为一个长期发育的较完整的断裂背斜构造，勘探面积95平方千米，构造主体张东断层上升盘圈闭面积43平方千米，是一个以沙二段为主要含油目的层的复式油气聚集区。1994年在综合研究的基础上，利用人工岛和海堤在上升盘部署钻井4口：张参1、张18—2、张海2—1、张海2—2井，3口井获工业油气流，张参1井正试油，在下降盘部署钻探井张参1—1井，试油获工业油气流，共探明石油地质储量2319万吨，探明含油面积25.3平方千米，该区成为一整装富集的储量区块。

(4)赵东构造预探打开勘探新局面。赵东构造位于赵家堡东极浅海埕北断阶区，赵家堡—海4井断裂带西侧，紧临歧口有利生油凹陷，有勘探面积197平方千米。1994年为加强新区的勘探，大港油田与美国陆安公司进行风险合作，在C区钻探井2口：C—1、C—2井，进尺5175米，试油均于明化镇组获工业油流，新增探明石油地质储量716万吨，新增探明含油面积3.5平方千米，展示了赵东浅层勘探的前景。

【勘探工程管理】 1994年，勘探工作克服地表条件多为盐田卤池水库、钻井原材料涨价等不利因素，实施了一系列管理新举措：

(1)实行项目管理，形成以项目管理为核心的生产经营管理机制，把储量效益，投资指标落实到项目组，明确了项目经理承包责任制，将任务、工作量、投资分割到块，责、权、利挂钩。

(2)走向市场，利用竞争机制对钻井进行招标，实行合同制。

(3)深入开展地质综合研究，优选井位，优化部署，力争少井多储量，少井多信息，少井高效率，少井高效益。

(4)充分利用、推广新技术、新方法、新工艺，提高勘探效益。1994年在张东和长芦地区成功地推广应用新技术，开展以横向预测为核心的油藏描述工作，以保护和发现油气层为主的井筒技术，以证实和改造油气层为主的测试技术等16项综合配套新技术。

(李秀梅)

大港探区陆地油气勘探

【中北区油气勘探】 1994年对中北区的勘探主要围绕茶淀—新河村、塘沽—长芦、南大港—羊二庄地区的预探，板桥—北大港地区滚动勘探，在北大港、小站—增福台地区完成二维地震野外采集474.63千米，完成小站—增福台地区三维地震野外采集20.20平方千米，共完钻探井21口，新获工业油气流井12口，除在新村、长芦取得成果外，在张西地区亦见良好成果。

张西地区砂岩体勘探 张西地区位于张巨河构造与南大港构造鞍部，歧南凹陷前缘，储层主要为河道及前塌砂岩体，有利砂体面积25平方千米，1994年对张西地区部署探井3口：歧129、张20、张21—1井，歧129井于沙一段取心见各类显示7.25米，电测解释油层43.6米12层，Ⅰ类有效厚度21.4米9层，试油沙一段3766.3—3782.5米，日产油5.3吨，张20井位于张北断层下降盘的张16井断鼻上，沙三段油层经压裂改造后日产油5.48吨，张21—1井录井发现多层油气显示，电测解释油层12.9米3层，可能油气层11.8米4层，钻探情况证实，张西地区沙一段存在有利的砂体和不同的砂层组，各砂层组平面上分布各异，含油性较好，不失为具有勘探潜力的地区。

【南区油气勘探】 1994年对孔店南区的勘探以滚动为主，共钻井2口(孔83、枣74井)，地质报废1口(孔83井)。对1993年完成的探井和以往的探井进行试油工作，完成试油层43层，新获工业油流井3口。

1. 老井复查

1994年在孔店南区进行大规模的老井油层复查，提出30余口老井的重新试油，共完成试油井4口(王3、官945、官91、叶7井)，均获工业油流。王3井位于孔东断层上升盘西南段，官80井区西南，1989年完钻，录井、取芯见好油气显示。孔一段电测解释油层75.5米/11层，当年试油7次均为含油水层、油水同层，后关井。1994年重新划定了油层、油水层、水层，在此基础上建议验串封水，对油层重新补孔试油均获工业油流。枣Ⅲ油组，日产油11—15.9吨，无水，解释油层有效厚度52米/12层，并重新落实了构造，圈定了油气分布范围。孔东断层下降盘中段的官945井、小集油田北的官91井及孔东断层上升盘南端的叶7井三口井的油层、构造、油藏进行了再评价、再认识，试油都取得较好的效果。

2. 滚动勘探

位于孔东断层下降盘中段于1993年完钻的王22—1、王41—1井，1994年分别于中生界、孔二段、孔一段下部获得工业油流。王22—1井位于官东地区，电测解释油层38.2米7层，试油射开中生界3520.4—3534.6米，13.3米2层，经压裂改造后测液面2088.5米，日产油17.9吨，发现了孔东断层下降盘第一个中生界砂岩油藏。该井还在孔二段试油，测液面1522.5米，获日产16.7吨的较高产量。王41—1井位于东关背斜以南，官997断鼻的东侧，钻探一低幅度背斜的高部位，孔一段电测解释油层32.4米9层，试油射开2799.5—2860.5米，油层22.2米4层，测液面1572米，日产油4.76吨，水0.39立方米，从而实现了孔东断层下降盘孔一段下部的含油连片。

3.孔西侏罗系

孔西地区中生界的白垩系安山岩油藏已投入开发，而侏罗系砂岩油藏还未形成规模，1994年经综合地质研究，在风化店背斜东翼布一口探井枣74井。该井以侏罗系砂岩为主要目的层，录井于中下侏罗系2941—2988米井段见到油迹、油斑砂岩12米，取心2545.8—2550.04米，进尺4.2米，心长4.2米，见0.4米含油砂岩，显示出该区中生界砂岩勘探的潜力。

【沧县—埕宁隆起油气勘探】　1994年，作为大港油田新区新领域的沧县—埕宁隆起，完成二维地震采集1569.86千米，完成区域探井1口——沧参1井，进尺3481米。

黄骅坳陷经近几十年的勘探工作已发现了一批潜山油气藏，包括舍女寺、孔东、孔西、扣村等新生古储型潜山油藏，同时也发现了孔古3古生古储潜山油藏。沧县隆起南端经地震勘探已初步查明了泊头—交河一带发育有200平方千米的大型古生界潜山构造带，为寻找古生界原生油气藏和煤成气的有利地区，1994年经过地震、钻井资料，结合化探、大地岩性探矿资料的综合分析，首选孙镇潜山作为勘探目标，在其背斜高部位布一口区域探井——沧参1井，沧参1井录井于二叠系及石炭系陆续发现油气显示，电测解释可能油气层3层23.3米，试油2层均为水层。

（李秀梅）

黄骅坳陷滩海区油气勘探

【自营区油气勘探】

1. 白水头—驴驹河地区

白水头—驴驹河地区位于黄骅坳陷中区，为板桥—北大港构造带东延部分的复式油气聚集带，1994年在白水头—驴驹河地区共钻井6口，获工业油气流井4口，新增探明石油地质储量97万吨，天然气8.02亿立方米。白10—1井位于唐家河断层与白水头前缘断层下降盘，所夹持的鼻状构造带上，电测解释油层30.6米7层，试油于沙一下板4油组3570.1—3597.6米，5毫米油嘴日产油46.1吨，天然气16万立方米，新增探明天然气储量3.18亿立方米，探明石油地质储量97万吨。驴驹河地区位于板桥构造带向北的倾末部位，通过1993年及1994年的勘探发现了沙一中及沙一下的油气藏，扩大了该区的含油面积。1994年钻探板深82—1、80—1井在滨Ⅰ喜获工业油流，使驴驹河构造滨Ⅰ油组的四大断块实现了含油连片，板深82—1井于滨Ⅱ油组的4000.6—4003.9米试油，5毫米油嘴日产油17.15吨、气3064立方米，后上返板0油组2727.5—2731.1米，5毫米油嘴日产油10吨、天然气13009立方米，新增含气面积1.3平方千米，天然气地质储量1.42亿立方米，位于板深82—1井西断块的板深82—2井，新增天然气储量3.42亿立方米。

2. 歧东地区

歧东构造带为歧口东极浅海区，构造主体在2—5米水深范围，区域构造位于埕北断阶区的最北端，歧口凹陷南侧，面积60平方千米，1994年在歧东地区钻探井1口歧东1井，进尺2450米。歧东1井位于歧东构造带中部圈闭群歧东Ⅰ号圈闭，电测解释油层28.2米5层，射开1781—1787米油层6米，纳威泵排，日产油2.47吨，水110立方米，为低产油流井。

【合作区油气勘探】　1994年合作区的勘探分为新港和赵东两个区块，新港地区共完成三维野外地震采集166.8平方千米，按20%投资比例折算，大港油田完成52.6平方千米，赵东地区共完成探井2口——C—1、C—2井，完成进尺5175米，试油均于上第三系明化镇组获工业油流，新增探明石油地质储量716万吨，新增探明含油面积3.5平方千米。

（李秀梅）

第四篇

油气田开发

油气开采

【概述】 1994年，油田油气开发工作的总体部署原则是：立足老油田，积极开发新油田；以提高经济效益为中心，提前准备，超前实施，依靠科技进步，加强油田管理，充分挖掘油田潜力，降低原油成本，努力实现原油生产、油田建设和开发管理三个良性循环，确保全年开发生产任务的圆满完成；同时，要加强未动用储量的综合评价，提前做好1995年新区产能建设准备。

1994年，大港油田已投入开发14个油田22个开发区，动用含油面积313.7平方千米，石油地质储量48336万吨(其中含凝析油583万吨)，可采储量13725万吨(其中凝析油160万吨)，注水储量35533万吨，水驱储量28575万吨；已投产油水气井2853口，其中采油井2077口(含采气井41口)，注水井776口，注水井数比1:2.68，井网密度为9.1口/平方千米。1994年底油气井开井1639口(含采气井18口)，日产液量65736吨，日产油量11372吨，综合含水83.0%，采液速度4.83%，采油速度0.88%，剩余可采储量采油速度7.49%，累计采油8485.4万吨，已采出动用地质储量的17.55%，采出可采储量的61.79%；注水井开井574口，平均单井日注水96立方米，日注水55081立方米，月注采比0.67，年注水2157.03万立方米，累计注水27162.5万立方米，累计注采比0.72。

【不同类型油气藏开采情况】

1．油藏分类情况

油田各开发区按油藏地质条件、油藏特征共划分六种油藏类型。即中高渗透层注水砂岩油藏、裂缝性碳酸盐岩油藏、低渗透油藏、复杂断块油藏、天然能量开发油藏、特殊类型油藏。

2．油田开发水平分级

对六种油藏中的21个开发区根据开发水平共分为三个级别：1类开发水平；2类开发水平；3类开发水平。

【滚动勘探开发】 1994年油田开发系统深入开展滚动勘探开发工作，将滚动勘探增储与产能建设相结合，提高经济效益，当年滚动勘探探明石油地质储量137万吨。探明天然气地质储量1.3亿立方米。

【区块控水稳油综合治理工作】

1．工作部署

1994年方案设计在12个区块开展控水稳油综合治理工作，安排措施工作量269井次，动态监测工作量186井次。

2．实施情况

1994年12个控水稳油综合治理区块共实施措施工作量285井次，动态监测工作量209井次。

3．效果

1994年12个控水稳油综合治理区块有9个区块见到较明显的效果，年累计增产原油6.3万吨。

【三次采油】 1994年8月，港西三区二断块开始注聚合物，方案设计注聚合物5口井，到12月底已投注2口井。

（蔡明俊）

【油气井动态管理】

1．动态监测

1994年油水井动态监测共完成1264口/3142井次，各种测试计划完成情况如下：

(1)采油井测压。1994年计划测压700口，实际完成994口/2811井次，完成年计划井数的142%，测压井数占长开井的60.6%，比1993年增加2.47%。其中固定井点测压年计划450口，实际完成431口/1299井次，完成年计划井数的95.8%。

(2)注水井测压。年计划200口，实际完成270口/331井次，完成年计划井数的135%，比1993年增加5%，测压井数占常开注水井数的47.04%。

2．生产测井

1994年生产测井计划477口井，实际完成516口/519井次，各种测井计划完成情况如下：

(1)产出剖面。年计划完成80口，实际完成82口/82井次，完成年计划的102.5%，测压井数占常开井数的5%。其中：自喷井年计划测10口，完成4口/4井次，完成年计划的40%；机械采油井年计划70口，完成78口/78井次，完成年计划的111.4%。其中环空测井年计划30口，完成14口/14井次，完成年计划的46.3%。

(2)注水剖面测井。年计划300口，完成313口/313井次，完成年计划的104.3%，测井口数占常开水井数的53.6%。

(3)工程测井。年计划50口，完成59口/61井次，完成年计划的118%，测井口数占常开油水井数的

2.65%。

(4)碳氧比测井。年计划 30 口，实际完成 45 口/46 井次，完成年计划的 150%，测井口数占常开油井数的 2.75%。

(5)电缆地层测井。年计划 15 口，完成 17 口/17 井次，完成年计划的 113.3%。

【举升工艺】 截至 1994 年底，大港油田共有采油井 2077 口，其中：自喷井 118 口，机械采油井 1959 口；在机械采油井中采用空心抽油杆热载体循环举升的有 50 口井，采用空心抽油杆电加热技术的有 67 口井，采用玻璃钢抽油杆举升的有 4 口井，采用螺杆泵举升工艺的有 8 口井，电泵采油井有 238 口井。空心抽油杆热载体循环举升工艺技术主要应用于舍女寺油田和王官屯油田，占南部油田有杆泵井数的 8.5%，单井日均产油 9.7 吨，该项工艺自 1991 年在官 104 地区应用以来日趋成熟，对产液量小于 10 吨/日、易结蜡、凝固点高、粘度高的油井有较好的适应性，缓解了杆柱断脱频繁、停抽后起动困难等问题。空心抽油杆电加热举升工艺技术主要应用于枣园油田、王官屯油田和小集油田，占南部油田有杆泵的 11.1%，日均单井产油 11.4 吨，对地层产液在 10—50 吨的产油井、井筒内易结蜡、凝固点和粘度较高的井有较好的适应性。玻璃钢抽油杆采油技术自 1992 年在板深 56 井试验成功后，截止 1994 年共推广应用了 4 口井，玻璃钢杆具有重量轻、弹性好、强度高、耐腐蚀等优点，可降低抽油机悬点载荷，实现深抽，增加有效冲程，提高泵的举升效率。对原油物性差，粘度大于 100 毫帕秒，且易出砂的油井采用了螺杆泵举升工艺，截止 1994 年共有螺杆泵采油井 8 口，日均产油 12 吨/日，较好地解决了其他工艺不适用的难题。到 1994 年底电泵采油井井数已达 238 口，年累计产油量 134.36 万吨，占全年产油量的31.6%，在完成原油产量任务中发挥着重要作用。

1994 年 12 月 15 日，油田第一口短半径的水平井官 H2 井投产。造斜点为 1722 米，最大井斜角 95 度，水平段为 63 米，该井射孔井段为 1779.2—1854.3 米，采用常规抽油工艺生产，初期日产原油 14.4 吨/日。

1994 年 6 月至 10 月，管理局首次在全油田范围内开展了“采油工艺技术大调查”和“集输工艺适应性调查分析”工作，对掌握全局工艺技术现状和指导我局工艺技术发展起到了重要作用。

1994 年管理局在南部油田开展了“提泵效，延周期”系统工程，从各个工作环节做好基础性工作，使机采效率由 33.4%提高到 37.1%，检泵周期由 188 天延长到 233 天，创南部油田历年最高水平。

（王希朝）

【采气工艺】 1994 年天然气年累计产量为 3.9774 亿立方米，其中工业气井气 1.2735 亿立方米，工业油井气 2.7039 亿立方米，有天然气井 43 口，主要分布在板桥油田和唐家河油田，天然气出水井数为 25 口。1994 年新投产天然气井 6 口，年累计产气 0.3595 亿立方米。1994 年天然气井措施增产 0.0993 亿立方米，措施内容为查层补孔。

1994 年 12 月 26 日，管理局在采油四厂进行了大张坨凝析气田循环注气工艺试验取得成功。该项目属国家科技项目和总公司、管理局重大科技项目之一。

【注水工艺】 1994 年底，全局担负注水任务的注水站共有 57 座，日注水能力 11.5 万立方米；有注水泵 229 台，总功率 56260 千瓦；注水站中有 16 兆帕压力等级的注水站 13 座，25 兆帕压力等级的注水站 30 座，32 兆帕以上压力等级的注水站 14 座。有配水间 245 座。注水井中有分层注水井 205 口，占注水总井数的 26.4%；分注总层段 472 层，其中一级二段的 144 口井，二级三段的 59 口井，三级四段的 2 口井，分注合格率 73.8%。

(1)加强分注工艺综合配套技术，1994 年对不同厂家的封隔器进行了严格的筛选，严把质量关，提高了分注合格率，全局 205 口分注井中使用压缩式封隔器的井有 172 口，占分注井的 83.9%。

(2)1994 年继续开展深斜井及中深井分注工作，在板 821—2 井和板 828—4 井上应用了 Y341—1155 型封隔器和 251—4 型封隔器，并在板 821—2 井上使用了涂料油管。

(3)1994 年对 32 座注水站十项指标进行了化验分析，并对精细过滤装置前后的水质进行了悬浮固体含量、悬浮固体颗粒体积、总铁含量指标的取样化验分析；其中清水水质达标率 72.0%，污水水质达标率 35.0%。

(4)1994 年分别在板 831—3 井和板深 18 井上安装了大港油田总机厂生产的 3ZY—4/37 型的增压泵，增注效果较明显。

(5)高压多功能注水阀门的应用，1994 年油田共安装了西安高压阀门厂生产的集单流功能、截止功能、调节功能于一体的注水高压多功能阀门 39 个，取得了较好的效果；该阀门具有操作灵活，寿命长的特点。

【油气集输】 1994 年全局共有联合站 16 座，接转站 35 座，计量站 272 座，担负着全年 505.1 万吨地产原油和 2832.3 万吨地产液量的集输、脱水、计量和外输的任务。脱水站共有12座，一次沉降能力达到每天6.09万吨，电化学脱水为0.92万吨/日的能力。16座联合站中有仪表计量的11座，大罐计量的5座；35座接转站中有仪表计量的20座，大罐计量的9座，无计量的6座；采用玻璃管量油单井计量的共有1215口井，仪表计量的有398口井，油罐计量的12口井。

(1)1994年5月20日滨海站新建工程验收投产，包括原油脱水系统、原油稳定系统、原油外输及加热系统，形成了100万吨/年的原油处理能力，500万吨/年的外输能力，所有生产和运行参数都由微机采集和监控。

(2)1994年西一联改造工程验收投产。

(3)1994年12月7日，南一站改造工程验收投产，主要包括油气处理系统，外输及加热系统。

(4)庄南线φ273X7—21千米管线竣工投产。

(5)板大站至炼油厂φ219X7输油管线投产。

(6)1994年开展了地面集输和注水系统的化学药剂的检查工作，对23个集输、注水站，共21种化学药剂，38个投药点进行了抽查，共查出23个投药点的化学药剂未经认定单位的室内技术评价，占总投药点的60.53%。

(7)沈阳金属研究所的长输管道阴极保护参数遥测技术于1994年5月投入使用，经过遥测和实测数据对比，大大降低了测试工作强度，1994年建阴极保护站4座，全局目前共18座，保护输油管线近200千米。

(马建林)

【井下作业】 1994年共完成油水井井下作业工作量3816井次，其中：油井3375井次，水井441井次。优质井率97.94%，施工一次合格率99.74%，油水井免修期467天。老井措施工作量1037井次，措施年增产油量39.99万吨，增注60.33万立方米，措施有效率76%，措施平均有效期171天。

为了深入研究油田采油工艺发展方向，分析采油工艺适应程度，组织有关单位的工艺技术方面专家及有关技术人员进行了压裂、防砂、调堵、分注、试油、大修和作业措施工作专题技术研讨与分析。

经过中国石油天然气总公司的考评，大港油田有11人取得了三级井下作业监督资格证书。

1994年8月，油田引进应用美国LCT公司生产的连续油管作业车，分别在官79—33、官50—63、官H2井上进行了作业施工。

1994年8月，钻采工艺研究院对官195地区的6口防砂井进行了整体防砂风险承包。

井下作业公司在板86井的油管桥塞封层施工中连创油管桥塞下入深度3965米，一天下入两个桥塞、施工成功率100%的佳绩。

(1)压裂工艺：

1)开展了压裂配套新技术研究，如：为了减少压裂液对油层和支撑带的伤害，研制了有机硼压裂液；对有底水的压裂井采用控制裂缝延伸技术；深井高导流压裂工艺技术；水井清洗防硼压裂技术；自生热压裂技术。

2)完善了适应大港油田压裂工艺的压裂液配套，如：各种温度系列压裂液(50—80摄氏度的植物胶低温压裂液、80—110摄氏度中温CMC压裂液及110—130摄氏度的高温CMC、100—130摄氏度有机硼压裂液、130—180摄氏度的112粉超高温压裂液)；适用于低压井压裂的加入CL606、HZ—FC3B、液氮等助排剂的助排压裂液；用于水敏地层加入BCS—851、KCl等防硼压裂液。

3)分压技术包括投球分选压技术、封隔器分选压技术、分段射孔分段压裂技术。

4)引进三维压裂设计软件，优化压裂设计及压裂效果预测。

(2)酸化工艺：主要应用了防硼酸酸化、盐酸酸化、胶束酸酸化等工艺技术。在酸化施工过程中合理运用对井筒、油层及炮眼进行预处理；采用通井、刮削、冲洗炮眼等工艺；对施工用料和工艺进行合理调配。如：酸液用磁化器磁化；选用HR—1解堵剂对处理层解堵；酸化时加大排量；在接近破裂压力下施工等配套施工工艺，达到提高酸化效果的目的。

(3)防砂工艺：主要采用了VP—1树脂溶液、树脂杏壳人工井壁、金属绕丝筛管、塑料预包砂加塑料筛管等防砂工艺技术。

(4)大修工艺：配套应用了磨铣工艺、套管内衬加固工艺、取套换套工艺。

(李富友)

【资源投入产出分析】 1994年原油储量的资源投入包括动用新区资源和老区调整两个方面，新区以长芦油田、港中开发区港49、港深76地区、板桥板深80、板877地区、周青庄歧441地区、风化店枣12地区、王官屯王23地区为主，共新动用地质储量1104万吨；老区以港西开发区五区、一区、港东开发区二区六断块、王徐庄油田1、5断块、舍女寺油田女20—70断块、王官屯油田官1、官29断块为主。全年新老区共计增加可采储量193万吨；全油田当年产油425万吨，投入产出比为0.45:1。

1994年天然气资源投入动用地质储量16.62亿

立方米，新增动用可采储量7.15亿立方米，当年天然气产量3.9774亿立方米，投入产出比为1.80:1。

【分油田开发状况】

1. 王徐庄油田

截至1994年12月底，王徐庄油田动用含油面积21.8平方千米，动用地质储量1950万吨，共有53口井，开井42口，日产液1178立方米，日产油320吨，综合含水77.13%，地质储量采油速度23.74%；共有注水井25口，开井16口，日注水1168立方米，月注采比0.97，累计注采比0.80。

1994年对王徐庄油田4断块进行了加密调整，全年钻井11口，投产油井7口，注水井4口，建成生产能力3.16万吨，使4断块的注采对应率、注水效果明显提高。

2. 羊三木油田

截至1994年12月底，羊三木油田动用含油面积8.4平方千米，开发地质储量2744万吨，共有油井116口，开井92口，日产液7093立方米，日产油420吨，综合含水94.08%，地质储量采油速度0.57%，年产油15.63万吨，累计产油600.53万吨；地质储量采油速度21.89%；共有注水井51口，开井40口，日注水3103立方米，月注采比0.312，累计注采比0.80。

3. 枣园油田

截至1994年12月底，枣园油田共动用含油面积16.4平方千米，动用地质储量5253万吨，共有油井266口，开井185口，日产液量8189立方米，日产油1209吨，综合含水64.62%，地质储量采油速度0.94%，年产油49.29万吨，累计产油368.98万吨，地质储量采出程度7.02%；共有注水井130口，开井104口，日注水量6844立方米，日注采比1.72，累计注采比1.26。

4. 王官屯油田

截至1994年12月底，王官屯油田动用含油面积41.7平方千米，动用地质储量7277万吨，共有油井293口，开井241口，日产液5236立方米，日产油1998吨，综合含水58.32%，地质储量采油速度1.11%，年产油80.61万吨，累计产油580.93万吨，地质储量采出程度1.98%；共有注水井126口，开井87口，日注水6536立方米，月注采比0.85，累计注采比0.79。

5. 板桥油田

截至1994年12月底，板桥油田动用含油面积48.1平方千米，动用石油地质储量3591万吨，动用天然气地质储量235.02亿立方米，共有油气井133口，开井80口，日产液2766立方米，日产油1111吨，日产气90.46万立方米，综合含水55.67%，地质储量采油速度0.70%，年产油25.14万吨，年产气29049万立方米，累计产油421.69万吨，累计产气83.3亿立方米，原油地质储量采出程度11.74%；有注水井37口，日注水1951立方米，月注采比0.84，累计注采比0.83。

6. 长芦油田

长芦油田是新投入开发的油田，动用含油面积2.8平方千米，动用地质储量408万吨。在板深51断块钻新井5口，建成生产能力3.5万吨，到1994年底，共有油井7口，开井7口，日产液112立方米，日产油111吨，综合含水痕，地质储量采油速度0.31%，年采油1.28万吨，地质储量采出程度0.32%。

【产能建设】

1. 方案部署与投资

1994年产能建设部署新动用地质储量910万吨，钻井165口，总进尺40.0153万米，建成原油生产能力37.5万吨，新老区产能建设比例0.37:1，建成天然气生产能力0.3亿立方米。

2. 方案完成情况与效果

1994年产能建设共动用新区储量1087万吨，动用天然气储量16.62亿立方米，完成钻井150口，总进尺39.2478万米，建成原油生产能力37.5万吨，建成天然气生产能力0.30亿立方米，新老区产能建设比例0.37:1。

板深51，51—1断块投入开发，共钻井7口，进尺3.5088万米，建成生产能力3.5万吨。

【地质调查】 1994年4月，为贯彻东部油田开发工作会议精神，管理局开展了由各采油厂、地质勘探开发研究院、物探公司、测井公司、油藏工程处等八个单位的地质大调查，具体调查内容有：未动用探明储量的潜力；老油田加密调整、改善开发效果的地区增加可采储量的潜力；老油田周边滚动勘探开发的潜力；高含水油田控水稳油区块的潜力；三次采油聚合物驱的潜力；查层补孔的潜力；勘探将要提供探明储量的潜力。为编制1995年、1996年开发部署奠定了基础。

1994年完成大港油田已探明未开发石油地质储量评价，已探明未动用储量24762万吨，其中：表外储量618万吨，待落实储量6793万吨，待核实储量1358万吨，落实储量15993万吨。

1994年12月底，大港油田开发数据库设计工作分别完成需求分析、概念设计、逻辑设计、分布设计、物理设计阶段任务，并通过管理局验收。

（蔡明俊）

油田地面建设

【产能建设工程】 根据产能建设规划方案，1994年新区重点产能区块为板深51区块，共打井7口，新建产能3.5×10^4吨/年；老区较大的开发区块是王徐庄和舍女寺，各布井11口分别建产能3.16×10^4吨/年和94×10^4吨/年。由于新区产能部分断块距老油田系统较远，产量低，无法形成集输系统，只能根据油田地面建设的实际情况，大力推广应用短流程工艺，从而达到挖潜增效的目的。

在满足地质开发方案和采油工艺方案要求的前提下，充分利用老油田已建地面设施的能力，使新老系统有机结合，达到减少基本建设工程量，节资节材，高效益开发油田的目的。如：距老系统较近的区块，仅建设相应的单井管线或计量站直接进入附近的集输系统。在集输流程的选择上，由于老系统的集输流程不允许重新改造增大投资，因此，根据各油田原油物性及特点和各油田的具体情况，集输流程基本延用油田现有的集输流程，如板桥油田多采用单管加热、高低压分输密闭集输工艺流程；羊二庄油田为单管加热集输流程；白水头等地采用单管不加热通球集输流程；北大港等高含水油田也采用单管不加热或双管掺常温水集输流程；南部生产高凝、高粘原油的油田大多数采用双管掺热活性水集输流程。如王官屯、枣园油田等，所产原油粘度大，凝固点高，单井日产量低，输送距离远，掺热活性水可有效地降凝、降粘。

1994年，油田产能建设开发区块小，地面建设工程主要靠老油田骨干系统进行建设，因此投资少，效益好，绝大部分产能区块的产能建设可行性研究与评估结果表明，主要技术经济指标均优于总公司行业基准参数。油田地面建设工程量主要为单井井口、计量站、配水间、配电变压器、集输管道、供配电线路、进站路和单井路等工程。

【系统技术改造工程】 1994年，老油田系统技术改造工程主要有：

(1)压气站技术改造工程：压气站1982年改造后，天然气经凝液回收处理，C_3收率可达30%左右。经过十几年运行后，设备已老化，装置上出现了许多不安全因素。为进一步提高C_3收率，满足市场需要，做到安全生产，利用国内外先进的工艺技术、高效设备和自控技术，于1994年引进美国PRO—QUIP公司的一套规模为$(100\pm15\%)\times10^4$立方米/天的轻烃回收装置代替原来的压气站，在原有装置不停产的情况下进行改造。该装置设计C_3收率为97.1%，C_4^+收率为100%。装置建成后，进行气液分离，气体进入装置，经过增压、膨胀制冷、产品分馏等过程，生产出轻油、液化气和干气、该装置取消了常规的分子筛脱水，采用了甲醇脱水这一国外专利技术，代表了国内油田天然气处理技术的最高水平。

(2)板大站—炼油厂管线更换：板桥油田所产原油在板大站集中处理后，通过φ159管线输至炼油厂。该管线自1977年投产至今已有16年，管线腐蚀、穿孔严重，造成漏油和污染。另外，由于长芦等油田相继投入开发，原油汇集于板大站，使外输原油量增大，回压增高，不能适应油田生产发展的需要。因此，将板大站—炼油厂输油管线由原有的φ159更换为φ219，全长15千米，保证了板桥及周边油田的原油外输。

(3)大张坨凝析油气田循环注气开发地面工程正在建设中，该工程的实施，将会取得凝析油气藏开采的宝贵经验，提高凝析油的采收率。

(4)为降低集输过程中的油气蒸发损耗，合理利用油气资源，减少环境污染，在南一站新建加热正压闪蒸原油稳定装置，日处理能力700吨，主要处理王徐庄及周边地区所产原油。

（曲昌萍　袁满仓）

第五篇

油　　气
加工与销售

原油加工

【概述】 大港油田原油加工装置，经过近30年的建设和发展，到1994年底，年加工能力达到100万吨。生产装置属燃料—润滑油型，包括常减压蒸馏、催化裂化、催化重整、润滑油加氢、糠醛—白土联合精制等7套主要生产装置和7套辅助生产装置。

1994年，大港油田加工原油95.40万吨，生产汽油16.2万吨、柴油27.9万吨、润滑油2万吨、液化气2.3万吨、沥青6万吨。

【产品及质量】 1994年大港油田生产石油产品87.7万吨，主要产品有：

(1)石油燃料类62.2万吨，占石油产品总量的70.9%。

汽油16.2万吨。其中：70号车用汽油14.7万吨；90号车用汽油1.5万吨；

柴油27.9万吨。其中：0号轻柴油20.4万吨；-10号轻柴油6.7万吨；-20号轻柴油8000吨；

燃料油18.1万吨。其中：商品燃料油15.5万吨；自用燃料油2.6万吨。

(2)润滑油类产品2万吨。

其中：全损耗系统用油1421吨；
压缩机用油4940吨；
内燃机用油603吨；
电气绝缘用油3762吨；
汽轮机用油4200吨；
蒸汽汽缸用油519吨；
其他润滑油4587万吨。

(3)溶剂油类产品7825吨。

(4)沥青类6万吨。

其中：道路沥青5.2万吨(包括140号道路沥青、100号甲道路沥青和100号乙道路沥青)；
建筑沥青5311吨；
专用沥青1678吨(包括防腐沥青和其他专用沥青)。

(5)外供原料油17.1万吨。

其中：抽出油1.4万吨；
裂化原料油11.1万吨；
脱蜡机油料2.7万吨；
其他商品原料油1.9万吨。

(6)生产气体3.5万吨。

其中：商品液化气2.4万吨；
自用干气1.1吨。

大港油田原油加工，坚持以质量求生存，以品种求发展，加强“产品质量法”的宣传，严格执行质量否决权。从原油进厂到产品出厂，实行层层把关，严禁不合格产品流入下一道工序。产品合格率、半成品合格率保持100%，优质产品产值率达到61.4%，其中45号变压器油获天津市一流产品称号，黄矿油出口韩国。

【重点工程】 1994年，大港油田投资1.17亿元，对在建工程120万吨/年重油催化装置的反应器、沉降器和分馏塔进行吊装；重整和加氢两套装置如期竣工，其中重整原料油罐区，于1994年10月份开始投入使用；河东图幅改造工程也在年底前完工。

【经济效益】 1994年大港油田原油加工，实现工业总产值4.9亿元(按1990年不变价计算)，销售收入11.7亿元，完成内部利润1.8亿元。

(窦洪阁　绪春津)

原油、成品油销售

【概述】 1994年，大港油田原油与成品油销售，除在油田直接销售外，还在外地设立了几个成品油销售分公司，有天津开发区港发公司、北京公司、山西公司、盐山公司、江阴公司。大港油田1994年原油统配商品量为397.95万吨，成品油销售为42.08万吨。

【原油销售与管理】

1. 原油价格与销售

(1)1994年1月1日至4月30日，原油外销价(含税)分别为519元/吨、534元/吨、700元/吨、900元/吨。

(2)1994年5月1日按照国务院[1994]26号规定,一档油价(含税)684元/吨,二档油价(含税)1220元/吨。根据中国石油天然气总公司(94)财字第56号文件《关于调整原油、天然气、成品油价格的通知》规定,大港油田执行二档油价,即1220元/吨。

(3)原油的销售严格执行国家统配计划,分别销往天津炼油厂、天津一石化、油田炼油厂和地方炼油化工企业。

(4)1994年原油统配商品量397.95万吨,完成年度计划的101.26%,原油统配率93.74%。

2. 原油管理

(1)严格执行国务院[1994]21号文件的有关规定,切实加强原油生产和销售的计划管理,按照总公司下达的季度计划组织实施,结合原油生产和油田炼油厂生产实际,搞好产销衔接,做到精确预测、合理配置。

(2)搞好边远零散和落地油的管理,坚持"谁落地、谁收油"的原则,采取措施尽可能倒入系统,努力提高原油商品量,为油田争创更好的经济效益。

【成品油销售与管理】 1994年大港油田成品油销售工作重点是围绕新旧流通体系、新旧价格机制转换过程中出现的诸多矛盾和问题,坚持从实际出发,以效益为中心,积极做好稳固市场,促销增效工作,在工作中发展代办代销业务,为用户代办运输油品达1.5万吨,有力地促进了营销工作的开展。其次是利用价格杠杆调节供求。根据市场行情,1994年共调整价格49次,有效地维护了油田利益。

【经济效益】 1994年大港油田成品油销售42.08万吨,实现销售收入8.3亿元。

(刘洪庆)

天然气加工

【概述】 大港油田天然气加工装置,于1976年10月建成投产。到1994年,产品主要有稳定轻烃,石油液化气和净化天然气。稳定轻烃日产量为55吨,石油液化气日产量为45吨,净化天然气日处理能力为120万立方米。净化天然气主要供应沧州化肥厂、天津市部分民用气及油田内部生产和生活用气;液化气主要供应油田内部及天津周围地区的生活用气;轻烃产品销售到山东、河北、江苏、辽宁、吉林等10多个省市的化工企业。

【主要装置】 大港油田天然气加工装置,在1976年10月建成投产时,只能对天然气进行粗加工,经过多年的技术改造,到1994年底,压气站天然气净化装置处理能力为120万立方米/日。设备主要有5套往复式压缩机的增压系统、一套干燥脱水装置(系统)、一套轻油稳定装置(系统)和膨胀制冷系统。

【重点工程】

(1)1994年1月动工,12月建成戊烷装置。主要设备有正、异碳五分馏塔。此设备利用精留法在适当的温度、压力条件下将正、异碳五从轻烃中分离出来,以得到纯度较高的正碳五和异碳五产品,使轻烃得以利用,增加效益。

(2)1993年底与美国pro－quip公司签订引进液化气回收装置,即深冷装置的合同,以取代原有的浅深装置,土建工程1994年11月份动工。

(3)1994年3月轻烃深加工项目通过立项,1994年12月土建工程完工。

【主要产品及储存】 大港油田天然气加工装置生产稳定轻烃、石油液化气、净化天然气和戊烷四种产品。

稳定轻烃贮存在1个200立方米、1个80立方米及3个60立方米的高架轻油罐内,总储存量为260吨。

石油液化气贮存于7个120立方米球罐内。

净化天然气由管道直接外输供沧州及天津。

戊烷贮存在4个100立方米卧式贮罐内。该产品易燃、易爆是化工生产中生产试剂及溶剂的原料。

【经济效益】 1994年,生产稳定轻烃235360吨,生产液化气21694吨,接收处理粗轻烃18165立方米;实现内部利润8473万元,超计划指标2873万元;全年实现销售收入16436.75万元,其中对外销售收入15344.89万元。

(吕金光　关蔷华)

天然气销售

【概述】 1994年，大港油田天然气加工、销售实现一体化，生产工业天然气39773.6万立方米，完成计划的114.6%，超计划完成5073.6万立方米，外销天然气31172.2万立方米，完成计划的113.8%，超计划完成3712.8万立方米，其中外销天津17243.4万立方米，超计划销售743.4万立方米；外销沧化13469.4万立方米，超计划销售2969.4万立方米；组织生产轻烃4.5万吨，完成计划的132.5%，油田内部销售天然气4384.7万立方米。在降低天然气净化费、确定自销气价格、外销供气合同谈判、内部经销管理、油田二号院地区天然气治理整顿等多方面的工作均取得一定进展。

大港油田经过多年建设，业已形成了一个较为完备的天然气输送系统，截至1994年底，有主干管网191.3千米(含港沧输气管线87.4千米)，外供输出终端两个(南阀组，沧州末站)，油田内部供气系统有干线计量点46座，计量仪表51块，调压装置40具。

【天然气销售管理】 1994年，天然气的销售管理主要是围绕外销和内销两个方面，本着以外销为主的方针展开的。

(1)天然气对外销售结束了无经济合同的历史。继1993年12月份大港油田与天津市天然气公司经过历时近一年的协商，签订了油田对外供气第一份正式销售合同，1994年4月，大港油田又与河北省沧洲化肥厂签订了供用双方的第二份正式经济合同。

(2)以签订对外合同为突破口，结合对天然气生产形势的正确估计，大港油田与天津和沧化就超产气补充协议进行了商讨，并分别于1994年11月7日和11月15日，分别以0.88元/立方米和0.907元/立方米的井口气价格，签订了超产气补充协议。

(3)1994年7月，为解决沧化提前实施检修计划，造成用气量减少，对已生产天然气的去向问题，大港油田经过周密论证，决定开辟临时调峰用户，对大港发电厂供气，确定井口气价为0.60元/立方米，半个月时间向大港发电厂供气277万立方米，创收170多万元。

(4)1994年8月，为解决油田二号院地区天然气管网混乱、计量系统不完善、私接乱用、偷气现象严重、长期用气不付费、管理失控等问题，在该地区自筹10万元资金，新建800米管线，计量间三座，安装计量总表7块，计量分表84块，与10余家单位签订了供用气合同，共审批气量7.8万立方米，为61户家庭安装了计量表，实施按表收费，规范用气，第一次在油田实现了入户计量收费。

(5)适应改革需要，理顺大港油田天然气公司与新组建的中心区、港东、港中、港南、港北等生活公司的关系，明确生活公司在天然气销售业务上受天然气公司指导，及生活公司在天然气销售管理方面应有的权力、责任、义务，使生活公司天然气的管理和使用规范化。

(6)1994年以港油局发(94)49号文下发了《大港石油管理局天然气管理暂行规定》使油田天然气销售管理更有效更规范，同时配套制订了一系列诸如《签订供用气合同规定》、《天然气用户报批制度》、《天然气使用申报制度》、《计量器具安装制度》《三产、个体及工业用气记录制度》等有关规定，为内销用气管理奠定了基础，使油田自用气得到了有效的控制。

【天然气输送管理】 1994年8月，大港油田加大主要集气干线的维修力度，对板中压、板低压两条集气管线防腐层进行了大修，并对板低压管线大部分电保护电位进行绝缘处理，巩固了两条集气管线的阴极保护工作。此外，继1993年对港沧输气管线大修防腐后，1994年在子牙河南岸增建阴极保护站一座，连同原有的两座阴极保护站，基本上保证了港沧管线的正常运行。

1994年10月，为解决钻井六站地区地磅房下供气管线及计量装置的不安全隐患，对其进行移位改造，移φ272×7管线一条，建计量房一座。

1994年，大港油田还对供气区的60多个供气点，9个集气站，3个外输站的一百多块仪表建档造册，进行定期校验、保养和维修工作，保证了计量仪表的完好；大港油田向中国石油天然气总公司争取了50多万元投资，用于第一采油作业区集气站计量系统改造，新建计量房10座，对不同用量用户安装天然气计量仪表150余块，强化了天然气计量工作。

【天然气价格变化及其影响】 1994年5月1日以前，大港油田天然气净化费标准一直执行15元/千立方米，这一标准是根据油田80年代的生产工艺水平测算而定，天然气净化处理一直处于严重亏损状态。1994年，根据国家计委等四部委计燃(87)2001号文件，大港油田上报了将天然气净化费结算价格调整为60元/千立方米的方案，经国家计委价格司以计司价格函(1994)71号文件予以批准，只此一项，1994年为油田增加收入1379.2万元。

1994年5月1日起，国家对天然气价格进行了调整，按国发(1994)26号文件《国务院批转国家计委关于调整原油、天然气、成品油价格请示的通知》，生产化肥用气井口价由160元/千立方米调整为440元/千立方米，城市居民用气井口价由130元/千立方米调整为460元/千立方米，其他用气由210元/千立方米调整为520元/千立方米，企业自销的天然气中准价格水平为900元/千立方米，可在±10%的范围内浮动，对企业自销气的价格所含内容（井口气价900元/千立方米，再加管输、净化费），国家计委价格司1994年12月正式行文以计司价格函(1994)84号给予确认，为今后石油企业开展谈判争取了主动。

【重点项目】

(1)1994年6月作业一区自筹资金25万元，实施东二站集输管网的改造。

(2)1994年10月，多渠道（油田天然气公司、采油四厂、沧州化肥厂）筹集50万元资金，对第一采油作业区的东二、东三、马西七、滨六等四个站计量系统进行改造，完成了现状调查，仪表选型、总体方案论证和合同签约工作。

(3)1994年继续进行港沧管线大修工程。

【经济效益】 1994年，天然气实现销售收入16436.75万元，其中对外销售收入15344.89万元。1994年比1993年销售收入增加8987万元。

1994年实现内部利润9068.58万元，比管理局下达的年计划利润指标5500万元超3568.58万元，为年度计划的164.88%。

（刘怀义　尚　伟）

第六篇

辅助生产

第六篇

辅助生产

公路与运输

【概述】 大港油田的公路、桥涵的建设、维修与保养工作，由油田矿建公司、运输公司和油建公司等单位负责；油田干线公路管理、桥梁的养护管理、内部养路费的征收管理及使用、内部运输市场管理、车辆有关证件的审批等均由大港油田生产处统一管理；大港油田运输公司及各单位运输分公司(或车队)负责本单位运输管理的具体工作。

【运力运量】 1994年，大港油田拥有成建制的运输单位16个，统计货运车数1444台，营运总车吨13662吨，完成货运量491万吨，货物周转量29435万吨千米，总车里程4826万千米，吊车运转305万吨小时，重驶里程3087万千米，工作车率67.4%，完好车率87.4%，里程利用率64%，实现产值12042万元，总成本14445万元。

【公路建设与养护】 1994年，油田对北穿港路东段1.2千米(胜利路—津岐公路)进行了拓宽改造；投资近900万元对油田500千米干线专用公路，进行了维修和养护。

(吕文华)

供水能力建设

【概述】 1994年，油田有供水站33座，水源井291口(其中:北大港地区196口，采油二厂30口，采油三厂53口，团泊洼12口)，日供水能力15万立方米，有水厂一座，日供水能力3万立方米。新钻水源井3口、回填报废水源井7口。

【工程建设】

(1)为了解决滦河水末端二、三号院地区用户，在用水高峰期水量不足的问题，铺设了一条由滨海水厂沿川港路至二号院水站DN426供水管线7.5千米，与原供水管网连接，提高了供水能力，此项工程于5月25日开工，6月25日竣工，

(2)"T"接DN529管线工程二、三号院地区是油田人口最密集的地区，该地区杂用水每天仅供应7小时，职工家属生活极为不便，为此，经过论证，油田决定从天津市水利局供给我油田的滦河水管线上，在北大港水库东南角川港路外南侧，开口"T"接DN529钢管，将水引进二号院水站，消毒后作为杂用水直接供给用户。此项工程8月份开工，9月初竣工，日取水5000立方米，解决了二、三号院地区杂用水供水严重不足的问题。

(3)滨海水厂扩建工程。滨海水厂扩建工程设计1994年底完成，1995年2月开工。

【供应量】 1994年实际供水总量4296万立方米，其中滦河水649.4万立方米，地下水3646.6万立方米。

(丁长良　许贺永)

电力供应

【概述】 1994年，大港油田有110千伏和35千伏变电站27座，主变52台、352400千伏安，电源变电站的供电能力18.531万千瓦。燃气轮发电站1座，装有一台加拿大引进的W101G型8000千瓦燃气轮发电机组。油田有6—110千伏高压电线131条、1480.77千米。

【电网建设】

(1)1994年4月，由于滨海35千伏变电所原供电

的负荷转到其他变电所供电,因此该变电所退出运行。

(2)为解决油田宾馆、机关办公楼、中心区生活等用电要求,1994年7月建成投产了中心区35千伏变电所,主变为2×3200千伏安,35/6千伏。

(3)为满足羊二庄地区生产负荷增长的需要,1994年9月羊二庄35千伏变电所的主变增容至2×3200千伏安。

(4)为满足枣园油田用电负荷增长的需要,1994年1月枣二35千伏变电所的主变增容至2×6300千伏安。

(5)为解决板桥地区生产和生活用电增长的需要,1994年11月板桥35千伏变电所的主变增容至2×3200千伏安。

(6)为满足王徐庄地区生产用电负荷不断增长的需要,王徐庄110千伏变电站易地重建,于1994年12月5日建成投产主变2×20000千伏安110/35/6千伏,并建设投产了自港西220千伏变电站至王徐庄110千伏变电站的第二条110千伏供电线路,提高了王徐庄地区供电的可靠性。

【建章立制】

(1)为适应油田经济发展,理顺供用电关系,建立正常的供用电秩序,保证电网安全经济合理运行,大港油田制定了《大港石油管理局供用电管理规定》,并以港油局发[1994]20号文下发。

(2)根据天津市津政发[1993]40号文件及华北电业管理局有关规定,结合油田电网供电能力不足和难以承受日益增长的电费支出等情况,以港油局发[1994]42号文下发了"关于油田内非全民单位和外转供单位新增用电实行购买用电权和交纳贴费管理办法的通知"。

【用电情况】 1994年,油田总用电量101429.87万千瓦时,最高用电负荷14.9万千瓦。其中:在天津网上用电60748.52万千瓦时,最高负荷9.42万千瓦;在沧州网用电38898.05万千瓦时,最高负荷6.08万千瓦;自发电1783.3万千瓦时。

【经济效益】 1994年,通过以下工作年创效累计2826.087万元。

(1)加强管理创效。由于加强运行调度,保持了天津装有需量计费电表的王徐庄和西二变电站月度最大负荷不发生突变升高,为此少交基本电费81.7万元。

(2)落实国家政策创效。国家电价政策规定居民照明用电单独核算计费,据此经过我们多方面的工作,天津电力局同意在核算超指标用电量时,每月总用电量先扣除生活照明用电2.5%后,再核算高价电费,这样相当于增加总用电量2.5%的平价指标,为此1994年,少交高价电费224.6013万元;今后每年都有相当于增加总用电量2.5%的平价指标,随着总用电量递增,创效逐年增加。

(3)购买退役机组电量创效。购买退役机组电量2000万千瓦时,配电力1.8万千瓦时,少交电力和电量高价电费256万元。

(4)加强电表调校创效。加强计费电度表的校准,对电力局计费电表正超差提出交涉,要求电力局调整,通过对计量电表的校验,将正超差下降1%,全年少交电费89.6万元。

(5)1994年,找回转供平价指标730万千瓦时,少交高价电费109.5万元。

(6)利用沧州电价比天津低的价差,将天津电网部分负荷倒到沧州网运行,用电1318万千瓦时,少交电量高价费187.26万元。

(7)利用沧州电业局要求将羊二庄变电所负荷由天津网转沧州网的机会,经商谈,羊二庄变电所增容2400千伏安,免交贴费79.2万元。

(8)对不符合国家有关规定,属不符合财税范围的沧州电网征收电网集资费0.01元/千瓦时,油田与沧州市有关部门进行交涉,并上访河北省有关部门,确定为属不合理征收,予以拒付,共计少交电费388.98万元。

(9)天津对油田实行峰谷电价,采用从峰谷平三段中,平均扣照明用电量的计算办法,油田提出照明电量从高峰中扣除,得到天津市有关部门的认可。为此少交高价电费95.135万元。

(10)1994年,由于狠抓节电工作,共节电3008.5万千瓦时,创效1314.1107万元。

(蒋泽恩　王淑珍)

物资供应

【概述】 1994年，采购资金计划支出7亿元，实际完成为6.63亿元(其中：国内采购2.88亿元，国外采购3.75亿元)，为年度计划的94.71%。

【供应渠道】 1994年，根据油田体制改革的需要，将原费用单位划为经营性单位，按照企业化经营，专业化管理，社会化服务的基本要求，加快了内部物资市场的建设步伐，通过理顺关系，明确职责，保证物资供应主渠道优势得到进一步发展。

1. 物资采购

在物资采购上，1994年，坚持了“先中国石油物资装备总公司一级网络，再油田和物资供销公司的二级网络，最后才从市场上采购”的原则；坚持了“在质量、价格基本相同时，先用油田内部企业产品，后用油田外部产品”的原则；坚持了“质量检验、外观检验、试用(使用)合格后再付款”的原则；坚持了“市场多的不入库，随用随买；能代管代销的，不先付款；库存有的不采购”的原则。注重采购资金的综合利用，科学地组织进货，使有限的资金发挥出最佳效益，达到降低采购成本的目的。

2. 物资供应

在物资供应上，实施了转变观念、服务基层、确保油田生产建设物资供应的“优质服务工程”。坚持了“争取定点代管物资数额有所扩大，力争实现8000万元以上；争取投资办厂物资的及时到位；争取油气串换的物资准时兑现；争取国外能源贷款物资得以落实及时入库”的原则。并坚持了“一个用活”的具体做法，即：要用活库存物资。积极协调好与设计部门和用户之间的关系，大力开展物资代用，做到需求量准、库存量清，使库存物资保持在科学、合理、安全的水平上，为油田生产建设发挥出更大效益。

【供应量】 1994年，出库额(销售额)计划为7.6亿元，实际完成出库额(销售额)为7.74亿元，为年度计划的101.84%。

年末库存34352.66万元，全年库存平均占用为40529.05万元，库存资金周转天数为84.7天，比总公司核定的指标120天加快35.3天，加快率为29.41%。

1994年，实现了以仓储代管为主要形式的劳务费、代管费收入达374.8万元。

物资供应总量约50万吨，其中主要物资供应量：一般钢材3.74万吨，专用管材3.86万吨，水泥7.5万吨，煤炭10.96万吨，木材2820立方米，石油产品7.51万吨，化工原料2021吨，其他物资14万吨。

【经济效益】 1994年，大港油田物资供应实现销售收入7.74亿元，外部利润1085.83万元。

(陈跃增)

通　信

【概述】 1994年，大港油田电话总容量15300线，新装电话2909部。年收入2645万元，内部利润132.2万元。

【能力建设】

1. 电缆工程

为有效提高通信能力，满足油田生产和生活需要，1994年，在采油一厂地区、采油四厂、新兴东里、西里、三号院北区、炼油厂、钻井公司、三号院中区等实施了18项主干和配线电缆工程，共敷设电缆62.44皮长千米。为切实提高油田与天津通信质量，为与天津联网提供前提条件，1994年5月，在中心站与港东站之间敷设了一条10.54皮长千米的单模八芯光缆。成为油田首条光缆。

2. 通信网改造

1994年11月，实施了通信网络改造，把远端LIM30—36独立为港西局，把LIM37—40独立为港东局。同时将上述的软件版本连同其他6个LIM及GSM，从BC3.2提升到BC6.3。改造后的通信网络可满足将来号码升位的需要；LPU的话务处理能力增大；内存从4兆升为8兆，转储、重新装载的时间大大缩短;MD110 系统之间通过 TLU64(TLU50)可以进行话音及数据通信;MD110 之间具有会议电话、呼叫代答、插入、呼叫转移、查询、缩位拨号、数据保密、免打扰等功能;话务统计能力显著提高,计费功能明显改善。为提高采油三厂地区通信能力,对王官屯站程控扩容 1000 门。

【服务管理】

1. 制度建设

为了加强通信业务管理,规范服务,1994 年 8 月,大港油田制订了《加强通信业务管理若干规定》,内容主要包括:电话营业管理规定、电话收费规定、停话处理规定等。

2. 服务活动

为改进服务,提高效率,1994 年 9 月,开展了“提高服务质量,挖潜增效活动”,经过学习动员、查摆问题、整章建制三个阶段,为期 3 个月的活动收到了明显的效果。各基层单位共查摆出服务态度、作风、质量等方面的问题 76 个,制订整改措施 162 条,活动中拆除职工私装电话 17 部,杜绝了人情电话。通过开展这项活动,职工的服务态度和作风有了明显改进,受到了用户的好评。

【经济效益】 1994 年,大港油田通信业全面完成了各项经济指标,其中总收入达 2645 万元,是年计划的 106.7%;完成内部利润 132.2 万元,是年计划的 101.7%;完成增加值劳动生产率 2.19 万元/(人年),是年计划的 156.4%。

(熊跃进 万玉柱)

机械修造

【概述】 大港油田机械制造行业,其产品是围绕油田主业进行开发和生产,主要有:三柱塞泵、五柱塞泵、注聚合物泵、螺杆钻具、金钢石钻头、潜油电泵机组、抽油泵、抽油杆等;1994 年,针对东部各大油田挖潜改造、打侧钻、造斜和水平井的需要,适时开发 5LZ95×7Y,5LZ120×7Y 等几种型号的小规模螺杆钻具。为适应东部老油田三次采油的需要,开发了注聚合物装置和注聚合物泵。针对稠油开采难的问题,开发了空心抽油杆和电加热抽油杆等。

【质量管理】 大港油田机械制造业从 1994 年年初就开始搞 ISO 9001 质量体系认证工作,通过认证活动,提高了全体员工的质量意识,使产品质量和质量管理工作提高到了一个新水平;1994 年 11 月 16 日,油田石油机械厂首先通过了天津长城质量保证中心的质量认证,其产品质量也得到广大用户的信赖。螺杆钻具产品和整筒抽油泵产品通过创天津市一流名牌产品过程,使两项产品均达到了一流产品要求,实现了全国质量第一、产销第一、市场占有率第一、信誉第一的好成绩。

【产品外销】 向俄罗斯浦尔油田出口 5 套电加热抽油杆及 5 套整筒抽油泵,向新加坡出口 36 套整筒抽油泵,向印度出口螺杆钻具 2 套,外销收入 118 万元。

【主要机械产品完成情况】 各种工业泵 168 台,其中三柱塞泵 59 台,五柱塞泵 57 台,小排量泵 20 台,注聚合物泵 32 台,螺杆钻具 257 台,金钢石钻头 1007 只,链条 49 万标节,潜油电泵机组 297 套,整筒抽油泵 5623 台,空心抽油杆 14.19 万米,注聚合物装置 9 套,三机修理 145 标台。

【经济效益】 1994 年,完成工业总产值 1.6158 亿元,实现销售收入 1.481 亿元,实现利税 772.6 万元。

(万升才)

第七篇

科学技术与人才开发

科学技术

【概述】 1994年，油田科技系统把科研攻关作为主攻方向，坚持出成果、出效益、出人才的原则，进一步加强了科研组织和管理工作，实施了“2112”科技工程，取得科研成果223项，推广新技术、新工艺210项，增产科技油37.8万吨，获得经济效益120170万元。

1994年，管理局下发了《大港石油管理局技术市场管理实施细则》。各二级单位积极开拓技术市场，拓宽技术服务领域，加速科技成果向现实生产力的转化，推动了油田技术市场的发展。

1994年，全油田实现内外技术交易额2600万元，其中对外技术交易额1614万元。同时，通过技术市场，油田享受免缴营业税、所得税50余万元。

【物探技术】

根据岩性油气藏沉积特点及形成规律，利用人机连作先进油藏描述手段，采用多项软件技术，进行非构造油气藏研究，总结出一套岩性油气藏描述方法及技术应用生产。寻找到3个大型重力流，沉积砂体，提供开发井成功率100%，提交控制储量526吨。探明储量345吨，研究中将原始地震资料进行滤波，最大熵反褶积，常相位校正，去噪处理，异常压力预测寻找高孔渗透带，在唐家河地区推广取得较高效益。根据本地区岩性油气藏沉积特点及油气特征，研制开发应用了多项软件程序，研制出一整套重力流，沉积环境岩性描述方法整套油藏，描述方法研究达到国内领先水平。

张巨河地区三维成图技术利用计算机作图给出了数据结构的七种有效途径，使得广域的数据均能被机器接收，以便进行多种类型的来料加工，与油藏有关的三维数据在EV中快速求取其不同视角的一系列投影，以获得对油藏模型的立体感认识，用以指导钻井轨迹。其中网络间的数据传递及数据的再生以获得可用的数据，是三维成图的关键，资料的充分利用和取得了一个最佳应用网络技术及综合各项数据进行黄金轨迹的设计能力等，已达到国内先进水平。该项目的完成，能使地质人员对三维数据体进行立体旋转视察，并能内插三维属性体，便于地质人员设计钻井黄金轨迹，在实际应用中达到了预期的目的，取得了较好的效益。

【地质综合研究】

1．短半径水平井官H2井优化地质设计

该井在选准油藏的前提下，应用三维地震合成记录、储层横向预测，准确确定出油藏埋藏深度、油层产状及砂体形态，并结合储层横向预测技术，准确地确定出剩余油分布，优化设计出合理的井眼轨迹，经钻探证实油层顶界深度误差仅两米，钻遇油层77米，该井为国内目前第一口短半径水平井，它的钻成将为今后钻同类井提供可靠的依据。

2．港西四区聚合物驱完善配套技术研究

该项目为“八五”国家攻关项目。到1994年底，已攻关建立了七项室内方法，现场试验达到注聚1吨增油450吨的先进水平，目前仍处于有效期内。在聚合物驱油动态监测和效果评价技术攻关中完成了两套软件、建立了一个数据库，从而使该技术研究取得了新的进展

3．微生物采油技术研究

微生物采油机理试验证实：微生物可使原油含腊降低1%—11%，pH值由7.5下降到6，长链重烃被分解为轻烃，同时可产生气体，从而达到降粘增油目的。

4．北塘地区系统综合研究

发现了一个面积为64平方千米新村构造，在塘42井沙三段见到了110米23层油气显示，为1995年勘探提供了1000—2000万吨钻探目标。驴驹河—白水头构造通过立体评价和油气藏描述，明确了板深82—2井在板零油组获得高产油气流(5毫米油嘴，日产凝析油26.3吨、日产天然气49.075立方米，展示了该地区广阔的勘探开发前景。

5．新层系、新领域勘探研究

新领域研究，发现了白东、歧东、马棚口等有利圈闭，并在歧东1井见到了油气显示；新层系研究，通过对黄骅坳陷前第三系的构造、储层及其含油气的评价研究，初步确定了近期勘探的有利目标。

6．油气藏国有资产管理评价方法研究

通过对已动用储量进行数据统计所得出的规律，建立了一套未动用储量和已动用储量的评价标准和国有资产评价登记的方法，配置了四套相应的评价软件，为油气储量国有资产管理提供了一套可行的管理方法。

【钻井工程】

1．水平井钻井技术研究

该课题为“八五”国家重点攻关项目水平井钻井成

套技术研究的子课题，在前两年完成了长半径、中半径水平井之后，今年又完成了一口官 H2 短半径水平井攻关任务，从而使整个攻关任务提前一年完成。官 H2 短半径水平井成为我国第一口短半径水平井，达到了国内领先水平。官 H2 井完钻井深 1857 米，建井周期 81.46 天，各项技术指标达到设计要求。入口点垂深 1762.19 米，垂深偏差 +0.19 米，方位偏差 3.22 度，水平段最大方位偏差 +3.36 度，最大垂深偏差 +1.93 米，最大井斜角 95 度，水平段长 63 米。通过该井施工总结出一整套钻短半径水平井钻进施工和完井工艺技术操作规程和经验。

2. 港东地区沙河街地层井壁稳定机理及对策研究

该项目为总公司级项目，是由石油大学和油田共同承担，现已完成合同所要求的各项技术指标。掌握了沙河街泥页岩井壁坍塌机理，并筛选出一套适应该地区地层的防塌钻井液——硅基防塌钻井液。已在 15 口井上进行了现场试验，平均井径扩大率为 6.87%，中途完井电测一次成功率 90%，完井电测一次成功率达到 100%，取的了明显效果。

3. 长芦地区保护油层钻井液、完井液研究

通过两年科研攻关，在完成了钻井液、完井液配方及体系室内研究基础上，1994 年在现场进行了 10 口井应用试验，取得了较好的效果，试验井油层渗透率恢复值平均达 79%，最高达到 85.7%，油层堵塞比接近于 1.0，达到超完善程度。试验井原油平均日产量为 24.255 吨，比邻井的日产量提高 15.96 吨，具有较好的经济和社会效益。

4. 港中开发区屏蔽式暂堵钻井完井液试验研究

在完成室内研究的基础上，进行了 7 口井的现场试验，达到了预期目的。试验井平均渗透率恢复达到 85%，超过部颁标准，测定了一口试验井的油层堵塞比接近 1.0，表皮系数为 -1.10，达到超完善程度。

【录井技术】

1. 综合录井模拟仪研制

该系统可以迅速的检测和校正采集系统的每道参数的线性偏差；可以在室内以最短时间、最经济的手段调试、完善国产的采集系统；可使综合录井操作人员不必到现场，在室内就可以学习掌握数据采集、处理的全过程；在室内即可研究国外新型综合录井仪采集系统的操作过程，节省了大量的人力、物力。该系统成本低、运行稳定可靠，数模转换精度高，操作简便，硬件配置灵活，属国内首家研制，推广前景较乐观。

2. 综合录井典型实例汇编

在搜集我国各油气田的第一手资料的基础上，经过编写人员严格认真分析整理编辑而成的一套技术性很强的现场录井技术成果典型实例，在 125 例典型技术实例中，经过认真分析从中整理出 58 个有代表性的实例。这 58 个不同类型的技术成果实例，充分显示了综合录井技术在油气钻探现场各个方面的应用效果，通过这些典型实例，可以帮助现场录井操作及技术人员，正确分析、判断录井资料的异常现象，及时准确地作出相应的解释结论，指导现场钻探工作的顺利进行。

3. 油气层综合评价系统

将综合录井资料解释油气层的全过程实现了计算机处理，该系统可安装在野外地质录井队、气测队或资料解释中心使用，进行油气层评价，录井资料数据可以从地质录井数据库中直接取得，或从综合录井队实时采集的数据库中获得，也可以由操作人员直接创建，大大节省了工作量。该系统可以在屏幕中显示各种录井数据组合的成果图，成果图包括录井曲线，录井岩性剖面，显示剖面，以及各种录井资料解释成果的显示。该系统操作简便，汉字显示，屏幕上有操作提示，彩显，设计新颖，用户接口友好，容易挂接新的软件，运行速度快，使用环境容易满足，操作简单易懂，有推广价值。

4. 长芦张巨河地区气测解释图板研究

该图板通过运用“烃色谱比值”、“烃组成图解”、“烃湿度值”和“烃油气指数”四种解释方法对长芦、张巨河地区的气测资料进行综合性分析研究，客观总结了这两个地区气测资料的油气水层一般规律和特殊性及其解释图板和解释标准，对该地区储层特征进行分析研究，总结了一套较为实际的解释方法，指明了油、气、水层在图板的一般特征与划分标准，提高了气测解释符合率。

【测井技术】

1. 港中油田“四性”关系及储层参数解释图版

该项研究，建立了一套适合本区的解释图版，在进行的 10 口井试用中，解释符合率达 80% 以上。

2. 生产测井两项流解释方法研究及计算机解释软件研制

在解释方法上增加了滑脱速度模型、漂流解释模型、井下刻度技术，处理效果明显。

3. 利用常规侧向测井信息进行薄层解释技术

其分层能力，从原 1 米左右提高到 0.3 米左右。

【石油开采技术】

1. 塑料筛管防砂工艺技术

该筛管设计的是一种双层塑料筛，它是油井防砂的一种新型工具。根据井况，防砂时将筛管与其他工

具组成防砂管注，下入井筒设计位置，进行防砂。该筛管抗压强度65兆帕，可满足作业及生产需要；渗透性可控制在50—100平方微米之间；能防住粒径在22平方微米以上的地层砂，原油含砂在0.03%以下；成本比不锈钢筛管价格低50%；而且可用于单油层、多油层，直井、斜井、新井、老井的防砂，现场易打捞。

2. 板桥凝析油气田循环注气井钻井完井工艺

该项目主要对循环注气井注气压力高强度连续工作时间长，油层保护要求高的特点，从钻井完井工艺及配套工具上进行研究。在大量调研及室内试验的基础上，优选了NSCC气密封扣生产套管、维高格雷井口装置及采用屏蔽暂堵技术保护油气层等工艺技术。通过两口循环注气井的现场实施情况，认为该项目各项技术指标均达到了设计要求。

3. 羊三木油田延缓交联体系深部调剖工艺技术研究

主要采用阳离子聚炳烯酰胺为主剂，以延缓交联剂形成有机粘弹性凝胶，在有效的凝胶时间下，对注水井高渗透层进行封堵，该工艺技术注入剂量大，成胶强度中等，具有改善流度比的作用。通过对示踪剂解释软件的地层孔道的研究，采用延缓交联聚合物体系进行大剂量调剂，是对以往常规调剖的新突破。与以往调剖不同的是该调剖工艺既有纵向上改善吸水剖面的作用，有驱油的作用，使平面上水流方向发生变化，增加了注入水波及系数，使对应油井见效明显，最长有效期可达1年以上。

【工程设计】

1. 建筑软土地基处理技术研究

采用重锤夯填建筑垃圾的方法，经过供应处建成的两栋六层住宅沉降观测证实，地基承载力增加一倍，与最便宜的地基处理方法相比，节约建设投资30%，具有良好的社会效益和经济效益。其技术水平也处于国内先进行列。

2. 长芦地区大斜度深层高压井钻井工程优化设计

该项目是由钻井与钻采院共同承担的项目，全年优化设计26口井，通过已完井17口井资料统计，与邻井相比，平均建井周期缩短23.35天，平均月速度提高35.8%，平均机械钻速提高46.84%。

【施工作业】 “大港港东地区沙河街地层井壁稳定机理及对策研究”项目为总公司级项目，是与石油大学共同承担的项目。经过双方共同努力，已完成合同要求的各项技术指标，掌握了沙河街泥页岩井壁坍塌机理，并筛选出一套适应该地区的防塌钻井液——硅基防塌钻井液。已在15口井上进行了现场试验，取得了明显效果，平均井径扩大率为6.87%，中途完井电测一次成功90%，完井电测一次成功率达到100%。

【机械制造】 ZJ30注聚合物溶解装置是在借鉴国外先进技术，总结国内使用经验的基础上研制开发的三次采油新装备。装制自动化程度高，采用计算机与可编程控制器PLC组成的小型集散控制系统将全部工艺流程纳入微机控制、操作准确，运行可靠。

【张巨河地区油气勘探综合配套技术推广】 该项目是1993年总公司十大配套项目之一。是为提高滩海地区的勘探效益，建立滩海地区断块岩复杂油气藏的勘探技术和方法而设立的。该项目为期三年，共设16个课题。计划打井20口，进尺7.58万米，探明石油地质储量3000万吨以上，探井成功率达到60%以上。该项目以勘探公司为主，组织了地质院、物探、钻采院、钻井、测井、录井等单位200余名科技人员参加，推广应用16项新技术，当年探明储量2319万吨，控制储量2031万吨，受到总公司的通报表扬。

【新型聚合物重泥浆应用技术推广】 该课题为总公司级项目，与西南石油学院、北京油化所共同承担。通过两年攻关，基本掌握了聚合物在加重钻井液中的作用机理，研究出两性离子聚合物，筛选出聚合物加重钻井配方体系，1994年完成了5口井的现场试验，效果良好。

【塑料预包砂防砂工艺推广】 该技术是大港油田钻采院研制的一种新型修井材料，现已形成系列产品，可根据用户的需要选择，能满足井底温度在45摄氏度以上固结要求，在一定的井底温度及配伍的携砂液作用下，塑料包层会软化粘结，固化成有一定强度及高渗透性的防砂屏障防止地层砂进入井筒，施工时不需要在现场配制粘结剂，也不会有多余的树脂而堵塞地层，非常简便、安全，也不受加砂量大小限制，可满足不同出砂量的油水井防砂的需要。该产品在大港油田、中原油田采油三厂、胜利油田清河采油厂及冀东油田等地区的油水井防砂中应用，目前已防砂130口井、150井次，获得了明显的防砂效果及社会、经济效益。

（陈善勇）

人才开发

【职工技能开发】 为逐步建立和完善技能鉴定制度，实现技能鉴定的科学化、社会化管理，促进职业技能鉴定开发，提高劳动者素质，劳动部颁发了劳部发(1993)134号《关于职业技能鉴定的规定》文件，天津市和中国石油天然气总公司相继成立了职业技能鉴定指导中心，下发了《实施办法》及配套的《实施细则》，并要求在两年内完成对工人的首批技术等级的认定考核工作，中国石油天然气总公司要求职业技能鉴定从1995年开始。为此，1994年4月10日大港石油管理局教育委员会第十二次会议讨论通过"关于建立油田职业技能鉴定体系"的议案。

(左积田)

【职工学历教育】 1994年，职工学历教育由职大、电大、石油高函、中央党校函授、天津市委党校大专、自学考试、联合办学等部分组成，是一个多层次、多形式、多渠道、多学科的油田职工学历教育的办学体系。1994年学历班在校生与上年同期相比增长近千人，增长率为34.9%；毕业生合格率大专达95%、中专达90%，均比上年有所上升；教学管理不断加强，教学质量逐步提高。

1994年，学历教育教学改革的主要内容：第一，逐步向职业技术教育转向；第二，根据油田需要，由脱产教育为主，逐步转移到以业余为主。

在广泛调研的基础上，制订了《职培中心关于制订职工大学学历教学计划的规定》，并选择油田主干型专业为突破口，以培养职业技术型人才为目标，努力贯彻CBE模块教学方法，制订或修订主要专业教学计划14份、教学大纲249份，初步确立了以培养高等职业技术型人才为目标的教学框架。

鼓励教师把科研成果运用于教学实践，更新教学内容。一是组织80多名教师深入生产一线和研究单位，对学历教育、培训需求、科学技术在生产中的应用情况等进行专题调研，获取最新信息；二是在教材中适当增添了新技术、新理论、新方法；三是调整教学结构，增加了实践教学内容，全年编写讲义或补充讲义6册。

继续完善和加快实践教学设施建设。一是对语音室进行改造，促其广泛用于日常教学、毕业设计和科研工作；二是集中资金，着手钻井、地质、计算机训练室建设，扩大了微机训练室，购置了计算机多媒体培训设备。同时，利用油田废旧物资，扩充了部分训练设备。

在继续巩固以往办学规模的基础上，又广开渠道，与天津毛纺织职工大学联合举办了财会大专专业证书转学历班，为29名学员提供了业余学习机会。

学历教育向以业余为主的转化进程不断加快，在1993年业余率占71%的基础上，又提高了10个百分点。其中职大业余达标率87%，党校本科全部业余化。

教学管理制度日趋完善，管理水平不断提高，建立完善教学管理制度22项；制订了日常教学管理程序并开始试行；完善业余教育管理措施。

(徐立萍)

【职工培训】 1994年，油田的职工培训工作主要是围绕大力开发人力资源，培养应用型、技能型和跨世纪的复合型人才来开展的。全年共举办各类培训班90期，培训学员6002人次。其中计划内办班43期，培训学员2309人次。

根据《石油企业干部岗位规范》中任职资格的要求，积极组织了不符合本岗位任职资格条件的管理人员和专业技术人员参加培训，提高了他们履行岗位职责的能力，达到了"岗位规范"的要求。

积极组织各级领导干部的岗位培训。全年举办了8期现处职干部学习《全国建立现代企业制度试点工作会议文件》培训班，培训300人；举办了7期现处职干部学习《邓小平文选》第三卷培训班，培训231人；举办了9期局机关科级干部学习《邓小平文选》第三卷培训班，培训199人。通过培训，加强了对各级干部的思想教育，提高了理论和业务水平。

中、高级专业技术人员的继续工程教育开始实施。根据中国石油天然气总公司文件精神，中、高级专业技术人员平均每年要接受继续教育脱产学习两周。结合现代技术的发展和油田的实际，1994年主要在采油、钻井、地质等主体专业，开展了继续工程教育，从系统管理、技术交流、解决疑难问题、制定新的操作网络等方面进行培训和研讨。如举办了2期控水稳油研讨班，有71名采油、地质、修井等工程技术人员参加了培训。

计算机、英语培训形成系列，推进了油田办公自动化的进程和专业技术人员的外语水平。举办了各类初、中级计算机培训班 24 期，培训 724 人。举办英语提高班、英语口语班、职称英语辅导班等培训班 5 期，培训 404 人。

（张淑华）

【专业技术人才队伍建设】 1994 年，管理局在加强人才开发的同时，注重对专业技术人才队伍的建设。年初建立了石油科技人才库，对全局各类专家共 67 人进行信息管理，并主要完成了以下几项工作：

(1)为加速年轻人才的培养，重新修订了人才培养计划，做到培养对象和措施双落实。

(2)对全局优秀青年知识分子进行表彰，表彰奖励了 10 名青年知识分子标兵、100 名优秀青年知识分子、10 名培养青年知识分子优秀工作者和 20 名青年知识分子工作先进个人，7 个青年知识分子工作先进单位。

(3)选拔 16 名青年技术骨干到高等院校进行复合型人才学习和攻读硕士研究生。

(4)为充实对外合作人才队伍，分两期选送 38 人参加了总公司组织的对外合作业务的培训，选送了 21 名技术骨干参加总公司组织的英语强化培训。

严格评聘政策，搞好专业技术职务的评审与聘任工作。共评审出高级技术职称 245 人，中级技术职称 852 人。根据管理局人事制度改革工作的总体部署，推行了专业技术职务的聘任工作，全局共设置高级技术岗位 979 个，中级技术岗位 3637 个，初级技术岗位 6820 个，其高、中、初比例为 1∶3.7∶6.9，并按照公开、平等、竞争、择优的原则进行了聘任。

（崔玉皎）

第八篇

经营管理

企业管理

【生产现场管理】 1994年，管理局开展强化油田生产现场升级达标活动，全局有70%的生产现场达到了考核标准，50%的基层队实现了现场管理达标。

【管理现代化】 1994年，全局取得局级以上企业管理现代化成果90项，其中局级31项，天津市级53项，总公司级6项。管理局荣获天津市推广应用价值工程先进单位，受到天津市经贸委的通报表彰。

（杨金凡）

【质量管理】 1994年4—6月，管理局开展了“四整顿、四查”活动。同时，还开展了质量攻关和“降费、减损活动”，共取得8个质量攻关成果，其中总机械厂的“大港—螺杆钻具质量攻关”项目获天津市质量攻关成果二等奖；“降费、减损活动”实现经济效益240万元。群众性的质量管理活动共取得局级以上QC小组成果92个，其中局级成果63个，部级成果13个，市级成果16个。天津市经委授予大港石油管理局“1994年度质量工作先进局”称号。总机械厂的GYJ牌大港—螺杆钻具获“天津市一流产品称号”。

（裴玉起）

【节能工作】 1994年，管理局节能工作通过广泛宣传节能政策和强化能源、原材料管理，特别是在科技进步方面下功夫，开展节能降耗、合理用能及修旧利废工作，使能源消耗控制在计划范围之内，全年实现节能3.5万吨标准煤，节约原材料价值1072万元，回收废钢铁892吨，三项合计为企业增效4500万元。

（梁惠勋）

【标准化管理】 1994年，管理局共制定、修订石油行业标准18项，油田企业标准76项，其中技术标准71项，管理标准5项；“人造金刚石全面钻进钻头”产品采用国际先进标准，获天津市技术监督局采标证书，“0号柴油”、“10号建筑沥青”和“整筒抽油泵”通过采用国际标准的复审，并取得证书。

（郭进德）

【计量管理】 1994年7月，油田原油外输计量交接总站对外结算用大口径腰轮流量计，通过中国石油天然气总公司原油外输站评比验收。大口径腰轮流量计是油田向天津250炼油厂输送原油所使用的标准仪器，于1993年底正式使用。通过一年运行，检定其性能符合设计要求。

（张设明）

生产管理

【生产管理】 1994年，油田生产调度系统逐步由传统的计划经济向市场经济思维观念转变，基本上消除了几十年延用的以调度为中心，采用单一行政命令手段，“一杆子插到底”的传统“生产型”管理模式及工作方法的弊端。在内外部环境尚未完全配套的情况下，逐步实现了专业化生产管理，建立和培育了油田内部市场，实现了由“生产型”向“生产经营型”的转换，完成了由单一“指挥型”向“协调服务型”的转换，形成了生产管理与油田内部市场管理两位一体的管理模式。

在新的生产运行机制中，集生产经营于一体，纵向上实行全面推动项目管理，层层承包经营责任，主要发挥服务作用和指导监督作用，确保油田各单位、部门经营承包责任的分阶段实施和油田增储上产任务的完成；横向上实行甲、乙方经济合同，在油田内部市场和重点工程建设施工中，主要行使组织协调作用和调解、仲裁作用，确保油田经济合同的履行及推动内部市场运作，保证油田生产正常有序的运行和经济效益的提高。

【土地管理】 1994年，油田强化土地管理，全年征地142宗、约68公顷，领取国有土地使用证128本。另外，为油田提供工程用土近20万立方米，还调整了油田与大港区上古林乡马棚口二村东段地界，并挖掘了油田与大港区沙井子乡(马西土路段)的界沟。为密切工农关系，新修共建道路34.95千米，维修共建道路45千米；复垦土地20公顷，共建桥梁1座。

【生产建设运行机制变化】 1994年，油田内部市场建立已有一年多时间。从运行情况看，各专业市场都在积极营造竞争环境，但从总体上看，市场还显稚嫩，这种现象在油田一些主业市场表现的尤为突出。

为加快油田内部市场的发展，管理局先后制定下发了《大港石油管理局内部市场管理办法》、《大港石油管理局内部合同管理办法》、《大港石油管理局内部招标投标暂行办法》和《大港石油管理局内部合同仲裁暂行办法》等管理文件，强化油田主业队伍的市场意识，规范油田市场行为。5月，管理局召开了内部市场运行工作座谈会，会上总结了过去一段时间油田内部市场运作的经验，正确评价了当前内部市场的状况，要求进一步理顺市场管理机构，完善市场管理制度，冲破内部保护，划小核算单位，把一些专业性强且占垄断地位的队伍推向市场。

钻井市场：全年内部交易192口井，合同金额52018.5万元。

基建市场：全年对外招议标97项，中标金额24478.27万元。

运输市场：3月份，第一次对外公开招标，项目是胜利路东侧明沟回填土方。参加投标的外部单位有河北黄骅市、天津市津南区、大港区水利局、太平村和上古林等地区的土方队，中标的单位是油田钻井公司、油建公司和第一实业公司。全年货运周转量29435万吨千米，总车里程4826万千米。

井下作业市场：因为即将面临“三调”，内部井下作业市场在做预备工作。

科技市场：3月11日，管理局发布了《大港石油管理局技术市场管理办法实施细则》，油田内部科技市场正式开始运作。1994年交易技术合同238项，金额2599.99万元。其中，内部交易999.85万元；对外发包技术项目交易656.13万元。

机械加工和修理市场：6月29日，管理局发布了《大港石油管理局机修市场管理办法实施细则》，标志油田内部机修市场正式开始运作。全年内部交易15912万元。其中，机械加工11230万元；修理4682万元。

（宁家群　张用舜　许剑波）

劳动工资管理

【劳动力管理】　1994年，管理局在劳动力管理方面打破过去计划经济条件下“统包统配”的分配模式，向劳动力市场配置过渡，积极筹建大港油田劳动力交流中心。结合油田实际，制定了劳动力市场运作的有关办法和配套政策：一是制定了《大港石油管理局劳动力交流中心管理暂行办法》，从中心机构设置、服务范围、业务及功能、工作原则和市场运作程序等方面都做了明确的规定，为开展劳动力市场交流在政策上提供了依据；二是制定了《大港石油管理局技校毕业生分配暂行办法》，为技校毕业生进入市场运作做了具体的规定；三是制定了《大港石油管理局工人流动管理暂行办法》，促进了油田内部人才流动；四是制定了《大港石油管理局职工待业子女管理暂行办法》，规范了油田待业子女的登记，建立了待业子女登记表、登记卡和档案等手续，为做好油田待业子女的资源管理和从事劳务输出做好了准备。

（郭　斌）

【工资管理】　1994年，管理局对法人试点单位实行“两低于”工效挂钩。对生产单位以及部分社会性服务单位等实行工资总额与上交利润（或减亏）和实物工作量挂钩。当上缴利润每增减1%，工资总额上下浮动0.5%—8%，当控亏额每减增1%，工资总额上下浮动0.4%—0.7%，效益指标为零的单位，当效益每增减1元，工资总额相应增减0.4元。有油气商品量指标的单位，将工资总额50%分别与上缴利润和油气商品量挂钩。全额工效挂钩。对文教、部分社会服务性单位等实行部分工效挂钩，即单位工资总额的30%与核定的经费指标挂钩。经费指标每增减1%，相应减增挂钩工资总额部分的1%，但增减工资总额最大不超过工资总额基数的30%。对无考核指标的单位实行工资总额包干。即单位工资总额年初一次核定，包干使用，与职工人数增减脱钩。自1995年起，对各单位主要生产经营效益指标完成情况实行季度考核，对工资发放实行先考核后兑现。

（冯朋燕）

规划计划管理

【规划管理】　1994年,管理局根据中国石油天然气总公司关于编制"九五"计划及2010年远景目标的要求,由综合计划处牵头组织,各专业处室、"三院"参加,在客观地分析油田面临的新形势和优劣势的基础上,采用了投入产出、目标成本、预警分析和灰色理论等多种科学方法,对油田未来投入产出效益及产品市场进行预测,于10月底完成了大港油田《"九五"发展计划及2010年远景发展目标》的初稿,年底上报到总公司。其中规划总本获总公司编制工作二等奖。

(李宝存)

【基本建设投资管理】　管理局根据总公司"两定两自一挂钩"的承包政策,强化了投资管理。在投资计划管理体制上实行了两级管理;在建设项目划分上,按勘探、开发、公用工程三大块,实行投资切块任务包干。

(1)勘探方面,坚持以经济效益为中心,大力支持新技术、新方法的应用,实现少井多信息、少井多储量、少井高效益,积极寻找近期可供开发的优质储量。同时加强诸如滩海地区新区新领域的勘探工作,并要求探明吨油气储量投资不得高于国内同行业平均水平。实施结果全年完成二、三维测线分别为2100千米和153平方千米,完成探井33口,进尺9.02万米,分别为年计划的122%和91%,探明石油地质储量3132万吨,为年计划的125%,控制石油地质储量2031万吨。实际完成投资34607万元,折算每探明亿吨油气储量110495万元,比计划少21633万元。

(2)油田开发方面,强化投资管理,推行科技进步,着力于老区治理,加快产能建设,确保原油产量和商品量任务完成。全年钻开发井152口,进尺40.38万米,建产能37.5万吨,分别为年计划的101%,97%,100%,投资控制在92541万元以内。折算每建百万吨原油生产能力投资为216425万元,比要求少30351万元。

(3)公用工程方面,为适应管理局生活系统改革,逐步解体"大而全,小而全"的组织结构,在大力压缩非生产性建设项目和后勤辅助工程项目的建设,集中资金,确保重点的同时,积极支持改革,支持各生活后勤单位对采暖、供水等基础设施改造。保证了职工安全过冬并使节电、节油、节气工作取得了新进展。

通过采取以上措施,加强了投资管理,使油田1994年实际完成投资214148万元,为年计划214982万元的99.61%,比计划减少0.39个百分点,使全局投资规模得到有效控制。

(王俊山)

【生产计划管理】　根据中国石油天然气总公司"两定、两自、一挂钩"承包政策和总公司(94)中油计字第141号《关于下达1994年石油工业生产经营计划的通知》精神,管理局下达了大港油田及所属单位年、季度生产经营计划,确保总公司计划指标的落实和油田整体效益的提高。在油气产品销售方面,认真贯彻执行国发(94)21号文件,同时,充分利用总公司的经济承包政策,统一组织生产和销售,在油气配置计划指标核定方面做了大量工作,使原油统配率计划指标一直保持在93.7%的水平。

(李新民)

【外资计划管理】　大港油田从1987年开始先后利用了第二次日本能源贷款、中国银行外汇商业贷款、第三次日本能源贷款、中国银行重点项目专项外汇贷款等,分别用于开发建设孔南油田、北大港油田、张巨河、乌北油田及枣园油田。截至1994年底,油田共签订外资(外汇)贷款协议总金额53721万美元,实际累计使用外汇44775.8万美元,利用外资(外汇)贷款完成人民币投资249602万元,累计建成原油生产能力161.48万吨,生产原油约661万吨,累计签订进口合同34505万美元。

1994年,油田实际用汇4145万美元,完成人民币投资工作量41100万元,签订进口合同4250万美元。

利用外资的具体作用:

(1)弥补了油田开发建设资金的不足,外资(外汇)贷款占大港油田1987年至1994年间投资总额的22.82%。

(2)解决了油田生产建设中引进关键设备与器材、提高队伍装备配套水平和技术设备更新所需的外汇资金。

(3)利用外资(外汇)贷款进口设备享受了国家减免税的优惠待遇。从1987年到1994年,大港油田进口货物减免税额已达1亿美元。

(王少林)

【统计工作】

1. 加强统计基础工作

(1)重新修改了统计管理制度,进一步协调了综合统计与专业部门统计业务关系,保证了总公司及天津市统计任务的完成。

(2)编制了主要生产经营指标手册软件,把生产公报改成手册,用手册的形式为领导提供信息服务,提高统计服务质量。

(3)重新修订了基层统计报表报送制度。

(4)建立了多种经营对综合统计的报表报送制度。

2. 积极开展统计科研工作

"石油经济核算体系设计方案"研究的科研课题在总公司科技局立项后,由大港油田牵头,在总公司的领导下,组织大庆、新疆、辽河、胜利、中原、华北、四川、吉林、长庆、物探局、石油大学等单位有关人员参与编写,于 1994 年 11 月完成,12 月份通过总公司科技局的部级鉴定。该体系设计比较科学、结构比较合理、指标体系符合国家新国民经济核算体系的要求,又突出反映了石油工业的特点,并有较多的创新,在国内处于领先水平。 (于会琴)

【石油专业工程定额管理】 "石油专业工程定额(1993年)"实施以来,由于受国家陆续出台的经济政策、新财会制度的影响,已不适应油田生产和经营工作的需要,急需进行修订。8 月,管理局召开了"加速定额修订、审定工作"安排会。会上对如何加快和搞好这次定额修订、审定工作做了具体安排。管理局成立了定额修订、审定领导小组。

这次修订工作,从方案的制定到定额定稿全过程都认真贯彻了量价分离、科学、先进、合理原则,确保新编定额的实用性和可操作性。对因财会制度改革、新政策的出台以及物价等引起的新增因素都做了全面考虑;对因新技术推广应用、劳动组织调整等促进劳动生产率提高诸因素,在定额中都相应做了调减,以保证定额的先进性;对原定额中的缺项、漏项都做了必要的补充和完善。

1994 年新编石油专业工程定额的出台满足了大港油田勘探开发的需要,标志着管理局石油专业工程定额与管理工作上了一个新水平。

(陈秀兰)

财务管理

【概述】 1994 年,油田财务工作围绕油田生产经营和改革,严格控制投资规模和生产成本,确保了油田生产经营状况的进一步改善;严格财务管理,明确经济职责,硬性考核、刚性兑现,确保了各项经营承包任务的完成;在资金十分紧张,原材料等物价上涨过快的情况下,多方筹措资金,统筹安排,突出重点,确保了主业和多种经营发展的资金需要。全年顺利完成了各项生产经营任务,实现了建设资金自求平衡,投入产出略有盈余的目标。同时,各项财务指标较好地完成了年度计划,财务工作取得了新的成绩。1994 年,油田上缴国家和地方的各种税费 5.87 亿元,比上年增加 4.39 亿元。

【全面完成资金收支预算】 1994 年,油田积极采取措施,广开创收渠道,增加收入来源,挖掘内部潜力,降低生产和工程成本,严格控制投资规模,取得了明显的效果,较好地完成了全年的资金预算。

【全面推行资金预算管理制度】 为了保证全局资金预算的实现,1994 年初,全局推行了资金预算管理制度。各二级单位按照管理局要求,认真编制本单位年度资金预算,严格按预算组织创收,控制成本费用支出,促进了增收节支活动的深入开展和经济效益的提高。

【强化目标成本管理】 1994 年,管理局和各二级单位都把降低成本、费用支出作为提高经济效益的核心,进行认真分析研究,并广泛推行目标成本管理,把成本指标层层分解落实到业务部门和基层单位,实现了压力层层传递,责任层层落实,取得了显著成效。特别是四个采油单位和炼油厂的生产成本都比年度计划有较大幅度降低,为全局经济效益的提高做出了重要贡献。1994 年,全局不仅消化了外部涨价因素,弥补了部分单位的亏损,调整了职工岗位工资,增加了补贴和奖金,而且实现了 852 万元的盈利,超额完成了总公司下达的利润指标。

【控制建设投资规模】 1994 年,管理局和各二级单位在控制建设规模上做出了积极的努力。从立项到建设都坚持以经济效益为中心,没有效益的项目不上,从而有效地控制了投资规模的过快增长。1994 年全局调整计划安排的基本建设和维持简单再生产的建设总规模为217052万元，实际完成214600万元，扣除计入工程成本的能源贷款汇率损失2159万元，实际完成的建设投资为214600万元，比计划减少2441万元，较好地控制了建设规模，保证了全局建设资金自求平衡目标的实现。在控制建设规模的同时，坚持集中资金保重点的原则，除保勘探、开发生产建设外，把炼厂改造工程和矿区建设工程作为重点予以确保，从而保证了工程建设的顺利进行。

（王育山　官建顺）

物资装备管理

【概述】 1994年，根据管理局体制改革的要求，油田物资供应处由费用单位转变为经营性单位，并改名为物资供销公司，除满足油田内部市场物资供应外，还开展了对外销售工作。各二级单位的供应站也都相继改名为物资供销分公司。物资供销公司全年实现销售收入7.74亿元，对外利润1085.83万元。

在设备管理上，油田机动系统继续贯彻落实《全民所有制工业交通企业设备管理条例》，制定下发了“1994年机动工作要点”和“1994年机动管理各项经济技术考核指标”、“设备购置管理办法”、“闲置设备处理办法”和“1994年设备大修理管理办法”等。同时转发了井下作业公司“设备管理基础工作检查内容及考核措施”等制度，并开展了“远学大庆，近学井下压裂大队”的活动，使设备管理工作得到了进一步规范。

1994年，油田拥有主要生产设备13386台套，装机总功率152万千瓦，原值17.3亿元，新度系数0.41。主要设备完好率93.2%，利用率71.02%。全年发生上报大型及以上设备事故6起，直接经济损失31.69万元，比1993年减少了10.11万元。

【更新改造】 根据国家经贸委《关于调查工业企业生产设备管理情况的通知》精神，我油田组织了两次设备技术大调查，进一步摸清了家底，为设备更新改造提供了可靠的依据，编制了1994年度1.55亿元的装备更新改造计划（其中：局统筹1.1亿元，二级单位自筹0.45亿元），重点解决了钻井、运输等单位设备老化的问题。10月份滩海工程公司从美国引进了二手E－2100电动钻机。年底经管理局立项，投资600多万元对供应处润滑油总库进行改造。从1990年开工建设的11座润滑站，到1994年底已全部竣工投产，使主要生产单位的设备润滑管理基本达到了总公司“专储专输、密闭输送、油品对路、按质换油”的要求。

【设备大修】 为了加快油田内部机修市场的建立和培育，加强机修市场的管理，提高油田机修系统的整体效益。管理局下发了《大港石油管理局机修市场管理办法实施细则》文件，成立了由机动处、生产处、企管处、财务处、技术监督处、供应处、多种经营管理处等单位参加的局内机修市场认证定点审查小组，在对申请单位的工艺装备、执行标准、计量检测手段、修理专用机具、人员技术素质、质量保证体系等考核的基础上，结合油田的实际，对机修系统的产业结构、产品结构、组织结构进行调整。对符合条件的机修厂站颁发了生产许可证。1994年在大港油田设立了“三星汽车维修站”。全年安排大修理费4413.1万元，实际完成3697.8万元。

【检查及评优】 为迎接中国石油天然气总公司组织的“第三次全国石油企业设备管理工作大检查”，管理局先后三次召开了迎检工作动员会，各单位相应成立了迎检工作小组，开展了声势浩大的自查自改活动。10月份总公司设备检查总团来到油田，分5个分团对我油田10个主要二级单位进行了全面的检查，其中有7个二级单位达到了一级管理水平(950分以上)，3个二级单位达到了二级管理水平(900分以上)，全油田平均得分959.1分，在石油系统中名列第一名。按照津经发(1994)38号文件《关于开展企业技术装备素质评定的通知》精神，我油田广泛开展了装备素质上等级活动，通过各单位自查、自评，经大港石油管理局申报和天津市经委组织检查验收，大港石油管理局地球物理勘探公司、石油机械厂、采油二厂等三个单位被命名为第一批天津市技术装备素质优秀单位；测井公司、钻井公司、采油一厂等三个单位被命名为第一批天津市技术装备素质优良单位；总机械厂、水电厂、第四采油厂、炼油厂、钻采院等五个单位被命名为第一批天津市技术装备素质良好单位。

【开展向设备管理要效益活动】 在港油局发(1994)258号文件《关于加强设备管理工作的通知》中，提出从9个方面开展向设备管理要效益活动，管理局各单位认真组织实施，开展了多种形式的创效活动，到1994年底，据不完全统计，为油田增收节支达4600万元。

【设备状态检测及“三新”技术】 为推动以设备状态检测、故障诊断为基础的设备预防维修制度的建立，管理局成立了设备状态检测技术领导小组，先后购置了两台恩泰克状态检测仪和汽车半自动检测线设备，开展了对机泵等旋转机械的检测和故障诊断工作，利用汽车不解体检测线开展了对汽车年检、新车落户、尾气、里程表等实施检定和检测。实现了油田6000多台车辆不出油田即可得到检测。在“三新”技术应用方面，推广了乐泰胶、YY102引擎保护剂、无触点点火装置、V6电瓶激活剂、带电清洗剂、电机磁泥、抽油机节能拖动装置、离心注水泵三元叶轮、抽油机半流体润滑脂等，通过以上开展设备状态检测和推广应用“三新”技术，取得了明显的经济效益和社会效益。

（苏德安）

【物资管理】 为适应油田改革形势，1994年，油田物资管理进行了包括价格、采购等方面的改革尝试，将59大类物资下放35个大类给各二级单位供应站，物资供销公司仅保留24个大类的物资采购。经过一年的尝试，这种供应方式虽然给各生产单位保生产带来了一定的便利，但由于分散采购，难以形成批量，使油田采购成本及库存储备出现大幅度的上升，同时物资供应质量出现滑坡。

1994年油田物资价格管理开始试行由计划价供应向市场价供应的转变，取消了执行多年的油田统一计划价，采取实际价供应，由物资供销公司每月发布油田用主要物资采购最高限价，并定期对各单位进行抽查。

（顾　佳　陈跃增）

国有资产管理

【概述】 1994年，油田的国有资产管理工作由财务资产部归口管理，财务资产部内部设立资产管理科和资产核算科，负责全油田的国有资产管理工作。在1993年清产核资试点工作后，为了巩固清产核资的成果，防止前清后乱，进一步加强国有资产管理工作，财务资产部统一安排布置全油田的固定资产建帐、建卡，实物资产定牌喷记工作，基层单位要求建立保管折，使资产管理做到“三账一卡一折一牌”。理顺闲置报废资产处置的管理机构，在中国石油天然气总公司国有资产管理局已审批同意成立设备开发利用公司的基础上，财务资产处制定了“闲置报废资产处置的暂行规定”，积极处理回收闲置报废资产，清理各单位“三产”无偿占用全民资产的状况，及时办理有偿转让和租赁手续，防止国有资产流失。分析测算全油田各单位负债和所有者权益情况，为实行内部资本金制度做准备。组织开展1994年产权登记工作。加强国有资产管理知识的培训，培养造就一批熟悉资产管理业务的骨干，提高国有资产管理人员的素质。

【资产清查】 为了摸清油田国有资产的“家底”，掌握油田国有资产使用情况和增减变动情况，1994年财务资产部组织开展了资产清查工作。为了巩固清产核资的成果，防止前清后乱，1994年的资产清查有针对性地对清产核资中和清产核资后清查出来的盈亏、毁损、报废是否按规定进行了处理；固定资产的原值、净值、折旧是否按清产核资价值重估结果进行了调账进行清查，完善清产核资的后期工作。通过清查，1994年末油田拥有固定资产账面原值991710万元，实际拥有固定资产原值991720万元，其中在用固定资产原值969194万元，未使用固定资产原值14580万元，不需用固定资产原值1214万元，待报废固定资产原值6732万元，盘盈固定资产25万元，盘亏15万元。通过清查基本做到了资产数量清、使用情况清、盈亏原因清，摸清了企业的“家底”，为盘活存量资产，优化资产的配置打下了基础。同时也检验了各单位国有资产管理的基础工作，促进了油田国有资产管理基础工作整体水平的提高。

【经营承包】 1994年，管理局根据《全民所有制工业企业转换经营机制条例》和中国石油天然气总公司改变承包办法，实行“两定、两自、一挂钩”的政策，制定了“深入贯彻总公司1994年工作会议精神，积极探索推进现代企业制度建设；以实现‘八五’计划为目标，以深化内部改革为动力，以获得最大经济效益为中心，实行专业化管理，社会化服务，加速油田内部市场的配套和发展，加强企业管理，多元化经营，不断提高各单位的生产经营水平和竞争能力，确保上缴原油、天然气统售量等指令性指标的完成”的指导思想。对所属45个二级单位和局直属处级单位，分为法人试点、模拟法人、事业经费三类，实行了不同目标的经营承包责任制。全年执行下来，管理局全面完成了总公司下达的“两定”指标。油田内部有24个单位全面完成了承包指标，占承包单位的53.3%；因素分析调整完成的有17个单位，占承包单位的37.8%；未完成承包指标的有4个单位，占承包单位的8.9%。

【设备物资开发利用】　为了盘活闲置资产，使闲置资产的调剂按照规范的秩序运作，经总公司批准，于年内成立了设备物资开发利用公司。设备物资开发利用公司是油田惟一从事闲置、报废物资开发利用的单位。油田所属各单位的闲置报废物资经财务资产部批准后，对于闲置资产，油田内部各单位之间实行无偿调拨，油田内部单位和子公司之间实行有偿调拨；对外统一由设备公司销售。各单位的报废资产原则上都要上交设备开发利用公司，由其根据国家有关政策统一对外销售。1994年闲置资产主要由财务资产处根据各单位的需要采取调拨方式进行调剂，设备公司主要从事报废资产的回收出售工作。

1994年，设备物资开发利用公司回收报废资产净值1327.22万元，实现销售收入704.39万元。

（王维庆　张社民）

审计工作

【概述】　1994年，油田审计系统根据中国石油天然气总公司审计工作会议精神和管理局对审计工作的要求，继续加大对经营承包审计的力度，认真开展新税制实施对管理局效益影响的调查，对联营企业经济效益的调查，完成了全年的审计任务。

1994年，全年共完成审计项目89个，审计资金14.12亿元，审计单位51个，审出问题资金1976.08万元，其中违纪金额107.57万元、违规金额1341.37万元，纠正处理金额1943.98万元，取得直接经济成果629.45万元，人均直接经济成果14.64万元。

【审计制度建设】　1994年，管理局制定了《大港石油管理局内部审计工作若干规定》、《兼职审计人员的职责》、《关于严格基本建设项目开工前审计制度的通知》等一系列制度，对规范审计工作，提高审计工作质量起到了良好的作用。

（丁云青）

安全环保管理

【概述】　1994年，油田安全环保管理工作在中国石油天然气总公司的领导下，积极落实目标责任制和领导挂点承包制度，不断促进安全环保科技进步，实现了安全生产的“四个杜绝”、“三个不超标”和“一个稳定”的良好局面和环境综合整治定量考核的全面达标，继续蝉联总公司安全生产先进企业和天津市环保先进单位。

【安全生产管理】　1994年，油田安全管理系统主要从科技进步和技术管理入手，主要开展完成了以下工作：

1．以强化目标管理促进基础工作的全面加强

年初，根据总公司关于在石油系统推行安全目标管理的工作要求，大港油田及时起草、下发了年度工作计划安排，在工作计划中不但将“四个杜绝”、“三个不超标”和“一个稳定”纳入各单位的年度承包指标中，而且将“千人重伤率”、“千人死亡率”和“事故直接经济损失”等相关指标层层分解，强化考核和奖惩力度，首次将“安全生产管理及事故指标控制情况”作为各二级单位综合考核指标，在管理力度及管理水平上都得到了普遍的加强。

2．以落实各级岗位责任制促进安全管理走向制度化

为提高各级管理者、操作者的安全意识，1994年管理局对各级领导及岗位的安全责任制进行了补充和完善，使安全岗位责任制成为每级干部职工的考核内

容，并将领导挂点承包要害部位初次纳入安委会及各二级单位领导的管理职责中，当年实现挂点承包检查到位率100%，基本实现了要害生产部位的安全生产无事故。

3. 以科技进步促进安全管理走向科学化

为控制事故发生源头，减少各类隐患的存在，油田自年初开始，就不断加强安全科技攻关工作，致力于提高安全管理的科技含量，改善现场作业环境，如供应处千米桥总库机务段运用现代科学知识，改进了机车信号报警装置，提高了工作效率，同时有效地减少了工伤事故的发生。

截至1994年12月31日，油田共计发生工业伤亡事故5起，其中死亡2人，占当年职工总人数的0.022‰，为总公司下达年度控制考核指标0.13‰的16.9%；重伤人数3人，占当年职工总人数的0.033‰，为总公司下达年度控制考核指标0.38‰的8.7%。

【环境保护管理】 1994年，油田环保管理把落实各级环保责任制和综合整治作为中心工作，全面治理老污染源和严格控制各类新污染源的产生，使管理局环境管理工作实现了从被动管理向主动预防的转变。

1. 依靠科技进步，不断改善矿区环境

随着管理局生产的连续发展，各类污染物也相应增加，治理难度不断加大。为使环保与生产同步，油田大力开展科技治理：

(1)管理局投资1.2亿元完成了引滦入港工程，投资1500万元新建60000立方米生活用水工程，改善了职工群众的生活条件。

(2)投资170万元完成油田生活污水湿地处理工程。

(3)各采油厂投资3980万元对输油站进行改造。

(4)投资15万元组织完成钻井泥浆固化试验工作。

(5)投资45万元解决多台锅炉改造项目，确保烟尘排放达标。

(6)投资20万元完成总机厂的电镀水处理工程项目。

(7)投资1300万元完成胜利路排水沟改造和矿区绿化工作。

(8)投资250万元完成了储油站的轻烃回收装置，保护了大气质量。

另外，1994年油田通过改造工艺，使2550万立方米处理污水进行回注，保持了油井稳产，节约了大量可持续利用的水源。

2. 抓住关键单位，控制污染产生

油田的钻井、修井行业是产生污染最严重的关键单位，为加强对污染大户的管理，1994年管理局加大对钻井公司和井下公司的管理力度，做到防污染措施不到位禁止开工，现场管理不合格不许作业的管理模式，考核指标逐级分解，并与经济利益直接挂钩，极大地调动了各级干部职工自觉把好控制关的积极性。全年共计作业1024口油井，重大污染事故为零，一般事故得到全面控制，经济损失比局控指标下降50%。

3. 全面开展污染源调查工作

为了解油田现有污染源的实际情况，管理局组织进行了污染源调查工作，共计查出6400个排污口，共取“三废”监测数据28000个，完成300册调查资料整理和全局污染源数据处理工作，协调二级单位建立了流动性污染源数据库系统，为“九五”期间加强环保管理起到了重要作用。

1994年油田环保主要指标完成情况：

工业废水处理率	98%；
工业废水排放达标率	98%；
工业固体废弃物综合利用率	100%；
工业固体废弃物综合治理率	100%；
锅炉烟尘浓度排放达标率	90%；
窑炉烟尘浓度排放达标率	100%；
固定声源达标率	90%；

大中型建设项目“三同时”执行率100%。

（周　国）

【交通安全】 为贯彻落实《天津市道路交通安全责任制暂行规定》，1994年，管理局先后制定下发了《大港石油管理局内部零散车辆安全管理规定》、《大港石油管理局内部交通安全管理特别处罚办法》等文件，并在全油田范围内开展了“三查两治理”和“三查四整顿”活动，重点查制度、查隐患、查薄弱环节和治理零散机动车辆。随后，管理局与各二级单位签订了《油田1994年交通安全责任书》，以确保全年交通安全工作目标的完成。通过治理，油田交通安全管理取得良好效果：

(1)截至1994年底，油田发生上报交通事故130起，占控制指标的53.3%；死亡14人，占控制指标的82.4%；致伤81人，占控制指标的61.8%；直接经济损失171.34万元，占控制指标的81.6%。

(2)全年共纠正交通违章116986件，罚款45.1万元，扣证3410本，扣车488台，违章汇转1524件。

(3)全年共检验机动车7099台，换发汽车号牌2900台，驾驶员审验换证12191人。

(4)全年组织交通夜查82次，参加干警、车管干部2050人次，出动车辆281台次，检查车辆1.16万台次,纠正违章 3626 件。

（于　洁）

【消防安全】　为了强化油田各单位防火意识,防止火灾事故的发生,1994 年初,管理局与各二级单位第一责任人签订消防责任书 32 份,矿大队级签书 400 余份,车间班组签书达 6500 余份。油田防火责任制逐级得到落实,最大限度地控制了火灾事故的发生。同时,通过开展多种形式的消防安全宣传教育,提高油田广大干部职工的防火安全意识,全年举办消防知识培训学习班 5 次,统一对油田 60 名防火干部进行了防火业务考核。向社会投搞 16 篇,向电视台提供消防录像资料片 12 次,义务消防演练 10 余次,进一步扩大了消防知识的普及,推动了消防工作社会化的进程。

油田全年共发生工业火灾 4 起,占全年火灾起数指标的 15%,与上一年相比下降了 35%;造成直接经济损失 70808 元,占全年经济损失指标的 25%,与上一年相比下降了 69.4%;工业火灾无人员伤亡,并且杜绝了重大、特大火灾事故发生。

（李明智）

多种经营

【概述】　1994 年,大港油田多种经营系统转换机制,加强管理,提高素质,加快发展,共完成生产经营总值 11.08 亿元,为年计划的 110.8%;实现利税 1.23 亿元,为年计划的 123%;实现净利润 4752 万元。

1994 年度,天津华孚油田化学有限公司等 28 家企业,被天津市人民政府集体经济办公室评为城市集体经济明星企业;大港油田多种经营办公室被大港区人民政府评为城市集体经济先进管理单位,天津大港油田重油公司等 16 个企业被评为区级星级企业。

【产业结构】　1994 年,农、副业(第一产业)完成生产经营总值 4347 万元,占全系统的 3.9%;工业和建筑业(第二产业)完成生产经营总值 74847 万元,占 67.5%;交通运输和商饮服务(第三产业)完成生产经营总值 31629 万元,占 28.6%。

【企业规模】　1994 年末,多种经营厂点 616 个,其中:年生产经营总值在 500—1000 万元的企业有 24 个,年生产经营总值合计达 17369 万元,占全系统的15.7%;年生产经营总值在 1000 万元以上的企业 15 个,年生产经营总值 34130 万元,占全系统的 30.8%。

【项目开发】　1994 年,多种经营系统开发了 19 个新项目,当年投产 12 个,新增产值能力 1 亿元,其中新增产值能力在 1000 万元以上的项目 5 个,500 万元以上不足 1000 万元的项目 9 个。

【企业改制】　到 1994 年年底,多种经营系统成立了 20 家有限责任公司,14 家股份合作制企业。股份合作制企业的总股本金达到 1955 万元,其中个人股达 858 万元;有 9 个企业实行了国有民营,其中有 8 个企业扭亏为盈。

【农副业生产】　1994 年,大港油田有耕地面积总计 1323.6 公顷,主要分布在团泊洼地区,并分别由钻井、物探、公路工程、建设工程、运输、物资供销和团泊洼开发公司等七个二级单位种植管理。

1994 年粮食总产量 450.7 万千克,其中:玉米产量 229.6 万千克;大豆产量 221.1 万千克;水果产量 20 万千克;肉类产量 139.6 万千克;蛋类产量 501 万千克。

从业人员 1518 人。

（郭义琦　刘新平）

法律事务工作

【概述】　1994 年,油田法律事务工作紧紧围绕企业深化改革,转换机制,提高经济效益这个中心,努力探索新形势下企业法律事务新模式和新特点,使法律事务工作取得了长足的进步。

(1)法律服务向高深层次发展,全年共向各级领导提供法律咨询 86 次,风险论证材料 54 份,其中被领导采纳 49 项，有效地维护了企业的合法权益。

(2)合同管理得到进一步加强，全年共审查合同 2357 份，总标的额达 79619.58 万元，其中参与重大合同谈判、签约 578 项，全年通过合同管理实现节约资金 643.95 万元。

(3)重合同、守信誉活动取得可喜成果，钻井、物探等 8 个单位被市政府命名为“重守”单位，全局的资金信誉被评为“AAA”级，使企业的社会信誉和知名度进一步提高，一大批企业进入市场，提高了竞争力。

(4)法律预防和保护能力明显增强，全局法律工作人员依法维护企业合法权益。全年共代理各类纠纷案件 95 起，争议金额达 2145.5 万元，其中已结案 67 起，共为企业挽回损失 302.5 万元，避免损失 420 万元。

【法律咨询】 管理局各级法律事务机构先后参与了油田“企业法人试点”、组建“企业集团”、实行“公司制改造”等多项课题的研究。做到了管理局每一项重大改革方案的出台，都有法律工作人员提供法律意见，其内容涉及企业设立、投资、经营决策、内外贸易、建设项目、房地产开发、劳动人事、文教卫生等各个方面。

【合同管理】 1994 年，管理局按照建立现代企业制度的要求，结合石油企业法律工作会议精神，及时组织全局法律事务人员召开了合同管理业务研讨会，参加修订了《经济合同法》，探索企业合同管理工作新模式，进一步修改和完善了《大港石油管理局对外经济合同管理实施细则》。

全年，通过强化管理和开展“重合同守信誉”活动，各级法律工作人员牢固地树立了市场和效益观念，法律和权益的观念得到强化，管理和服务的积极性进一步激发。许多法律工作人员主动研究市场和信息，努力钻研业务，拓宽知识面，为企业献计献策；运用专业知识和敬业精神，为企业赢得了效益。定向井技术服务公司法律工作人员严格执行合同权益，在今年渤海石油公司租赁钻具埋井事故中，据理力争向对方索赔 28 万元；在新疆克拉玛依的技术服务合同中紧扣条款，精打细算。在已结算完毕的情况下又为企业多要回服务费 7 万元。

【纠纷处理】 大港油田通达总公司诉讼台湾德宇公司合营纠纷仲裁案，是油田首起涉外仲裁案，油田法律工作人员抓住对方未按期投资，并企图通过购买设备抬高保价，搞虚假投资的不良动机，走访有关部门获得大量有说服力的证据，赢得了仲裁胜诉，获得违约金 30 余万元。为了不失时机地追回赔偿金，法律工作人员又南下福建台方在大陆的财产，及时向当地法院提供证据，促进了本案的依法执行。

【工商登记】 1994 年，管理局重新修订了《大港石油管理局工商登记内部管理办法》。使油田的工商登记管理制度更加规范。全年法律工作人员共为全局四十多个单位办理了企业年检、变更、注册登记及发放授权委托书等工作，为这些单位走向市场参与竞争提供了便利。

另外，在企业规范性文件的法律审议、专业法律、法规培训、宣传方面，各级法律工作人员也做了大量工作，特别是法律工作人员针对一些企业在对外交往中发生的上当受骗案件，及时进行总结，提出举办措施的专题讲座，使企业经营工作人员受到教育。

(房四立)

档案管理

【概述】 1994 年全油田接收进室(馆)各类档案 3.5 万卷；提供利用 16.77 万卷次，3.45 万人次，利用档案创经济效益达 396 万元。档案室(馆)总建筑面积 8768 平方米。配备各类现代化设备 123 台，比 1993 年增加 13 台。现有专职档案人员 125 名，其中大专以上学历 55 名，占总人数的 44%，助理以上技术职称达 74 人，占总数的 59.2%。

【全面推进工程建设项目普查建档工作】 针对管理局早期投产的一些大型地面工程建设项目缺少竣工资料，给生产造成很多不必要损失的被动局面，管理局于 1994 年 4 月召开工程建设项目普查建档现场推动会，对全局工程建设项目普查建档工作进行安排布置，并提出具体要求。经过普查、勘测工作，全局共绘制复晒出 600 余张普查蓝图，经档案人员整理立卷后全部归档保存。这些重点工程档案的再生，基本改善了管理局工程建设项目档案不全、不实、不准的情况，为油田今后生产建设和维修改造起到重要参考作用。

【档案创效活动】 1994 年，管理局下发了《大港石油管理局档案系统“档案创效益”活动方案》。全局先后有 26 个单位成立了档案创效协调小组，确定档案创效项目21个。广大档案人员紧密配合专业技术人员,积极提供档案为工程项目服务,有力促进了档案创效项目的完成。据统计,在1994年全局创效项目中,档案创效达五百多万元。同时,为使档案创效工作深入发展,档案系统立足油田生产实际,开展了档案编研工作。全局共编写出28项质量较高的编研材料,续编编研材料62项。

【档案史料征集活动】 1994年是油田建厂30周年,管理局举行了隆重的庆祝、纪念活动。为配合有关部门搞好厂史展览,油田档案部门通过查阅大量档案资料,发现和寻找征集线索,共查阅档案资料5000余册,确定征集对象近千人,登门拜访上百户,收集到2000多张(件)有价值的资料。经有关部门鉴定筛选,其中有23页文字材料、98张照片、78件实物参加了厂史展览。

【档案现代化管理】 1994年油田档案馆与职培中心联合研制《计算机文档管理系统软件》,获1993年局新技术推广项目三等奖,被列入1994—1996年全局重点科研攻关项目。为使该软件能及时推广应用,管理局举办了"计算机文档管理系统软件应用"培训班,在14个单位先期推广,取得较好效果。此外,研究院档案室建立了油田勘探开发地质档案的存储、借阅、统计系统,存储了3.2万份单井井史、单井化验、综合科研专题报告等档案资料,并由微机组成了区域网,使工作效率比原来大为提高。

(朱玉行)

信访工作

【概述】 1994年,信访部门把管理局在深化改革进程中,职工群众普遍关心的"热点"问题,作为重点工作进行跟踪,发挥各级信访信息网络作用,超前预报,及时地反映群众意见,为领导决策发挥参谋助手作用。全年共出《信访情况反映》9期,《信息动态》5期。

根据信访工作形势的需要,局、处(厂、公司)两级信访部门,及时开展了信访调研活动。全年共向局领导报送调研报告4篇,撰写工作论文16篇,其中,局信访部门和第四采油厂的两篇论文分别在总公司第四届石油信访会议和天津市工、交、计系统信访理论研讨会上进行大会交流。

全年,油田信访部门共受理群众来信来访643件,其中,来信364件,比1993年下降15%;接待群众来访1362人次,比1993年上升13%(其中,集体上访60批次、1056人次,比1993年分别上升216%,291%)。

1994年,油田信访工作获得天津市信访工作先进单位称号;物探公司、第三采油厂等单位获得天津市信访工作先进集体称号。

(李绍顺)

行政事务工作

【概述】 1994年,机关行政事务部门(机关党委)紧密围绕管理局的中心工作,把机关经费节约和优质服务作为工作重点,努力提高自身素质,较好地完成了各项指标,保障了机关工作的正常进行,促进了机关为基层的服务。

1994年,行政事务处在机关和附属单位分别实行了三种不同类型的承包:

(1)扩大处室指标承包的范围。在往年7项费用承包的基础上扩大到电话费、小车队车辆公里、处室自有车辆费用等指标,专项控制费用由历年9项上升到15项,使处室承包和控制费用数额由每年10%上升到32%。

(2)在部分有条件的处室如卫生处防疫站、行政事务处卫生所、生产处、科技处等单位开展创收承包。

(3)在行政事务处车队以"自收自支、自负盈亏"风险抵押方式进行承包经营试点。全年在经费不超支的情况下,创收104.66万元。

(李亚娜)

第九篇

油田改革

综合改革

【概述】 党的十四届三中全会作出了《关于建立社会主义市场经济体制若干问题的决定》，提出了国有企业转换经营机制，建立现代企业制度的任务。1994 年 1 月，中国石油天然气总公司召开工作会议，对石油企业的改革工作做出总体部署，确定大港石油管理局为总公司系统参与全国百家现代企业制度试点的企业。是年 11 月，国务院正式确认大港石油管理局为试点企业。以此为标志，大港油田的企业改革进入了以建立现代企业制度为目标，综合推进，全面深化的新阶段。

1994 年，油田在建立现代企业制度和构建油公司体制等方面进行积极探索，并取得了一系列重要成果。

(1)理清了建立现代企业制度、构建油公司体制的基本思路，明确了改革的目标、方向、路径和主要举措，制订了管理局今后几年改革的整体方案。

(2)实施了较大力度的组织结构调整。生活后勤、医疗卫生、普通教育系统初步与主业分离，实行专业化管理；解体大而全、小而全工作初见成效。

(3)塑造"油公司"工作开始起步。开发公司作为油公司主体单位之一正式组建，采油作业区开始试点，油公司主体单位和施工作业单位的甲乙方关系初步形成。

(4)致力于转换内部经营机制，计划投资体制和财务管理体制改革取得阶段性成果。

(李长虹)

【油田改革的基本思路和体制框架】 油田改革的基本思路是：深入贯彻落实党的十四届三中全会精神，以《企业法》和《条例》("转机条例"和"国有资产监督条例")为依据，以加快油田增储上产，提高劳动生产率和总体经济效益，进一步改善职工生活水平为目的，以建立现代企业制度为目标，结合油田实际，借鉴国外石油公司组织制度和管理模式，对油田企业进行公司化改造，通过解体"大而全"、"小而全"组织结构，实行专业化管理，精干油气主业队伍，逐步建立起适应社会主义市场经济体制要求的管理体制和经营机制。

管理局改革的体制框架：在近 2—3 年内，将管理局改建成为国有独资或多元投资主体的大港油田集团公司。确立集团公司的独立法人地位，使之成为自主经营、自负盈亏、自我约束、自我发展的法人实体和市场主体。走"油公司"的发展路子，逐步将施工作业、辅助生产单位剥离，改造成为集团公司控股或参股的有限责任公司或股份有限公司，最后组建以"油公司"为主体的大港油田企业集团。

按照以上改革思路和框架，管理局确立了今后几年体制改革的任务：分离生活后勤单位，实行社会化服务、企业化经营，逐步实现自主经营，自负盈亏；分离文教卫生单位，使其逐步成为事业法人；分离施工作业、辅助生产单位，使其成为企业法人，自主经营、自负盈亏；解体各采油厂，组建采油作业区，成立开发公司，调整完善勘探公司、销售公司、炼油厂等油公司主体单位，并以此形成母子公司体制的新格局。

(于洪胜)

【试点准备工作】 为了搞好建立现代企业制度的试点工作，管理局在制订 1994 年改革工作计划时，把分离企业办社会职能和建立开发公司及采油作业区试点列入了改革日程，以便从体制上为建立现代企业制度，走油公司之路打下良好基础。管理局组建了改革领导小组，下设若干专项方案编制小组，且成立了体制改革办公室，作为局机关职能处室，负责管理局各项改革工作的组织、调研、推动、协调、实施。同时，开展了建立现代企业制度的基础调研咨询工作，在此基础上编制了管理局建立现代企业制度的初步方案。此方案为管理局建立现代企业制度试点方案的第一稿，于年底前上报中国石油天然气总公司。

(王彦军)

【分离企业办社会单位　实行专业化管理】 1994 年，管理局将生活、教育、医疗卫生从油田主业中分离出来。5 月，管理局出台了生活后勤系统改革总体实施方案、普教系统实行专业化管理改革实施方案。8 月，又出台了医疗卫生系统实施专业化管理改革方案，并出台了相关配套政策。

按照方案设计，生活系统改革本着整体分离、按区布局、自成系统、跨区经营、形成竞争、独立核算的原则，将原属于二级单位的生活后勤部门的机构、人员、资产等全部从原单位剥离出来，按矿区布局，新组建了港南、港北、港东、港西、港中等港内五个生活服务公司和王徐庄、王官屯两个边远地区的生活服务公司，并对原管理局生活服务公司、房产公司剥离管理职能，改造成为经营服务型的中心区生活服务公司和中心区房产公司，剥离出的管理职能划归管理局机关新成立的生活管理办公室。各生活服务公司到6月即实现了领导班子到位，开始交接、组建工作。7月底基本完成了交接工作，开始按新制定的生活服务社会化政策、规定运作。1994年底基本形成了生活后勤社会化服务的新格局。

普教系统专业化改革。与采油作业区试点同步，利用放暑假的时机，先将采油一厂的中小学接收到教育处，然后将油田其他二级单位（二厂、三厂、团泊洼等边远地区除外）的中小学也进行接收，由教育处按照教学布局进行校点撤并、按区片组建了5个区片教育管理站，作为教育处的派出机构，具体负责为本区片的中小学搞好后勤服务，并分区片吸收有关二级单位成立了校外指导委员会，负责对所在区片学校的监督管理。普教系统实行专业化管理后，教育处仍具有对普教系统实行全面管理和对专业技术学校进行业务指导的双重职能。在本次改革中，对边远地区的采油二厂、三厂和团泊洼中小学未划归教育处直接管理，而是实行集中办学，学校行政委托所在二级单位管理，后勤服务由新组建的生活服务公司负责。

医疗卫生实行专业化管理。将油田各二级单位所办的分院、卫生所、保健站进行分离重组，本着优化资产、合理布局、发展专科特色，提高医疗质量和服务水平，巩固和加强三级医疗、预防保健网络的原则，按区片设立了8个卫生分院和1个门诊部，直属职工总医院管理，各分院或门诊部，根据需要下设若干卫生所、保健站。同时配套出台了加强医疗管理的若干规定。此项改革方案跨年度实施。

（吴　云）

【成立油气开发公司　开展作业区试点工作】 1994年6月，管理局成立了油气开发公司，同时调整局机关职能，撤销钻采处和油藏处，成立钻井处，采油工程技术管理和油藏管理划归油气开发公司。油气开发公司作为一个经济实体，负责油气生产、集输、注水、产能建设、系统改造，负责完成管理局下达的油气生产、投资和油气商品量等指标；以采油一厂为试点，分离施工作业、辅助生产、多种经营等单位，调整改组为综合生产服务公司，作为油气生产的乙方单位，靠为油气生产甲方提供劳务服务吃饭；留下采注输系统，经调整改组，成立采油作业区，具体负责油气生产组织、产能建设方案的实施等；将原采油一厂下属的两个采油矿，调整改组为三个生产工区，负责工区的油气生产和日常管理。使油气开发系统形成了以管理局—油气开发公司—作业区—工区新体制的雏型。

（赵芳秋）

【转换经营机制　推进配套改革】 1994年，管理局配套推出了六项改革：

一是改革计划投资管理体制。主要是变高度集中统一的计划投资管理体制为分级负责、分级管理的体制。调整了计划指标体系，精减了企业计划指标，进一步突出了效益指标；改进投资分级管理办法，变“三级”计划管理为“两级”计划管理；进一步明确各投资主体的责任；资金安排推行“三个平衡”，即投资规模与资金来源平衡，投资工作量与建设任务平衡，概算与竣工造价平衡；建立投资责任制，包括项目投资责任制，咨询、评估、设计责任制，项目决策者和审批单位责任制，强化了投资的科学决策和风险约束机制。

二是改革财务管理体制。深入贯彻财会《两则》，推行全额预算管理，实行两级预算，一级审批；推行责任会计和目标成本管理，实行降低成本奖励办法；继续推行资金有偿使用制度，坚持谁借谁还；放开内部结算价格，与市场接轨，实施分税制度，加强税收管理核算。

三是深化三项制度改革。继续开展“三优化”，精干企业队伍；实行工资总额包干制度，扩大工效挂钩试点；完善技能工资制，实行动态管理；搞活内部分配，建立职工考评制度，实行绩效工资制；深化人事制度改革，全面推行聘任制；改革劳动保险制度，实行基本养老保险、医疗保险行业统筹。

四是不断完善市场机制。加强内部市场建设，培育内部市场竞争主体，实行公开招标，引入竞争机制，完善内部市场运行，加快培育内部要素市场，逐步形成内部市场体系，技术、物资、人才、劳动力等要素市场实现全面运作，并逐步规范、完善。拆除“围墙”、“引狼入室”，实现内外市场接轨；鼓励开拓外部市场，并实施创收奖励政策。

五是完善经营承包办法。将全局二级单位按法人试点单位、模拟法人单位和事业经营单位三类进行承包，不同类型单位实行不同的承包办法和承包政策，并实行严格的奖、惩制度，确保了经营承包政策的有效性和严肃性。

六是进行产权制度改革试点。对银河电控设备厂等4家多经企业进行了股份合作制改造，明晰了产权关系，使企业职工由抽象的主人变成了现实的主人，大大调动了职工的劳动积极性，转换了企业经营机制，促进了企业的发展和效益的提高。

（李长虹）

分系统改革

【人事制度改革】 1994年,管理局在对各单位行政领导的聘任中,本着优化结构,控制职数,一律实行聘任制的原则。具体操作上规定初次聘任处以上领导职务的人员,男性年龄不超过50岁,女性不超过45岁,文化程度在高中、中专以上;班子配合不搞一个模式,以有利于工作、精简、高效为原则,减少各单位领导职数;坚持民主推荐,群众信任票达不到50%以上的不聘任。

在管理岗的聘任中,岗位设置本着高效、精干的原则,二级机关、基层单位管理人员的职数由劳资部门统一核定。压缩职数,减少职责交叉,各级管理人员按其职责要求由主管领导聘任,截至1994年12月,全局共聘任各级管理人员(含技术人员)21876人,其中原为干部身份的16474人,工人身份的5402人,原为干部落聘的215人。

在推行技术职务聘任中,1994年在全局范围内修订了技术职务设置方案,设高级专业技术职务岗979个,中级专业技术职务岗3637个,初级专业技术职务岗6802个。高、中、初级技术职务岗位设置为1:3.7:6.9。截至1994年底按职责要求,在具有资格的人员中聘任相应的技术职务的占95.8%。

1994年初,按照社会主义市场经济和油田深化改革的总体部署积极探索新的人事管理模式,经天津市人事局批准,油田人才交流中心正式成立。年内,以油田职工子女应届毕业生就业为重点,先后组织了3次洽谈会,供需见面,双向选择。油田人才交流中心的成立运作是管理局人事制度一项重要改革,它使人们观念开始发生转变,各单位择优用人,毕业生自主择业,减少了过去分配环节上的弊端,使双方都比较满意,为更大范围的人才交流打下了基础。1994年通过人才交流中心共接收大中专毕业生1090名,为94人办理了调出油田手续,为2222人办理了油田内部交流手续。

(裴显华)

【工资制度改革】 1994年进一步巩固了职工基本工资制度,逐步形成职工工资正常增长机制和工资运行机制。一是完成了1993年建立的岗位工资调整工作,规定管理人员及专业技术人员的岗位工资动态运行办法,同时对操作人员的岗位工资进行了归并,形成了一套岗位工资运行管理机制;二是完善了技能工资管理,对各类管理和专业技术人员分别设置其适用的技能工资区间,对操作人员实行初、中、高级技能工资标准,取消传统的八级工资制,逐步使工资等级和技术等级趋于一致;三是对各种副食、物价性补贴进行合并,合并后统称为基本生活补贴。

(冯朋燕)

【物资管理体制改革】 1994年,为适应油田改革发展的需要,物资供销在体制、价格、供应方式上进行较大的改革:

1. 物资供应体制的改革

在大港石油管理局物资供应处的基础上,成立了物资供销公司,负责油田内部物资供应,对外代表管理局开展物资销售业务;各二级单位成立物资供销分公司,主要负责本单位物资计划的收集、上报及零星物资采购任务,在业务上接受物资供销公司的指导监督;同时物资供销公司设立物资交易中心,负责从事积压报废物资的调剂、处理和利用工作。

2. 物资供应价格体系的改革

1994年,管理局取消了执行多年的油田内部物资供应计划价格,物资价格实行随行就市方式,物资供销公司每月对油田用主要物资发布一次最高限价,并按发布价格对全局进行物价监督。

3. 供应方式改革

全面实行经济合同式的供应,由供应部门按项目承包,签订合同或委托代理等方式进行物资供应。

(顾　佳　陈跃增)

【卫生体制改革】 1994年11月,管理局将各单位的医疗卫生部门从主业中分离出来,实现了行业管理、分区域社会化服务的新格局,达到了解体“小而全”,精干主业队伍,提高医疗服务质量的目的。

主要改革措施:按照港油局(94)240号文件精神,管理局将油田原各二级单位所属医疗机构(港内医疗机构除钻井队卫生员、学校和托幼园所保健医外)从原单位分离,由油田职工总医院统一管理,并按六个生活区片组建港东、港西、港南、港北、港中医院和中心区门诊部,并管理各自辖区的卫生所和保健站。同时为了确保职工家属的基本医疗,降低不合理的医疗消费,制定下发港油局(94)284号《关于加强劳保医疗管理、严格控制医疗费用的若干规定》的文件，对医院年收入总量实行宏观控制，对各医疗单位门诊处方量，外购药、出院带药、转诊及特殊检查治疗等项目做了明确规定。

（马玉林）

【住房制度改革】 1994年，管理局在上一年住房改革工作的基础上，进一步加强规范油田住房制度改革工作，根据上级房改政策，管理局先后拟定出台了以下几项配套规定：《大港石油管理局公有住房售后维修服务暂行办法》、《关于1994年住房补贴基数调整及发放办法的暂行规定》、《大港石油管理局首次售房中职工二次购房程序规定》、《关于做好房改资料的复核、建档及统计汇总工作的通知》、《大港石油管理局公有住房签订租赁合同的工作安排》、《关于对未购买住房的离退职工、社会救济户等的住房租金实行减免补的规定》。

这些规定，明确了公有住房出售后，油田与职工个人负担的维修项目和住房基金的使用范围。调整了住房补贴基数，确定了工资范围及补贴资金来源。规范了职工再次购房操作程序，确立了正常调房与非正常调房户的有关规定。

公有住房出售以后，为加强房改资料的建档归档工作，提出了建档的具体要求，统一了项目，明确了统计方法，建立了租赁档案。

对未购买住房的油田离退休职工、社会救济户等住房租房租金做出了减免补的规定，明确了减免补的范围、标准，解决了困难户住房的后顾之忧。

（宋丹阳）

【生活管理系统改革】 在总结1993年中心区生活公司和钻井公司生活后勤改革试点经验的基础上，1994年，管理局决定在油田全面推行生活后勤改革。4月初，管理局机关成立了生活管理办公室，在油田改革领导小组的领导下，全面负责油田生活后勤改革的方案制定及以后的改革推动工作。

5月，经过深入的基层调研，优化方案，管理局印发了港油局发[1994]141号文件《关于印发〈大港石油管理局生活后勤单位实行社会化服务实施方案〉的通知》（含《大港石油管理局生活后勤单位实行社会化服务实施方案》、《各区域生活服务公司管辖范围的界定》、《关于组建区域生活服务公司实行社会化服务的有关政策及规定》、《生活后勤单位实行社会化服务交接细则》等四个附件）。管理局决定：组建港东、港西、港南、港北、港中和中心区等七个生活服务公司。

11月，管理局又印发了港油局发[1994]315号文件《关于采油二厂、采油三厂地区生活后勤单位实行社会化服务的通知》，决定成立港骅、港狮两家生活服务公司。

至此，油田九个生活服务公司（房产公司）完成了对各主业单位中生活后勤单位的分离交接，接收了从主业单位分离出来的水、电、气、暖、职工食堂、浴池、托幼园所、粮菜店、环卫绿化、矿区维护、房产建设与管理等18个服务项目，接收生活后勤单位的职工7446人，离退休人员1490人。初步形成了以区域管理为特色，条块结合的生活后勤管理体制。

（郑　武）

第十篇

对外合作与交流

第十篇

对外合作与交流

对外交流

【概述】 1994年,大港石油管理局共派出出国考察和技术培训等人员78批,220人次。到油田来进行技术服务、科技交流和洽谈合资合作的外宾(24个国家和地区)113批,393人次。

【主要交流活动】

(1)1994年1月23日,以达夫列托夫(负责经贸工作的副部长)为团长的吐库曼斯坦石油天然气部代表团来油田参观了测井公司服装厂、皮鞋厂、电缆厂、石油机械厂整筒泵车间、总机械厂柱塞泵车间及螺杆钻具车间等。双方就油田产品向吐库曼斯坦出口进行了广泛深入的探讨。

(2)1994年2月20日—3月2日,由中国石油天然气总公司邀请的法国道达尔公司专家雷斯等一行3人来油田进行改革调研咨询活动。

(3)1994年3月14—19日,由中国石油天然气总公司邀请的法国斯伦贝谢公司副总裁诺曼·内维尔等一行3人来油田进行体制改革调研咨询活动。

(4)1994年3月15—16日,美国哈里伯顿公司总裁戴尔·琼斯等一行10人来油田访问,并举行了大港石油管理局和哈里伯顿公司结成姊妹公司牌匾揭幕仪式。

(5)1994年6月13—14日,法国斯伦贝谢公司副总裁诺曼·内维尔等一行3人来油田进行体改咨询回访。

(6)1994年6月30日,印度石油部长夏尔玛等一行7人,在中国石油天然气总公司王涛总经理的陪同下,来油田参观了石油机械厂整筒泵车间,地球物理勘探公司计算站以及定向井技术服务公司仪修车间。

(7)1994年9月27—29日,日本输出入银行第三次能源贷款项目的贷后检查团团长真殿达(输银营业一部副部长)等一行3人,来油田现场查看三次能贷项目的执行情况。

(8)1994年12月16日,以伊拉克勘探公司总经理莱菲德·阿卜杜勒·哈里姆为团长的伊拉克石油部专家代表团,来油田参观了石油机械厂整筒泵车间及滩海工程公司人工岛。

(路惠卿)

对外经济技术合作

【对外合作】

1. 赵东区块合作项目

1994年,大港石油管理局渤海湾浅海地区赵东区块石油勘探、开发和生产合同(由中国石油天然气勘探开发公司与美国路易斯安那勘探公司(中国)有限公司于1993年5月1日签订)完成地球物理勘探投资982654美元。其中地震测线采集103千米,投资886654美元,地震资料处理103千米,投资51000美元,大地电磁测量1项,投资45000美元。完成探井工程投资9970754美元。其中钻进2口井,深度5175米,投资6603849美元;测试2口井,14层,投资3366905美元。

2. 沈家堡区块合作项目

1993年12月15日,大港石油管理局与美国宾斯公司开展枣园、沈家铺油区合作开发评价意向书签订。1994年3月7日—4月2日,宾斯公司派专家7人来大港油田收集、研究沈家堡油田资料。大港石油管理局于1994年7月两次派专家去美国与宾斯公司专家共同处理资料、研究问题、评价油田,并制订开发可行性方案。

3. 北塘区块合作项目

1994年11月18日,大港石油管理局渤海湾地区北塘区块石油勘探、开发和生产合同,由中国石油天然气总公司与香港东华石油(渤海)有限公司在北京签订,合同经对外贸易经济合作部批准,于1995年1月1日生效。

4. 巴基斯坦印度河(N—55)公路工程项目

1994年,该项目在矿区建设工程公司驻巴项目组领导下,本着“先易后难,积累经验,重点推进,全面展开”的工作部署开展工作,土方工程开工70千米,涵洞开工 80 座计 150 孔,完成 34 座计 96 孔。桥梁开工 3 座。碎石机投入生产,沥拌站安装完毕,便道修建 60 千米。

【外资引进】 1994 年,大港石油管理局积极引进外资,大力发展多种经营,成效显著,共成立了中外合资企业 5 家。

(1)港美食品有限公司。该公司为中心区生活服务公司与台湾优必扬食品有限公司共同出资成立,总投资额为 300 万元人民币,其中台方出资 10 万美元,主要生产方便面。该公司于 1994 年 5 月 18 日开业。

(2)天津台达食品有限公司。该公司为中心区生活服务公司与台湾元伦食品有限公司共同出资成立,总投资额为 350 万元人民币,其中台方出资 122.5 万元。主要生产保健饮品(活力多、东瓜露)。该公司于 1994 年 8 月 18 日开业。

(3)天津名古屋工业有限公司。该公司为石油机械厂与日本名古屋技研株式会社共同出资成立,总投资额为 1.2 亿日元,其中日方投资 9600 万日元,主要为来料加工,生产汽车金属软管接头,产品返销日本。该公司于 1994 年 9 月 17 日开业。

(4)津丽皮革印花服装制品有限公司。该公司为物资供应处与香港丽晶国际贸易公司共同出资成立。总投资额为 42 万美元,其中港方出资 10.5 万美元。主要生产印花皮衣、领带等,该公司于 1994 年 12 月开业。

(5)天津旭港照明器材有限公司。该公司为地质勘探开发研究院与台湾旭山电器工业有限公司共同出资成立,总投资额为 75 万美元,其中台方投资 30 万美元。主要生产汽车、摩托车灯泡及其它照明器材。该公司于 1994 年 12 月开业。

【产品出口】 1994 年,油田共有 42 台套(整筒抽油泵等)石油机械产品出口,创汇 18.75 万美元;多种经营产品出口额为 745.4 万元人民币。

(路惠卿)

第十一篇

党群工作

第十一篇

党群工作

组 织 工 作

【领导班子建设】 1994年，为落实中国石油天然气总公司党组《关于加强领导班子思想作风建设的若干意见》，把领导班子建设成政治坚定，勇于改革，务实创新，廉政勤政，密切联系群众，全面贯彻党的基本路线的坚强集体为目标，1994年主要作了以下三个方面工作：一是认真组织邓小平建设有中国特色社会主义的理论、十四届三中全会、四中全会决定及社会主义市场经济基本知识的学习。举办了8期226人参加的处职干部理论培训班。二是狠抓班子团结，重点落实以民主集中制为核心的各项制度。三是振奋精神，不断增强事业心责任感，以工作实绩取信于民。8月22日召开了“大港石油管理局二级单位领导班子思想建设经验交流会”。有物探公司等5个单位介绍了经验，党委书记姚和清作了重要讲话。

（裴显华）

【党组织建设】 1994年在建立现代企业制度、进行劳动组织的调整和重组过程中，党组织紧随企业制度改革及时设置相应的工作机构和配备专职党务工作人员。基层党支部组织健全，尤其是基层一线队种，也做到了党的组织健全，党务工作有专人负责，从上到下，工作均落到实处。在新体制下，党建目标管理进一步深化，基层党组织建设在新形势下，继续沿着制度化、经常化的轨道发展。1994年，开展的“党员责任区”和“党员模范岗”等活动效果显著，党员在深化改革和发展生产中的先锋模范作用得到了充分发挥。在党员中开展的民主评议和党员标准教育等活动见到明显效果，党员的政治素质和思想素质有较大提高。

【党代会】 按照党章规定和天津市工业工委的要求，1994年9月21日至22日召开了大港石油管理局第三届党代会。出席会议的正式代表230名，列席代表38名，特邀代表2名。会议选举产生了中共大港油田第三届委员会委员21名，常务委员会委员7人，党委书记1人，党委副书记2人；会议还选举产生了纪律检查委员会委员7人，纪委书记1人，副书记1人。大会号召，全局各级党组织和全体党员，要在中共大港油田第三届委员会领导下，认真学习邓小平建设有中国特色社会主义理论，深入贯彻落实党的十四大和十四届三中全会精神，以自身的模范行动，团结带领广大群众，进一步认清形势，振奋精神、顽强进取、真抓实干，为实现油田改革与发展的新目标而团结奋斗。

【党员发展】 1994年，各级党组织把发展工作的重点放在生产、营销和科研一线；把青年工人、知识分子和关键岗位苦、脏、累工种的非党员班组长、生产骨干作为主要发展对象。1994年油田发展党员898名，党员总数达到20139名，占职工总数的30.8%；申请入党人数为6332人，占非党员职工总数的14%。

【统战工作】 1994年大港油田有各类统战对象：党外知识分子13323人，其中高、中级党外知识分子2434人；民主党派成员65人，分属于民革、民盟、民进、民建、九三学社、台盟6个党派；三胞四眷548人；20个少数民族2900人；还有486名基督教徒。

1. 党外知识分子工作

为了充分调动广大党外知识分子工作的积极性，使其更好地为油田经济发展服务，局党委组织部在党外高、中级知识分子中开展了“热爱油田、热爱岗位、做贡献”为主题的“两爱一做”活动。各二级单位结合各自的实际及时进行了安排部署，并狠抓落实，活动取得了显著的效果。在这次活动中，党外知识分子共承担科研课题271个，完成50个；开发新产品18个；提合理化建议1575条，被采纳875条；共增收节支4600万元；有213人被评为局级先进生产者；一批党外知识分子积极向党组织靠拢，有109人写了入党申请书，收到了增效育人双丰收的良好效果。

2. 民主党派工作

根据中央统战部与各民主党派中央就其组织发展等问题的协商意见，大港油田党委组织部及时向民主党派，尤其是基层组织负责人进行了传达，并就发展新成员、搞好自我教育、加强组织建设等提出了意见和建议。

3. 对外联络工作

在大港油田党委组织部和九三学社油田支社的共同努力下，管理局被联合国儿童基金会确定为聋儿听力康复项目合作单位。在此项合作中，油田得到了联合国儿童基金会在设备、人员培训方面的无偿援助。聋儿语训工作取得了较好的效果，在社会上产生了很大的反响。1994年12月1—3日，“中国/联合国儿童基金会‘儿童听力康复’项目1994年年终审评会”在管理局隆重召开，联合国官员及来自全国各地的从事社区康复工作的同志参加了会议，这次会议对推动油田残疾人康复工作的开展、扩大油田影响发挥了积极的作用。

（吴开元　陆纪林）

宣传工作

【概述】 1994年，大港油田的思想宣传工作在开展好日常工作的同时，注意突出两个重点，即一是抓好政治理论教育，促使干部、职工解放思想，转变观念；二是围绕油田深化改革、生产经营开展工作，为油田的改革和发展发挥服务和保证作用。在围绕油田生产经营开展宣传思想工作的过程中，提出并倡导"四到位"，即制定生产经营工作方案时，思想政治工作运行方案到位；重点工作开展前思想发动到位；重点工作运行中，宣传鼓动到位；阶段工作结束时，总结表彰到位。这些做法，在1994年工作中取得了一定实效。

（李文强）

【党员教育】 1994年，大港油田党委组织油田广大党员深入学习《邓小平文选》第三卷中的基本观点和基本理论，学习党的十四届三中全会通过的《中共中央关于建立社会主义市场经济体制若干问题的决定》。学习主要通过基层党校短期培训和讲党课等形式进行，同时，提倡有自学能力的共产党员通读邓小平同志的原著。1994年，油田所属各单位党委举办党员短训班487期，共培训党员19923人，培训要求入党的积极分子498人。为总结和推动党员教育工作，1994年6月份，油田党委召开了党员教育经验交流会，钻井公司等6个二级单位的党委在会上介绍了经验。在庆祝建党73周年之际，油田各级党组织还广泛开展了"我身边的共产党员"演讲活动，先后有16000多名职工群众，在315次各种演讲会上热情讴歌了油田各条战线的共产党员的先进思想和先进事迹。局党委宣传部在此基础上，整理出版了《我身边的共产党员演讲汇编》，成为党员教育和职工群众思想教育的好教材。

（蒋益林）

【政治理论学习】 1994年，大港油田各级党组织采取活泼多样的方式，分层次、有重点地组织广大党员、干部、职工，特别是领导干部学习邓小平建设有中国特色社会主义理论和党的十四届三中全会文件。结合油田实际，重点组织学习了邓小平关于社会主义市场经济理论、关于深化改革和加快发展的论述、关于两手抓两手都要硬的论述，学习了《公司法》等法律知识。为推动和深化理论教育，1994年10月油田党委召开了第一次"大港油田学习邓小平理论体会交流会"。油田各级党组织共召开学理论交流会45次；举办培训班58期，有1655人次参加了系统学习；共组织1424人次到改革开放、转换机制较好的省市、国有企业和乡镇企业参观考察；召开学理论宣讲会、报告会605场，听讲群众达69970人次。广大党员、干部、职工理论联系实际，开展了"换脑筋进市场"的专题大讨论，破除旧观念，树立新思想，油田党政领导带头在电视上亮相、在报纸上撰文，发表见解。一些党员和职工群众还自发组织理论学习小组，学习基本理论知识，成为理论学习骨干。

（宋功彪）

【思想政治工作】

1. 日常思想教育

1994年，日常宣传思想工作以庆祝油田勘探开发30年为契机，开展了声势浩大的宣传教育活动。局宣传部和局团委、大港石油报社、局电视台联合举办了"我爱大港知识竞赛"，有30个二级单位参加。组织编写了《辉煌三十年》一书，总结了油田30年发展建设的基本经验，展示了几代大港人的精神风貌，弘扬了石油工人的优良传统和高尚品德。中共中央《爱国主义教育实施纲要》颁布后，在油田开展了深入广泛的"爱国、爱党、爱油田、爱岗位"的"四爱"教育。通过组织职工收看爱国主义影片，开展专题讨论会、读书会、演唱会、报告会等活动，推动了教育活动的开展。

2. 深化改革和生产经营中的思想政治工作

1994年，油田的宣传思想工作，围绕油田的生产经营形势，及时编印形势任务教育材料，开展多种形式的宣传教育活动。组织开展了形势任务教育知识竞赛，油田60%以上的职工参加了答卷。结合增产增效、降低成本、"四整顿四查"、"质量宣传月"、"节能宣传周"、和"科技宣传周"等宣传活动，总结、推广、宣传各类先进典型85个。召开了宣传思想工作经验交流会，29个单位介绍了经验。围绕油田的改革，组织了油田改革与发展系列讲座，召开了油田深化改革信息发布会，请局改革领导小组的同志解答有关油田深化改革方面的问题。组织召开了油田深化改革座谈会，开展了“改革大家谈”活动，增强了广大职工的责任感和危机感。

（高清祥）

【精神文明创建活动】 1994年，油田精神文明建设的重点主要放在基层，为了把基层建设“创优夺旗”活动引向深入，在广泛征求各方面意见的基础上，对《基层思想政治工作办法》进行了修订，并会同有关处室共同研究制订了《基层建设“创优夺旗”工作标准》，推动了基层精神文明建设的顺利开展。根据对26个单位的检查验收，在763个基层队（车间）中，达标单位已达95%以上，创优单位337个，占基层队的44.2%，推荐评选的红旗单位有56个。

（王春永）

【普法工作】 1986年开始的全民普及法律教育（以下简称普法）已经九年。九年中，油田普法工作坚持为改革和生产服务，广大干部和职工通过学习基本法和专业法，逐步提高了法律意识和依法办事、依法治理企业的自觉性，保障了油田改革和生产的顺利进行。

(1)在教育的内容上，侧重学习了《公司法》、《企业法》、《全民所有制工业企业转换经营机制条例》等与油田密切相关的专业法律知识。此外，还结合油田实际学习了天津市和中国石油天然气总公司颁布的一些法律法规。

(2)在教育的对象上，着重抓了领导干部和青少年学生的普法学习。油田普法办收集整理了近年来中央、天津市、中国石油天然气总公司、管理局颁布下发的有关政策法规和制度规定等，汇编成《政策法规选编》，铅印了16000册，发给各级干部，做到人手一册。同时，还采取举办讲座、开展法律咨询、法律知识竞赛等形式，利用报纸、广播、闭路电视和板报等宣传工具，对广大党员干部进行法制教育和廉洁经营意识教育。仅上半年，油田科级以上党员干部就有2800人参加党纪、政纪、法纪知识竞赛150余场次。根据国家教委下发的《九年义务教学全日制中小学思想品德教学大纲》的要求，各中小学都开设了法律常识课，每学期法律常识课不少于16课时。各学校还开展了《国旗法》教育活动，激发了广大学生的爱国主义热情。

(3)在教育的方式方法上，主要是举办各类法规学习班、把骨干送出去外培或组织函授、开展法律知识竞赛等。1994年，举办了4期“签订经济合同资格培训班”，培训了400人；油田和各二级单位还举办了《产品质量法》等法律知识培训班；请天津市第五律师事务所的同志给油田法律系统讲《民事诉讼法》；请天津市财经学院教授来油田进行统计法律法规知识辅导，有219人参加辅导；先后派出75名骨干到黄山、北京、深圳等地参加《技术合同法》高级培训；有60名骨干参加了总公司和天津市组织的《质量法》学习班。在参加全国第二期“计量管理函授学习”过程中，油田自己设了一个函授站，有175人经过函授培训，考试全部合格，获得国家技术监督局颁发的结业证书，函授站被天津市评为先进函授站；先后举办了《产品质量法》、《标准化法》、《环境保护法》等五次知识竞赛，参加人数近5万人次。

（高清祥）

【新闻工作】 1994年年初，《大港石油报》社提出了“经济报道要有新突破”的工作目标。2月，石油系统上年度好新闻评选揭晓，《大港石油报》的两篇文章获得一等奖，在20多家企业报中名列第二，为历年最好成绩。为庆贺大港油田勘探开发30周年，电视台制作了40集大型文献片《走向辉煌》和专题片《在这片土地上》，这些作品对职工特别是青年职工产生了很好的教育作用。

在新闻阵地建设上，《大港石油报》从年初开始由每周两期增至每周三期，并增加了发行数量。随着新工时制的实施，《大港石油报》又由每周三期变为双日刊。1994年，《中国石油报》驻大港记者站、《大港石油报》社、油田电视台的记者和广大基层通讯员积极开展对外投稿，一年来，向省、部级以上新闻单位投稿1340篇，见报386篇。大港记者站被《中国石油报》评为先进记者站。在厂庆30周年活动中，宣传部还邀请《人民日报》、《新华每日电讯》、《天津日报》、天津电视台等中央和天津市新闻单位的记者来油田采访，刊发了一批反映油田建设成就的稿件。

（丁 和）

【职工思想政治工作研究】 1994年，为配合油田现代企业制度试点和进入社会市场，大港油田政研会深入到15个二级单位开展调研，下发问卷500份，开座谈会21次，找群众谈话48人次，形成了《关于油田职工适应市场经济状况的调查报告》、《加强和改进思想政治工作，推进油田企业制度创新》等调研和经验材料。这些材料都在天津市委或市工业工委的会议、杂志上发表，获得好评。1994年，油田政研会还以“更新观念，继承传统，探索宣传思想工作新路子”为课题，开展研究，提出了宣传干部要树立的6个新观念和必须继承的15个方面的好传统，这一研究成果受到天津市委宣传部的重视。另有一些重要成果，如《针对深化改革的难点开展思想政治工作的几点认识》、《浅谈新时期基层建设工作的特点及对策》、《以党的基本路线为指导，探索和加强新形势下的思想政治工作》等，均获天津市或中国石油天然气总公司政研会优秀成果奖。配合油田改革和生产建设，油田政研会还组织了企业精神和科技及安全等工作的研讨，并为油田树立基层建设10面红旗、20名先进个人等一批先进典型，做了大量实际有效的工作。1994年油田政研会在自身建设上取得了重要成绩。局政研会于5月份在物探公司召开了推广课题研究现场会，发布了《课题研究试行办法》。大港油田职工思想政治工作研究会荣获天津市优秀思想政治工作研究会荣誉称号。

（蒋益林）

纪检监察工作

【概述】 1994年，油田两级纪检监察部门和全体纪检监察干部，全面履行纪检监察职能，坚持不懈地开展反腐败斗争，取得了阶段性成果，党员领导干部廉洁自律工作有了新的进展，案件查处工作取得了新的突破，党风廉政建设不断深化，效能监察成效明显，保证和促进了油田深化改革和生产经营的健康发展。

【领导干部廉洁自律】 1994年，油田局处两级纪检监察部门以中纪委两个“五条规定”为主要内容，组织两级领导干部学习文件、专题讨论92场次，收看反腐倡廉录相400多场次。为了协助两级领导班子开好专题民主生活会，两级纪委、监察部门会同局组织部、党办深入196个基层单位，从不同侧面、不同层次，征求群众意见和建议八个方面计324条。检查纠正了违反规定的问题13个；清退礼品、礼金和用公车办婚事款项计6.17万元；拒收各种礼品、礼金15人次，主动上缴礼品、礼金12人次，共计4.66万元。

【大案要案查处情况】 油田纪检监察部门和全体纪检监察干部主动出击，拓宽案源，认真排查案件线索，集中力量突破大案要案。共查处违法违纪案件47件，其中经济案件20件，失职渎职案件5件，违反社会主义道德案件18件，其他案件4件。结案45件，当年结案率95.7%。其中自办案件40件，占85%；大案要案15件，占31.9%。在已结的45件案件中有52人受到党纪政纪处分。其中开除党籍15人，留党查看3人，党内严重警告10人，警告8人；开除厂籍2人，开除留用察看2人，撤销职务4人，降级1人，记大过2人，记过8人，行政警告1人。挽回经济损失226万元。

【专项治理工作】 1994年，从理顺职工情绪、维护油田稳定入手，针对“乱收费、乱摊派、乱罚款”、医德医风、占用下属单位物品、安装电话中的不正之风及群众反映的热点问题开展专项治理。共治理乱收费、乱摊派、乱罚款问题10个；清理机关占用下属物品问题7个，退还物品价值3.30万元；纠正医德医风问题7个，处理装修电话中的“吃、拿、卡、要”等问题4个，油田内部存在的行业不正之风问题得到了有效遏制。

【效能监察】 油田纪检监察部门坚持以加强企业管理、降低生产成本、提高经济效益、促进廉政建设为目标，开展了效能监察活动。组织开展全局性的效能监察2项，二级单位结合各自特点，开展效能监察计12项。发现各类问题644个，查处违纪案件5件，7名违纪党员干部受到了党纪政纪处理，追缴违纪金额231.43万元；结合效能监察中发现的问题和漏洞，积极向有关单位和部门提出监察建议466条，协助修订完善管理制度375项，增加和创造效益157.53万元，挽回和避免经济损失451.08万元。

【加强防范工作】 油田纪检监察部门结合改革开放和市场经济条件下的新特点，积极修订和制定了遵纪守法、廉洁自律规定413项；受理群众来信来访340件次，调查处理各类问题293个，信访办结率97.6%，优质办结率达到95.8%；同时，有针对性地开展了党纪、政纪、法纪教育、正反面典型教育和预防教育，教育面达到95%。通过有效地监督制约和反腐倡廉教育，油田党员干部自我约束能力不断增强。油田各级党员干部和工作人员拒收各种礼品礼金537人次，主动上缴35人次，共计金额22.14万元。

（高运仓）

工会工作

【概述】 1994年,油田各级工会坚持以邓小平建设有中国特色社会主义理论为指导,认真贯彻落实党的十四大和十四届三中、四中全会精神,以油田经济建设为中心,广泛深入地开展了劳动竞赛和合理化建议活动,在深化改革中加大参与力度,进一步加强民主管理,教育引导职工支持、参与、投身改革,维护职工的权益,为职工办实事,调动了广大职工的积极性,在油田改革和建设中充分发挥了作用。

【职代会】 1994年3月3日至5日,大港油田召开了第五届职工代表大会第一次会议。会议听取和审议了高兰成同志所作的《贯彻党的十四届三中全会精神,进一步加强企业民主管理,在深化改革中更好地发挥职代会作用》的职代会工作报告。徐树荣同志作了五届一次职代会关于提案审查的报告。会议表决通过了职代会工作报告决议,推选产生了油田管理委员会三分之一的职工代表及油田劳动争议调解委员会职工代表。表决通过了油田第五届职代会提案审查委员会、评议监督委员会、生活福利委员会成员名单。油田职代会专门委员会审议了油田住房改革方案;讨论审议了关于机构调整、人员分离、改革中劳动工资若干问题的暂行规定;审议通过了岗位工资调整方案;讨论决定了油田1994年福利基金使用方案,并对1993年福利基金使用情况进行了检查。

【群众生产】 1994年,油田工会组织开展了两项大型系列竞赛活动。一是以"加快勘探步伐,实现增储目标"为主要内容的探井"一条龙"劳动竞赛;二是以"优化产能建设井位地质设计"和"优质快速钻井、试油"为主要内容的油田产能建设竞赛。两项系列竞赛均取得比较显著的成绩。此外,在油田开发系统开展了"稳油控水"劳动竞赛,在赴安塞、沈北、科尔沁的15个钻井队中,开展了"以质量求生存、以速度求效益"为主要内容的劳动竞赛。合理化建议工作取得新的进展,1994年,职工共提合理化建议37125件,其中,采纳22151件,实施12729件,创经济效益7300万元。大港油田被天津市政府授予"最佳合建组织单位"光荣称号。有6个单位的技协组织开展了"四技"服务活动,成交合同16笔,成交额83万元。在生产班组和各个岗位中开展了每人提出一条隐患、纠正一次违章,每组消除一次隐患、避免一起事故的"两个一"安全活动。1994年,共提各类事故隐患16412项,消除事故隐患15753项,避免事故454起,避免人员伤亡217起,避免经济损失3577万元。审查"三同时"项目21项,总投资6500万元,提出建议103条。

【生活保障】 局工会与劳资处、财务处联合下发了《关于岗位(职工)工资计入职工劳动保险费用基数和提高企业月平均工资标准的通知》,将企业月平均工资由原来的280元核定提高到350元,相应提高了职工的保险费用。1994年,审核社会救济户56户,发放社会救济款89611元;补助特困职工890户次,送补助款25.21万元;为52名特困户职工子女补助学费8400元。设疗养点20个,安排疗养4118人。局职工物价监督检查站被评为市级先进单位。在全国石油系统工会生活保障工作会议上,局工会介绍了坚持开展送温暖活动和职工疗养工作的经验。

【自身建设】 1994年,深入开展建设职工之家活动,油田工会对26个职工之家进行了考核验收,评选出16个先进职工之家,有两个二级单位工会被评为市级模范职工之家;表彰了47个基层模范职工之家和13个红旗职工之家,其中,一个全国模范职工小家。工会调研工作取得新的成绩,全年有13篇论文、经验文章分别在市、部级会议和刊物上交流和选用。工会的财务工作有新的进展,局工会被全总授予"工会财务工作先进集体"光荣称号,被天津市总工会授予"财务工作竞赛优胜单位"称号,并获特等奖。

【女工工作】 1994年,开展了"巾帼建功"活动,局工会树立和表彰了10名"巾帼建功"标兵、115名"巾帼建功"先进个人、29个女职工工作先进集体、40名先进女职工工作者。开展了"巾帼杯"征文活动,参加了迎世界妇女大会知识竞赛,油田1.6万名女职工参加了答题竞赛。1994年,局工会女职工委员会被市总工会授予市级先进集体称号;局工会在全国石油系统女工工作会议上介绍了经验,为大港油田争得了荣誉。

(陈士瑞)

共青团工作

【概述】 1994年，油田有31家二级单位设立团委，有团员1.9万余名，35岁以下青工达3.15万余人，占职工总数的50%。1994年初，共青团中央把大港油田列为开展“争当青年岗位能手”活动的试点单位。油田团组织抓住机遇，适时开展了“号手联动工程”活动，即“争创青年先锋号”和“争当青年岗位能手”活动的整体工作联动。开展了“我与改革大家谈”和“我与油田改革同命运、我为油田改革做贡献”为主题的演讲活动，引导广大团员青年认识改革、理解改革、支持改革。针对油田学生对父辈创业史、油田发展史缺乏了解的现状，开展了以“回顾老前辈创业史、争做石油人好后代”为主题的十大系列教育活动，激发了广大学生爱祖国、爱油田的热情。1994年，团委还在各级团组织中广泛开展了，以“四小”活动为主体内容的团支部升级达标竞赛活动，促进了团支部工作上水平，提高了团组织的战斗力。同时，团委筹备了油田英语大专班和计算机短训班等各种技能培训班，为培养复合型团干部队伍开辟了途径。

【团代会】 共青团大港油田第四次代表大会于1994年8月15日至17日召开，出席大会的正式代表201人，主席团成员共22人，兰建彬任大会秘书长。局党委副书记张德寿作了题为《让青春的火焰在岗位上闪光》的致辞。局党委书记姚和清作了题为《继往开来，再创辉煌》的讲话。大会听取和讨论了徐宜阳所作的题为《锐意改革，开拓前进，为开创全局共青团工作新局面而奋斗》的工作报告，讨论通过了《关于颁发团干部离岗纪念证章的决定》，选举产生了共青团大港油田第四届委员会。经第一次全体委员会选举产生了由徐宜阳、兰建彬、刘泽红、张春梅、刘龙、司马俊、章勇7人组成的常务委员会，徐宜阳为书记。

【青年工作】 1994年初，根据团中央的统一部署，油田成立了青年志愿者协会。并组织开展了以“志愿者行动”为主题的贯穿全年的学雷锋、树新风实践活动。油田团委把提高青工技术（业务）素质作为重中之重，以青工技术理论学习、岗位技能训练、师徒共保合同、典型选树四个工作环节为载体，深入开展“争当技术（业务）小能手、小多面手、小状元、小专家”的“四个一”竞赛活动。根据油田的工作特点，分战线开展了不同主题、不同岗位、不同内容的“创建青年先锋岗”竞赛活动。在岗位实践中，通过提一条岗位挖潜增效合理化建议，完成一项岗位修旧利废，开展一次岗位会战，实现一项岗位小改小革，在油田生产和建设中获得了明显实效。

【少儿工作】 1994年，油田少工委以“回顾老前辈创业史，争做石油人好后代”为主题，在油田少先队员中开展了丰富多彩的系列教育活动。为切实组织开展好系列教育活动，成立了局青少年学生系列教育活动领导小组。组长由党委副书记张德寿担任，副组长由副局长俞叔武担任，组员由局团委、少工委、教育处、宣传部、工会、电视台、文体中心、油田报社等部门领导组成。下设办公室，设在局团委、教育处，从而为系列活动的开展提供了有力的组织保证。“回顾老前辈创业史，争做石油人好后代”主题系列活动得到了全局上下的积极响应和各方面的大力支持。“夸爸爸夸妈妈讲故事比赛”、“我心中的石油歌”、“家庭小帮手大赛”和“石油城子女征文”，仅这4项局级示范性活动，参加的少先队员就达2000余人次，带动了基层活动的开展，活动中涌现出一批先进集体和优秀辅导员，优秀少先队员代表，取得了显著的教育成果。

（曹宗海）

武装工作

【概述】 1994年，大港油田以组织民兵预备役人员参加两个文明建设为重点，民兵预备役教育、训练、组织整顿和兵役登记、征兵等项工作都有新进展，人防和交通战备工作进一步完善，民兵武器装备管理安全无事故。

【民兵预备役组织建设】 1994年，大港油田按上级军事部门的要求,建立了民兵预备役组织。组建民兵连514个,民兵应急分队17个,民兵专业技术分队4个,民兵高炮团1个,民兵总计2.4万人。组建天津陆军预备役二师师直高炮营1个,二师五团炮兵营1个,预任官兵838名。

【军事训练】 1994年共组织民兵开展了十余次技术训练。7月16日,油田民兵高炮分队代表大港区参加天津市民兵高炮分队实弹射击考核,获总分第一名。新组建的一〇七火箭炮连在天津警备区组织的训练考核中取得了8发8中的成绩,并被评为优秀连。10月13日,油田组织了有110名民兵参加的军事比赛,在团体总分、半自动步枪速射、钢板靶对抗赛三个项目中,团泊洼代表队均获第一名。军训推动了民兵工作的开展,使民兵的整体素质有了一定的提高。

【国防教育】 1994年,油田国防教育以爱国主义和国防历史、国防法制等内容为主。形式多样,有课堂教育、黑板报展览、参观革命斗争遗址等。组织了百名民兵参加了纪念《兵役法》颁布10周年的大型街头宣传。9月,120名民兵组成代表队参加了大港区组织的庆祝建国45周年知识竞赛。

【武器管理】 1994年,大港油田建有一座民兵武器装备库,所属的油建公司、运输公司、炼油厂、总机械厂、采油一厂、井下公司分别建有武器存放点。各单位武器管理做到了"有牢固的库室、有专用枪柜、有专人看管、有安全设施、有健全的制度;无丢失、无损坏、无锈蚀、无霉烂变质。"即所谓的"五有四无"。使武器做到规范化管理。

【民兵预备役活动】 1994年,油田围绕完成各项任务,组织民兵预备役人员开展了多项活动,取得了优异的成绩。

(1)在生产经营方面,组织民兵预备役人员开展了"千元个人、万元连队"达标活动,民兵个人和连队的达标率分别达到90%以上,创经济效益2600万元。民兵积极承担急难险重任务。1994年3月,由民兵组成抢险队战胜了张参1井井喷事故;12月,民兵抢险分队快速出动,又及时恢复了因设备原因造成的王徐庄油田大面积停电事故。1994年,提合理化建议2474条,创经济效益505万元。

(2)民兵在防汛抢险中发挥了重要作用。油田组建了4500人的民兵防汛抢险队伍,并分单位进行了快速集结演练。民兵防汛抢险队完成了包括油田重点防汛工程14.3千米子牙河北堤的维护加固等多项工程施工。

(3)按照防汛的统一安排,修订了油田汛期人员和重要物资疏散方案,并组织武装干部到位于津南区的各疏散点,与当地负责人取得联系,落实疏散方案。

【人防和交通战备工作】 1994年,人民防空工作主要做好设在油田中心、港中、港西等区域的警报器的维护工作。油田交通战备工作坚持双向纳入,取得了较好的战备效益和经济效益。推广了井下公司、运输公司等单位结合生产开展交通战备实战演练的做法,提高了队伍战时运输保障能力。

(李以和)

第十二篇

社区管理

第十二篇

社区管理

人口管理

【概述】　1994 年，大港油田居民总户数 39328 户，总人数 129446 人。其中天津工业户 23649 户、84310 人；天津农业户 3769 户、7582 人；沧州工业户 3851 户、18744 人；河北农业户 8059 户、18810 人。

【"农转非"工作】　1994 年，根据天津市农转非办(94)7 号文件和大港油田(94)第七次党政领导办公会议纪要精神，凡 1956 年 3 月底以前参加工作的职工其本人系天津工业户口，家属系农业户口的，其职工的配偶及未婚亲生子女，可以办理"农转非"。1994 年，办理了 769 户 797 人的"农转非"户口手续。根据中国石油天然气总公司(94)人教企教第 107 号《关于寄送石油普通中专 1994 年分专业招生来源计划的函》、(94)劳力字第 24 号《关于印发 1994 年石油天然气总公司技工学校招生计划的通知》和天津市教育局有关中专招生等文件精神，经请示天津市和河北省普通中专、技校招生部门同意，为招收的天津农业户口、河北农业户口的技工学校学生 658 人，办理了"农转非"手续。

【随矿户口管理】　随矿户口管理工作坚持每年进行一次随矿证核对，1994 年，因升学户口转非等其它原因，共注销随矿人口近 1000 人。

【常住户口管理】　1994 年，针对油田户口种类多，分布广的复杂情况，进一步加强了油田内部户口的基础管理工作，首先，从加强二级单位户籍员的业务培训工作入手，强化责任制的落实，严格户口统计季报制度，做到户口动态管理的准确到位。其次，进一步完善和加强人口资料的科学化管理，完成了新的户籍程序和图像程序软件的更新改造，使户籍管理系统趋于完善。

【暂住人口管理】　1994 年，暂住人口年平均人数 8435 人。为了进一步加强和规范油田暂住人口的管理，严格执行油田《关于贯彻〈天津市暂住人口管理办法〉具体规定的通知》，油田强调了专人管理，将暂住人口的管理工作，放在治安管理工作中的重要位置上，同时加大检查的力度：一是对文件执行情况，包括基础资料，即暂住人口登记表、暂住人口治安保证书以及照片、验证等的检查。二是针对暂住人口的居住特点，选择有代表性的居住地点进行抽查，对违反规定的按照文件要求进行严肃处理，使油田对暂住人口的管理逐步趋于正规化。

（武超英）

基础教育

【概述】　1994 年，油田有小学校 18 所、初中校 5 所、完中校 5 所、高中校 1 所、九年制学校 7 所。教职工共 2326 人，其中：小学教师 840 人、初中教师 763 人、高中教师 230 人、其他工作人员 493 人。学生共 20991 名，其中：小学生 10717 名、初中生 8135 名、高中生 2139 名。油田有托幼园所 35 所，教职工 994 人，其中专职教师 309 人，收托婴幼儿共 4812 名。有石油学校 1 所，教职工 342 人，学生 1394 名；有技工学校 1 所，教职工 410 人，学生 2601 名；有职业中学 6 所，教职工 167 人，学生 534 名。

【学前教育】　1994 年，幼教工作认真贯彻《幼儿园工作规程》和《幼儿园管理条例》，园所管理水平和保育质量稳步提高。教育处请中央教科所、天津市教研室等单位的专家、教授来油田对幼师进行短期培训；组织了"智能学具培训"、"珠算培训"、"幼儿发展与评估专题讲座"和"新教材培训"；组织教师 580 人次收听了北京特级教师李培美、冯晓霞的录音报告；"六一"期间，近 700 名幼儿参加了"幼儿节奏乐"演出，培养了幼儿欣赏美、表现美的能力和集体观念；举办了"教育教学资料展"，各园所将本学期教育教学资料分别整理，在幼儿园园长中进行交流；年底，有 30 个园所参加了"半日活动观摩"。局机关幼儿园、机关北区、钻井花园路、采一一幼等 4 个园所分别在常规培养、电化教学及智能学具等方面成绩突出。

【普通教育】　1994 年，通过开展学科改革展示课活动、青年教师"希望杯"创优课和中年教师优秀课评选活动，调动了广大教师学业务、钻业务、研究学问的积极性和创造性；通过加强教学管理、专项督导、加强后进校指导、深入课堂听课实行面对面的指导、健全教学领域的规章制度等手段，规范了教学工作；通过加强对毕业班的指导、期末考试质量分析和信息反馈等，增强了学校和广大教师的质量意识。1994年，小学生入学率100%、巩固率100%、升学率99.75%、留级率控制在2%以内。小学毕业生2814名，升入初中2756名，升学率97.93%。中考报名2610名，毕业合格率95.9%。高中招生913名(其中重点中学217名)、中专招生257名、技工学校招生711名、职业中学招生76名。

天津市从1991年对入学的高中一年级开始实行毕业会考制度以来，首轮会考已顺利结束。经过3年共9个学科的市级统一会考考试，及物理、化学、生物和体育4个学科的会考考查，油田610名学生，9科会考一次合格率91.6%，考查合格率100%。在全市20个单位(18个区县和2个企业办学单位)中名列第5。油田1994年共有639名考生(含历届)参加高考，有291人上线，上线率45.5%，比1993年提高10个百分点，达到1989年以来的最好水平。实验中学首届毕业生高考取得了优异的成绩，其重点班进线率99.2%，列天津市重点中学之首，为油田争得了荣誉。

(崔　刚)

医疗卫生

【概述】　1994年，大港油田有医疗卫生机构46个，其中1所职工总医院，8所基层职工医院，19个卫生所，17个保健站，1个卫生防病站。1994年职工总数2326人，其中卫生技术人员1760人，其他工勤管理人员566人。有高级技术职称35人、中级技术职称405人、初级技术职称1320人。1994年有病床782张，收治住院10672人次，病床使用率51.6%，病床周转次数14.4次，治愈好转率97.5%，门诊诊治1360061人次，各种健康查体42884人次。

【医疗卫生工作】　1994年3月，油田召开了医院分级管理动员大会，各医院相继组建了专门机构，医院分级管理工作全面铺开。职工总医院于10月20日通过天津市医院分级管理工作评审委员会验收，达到二级甲等医院标准，同时被授予“爱婴医院”称号。各基层医院按照一级甲等医院标准全面进行创建工作。促进了医院管理和医疗技术水平的提高。油田还对医疗单位的计量管理、物价管理、药品管理、医德医风建设分别进行了检查，促进了医院分级管理工作的顺利实施。

【预防保健工作】　1994年，发生传染病6种779例，发病率599/10万。其中“急性感染性腹泻”78例，发病率64.03/10万；痢疾542例，发病率444.96/10万，比1993年增加57.41%；猩红热17例，发病率13.96/10万，比1993年减少56.41%；麻疹112例，发病率91.95/10万，比1993年高17倍；性病32例，肝炎155例，发病率127.24/10万，比1993年增加13.97%。1994年，新登记肺结核病人41例，痰菌涂片阳性病例8人，住院治疗8人，痰菌阴转率83%。儿童计划免疫“四苗”覆盖率99.43%，第二轮“天灰”强化免疫接种11972人份，天津市防病中心随机抽查6个单位均达到100%。1994年，大港油田完成天津市工业企业卫生建档19份，完成中国石油天然气总公司工业卫生建档24份，监测30个有毒有害作业场所，监测率93%。“三食”人员健康查体率98.6%，监督检查覆盖率120%，依法查处群众举报的违法经营和卫生脏、乱、差典型，1994年无较大范围食物中毒事故。1994年，公共场所从业人员健康查体率98%。对17个计划生育门诊进行了二次检查验收，结果全部达标。对36个托幼园所进行了查体和指导，落实了入托儿童“421”查体工作。

【卫生专业化管理】　按照港油局(94)240号文件精神，1994年11月2日，油田召开了卫生系统实施专业化管理动员大会，港内医疗机构除钻井队卫生员、学校、托幼园所保健医外，原各二级单位所属医疗机构与原单位分离，交由职工总医院接收管理，并按港东、港西、港南、港北、港中和中心区6个区片进行重新布局调整，形成区域卫生服务管理格局。

为了确保职工家属的基本医疗，降低不合理的医疗费用，油田制定下发港油局(94)284号《关于加强劳保医疗管理、严格控制医疗费用的若干规定》，对医院年收入总量实行宏观控制，对各医疗单位门诊处方量、外购药、出院带药、转诊及特殊检查治疗等项目都做了具体规定。

【主要活动】

(1)1994 年,开展了评选优秀护士长活动,评出 12 名优秀护士长,张玉兰同志被推荐为天津市市级优秀护士长。职工总医院院长李振权同志被评为全国优秀院长。

(2)1994 年,大港油田承办了石油系统防痨工作会议。

(3)1994 年 12 月 26 日,大港油田派出阎仲安等 9 名同志赴克拉玛依油田支援“12·8”火灾伤员救治工作,医疗队圆满完成了工作任务,受到总公司和克拉玛依油田的好评。

(马玉林)

计划生育工作

【概述】 大港油田计划生育办公室设在卫生处,下属 42 个基层单位都配有专(兼)职计划生育管理人员。1994 年大港油田计划生育工作实行人口责任承包,深入开展计划生育宣传,强化基层基础工作,进一步加强对计划生育工作的领导,全面完成人口计划和计划生育各项指标要求。1994 年出生 1214 人,其中“一孩”1181 人,计划内“二孩”33 人,计划生育率 100%,一胎率 97.3%,结婚 1054 人,其中晚婚 981 人,晚婚率 93.1%,独生子女领证率 100%,综合节育率 100%,基层单位合格率 97%。

【计划生育管理】 1994 年,进一步加强计划生育工作领导。一是层层成立了人口与计划生育领导小组,小组成员都有明确分工,并根据人员变动情况及时进行调整。二是保证计划生育经费及时到位。三是真抓实干,认真解决工作中的困难和实际问题。四是实行计划生育一票否决权,认真落实《天津市企事业单位计划生育工作职责》,在各项综合性评比中,实行计划生育一票否决权。

为保证完成各项指标,35 个二级单位分别签订了人口承包责任状。责任状内容包括:计划生育率 100%;无早婚和大月份引产;晚婚率 80%;长效节育率 75%;计划生育合格率 100%;人口出生统计误差率 2%。油田统一下发了《计划生育工作手册》和《1994 年计划生育工作考核标准》。强化了三项措施:第一,坚持例会制度,油田计划生育办公室坚持两月一次例会,总结、安排工作,交流信息,反馈情况,核对账、卡;第二,坚持定期考核,局计生办坚持一年两次对基层进行考核;第三,实行账、卡规范化管理,统一使用《计划生育工作手册》,按手册规定的各项内容进行填写,统一健全七账、两卡,便于检查管理。

【宣传教育活动】 1994 年,主要搞了两次大的宣传活动。一是元旦、春节期间以宣传《流动人口计划生育管理办法》、《天津市计划生育条例》、婚育知识普及为主要内容的宣传活动,充分利用广播、板报、知识竞赛等形式开展宣传;二是六月份开展了以修改后的《天津市计划生育条例》为主要内容的宣传活动,首先层层举办骨干培训班,六月初,举办《天津市计划生育条例》学习班,组织计划生育人员 150 多人进行培训,请天津市计生委的同志就如何搞好计划生育宣传工作进行授课。订购《天津市计划生育条例》1600 份、挂图 400 套、宣传材料 300 套、家庭报 1000 份、购买大幅标语 12 条、录像带 12 盒。

【基础工作】 1994 年,油田坚持计划生育“三为主”(宣传教育为主、避孕为主、经常性工作为主)的方针,进一步抓基层基础工作。一是落实《天津市企事业单位计划生育工作职责》,开展争创合格单位活动,把争创合格单位,列入人口目标责任承包书内容之一,各单位主管领导与局领导签订责任状。油田计生办下发了 1994 年计划生育工作标准,并于年中、年底进行检查,使 95%以上单位达到合格标准。1994 年开展了计划生育服务活动。把温暖送到独生子女家庭中。“六一”期间先后组织 3240 多名独生子女家长游园,为 4000 多名独生子女发放慰问品,为 8763 名独生子女办理少儿保险,为 126 名受意外伤害的独生子女办理少儿赔保手续。

【队伍建设】 一是抓培训,提高基层工作人员业务水平。油田利用各种形式培训骨干 786 人次,利用例会等形式对基层新从事计划生育管理的工作人员进行培训,使计生干部很快胜任工作。二是把队伍建设与具体工作结合起来,抓孕情检查,抓育龄妇女节育措施落实工作,油田对 32420 名育龄妇女进行了孕检,发现问题,及时采取补救措施,避免了计划外生育。并且因人而异落实综合节育措施,对使用药具育龄妇女坚持送药具上门,动员部分育龄妇女采取长效节育措施,使全局的长效节育率达到了75%。

【流动人口计划生育管理】 1994年，油田按天津市《流动人口计划生育管理实施细则》切实加强了流动人口计划生育管理，对流动人口登记建卡、验证，纳入正常育龄妇女管理范围之中。定期组织流动人口中的育龄妇女孕检、宣传入户、登门服务、送去避孕药具，使流动人口计划生育工作纳入正轨。

（孙玉兰）

生活服务

【概述】 1994年，国家体改委将大港油田列为全国百家现代企业制度试点单位。大港油田首先把生活后勤系统的分离作为改革的突破口，组建了港东、港西、港南、港北、港中、王官屯、王徐庄、中心区等8个生活服务公司和1个房产公司。共分离职工近8000人，接收了职工食堂86个，托幼园所38个，浴池35个，锅炉房41座，以及其它生活服务设施。油田机关，成立了生活管理办公室，负责油田生活后勤改革的方案制定以及各项生活服务的推动工作。1994年，大港油田全面完成了生活后勤系统的分离，使其走上了新的运行机制的轨道。

【生活服务管理举措】

(1)重新规定了托幼园所、水电气暖、环卫绿化、生活设施维修及其他服务项目的收费价格和收费方式，各生活公司(房产公司)完全实行服务收费，以服务收入养活自己。

(2)水、电、气(液化气、天然气)由“暗补”变“明补”的政策，由集中补贴改为向职工个人补贴，由各生活服务公司按住户实际耗用数量直接入户收取。

(3)各生活服务公司可跨区域、跨行业经营和服务。

(4)对收费的计量器具进行了统一配备完善。

(5)规范主业单位行为，不允许各二级单位以任何名义搞“小而全”的重复建设或进行重复“暗补”。

（任得永）

【房产的专业化管理】 1994年油田成立了生活管理办公室，下属8个生活服务公司，各生活服务公司都相应成立房管组织，初步实行了房产工作专业化管理。采取了以生活服务公司为辖区的管理办法，实现房管、维修、服务一条龙。对油田的住宅进行了普查，使产权产籍管理日趋规范化。

【居民住宅管理】 1994年油田有楼房、平房住宅4.04万户，总建筑面积233 .12万平方米，分布在北至天津静海的大港油田团泊洼基地、南到位于河北省沧州地区大港油田采油三厂。1994年，拆除平房10余万平方米，投资10445.96万元，新建住宅楼5万平方米、2188户，使油田职工人均居住面积达到8.9平方米。

（田雨和）

【后勤管理】 1994年，大港油田生活后勤单位完成从主业分离，统一归属各区片生活服务公司管理。至1994年底，分离到九个生活服务公司(房产公司)的职工食堂86个，其中一线钻井队食堂37个，一线矿大队食堂21个，二线食堂28个；职工浴池35个；粮菜站30个；茶炉房37个；液化气站32个，供应户数36693户；单身公寓29栋，4612个床位；自行车棚138个。

1994年7月，生活服务项目完成从主业的分离后，各生活服务公司加强对各后勤服务项目的管理，开展优质服务工作，保持了各项服务工作的正常开展。

（袁学礼）

【托幼工作】

1．托幼园所的管理

1994年，油田进行体制改革，生活后勤从主业单位分离，解体了“小而全”的管理模式，建立了社会化服务体制，托幼园所也随之分离出来，在经营机制上由过去福利型向服务经营型转变，将原有38个托幼园所与3个托儿间合并，撤销了3个托幼园所、3个托儿间，实现规模运行。为了促进托幼园所整体改革，实行社会化服务，大港油田制定了《大港石油管理局托幼园所等级评定细则》，并于6月由生活办公室组织，教育处、卫生处及其它有关人员参加组成评估小组，按照《细则》对各托幼园所进行检查、评估定级，评定出一级园所8个、二级园所21个、三级园所6个，实行园所分级管理。这项工作对不同层次的园所提出不同水平的要求，为按等级收费奠定了基础。

2．卫生保健人员的业务教育

为提高保健员的业务能力，8月1日至7日利用一周时间，对托幼园所34名保健人员进行了培训，学习了幼儿生活保健管理、幼儿膳食营养测算等知识，提高了卫生保健员的业务水平。

（李秀荣）

【绿化工作】 1994年，大港油田投入绿化资金约700万元，完成植树15.8万株，成活率达84%以上。新增绿地面积8.3万平方米。新建花池、树池及土壤治理5万平方米。截至到1994年底，油田累计建成园林绿地83万多平方米，人均绿地达6平方米，提前一年实现了“八五绿化规划目标”，累计绿化面积达328万平方米，“三区”绿化覆盖率达6.8%。

1. 加强重点地区的绿化工作

在油田机关办公大楼、新改造的三条路（腾飞道、建设路、红旗路中段2千米）、三号院北区及团结村楼区等建绿地4万多平方米；井下、水电厂办公楼周围建绿地2万多平方米；井下、炼厂、三号院托儿所建绿地0.5万平方米；技校、石油学校、滩海公司院内建绿地1.8万平方米。

2. 全民义务植树工作

从3月中旬到4月中旬，油田出动2.5万人次，动用30多台水罐车，共栽植大小树木15.8万株，栽草坪1.5万平方米，草花2万多盆，超额31%完成了原定12万株的植树任务。

3. 绿化重点工程的投入

1994年，油田拨款200多万元，完成西小区、职工文化活动中心、陵园、北区、报社、教育处、石油学校、港南生活公司等八处1.7万平方米的绿化土建工程。采油三厂、井下公司、钻采院、炼油厂、房产公司、总医院等单位自筹资金200多万元，建成花池、树池约3.3万平方米。

（曹海林）

社会保险管理

【养老保险】 1994年，大港油田根据中国石油天然气总公司《关于适当增发石油企业离退休人员生活补贴的通知》精神，相应增发离退休人员生活补贴，增发部分自1994年7月1日起执行，所需资金从养老保险统筹基金支付，并将离退休人员现行的各种物价补贴进行归并，统称为基本生活补贴。

1. 享受范围和标准

1993年底以前离退休人员和达到离退休年龄未经组织部门批准办理延长手续至1994年离退休的人员，按本人离退休前岗位（职务）增发生活补贴。比照在职同类人员调整岗位工资标准的月最高增资水平的一定比例增发生活补贴，离休人员按70%，退休人员按60%，其中月增资低于30元的按30元计发。

凡1994年上半年正式办理了离退休手续的人员，均列入当年完善基本工资制度的范围，不得再重复享受离退休人员的生活补贴。

2. 本年度生活补贴的发放情况

1994年增加生活补贴的离退休人员8974人，月增生活补贴合计80.54万元；补发7月至12月合计481.86万元。

（杨奎英）

离退休职工管理

【概述】 1994年，大港油田办理退休手续的职工45人，截至到年底全局共有离退休职工8952人，其中离休干部445人、退休干部3123人、退休工人5384人。在离退休干部中，有高级专业技术职称的681人、中级专业技术人员1302人。

【离退休工作】 1994年，油田为了切实做好离退休职工管理服务工作，落实两待遇，想实招，摸实情，办实事。印发了《大港石油管理局关于离退休职工管理暂行办法实施细则》、《关于解决离退休职工身边无子女问题的通知》、《关于加强离退休职工聘用管理的通知》和《离退休工作信访制度》等文件。

建立制度，明确责任。管理局党政领导和二级单位制定了不定期商讨离退休工作制度；在职领导与老干部、老领导联系制度；走访慰问制度；重大活动邀请制度；通报情况制度。各二级单位把责任制打印下发到基层单位，签订了离退休职工管理服务协议书。把离退休工作纳入了规范化、科学化管理轨道。将离退休工作目标化，修定了具体标准，分7个方面56项具体内容，计100分。1994年底按标准逐项逐条进行检查，评出8个离退休工作先进单位，43名优秀离休干部，164名优秀退休职工，34名离退休工作先进个人，8名重视老年工作优秀领导。举办了工作人员学习班，门球、台球裁判员学习班，离退休党支部书记、委员学习班，举办了第五期老年大学，使离退休人员老有所乐、老有所为。

【文体活动】 1994年，油田组织离退休职工开展了21次大型比赛，参加11900人次。油田还先后组队参加了天津、河北、山东、广东等地的体育比赛，并获得了天津市"百老迎春"门球赛第一名，全国老年门球赛第三名。各单位以活动室为依托，成立了门球、台球、乒乓球、舞蹈、戏曲、交谊舞等20余个活动小组，丰富了老同志的晚年生活。

（孙秀竹）

民政工作

【婚姻登记】 1994年，办理结婚登记1365对，平均婚龄24岁，晚婚率61.41％，办理离婚登记90对。建婚姻档案29卷，建立婚姻工作卡片1455份。1994年油田婚姻登记处被天津市民政局授予"婚姻登记管理先进单位"光荣称号。

【优抚与双拥工作】 1994年油田有优抚对象309人，其中：伤残军人76人、现役军人家属196人、烈属36人、老复员女兵1人。革命伤残军人全部享受国家伤残保健金，享受总金额10233元。享受优待金义务兵家属89户，享受总金额65148元。另有42户义务兵家属为油田农业户，油田按规定拨款30744元，按季度分发给每户。享受定期定量补助烈属7户，享受总金额82992元，享受复员退伍军人定期定量补助金1人，享受金额996元。

1994年8月，接待北京军区63军团高炮旅近500名官兵到油田驻训，油田为部队提供价值4.57万元的猪肉、带鱼、鸡蛋、豆油等物品。油田把接待部队驻训作为实打实拥军，使驻训官兵深受感动。1994年9月22日，在天津市委、市政府、市警备区联合召开的天津市双拥工作总结表彰会上，大港油田被授予"天津市双拥工作先进集体"称号。

【殡葬管理】 油田投资兴建的公益性殡葬设施——油田陵园于1994年8月25日正式投入使用。总占地面积约9万平方米。其中：骨灰存放厅（万寿阁）建筑面积1100多平方米，共设50个骨灰存放室，可寄放骨灰4128具。1994年，收存迁移骨灰盒267具，接待祭祀群众3500余人。1994年12月8日，大港油田被授予"民俗改革达标单位"称号。。

【扶贫工作】 1994年，大港油田向贫困地区捐赠衣被总计238298件，占大港区募集衣被总数40.6万件的59%，

【民调工作】 1994年，油田人民调解工作，在提供保证服务方面进行了理论研讨。50多名人民调解和理论宣传工作者参加了活动，先后征集30篇论文，在天津市司法局召开的全市工矿企业人民调解理论研讨会上，有7篇论文先后送选或入选。其中：采油四厂送选的《论国有企业转换经营机制中的人民调解工作》获得一等奖，并被推荐司法部选用；运输公司送选的《亏损企业如何做好人民调解工作的探讨》被天津市司法局录用转载。1994年油田发生各类民事纠纷231起，调解成功222起，调解成功率为96.1%。1994年12月，大港油田钻井公司和供应处被授予"天津市优秀标准化调委会"称号。

【残疾人工作】 1994年，油田有福利厂8个，职工544人，其中残疾人292人，占职工总人数的53.7%，实现年产值1350万元，利润39.4万元。油田现有各类残疾人1621名涉及1578户家庭。其中：全民职工912人，占56.4%；集体职工190人，占11.4%；临时从业113人，占7%；无职业人员404人，占24.9%。1994年，新安置39名残疾人就业。

1. 社会助残活动

1994年5月，大港油田召开第二次残疾人代表大会，并举行了扶残助残现场捐赠仪式，共捐款41432.5元。油田残疾人联合会在全国第四个助残日期间向油

田广大职工群众提出：广泛开展“扶助与共进，捐款献爱心，为油田残疾人事业募捐集资”活动，仅一个月的时间，油田残联共收到各界捐款 309397.67 元。油田残联对本次活动的捐款，将作为油田残疾人福利基金，全部用于油田残疾人事业的发展。

2. 大港油田残疾人参加国际大赛的情况

1994 年 9 月在北京举行的第六届远东及南太平洋地区残疾人运动会上，大港油田游泳选手郝士鹏、刘国安，参加了比赛。郝士鹏夺得 100 米和 200 米蛙泳两块金牌。

（陈　群）

文化工作

【概述】 1994 年，大港油田文化工作，以推动油田改革发展和精神文明建设为己任，以庆祝油田勘探开发 30 周年为重点，以活跃基层文化生活为目的，开展了丰富多彩的文化活动，发挥了文化工作在油田“双文明”建设中的作用。大港油田文化工作，由文体中心和大港石油文联具体组织开展。大港石油文联成立于 1990 年 12 月，到 1994 年已有音乐、舞蹈、书法、美术、摄影、集邮、文学、戏剧曲艺、电视文学等八个专业委员会。石油文联已成为油田群众文化工作的主体。

【群众文化活动】 油田文化工作积极致力于繁荣和发展群众文化事业。1994 年，举行了三次大规模的群众性文化活动，一是组织开展了庆祝大港油田勘探开发 30 周年文化艺术活动。油田职工业余艺术团自编、自导、自演的大型歌舞《太阳潮》、油田少儿艺术团自己编导的文艺节目《石油娃娃》，在油田上演后，获得各界好评。大港石油文联文学协会与《热土》编辑部，举办了征文活动。二是在 7 月 15 日，举行油田第二届卡拉 OK 歌手大赛，大赛分为预、复、决赛三个阶段。预赛分东、南、西、北四个区片，分别在各二级单位举行。复赛和决赛在三号院礼堂举行。三是在 9 月 10 日，油田第六届文化艺术博览月开幕。博览月期间，共举办美术、书法、摄影、集邮等群众文化活动 15 项。各种文化活动的开展，提高了职工群众的爱厂敬业的主人翁责任感，促进了油田生产和建设的蓬勃发展。

【理论研究】 在繁荣群众文化活动的同时，特别注意了文化艺术人才的发掘和培养，以壮大文化工作者队伍。大港油田摄影协会副主席林玉亮的论文《浅议中国石油行业特点与社会影响》和秘书长赵振亚的论文《石油摄影的“希望工程”》获《中国石油摄影与实践文集》二等奖。1994 年 11 月，在全国摄影理论年会上，大港油田摄影协会秘书长赵振亚的论文《浅谈摄影作品的节奏》入选，并应邀参加年会。他是石油系统惟一的入选者。

（徐　波）

体育工作

【概述】 1994 年，大港油田体育工作，以群众体育为重点，以竞赛为杠杆，比较圆满地完成了各项工作和任务，促进了油田双文明建设，被天津市体委评为群体工作先进单位。

1994 年，大港油田有体育专（兼）职干部 45 人，田径、游泳、球类等各项目运动员 600 人，教练员 43 人，裁判员 213 人。

【群体活动】 1994 年，大港油田体育工作以宣传第 43 届世乒赛在天津举行和迎接大港油田勘探开发 30 周年为契机，组织开展了一系列体育活动，主要包括：在油田水电厂举行的“水电杯”桥牌赛，8 个代表队 32 位桥牌好手参加；华牌比赛在油田采油一厂一矿俱乐部收牌，18 个单位的 78 名选手参加；3 月至 5 月大港油田“迎世乒、迎厂庆”万名职工乒乓球比赛共分矿（大队）、二级单位、管理局三个阶段进行，240 多名运动员参加了最后的决赛；职工游泳运动会 19 个二级单位 300 名游泳健儿参加了 4 个组别比赛；9 月 1 日至 15 日“隆达杯”室内五人制足球赛在油田体育馆举行。油田各单位还因地制宜地组织开展了450多项次集娱乐健身于一体的活动，直接参加活动职工2万多人次，观众达6万人次。

【竞技体育】 在以"内部活动、群体活动为主"的基础上，先后组队参加了在天津举行的NEC杯马拉松比赛。参加了"天津博桑杯登天塔大赛"。在天津市"五一"职工长跑比赛中，以389分获团体总分第一名。运输公司仲明华、石油学校王红霞、采油一厂崔维娟分获男子中年组、女子青年组、女子老年组第1名。在天津市第八届运动会比赛中，大港油田组成了44人代表团，参加了乒乓球、中国象棋、游泳、田径4个项目比赛，并以团体总分133分的总成绩获第九名。10月20日，研究院刘淑芝在"泛达杯"第二届全国攀岩锦标赛女子单攀比赛中获第3名。

【体育设施和队伍】 随着油田生产建设的发展和人们对文化生活水平需求的不断提高，体育设施不断加强，体育队伍不断壮大。截至到1994年底，油田有篮球、足球、排球、田径等各类场地206个，游泳池8个，体育馆房6座，健身房12间，乒乓球台356张，台球案243张，大型文化体育活动中心一座，达到或超过了总公司体协规定的"一场、一池、一馆"的硬件设施要求，为油田体育活动的开展奠定了较坚实的物质基础。在体育场地设施不断发展的同时，体育队伍也在发展壮大，特别是一批优秀体育管理人才和运动员脱颖而出，使油田体育整体活动水平又上了一个新台阶。

（刘承珠　董　标　高福来）

矿区建设

【概述】 1994年，大港油田矿区建设主要以各矿区为基地进行施工建设，1994年矿区建筑面积总计约21万平方米，计划投资1.63亿元。4月份开工，12月份竣工。竣工面积20万平方米，竣工率95%，1995年元月份投产使用。

【矿区建设总体规划】 1994年，是《大港油田1991—2000年矿区建设总体规划》调整建设的第三年，在"调整改造、较快配套"，努力"完善城镇结构体系"，贯彻"有利生产、方便生活"的矿区建设方针指导下，继续以职工住宅楼建设为主，重点改造和完善已经具备住宅小区规模的住宅建设。在建设住宅楼的同时，按照矿区面貌向城镇化转变的要求，把作为油田中心的二、三号院地区的基础设施建设列为另一个重点工作，主要工程有中心区雨水改造、滨海水厂及管网改造、污水干线等市政工程。完成了职工活动中心，经贸大厦的建设。在建设中，注重环境意识，努力改善职工生活环境质量，确定了距油田炼油厂800米卫生间距内不再兴建住宅小区，停建已规划的钻炼小区。

1994年矿区建设总面积20.1万平方米，其中公共建筑面积5.6万平方米。截至1994年底油田民用建筑总面积407.7万平方米。

【合同管理】 1994年，共审查签订工程施工合同249项，合同金额49066.62万元。其中民建合同188项，合同金额28414.74万元；工建合同61项，合同金额20651.88万元。

【招、投标管理】 1994年，招标工程共计97项，建筑面积365893平方米，审定标底24493.52万元，中标工程造价24478.27万元，中标工期能满足招标文件规定的要求，中标工程的质量达到天津市优良标准。

（刘宝臣　熊小春）

防汛工作

【概述】 大港油田防汛区域分为：北大港地区及外围上古林、王徐庄、王官屯和团泊洼4个工矿区。

1. 北大港地区

该地区位于独流碱河南，子牙新河北。这一地区是"六三·八"海河特大洪水的行洪区，地势中间高，东西低，东临渤海，西、北、南三面环水，天然降雨全部自西北向东南靠机排入海、入青静黄排水渠。东侧防潮工程主要依靠海堤。

2. 外围地区

(1)上古林地区。该地区位于独流碱河北、北围堤道(即上高公路)南、津歧公路以东，东临渤海。这一地区南北长约5.0千米，基建占地面积160公顷，排水主要靠机排入板桥河，防潮主要靠东侧轻卤池及板桥河西河堤。

(2)王徐庄地区。该地区位于河北省南大港农场王徐庄村北，占地45公顷，排水主要靠一座雨污合流的泵站及地方排涝站，排向廖家洼排水渠。

(3)王官屯地区。王官屯地区位于河北省沧县北关镇境内，占地46.12公顷，雨水排放老区靠自然流入廖家洼排水渠，新区靠1座雨水排放站机排入廖家洼排水渠。

(4)团泊洼地区。该地区位于静海县、西青区和大港区的交界处，占地约2838.62公顷，其中可耕地1358.66公顷，工矿基地19.055公顷，排水主要靠2座排涝站排入独流碱河。

【设施及能力】

(1)北大港城区有排水干渠总长134千米，外排水泵站5座，防潮海堤23千米。排水能力为49立方米/秒。

(2)上古林地区有排涝站2座。排水能力为3立方米/秒。

(3)王徐庄地区有雨污合流泵站1座。排水能力为2.7立方米/秒。

(4)王官屯地区有雨排泵站1座。排水能力为2.7立方米/秒。

(5)团泊洼地区有雨排泵站2座。排水能力为18立方米/秒。

【重要活动】　从1991年开始运筹、提出方案，进行规划，油田最大的防洪工程“沙井子行洪道及北防洪堤工程可行性研究报告”，经过水利部门有关专家的评估审查，得到认可，并于1994年12月3日得到中华人民共和国水利部和中国石油天然气总公司的正式批复，被国家水利部列为海河流域重点防洪工程。

(莫中浩　宁家群)

综合治理

【概述】　1994年，大港油田社会治安综合治理(简称为综合治理)工作，认真贯彻执行中央、天津市有关文件精神，本着“巩固、深化、加强、提高”的工作思路，坚持“打防结合、标本兼治、重在治本”的方针，1994年，综合治理工作较去年有明显进步。

(1)治安情况。1994年，油田发生各类案件180起，其中刑事案件46起，比上年同期下降13%；破案39起，破案率84.8%，比规定指标提高14.8%；发生治安案件134起，与去年同期基本持平。

(2)民事调解工作。1994年，油田内部各类民间纠纷发生231起，比上年下降24.8%。调解民间纠纷231起，调解率达到100%，调解成功率96.1%。

(3)群众来信来访。信访部门1994年受理来信来访643件，其中来信364件，比上年同期下降15%；群众来访1362人次，比上年上升13%，其中集体上访60批，1056人次，比上年上升216%和291%。

(4)刑满释放、解除劳教人员23人，都得到了妥善安置。

(5)油田在校中小学生违法犯罪率为零，刑满释放、解除劳教人员重新犯罪率为零。

(6)1994年，处理各类违法犯罪人员264人，其中内部职工犯罪35人，占职工总数的0.5%，低于1.5%—2%的控制指标。

(7)重点地区重点治理工作取得阶段性成果，通过春季“严打”战役、“夏季治安行动”、秋季“严打”战役，共取缔港西地区土炼、净化厂点14座。南部油田河北省界内的黄骅、沧县、孟村、南皮等地的取缔土炼油、电炼钢活动也取得了明显成效。油区偷油活动有所收敛。

【主要工作和成绩】

1. 综合治理列入领导的议事日程

把签订综合治理责任书作为综合治理的重点工作，继续实行以计分考核、量化指标、奖优罚劣为主要内容的目标管理。党政领导亲自抓综合治理工作，为这项工作的深入发展起了很好的示范和带动作用。

2. “严打”专项斗争

1994年3月29日全国九部委“严打”电话会议后，油田召开专门会议，连夜整理出国务委员罗干、公安部副部长牟新生、天津市副市长宋平顺和总公司副总经理张轰等领导同志的讲话，随后在4月6日油田生产会议上，专门进行动员，通报了油田治安情况和开展严厉打击盗窃破坏石油物资犯罪活动的安排。4月11日，油田综合治理领导小组又召开专门会议，将“严打”斗争的精神传达到基层，在全油田范围开展了为期三个月的“严打”专项斗争。在这次专项斗争中，共召开各类动员会70余次，印发各种宣传材料4000多份，张贴大标语、条幅230余条，黑板报410块，油田23个闭路电视台(站)都安排了专题节目。油田在上级公安机关和周边地方政府及公安部门的支持配合下，共破获案件38起，抓获案犯117人，摧毁盗窃原油及生产物资设备的犯罪团伙13个，涉及61人，缴获各种机动车41台，截获和追缴原油60余吨，有力打击了不法分子的嚣张气焰。

3. 认真搞好重点地区重点治理

1994年，重点治理地区有三个，分别是采油一厂二矿地区；采油二厂黄骅羊三木、孔店地区；采油三厂沧县枣园、王官屯地区。油田综合治理部门认真落实高检、高法、公安部《通知》和公安部《通告》精神，广泛进行宣传，多次与地方政府进行沟通、协商，共同制定治理方案。重点地区重点治理的主要做法是进行“两取缔一清理”，即取缔土炼油炉、取缔电冶炼点、清理收购点。通过努力，港西地区原有土炼炉、净化厂点共14座，全部取缔。采油二厂与地方协调配合，取缔土炼油炉70座，电炼钢厂5座。采油三厂取缔土炼炉、净化厂27座，取缔电炼钢厂7座，非法收购点7处，“鸡槽厂”16座。通过“两取缔一清理”，周边治安环境大有改观。

4. 强化治安管理，落实防范措施

(1)加强基层治保工作，发挥治保组织作用，搞好群防群治。针对油田改革、机构调整变化的新情况，狠抓基层治保工作不放松，随着基层单位的变化，及时调整组建基层治保会，到年底基层治保会共有907个，成员4650人，做到人员落实，工作落实。

(2)加强重点人员的管理，做到底数清情况明，242名重点人口，监控措施落实到人头，及时掌握动向，定期考核。保证了重大活动期间不发生任何治安问题。

(3)针对流动暂住人口大量进入油田，客观进行分析，加强调研，理清工作思路和管理办法，把管理方式由静态管理向动态管理转变。集中对流动暂住人口进行调查摸底，并建立基础档案，依法严格管理。1994年，大港油田流动、暂住人口7273人，其中3850名零散人员办理了暂住手续，3423人签订治安责任书，

(4)加大巡逻密度，提高发现和制止犯罪的能力。油田公安保卫系统坚持每周平均两次的全局范围巡逻清查行动；专职巡逻队24小时穿插巡逻，保证中心地带和重点地区治安的稳定；二级单位各自为战，按照统一安排，结合实际，采取灵活方式搞好本单位和区域的封闭式巡逻清查；经警固定设卡，防止油田物资外流；结合生产实际和治安需要，组织民兵开展多种形式的维护社会治安活动。通过全方位多层次的巡逻防范，减少空隙，使犯罪分子无可承之机。据统计，1994年截获原油700余吨、钢材40余吨，抓获不法分子81人，打击了流窜分子。有力地保障了油田的稳定和生产建设的顺利进行。

【重要会议】

4月11日，管理局综合治理领导小组召开综合治理、“严打”专项斗争部署大会，各二级单位党政领导、两办主任、宣传科长、治保科长150余人参加会议，局党政领导亲自进行动员，在油田范围开展了为期三个月的“严打”专项斗争。

（赵惠林　赵文华　赵洪武）

第十三篇

机构与队伍

机　构

【概述】 1994 年末，大港石油管理局机关设处室 32 个，其中：当年新成立 7 个（ * 号）；局机关附属单位 21 个，其中：新成立 4 个（ * 号）；直属单位 21 个；二级单位 40 个，其中：新成立 10 个（ * 号）。

1. 大港石油管理局机关（32 个）

党委办公室
党委组织部
党委宣传部
局工会
局团委
局办公室
生产处
* 钻井处
滩海办公室
基建处
炼油处
科技处
* 土地规划管理处
技术监督处
技术安全处
机动处
* 体制改革办公室
企业管理处
规划计划处
财务（国有资产）处
劳动工资处
多种经营办公室
* 外事引进管理处
* 法律事务处
审计处
监察处（纪委办）
* 民事工作处
武装部
离退休职工管理处
卫生处
* 生活管理办公室
行政事务处（机关党委）

2. 机关附属单位（21 个）

* 劳动力介绍交流中心
* 人才交流中心
基建质量监督站
计划定额站
科技信息室
机关劳动服务公司
行政处服务队
离退休服务队
防疫站
* 畜牧检疫站
招待所（宾馆）
小车队
档案馆（史志办）
打字、收发室
多种经营车班
* 陵园
弹药库
电视台
记者站
劳资测定队
报刊发行站

3. 直属处级单位（21 个）

勘探公司
实业开发公司
销售公司
天然气公司
经济技术贸易公司
房地产开发公司
设备物资开发利用公司
技术监督检测中心
文化体育中心
经济研究所
石油报社
会计师事务所
石油审计所
无锡休养院
驻京联络处
新工业区管理处
黑河鹏程工贸总公司
港城国际贸易发展公司
* 经济技术咨询公司
街道办事处

天津分公司(代管)

4. 所属二级单位(40个)

地球物理勘探公司
钻井工程公司
定向井技术服务公司
地质录井公司
滩海工程公司
* 油气开发公司
采油二厂
采油三厂
采油四厂
井下作业公司
测井公司
油田建设工程公司
矿区建设工程公司
运输公司
总机械厂
石油机械厂
水电厂
炼油厂
供应处
通信公司
地质勘探开发研究院
勘探设计研究院
钻采工艺研究院
职工总医院
教育处
职工培训中心
大港石油学校
技工学校
大港商业公司
第二实业公司
大港石油公安处
* 中心区房产公司
* 中心区生活服务公司
* 港东生活服务公司
* 港南生活服务公司
* 港西生活服务公司
* 港北生活服务公司
* 港中生活服务公司
* 王官屯生活服务公司
* 王徐庄生活服务公司

(井会忠)

职工队伍

【概述】 截至1994年底,大港油田长期职工总数为68254人,其中,女职工22834人,占职工总数的33.45%,从学历构成看,大学本科学历以上的3970人,大专学历的4957人,中专学历的8180人,技校毕业生12210人,高中毕业生6061人,初中以下学历的32876人。各类干部21876人,占职工总数的32.05%,其中:高级专业技术职务人员1289人,占干部总数的5.89%,中级专业技术职务人员4488人,占干部总数的20.52%,初级专业技术职务人员12044人,占干部总数的55.06%。

【队伍变动情况】

(1)根据港油局发[1994]141号《关于印发〈大港石油管理局生活后勤单位实行社会化服务实施方案〉的通知》精神。解体“大而全”、“小而全”,生活后勤与主业分离,组建中心区房产公司、中心区生活服务公司、港东生活公司、港西生活公司、港南生活公司、港北生活公司、港中生活公司,共分离职工6334人。

(2)根据港油局发[1994]197号《关于成立大港石油管理局油气开发公司进行采油作业区改革试点有关通知》组建油气开发公司,机关103人;解体采油一厂,组建采油作业区,3572人;分离采油一厂的辅助生产单位和多种经营单位,组建综合生产服务公司,1750人。

(3)根据港油局发[1994]202号《关于印发〈大港石油管理局普教系统实行专业化实施方案〉的通知》1994年年底以前,将除采油二厂、采油三厂、第二实业公司以外的全局所有中小学从原单位分离出来,由教育处实施专业化管理,共分离2239人。

职工队伍构成

序号	队伍名称	队伍个数	职工人数	序号	队伍名称	职工人数	职工人数
1	地质勘探队伍	3	5634	8	运输队伍	1	2447
2	钻井队伍	4	11947	9	机械制造维修队伍	2	2772
3	采油气队伍	6	16745	10	供应队伍	1	1366
4	井下作业队伍	1	3466	11	勘探设计队伍	1	543
5	炼油、石化队伍	1	2141	12	科研队伍	2	1366
6	油田建设队伍	2	4372	13	文教队伍	3	1078
7	水电、通信队伍	2	2099	14	卫生队伍	1	934
	其中:发电动力队伍	1	390	15	管理机关	1	1137
					总　　计	58	69429

专业队种情况

序号	队伍名称	队数	总人数	工人人数	序号	队伍名称	队数	总人数	工人人数
1	地质队	9	681	296	13	钻机搬迁队	2	161	148
2	测量队	4	124	87	14	采油队	42	3153	2431
3	地震队	13	2088	1904	15	试油队	12	592	344
4	综合研究队	21	1054	253	16	大修(井)队	9	337	189
5	专题研究队	14	383	63	17	井下作业队	35	918	615
6	电测队	27	452	217	18	酸化压裂队	3	163	143
7	射孔队	14	196	128	19	试井队	5	265	205
8	钻井队	48	3066	2344	20	油建安装队	18	1443	1187
9	固井队	2	217	183	21	输油气队	26	1832	1501
10	综合录井队	4	74	26	22	汽车运输队	45	2323	2045
11	管子站	1	473	350					
12	井架安装队	5	261	239		总计	339	20156	13898

（孙茂文）

领导干部

【概述】 1994年,大港油田开发及生活系统进行改革组建了油气开发公司等8个领导班子。局机关新成立两个处室配备了领导干部,中心区房产公司等单位增补了领导干部。

截至到1994年12月30日,领导干部(现职局级、正处级或主持某单位工作的副处级以上干部)名录如下:

局党委领导名录

序　号	职　　务	姓　名
1	局党委书记	姚和清
2	局党委副书记	孙希敬
3	局党委副书记	张德寿
4	局党委常委、局纪委书记	石玉呈
5	局党委常委、局工会主席	高兰成
6	局党委常委	张大德
7	局党委常委	张树明

局行政领导名录

序　号	职　　务	姓　名
1	局长	孙希敬
2	副局长	姚和清
3	副局长	张大德
4	副局长兼总经济师	俞叔武
5	副局长	张树明
6	副局长	刘厚敏
7	局总地质师	薛世荣
8	局总工程师	曲经文
9	局总会计师	佟志民

大港石油管理局副总工程(地质、经济)师名录

序　号	职　　务	姓　名
1	局副总工程师	宋伯韬
2	局副总工程师兼物探公司经理	毛立言
3	局副总工程师兼局生产处处长	宫文欣
4	局副总地质师兼地质院院长	李学琦
5	局副总经济师兼多种经营部主任	徐志龙
6	局副总工程师兼销售公司经理	崔学成
7	局副总工程师兼炼油厂厂长	谢久志
8	局副总经济师	周学仁
9	局科委副主任	李文瑞

所属单位正处级领导名录

序号	单位	党委(群)		行政	
		职务	姓名	职务	姓名
1	地球物理勘探公司	党委书记	王德增	经理	毛立言(兼)
2	钻井工程公司	党委书记	李宏运	经理	朱敬成
3	定向井技术服务公司	党委书记	郭世升	经理	纪家源
4	地质录井公司	党委书记	宋兆仁	经理	孙宝绪
5	滩海工程公司	党委书记	王　勇	经理	李国良
6	油气开发公司	党委书记	张大德(兼)	经理	张大德(兼)
7	油气开发公司	党委副书记	张幸福(正处)		
8	油气开发公司	工会主席	高治功(正处)		
9	油气开发公司			副经理	李　淦(正处)
10	油气开发公司			副经理	张立高(正处)
11	油气开发公司			副经理	高卫国(正处)
12	油气开发公司			总地质师	马世煜(正处)
13	油气开发公司			总工程师	马双才(正处)
14	油气开发公司第一采油作业区	党委书记	汪毓元	经理	汪毓元
15	油气开发公司综合生产服务公司(1994.6—1994.10)	党委书记	马炳炎	经理	马炳炎
16	油气开发公司滩海采油作业区			经理	李承虎
17	油气开发公司天然气公司			经理	刘怀义
18	油气开发公司第二采油厂	党委书记	侯培学	厂长	崔均生
19	油气开发公司第三采油厂	党委书记	徐竹春	厂长	徐竹春
20	油气开发公司第四采油厂	党委书记	石桂臣	厂长	石桂臣
21	井下作业公司	党委书记	赵汝勤	经理	赵汝勤
22	测井公司	党委书记	魏震球	经理	魏震球
23	油田建设工程公司	党委书记	吕广和	经理	陈乃兴
24	矿区建设工程公司	党委书记	王振声	经理	郭进光

续表

序号	单　位	党委(群)		行　政	
		职务	姓名	职务	姓名
25	运输公司	党委书记	袁国明	经理	高福荣
26	总机械厂	党委书记	王　骥	厂长	王　骥
27	石油机械厂	党委书记	钱虹章	厂长	孟庆和
28	水电厂	党委书记	董格献	厂长	林播穗
29	炼油厂	党委书记	梁绍瑜	厂长	谢久志
30	供应处(物资供销公司)	党委书记	韩朝阳	处长(经理)	王建东
31	通信公司	党委书记	范铁民	经理	范铁民
32	地质勘探开发研究院	党委书记	李学琦	院长	李学琦
33	勘察设计研究院	党委书记	张显文	院长	张显文
34	钻采工艺研究院	党委书记	果旭昌	院长	王兆胤
35	职工总医院	党委书记	李振权	院长	李振权
36	教育处	党委书记	焦双春	处长	焦双春
37	职工培训中心	党委书记	侯福录	主任	贺锡海
38	石油学校	党委书记	王　斌	校长	王建华
39	技工学校	党委书记	毛宗志	校长	毛宗志
40	大港商业公司	党委书记	王宝余	经理	张秀兰
41	第二实业公司	党委书记	颜秋庭	经理	颜秋庭
42	大港石油公安处	党委书记	赵贺灿	处长	赵贺灿
43	中心区房产公司	党委书记	段恩伦	经理	段恩伦
44	中心区生活服务公司	党委书记	宋秀勤	经理	宋秀勤
45	港东生活服务公司	党委书记	胡培成	经理	胡培成
46	港南生活服务公司	党委书记	姚连生	经理	姚连生
47	港西生活服务公司	党委书记	张胜华	经理	张胜华
48	港北生活服务公司	党委书记	李德明	经理	李德明
49	港中生活服务公司	党委书记	李调军	经理	李调军
50	王官屯生活服务公司	党委书记	高绍山	经理	高绍山
51	王徐庄生活服务公司	党委书记		经理	李增芳

局机关部室领导名录

序　号	部　　室	职　　务	姓　名
1	党委办公室	主任	马鹏龄
2	党委组织部	部长	郭德宝
3	党委宣传部	部长	刘志谦
4	工会	副主席(副处)	徐树荣
5	团委	书记	徐宜阳
6	办公室	主任	段新坎
7	生产处	处长(兼)	宫文欣
8	钻井处	副处长	夏煜高
9	滩海办公室	主任	丁有录
10	基建处	处长	谢春贵
11	炼油处	处长(兼)	谢久志
12	科技处	处长	杨天吉
13	土地规划管理处	处长	孙绍贻
14	技术监督处	处长	徐　勤
15	技术安全处	处长	秦时栋
16	机动处	处长	杨芳云
17	体制改革办公室	主任	高金水
18	企业管理处	处长	王战成
19	规划计划处	处长	王开庆
20	财务处(国有资产处)	处长	吴照生
21	劳动工资处	处长	王鹤龄
22	多种经营办公室	主任(兼)	徐志龙
23	外事管理处	副处长	尹长阁
24	法律事务处	副处长	刘经华
25	审计处	处长	王　城
26	监察处	处长	陈玉瑾
27	民事工作处	处长	田慧星
28	武装部	部长	韩恩国
29	离退休职工管理处	处长	朱　涛
30	卫生处	处长	华勇魁
31	生活管理办公室	主任	鲁智慧
32	行政事务处(机关党委)	处长、书记	杜忠仁

直属公司领导名录

序　号	单　　位	职　　务	姓　名
1	勘探公司(勘探部)	经理	高有楠
2	实业开发公司	经理	郭景海
3	销售公司(运销部)	经理	崔学成(兼)
4	经济技术贸易公司	经理	汤林旭
5	房地产开发公司	经理	黄梦勤
6	设备物资开发利用公司	经理	戴百昌
7	技术监督检测中心	主任	周伯奇
8	文化体育中心	主任	蒋永佑
9	经济研究所	所长	陈一桥
10	大港石油报社	社长	尹　明
11	天津振兴会计师事务所	所长	刘家余
12	天津凯业审计事务所	所长	黄根兴
13	无锡职工休养院	院长	尹继衡
14	北京联络处	主任(兼)	段新坎
15	新工业区管理处	主任	刘守春
16	黑河办事处	主任(经理)	李树仁
17	港城国际贸易公司	副总经理	曹荣峥

（裴显华）

第十四篇

先进集体与个人

综合先进

先进个人

被授予人员	所属单位	授予单位	称号
杨均凤(女)	采油四厂	中华全国总工会	全国劳动模范

系统先进

先进集体

被授予单位	授予单位	称号
大港石油管理局	天津市委、市政府	1994年度信访工作先进单位
大港石油管理局	天津市经委	1994年度质量工作先进局
大港石油管理局	天津市经委工业系统	环境保护先进局
大港石油管理局	天津市司法局	人民调解工作优秀集体
大港石油管理局	天津市体委、市总工会	职工体育工作先进单位
大港石油管理局	河北省电力局	供用电管理先进单位
大港石油管理局	中国石油天然气总公司	1994年度多种经营企业财务决算优胜单位
大港油田集团有限责任公司	中国石油天然气总公司	“八五”期间统计报表优胜单位
大港石油管理局	中国石油天然气总公司	1994年度安全生产先进企业
大港石油管理局	中国石油天然气总公司	1994年度安全生产考核指标达标
大港油田集团有限责任公司	中国石油天然气总公司规划计划局	统计报表优胜单位

先进个人

被授予人员	授予单位	称　号
于红雨	国家教委、人事部	1995年全国优秀教师
杨池银	团中央、劳动部、经贸委	全国青年岗位能手
王月东	北京军区国防动员委员会	交通战备先进工作者
聂立升　李永强	天津市委、市政府	信访工作先进工作者
赵贺灿	天津市政府	1994年度消防安全标兵
狄连成	天津市政府	消防安全先进个人
赵秀兰	天津市政府	巾帼科技英才
莫中浩	天津市政府	防汛工作先进个人
杨瑜璋	天津市政府	关心照顾社会孤残幼贫先进个人
杨池银	天津市团委、工委、经委	“天津市十大青年科技先锋”
刘庆祥　叶亚中　武文斌 侍　铁　顾晓贤	天津市团委、工委、经委	“天津市第二届青年改革、科技先锋评选活动青年科技新星”
朱建玲　钱迎春	天津市妇联	“三八”红旗手
刘泽红　刘　龙　刘庆红 刘景兴　张　琪　章　勇 王振旺　司马俊　田海林 罗金华　杨洪强	天津市团委	新长征突击手
王绍武　王相峰　刘德茂 方剑秋　张好敏	中国石油天然气总公司	“八五”节能先进个人
周英宝　耿长波 棕育樟　唐　俊	中国石油天然气总公司	节能先进个人
周清明　解连科　刘凤兰 耿成富　孙明福	中国石油天然气总公司	优秀离退休职工
王　军　李祥祯　王正树	中国石油天然气总公司	先进离退休工作者
唐淑珍	中国石油天然气总公司	敬老好儿女
彭启怀	中国石油天然气总公司	安全生产先进个人
董久生	中国石油天然气总公司	安全生产先进工作者
孙建国	中国石油天然气总公司	1995年度先进环保工作者
田克勤　王兆胤　侯大方 郭方荣　高主德	中国石油天然气总公司	第五次科技大会先进科技工作者
毛作元　刘全奎　唐有喜	中国石油天然气总公司	第五次科技大会技术革新能手

第十五篇

基层单位

第十五篇

基层单位

钻井工程公司

【概述】 大港石油管理局钻井工程公司(简称钻井公司)是承担油田陆地勘探开发钻井施工作业的单位。截至1994年底,公司职工总数8933人。专业技术人员有1380人,其中高级职称48人、中级职称264人、初级职称1068人。公司机关设17个职能科室,下设14个基层单位,一线主要生产单位有:第一钻井公司、第二钻井公司、第三钻井公司、修井作业分公司。辅助生产单位有:钻前安装分公司、固井分公司、钻机修理分公司、管子工具分公司、泥浆分公司、供应分公司、钻机搬家运输分公司。业务单位有:培训管理中心、打捞技术服务公司、通达总公司。

1994年年末,有主要生产设备1394台(套),固定资产原值4.57亿元,净值1.92亿元,设备新度系数0.34,有钻机49部,其中大庆Ⅱ型24部,ZJ45J型22部,F320型3部。

【生产规模】 1994年,油田内部动用钻机23.36台,开钻171口,交井177口(其中探井26口,生产井151口),完成钻井进尺465061米,平均井深2721米,平均队年进尺19904米,钻机月速1865米。

1994年,钻井公司在本油田工作量不足的情况下,积极参与外部油田钻井工程投标竞争,当年完成外部合同工作量:开钻108口,交井100口,进尺194192米。

【开拓外部市场】 1994年,管理局将钻井公司作为模拟法人企业推向市场,而油田内部钻井工作量不足半年,经营形势极其严峻。公司决策层解放思想,不等不靠,抓住生产能力过剩与内部市场狭小这一主要矛盾,从长远的经营战略出发,把开拓外部钻井市场作为全年工作的重点。开拓冀东、安塞、沈北、开鲁等四个市场,为公司经营形势的好转发挥了重要作用。1994年有17个钻井队闯入外部市场,这是自油田成立30年来大港钻井工人第一次走出家门"找饭吃",当年创产值收入1.6亿元,消化固定费用3500万元。

【施工作业】 公司根据市场需求,组织生产,以钻井队为核心层,以辅助生产单位为紧密层,围绕效益目标,协调好内部甲乙方生产协作关系,实现了由生产组织型向效益管理型的转变。一线单位既当好公司内部甲方、又当好油田内部乙方,适应市场变化,自主组织生产;二线单位顾全大局,积极为一线提供优质服务。科技管理上坚持为勘探开发服务,为生产经营服务的方向,工程技术干部深入重点区块和外部施工井队,开展技术攻关和现场服务,各项施工作业质量合格率都达到100%。在油田市场投标47次,开发井中标174口,合同履约率达到100%,1994年度荣获天津市人民政府授予的"重合同守信誉单位"称号。

【内部管理】 按照油田的总体部署,为减轻主业负担,1994年实施了生活、基建、教育、医院四个单位的分离工作,统一归属油田矿区系统管理。对钻井内部组织结构进行了调整,将行业性质相近的土方分公司与钻前分公司合并,实行专业化管理,承担钻前工程施工和内外部机械化施工作业。组建了打捞技术服务公司,承揽内外劳务,实行自主经营。将修井分公司作为扩大经营自主权的试点单位,采取比较灵活的经营管理办法,取得了明显的经济效益。

【开展节约挖潜活动】 公司根据所属单位的工作性质和具体实际,采取了四种类型的承包办法,以控亏为主线,把挖潜节支作为全年经济效益的落脚点。各单位加强成本控制的组织领导,分解创利减亏指标,严格资金管理,实行风险抵押,层层开展经济分析,采取新的激励政策和奖惩兑现措施,大力开展群众性的节约挖潜活动。科技节材610万元,水电气三费节约211万元,辞退农民轮换工、季节工、劳务工,节约外雇费用223万元,发挥内部运力、节约运费270万元,修旧利废创价值568万元。经过广大干部职工共同努力,扼制了上半年亏损严峻的势头,到年底完成了全年经营目标。

【完成经营承包指标】 经上级考核,1994年与管理局签订的各项承包指标全部超额完成。实现利润—3424.4万元,圆满完成承包指标;全员劳动生产率增加值12161元/(人年),超过了8100元/(人年)的承包指标;完成上交管理费780万元,分离职工1867人。

【科研工作】 1994年,完成了14项局级和局级以上科研项目。官H2水平井钻井工艺技术、长芦保护油气层钻井液及对策研究、港中调整井提高固井质量技术研究等9个项目获局级奖励。官H2水平井为"八五"期间国家级科研攻关项目,是国内第一口短半径水平井,达到国内先进水平。长芦地区保护油层钻井液、完井液研究,在10口井进行了现场应用试验,试验井平均日产原油 24.255 吨，比邻井日产提高15.96%。

【现场安全生产】 公司一线现场管理达标率为 92%，形成了整洁文明的生产环境，全年实现了"无重伤、无工伤死亡、无环境污染"三个为零，杜绝了火灾、井喷失控等重大事故，连续五年被评为管理局安全生产先进单位，1994 年获石油天然气总公司"清洁无害化矿区"称号。

（王专恩）

地球物理勘探公司

【概述】 大港石油管理局地球物理勘探公司（简称物探公司），是一家集资料采集、处理、解释于一体，能够为国内外油田、石油公司提供地球物理勘探综合服务的专业化单位。截至 1994 年底，公司有职工 2552 人（一线职工总数为 1420 人），其中干部 890 人，具有高级职称 71 人、中级职称 184 人、初级职称 561 人。公司机关设 17 个科室，下属科级单位 17 个、直属队级单位 31 个，多种经营设 3 个实业公司。公司下辖 12 个地震队、1 个 VSP 测井队，设有运输分公司、测绘中心、仪器服务中心、滩海设备服务分公司 4 个专业化单位以及设备修造厂、供销分公司等辅助生产单位，拥有计算中心、研究所各 1 所，是物探公司的重点生产科研单位。拥有各类生产装备 1340 台套，固定资产原值 2.945亿元，净值 1.791 亿元。

1994 年，公司适应市场经济的发展形势，坚持以经济效益为中心，为油田勘探和开发提供优质服务，努力开拓外部市场，不断深化公司内部改革，大力加强企业管理，积极探索科研工作，发展多种经营事业，各项工作取得了较好成绩。全年，物探公司实现销售收入 1.21 亿元，其中对外劳务创收 6600 多万元，实现内部利润 518 万元，全员劳动生产率增加值 3.929 万元/（人年），向油田上缴管理费 120 万元；多种经营实现销售收入 2100 万元，创利税 200 万元。

【资料采集服务勘探开发】 1994 年，公司有 2 个地震队通过石油天然气总公司甲级队资质认证，8 个队通过乙级队资质认证。在施工过程中，物探公司狠抓生产组织管理和新技术、新方法推广应用，以"三标"管理（标准化岗位、标准化班组、标准化现场）为突破口，进一步强化了地震队施工的程序化、规范化，质量管理水平有了较大提高。推行 HSE 管理办法，实现了安全文明生产。全年，物探公司采集完成沧县隆起泊头—交河地区二维、沧县隆起景县地区二维、千米桥地区二维、增福台地区二维、六间房高分辨率试验、白水头地区三维、小站地区三维、新港（中、西）地区三维、新港南二维，共计完成大港探区二维地震采集 2212.06 千米、三维地震采集 200 平方千米。地震资料优良品率达到 78.8%，合格率 99.9%。公司完成 VSP 测井 10 口（大港探区 8 口，冀东地区 2 口），电磁岩性测试点 395 个（大港地区 348 个、冀东地区 47 个）。

【资料处理能力和水平】 公司计算中心于 1993 年引进 3083 新型处理系统并试运行成功，1994 年，加强了全中心技术力量的培训，并针对新处理系统的特点，开展科研攻关活动，加快系统功能开发和模块应用工作，有效地提高了处理能力和处理效果。全年，完成二维资料处理 8763 千米（折算工作量 23225.9 千米），三维资料处理满覆盖面积 1104 平方千米，VSP 测井资料 10 个井号 13 井次，处理合格率 100%，计算机交机率、使用率 99.3% 和 93.1%。

【资料解释工作】 公司研究所 1994 年承担的解释任务主要是：增福台、歧东、白东、景县等地区的二维，长芦—驴驹河、新河村—宁车沽、小站、白水头、新港、捷地等地区三维的解释研究工作以及张巨河地区滚动油藏描述和圈闭描述评价工作。物探公司研究所发动技术人员，充分运用地震勘探新技术，发挥人机联作工作站的技术优势，在构造图的准确性、储层横向预测、油藏早期描述上作深入细致的工作，全年，共解释二维地震剖面 14322 层千米，三维地震剖面 93955.4 层千米，完成不同层系构造图 207 张，提供并被采纳钻探井位 22 口。主要地震勘探成果有：新发现局部构造圈闭 21 个，总面积 340 平方千米；重新落实局部构造圈闭 52 个，总面积 658 平方千米；钻探成功率为 52.08%。在驴驹河构造钻探探明石油地质储量 12.2 万吨、天然气 3.25 亿立方米；张巨河滩海地区在张东构造底部及侧翼部获工业油气流，证实此构造为大面积整体含油，是一个有利的大型含油构造，探明石油地质储量 2319 万吨；白水头地区 10—1 井获高产油气流，该井可新增天然气储量 11.58 亿立方米；板深 2—1 井获工业油气流，预计新增探明石油地质储量 9.6 万吨、天然气 9.6

亿立方米,

【开拓外部市场】 1994年,公司积极开拓国内外两个市场,通过投标竞争,先后在冀东、辽河、大庆、胜利油田取得劳务项目,首次实现了环渤海的几家油田都有大港物探地震队同时施工的新局面。1994年,物探公司在国内物探市场共赢得9个采集项目。国际市场和国内反承包市场取得新进展,完成了美国陆安公司110千米的二维采集和处理项目、美国宾斯公司的三维特殊处理项目、俄罗斯汉特西斯克地球物理勘探公司的非规则三维地震资料采集设计合同。全年,物探公司共实现对外劳务收入6600多万元。

【科研工作】 1994年,公司坚持科研为油田勘探开发服务的方针,深入开展"科技增储"活动,全年,物探公司共完成局级科研项目17项、新技术推广项目7项、技术革新和技术改造项目40个。张巨河地区4个科研和3个新技术推广项目完成探明地质储量1389万吨,长芦地区新增探明地质储量1189万吨,通过岩性油气藏描述方法研究在唐家河地区提交控制储量526万吨,利用三维地震采集资料处理解释系统在新河村—宁车沽地区范围内,预测石油地质储量922万吨,程控自动冲洗器项目新增产值80多万元、利税30多万元。全年,科技成果共增收节支1243.6万元。

【内部管理】 1994年4月,公司进一步解体了地震队的"小而全",深化专业化管理,对1993年该公司实行专业管理遗留在地震队的通用设备和操作、技术人员进一步集中管理,分别划归各专业化单位。将滩海特种设备从设备修造厂分离出来,并集中操作技术人员,成立了滩海装备服务分公司。专业化管理体系的建立,为物探公司建立内部市场构建了基本框架。物探公司为规范内部市场行为,相继出台了《物探公司地震勘探采集市场管理实施办法》、《物探公司内部市场管理暂行规定》等。在经营机制上,物探公司实行了新的经营承包办法,将公司各单位划分为四种类型,分别实行模拟法人经营承包、效益目标经营承包、经费承包和法人承包办法,在分配上实行"单位工资总额与产值(或经费)挂钩,奖金与利润(或节约额)挂钩"政策,初步建立起了一线职工靠增效、二线职工靠创收、三线职工靠节约的激励机制。在三项制度改革方面,物探公司成立了劳动就业管理办公室,对公司内部劳动力流动进行管理;实行了管理人员和技术人员聘任制。对一线工资进行改革,修整期职工岗位工资实行"准岗"标准,岗位工资差与技能工资中的40元调整到施工期,调动了一线职工出工的积极性。

1994年,公司按照管理局改革工作统一部署,与生活后勤、普教、医疗卫生单位分离,分离职工人数420人。

公司制订了《物探公司"八五"后两年企业管理工作要点》实施计划,成为公司1994,1995年企业管理工作的纲领性文件。1994年该公司经营工作按照"分块管理、分灶吃饭"的原则,划小核算单位,分别采取效益目标承包、模拟法人承包、经费承包、法人承包等办法,突出了以经济效益为核心的管理思想;按照完全成本法修订公司内部和外部价格和生产定额,做到了量价分离,建立起了内部定额和价格管理体系,体现了物探公司经营工作的进步;质量管理工作实施"四优"工程(优质方案、优质设计、优质测线、优质区块),采集质量有了较大进步,采集优良率较1993年提高了4个百分点。安全管理重点向海上施工延伸,对大多数海上施工人员进行了"四小证"培训,全年安全管理工作完成局下达的考核指标,信息、现场管理、计划、财务、设备、技术监督等管理工作得到了进一步加强。

【多种经营】 公司调整了多种经营管理机构,成立了宏业发展总公司,将公司内部"一厂两制"所属的多种经营企业全部划归多经系统管理;经营承包工作全面实行了风险抵押承包机制;树立拳头产品意识,"程控自动冲水器"、"氢氧焊割机"等自行研制生产的产品开始进入社会市场。股份合作制试点工作开始起步,物探、北辰区、油田三家以股份合作形式成立的"石油产品经销处"投入运营。为配合公司体制改革,多种经营系统一次性接收了70名公司一线女职工。

(郭呈栋 张 惠)

定向井技术服务公司

【概述】 大港石油管理局定向井技术服务公司(简称定向井公司)是提供定向井技术服务的专业化公司,能为国内外用户提供陆地和海上的各类普通定向井、丛式井、大位移井、多目标井、水平井、套管开窗侧钻井、工程救险井的设计和现场施工，同时能提供定向井专业工具和定向井专业仪器的租赁、维修等多种服务，是国内规模最大、实力最雄厚的亚洲一流的定向井专业化服务公司。

截至1994年底，公司有职工325人，专业技术人员146人，其中具有高级职称13人、中级职称44人、初级职称119人。公司机关设5个科室，下设科级单位2个，基层单位5个。公司拥有MWD随钻测斜仪5套，陀螺测斜仪9套，单多点测斜仪79套，拥有固定资产原值8240.66万元，净值5941.81万元。

1994年，公司以提高经济效益为中心，积极贯彻上级的一系列改革精神，深化内部改革，转换经营机制，解放思想，团结一致，积极开拓外部市场，各项工作取得了较好的成绩。

【开拓外部市场】 1994年，公司坚持以“立足大港、面向全国、跻身海洋、走向世界”的经营战略，全方位开拓外部市场，先后为辽河、长庆、塔里木、南阳、南海等十几个油田提供技术服务。在大港油田完成各类定向井107口，对外服务完成102口，全年完成产值2435万元，其中港内完成1568万元，油田外部完成867万元，实现利润52万元，全员劳动生产率增加值3.14万元/(人年)。

【内部管理】 1994年，公司在开拓市场和发展生产的同时，不断加强企业管理，积极开展建制度、打基础、抓管理、上水平活动，制定并实施了“定向井公司企业管理三年计划”，企业管理制度做到了规范化、制度化，实施了经营承包责任制。1994年，公司档案管理达到国家二级水平，财务管理达到了三级标准。

【科研工作】 1994年，公司逐渐完善了丛式井技术、水平井技术、大位移井技术、多目标井技术、套管开窗技术、工程救险井技术、三维绕障井技术、定向井设计与计算机软件等八大技术。完成了“八五”重点攻关项目“官H2短半径水平井井眼控制技术”，这是国内第一口短半径水平井，此项技术的成功将为报废井和死井的复活带来了希望。1994年，科研推广项目开题五项，为定向井技术的发展和进一步开拓市场创造了条件。其中：“官H2短半径水平井井眼轨迹控制技术”获局科技进步一等奖，“钻具稳定器的修复工艺”、“定向钻井系统的应用”、“螺杆定子内径仪”获局科技进步三等奖，“防碰与安全圆柱扫描软件应用”获新技术推广二等奖。

【多种经营】 1994年，公司成立了宏宇实业公司，从事单多点胶片生产、扶正器修理、汽车修理、装璜等业务，至年末，完成产值130万元，实现利税33.35万元。

【精神文明建设】 公司深入学习《邓小平文选》第三卷和社会主义市场经济理论，开展形势任务教育，加强党的自身建设和党员干部的廉政建设，积极作好日常的思想政治工作，全年涌现出2个先进党支部，20名先进生产工作者，16名优秀共产党员，工程队党支部被评为局级先进党支部，保证了公司职工队伍的稳定和生产经营的正常进行。

（唐士刚）

地质录井公司

【概述】 大港石油管理局地质录井公司(简称录井公司)主要承担油气勘探、开发、钻井过程中现场录井、实时监测、资料采集、资料解释和单井油层评价以及录井技术开发，是一个集科研和多种经营于一体的专业录井公司。

截至1994年底，公司职工总数1227人，专业技术人员491人，其中高级职称26人、中级职称66人、初级职称379人。公司机关设13个科室2个机关附属科级单位，7个科级基层单位，直属队8个，一线小队60个，公司拥有固定资产原值3376.9万元、净值1878.4万元。有549台(套)设备。公司总收入1869.32万元，利润-906.56万元，减亏197.74万元。

【录井工作成果】

(1)岩屑录井236口，其中探井33口，发现各类油气显示15320米/1896层。钻井取心井29口，其中探井23口，进尺510.72米，心长482.50米，收获率94.47%。取获含油岩心长128.55米，油砂比26.44%。井壁取心109口，其中探井27口，共取3470颗，其中含油1376颗，平均油砂比47.55%。气测录井25口。综合录井8口。地化录井19口。井位测量初测240口，其中探井25口。复测207口，其中探井28口。初、复测及时率、准确率均为100%。完井资料验收215口，其中探井36口，完井资料中一类资料208口，一类率96.74%。

(2)塘沽、长芦、驴驹河地区含油范围扩大。录井见显示8口井,试油获工业油流3口井,即:塘36—1井、塘33—3井、板深82—2井。

(3)张东、歧东勘探成果显著。6口井录井均发现良好的油气显示,经试油在张海2—2井、张海2—1井、张18—2井、张参1—1井均获工业油流。

(4)张西地区取得新成果。张20井、张21—1井录井发现良好油气显示,其中张20井试油获工业油流。

(5)白唐马地区钻探成果突出。新港508—1井、港深7—2井、白10—1井、板深67—1井,试油均获工业油气流。其中白10—1井试油射开3570.1—3597.8米井段,日产油46.1吨,气160000立方米。

(6)六间房地区钻探有成效。房26井在750—755.1米井段试油,日产气6632米。

【开拓外部市场】 1994年,公司有一个综合录井小队赴东北两江进行服务;有3个综合录井小队、1个气测小队在塔里木进行服务;有3个地质小队在长庆进行服务;有3个地质小队在冀东进行服务。

【现场安全生产】 1994年,公司有针对性地召开了7次安委会,积极查找事故隐患,切实制定有力措施,提高了全员安全意识,使现场录井见到好效果,港内的完井资料一类率达96.74%。年底通过了管理局达标验收。

【质量管理】 公司认真宣传贯彻GB/T19000系列标准,完成了质量手册的编写工作,着重开展了QC小组活动,其中《加强地化录井随钻分析及时快速发现油气显示》项目获总公司二等奖。

【科研工作】 公司全年共有科研和新技术推广项目21项,完成15项,有5项成果获局科技进步奖。其中《综合录井仪技术改造》等三项成果申报总公司科技进步奖。

【多种经营】 1994年,公司认真抓了丝网印刷、白天鹅餐厅、胶印厂、修理厂和修配厂的经营承包工作,使之平稳经营。同时加紧了逆变直流电焊机的项目论证工作,年底通过了局级验收。

(刘洪铁)

测井公司

【概述】 大港石油管理局测井公司(简称测井公司)是集勘探开发测井、射孔、井壁取心和资料解释与评价为一体的多学科、综合性的生产科研实体,是石油天然气总公司测井"三新"(新技术、新工艺、新装备)实验基地。公司拥有世界先进水平的各类测井仪与数控采集处理系统;能对各种类型的地质剖面提供解释成果和地层评价。公司下设数控测井大队、射孔大队、开发测井大队、解释计算站和一些必要的辅助机构。截至1994年底,公司职工总数1872人,其中干部836人,具有高级职称39人、中级职称134人。拥有固定资产原值15733.5万元、净值11935万元。

1994年,公司完成各类测井1252口,其中完井205口,开发测井263口,完成测井标准工作量7596万条件米,射孔801口,取心140口,射孔标准工作量完成112364个标准炮。生产井解释率92.56%,探井解释符合率77.51%,完井资料合格率100%,完井资料优等品率82.76%,取心收获率82%,射孔一次成功率98.36%,公司利润为72万元,各项主要生产技术质量指标都超过管理局下达的承包指标。

【开拓外部市场】 1994年,公司在局内人工岛张参1—1井施工过程中,本着对甲方负责的精神,严把质量关,安全优质高效地完成任务,该井喜获高产油气流。在油田外市场,赴二连油田的射孔队,靠严格的管理,优质的服务,在原定300米射孔任务的基础上,又多争取到638米,创收92万元。赴长庆油田的数控测井大队,完成了27口测井任务,创收40多万元。

【科研工作】 1994年,公司自筹资金50万元,开展"百题攻关"会战。公司承担科研推广项目143项,其中总公司2项、局级24项、公司级117项。放射性同位素示踪井间监测技术是总公司级推广项目,已施工10个注水井组,其中包括中原油田2个注水井组。小集油田官162断块通过井间监测,实施了注采调整措施,使该井组三个月累计增产原油3349.5吨。该技术在其他油田的推广应用中已获得明显经济效益,被评为1994年总公司石油新技术推广十大优秀成果奖。1994年,复查了1292口老井资料,对其中的326口井作了重新处理,有253口井改变了结论。板深34井复查后,实施了重新射孔,经压裂后日产原油9.9吨,天然气 1.9 万立方米。调查过油管射孔完善程度共复查 12 个油田的 627 口井,建议 205 口井重复射孔,其中 12 口井经局油藏处组织协调已落实了实施措施。港深 5—4—2 井重复射孔前日产原油 7.9 吨,重射后日产原油 38.2 吨。

【多种经营】 1994 年,公司多种经营超常规发展,成为公司生产经营的"半壁江山"。至年末,实现总产值 5642 万元,利税 405 万元,累计接收全民职工 520 人,总的从业人员 1200 人左右。

【额定电压3.6/6.0千伏潜油电泵扁形电力电缆通过鉴定】 多种经营企业维罗电缆厂研制的额定电压 3.6/6.0 千伏潜油电泵扁形电力电缆于 1994 年 8 月 18 日通过中国石油天然气总公司鉴定。

该项目是 1993 年油田下达的科研课题,经过近两年的研制获得成功。这种电缆是潜油电泵机组配套用 120 摄氏度电力电缆,其绝缘材料采用新配方和辐射交联工艺,提高了电缆绝缘的电性能和机械性能。内护套采用了密度高的铅或铅合金,使电缆的耐腐蚀、耐气浸等性能有较大提高,能在较复杂的地质环境下长期运行。该电缆的外形尺寸设计合理,采用进口镀锌钢带和加拿大铠装机铠装,提高了电缆的耐腐蚀性和柔软性。耐压实验 35 千伏/5 分未击穿,保证下井一次成功率。性能稳定,质量可靠,达到国内先进水平。平均使用周期达到 320 天以上,极大地延长了检泵周期,而且重复利用率高,降低了采油生产成本,保障了采油生产的正常运行,利于油田增收节支。

(王　莉)

井下作业公司

【概述】 大港石油管理局井下作业公司(简称井下公司)是从事试油、试采、油水井大修及压裂、酸化、防砂等油田改造措施的施工单位。截至 1994 年底,公司职工总数 3466 人,生产人员 2292 人,其中一线生产人员 1483 人,占职工总数的 42.7%,分属 9 个大修队和 10 个试油中队。拥有固定资产原值 2.496 亿元、净值 1.307亿元。

1994 年是公司转换经营机制,深化企业内部改革的重要一年,公司围绕承包指标的落实,以划小核算单位,实行完全成本核算为主线,加快机制转变,实行风险承包考核,并提出了"成本下降 5%,管理费下降 15%"的目标,至年末,公司共实现总收入 1.91 亿元,其中油田内部劳务收入 1.65 亿元,试采及难开发井产油 3.11 万吨,创产值 2080 万元,对外劳务创收 533 万元,全员劳动生产率增加值 1.34 万元/(人年),全面完成上缴内部利润 350 万元,管理费 150 万元等各项指标。

【生产状况】 1994 年计划工作量 2941 标准井次,实现完成 3097.8 标准井次,为年计划的 106%,其中试油年计划 300 层,实际完成 318 层 164 口,完成年计划的 106% ,其中探井试油 157 层 37 口,生产井试油 161 层 127 口;措施计划交井 320 井次,实际完成 360 井次,完成年计划的 112.5%,其中压裂 67 井次,酸化 26 井次,防砂 31 井次,补层 75 井次,找卡 5 井次,其他措施 156 井次;大修计划交井 100 口,实际完成 100 口,完成计划的 100%,其中打捞 7 口,解卡 19 口,二固 7 口,封串 7 口,钻塞 23 口,封堵 18 口,解堵 18 口,拔筛管 10 口,修套 7 口,捞电泵 1 口,侧钻 1 口;小修计划交井 302 井次,实际完成 273 井次,完成计划的 90.4%。实现原油增产 101050 吨,注水增注 244898 立方米。

【工程技术】

(1)试油工艺推广 89 弹油管输送射孔一次成功率 87.35%,地层测试技术成功率 85.6%,强调使用了油管丝扣高温塑料密封套和特殊井滚轮,提高测试成功率;桥塞封层技术 49 井次,累计成功率 91.8%,创下深 3965 米(板深 86 井),夹层最小 1.2 米新记录,中华人工第一岛张参 1—1 井试油工作使用了大孔径 127 弹射孔、APR 环空加压地层测试、三项分离器求产,同时针对上部套管抗压能力小的弱点,设计了射孔枪,与封隔器加反循环接头的组合管柱,积累了海上平台井试油工作经验,此外推广了泡沫及液氮排液新技术和螺杆泵、射流泵排液工艺。

(2)措施工艺全年压裂 67 井次,油井可比成功率 77.4%,水井综合成功率 100%,其中王徐庄油田,板桥油田获显著成功;酸化施工 26 井次,可比成功率 100%,其中枣园油田、王徐庄油田获巨大成功;防砂施工 30 井次,可比成功率 92%,其中,筛管加反循环砾石充填防砂技术、水携树脂杏壳砂浆防砂工艺的研究获突破性进展。

(3)大修高效磨铣工艺更趋科学、完善,于港11—27—2井创用工58天,套铣水泥油管207米的新记录,此外,套管内衬加固工艺解决了衬管下入技术、悬挂脱手技术、固井技术三道难关,侧钻工艺进入现场施工试验,为三次采油技术巩固了基础。

【内部管理】 1994年,公司面对初步形成的作业市场和群"狼"逐"鹿"的竞争局面,首先从意识上认识到市场是经济发展的必然,竞争的激烈程度和残酷性是市场的属性,为此公司采取了相应的、带有根本性的变革措施来适应变化的环境,从而引起了公司在管理理论、管理方式和组织结构等方面的一系列变化。

(1)以经济效益为中心,制定立体目标管理体制。目标管理是一种可以最大限度挖掘职工潜能的管理方法,是放权加压的最好体现,1994年井下公司在目标管理体制上迈出四步:划小核算单位,实行完全成本核算;制定并执行了内部新型劳务结算价格和结算程序,规范内部市场;加大工资浮动比例,形成多种形式的经济考核制度;严格指标制定和考核,这四项工作的严格落实,形成了公司新的管理哲学,以新的方式指导公司的经营活动。

(2)以市场信息为导向,决策公司核心战略,井下公司经营企管人员对各类信息汇总评定,进行"机会"分析和各项专业预测,确定经营目标和实施策略。

(3)拓宽劳务市场,优化公司产业结构。井下公司在满足油田内部需求的条件下,从人员、设备、技术的"高精尖"入手,组成公司对外劳务先头部队,远赴陕北,近下冀东,1994年累计创收533万元。

(4)顺利完成机构分离工作。1994年在管理局统一部署下,文教卫生系统、生活服务系统与公司正式分离,分离职工636人。

(吴兆亮)

建设工程公司

【概述】 大港石油管理局建设工程公司(简称油建公司)是一级石油化工施工企业,国家二级企业,全国500家最大施工企业之一,天津市"重合同、守信誉"单位。先后取得了工民建、市政、消防、送变电、海洋石油工程施工,一、二类压力容器制造,三类压力容器现场焊接等20余项企业资质,具备大型工程总承包的资质与能力。30多年来,公司职工发扬"开拓、奉献、创优、增效"的企业精神,本着"科学管理、质量第一、信守合用、优质服务"的宗旨,先后参加了大港、华北、辽河、冀东、渤海石油等油气田的开发建设。参加了4套不同等级炼油厂的建设。建成了一大批大型油、气处理站,35千伏和110千伏变电站及配套电力线路,40多具上万立方米的储油罐,敷设各种油、气、水管线3万余千米,安装各种工业设备3万多台套。所施工的工程获国家科技奖3项,部级质量管理奖30余项,市、部级优质工程3项。除建筑安装施工外,公司还生产以差别化系列聚酯产品,系列防腐保温产品,金属容器系列产品,建材系列产品等,构成了"津华"牌工业系列产品品牌。

截至1994年底,公司有职工3886人,其中专业技术人员192人、高级职称25人、中级职称55人。拥有固定资产原值1.02亿元。动力装备总功率38075千瓦,人均动力装备率11.5千瓦,人均技术装备率11943元。公司下设10个主业生产单位:第一、二、三工程处,桩基道桥处,电讯工程处,房建工程处,机械运输处,金属结构厂,混凝土构件厂,管道绝缘厂及8个独立核算单位和5个多种经营实体。

1994年,是公司全面推向市场的关键年,公司外闯市场、内抓管理、科技兴业、深化改革,以实现市场和经济结构两个多元化为重点,以市场和效益为中心,全面完成了各项经济技术指标。

全年完成自营产值1.4亿元,比1993年增长12.5%。

【内部管理】 1994年,为扭转第三工程处和机械运输处的严重亏损局面,油建公司进行了划小核算单位、分级经营的试点。将第三工程处一分为二,组建第三工程片处和桩基道桥工程处;将机运处一分为四,组建四个直属中队。划小核算单位后,调整后的五个单位1994年完成产值4395万元,比1993年多完成1504万元。亏损减少400多万元,其中三个单位扭亏为盈。

1994年,完成了生活、教育、卫生系统的分离,分离职工总数977人。

【开拓外部市场】 1994年，公司除继续巩固了油田和天津石化等建安市场外，新开拓了天津市经济技术开发区、天津保税区、中国民航燃料天津公司、大港电厂、大港开发区等建安市场，当年外揽社会市场工作量比上年净增3093万元。

【科研工作】 1994年，公司完成科研项目6项。其中滩海防腐材料试验研究，冷收缩带研制、小管挤涂施工机具推广等通过局级鉴定并应用于生产，机械提升倒装工艺和水浮正装工艺在2万立方米油罐施工中得到应用。实现了6米直径压力容器的全自动焊接。小管现场挤涂防腐、水平钻道路穿越在施工中发挥了作用。

【企业资质取证】 6G下向焊国际证书培训班有22人取得挪威船级社颁发的国际焊接证书，填补了油田管道下向焊技术的空白，为承揽天津机场输油管道工程创造了条件，也为今后参与国内外市场的竞争奠定了基础。

20吨级锅炉安装取证和11万伏送变电资质升级取证取得了可喜的进展，为公司经营范围的扩展和走向市场创造了条件。

（熊万武）

矿区建设工程公司

【概述】 大港石油管理局矿区建设工程公司（简称矿建公司），主要担负着油田的地面建设。其中包括公路工程施工、工业与民用建筑、土木构件预制、民用锅炉安装等。矿建公司是石油工业建设施工二级企业，曾荣获天津市先进企业称号。

截至1994年底，公司有职工1360人，其中全民职工1334人、混岗集体职工26人、全民女职工425人；党员253名，共青团员148名；干部359人，其中高级职称11人、中级职称79人、初级职称202人。公司机关设14个职能科室，生产单位5个，辅助生产单位2个，共7个独立核算的科级基层单位。附属单位2个，即卫生所和从事多种经营的天顺实业公司。拥有主要生产设备281台，总功率14028千瓦，其中施工设备90台。拥有固定资产原值5894.63万元、净值4306.51万元（不包括国外部分）。

公司曾担负建造了官69井区块道路、津港公路、体育馆、石油学校、图书馆、油田电视台、家属住宅楼等一批优质工程。1992年中标的巴基斯坦印度河N—55公路9号工程现正在紧张施工。1994年承建的筑路队1—4号住宅楼工程荣获天津市优良工程质量证书。

1994年，公司承建了港西驾校道路及场地55000平方米，公司科技楼4250平方米，道桥处沥青搅拌站，四栋住宅楼10202平方米，东一排涝站689平方米，板五注水站，二、三号院雨排水工程。全年完成总产值1.22亿元，其中国内完成施工产值5212.2万元，多种经营完成产值1014.9万元，国外道路工程完成产值6000万元，房建施工面积24618平方米，竣工14004平方米。道路施工217555平方米，竣工217555平方米。安装管线18440米。预制砼3126.9立方米。国内完成产值与去年同期完成的4420万元相比，增加了792万元。国内全员劳动生产率增加值29531元/（人·年）。国内设备完好率93.1%，利用率62.2%。工程质量一次合格率为96.2%，交工质量合格率100%，优良率90.3%。安全生产无重大事故，千人死亡率、千人重伤率均为零。万元产值综合能耗为2吨标准煤。三材节约率水泥2.49%、钢材3.58%、木材2.5%，均完成规定指标。

【内部管理】

（1）转换内部经营机制，完善承包责任制。1994年，公司推行了五种类型八种形式的承包办法，在突出效益承包，扩大承包单位的自主权，划小核算单位，建立“工效”挂勾的考核分配制度的基础上，调整承包政策，减免了亏损单位的部分费用，对物资供销部门实行经营目标承包，公司只承担工资总额的40%，激励他们走向市场。同时，公司对所有承包单位按照不同的经济效益，实行了月度预支、分段结算、年终考核兑现的办法，拉大了分配档次。

（2）深化“三项”制度改革，建立公司内部激励机制。公司在“三项”制度改革中重点抓了三个方面工作。一是为了增强市场开发能力，承揽工程项目，设立了项目开发部，该部主要负责对外承揽工程项目，指导各工程处开发市场。二是公司全面推行了浮动工资办法，即将职工的岗位工资、野外津贴、一线浮动级和奖金捆在一起在本处范围内进行浮动。辅助生产单位实行了风险抵压金制度。三是实行弹性工作时间，在生产旺季取消休息日，在生产淡季实行倒休制，休假期间发休假工资，即取消奖金，岗位工资按准岗标准执行。

(3)改革生产管理体制，推行项目法施工。1994年公司将项目法施工作为转换经营机制的突破口，对运输驾校道路工程、雨排水工程及港南锅炉房等工程实行了项目法施工管理，提高了工程质量，赢得甲方的信任，降低了物资消耗。1994年在油田内部承揽了二、三号院地区雨排水工程、港西驾校工程、板五注水站工程等，落实大小工程项目32项，工程量约3110.06万元，占全部工作量的60%。

(4)加强生产协调工作，保证了施工生产正常进行。1994年公司把承揽的工程项目分清主次，有重点地组织安排生产，实现了均衡、安全、文明生产。贯彻了产品质量法，推行了GB/T19000系列标准，QC小组结合生产实际开展了专项活动。全年创优良工程17项，雨排水工程、板五注水站工程、驾校道路工程均受到甲方好评。四栋住宅楼工程经天津市和局质量监督总站几次检查均合格，并荣获天津市优良工程质量证书。

(5)1994年底，国外施工完成总产值2.1亿卢比，累计产值2.2亿卢比(折合800万美元)。

1)土方工程：开工70千米，借土筑堤47万立方米，完成24千米；底基层、基层施工22千米，完成20千米。

2)结构工程涵洞开工20座150孔，完成34座96孔，桥梁开工3座。

3)其他项目：碎石机投入生产，沥青搅拌站安装完毕，便道修建60千米，施工产值从以前的每月1%—2%增到4%—5%左右，基本达到总体施工计划要求。

【科研工作】　1994年11月，公司的轻型陶粒混凝土空心砌块生产技术和竖向钢筋电渣压力焊接新技术通过局级鉴定，获管理局1994年科技进步三等奖。

【多种经营】　天顺实业公司是公司兴办的集体所有制企业，1994年按照"抓机遇、占市场、上项目、见实效"的总方针，调整了产业和产品结构，逐步形成了以化工、安装、建材为主体的发展产业。对电缆厂进行了扩建，增加了电缆生产项目。工农业生产相互促进稳步发展，1994年天顺公司完成总产值1014.3万元，实现利税31.5万元。

【党工团工作】　公司党委组织全体干部职工深入学习邓小平理论，学习市场经济理论和现代化科技知识，召开了学习《邓小平文选》第三卷心得交流会。在向"七一"献礼立功活动中，党委及基层党组织开展突击急难任务43次，参加党员457人次，实现产值25万元。提合理化建议380条，创经济效益18万元。修旧利废，回收废旧物资价值46万元。义务奉献便民活动37次，参加党员积极分子235人次。1994年共发展新党员8名。

公司工会围绕公司生产建设和经济效益，组织职工提合理化建议和开展多种形式的劳动竞赛。1994年，群众性小改小革和提合理化建议586项，采纳295项，落实201项，创经济效益26.6万元，成立技术攻关小组9个，成果6项，创经济效益12.8万元，职工提供工程任务信息40条，与基层签定竞赛合同21项，涉及16个工程项目，产值达2200万元，合同落实18项，竞赛奖励2.6万元。

公司共青团组织结合青年特点，开展以提高青工技术业务素质为主要内容的"四小"竞赛活动和争创青年先锋岗活动，有6个岗位达到"先锋"岗位标准，73个岗位达到了"文明岗"标准。

(程立芝)

地质勘探开发研究院

【概述】　大港石油管理局地质勘探开发研究院(简称地质院)是地质综合研究机构。主要承担石油地质专题研究，油气田勘探开发方案设计，地震和测井资料处理解释、室内地质化验、开发试验、油藏试井测试等科研生产任务。截至1994年底，地质院有职工772人，专业技术人员575人，其中高级职称68人。院机关设5个职能科室，下设基层科研及辅助性科室20个。拥有固定资产原值6626万元、净值4785万元。拥有各类先进的大型精密科研仪器900余台(套)，形成可从事95项地质化验和开发试验，满足石油地质研究需要的综合性实验室；拥有开展地震和测井资料处理解释、油藏数值模拟的90年代国际先进水平的工作站，并有计算机23台及其配套的应用软件。

【地质勘探成果】

（1）1994年新增石油探明储量中，中丰度储量2239万吨，低丰度储量790万吨，特低丰度储量103万吨，分别占总新增储量的71.5%，25.2%，3.3%；高、中产能储量分别为2836万吨、278万吨，分别占总新增储量的90.5%，8.9%，低产能储量18万吨，只占新增储量的0.6%；新增储量中以中层储量为主，储量达2225万吨，占总新增储量的71%，其次为浅层储量，储量达716万吨，占总新增储量的6.1%，新增储量全部为油质好的储量。

（2）1994年新、老区产能建设原计划钻井160口，钻井进尺41.511×104立方米，新建原油生产能力37.494万吨，1994年10月份调整为钻新井152口，进尺40.0153×104立方米，新建原油生产能力37.5万吨。按调整后计划已全部完成，新区钻井成功率92.3%，老区97.4%，总钻井成功率96.0%。

【多种经营】　1994年，多种经营系统不断深化内部改革，理顺管理机构和经济关系，全年完成产值660万元，实现利税65万元。

【开拓外部市场】　1994年为了开拓西部技术服务市场，分两次开始了西部之行。上半年中标塔里木PVT化验室项目，目前已初步完成该实验室的承包任务。院与塔指、吐哈签定的三口单井评价及一个气藏描述合同，经过老专家们的努力工作，吐哈单井评价经甲方评审均为优秀，其它项目已接近尾声。4月份在总公司举办的东部油田技术市场交易会上，在全局签订的100万元技术合同中，该院交易额达34万元，至年末，院组成专家组赴西部，又承担了单井评价的任务，并对现代试井达成了初步意向。

【党工团工作】　1994年，地质院党委紧紧围绕科研生产和深化改革的两大任务，大力加强党组织建设和思想政治工作，充分发挥了党委的政治核心作用、党支部的战斗堡垒作用和党员的先锋模范作用，引导广大干部、群众适应市场经济形势，增强竞争上岗意识，积极支持、参与改革，挖掘出了蕴藏在广大职工中的巨大潜能，确保了管理局以油气产量和储量为核心的各项生产和经济指标的全面完成。工会、共青团组织在党委的领导支持下做了大量的工作，取得了较好成绩。工会围绕科研生产任务开展了多种形式的劳动竞赛和提合理化建议活动。1994年职代会期间共征集职工代表提案意见76份，涉及科研生产、企业管理、职工生活等意见和建议共计41件，落实38件，落实率为92.7%。共青团组织结合青年的特点，1994年主要开展了“四小活动”，以“志愿者行动”为主题的学雷锋树新风和青年岗位学技术能手活动，以“四小”活动为主线，促进青年科技人员尽快成才，造就一支适应油田建设和发展，满足于勘探开发开辟第二战场，进行二次创业的青年科技队伍。

（高国林　张　景）

勘察设计研究院

【概述】　大港石油管理局勘察设计研究院（简称设计院）是从事油田建设总体规划、地面建设工程勘察、设计及油田开发建设中的科学试验研究的综合设计科研单位。截至1994年底，院职工有543人。其中高级职称53人、中级职称93人。离退休职工人数109人，拥有固定资产原值1912.4万元。院设机关科室6个，生产室队和后勤服务单位16个。

1994年，院以细化质量管理为中心，以实现方针目标为目的，以加强技术管理为重点，立足油田，服务油田，拓展市场，创收增效，全年完成设计产值1393万元，实现利润59.9万元，为局下达年利润指标50万元的119.8%。创优秀设计14项，评优秀设计12项，新技术推广5项；完成29项科研成果鉴定，其中有19项通过局级鉴定。培养“四精”人才10名；基层建设创优单位2个；向局推荐红旗单位1个。

【开拓外部市场】　1994年，院先后开辟了大连、新疆、上海等新基地，建立了窗口，组建了分院。全年承揽了吐哈油田南湖水源工程、上海市闸北区中心医院住宅工程等21项工程设计项目，创产值100多万元。

【质量管理】　1994年4月至6月，开展了以查粗浅方案和低标准设计为重点的“四查四整顿”活动；组织了对采油一、二、三、四厂，水电厂等5个单位共7次大型设计回访，参加人数161人次；制订各类标准24项，任命了一批技术水平高，对工作认真负责的审核人、审定人、质检员和图纸抽检人员。通过上述工作，该院设计人员质量意识有了进一步提高，设计质量有了明显的进步。在9月份对枣一联改造工程设计图纸的抽检中，共抽查40个档案号，查出问题81个，平均1张1号图有0.7个问题，与过去相比问题减少1.25倍，图面质量接近同行业先进水平。

【内部管理】 1994年，设计院在管理上实行了"四个统一"，即统一外部设计市场管理、统一工程承包管理、统一多种经营管理、统一分院管理。扩大了管理幅度，加强了管理深度；在经营承包上，总结了以前的经验和不足，体现形式多样、风险加大、刚性考核的特点；在分配上，向设计一线倾斜，向科技人员倾斜，真正体现了按劳分配，多劳多得的分配原则；在成本核算方面，34项费用全部分解到基层单位，不留共同费用，实行了完全成本核算。1994年，达到了管理增效的目的，保证了各项经营承包指标的顺利完成。

1994年，设计院通过加强企业管理，巩固现有阵地，扩大经营，办好规模经营项目，开展股份制试点，多种经营实现产值563.5万元，利税55万元，共接纳全民职工25人，为主业减轻了负担。

【人才培养】 通过深化"争创四个十"活动，建立以考促学岗位培训的激励机制，加大了人才培养的力度，职工教育有了较大的提高，承接了过去从未涉足过的高层建筑设计任务，并得到了业主的肯定。

（张文明）

钻采工艺研究院

【概述】 大港石油管理局钻采工艺研究院（简称钻采院）是1989年1月由原钻井工艺研究所和采油工艺研究所合并组建的。主要从事油田钻采工艺技术适应性研究、综合配套研究、采油工艺中长期规划及年度产能建设方案编制、钻井工程单井设计、采油工艺单井设计、钻采新工艺技术配套攻关和规模推广以及滩海装备研究等工作的科研单位。

截至1994年底，院有职工597人。其中女性职工206人，各类干部424人，工人173人。具有高级职称49人、中级职称79人、初级职称296人。离退休职工62人。院内部实行二级管理。院机关设5个职能科室，下设14个科研室，4个科研辅助单位。

1994年，院拥有设备、仪器451台套，固定资产原值1782.185万元，对外创收112.5万元。

【内部管理】

(1)进一步完善内部经营承包责任制，对下属单位实行全方位承包。

(2)根据科技发展需要，合理调整科研结构。

(3)发挥技术优势，积极探索科技进入市场的新路子。全院对外签定了30多万元的技术服务意向合同，并承揽了辽河油田葵花1号人工岛钢模设计、施工和拖航技术指导及试油平台的设计任务。对采油三厂和第一作业区部分油井实施防砂工程总承包，为科研成为产业化、工程化开拓了市场。

(4)在决策上形成了全院为之奋斗的"5456"工作目标，在管理上修订完善了45项工作标准，有9项现代化管理成果在局、市获奖，设备管理被评为天津市设备管理良好单位，全年安全生产无事故。

【科研工作】 1994年，院共承担科研课题107项，当年要达到鉴定水平的课题47项，有53项科研成果达到了鉴定条件，有2项科研成果通过了部级鉴定，有32项科研成果和5项推广课题通过了局级鉴定。其中，获集团公司科技成果一等奖的有4项，二等奖的有12项，三等奖的有23项。107项科研课题全部正点运行，大多数科研成果达到国内先进水平。当年编制的45个产能建设采油工艺方案、214口井的钻井工程设计、171井次的采油工艺措施设计、171井次试油施工设计全部达到方案编制的标准，当年增油4.02万吨，增注16.1万立方米。

【多种经营】 1994年，院多种经营全年实现总产值1401.7万元，销售收入1307.1万元，利润总额181.5万元，净利润119.1万元。

【精神文明建设】 1994年，院涌现出优秀共产党员31名，局级科技能手4名，局青年标兵1名，局优秀青年知识分子4名，局青年知识分子标兵1名，天津市科技能手1名，天津双十佳优秀青年科技工作者1名。16个基层单位工会全部建成了"合格职工之家"，有6个单位进入了"先进职工之家"行列。基层建设的合格率达100%。

（陈润乾）

滩海工程公司

【概述】 大港石油管理局滩海工程公司(简称滩海公司)是从事海滩、潮间带和极浅海区域的石油天然气勘探、开发、工程建设的专业化施工单位。截至1994年底,有职工575人,退休人员9人。专业技术人员193人,其中具有高级职称14人、中级职称45人、初级职称134人。公司机关设8个科室,11个基层单位,一线生产单位2个,有4504钻井队、人工岛平台(4506钻井队);二线单位有9个。拥有固定资产原值8043万元,净值6339万元。

公司全年完成工作量9485万元。

(1)钻井工程。动用钻机2部,钻井工程完成投资工作量7869万元,当年钻井工程开钻4口,钻井进尺15596米,钻井工程总造价5903万元。当年交井6口,进尺21910米(张海2—1井和张参1井为跨年井)。

(2)滩海工程。完成了张巨河人工岛A2区工程,25井海堤和张东海堤维修工程,气垫码头完善拓宽工程,子牙河简易码头工程及塘39—1井场建造工程。

(3)辽河葵花一号人工岛主体工程完工。公司承建的辽河葵花一号人工岛,1993年10月主体工程已完工,1994年6月完成了陆上预制,6月6日到6月7日整体拖航定位一次成功,年底完成海上打桩、砼主体浇注,部分完成了吊机安装、生活楼建设等工程。

(4)1994年,工程合格率100%,井身合格率100%,固井质量合格率100%,取心收获率100%。人工岛A2区工程获管理局优质工程奖。

【科研工作】 1994年,滩海公司摸索适应海上作业现场标准化管理的路子,全年完成人工岛6个科研项目,并通过管理局鉴定,分获一、二等奖。中华第一人工岛获"中华之最"荣誉大典入选证书。

【经营工作】 滩海公司全面完成了对局的各项承包指标。

(1)1994年上缴利润64.378万元,完成局计划15万元的429%,其中局内部实现利润42.13万元,局外部实现利润22.24万元。

(2)公司对局承包8项任务指标,实际超额完成7项。

(3)1994年签订合同129份,合同总额2163万元。履约率100%,跨期履行合同5份。

【多种经营】 天海企业发展总公司为中小型企业,1994年销售总收入1580万元,上缴税金56万元,净利润118万元。

【精神文明建设】 滩海公司党委从转变观念,提高认识入手,开展了一系列的宣传教育活动。集中举办了七期《邓小平文选》第三卷学习班。各级领导干部、党员、积极分子共160多人参加了学习,学习十四届三中全会关于建立社会主义市场经济体系的理论。

工会围绕加强管理、挖掘潜力、提高效益,广泛征集群众的合理化建议达155条,实施112条,创效22万元。

(范家坤　薛丽娟)

水电厂

【概述】 大港石油管理局水电厂(简称水电厂)是一个集供水、供电、水资源开发、地面水净化处理、水电工程安装、电机、潜水电泵维修、洗、修井作业、井下落物打捞和以电控柜、节能灯、矿泉水、净水剂为主导产品及饮食娱乐服务等多种经营为一体的单位。

截至1994年底,厂有职工1552人,具有高级职称19人、中级职称69人、初级职称263人。厂机关设16个职能科室,下设10个直属科级单位和9个基层单位。公司拥有固定资产原值1.96亿元、净值1.17亿元。

1994年,厂以"均衡供水,安全供电"为基本出发点,满足了油田勘探开发、职工生活用水用电需求。全年累计供水2822.79万立方米,累计供电99650.91千瓦时。

供电系统面对日益发展的油田勘探开发形势，多方筹集资金投入300多万元，用于强化、完善电网管理，提高系统配套能力。1994年投产中心区、王徐庄变电站，增加调整孔店、羊二庄、板桥变电站容量。全年新增主变容量2.74万千伏安，新增供电能力1.48万千瓦，新增补偿容量1万千乏；检修35千伏、6千伏线路500千米、12座变电所的高压设施；对全部变电所进行预防性试验和清扫，促使电网设施运行与检修步入良性循环，安全供电率达99.99%。

供水系统针对水资源匮乏，产水量逐年递减，供不应求的供用水矛盾日益突出的实际，投资408万元下功夫抓供水管网的改造，抓开源节流，抓供水设施的更新改造，以保证供水状况有较大改观。按照城市供水《条例》和天津市供水企业资质审查工作会议的有关要求，严格按资质管理的标准整改各种规程、制度及设施，顺利通过了城市供水资质管理验收。

1994年，依照“八五后两年企业管理工作要点”的要求，水电厂确定了“突出挖潜增效，降低成本一个重点，狠抓四个环节，强化五个管理，实现四个提高”的经营管理工作思路。超额完成全年的利润指标，生产成本也得到了有效控制。全年实现平均内部单位供水成本1.31元/立方米；平均内部单位供电成本为0.0418元/(千瓦·时)；实现利润708万元。

【科研工作】 大港油田电力系统经济运行综合研究、节能变压器修理工艺的研究、高效节能电机控制箱的研制等项目取得了实质性进展。井下电视技术在水井施工中的推广及应用、电力系统红外线带电测温技术等4项先进设备和工艺在供水、供电工作中发挥了很好的作用。积极推广应用六氟化硫开关、真空开关，基本实现了电网设备真空化。

【内部管理】 提高企业适应市场经济的能力，加强了水、电两大专业系统的宏观调控。1994年对两大系统专业科室压了担子，要求他们不仅要管生产，保证生产任务完成，并且要对本系统的工程项目进行监控，对本系统的成本核算、费用支付进行综合调控，保证本系统成本管理、费用支出控制在厂定指标内，不得突破。促使专业科室从生产型向生产管理型过渡。针对变电车间人员多，分布区域大的实际，为便于管理，对变电车间按区域实施分片管理。划分为运行一、二工区及检修工区，明确管理范围，明确职权，完善了管理制度，为强化管理探索了途径。

【多种经营】 水电厂的多种经营工作依照“立足本厂，占领油田，收缩外围，扩大市场”的三产发展思路，不断研究开发新项目，1994年多种经营完成产值1419万元，完成利税209.19万元。

【探索思想政治工作新思路】 水电厂全面加强基层建设，不断提高职工队伍素质。发挥政治核心作用，扎扎实实地做好职工思想政治工作，使思想政治工作在生产、经营中发挥出强有力的作用。开展干部代职换岗活动，培养复合型人才。借鉴去年机关干部下基层百日代职经验，又采取双向交流办法，进行代职换岗。促使代职换岗干部加强自身锤炼培养，努力学习不同岗位的专业知识，尽快成为复合型人才。结合厂庆，编写了《水电厂厂史》宣讲材料，组织了水电成果展览，录制了《日新月异的水电厂》专题片，在《大港石油报》上刊登了反映水电厂发展成果专版文章，还与大港石油报合办了“水电杯节水节电征文”专栏。

（李凤忠　李春雨）

通信公司

【概述】 大港石油管理局通信公司（简称通信公司）主要负责油田的通信工作。经营业务有油田通信工程施工、有线、无线通信业务、通信器材销售等。截至1994年底，公司有职工547人（包括39名合同制工人、19名临时工）。生产工人318人，专业技术人员171人，其中具有高级职称18人、中级职称46人、初级职称81人。公司机关设7个职能科室，下设11个基层单位。

【经营工作】

(1)主业经营。1994年公司经营工作提出：狠抓管理，增加效益，突出加强两个管理的口号。一是加强经营管理，坚持每月进行经济活动分析，搞好经济活动的监测；对通信市场进行调查、研究、分析、预测，根据需求而变化；搞好相对独立核算，努力降低成本；严把预算审核关，控制资金外流。二是加强话费营收管理，清查整理用户资料，按规定据实收取用户话费。

1994年，通信公司从5月20日起，降低电话初装费（每部由原来3000元降至2000元，安装费800元不变），并且免收100元的新装电话预交费。同年9月，又将每部30元的申请安装电话手续费调整为每部10元。虽然这样做每部电话的收入相对减少了，但极大地刺激了用户消费，全年新装电话2909部，比上年多装1272部，1994年全面完成了各项经济指标，其中总收入2645万元，是年计划的106.7%；完成内部利润132.2万元，是年计划的101.7%；完成全员劳动生产率增加值2.19万元/(人·年)，是年计划的156.4%。

(2)多种经营。面对日趋激烈的市场竞争，推行了多种形式的经营承包，简政放权，划小核算单位。1994年多种经营共完成产值1564万元，实现利税139万元，获纯利71万元。

【通信工程】 为有效提高通信能力，满足油田生产和生活需要，1994年在采油一厂、采油四厂、新兴东里西里、三号院北区、炼油厂、钻井公司、三号院中区等地区实施了18项主干和配线电缆工程，全年共敷设电缆62.44皮长千米。

为切实提高油田与天津通信质量，为今后与天津联网提供前提条件，1994年5月在中心站与港东站之间敷设了一条10.54皮长千米的单模八芯光缆，成为油田首条光缆。

1994年11月，实施了通信网络改造，把远端LIM30—36独立为港西局，把LIM37—40独立为港东局。同时将上述的软件版本连同其他6个LIM及GSM从BC3.2提升到BC6.3。改造后的通信网络可满足将来号码升位的需要；LPU的话务处理能力增大；内存从4兆升为8兆，转储、重新装载的时间大大缩短；MD110系统之间通过TLU64(TLU50)可以进行话音及数据通信；MD110之间具有会议电话、呼叫代答、插入、呼叫转移、查询、缩位拨号、数据保密、免打扰等功能；话务统计能力显著提高，计费功能明显改善。同年，为提高采油三厂地区通信能力，对王官屯站程控扩容1000门，使油田电话总容量达到了15300线。

【内部管理】 1994年8月，公司制订了《加强通信业务管理若干规定》，内容主要包括：电话营业管理规定、电话收费规定、停话处理规定。针对服务存在问题，为改进服务质量，提高效率，1994年9月在全公司开展了“提高服务质量，挖潜增效活动”，经过学习动员、查摆问题、整章建制三个阶段，为期3个月的活动收到了明显的效果。10个基层单位共查摆出服务态度、作风、质量等方面的问题76个，制订整改措施162条，活动中拆除职工私装电话17部，杜绝了人情电话。通过开展这项活动，职工的服务态度和作风有了明显改进，受到了用户的好评。

(熊跃进)

运输公司

【概述】 大港石油管理局运输公司(简称运输公司)是大港油田汽车运输专业化单位，主要从事客货运输、土方施工、汽车修理、汽车检测、公路桥涵维修养护、驾驶员培训等业务。

截至1994年底，公司有职工2687人，其中各类管理人员502人，具有高级职称22人、中级职称96人、初级职称271人。公司机关设15个职能科室，下设8个大队级单位，17个直属单位。共有55个车间、车队级单位。主要运输生产单位集中在港西地区，公司机关设在港东地区，农副业基地在团泊洼。

运输公司有营运车辆404辆，营运车总吨位4912吨，平均单车吨位13.4吨，固定资产原值1.58亿元。

1994年，公司完成货物周转量1.2亿吨千米；总货运量143万吨；汽车修理3730台次；总产值5829万元。

【运输生产】 1994年，运输公司采取“内稳外扩”的策略，开拓市场，把“面向全社会，瞄准大企业，寻找大货源”作为全年生产经营主攻方向。一方面，积极组织市场调研；另一方面强化内部管理，走出油田，打入社会市场。全年对外收入达到1096万元。

【汽车维修】 汽车修保行业寻找新的经济增长点，形成由过去的只靠单纯大修、保养车辆转变为汽车修理与汽车改装结合，修大车与修小车结合，修国产汽车与修进口汽车、进口施工机械结合的外向型格局，带动整个修理行业产品结构的调整。

【经营管理】 围绕提高经济效益，推行各种承包责任制。在运输单位重点推行了车队任务承包、个人租赁承包和班组任务承包。在修保单位，推行了单独核算成本，以效益定收入的任务承包。二、三线单位推行“压费承包”。生活后勤分离工作顺利进行，公司先后组织了对生活后勤和教育系统的分离工作，共分离职工 633 人，离退休职工 266 人。

压缩成本，挖潜增效。对生产单位实行直接成本核算，对成本大项和专项费用落实到有关部门定期定量考核。开展了“挖潜增效”活动，保证公司经济效益的提高，加强基础工作，提高管理水平。公司建立了以经营指标分析，经济承包考核和费用管理的“三套账”包容了经营管理的主要内容，为领导决策、单位承包和有效控制成本提供可靠的依据。

（程兴伟）

物资供销公司

【概述】 大港石油管理局物资供销公司（简称供应处）是保障油田内部生产建设物资供应，并经营对外销售物资，开展仓储运输业务的公司。

1994 年，原生活、教育系统从主业分离。至年末，物资供销公司职工 1216 人，其中全民职工 1155 人、大集体职工 61 人、退休职工 266 人。公司机关设 14 个科室，下设 20 个基层单位，其中包括金属材料公司、非金属材料公司、机电设备公司、配件公司、外资利用公司和以处理报废积压为主的物资交易中心等六个专业分公司，中心库、转运库 2 个直属仓库，津港气体公司、高效附材料厂、实业公司、计量商检中心等单位。拥有固定设备原值 1390.62 万元，其中，大型吊装设备 18 台套，大型计量设备 3 台，运输设备 49 台，正规仓储面积 45644 平方米，铁路专用线 13.7 千米。

1994 年，管理模式继续实行统放结合，分级管理、条块结合的经营体制。全年向油田提供各类物资约 50 万吨，其中，一般钢材 3.74 万吨、专用管材 3.86 万吨、水泥 7.5 万吨、化工原料 2021 吨、其他物资 24 万吨。1994 年，采购资金实际完成 6.63 亿元，为年计划的 101.84%，年末库存为 34352.66 万元，全年库存平均占用 40529.65 万元，库存资金周转天数 84.7 天，比中国石油天然气总公司核定的 120 天加快 35.3 天，加快率为 29.41%。

【物资管理】 1994 年，物资供应继续推行计划供应和市场调节相结合的物资供应管理体制，进一步简政放权，两级设库，分级储备，统一调度，全面实行经济契约式的合同供货。物资供应价格取消计划价，随行就市，逐月公布。开展对外经营销售，采用两种核算办法。

供应处始终坚持“三个不动摇”，即坚持把保油田生产作为主要任务和目标不动摇；坚持依靠自身努力，发挥主渠道优势地位和信心不动摇；坚持摆正局部与全局的关系，维护油田整体利益不动摇。确保了油田生产建设。

在物资供应中，着力改进供应方式。一是开展代储、代管等中介服务方式，将生产厂的产品核定一定数量在油田保管，用后付款，定期结算。二是开展定点供应，即通过优选厂家，签订协议，按油田生产所需，部分物资由厂家随时供应，货到付款。三是在非金属、机电、配件公司开展直达料供应；四是不定期召开用户回访，召开座谈会，及时沟通；五是开展大宗物资招标定货。在服务中，着重提高服务质量。突出“用户第一，生产至上”的原则，转运库、中心库实行两班倒制度，保证全天发料；组织现场送料，方便生产。全年共组织 6 次大规模的内部物资定货会；组织用户走访，现场办公 48 次，解决 300 余个物资保证难题。

物资供应取得良好效益。实现了出库大于入库的良性循环。1994 年，供应处计划采购资金 7 亿元，实际动用 6.63 亿元，比计划减少 5.32%；实际销售收入 7.74 亿元，比计划增加 1.9%，有效减少了资金占用。全年完成外部利润 1458.25 万元，超额年计划的 82.3%。

年末库存为 20485.84 万元，库存平均占用为 21101.03 万元，分别比去年下降了 7.93%和11.07%，资金周转天数为 84.7 天，比计划指标加快 20.3 天。资金利润率为 5.08%，比计划提高 0.8 个百分点，资金占用率为 23.5%，人均供应额 79 万元，比计划提高了 36.21%。

【内部管理】 按照总公司和油田的部署，物资供应向公司化、集团化过渡，随着 1993 年部分物资采购权的下放，供应处继续发展内部市场，培育竞争机制，开展一级分片设库，门市化经营。

完善承包办法，实行“四定一挂”，即定利润指标、定劳务利润指标、定产值利润指标、定费用指标；“一挂”就是工资总额与利润指标实行挂钩浮动。考核办法进行调整，奖励政策由过去单一指标考核，改为对资金利税率的综合考核，即除考核创利指标外，还对资金占用、周转速度、无动态物资占用进行考核。谁创收谁得利，谁增效谁收益。

专业化管理实现新突破。按照油田实行企业化经营，社会化服务的总体改革思路，顺利实现了生活和教育系统的分离工作。

三项制度改革有所突破。组织开展对全处65个工种，671个操作岗人员和管理岗人员进行全面考核与评聘，实行按能上岗，易岗易薪，稳步推进三岗制；配套完善了工资制度，实行对各单位工资总额包干，与工资任务挂钩分配，分级管理，加大考核力度，有效促进生产经营任务完成。

组建成立了处劳动力交流中心，改变以往的人员调配制，形成劳动力市场交流制。

企业管理有所突破：

(1)强化宏观调控，加强计划管理。财务实行全额预算管理，计划投资管理依此为依据，公司内部生产经营活动纳入计划管理，对工程项目实行招标，采购活动需编制采购计划。

(2)强化资金管理，推行全额预算管理。各单位在打足收入、压缩成本开支的基础上，编制财务预算，经审批后实施，预算内活动，各单位自行组织安排；超预算支出，需先报管理局批准。

(3)全面质量管理推行科技进步，无损探伤技术及先进计量设备的利用，收到良好经济效益。全年共对7万吨物资进行抽检，对其中不合格产品获国外赔偿8万美元，国内赔偿60余万，挽回计量损失42万元。

【多种经营】 1993年起立项施工建设的宏发高效吸附材料剂厂和津丽皮革印花厂投产试运行。1994年创利1578.05万元，其中集体经济实现1411.07万元，比去年增长13.24%。实现稳步发展。

【精神文明建设】 党组织建设：组织党员轮训班，组织学习邓小平建设有中国特色社会主义理论，组织开展合格党员教育、廉政教育，全年共组织观看教育录相19次，参加2000多人次，教育面达95%；党建活动扎实开展，全年通过“争创五好党支部”竞赛，和“一个党员一面旗”、“党员身边无事故”等活动，有机地融入生产经营活动，全年有9名党员被评为局级优秀党员和党务工作者。工团工作：广泛开展合理化建议征集活动，全年共采纳260条，实施210条，创效益400万元；开展最佳业务员等劳动竞赛174次，参赛人数达3485人，创效益190多万元；建家活动见到实效，全处共有先进职工之家6个，合格职工之家11个。

（白旭峰）

炼　油　厂

【概述】 大港石油管理局炼油厂(简称炼油厂)是从事石油炼制的专业性单位，始建于1965年，1966年装置投产，经过近30年的建设和发展，走出了一条内涵式与外延式扩大再生产相结合的滚动发展道路，并且随大港油田勘探、开发的发展逐步壮大。1994年，全厂职工总数2141人，工程技术人员256人，其中高级职称34人、中级职称143人、初级262人，占全体职工总数的12%。炼油厂机关科室18个，生产及辅助车间23个，1994年，炼油厂一方面加强科学决策及市场调研，组织好日常生产；另一方面加大基建投资力度，全年共加工原油95.4万吨，拥有固定资产原值2.9亿元。

【设备管理】 强化设备管理，延长装置运行周期。以实现装置三年二修和二年一修为目标，坚持日常维护与强制保养相结合，对关键设备实行特护。全年设备完好率98.5%，泄漏率0.5‰，主要设备大修计划完成率100%，重大、特大设备责任事故为零。被天津市经委评为1994年度设备技术装备素质良好企业。

【技措改造】 为进一步挖掘现有生产装置的潜力，1994年炼油厂实施了一系列技措改造项目，并都见到了明显效果。如北蒸馏常压炉改造后，热效能明显提高，使北蒸馏加工量由80万吨/年提高到100万吨/年；重油催化防胶系统改造后，改善了工艺条件，使装置能够大批量生产90号汽油，增创了可观的经济效益；另外，还应用了催化油浆掺和渣油作沥青生产原料的新技术，使资源得到合理利用，全年掺油浆5066吨，增创利润138.04万元。

【基建工程】 加大基本建设工程力度，全年共投资1.17亿元，扩大生产规模。一是80万吨/年重油催化装置移地改造按计划到位，反应器、沉降器及分馏塔完成吊装；二是重整和加氢两套装置及公用系统配套项目同步完工，其中重整原料油罐区于1994年10月份投用；三是河东图幅改造工程也于 12 月份竣工，该工程投用后，对改善炼油厂老装置工艺条件，确保新装置按期投产具有重要作用。

【新产品开发】 瞄准市场空档，积极开发高附加值产品。1994 年炼油厂开发试生产了 L－DAB150 空气压缩机油、二冲程汽油机油等新产品，这些新产品附加值高、市场潜力大，其中二冲程汽油机油全年生产了 420 万吨，创利润 42.12 万元。

【工团工作】 充分发挥工、团组织在生产建设中的主力军作用。一年来，炼油厂两级工、团组织紧紧围绕生产实际，积极开展劳动竞赛、合理化建议、民主管理以及青年示范岗等活动。其中广大团员青年开展的“百名青年争当‘十佳师徒’技术比武大赛”活动，得到了局团委领导以及团市委、团中央有关部门领导的充分肯定和好评。

（窦洪阁　续春津）

总机械厂

【概述】 大港油田总机械厂（简称总机械厂）是以石油专用机电设备、钻采工具及其配件制造和潜油电泵修造为主，以“三机”（施工机具、柴油发电机、金切机床）修理为辅的综合性石油机械制造企业，是中国石油天然气总公司确认的往复泵、螺杆钻具、螺杆抽油泵、金刚石钻头、石油链条、井下工具等产品的定点生产厂，也是国家经委和中国石油天然气总公司联合确认的潜油电泵定点修造厂。

截至 1994 年底，全厂职工 1978 人，其中全民职工 1823 人、混岗集体工 155 人；各类专业技术人员 408 人，其中高级职称 36 人、中级职称 107 人、初级职称 239 人。机关设 17 个职能科室，17 个独立核算、模拟市场经营的科级基层单位，其中产品生产单位 9 个、辅助生产单位 8 个、其中有 2 个附属单位。至年末，拥有主要生产设备 536 台，其中金切机床 165 台，包括精密、大型、稀有及数控设备 37 台；锻压设备 52 台；动力设备 23 台。拥有固定资产原值 11118.5 万元、净值 7407.7 万元。

厂的主导产品，用于钻井方面的有：螺杆钻具系列产品；金刚石取芯钻头及全面钻进钻头；石油钻机套筒滚子传动链条；取心工具、键槽扩大器、尾管悬挂器、双级注水泥器等井下工具。用于采油方面的有：电动往复式高压注水泵系列产品；注聚合物泵；潜油电泵；螺杆输送泵；螺杆抽油泵；采油井口装置；抽油机；链式抽油机专用加重链条。

1994 年，生产各种工业泵 168 台，完成年计划的 76.36%，其中，三柱塞泵 59 台、五柱塞泵 57 台、小排量泵 20 台、注聚合物泵 32 台；生产各型螺杆钻具 257 套，完成年计划的 190.4%；生产各类金刚石钻头 1007 只，完成年计划的 125.9%；生产各型石油滚子链条 46.93 万标节，完成年计划的 117.3%；完成电泵机组修理 297 套，完成年计划的 82.5%；完成“三机”修理 145 标台，完成铆焊件 328.2 吨、锻钢件 343.1 吨、热处理件 959.7 吨、电镀件 4636 平方米，分别完成年计划的 113.17%，122.6%，81.3%和 96.8%。

全年完成工业总产值 10184.7 万元，完成年计划的 82.8%，比上年增加 18.7%；实现销售收入 9917.4 万元，完成局下达年度承包指标的 104.4%；上缴税金 650 万元，实现利税总额 806.6 万元，比上年的 652.2 万元增加了 36.7%；实现增加值全员劳动生产率 15226 元/(人年)。

【市场营销】 总机械厂紧紧抓住销售这一龙头，以老产品巩固市场，以新产品开拓市场，以质量过硬、价格合理、服务及时争取市场，有策略、有重点、有计划、全方位地展开强有力的销售攻势，使产品覆盖率大幅度增长。在市场占有率上，除注水泵外，螺杆钻具由过去的不到 30%上升到 48%；钻头由过去的不足 15%增加到 33%，链条从过去 的近 13%提高到 25%。螺杆钻具分厂订货量从 1993 年的 114 套猛增到 1994 年的 248 套，市场占有量从全国第四跃为全国第一。分厂完成了本局定向井公司 19 套钻具的订货合同，并在西部油田建立了钻具维修租赁站，进一步扩展了销售渠道。钻具整机出口印度创汇 5 万美元，钻具市场的扩大为钻具生产的发展开创了新局面。往复泵分厂瞄准市场需求，以新产品注聚合物泵抢占了大庆市场。钻头分厂充分发挥新品开发速度快和质优价廉的优势，1994 年产品订货比 1993 年翻了一番，突破千只大关，成为全国同类钻头销量最高的厂家和总机械厂经济效益最好的分厂。链条分厂改变过去多年来的亏损形象，开辟代储代销的联营渠道，实现订货产值 956.5 万元,比1993年增加了23.5%。电泵分厂对内管理挖潜,对外积极创收,全面完成了任务。1994年总机械厂的产品销售情况是:销售各种工业泵158台,各型螺杆钻具248套,其他井下工具9套,各类金刚石钻头981只,各型链条34.2万标节,电泵机组292套,工业产品销售率为100.6%。

【新产品开发和新技术应用】 1994年,从长远发展的战略高度加大了新品开发和科研攻关工作力度,加快了主导产品系列化的进程和全新产品的研制进度,全年完成9个新品开发项目。新研制成功的5LZ95x7Y、5LZ120x7Y螺杆钻具适应东部老油田挖潜改造旧油田,进行侧钻、造斜、打水平井等需要,全年生产60套,创产值350万元,1994年11月通过局级鉴定,并获局1994年科技进步一等奖和天津市1994年优秀新产品一等奖。新研制成功的3ZJ－1.4/23型注聚合物泵适应东部各油田三次采油的需要,该产品本身也已形成系列,排量从1立方米到10立方米,以适应各油田不同情况的需要,1994年12月通过总公司鉴定,并获局科技进步二等奖。该产品当年生产40余台,创产值200万元。1994年,研制成功的7项新产品也已具备了鉴定条件。总计9项新产品多数已形成批量生产能力。至年末,全厂新品产值达1941万元,占总产值的19%。同时,全年还完成了重大技术攻关项目5项,其中32S石油链条可靠性攻关,旨在提高链条使用可靠性,降低链条成本,经过采用廉价钢材进行多次试验,链条成本大幅度下降,并通过总公司鉴定,获局1994年科技进步二等奖。

【产品获省部级奖】 3H－8/450型高压三柱塞泵为"国家银牌"产品;5ZBII－37/170型卧式五柱塞泵为总公司、天津市优质产品;螺杆钻具系列产品为总公司优质产品,1994年获天津市一流产品称号;RQ3系列聚晶金刚石取心钻头获国家经委"金龙奖",钻头系列产品至今一直保持总公司优质产品称号;SJ139.7毫米双级注水泥器为部优产品。

【内部管理】 1994年,厂以螺杆钻具创天津市一流产品为契机,全面推动质量管理工作,努力提高产品实物质量。从质量考核指标看,产品质量稳定提高率100%,内部23项质量指标达标率100%,全厂工艺综合执行率99.8%,项次合格率94.4%,废品损失比上年减少13%,减少损失2.17万元。电泵平均使用寿命比上年延长了48天。螺杆钻具实现了全国质量第一,销量第一。注水泵、钻头、链条的质量也有明显的提高。

厂采取了坚决措施,有效地控制了成本增长,一是实行目标成本管理,降低原材料、辅料消耗,1994年如扣除不可比成本因素,产品制造成本比上年降低了2%。二是明确目标,分解任务,全年减少存货348万元,启动沉淀资金557.15万元。三是开展双增双节、修旧利废,全厂节约钢材131.4吨,回收废铁30吨,修旧利废82万元。四是加强节能技术改造,提高能源管理水平,全年节约能源价值近183万元。

【多种经营】 沧海实业公司作为总机械厂兴办的集体所有制企业,已形成拥有10个自主经营、独立核算、自计盈亏的经营实体和5个外联单位的综合性经济实体。1994年,沧海实业公司实现工商业经营总值2500万元,销售收入2225万元。

【队伍建设】 总机械厂以提高干部素质为重点,狠抓领导班子建设,先后调整、组建、充实了六个基层单位的领导班子,全年举办"现代企业制度"、"市场经济现状与前景"等学习班8期,培训230多人次;以强化党建工作为核心,认真抓了基层党支部建设,经考核检查,党建目标管理好的和比较好的占88.8%;在"创先争优"活动中,螺杆钻具分厂被评为局级先进党支部,13名同志被评为局级优秀党员和党务工作者。全厂职工通过各种途径,全年消化成本上涨因素901.51万元,企管费用得到控制并有所下降,库存资金占用压缩1148万元,启动沉淀物资577.15万元,全厂人均挖潜创效4548.47元,完成年计划人均指标3000元的148%;厂工会结合生产经营和职工队伍思想实际,先后组织职工开展了264次不同类型的劳动竞赛,创效益达169万元;有1562人次提出合理化建议1143条,被采纳的有845条,创效益81万元。

(李东升)

石油机械厂

【概述】 大港石油管理局石油机械厂(简称石油机械厂)是中国石油天然气总公司确认的整筒抽油泵、空心抽油杆、电加热整体电缆抽油杆、注聚合物装置、套管扶正器、双金属缸套、多功能井口装置等钻采配件的专业生产厂。初步形成了以整筒抽油泵、空心抽油杆系统、注聚合物装置为三大支柱产品的局面。截至1994年底,全厂职工1047人,其中具有高级职称26人、中级职称59人、初级职称162人。厂机关设15个科室;下设5个生产分厂,5个辅助生产单位和1个多种经营实业公司。拥有主要生产设备350多台,设备总值近4000万元,设备装机总功率7000千瓦,其中金切机床148台(包括进口设备6台),锻压设备12台,热处理设备16台(包括进口设备2台),检验、试验设备15台;特殊设备6台(包括进口设备1台),运输车辆65台,起重设备24台。全厂拥有固定资产总值8550万元,净值5963.5万元。

厂的第一项主导产品,是1984年从美国引进的整筒抽油泵及系列特种泵(包括管式、防气、防砂、抽稠、分采、电热、环空测试等泵型);第二项主导产品是为适合高凝稠油开采的热载体空心杆系列、电加热抽油杆装置;第三项主导产品是用于三次采油的注聚合物装置。

厂1994年生产各种规格的抽油泵5623台,泵筒533根,抽油杆(包括短节)141905.2米,注聚合物装置9套,完成工业总产值(不变价)5869.4万元,与1993年相比增产1236.72万元,增产幅度26.7%;全年实现销售收入4765.03万元,与1993年相比增长285.77万元,增长幅度为6.38%。1994年油田下达石油机械厂内部利润承包指标50万元,实际完成55.19万元,是油田下达承包指标的110.38%,上缴油田管理费50万元,税金701.04万元。全厂利税总额完成845.85万元,与1993年利税总额相比上升147.25万元,上升幅度为21%,全面完成了油田下达的各项承包指标,实现全员劳动生产率增加值18283元/(人年)。

【市场营销】 石油机械厂重视销售新市场的开发,巩固拓宽东部市场,挤进西部市场,使下半年整筒抽油泵和空心抽油杆订货走出低谷,凭借过硬的质量,优质的服务,打开了市场局面,使产品有了销路,扩大了企业的知名度。同时,石油机械厂还在原经销公司的基础上成立了国外部,扩大了与国际市场联系。全年实现销售收入5356.6万元,比1993年增加了877.3万元。

【新产品开发和科研攻关】 开发新产品,上新项目是工厂求生存、求发展的根本出路。1994年工厂加大了新技术攻关力度,设计出大容量的新型注聚装置9套,产值1000万元,使该项目产品在研制、生产和营销方面进入新阶段。该厂研制的电加热抽油杆、空心抽油杆,利用新技术扩建整筒泵生产线分别获1994年科技进步一等奖;注聚合物装置项目组获1994年局科技工作先进集体称号;该厂被评为1994年技术推广十佳先进单位;注聚装置及空心抽油杆分别获中国石油天然气总公司科技进步二等奖;电加热抽油杆获天津市1994年度优秀新产品一等奖。

【内部管理】 1994年,工厂组织实施ISO 9000质量体系的贯标和认证工作。其目的是通过贯标和认证,使石油机械厂的产品在打入国际市场时获得一张通行证,促进与国际间的合作;另一方面,通过贯标认证,使产品质量保证体系与国际市场接轨,步入规范化、国际化道路。

厂成立了贯标认证委员会,由贯标认证办公室组织协调各部门的工作,共编制了33个质量管理程序文件,作为工厂开展质量活动的行为准则和必须遵守的法规,并于9月1日开始实施。1994年11月,通过长城(天津)质量保证中心对石油机械厂的受控产品按GB/T 19001—ISO 9001质量体系设计、开发、生产、安装和服务的质量保证模式要求进行了认证审核,并对质量保证中心批准审核报告予以认证注册。

青年修理厂在稳住本油田市场的情况下,积极拓宽外部市场。在大庆油田这个大市场,和油田内的供应单位采取联营方式,1994年下半年就达到了40余万元的销售量,并为1995年的发展打下了一定基础。至年末,隆昌实业公司完成销售收入1500万元,实现利税180万元,分别以115.38%,138.46%,超额完成局下达的各项经营指标。

(尤道富)

第二实业开发公司

【概述】 大港石油管理局第二实业开发公司(简称第二实业开发公司)位于天津市静海县团泊洼地区,是从事农业、畜牧业生产,并经营新型防水涂料、饲料加工的综合型多种经营企业。截至1994年底,公司有职工

612人,含大集体职工47人,各类专业技术人员235人,其中高级职称16人、中级职称65人、初级职称154人,另有家属劳动力246人、劳务工270余人、离退休人员257人。机关设6个职能科室,有24个基层单位,其中矿大队级单位14个、直属中队级单位10个。拥有固定资产4103.5万元、净值2929万元。

1994年,全年实现生产经营总值6077万元,完成局计划的135%,比1993年净增1300万元,实现内部利润297.8万元,完成局计划的165%,全年节约经费支出10.5万元,全年产销鸡蛋493万千克,产粮146万千克,产销扒鸡、白条鸡5.6万千克,产销橡胶沥青357.1吨,产销饲料2197万千克,产销赛福奥生命蛋112万枚,孵化甲鱼1.5万只。并被天津市评为菜蓝子工程建设单位。

【产业结构】 1994年,公司有耕地5000余亩,果园700余亩;有2座20万只蛋鸡大型养鸡场,7个万只蛋鸡场,混合鸡群60万只,其中蛋鸡存栏41万只;有3万只饲养规模的甲鱼场,渔塘水面200多亩;有年产万吨级的饲料加工厂,年加工能力25万只鸡的德州风味扒鸡厂,年生产能力1500吨的新型防水涂料橡胶沥青厂。

【内部管理】 1994年,公司不断深化内部改革。围绕建立与市场经济相适应的管理体制和运行机制,自我分离了生活服务公司;进一步完善了内部承包责任制;实行了全员风险抵押承包,强化了职工的风险意识;原砖厂、机关食堂、赤龙餐厅、冷饮厂等亏损单位实行的国有民营初见成效,实现了扭亏为盈;对部分骨干企业实行公开招聘厂长(经理),转换了经营机制。

【赛福奥生命蛋】 1994年,公司发挥养鸡优势,投资38万元,买断了石家庄格林高营养技术开发公司的赛福奥生命蛋在天津地区的独家经营权,并成功地占领了天津市场。从5月上市至年末,不仅收回了全部投资,而且创效益40余万元。同时荣获大港油田1994年度科技推广二等奖。

【科研工作】 1994年完成了局下达的科研任务。科研项目"早春大棚黄瓜促早产技术研究"获局科技进步二等奖,"果园化学除草试验"获局科技进步三等奖。

(王兆祥)

职工总医院

【概述】 大港石油管理局职工总医院(简称职工总医院)是一所集预防、医疗、教学、科研为一体的综合性医院。截至1994年底,医院有职工934人,其中医疗技术人员633人。具有高级职称30人、中级职称172人、初级职称439人。床位编制452张,实际开放447张。医院设有14个临床科室、13个医技职能科室以及1所职工卫生学校。拥有固定资产7179.7万元、仪器设备590台。

1994年,医院进一步加大改革力度,狠抓医疗质量,改善服务态度,全院完成门诊量252193人次,超出计划14.6%;完成病床使用率78.5%,比年计划超出6.5个百分点;病床周转次数15.7次,比年计划增加0.1次;诊断符合率96.8%,比年计划超出6.8个百分点;治疗有效率96.3%,比年计划超出1.3个百分点;全年收住院病人6975人次;进行各类手术1827人次;住院病人平均住院日18.5日,完成有毒作业人员查体1673人次,受检率88%,比局承包指标多3个百分点。

根据油田医疗服务需要,医院多次派出医务人员到生产一线巡回医疗,受到一线职工欢迎。在新疆克拉玛依油田"12·8"特大火灾的抢救工作中,医院迅速派出由9人组成的医疗队,为受伤人员送去了油田职工和医务人员的一片爱心。

【创建二级甲等医院】 在天津市评审团正式验收之前,医院组织了三次全院性的自查验收,对未达标项目,反复整改。7月26—28日,医院以优异的成绩通过了天津市医院分级管理评审验收,从而实现了创建"二级甲等"医院的目标。

【人才培养】 医院始终坚持"科教兴院"的方针,不断加大人才培养力度,狠抓职工的岗位培训和继续医学教育,并不断提高医务人员"三基"水平。1994年医院共送出各类医技人员外出进修学习171人,并选送出2人报考研究生。医院还着眼于21世纪人才接替,研究跨世纪人才培养问题,并确定了五年内培养出13人为学科带头人。1994年全院共有91篇论文获奖,其中在国家级刊物上发表10篇,省市级刊物发表3篇。医院还重视设备投入,积极开展临床科研和新技术推广工作,全年共开展新技术、新疗法17项,其中获奖新技术项目13项。

【医疗质量】　通过创建“二甲”医院，有力地促进了医疗质量和技术水平的提高。医院定期召开两级质量管理会议，分析解决医疗质量问题，业务院长定期进行质量查房，医务科、护理部每月组织理论考试和操作训练，并对医疗质量实行全员、全面、全过程的质量控制。通过全面质量管理，1994年医院甲级病历由1993年的88.1%提高到96%，并消灭了丙级病历。五种表格书写率由1993年的89.3%上升到93.8%，治疗有效率、诊断符合率也明显提高。

为规范医院管理，促进医疗服务水平的提高，医院补充、完善22项规章制度，在创建“爱婴医院”工作中医院严格按照“二甲”标准，加强重点科室建设，完备了12项必备项目，并于6月份顺利通过了爱婴医院验收。

【医德医风建设】　医院结合创建“二甲”医院，不断强化医德医风建设，新建了17项约束制度，实行全院医务人员挂牌上岗，落实医德医风责任书内容，开展了“全程优质服务让患者满意在我院”活动，提高了医务人员文明行医，廉洁从医的自觉性。在天津市卫生局开展的医德医风“百家行”活动中，取得好成绩，门诊和住院病人满意率达95%以上，1994年医院拒收礼吃请近百次，拒收现金7070元，收到患者表扬信203封，锦旗、镜匾19面，医务人员为患者办好事327件，有力地推动了医院医德医风建设。

（王　欣　付汉林）

公　安　处

【概述】　大港石油公安处(简称公安处)是企业公安机构，在大港石油管理局和天津市公安局的双重领导下，负责监督、检查、指导油田所辖单位的内部治安保卫工作；同时，行使政府授予的刑事侦察与公安行政职权，加强油田治安防范、严密社会治安管理，保障生产建设的顺利进行。截至1994年，公安处共有867人(正式职工518人，大集体工4人，农民轮换工345人)。其中大学毕业7人，大专毕业37人，中专毕业177人；高级职称1人，中级职称39人，初级职称174人。处机关设科(室)10个，5个管理部门，8个直属科(大队)、分处。

1994年，公安处以保卫油田生产建设为重点，坚持“打防并举，标本兼治，重在治本”的工作方针，打击各类违法犯罪活动，努力改变油田外部治安环境，整顿油田内部治安秩序，为油田生产、经营和改革开放做出了贡献。1994年公安处第六次荣立天津市公安局集体三等功。

1994年，油田共发生各类案件185起，其中刑事案件48起，含重大案件32起；治安案件137起(含当场处罚65起)。侦破刑事案件40起，破案率为83.3%，比承包指标70%提高13.3个百分点；破获重大案件30起，破案率为93.8%，比承包指标80%提高13.8个百分点；查结治安案件137起，查结率100%，比承包指标90%提高10个百分点。发生交通事故130起，死亡14人，致伤81人，直接经济损失171.34万元。四项指标分别占控制指标的53.3%，82.4%，61.8%和81.6%。发生火灾事故4起，无伤亡，直接经济损失70808元。火灾起数和经济损失分别占年控制指标的15%和25%。全年抓获处理违法犯罪分子272人，其中逮捕88人，劳动教养1人，尚在收审1人，行政拘留95人，罚款60人，其他处理27人。

【治安管理】

(1)加强对流动人口的管理和房屋出租的调查。公安处开展流动暂住人口情况调研，按照不放过一个人的原则，集中时间和警力，逐区、逐片、逐单位地进行调查清理，共清理暂住人口7273人，并对其居住房屋进行了调查，油田房屋出租739户，其中公房出租666户，私房出租73户，私搭乱盖的临建住房83户。通过办理暂住证，签订治安保证书等形式，把暂住人口纳入了油田的管理中。通过调研，重点人口管理、流动暂住人口管理、公共场所的治安管理进一步加强，“两会”和敏感时期没有发生大的治安问题。

(2)加强社会面的控制。1994年，公安处在油田范围内实行了“全天候”治安巡逻，节假日照常，全年共查破案件102起，处理违法人员164人，调处纠纷36起，为民服务排忧解难189件，截获废钢铁18吨、原油34吨、其他油田物资10余吨，追回被盗摩托车2辆，自行车25辆、钢材1吨、被盗现金1400元，以及其他物品10余件，维护了油田繁华区、首脑机关及要害部位的安全，减少了案件的发生，为治安秩序的稳定提供了保障。

【交通管理】 1994年,公安处从完善管理制度、路面管理、纠正违章等方面入手,进一步加强交通管理,采取有效措施,使交通事故得到有效控制。逐步完善了"零散车辆"、"外雇车辆"等管理规定,以及"内部交通安全特别处罚办法",对严肃处理交通事故,加强交通安全管理起到了积极作用。并通过"3·14"、"8·16"特大交通事故,开展了"三查两治理"、"三查四整顿",在全局进行查隐患、纠违章、压事故活动,提高干部、司机的安全意识。全年共纠正交通违章116986件、罚款451000元、扣证3410本、扣车488台次,违章汇转1524件。车管业务工作按计划完成,共年检机动车8720台,审验驾驶员14409名,换发机动车新牌照2900个。

【消防工作】

(1)消防大队出色完成各项任务。1994年,共动火值班362次,526台次,3136人次;扑救火灾70起,出动车辆210台次,1677人次;扑救火灾成功率100%;灭火预案修订完善21份,并进行预案演练,落实率100%。

(2)加强消防监督管理工作。全年开展大型消防安全检查16次,其他专项检查296次,下发隐患整改通知书51份,整改各类隐患问题920余个,依法处罚有关人员130人。共审核建筑项目88个,发挥了监督职能。

(3)消防安全管理中十项标准达标率达到了90%,杜绝了重大特大火灾事故和火灾死亡事故。

【刑侦工作】

(1)加强案件侦破,"严打"刑事犯罪。1994年,公安处按照上级公安机关的统一部署,针对油田的实际情况,在油区范围内开展了打击盗窃自行车、扫黄禁赌打非、夏季治安和"秋季"严打等专项斗争。特别是夏季治安和"秋季"严打专项斗争期间,破获了保险柜被盗系列案,南部油区"5·15"抢劫大案等有影响的大要案。年内通过破案,共缴获赃款赃物折款37.4万元,专项斗争期间,共破获各类案件87起,抓获不法分子127人,摧毁犯罪团伙15个,配合地方公安机关召开公开处理、公开宣判大会2次,打击处理盗窃破坏油田物资设备的犯罪分子75人。

(2)严打与重点治理有机结合,取得显著成绩。针对油田周边地区不法分子偷油窃电活动严重的实际问题,公安处及时采取措施,积极与地方公安机关联系,开展重点油区(采油三厂、采油二厂、采油一厂港西)治理。共截获原油34吨、偷油机动车辆13辆、自行车20辆,取缔原油净化厂(点)277个、电炼钢厂(点)12个、废品收购点16个。严打斗争不仅有力地打击了犯罪分子的嚣张气焰,而且逐步改善了油田周边治安环境。

(3)开展重点人口的调研。主要针对在逃人员、外漂人员、有工不做和有学不上的人员以及刑嫌分子,进行普查摸底。建立人头资料153份,案件资料67份,耳目30人。

【干警培训】 1994年,公安处将培训工作摆上了重要日程,成立训练机构班子,制定培训计划和训练标准。一是坚持岗前培训。从3月份开始,对新招收的130名消防警和25名警校毕业生先后进行了培训,达到了上岗标准。二是进行短期培训,举办了培训班8期,培训干警370人。参训干警学习了《邓小平文选》第三卷,队列擒敌拳训练和公安保卫业务7门课程的学习,培养了干部,锻炼了队伍,使全处干警的政治、业务、军事、身体素质大大提高。三是进行岗位培训,针对干警执法中存在的问题,采取重点辅导,集中讲解与自学相结合的方法,狠抓了以提高干警制作法律文书和案卷质量、学习国家赔偿法为主要内容的培训。经过严格考核达到及格标准。经警大队经过严格训练,参加全市经警军事会操比赛,夺得第一名,实现"三连冠"。

(曹顺清)

教 育 处

【概述】 大港石油管理局教育处(简称教育处)是管理局的职能处室,又是具有二级单位职能的教育行政管理部门。1994年,普教系统按照管理局的部署,进行了教育体制改革和招生分配制度改革。

截至1994年底,油田共有小学18所、初中校5所、完中校5所、高中校1所、九年制学校7所。教职工共2326人,其中小学教师840人、初中教师763人、高中教师230人。学生共20991名,其中小学生10717

名、初中生8135名、高中生2139名。油田有托幼园所35所，教职工994人，其中专职教师309人，收托婴幼儿共4812名。

油田有石油学校1所，教职工342人，学生1394名；有技工学校1所，教职工410人，学生2601名；有职业中学6所，教职工167人，学生534名。

【教育改革】 1994年在油田教委会第12次会议上，对教育体制改革和招生分配制度改革等重大问题作出了决议。7月，“大港石油管理局教育体制改革动员大会”传达了《关于印发〈大港石油管理局普教系统实行专业化管理实施方案〉的通知》和《关于下达教育处接收各中小学人员数量的通知》两个文件。

1994年，普教系统按照油田的部署，对港内中小学实行了专业化管理，变局和二级单位两级办学、两级管理为局一级办学、一级管理。

招生分配制度改革主要有两方面内容。一是从1994年起，中专、技校实行定向招生、定向分配的招生和分配制度。二是在中专、技校招生中首次打破了天津和河北户口的界限，实行了统一录取分数线。

教育体制改革整体目标到位后，教育处的主要职能是：作为油田教育委员会的办事机构，对全局教育的综合性工作实施管理与协调；负责石油学校、技工学校、职业中学的教育教学业务管理工作，按规定为其核拨办学经费，并做好其财务决算的审查与汇总工作；负责全局幼儿教育教学业务管理工作；负责中小学的全面工作；负责中小学、职业中学、中等专业学校、普通高等院校、成人大专以上学校、大中专定向委托培养新生招生和成人自学考试的组织管理工作。

【多种经营】 油田下达的校办企业任务指标为：工贸总产值2800万元，利税280万元。实际完成工贸总产值3500万元、利税400万元。

【思想政治工作】 1994年，教育处党委的基本工作思路是以邓小平同志建设有中国特色社会主义理论和党的基本路线为指针，深入贯彻党的十四大和十四届三中全会精神，深入学习《邓小平文选》第三卷，围绕年内教育体制改革这一中心工作，切实加强基层建设和改制中的思想政治工作。重点强化了五个方面的意识；一是强化改革是硬道理，只有改革才能生存、才有出路的意识；二是强化转变观念，实事求是，敢于实践的意识；三是强化全局一盘棋、自觉顾大局、敢于挑重担的意识；四是强化眼睛向内，苦练硬功，依靠自身力量求生存、求发展的意识；五是强化一切以效益为主，一切从效益出发，一切工作都着眼于提高办学效益的意识。

（崔 刚）

职工培训中心

【概述】 大港石油管理局职工培训中心（简称职培中心）成立于1993年2月，主要负责组织、实施干部（党员）的政治理论教育；负责科级以上干部（中级以上专业技术人员）的岗位培训和继续教育；承担高级工、技师的培训；对二级单位职工学校和业余党校进行业务指导，开展职工培训的教研活动，提高培训质量。

截至1994年底，职培中心有教职工320人，其中管理人员30人，专业技术人员206人，操作人员84人；具有高级职称54人，中级职称100人，初级职称64人；专兼职教师177人。在专兼职教师中，副教授（高级讲师）有51人，讲师有73人，助教（助理讲师）有43人。有在校学历班50个，学生2262人。另有大中专自学考试辅导班学生352人。举办各类培训班90期，培训学员6002人次。

职培中心设有开发学科部、机电学科部、政管学科部等3个教学基层单位，在3个教学基层单位下设16个教研室。机关设有6个科室，3个直属科级单位，8个基层队、班组。拥有固定资产原值（不含房产）473.54万元。

1994年，职培中心按照全国教育工作会议精神，坚持改革、发展和稳定的方针，确保培训工作的重点地位，突出以教学为主体的各项改革，强化综合管理，从而全面完成了各项工作任务。

【培训工作】 1994年，职培中心积极引导教师参与培训，对3个教学基层单位增加计划内培训班次的酬金，提高了计划外培训班次的分成比例，在教师中开展了“转向”培训、进修工作。专兼职教师任课的班次达75个，比1993年增加了31个，培训人次达4174人次，比1993年增加了1620人次。

为适应油田改革与发展的需要，努力探索系列化规模培训的管理模式，分别举办微机等级和应用软件、英语口语、科处职干部现代企业制度培训班；组织80

多名教师，分 11 个专题，深入到近 20 个二级单位和油田机关处室进行专题系列调查，并写出调查报告 13 份。

【教学改革】 1994 年，制订《职培中心关于制订职大班学历教育计划的规定》，并选择钻井(定向井)、采油、地质(侧重开发)、工程预算等专业，以培养职业技术型人才为目标，以“CBE”理论为指导，制订或修订教学计划 14 份，教学大纲 249 份，初步确立了以培养高等职业技术性人才为目标的教学框架。全年编写新技术、新理论、新方法和实践性教学内容的讲义或补充讲义 6 册。

学历教育向业余为主转化。在 1993 年业余率占 71％的基础上，又提高了 10 个百分点。其中职大业余率 87％，党校本科全部业余化。

【科研工作】 1994 年独立或参与完成省部级项目 2 项，局级项目 9 项，校级项目 10 项，技术服务项目 8 项，其中“张巨河地区综合含油气评价”获局科技进步一等奖；出版著作 5 部；在国家二级以上刊物或学术会议或校刊上发表论文 29 篇；编写讲义 7 部。

【多种经营】 1994 年，多种经营稳步发展，至年末完成综合产值 212 万元，为年计划的 106.6％；利税 17 万元，为年计划的 106％。

【队伍建设】 1994 年，职培中心在职工中开展了“敬业、爱岗、做贡献”活动；在中青年教师中开展了“确定发展方向、确定实施措施、确定达到时间、确定考核办法”活动；在学生中开展了以爱国主义为主旋律的“七个一”活动；在党员中开展了“十带头”活动。同时，围绕庆祝建厂 30 周年活动，对职工进行了企业精神教育。为了使政治思想工作经常化、制度化，职培中心党委还制订了《思想政治工作考核内容和办法》。

【财会人员专业证书接全科大专班开学】 受局财务处的委托，与天津毛纺织职工大学联合举办的财会人员专业证书接全科大专班于 1994 年 11 月 2 日开学。29 名财会人员经天津市招生办录取为本班学员，其中正式生 13 名，预科生 16 名。通过两年、10 门专业课程的学习，取得大专学历，对提高油田财会管理水平起到积极的推动作用。

【3 个软件代表油田进京参展】 1994 年 3 月 11 日至 15 日，总公司在石油勘探开发科学研究院召开了石油系统 1994 年度计算机会议。会议期间，各油田和石油院校有 7 个专业 130 多个高水平的软件参加展示。油田作为首次参展的单位，共推出 6 个软件进京参加展示，其中由职培中心研制开发的软件：实用灰色理论数值计算软件包”、“钻井工程设计软件包”、“注入井动态检测及效果评价软件包”。

【MES 教材的编写出版】 1994 年全面完成了井下作业工 MES 教材的编写、出版和发行工作。教材共计 16 个模块，119 个学习单元，90 万字，2000 幅插图，图文并茂，通俗易懂，具有很强的实用性和可读性，既可作为工人等级达标考核教材和岗位培训教材，也可作为将来培训技能训练教材。教材出版得到国家劳动部职业教育司、总公司劳资局、国际劳工组织北京局及有关专家的好评，在石油系统发行 1500 册。

【整章建制】 1994 年，职培中心制订与完善了以岗位责任制为中心的各项制度，并汇编成册。重新制订了《业余班学生管理补充规定》、《社会力量办学管理办法》和《科研项目评审奖励暂行办法》等，有力地促进了管理的科学化、规范化、制度化。

（王炳文）

石油学校

【概述】 大港石油管理局石油学校(简称石油学校)是一所以工科为主、文理渗透、兼有师范教育的综合性中等专业学校。截至 1994 年底，学校有教职工 342 人，其中专任教师 155 人，具有高级职称 26 人，中级职称 69 人。学校机关设 6 个科室，设直属科级机构 10 个。学校有在校学生 1924 人，暑期毕业学生 314 人，招收新生 557 人，开设 17 个专业。拥有固定资产原值 3024 万元。

【教学领域改革】 1994 年，学校把教学领域改革作为全年工作重点，做出了《关于深化教学领域改革的决定》。借鉴“CBE”教学理论，依据人才培养目标，调整优化教学计划，确定了教改试验班和单项教改方案。部分专业实行“一书多证”制，财会专业有 98.8％和 67％的学生获取了珠算和书法等级证书。学校加强实践技能基地建设，先后完成采油、地质、测井、企电技能训练基地、声像室和第二微机室的筹建。在考试考核上，全部实行教考分离，各门课程普遍建立试题库或试卷库，实验课采取单设课教学，突出了实践环节。厂校联合育人得到强化和扩展，成立了专业协作分会，同一些国有、乡镇企业签订了人才培养合同。按照“大类招生、宽口培养、三年分流、一年定向”的思路，探索和实行新的培养模式，并完成教学计划的制定和师资的配备。毕业生首次进入人才市场，通过双向选择走上工作岗位。

【教育管理】 学校推行教育目标责任制，将教育目标转化为管理目标，形成较为严密的管理网络。教育目标经过层层分解，保证了学校各项工作在总体协调、控制下运行。

1994 年，学校开办专业由 11 个增至 17 个，在校生人数由 1300 人增至 1924 人，师生比例达到 1:12，提前三年达到国家教委要求的标准。学校强化教学管理，开展了“八证”考核、“最佳课评比”等活动，促进了教师队伍建设和教学质量的提高。同年，张仲强同志被评为全国优秀教师。学校的学籍管理和考试制度进一步严格，保持了一定的淘汰率。

【提高学生整体素质】 1994 年，学校党委结合中央颁发的《德育工作若干意见》和《爱国主义教育纲要》，制定了《大港石油学校德育实施大纲》，开展了班级竞赛、“四爱两争”、“重点校学生形象”讨论活动，学生德育考核优良率达到 97%。建立以基本技能训练为主要内容的第二课堂 45 个，学生参与率达到 80%。在天津市中专运动会上，获得团体总分第二名。9 月，学校被国家教委、国家体委和劳动部授予“全国职业教育系统体育工作先进学校”称号。

【大港石油学校进入全国重点中专行列】 1994 年 8 月 20 日，国家教委颁发教职[1994]10 号《关于公布国家级重点普通中等专业学校名单的通知》，大港石油学校被批准为国家级重点中专。《名单》中共公布国家级重点中专 249 所，其中天津市 4 所。

（李竞春）

技工学校

【概述】 大港石油管理局技工学校（简称技工学校）创建于 1978 年 9 月，是为油田和社会培养人才的主要基地。拥有固定资产约 2839 万余元。截至 1994 年底，教职工总数 409 人，具有高级职称 23 人，学校设有 10 个机关科室。开设了钻井、电工、安装、输油、采油、焊工、车工、汽修、地质、电器等 10 个专业（工种）。当年招收学生 782 人，其中自费生 74 人。

1994 年学校的总体工作思路是：实现“一个坚持、二个深化、三个加强、四个提高”，即坚持德育为首，深化三项制度改革、深化教学体制改革，加强各项管理、加强职工队伍建设、加强校风建设，提高育人质量、提高教学质量、提高创收能力、提高职工生活水平。

【教学研究】 学校坚持德育为首的原则，注重培养“四有”新人。在教学方面，坚持文化课为专业课服务，专业课与实习课相结合的方针，推行教学改革，开展了各种形式的评教评学活动，如听课、开展教案展评、教学质量评估，建立教师业务档案，鼓励教师开展教学研究，撰写专业论文，努力提高教学质量，严肃了考风，建立了试题库，重新修订了对学生成绩考核的规定，在参加天津市职业高中系统统考中，语文、数学及格率达到 100%，成绩优于同类兄弟学校。

实习教学改革走出了新路子，全面推广教学“一体化”的教学模式，促进了专业教学与实习教学相结合，突出以提高操作技能训练为主，加强了专业教学研究工作，组织 3 次观摩教学，2 次教案展评，举办了一次“一体化”教学改革研讨会，进一步完善了实习场地建设，增加了单项练兵项目。在毕业考工中，三级工合格率达到了 98%，四级工合格率达到了 54.3%。

【学管工作】 根据技校生管理难度大的特点，学校坚持教育与管理并重的原则，建立了一支以班主任和学生科人员为骨干的学管队伍。从学生入学到毕业实行全过程教育，在纵向上 24 小时不失控，在横向上凡是有学生活动的地方都有人管。在加强学管工作中，注重在提高班主任队伍素质上下功夫，每学期举办一次学管工作经验交流会，把考核结果与班主任津贴直接挂钩，在管理方法上，提倡文明育人，不简单粗暴，注意培养班主任的管理能力。在学生方面，加强了对学生的日常行为规范教育，宿舍实行规格化管理，举办了班团干部培训班，注意发挥学生干部的自治能力，培养学生骨干，让学生自己管理自己，效果较好，学生考核优良率达到 95%，毕业率达到了 98%。

【内部管理】 学校加大了工资、奖金改革的力度，层层建立了目标责任制，指标分解到基层，与奖金挂钩，考核兑现，对职工实行了劳动技能工资，推行了"在岗、试岗、待岗"制度，做到易岗易薪。在教师中推行了以课时计奖办法，多干多得，调动了全体教师的积极性。

学校进一步完善各岗位责任制，加强了各级领导班子建设，制定了"关于加强领导班子建设的若干规定"，"领导和机关干部廉政建设的规定"；"关于禁止对学生乱收费、乱罚款的规定"。狠抓了领导和机关干部廉政建设，机关干部坚持管理育人，各项工作管理水平都有明显提高。

（杜旺林　贾绍芳）

商业公司

【概述】　大港石油管理局商业公司（简称商业公司）是集副食、工业品批发兼零售和服务、仓储为一体的综合性国有商业单位。1994年，大港油田商业公司共有独立核算单位26家；营业网点36个；从业人员1169人，其中干部123人、工人1046，工人中女职工659人；具有各种专业技术职称107人；固定资产原值501.49万元，净值342.37万元。

【经营管理】　1994年，公司面对市场竞争激烈的形势确立了"发展中心，放开外围，大户创利润，小户保吃饭"的指导思想。使1994年超额完成了各项经济指标。

【制度建设】　1994年，首先加强了商品进、销、存管理，坚持"经理把关，勤进勤销"的原则，大大降低了商品的损耗率；其次，在财务管理上，从严把关，堵塞了漏洞；第三，在劳动用工管理上，解聘了未经正规渠道聘用的人员40余人，严格了计划外用工的申报、审查、审批手续。

【经济效益】　1994年，公司购进商品总值10178万元，总销售额实现1.1亿元，社会商品零售额完成6646万元，实现利税248万元。

（杨春杞）

中心区生活服务公司

【概述】　大港石油管理局中心区生活服务公司（简称生活公司）为局属二级单位。其主要服务项目有食堂、幼儿园、粮菜店等。截至1994年底，生活公司有职工566人，其中女职工405人、管理人员123人、工程技术人员11人、离退休人员3人。1994年经调整后公司机关设公司办公室、经营科、财务科三个科室，以及车队、总务两个附属单位，基层单位有物资经销公司、饮食服务公司、托幼服务公司、综合食品加工厂、腾飞包装公司、港美食品有限公司、怡康公司、生活服务一站和生活服务二站、四厂服务站10个科级单位以及职大食堂1个队级单位，负责中心区片的托幼、食堂、粮菜店和若干个经济实体的经营管理。拥有固定资产242.93万元。

1994年，生活公司从转变观念入手，进一步加快转换经营机制的步伐，理顺机构，创办实体，完善承包责任制，增强了经济实力和适应市场经济的能力，全年实现产值852.7万元，创收88.43万元。

【专业化管理】　1994年，按照油田的总体部署，在1993年接收录井公司、地质研究院、设计院、教育处、职大生活系统的基础上，生活公司又接收了采油四厂、矿建公司、医院等单位的生活管理部门以及食堂、托儿所、粮菜店、冷库，实现了二、三号院地区生活专业化管理，使这些单位由单纯服务走上了经营服务的轨道。

1994年，管理局对中心区生活公司职责重新划定后，生活公司由过去的管理型服务型企业变成了单纯经营服务型的企业，不再具有管理职能，面对新的形势，生活公司对内部机构进行了必要的调整，根据专业化管理以及今后经营工作的需要，成立了饮食服务公司、托幼服务公司、物资经销公司，加大了经营工作的力度。本着精简高效的原则，公司对机关也进行调整，撤销了物资供应科、托幼科、食堂科三个专业科室，机关人员由原来的32人压缩到22人，初步形成了小机关、大经营的格局。与此同时，公司对基层单位也进行了相应的调整，划小核算单位，为开展经营服务奠定了组织基础。

【创办经济实体】 为了尽快具备自主经营、自负盈亏的能力，实现自己养活自己的目标，适应全面进入市场的需要，生活公司加快了创办实体的步伐。先后组建了港美食品有限公司、台达食品有限公司、腾飞包装公司等经济实体。港美公司是同台商合资创办的生产方便面的企业，生产设备全部采用国产，可安排70余名职工就业，于1994年5月28日正式投产；台达食品有限公司是与台商合资建立的生产纯天然牌系列饮料的企业，可以安排60余名职工就业，于1994年8月28日正式投产；腾飞包装公司是生活公司自己建立的与两个合资企业配套的厂子，日生产能力可达45000平方米纸板，能够安排20余名职工就业。面食加工厂、冷饮厂、肉食加工厂等其他经济实体也转变经营观念，狠抓产品质量，扩大产品品种，拓宽销售渠道，全面开展了创效工作。各种经营实体的建立和运作，为生活公司全面走向市场奠定了坚实的基础。

【经营承包】 1994年，生活公司根据下属各单位的工作性质和不同情况，采取了不同的承包形式，对经营单位实行了上缴创收指标承包，根据实际核定各经营单位上缴创收额，把创收指标与承包者个人利益挂钩，签订了承包合同，明确了责任；对非经营单位和机关科室，实行了费用与工作任务、服务质量承包，通过推行全面承包，形成了人人身上有压力，个个心中有指标的局面。生活公司下属怡康公司利用现有条件，不等不靠，广泛开展经贸活动，制定了以运输车队为主，水产直销为辅的经营策略，采取直接从船上收购雇人加工的一条龙采购方式，多次南下上海、舟山等水产基地，采购水产品。物资经销公司利用自己的优势和地区差价，广泛开展副食品销售活动。冷饮厂创造了自成立以来最好的经济效益，产值80万元，利润13万元。饮食服务公司针对自己的行业特点，采取划小核算单位的办法，以食堂为基本单位，以灵活多变的服务方式，物美价廉的服务产品，受到广大消费者的欢迎。综合食堂自1994年9月开始模拟市场运行，服务质量和水平不断改进，日销售额逐渐上升，取得了进入市场的宝贵经验。托幼服务公司全面加强托幼管理，不断改进教学质量和服务水平，受到了广大儿童家长的赞誉。通过各种形式的承包经营，生活公司圆满完成了各项工作任务，经营工作初步踏上了正常的轨道。

（汤红兵）

中心区房产公司

【概述】 大港石油管理局中心区房产公司（简称房产公司）负责中心区片内的房屋管理，水电气暖供应和系统维修，以及环卫、绿化、公园管理等工作。截至1994年底，公司有职工640人，其中女工256人、管理人员176人、工程技术人员29人、离退休职工56人。公司机关设综合办公室、财务科、生产科、经营计划科、房管科5个科室，基层由第一、二、三、四房管站、基建办公室、物资装备科、多种经营办公室7个科级单位以及车队、环卫队、绿化队、公园4个直属队级单位组成。拥有固定资产4.84亿元。

【"四供"任务】 1994年，公司始终把水电气暖供应当作公司生产任务的主项来抓。在公司各级领导的重视和指挥下，广大职工普遍增强了责任感和事业心，经过努力圆满完成了水电气暖的"四供"任务。全年供水412万立方米，其中原水271万立方米，滦河水141立方米，完成任务100%；供电1836万千瓦/小时，完成年计划的90%，全年节电202万千瓦/小时；供石油液化气68482万瓶，天然气126万立方米，完成年度计划的102%；全年供暖142天，供暖面积85万平方米，消灭了成片不热区，调整解决了个别低温户，供暖质量得到提高。

【"四维"服务】 1994年，公司认真贯彻管理局[1994]63号文件关于《大港石油管理局公有住房售后维修服务暂行办法》的通知精神，坚持全心全意为用户服务的宗旨，端正服务态度，认真为群众解决实际困难，采取积极有效措施，加大维修资金的投入，共安排落实维修资金720万元，其中用于房屋方面维修的资金400万元，维修面积6万平方米，用于系统维修的资金320万元，全年共维修更换系统管线5600米，疏通下水道1500户次，补漏800处次，解决供暖不热392户，入户维修2000户次,返修率为4%,用户满意率达96%。

【"四管"工作】 1994年,公司房建施工5.2万平方米,完成基建投资8000万元(含雨水工程投资),其中承建的21栋住宅楼工程,经管理局基建处、天津市建委、市质量检查站总结考评,工程质量合格率达到100%,全部被评定为天津市优良工程。1994年房产公司完成环卫保洁面积89万平方米,清运垃圾4134吨,生活垃圾基本做到了日产日清,环卫管理得到了加强。绿化种植树木1.67万株,铺设新添绿地面积2.5万平方米。公园管理改变以往冬季不开园的惯例,实行四季开园,并开设赛场等多个游艺项目,为油田职工家属儿童提供了娱乐健身的场所,全年接待游人60万人次,实现票款收入24.5万元。

【多种经营】 1994年,公司为壮大积累促进主业的发展和增加职工收入,建立股份制企业隆达实业公司门窗厂,增加产值210万元,实现利润13.8万元。在多种经营内部全面实施了分支机构的经营承包责任制,促使盈利上升,亏损大幅度下降,全年多种经营共实现产值1500万元,实现利润37.4万元,上缴管理费50万元,比上年增加60%,并为公司安排富余职工24人。

【节能工作】 1994年,公司先后开展了锅炉燃油掺水和热水回收工艺的推广,锅炉渣油掺水率10%,节约渣油12000吨,折合资金77万元。共回收热水80万立方米,增加收入32万元。同时开展修旧利废和挖潜增效等活动,修旧利废价值110万元。

(汤红兵)

港中生活服务公司

【概述】 大港石油管理局港中生活服务公司(简称港中生活公司)于1994年5月,根据港油局(94)141号文件成立,为处级单位。其管辖北起川港路、西至西围堤路(含港西运输公司),南至红旗路南侧、东至总机械厂东侧及红砖厂。主要服务项目有房、水、电、暖、天然气、液化气、食堂、幼儿园、粮菜店、浴池、公寓、自行车棚、茶炉房、道路、桥涵、路灯、环卫绿化等。

截至1994年底,公司有全民职工1224人,其中女职工690人、专业技术和管理人员有246人。具有高级职称2人。拥有固定资产原值1.47亿元。

1994年,公司服务收费852万元,成本费用总支出2462万元。供水131万立方米,供电717万千瓦/小时,供天然气76.30万立方米,供液化气525吨,供暖62万平方米。

【建立健全组织机构】 按照小机关大服务的标准,组建了公司机关4部1室,选配了28名机关干部,配置了相应的附属机构及人员。按照分片管理,区域自治的管理模式,设置了4个生活服务站和2个综合服务队,作为公司行政派出机构直接为所在主业单位服务。根据三级管理、队为基础、独立核算的经济政策,以行业为基础统一进行整组改编,组建了33个基层单位,初步形成了三级管理、逐级负责、独立核算、自我发展的管理体系,为发挥行业优势奠定了基础。按照专业化管理的要求,组建了基建分公司、供应站、综合车队、液化气总站和多种经营办公室5个直属专业管理单位。形成了公司上下分散服务,集中管理,单位之间独立核算,相互联系的管理体制。

【搞好优质服务】 1994年,公司首先下功夫、花本钱抓采暖工程的维修改造;第二,筹措资金,统筹安排,积极为主业单位办实事;第三,抓好正常的生活服务,努力满足港中地区职工家属的生活需要;第四,从第四季度起,公司工会牵头,在各服务站、队开展以采暖、食堂、托幼等十大服务项目为内容的优质服务劳动竞赛。把测评表发到主业单位有关部门,由他们负责组织对各项服务进行评判,把用户综合服务满意率与单位荣誉、经济利益挂钩兑现。

【多种经营】 公司接收原主业单位多种经营实体7个,新成立实体3个。有三级照1个,四级照10个。在多种经营企业就业71人,其中全民或集体职工41人、外聘劳务工30人。总注册资金100万元人民币。1994年,完成总产值60万元,实现税后利润6万元。

【党工团组织建设】 在首先抓公司党委"一班人"自身建设的同时,加强了站、队两级领导班子建设和党、工、团组织建设。选聘了31名科级干部和125名队级干部。组建了4个党总支、40个党支部,39个基层工会,2个团总支和11个团支部。公司党委和各级基层党组织,在职工队伍中先后开展了生活系统改革分离政策教育、生活公司形势任务教育、公司企业精神教育和爱国主义教育等。

(黄连营)

港南生活服务公司

【概述】 大港石油管理局港南生活服务公司(简称港南生活公司)于 1994 年 5 月,根据港油局(1994)141 号文件成立,为处级单位。其管辖范围北起马西路和东风四路,西至东围堤路,南至南围堤,东至津歧公路。主要负责采油一厂、钻井二公司、油建二道沟等整个港南地区 4.4 平方千米范围内供水、供电、供暖、供气、环卫绿化、综合服务等生活后勤服务工作。

截至 1994 年底,公司有职工 998 人,在职职工 718 人,离退休职工 280 人。具有高级职称 2 人、中级职称 14 人、初级职称 71 人。公司机构设置为机关 3 部 2 室,基层 5 个科级单位,5 个直属队和 15 个基层队。

1994 年底,公司拥有固定资产 12494 万元、净值 11408.9 万元,其中民用住宅 9666 万元,占全部资产的 77.4%。

【夯实基础工作】 公司组建之初,从实际出发,制定出立足振兴港南,夯实基础工作,力图三年大发展的战略构想。

(1)建立三个运行机制。即生产运行机制、经营管理运行机制,党群工作运行机制。

8 月份,以抢修会战为契机,规范和建立生产运行机制,重点健全了生产计划、生产调度、生产例会、现场指挥、生产监督、信息反馈等环节的管理制度。

9 月份,召开经营管理工作会,落实五项工作。即制定经营承包责任制,建立专业路考核制度,加强收费管理,建立服务跟踪调查、分析、指导监督制度,建立经营工作例会制度。

10 月份,召开了党委工作会,建立党群系统运行机制。重点建立了各级党组织的日常工作制度、会议制度、汇报制度、检查监督制度、干部管理和党风管理制度、党风廉政建议若干规定、工团工作制度等 17 项。

(2)加强落实了七项专业管理工作。

在劳动工资管理方面,搞好职能分析和“四定”测算编制工作,实行工资奖金与劳动成果和效益挂钩,奖优罚劣。

在财务管理方面,坚决控制了不合理费用的开支。

在物资管理方面,制定了物资采购管理制度。

在生产服务现场管理方面,制定了生产服务现场管理标准,加强了检查和考核。

在安全生产管理方面,成立了安全生产委员会,进行了建章立制等基础工作,配备了安全设备、设施。开展了“三查一整改”活动。1994 年,公司实现了安全生产无事故。

在质量管理方面,狠抓过程控制,加强监督、抽查。施工合格率 100%。

在水电气管理方面,组织完成了对计量仪表的安装、维修工作,实行计量收费。1994 年底,公司完成服务收费 533.12 万元。

三个运行机制的建立,七项管理工作的落实,使公司找准了工作基点,既处理好眼前工作,又兼顾了公司长远发展。力图三年大发展的战略构想,夯实了组建之初的公司的基础工作,使公司在“四自”道路上迈出了坚实的一步。

【后勤服务】 公司所属各单位利用 80 天的时间,维修锅炉房 5 座,锅炉 24 台,燃煤机、电机、各种阀门 1033 台件,锅炉配套系统 17 套,管网保温修补 16 千米。完成屋面防水工程 1.4 万平方米,库房打地面 360 平方米,办公室维修 30 余间,旧楼房室内漏水维修 93 户。维修排水工程 6 项。

在设备机具维修会战中,维修设备 158 台,使 1 台价值 20 多万元的电焊机重新启用。修复好损坏近六年的 3 立方米压缩机,节约资金 5 万元。同时公司投资 7 万元对港南地区胜利路段、二道沟路段进行了维修,完善了路灯、道路、桥涵等公共设施。

【队伍建设】 公司狠抓班子的制度建设和思想建设,在具体工作中给予指导和帮助。在干部选用上本着留有余地,不断调整完善的原则,加强干部队伍建设。

通过开展形势任务教育活动,“爱港南、兴港南、发展港南”献计献策活动、中秋联谊会、元宵节秋歌会等群众性文体活动、扶贫解困、为孤老病残职工和一线职工送温暖活动等多种形势的主题活动,增强了职工的集体荣誉感。

(高风军)

港东生活服务公司

【概述】 大港石油管理局港东生活服务公司（简称港东生活公司）于1994年5月，根据港油局发（94）141号文件成立，为处级单位。其管辖北起港中路，花园东路，西至红砖厂路，南至马西路、东风四路，东至钻井供应分公司。主要服务项目有房、水、电、暖、天然气、液化气、食堂、幼儿园、粮菜店、浴池、公寓、自行车棚、茶炉房、道路、桥涵、路灯、环卫绿化等。

截至1994年底，有职工1782人，离退休职工370人，专业技术人员92人，其中中级职称2人、初级职称90人。

1994年，公司对科级干部实行聘任制，工作职能由计划经济的福利型，向市场经济的经营服务型转变，组建后的公司机关设6个部室，9个直属科级单位。

公司自1994年组建以来，按照油田“专业化管理，社会化服务，企业化经营”的总体目标，以社会主义市场经济理论为指导，以狠抓本行业优质服务为突破口，以提高综合经济效益为目的，在紧缩中求生存，在拼博中求发展，细化工作部署，理顺衔接关系，采取了一系列措施，促进了公司内部各项工作的正常运行。

【基建工程】 1994年港东区域内新建住宅楼8栋，跨年度工程4项，维修工程63项，共计预算造价2519万元。在建筑工程施工中认真把住每道工序质量关，对不合格的施工部位和建材坚决推倒重来，严格按设计施工，严把竣工验收质量关，确保了工程竣工率和工程合格率两个100％

【内部管理】 1994年，公司本着精干、高效的原则，对所有人员采取因事设岗，因岗选人，择优录用，层层聘任，合理组合。一方面抓群众思想观念的转变，另一方面抓工作效率和服务质量的提高，闯过了一道道难关。在半年时间内基本理顺了新的运行机制。

【多元开发】 公司结合实际，确立了“以提高服务质量求生存，多元开发求发展，站稳港东、立足油田、面向社会，尽快实现自主经营、以收抵支、独立核算、自负盈亏”的经营方针和“2281”工作目标。相继出台了机动安全生产、经营承包办法等10项管理措施和制度，实行了三级核算、四级承包，各基层单位模拟法人，整体进入市场。

【完成任务情况】 公司集中优势兵力，搞好计量器具的配置安装工作，共计改造各种线路管网27项，安装气表72块、水表227块、电表231块，基本解决了常明灯、长流水和用能无计量的问题，遏制了个体户无偿用水、电、气的现象，按照油田已出台的5种收费价格和31种协商价格，进一步理顺服务关系，划清服务范围，测算服务工作量，与被服务单位联系协调，起草了供水、供电、供暖、钻井队食堂服务、环卫、绿化等8种服务项目的经济合同文本，为今后工作奠定了良好的基础。

（王祖英）

港西生活服务公司

【概述】 大港石油管理局港西生活服务公司（简称港西生活公司）于1994年5月，根据港油局（94）141号文件成立，为处级单位。其管辖从红旗路以北，西围堤路以西地区。主要负责井下公司、水电厂、技工学校、采油一厂二矿、钻井一分公司、油建一大队及通信公司、公安处等所属基层单位的维修、水、电、暖、绿化、环卫排污、排涝、路灯、矿区维护、托幼、职工浴池、食堂、茶炉房、自行车棚等的管理和服务。截至1994年，公司有职工958人，专业技术人员117人，其中高级职称1人，中级职称14人，初级职称102人，离退休职工218人。

【建立健全组织机构】 公司为使生活系统工作尽快纳入正轨，机关组建了三部一室，同时按区域划分，方便管理的要求，组建了四个科级服务站，一个基建办公室和一个基层直属服务队，并调整和选配了各级干部。制订各部门、各系统的岗位责任制和各项管理制度1537条、392项，使各项工作有章可循。

【内部管理】 公司在强化管理上把水、电、气、暖的计量收费和安全工作作为管理的重点环节。经营部门协同各单位一起实地调查，摸清计量底数，完善计量装置，核实采暖面积、制定管理办法，据统计：共安装水电表1310块，修换水电表1200块，回收水费85万元，电费58万元，回收率分别达到80%和95%。公司在安全管理上实行了领导和科室长承包要害部门责任制，建立了公司安全网络，配备了专兼职安全员，制发了各项安全法规、条例、规定、办法等十几项，有奖有罚，使全员安全意识增强，1994年公司做到安全无事故。

【后勤服务】 1994年，为确保港西片区62万平方米和3万多居民的按期供暖，公司领导发动群众，组织采暖维修会战，并以此为突破口锻炼职工队伍。全公司46个大的维修项目，实行项目责任制，层层承包，确保工期和质量。房建系统职工组织施工，严把质量关，使1994年港西片新建6幢住宅楼质量全部达到优良，维修住房1200户，保证了职工安全渡汛。公司投资十几万元扩建了四站液化气站库房，新建了换气房，解决四站多年的难题。并投资数十万元购置了液化气瓶、炊事用具和儿童玩具、教具并维修了有关设施，改善了服务条件。

【精神文明建设】 公司注意发挥党员模范带头作用，给党员提要求、交任务并纳入目标管理考核，使党员在各项工作中能够较好地带动和影响群众，1994年，全公司涌现出先进单位3个，公司级先进个人75名，局级先进个人2名，“八五”立功先进个人1名。

（王分良）

港北生活服务公司

【概述】 大港石油管理局港北生活服务公司（简称港北生活公司）于1994年5月，根据港油局（94）141号文件成立，为处级单位。其管辖千米桥以北地区，包括油建公司、运输公司、通信公司、千米桥总库、港北医院、港北学校等单位及片区3000余户职工家属的水、气、电、暖等生活后勤服务工作。有职工544人，女职工322人，占职工总数59%；离退休职工198人，占职工总数36%。固定资产净值2283万元。公司机关设5个科室，下设5个基层单位。

【维修改造】 港北生活公司在采暖期前，完成采暖维修改造项目4个，总投资260万元，完成24栋楼房、60栋平房室外管线更换，安装大阀门130余个，焊接采暖管线19000米，涮漆5吨，完成2台锅炉的大修，7台锅炉的检修及配套设施的维修保养。

【后勤服务】 1994年，港北生活公司共为职工拉运、销售蔬菜112万千克，粮油30.1万千克，各类副食5.9万千克，发放液化气36579瓶，绿化面积9000平方米，真正履行了生活公司的职能。

【党群工作】 1994年6月，在公司党委领导下组建了3个党总支、12个基层党支部。各级党组织充分发挥党员模范带头作用。工会组织围绕公司的中心工作，提合理化建议48条，实施11条，小改小革17项，修旧利废27项，共创效10.89万元。

（佟　丹　李淑珍）

油气开发公司

【概述】 大港石油管理局油气开发公司（简称开发公司）组建于1994年7月，开发管理跨津、冀地区，动用含油面积达313000平方米，石油地质储量48336万吨，可采储量13725万吨，水驱储量28575万吨。开发公司设“七部二室”，下设第一采油作业区、采油二厂、采油三厂、采油四厂、滩海作业区、综合生产服务公司、天然气公司等七个单位，共有职工14704人。

1994年，油田开发工作以提高全系统的经济效益为中心，以深化改革为动力，强化经营管理，推进科技进步，加快产能建设，着力老区治理，加强思想政治工作，保证队伍稳定，确保了开发系统油气生产主动，经济效益看好的局面。

（1）油气生产持续增长。全年共生产原油420万吨，完成了年度计划的100%，比上年增加原油产量15

万吨;生产天然气39774万立方米,外输天然气31172万立方米,分别完成了年度计划的115%和122%,天然气增产量和外输量分别比上年提高了12.4%和14.9%。

(2)经济效益进一步提高。吨油成本均控制在管理局核定的519元/吨以下,实现销售收入30亿元,上缴内部利润2.06亿元,超缴利润4400万元,基本建设投资规模在9亿元以内,控制在管理局核定的范围内。

(3)技术水平再上台阶。年注水量达到2 157万立方米,水驱控制程度进一步提高;老区滚动勘探新增原油地质储量185.9万吨,新增可采储量31.6万吨;同时,自然递减和综合递减分别控制在15%和5.5%以下,比上年下降了4.13和1.08个百分点;综合含水上升率控制在1%以下,使老油田在完成1994年的油气生产任务中发挥了重要作用。

(4)产能建设取得新成效。在区块碎小、分散、地质情况复杂的情况下,优化设计、调整方案,全年钻新井152口,建产能37.7万吨,当年新井产油达到30.98万吨。

(5)油田管理水平进一步提高,油井综合时率达到了70.11%,躺井率控制在10.76%以下,措施施工764井次,措施平均有效率达到了76%,平均有效期达到了167天,措施增油40万吨,平均检泵周期达到467天。

(6)科技项目推广效果显著。适应不同油藏的开发工艺得以大力推广。全年四个采油厂共推广新技术、新工艺近百项,增产科技油35万吨,增收节支3000多万元。

【产能建设】 1994年,针对各油田的不同特点,摸清不同油藏的开发规律,分别采取不同的调整、治理、攻关工作,重点抓了四个环节。

(1)强化油藏管理,注重地质分析,有的放矢抓好油田开发。从4月份开始,组织各采油厂、地质研究院、物探公司、测井公司、油藏工程部等单位参加的地下潜力大调查,摸清了各油田的现状、问题和潜力。各采油厂(作业区)多次组织开发动态分析和调查,及时调整治理措施。与此同时,大量运用同位素、C/O、剖面测试等手段,大搞油田动态监测,全年完成各类测试工作量达4753井次,进一步明确了调整治理的方向。

(2)强化控水稳油,延长老油田稳产期。在注重地质研究,加强油藏再认识的基础上,先后对8个油田的12个区块进行了控水稳油挖潜工作,坚持以治理地下为本的原则,结合高含水油田的地下矛盾,以提高注水利用率、改善水驱状况、增加可采储量为目的,从调整注水结构和产液结构入手,实施了卡堵水、深度调剖、压裂挖潜等配套措施285井次,并且提高时效,尽快实施,尽早见效,收到了较好的效果。12个区块自然递减由上年的23.1%下降到18.7%,下降了4.4个百分点,含水上升率控制在1.5%以内,累计增油6.3万吨。

(3)强化有效注水,缓解开发矛盾。首先加强了提高注水能力的建设,新建注水站1座,配水间4座;其次,实施层间改造,对重点区块的低吸水层进行了酸化压裂等增注改造,加强了高含水区块、井组的有效调配,共实施分注、调剖、压裂酸化改造近80井次,分层测试合格达到了73.6%;再次,继续完善采注井网,建立合理的驱动压差,增大注水波及体积,共投转注水井38口,使水驱产量占总产量的79.4%,水驱控制程度比上年提高1个百分点,水驱控制储量达到了28757万吨。

(4)强化产能建设,力争搞好储量接替。1994年的产能建设尽管遇到很多困难,但由于开发系统坚持既要产能,更要效益的方针,动手早,抓得紧,方案优化合理,调整及时,工作取得较好效果,本着高产高效、投产配套、重点安排、提前实施的原则,狠抓了项目管理,认真履行甲方职责,加强核算、量入为出、严格把关,到10月底,当年产能建设工作已经收尾。1994年共钻井152口,完成进尺40.1万米,比计划减少钻井8口,节省进尺1.4万米,建产能37.7万吨,完成了计划任务的100%,当年产油30.98万吨,产能当年转化率提高到82%。

【生产管理】 1994年,开发系统普遍实施了目标承包责任制,并在创效降耗方面具有以下特点:一是层层分解压力,逐级承包指标。根据油气开发的特点,进一步完善新形势下的经济承包责任制,不断完善各管理层次的责权利关系,形成了经营目标共同体。各单位在增加原油产量、降低成本支出上想真招抓实事,上下结合,通力协作,将传统的“干完再算”的思维方式转变为“先算后干”的方法,并创造了相应的管理办法。第一采油作业区在对25类455种产品(劳务)价格重新审计的基础上,将39项变动费用和原油生产及开发指标分解,以承包合同的形式落实到部门、单位和个人,形成了一个创效降耗网络,收到了很好的效果,全厂上缴内部利润9900万元,超缴利润400万元。天然气销售公司在理顺天然气销售价格上下功夫,依据有关政策,争取合理销价,该公司上缴内部利润达到9000万元,比计划5500万元超额3500万元。二是强化日常生产监护管理,提高油水井的管理水平。1994年,制定了

《小修井设计规定》，从而使我局的修井设计规范、统一、有章可循，修井设计做到了层层把关，减少漏洞。同时，加强了修井过程工序监督，提高作业有效率。各采油厂(作业区)分别采取符合各自特点的办法，逐步提高修井质量。采油三厂依靠内部机制的转换促进修井质量的提高，采取了修井公司到采油矿挣取劳务的形式，在各矿设置修井监督岗，专业从事修井过程监督，实施作业区域相对固定，进行“三标三签一跟踪”全程质量监控，开展优质高速红旗作业队竞赛活动等办法，提高了作业质量，平均占井周期比上年缩短了0.92天，优质井率和平均泵效比上年提高了6.3个百分点。三是强化日常生产现场管理，提高油水井的综合时率。各采油厂和作业区针对日常生产管理中暴露出的问题，结合现场特点，创造相应管理办法。第一采油作业区全方位开展了“十字拿油”工作，充分挖掘老井、边远井、间开井的生产潜力，全年十字拿油7.9万吨。采油四厂全面推行油气井的A，B，C分类管理，每季一分类，每月一检查，动态制订油气井监护措施，大大提高了油气井的生产时率和利用率。通过以上工作，开发系统的油气井管理水平不断提高，油井综合时率达到了70%以上，躺井率控制在10%左右，有杆泵检泵周期延长至467天，油田自然递减控制在15%。三是广泛发动群众，积极开展群众提合理化建议及修旧利废工作。采油二厂为搞好内部挖潜、节支增效工作，在各矿开展了“我为降低成本献一计，挖潜增效1000元”的群众性合理化建议活动，鼓励广大职工结合生产实际出主意、想办法，积极献计献策，共评选出200项优秀建议，创经济效益260余万元。各采油厂和作业区纷纷发动群众开展修旧利废，仅第一采油作业区回收废旧物资一项就创效益100余万元。四是眼睛向内，大搞挖潜。1994年，开发系统在资金不足的情况下，狠抓了内部挖潜工作。采油三厂调动各方面的力量开展了以提高经济效益为中心“十大挖潜”活动，以无形的思想观念的转变，促进有形的工作目标实现，在挖潜降耗、降低躺井、恢复停产、重复利用闲置设备等方面见到十分明显的效果，仅降低躺井减少作业费用一项就节资1100万元。通过努力，各采油区、作业区、公司超额完成了管理局下达的内部利润计划，共超缴4400万元。

【科研工作】　技术攻关与新技术推广是提高开发系统经济效益和开发水平的重要环节。1994年开发系统走出一条“由零星试验向规模推广发展”科技兴油之路，通过新技术推广见到明显效果，具体情况如下：

(1)第一采油作业区以提高采收率，强化平面、层间治理为重点，60项科研和推广项目全面展开，其中，港西注聚合物驱油、油井化学堵水、油井解堵、泡沫冲砂等技术效果显著，年增科技油11.5万吨。

(2)采油二厂以控水稳油、综合治理、改善特高含水期开发适应性为重点，开展深部调剖技术推广，进行封堵大孔道先导试验，大搞卡堵水层间治理等等，进行科技攻关5项，推广新技术21项，累计增油5万余吨，创效益500余万元；

(3)采油三厂以攻克“高粘、高含蜡、非流体、非均质”油藏开发工艺为重点，大力推广“双热”采油工艺、微生物采油技术、油层化学解堵、井筒化学降粘等新技术，全年科研技术攻关6项，推广新技术23项，总投入1820.8万元，科技增油16.1万吨，投入产出比达到1:5.1。

(4)采油四厂以油藏研究为重点，应用三维地震资料进行构造落实和横向预测，应用电测曲线数字处理等方法进行油藏描述，全年投资112万元，推广应用新技术10项，也见到较好的效果。同时，大张坨凝析油藏循环回注开发项目已经投产，为该区投入开发和提高凝析油采收率提供了可靠保证。

（刘文涛）

第一采油作业区

【概述】　大港石油管理局油气开发公司第一采油作业区(简称采油一区)是隶属油气开发公司的处级单位。截至1994年底，采油一区有职工3578人。其机构设置为五部一办，下设港东、港中、港西3个生产区，拥有固定资产原值131764.38万元。至年末，采油一区共有油井826口，生产井681口，平均单井日产原油6.0吨，油田日产水平4073吨，采油速度0.77%，累积采油4536.84万吨，采出程度24.19%，可采储量采出程度68.52%，剩余可采储量采油速度6.46%，日产液30646立方米，综合含水86.74%，年平均含水

85.87%，含水上升率2.58%。注水井279口，开207口，平均单井日注水132立方米，油田日注水平27289立方米，月注采比0.72，累计注水10638.33×10^4立方米，累积注采比0.76，累积地下亏空5179.10×10^4立方米。年生产天然气25983.25×10^4立方米，外输天然气13794×10^4立方米，有分注井119口，286层段，分注合格率68.4%。据167口油井统计(实测井39口，液面折算128口)：目前地层压力13.59兆帕，平均地层总压降3.85兆帕，目前流压10.26兆帕，生产压差1.96兆帕，平均注水流压20.5兆帕，注水井静压16.89兆帕。

全年生产原油144万吨，完成了调整计划的100%；实现“八五”期间全区年产油大于140万吨的稳产目标。外输天然气1.38亿立方米，完成计划的128.9%，比1993年增长了21.1个百分点。新建产能10万吨，完成计划的105%，比1993年增长1.4个百分点。剩余可采储量采油速度达到6.59%，比1993年增加0.25个百分点。自然递减率、综合递减率、油井躺井率分别控制在18.51%，8.78%，3.96%以下，油井综合时率、水井综合时率分别达到76.2%，68.7%，比1993年分别增加了15.3个百分点、6.9个百分点。全员劳动生产率增加值92100元/人，比局下达指标数人均超额完成1.26万元。人均年收入7599.8元，比1993年人均增长1051.8元。

【生产建设】 地质工作不断向前延伸，新区取得较大突破，老区有了新的发展。一是抓好产能建设工作。1994年全区产能建设设计钻井47口，后调整为44口，总进尺10.178万米，新建产能9.94万吨，当年产原油6.363万吨。截至年底，44口井全部完钻，总进尺9.26万米，累计投产52口井(包括1993年遗留和探井利用7口及1995年提前实施8口井)，初期日产油580吨(实产)，年产油10.0万吨，完成计划的100.68%，实现年累计采油8.66万吨。44口井共计钻遇一类油层175层573.4米，二类油层101层369.8米，气层49层163.4米，平均单井钻遇一类油层4层13米。二是强化滚动开发。不断深化油藏研究，使挖潜、增储向深层、边部、小断块延伸，使滚动勘探取得了新成果。提出滚动井位50口，预计增加含油面积1.1平方千米，增加地质储量120万吨，滚动井成功率达89.5%，为稳产起到了十分重要作用。三是积极开展稳油控水工作。共确定港东二区一、港西一区一和港西五区一等三个断块为控水稳油重点块，制定出以补孔、卡堵水、提液为主包括调水、分注、调剖等11项措施在内的措施83井次，实现累计增油1.73万吨。四是大力开展措施挖潜工作。采油一区1994年共实施各类综合措施476井次，有效345井次，日增水平826吨，年累积增油14.62万吨。

【科研工作】 科研攻关和新技术推广取得了重要进展。一是科技进步工作由以往以采油工艺为主逐步向采油工艺与油藏工程同步发展转化，不断采取新形式，充分挖掘油藏潜力，开展了数值模拟技术、三维地震处理解释技术、高含水区块剩余油分布的研究、油藏综合评价系统的研究与推广。二是新技术推广不断向规模化、区块化、配套化发展。三是注重新技术的引进。四是认真落实了技术干部的“五个一”工程。完成了54项局、厂级科研、推广项目，实现科技增油11.5万吨，超计划1.5万吨。

【内部管理】 调整了企业组织机构，建立了一种新的管理体系。着重解决了精干机构编制，压缩非生产人员，确保基层队不乱、正常生产秩序不乱、两级机关人心不散的问题，组建了港东、港中、港西三个生产区，其管理人员由原来的115人，减少到72人；将厂机关进行了改革和分离，由原来的18个职能科室改为五部一办，其管理人员由原来的148人减少到119人。

加大力度，积极探索，大胆创建了新的运行机制。着重解决了“转变观念太慢、运行机制跟不上体制变化、原油产量严重滑坡、效益指标完成不好”的问题。一是建立和完善了管理层和操作层职责分明的运行机制，狠抓了“三个定位”即组织定位、职责定位、行为方式定位。二是初步建起了横向间密切配合的协调运转机制。三是初步建起了有利于生产发展的新型经营管理机制。

制定了各单位的工作界面，明确了各部门的责、权、利关系。一是突出了“分清界面、理顺横向关系、强化预算控制、确保效益指标完成”的重点工作，着重解决了划清工作界面问题。二是加强了定员定额管理。三是建立了易岗易薪、岗酬结合的三岗制动态管理运行机制，制定了操作人员凭证上岗制度和考核办法。

千方百计筹措资金，保证全区生产、经营计划的落实和实施。一是把资金指标层层分解，纵横双向纳入责任制管理，定期考核奖惩兑现。二是强化厂内银行职能发挥贷款利率的杠杆作用，以加快全区资金周转速度。三是加强资金调度，及时清理债权债务，减少结算环节的资金占用。

加强财务核算和财务管理，努力降低生产成本，提高全区经济效益。一是进一步加强和完善了目标责任成本管理。二是深入调查研究，及时掌握成本动态，分析成本上升的原因，发现挤占成本和乱摊成本等问题及时进行整改。三是广泛发动群众，认真开展双增双节工作。

建立和完善了财务管理、财务核算体系。制订了采油一区财务管理办法和实施细则，保证了全区财务核算工作的正常运行。

加强安全管理，实现“三个为零”。一是认真抓好并落实了安全生产八个到位工作。二是认真开展了安全再教育活动和安全知识竞赛活动。三是认真落实安全生产责任制。

加强计量管理，实行科学计量。建立健全了计量监督网络，规范了计量标准设施，制订了有效的计量管理制度，加强了检定人员的培训，采用了科学计量的方法。

加强生产现场管理和其他各项管理工作。一是进一步明确和强化了生产现场管理的组织和领导工作。二是按照树立典型加以引导的思路，促进整体工作水平的提高。三是结合新的生产管理特点，及时建立了油水井上修监督体制。四是加强日常生产现场管理。

（王爱民）

第二采油厂

【概述】 大港石油管理局油气开发公司第二采油厂（简称采油二厂）是隶属油气开发公司的处级单位。其担负着东至海边、西至孔店、南至扣村、北至乾港方圆400平方千米内的油气开发生产任务。

管辖着羊二庄、羊三木、孔店、王徐庄、扣村等5个油田和张巨河试采区。共有含油面积48.3平方千米，开发储量8859万吨，可采储量2641万吨。截至1994年底，共有油井346口，注水井117口，计量接转站45座，输油大站4座，配水间40座，累计生产原油2276.08万吨，累计生产天然气178270.77万立方米，累计注水6716.19万立方米，采油速度0.77%，采出程度25.7%，综合含水比91.9%。

拥有固定资产原值59520.51万元，职工总数2754人，其中管理人员和专业技术人员共613人，全厂辖3个采油矿、5个大队、4个公司、1个地质所、1所学校、1个医院、1个文体中心，厂机关设21个职能科室。

1994年，各级党政组织团结奋斗，以完成原油生产任务为重点，深化内部改革，转换经营机制，强化企业管理，推进科技进步，改善思想政治工作，全面提高队伍素质，调动了各方面的积极性。全厂呈现出改革全面深化，生产稳步发展，职工精神振奋，队伍稳定团结的良好局面。

全年圆满完成原油生产任务。计划生产原油66万吨，实际生产原油66.018万吨，完成计划的100.03%；注水量：计划注水320万立方米，实际注水328.7075万立方米，完成年度计划的102.72%；滚动勘探新增含油面积0.5平方千米，新增地质储量62万吨，可采储量14万吨；全年钻新井17口，进尺4.0779万米，建成产能4.186万吨，新井产油3.1万吨；实现销售收入32968.4万元，实现内部利润706万元；油田综合递减率控制在4.67%，含水上升率控制在0.33%，油井综合时率82.3%，平均检泵周期达到572天；完成科研攻关5项，推广应用新工艺新技术23项，实现科技增油4.82万吨，增收节支276.6万元。

【油田综合挖潜】 本着高效高产、集中实施、整体配套投产的原则，重点在羊G5、歧127、扣G1、歧5四个区进行了产能建设，共完钻17口，投产15口，投注2口，建成产能4.186万吨，新井当年产油3.1万吨。

为搞好稳油工作，成立了控水稳油工作领导小组，统筹安排，整体部署，重点抓了庄一断块、孔一断块和歧647断块三个区块控水稳油工作，总工作量58井次。三个区块共累计增产2.083万吨，少注水16.4472万立方米，少产水16.7502万立方米，达到了控水稳油的目的。

充分利用三维地震资料寻找潜力，重点在歧5断块和歧50断块搞了滚动勘探开发，新增含油面积0.5平方千米，新增地质储量62万吨，可采储量14万吨。

围绕油田进入特高含水后期开发这一重大课题，大力开展了5项科研攻关，积极推广应用了23项新工艺新技术，累计增产原油4.82万吨，增收节支276.6万元，减缓了老油田递减。

全厂共实施各类油水井措施108井次，实施群众性稳产措施1890余项，合计增产原油4.588万吨。

【内部管理】 本着务实，求效的原则，从严格工艺纪律、劳动纪律入手，狠抓了“环境整洁、纪律严明、物流有序、设备完好、信息准确、生产均衡、核算认真"为主要内容的管理工作。共补充行业标准70项,制定工作标准17项,使标准覆盖率大大提高。

举办各类培训班50余期,培训14286人次,同时,组织岗位练兵25次,有1325人次参加。

1994年,采油二厂荣获管理局安全知识竞赛最佳组织单位。安全管理、消防管理、交通管理均被评为局级先进单位。环保工作获管理局先进"清洁无害化矿区"先进单位,设备管理获管理局先进单位和天津市设备装备素质优秀单位。

(范兰锁 乔 华)

第三采油厂

【概述】 大港石油管理局油气开发公司第三采油厂(简称采油三厂)是隶属油气开发公司的处级单位。其开发管理着5个油田(王官屯、小集、枣园、段六拔、舍女寺),60个开发单元,总面积20.5平方千米,动用储量1.744亿吨,采出程度11.8%,采油速度1.2%,综合含水67.3%,年自然递减为12.4%,综合递减在4.27%左右。共有油井748口,实际685口,正常开井数520口左右,注水井总数321口,实际302口,正常注水201口左右。

截至1994年底,职工总数5002名,其中固定工3050名、合同制工人1600名、劳务工352名;有干部1408名(含技术干部),其中正式干部989名、聘干419名;有大、中专生908名。机关有14个科室,主要生产单位有3个采油矿、修井公司;辅助生产单位有工程安装公司、特车大队、测试大队、工程技术大队、地质所、物资供应站、文教、卫生等共21个科级单位。有采油队15个、作业队15个、输注队8个、计量站78座、注水站18座、注水泵95台,配水间61座。拥有固定资产原值27.92亿元。

全年原油均衡生产形势好于往年。全年累计生产原油175.5万吨,平均日产水平4808吨,完成局计划174.5万吨的100.6%。经济效益状况好于往年。全年吨油成本基本控制在519元/吨的计划线以下运行,累计降低成本500万元。油田开发水平好于往年。各项管理指标全面达标,其中老井自然递减为12.6%、综合递减为4.0%、含水上升率为2%,分别比1993年降低了6%,2%,1%。科技进步发展势头好于往年。1994年共推广应用新技术、新工艺30项,增产科技油16.1万吨,比上年多增科技油4.1万吨、多节资396.7万元,超额完成局下达科技增油10万吨任务。

【内部管理】 为突出采油矿的主体地位,1994年初就制定出转机建制的改革方案,3月份开始全面推行,形成内部"油公司"机制,市场的主体和载体泾渭分明,各有压力。采油矿担当起修井作业、维修工程、车辆运输和测试、科研等费用指标的把关;施工服务单位全部取消计划投资,以修井公司为龙头,特车、维修、测试等单位被推上自主经营、自负盈亏、"自己挣钱养自己、既养自己又交利润(资产增值)"的经营道路。

1994年进行物资系统专业改革,全部撤销了矿、大队、直属单位的三级库共计11个,与原供应站合并组建物资供销公司,实行专业化管理、门市化服务,按物资类别划分设立专业经销部和供销门市部,使供应系统形成一个采、供、销独立核算的经济实体。同时厂部停发供销公司工资奖金,让其走税后利润,并缴足厂管理费后,发放工资奖金的自主经营道路,从而有效地促进了供应系统经营作风转变。

1994年,强化经营管理,实行成本否决。全厂吨油成本始终在计划线以下运行,实现了全年节省总成本500万元的经营奋斗目标。同时,从能耗、躺井、停产井、闲置设备器材、低泵效、无功低效作业、油田治安、质量管理、安全生产和人的积极性十个方面挖掘潜力,全面加强组织领导,狠抓落实到位,各种油耗比上年度下降340余吨、清水下降近12万立方米;全年累计减少躺井420多井次,避免了1200多万元修井费用支出;恢复长期停产井、报废井达30余口,增加日产能力170多吨;全厂修旧利废创经济效益536万元。

【生产管理】 1994年,在六个区块进行了综合治理,对三个区块实施了控水稳油,为治砂、治水、治理层间矛盾和确保稳产积累了经验。特别是7月份以来,全厂上下针对油田稳产出现基础上不牢、日产量下滑等问题,积极筹措资金,加大综合治理力度,投入500万元增加防砂18口井、投入400万元增加大修10口井,结合其他治理措施的加快实施,很快扭转了生产被动形势,夯实了稳产基础。四季度,厂部下大决心筹措

2000多万元资金进行百口井治理，保证了1994年任务的完成。

1994年，投转注水井18口，完善了6个区块的注采关系；新增分注井7口，缓解了层间矛盾。注水的配注合格率、分注合格率分别比上年度提高23.3%和9.0%。

1994年，产能建设从设计、钻井试油到井站定位、地面工艺安装、流程施工直至投产，做到了紧密衔接，排表运行，概括为动手早、抓得紧、上得快、效果好。全年投产新井57口，当年形成能力、当年产油都超额实现计划指标。

严格修井质量管理，质量监控，实行质量一否决。特别是紧紧围绕"提泵效、延周期"，提高修井作业质量方面，全厂采修战线普遍加强了工作力度，形成系统工程，采油矿、队实施作业质量监督机制，修井公司从设计抓起，应用"三标三签一跟踪"全程质量控制法，全面跟踪作业质量。健全了安全保证体系。实现了工伤千人死亡率为零、工伤千人重伤率为零，重大火灾爆炸事故为零，千台车死亡率为零的安全工作目标，其他中小事故也呈下降趋势。采油三厂安全生产被评为局级先进单位。

【科研工作】 1994年，继续实施科技兴厂战略，走出了一条规模推广发展之路。全面推行了风险有效率承包，初步建立起了科研工作的激励机制和约束机制，以效益为中心，加强了项目立项把关。以枣园"550"科技工程、电热杆采油技术、化学解堵、新型防砂技术和抽油杆防断脱技术应用等项目为重点，带动其他项目立体推进，整体联动。全年投入科技经费1820.8万元，其中下半年追加投入200万元，完成局科研项目4项，推广应用项目30项，科技增油超计划6.1万吨，投入产出比达到1:5.1，获直接经济效益1396.7万元。

（王坤龙　冀芝霞）

第四采油厂

【概述】 大港石油管理局第四采油厂（简称采油四厂）是隶属油气开发公司的处级单位。主要负责板桥油田、塘沽油田、唐家河油田及长芦油田的油气开发、天然气加工及内外输气工作。管理151口油气井、37口注水井、42座计量站（包括计量接转站）、1座油气综合集输大站、1座天然气加工处理站。截至1994年底，采油四厂有职工1975人，专业技术人员452人，其中具有高级职称33人、中级职称112人、初级职称307人。厂机关设18个科室，9个科级基层单位，17个直属基层小队。拥有固定资产原值6.9亿元。全厂主要生产原油、天然气、轻烃、液化石油气等产品，年原油生产能力34万吨。

1994年，厂生产建设进入新的发展阶段，在连续13年实现稳产20万吨以上的基础上，产能建设在板桥、塘沽、长芦、驴驹河、唐北五个油田同时展开。在"老区硬稳定夯基础，新区快发展上台阶"的思想指导下，深化地质研究，优化井位设计，分别在港22—1和板19—1断块打出高产井，进入6月份后原油日产第一次突破1000吨大关。

1994年，厂共生产原油34万吨，完成年计划的100%；生产天然气2.45亿立方米，外输天然气3.12亿立方米，分别完成年计划的106%和121.8%；生产轻烃2.35万吨，完成年计划的107.5%；生产液化气2.17万吨，完成年计划的144.6%；完成油田注水62.3万立方米，为年计划的103.9%；新建原油生产能力11.3万吨，新建计量站、注水站、单井拉油点9个，全部投产运行。综合递减率为1.9%，油田含水上升率为0；措施井成功率达90.5%；油水井资料全准率达97%以上；油气井平均检泵周期达660天以上。两个控水稳油区块注水量上升、含水下降，实现产量不递减。实现销售收入24627.7万元，比计划多收入1513.7万元，实际比计划超额完成利润574万元。

【技术改造】 大张坨凝析油气田循环回注开发工程项目，是列入石油天然气总公司的重点科研推广项目，经过与外商反复谈判，与美国库伯公司签订供货合同。年初在独流碱河泄洪区内的人工岛上破土动工，循环注气设备抵达天津新港后，由于大港水库蓄水，泄洪区通往人工岛的道路被淹没，为了不影响建设工期，在实地测量科学计算的基础上，注气设备强行上岛获得成功，到年底整个工程进入扫尾阶段。

压气站技术改造项目是大张坨循环回注工程的姊妹项目。1993年立项，关键设备从国外进口，与大张坨循环回注设备同时谈判签订供货合同，开始正式兴建。设备投产后，轻烃回收率将比旧设备大幅提高，同时为大张坨循环回注提供合格的干气。

【内部管理】 1994 年,在继续实行承包经营责任制的同时,配套政策进一步充实和完善。承包考核范围逐步扩大,单位覆盖面达 100%。考核指标体系中,突出了管理和效益指标,指标考核在全厂分为三个系统进行初次分配,然后各系统内部按指标完成情况实行二次分配,考核分配趋于合理。

按照油田的整体部署,7 月份开始,对生活、房产系统人员整体分离,全厂共分离职工 178 人。工资制度实行了工效挂钩政策,浮动工资管理,采油厂对基层单位实行季考核、月兑现的考核分配政策。从二季度开始推行内部效益工资政策,全年共支付内部效益工资 102.3 万元。

加强投资管理,注重投资效果。具体采取四项措施:

(1)计划资金切块使用,各层次都设专人控制。

(2)对资金投向进行全方位的经济效益论证。

(3)资金跟着项目走,按轻、重、缓、急列出资金运行计划,整体平衡,确保重点。

(4)坚持每季开展一次厂级经济分析,基层单位每月开展一次经济分析活动。

现场管理得到强化。全年共组织三次基础工作大检查,分别对 28 个基层单位、48 个基层班组进行检查,树立了以板三注为代表的一批先进典型。采油一线单位推广了专业化管理和定额定员管理。适合本厂的油田现场管理方法逐步定型完善,总结推广了 ABC 分类管理法等。

【科研工作】 深抽工艺技术在油田开发中推广,清管器在输油管线中成功运用,电加热带在长芦油田首次运用,促进了生产的发展。全厂 8 项科研项目和 30 项新技术推广项目都有不同程度的进展。其中 7 项科研项目和 10 项新技术推广项目达到管理局的验收标准。

【多种经营】 采油四厂在“背靠油田、面向市场”的发展方针指导下,本着“依托油田的技术资源优势,抓住有利时机,狠抓高技术、高附加值的大项目,迅速形成规模经营,实现超常发展”的指导思想,确定了轻烃深加工、玻璃制品厂、乳化沥青厂等项目。

【精神文明建设】 采油四厂党委在全厂继续深入开展“党的形象工程”建设和推行党建工作“主体网络”,在基层党支部重点开展了“树立集体形象,争夺五面红旗”活动。在全体党员中开展了“创一流成绩”、“责任区”、“义务奉献”活动,发挥了党组织的战斗堡垒作用和党员的先锋模范作用。1994 年采油四厂党委被天津市委、市工委分别授予“先进党委”称号,第四采油厂被天津市评为市级优秀企业和“八五”立功先进单位。

(孙建德　朱和勇)

勘探公司

【概述】 大港石油管理局勘探公司(简称勘探公司),于 1992 年 10 月在原大港石油管理局勘探部的基础上组成建立。勘探公司作为大港油田的一个直属单位,既具有局机关的管理职能,同时又具有独立经营的职能,是代表大港石油管理局从事油气田勘探工作中的甲方管理单位,负责组织承担油气勘探全过程的设计、施工、作业及管理,并向大港石油管理局提交高质量的油气探明储量和可采储量。截至 1994 年底,勘探公司有职工 73 人,管理干部和专业技术干部 67 人,工人 6 人,机构设置为:综合办公室、生产部、综合部、经营部、中区项目部、南区项目部、北区项目部、北塘项目部、赵东合作区项目部、共 9 个部室。

1994 年,公司的工作按照“以滩海地区为重点,积极开展新区、新领域的勘探工作,搞好‘八五’后两年及‘九五’的勘探战场衔接,争取勘探工作的良性循环;集中主要勘探力量,重点钻探张巨河、长芦—塘沽两个区带,力争拿下一批整装的储量区块,同时继续搞好板桥—北大港等老区的滚动勘探,确保完成 1994 年度新增探明油气储量任务;积极推广应用勘探新技术、新方法、新理论,形成七大配套技术系列,不断提高勘探效益。进一步推动勘探市场的健康发展,提高经营管理水平,加强对外合作,开辟多种资金渠道,加快勘探步伐,促进油田发展”的基本思路展开。一年来,勘探公司较好的实现了基本思路中提出的各项目标,在陆上和滩海两个战场都取得了重要成果。

【生产经营】 在 1993 年的基础上,加强了勘探项目管理。把储量、效益、投资指标逐一落实到各勘探项目组,实行了全员风险抵押。进一步完善了各勘探项目组的区块承包办法,明确了项目经理的资金使用权、研究课题下达权、井位设计初审权、现场施工监督权和工程竣工验收权等五项权力，加强了预算管理、合同管理、质量管理、监督管理、结算管理和市场管理，形成了以项目管理为核心的运行机制。

1993年，各勘探项目都建立了相应的项目研究组。1994年对各勘探项目研究组作了充实调整，形成了以地质师领导的、物探工程师、测井工程师及油藏工程师“四师一体”的项目研究组，四个专业联合展开综合研究、井位设计、圈闭和油藏描述，提高了设计水平。成为今年勘探取得较好效益的关键因素之一。

【科研工作】 1994年，以总公司组织的新技术推广项目“张巨河地区油气勘探综合配套技术”为龙头，大力推选以储层横向预测为核心的油藏描述技术；以保护和发现油气层为主的井筒技术；以证实和改造油气层为主的测试技术等三个技术系列的16项综合配套技术，推动了勘探系统的技术进步。特别是张东油藏描述技术，得到了总公司的肯定和表扬，并成为总公司用高技术加少量探井探较多储量的一个典型范例。

【经营管理】 1994年，勘探公司先后完成了三个合作或风险勘探项目：与总公司新区事业部在新港的合作项目，勘探面积228平方千米，目前已完成三维地震166.72平方千米，钻探井1口，进尺4140米，吸纳资金7424万元；与美国陆安公司在赵东的风险勘探项目，勘探面积197平方千米，目前已钻探井2口，分别获得工业油流，已探明储量716万吨；与香港中信公司在北塘的风险勘探项目，勘探面积437平方千米，目前管委会和项目组业已成立，1995年即将开始三维地震勘探和钻探。

【完善勘探市场】 1994年，勘探公司所有的勘探工作量，都是通过招标、议标，以甲乙方合同的形式安排的，为了规范局内市场，逐步和外部市场接轨，勘探公司和各施工作业单位一起，全面修改了标准合同文本，制定了招标、议标的规范和程序，勘探公司成立了评标委员会。管理局修订完善了勘探工种的定额标准，形成了操作性强、有权威的、可供调节的实用体系。一年来，甲乙方没有发生任何合同纠纷。为了与兄弟单位交流技术和管理经验，经管理局批准，勘探公司对三口探井公开招标，取得了较好的效果。局内勘探市场的形成，促进了观念的转变，增强了市场意识和深化改革的紧迫感，提高了施工速度和施工水平，为进入渤海湾钻井市场准备了条件。

（赵利民）

销售公司

【概述】 大港石油管理局销售公司（简称销售公司）是管理局直属处级单位，对内称运销处。截至1994年底，公司有职工61人。公司机关设办公室、经营计划部、财务部、运输部、原油部；下设单位有：天津经济技术开发区港发实业开发公司（港发公司）、北京大港石油销售公司（北京公司）、大港油田销售公司山西公司（山西公司）、大港油田销售公司江阴公司（江阴公司）、大港油田销售公司盐山公司（盐山公司）。主要职责：归口管理原油和石油产品销售，承担国家原油配置计划的组织落实，实现产销平衡，保证油田炼油厂正常生产。

【主要指标完成情况】

完成原油统配率93.74%，完成原油统配商品量397.95万吨，为年计划的101.36%。

销售成品油42.08万吨，其中国家配置4.6万吨。

上缴利润5995.7万元，为年承包指标的214.13%。

（刘洪庆）

天然气公司

【概述】 大港石油管理局天然气公司（简称天然气公司），主要负责油田天然气管理销售工作。1994年天然气公司认真学习《邓小平文选》第三卷，以党的十四届四中全会为指针，围绕公司1994年生产经营承包指标，以提高经济效益为目的，充分调动天然气系统广大职工的积极性，进一步解放思想、转变观念，完善天然气管理体制，加强生产、经营管理，各方面工作都取得了可喜的收获。“大港油田伴生气计量”项目荣获中国石油天然气总公司优秀项目奖。

【天然气生产管理】 1994年，公司紧紧抓住“气量”这个物质基础，加强宏观控制，强化指挥系统，协调产供关系，确保生产外输，围绕各项生产指标的完成做了大量卓有成效的工作。

(1)加强生产计划、组织、产气、供气衔接平衡工作。1994年，天然气生产系统按照“宏观控制、综合协调、效益为主、服务用户”的宗旨，开展天然气生产，合理进行调配，最大限度地发挥每方天然气的效益。

1)加强产气、供气量的计划性。根据国家计划，对采油一厂和采油四厂每天产气和外输气量进行测算，再根据季节的不同，产需量的不同，按月、季安排计划，每旬、每月进行检查通报，保持均衡生产，超“前”意识，完成国家计划。

2)健全生产汇报制度。形成自下而上，自上而下的生产动态联络网，及时掌握天然气生产动态。一方面进行宏观控制，另一方面根据产需实际进行产、供气量的平衡调节。

3)抓好压气站、沧州大化停产检修期间天然气的产、供调节平衡工作。检修前认真组织检修工作量的落实准备，技术、安全措施的研究实施，气量的调节平衡。保证安全进行检修，安全输好气，减少气的放空浪费。

(2)天然气开源工作。目前管理局供气区已进入开发末期，自然递减高达38%，1994年通过做工作，综合递减降到25%，减少13个百分点。

1994年，为保持天然气的稳产、减缓自然递减，认真抓好了天然气的开源工作。全年共投产新井44口，年增产天然气5845.1万立方米，其中投产气井6口，年增产天然气3595万立方米。采油四厂年投产新井35口，并增产天然气3890万立方米。其中投产井6口，年增加天然气3595万立方米。采油一厂全年投产新井9口，年累计增产天然气1955.1万立方米。

由于全面认真组织好了天然气开源工作，加快了运行步伐，1994年，天然气开源工作增产天然气量比1993年增加785.9万立方米，成为1994年天然气实现稳产、超产的主要因素。

【科研工作】 1994年，天然气理论研究取得了成果。完成了“大港油田天然气可采储量的标定”、“大港油田气井停喷压力的计算方法”、“大港油田伴生气窜井累计产气量匹配的测算方法”、“板桥凝析油气烃类流体研究”等基础研究工作，为提高油气田开发水平，指导生产发挥了作用。

（于　伟）

房地产开发公司（工程建设监理中心）

【概述】 大港石油管理局房地产开发公司成立于1992年12月21日，该公司为直属处级单位，是具有委托法人资格的全民所有制企业。公司下设办公室、财务部、经营计划部、工程部和重点工程办公室，定员22人。

【工程完成情况】 1994年，公司共完成局委托管理项目5项，即管理局机关办公楼后楼5291平方米；管理局文化活动中心10377平方米，此项工程是油田建厂以来建造的最大一项职工文化、娱乐工程；管理局地宫工程(油田展览馆)8314平方米，该工程内设展览大厅6个，科技报告1个，各种功能厅15套；管理局三号院西区住宅楼7482平方米；管理局接待处宿舍楼1600平方米。房地产开发项目1项，即大港油田经贸大厦工程10000平方米，该工程是油田房地产开发项目的首例，经过房地产开发公司的精心运作，获得了工程质量和效益的双丰收。

在工程管理工作中，认真执行基建管理程序，高标准、严把施工质量关。工程管理人员认真做好分部分项的验收工作，对一些重点项目曾经数十次要求施工单位返工重做，以保证工程质量。在受局委托管理的5项工程中，质量均达到优良工程。

在效益方面，在房地产开发项目中，共为管理局创纯利150万元。

（田志敏）

经济研究所

【概述】 大港石油管理局经济研究所(简称经济研究所)成立于1992年11月,是管理局直属处级单位。其主要负责经济政策咨询、市场研究、油田建设重大课题的调研。重大建设项目经济技术论证、评估,为企业决策提供咨询服务。截至1994年底,拥有职工人数19人,其中男职工14人、女职工5人。

【经济技术咨询中心成立】 根据建设项目工程咨询评估工作的需要,于1994年2月成立了"大港石油管理局经济技术咨询中心"。咨询中心是集团公司指定的咨询评估单位,具有国家计委认证并授予的工程咨询甲级(预备)资格,于1997年加入了中国工程咨询协会。咨询中心与经济研究所合署办公,一个机构两块牌子。

咨询中心的业务范围主要包括以下三项:

(1)承担对局管限额以上、总公司管限额以下、由管理局决策的建设项目的评估工作;

(2)组织承担对限额以上(由总公司决策)的建设项目可行性研究报告上报前的预评估;

(3)出具评审项目的评估报告。

【评价与评估工作】 1994年共评估项目31项,投资总额24.32亿元,总收费166.63万元,其中全民收费141.78万元,多经收费24.85万元。

(1)完成了"采油一厂1994年产能建设"、"板深51断块产能建设"、"王徐庄油田产能建设"及枣一联、西二联、板炼管线、子牙河码头、祁县油库、千米桥润滑油库等开发项目及系统工程的评估工作。

(2)开展了多经项目及系统工程等的经济评价工作,编写了21个项目的经济评价报告,投资总额20.18万元,评价收费达16.17万元,1994年共评估了多经项目20个共24次。

(3)继续开展了勘探项目的经济评价和评估工作:编写了1994年大港油田滩海地区勘探和张东勘探项目经济评价报告,在1994年局勘探技术座谈会上作为重点报告发了言;编写了塘37—1、新1—1井,塘39—1井及歧132井等7口井的单井经济评价报告;编写了1994年张东地区勘探项目经济评价报告,整理了项目的经济评价编写提纲,为"九五"勘探工作打下基础。

(4)评价软件转让,实现了课题成果的商品化。一方面实现了课题成果的商品化,为单位创收,另一方面,也是对研究成果水平的检验。通过软件的转让,尤其是评价软件向与外商合资开发海上油田15年,而且是石油专业首先开展评价的渤海石油公司的转让,增强了进行课题研究的决心和信心。

【课题研究工作】

结合评价、评估工作,承接了管理局"石油工业基本建设项目经济评价应用软件"课题,并于1994年1月印制完成"总体报告"、"用户手册"、"案例研究"三套书面材料,2月份正式向管理局申请验收;11月4日课题顺利通过验收,鉴定委员会认为,课题研究达到国内领先水平,建议在石油行业内推广应用。

承接了管理局"油田开发边界值研究"课题,研究提纲理出后,经过多次讨论,思路基本成型,现正在按计划开展。

参与研究、撰写了"产业结构调整"、"技术转让问题探讨"等文章,在油田多种经营理论研讨会上,得到专家和评委的肯定。

【信息工作】

与总公司、兄弟油田加强联系,深入生产实际,了解生产动态,扩展了信息来源范围,向局、处两级及兄弟单位提供更加适用的信息。

加强信息联网,在1993年与局内17个二级单位联网的基础上,加强经济信息联网工作,形成局内由不同微机系统构成的经济信息网络,达到局内用户都能通过信息通道和微机进入信息系统,阅读和使用经济信息,进一步提高经济信息共享水平。同时举办了一期(6月)经济信息网络操作人员培训班,提高了网员的业务素质。

(冯国栋)

新工业区管理处

【概述】 大港石油管理局新工业区管理处(简称新工业区)是负责油田多种经营高科技产业小区——新工业区的设施建设管理和招商引资工作的直属处级单位,成立于1992年。截至1994年底,有职工14人,其中干部12人、工人2人,有高级职称1人、中级职称4人,初级职称5人。机构设置为二部一室,即规划建设部、经营管理部、办公室。有固定资产41.14万元。

【基础设施建设】 根据油田"边建设、边开发、边招商、滚动发展"的方针,重点抓了0.5平方千米起步区的基础设施建设工程。在1993年完成土方和供排水等主体工程建设后,1994年进一步完善投资环境,投入400万元搞新工业区基础设施扫尾工程,如泵站、道路、雨排工程。新工业区在1993年、1994年共投入资金2500万元,完成起步区基础设施工程,道路、供电、通讯、供水、排污、排涝和场地平整等"六通一平"的投资环境已经形成,基本具备了企业入区的条件。

【招商引资】 在抓基础设施同时,开展了招商引资工作。编印了用汉、英、日、韩四种文字,全面介绍新工业区投资环境和投资程序的《投资指南》,分送有关部门和外商代理机构,使国内外客商了解大港油田新工业区情况。并派人去北京参加"环渤海地区招商洽谈会",向客商介绍新工业区情况,还与加拿大IMS公司签署了合作开发生产总投资3500万元新型建材3D板的意向书。

招商引资工作除对外扩大宣传外,在油田内部也广为宣传,与局组织部门共同召开油田职工中有港、澳、台和海外关系的"三胞四眷"代表座谈会,通报新工业区建设的有关优惠政策。座谈会后有四位代表提供了11条信息。

【健章健制】 新工业区为使管理工作有章可循,分别建立了规章制度,《大港油田新工业区管理规定汇编》(简称汇编),在征求局机关有关处室意见后,进一步进行了修改和完善。《汇编》收录了10项规章制度,分别为《大港油田新工业区管理条例》、《大港油田新工业区中外合资经营企业中申批程序的规定》、《大港油田新工业区内资企业审批规定》、《大港油田新工业区土地管理规定》、《大港油田新工业区申请用地办法》、《大港油田新工业区土地出租、转让管理规定及收费办法》、《大港油田新工业区劳动管理规定》、《大港油田新工业区劳动管理规定实施办法》、《大港油田新工业区建设工程管理规定》、《大港油田新工业区鼓励投资的有关优惠待遇》。

【主要成绩】 全面完成了新工业区基础建设扫尾工程,即铺设区内道路油面2600米,完成雨排管道1200米,返修港兴道路面350米,建雨水泵站一座。

招商引资工作与美、日、韩、加拿大、港台等国家和地区共四十多家客商进行接触洽谈,达成外资投资意向两项,内资两项。

(张汉光)

技术监督检测中心

【概述】 大港石油管理局技术监督检测中心(简称检测中心)成立于1992年10月31日,主要由原机关处室的托斗单位计量站、质检站、环保站及采油四厂的锅检所为基础组建而成。是一个独立核算,自负盈亏的直属处级单位。其主要对油田全民、三产以及社会有关项目实行业务范围内的技术监督检测认证;承担各项监督检测任务,及时向委托单位提供准确可靠的技术数据和报告。经营方式为:有偿服务。1994年,有职工118名。

1994年,全年完成监测项目35项,共18649台(件),取得各类监测数据54250个。为油田生产建设和环境管理提供了完整系统的技术资料,全面超额完成局下达的技术监督检测任务。

根据年初下达的各项工作指标,检测中心各站所完成生产任务如下:计量中心站共完成1760台套,占年计划1945台套的90.5%;锅检所共完成14285台次，占年计划 13545 台次的 105%；环保站共完成 3155 个数据，占年计划 3017 个数据的 104%；能源监测站共完成 174 台次，占年计划的 125%；车队共出车 2591 台次，保证了各项生产任务的顺利完成。

【技术监督检测管理】

资格认证。检测中心领导注重提高职工的技术素质和管理水平，按照天津市有关部门资格认证和检查验收的要求，结合自己的实际情况，组织业务学习，加强设备仪器管理，建立建全各项规章制度。

1994 年 5 月，天津市劳动局和大港区劳动局对锅检所进行审查。分别对人员资格、仪器设备、办公室、检验场地及检验报告进行了审查，并对检验人员进行了有关法规、规章制度、标准的掌握程度和理论知识闭卷考试，平均分数为 89.4 分，还对检验设备情况进行了抽测，仪器设备完好率为 100%，一次通过市劳动局的审查验收，成为天津市工业局的第一个合格站。

能源监测站为了保证能源监测数据的可靠性，他们按照有关标准的具体要求，从仪表存放，维护保养和理化分析入手，建立健全了保证监测数据公证和可靠的管理制度及监测规范、规程、标准和测试方法，取得了较好的效果，于 6 月份一次通过市能源机构的检查验收，成为天津市地区第一个能源监测分站，并在《天津日报》正式公布。

环境监测站根据环保手册的内容和要求，以环境保护法规执行情况为重点，狠抓环保档案，各种资料统计报表等基础工作。对建成的污染治理设备运行管理情况进行了认真的整理，对不符合要求的限期进行整改，确实改变了那种有法不依，执法不严，违法不纠的现象。

计量站接受了天津市、总公司的资格验收，均一次审查合格，为油田的工作争得了主动和荣誉。

【职工培训】　1994 年，检测中心全部参加了总公司、天津市发证培训，并且积极参加监测新技术培训。全年共参加各类培训 18 人次。在提高监测人员专业理论水平的同时，还经常组织岗位练兵，坚持持证上岗制度。

【安全工作】　1994 年，在安全生产方面，组织开展了春季、夏季、冬季三次安全大检查，即春季的"防雷避电安全大检查"、夏季的"防暑降温、防触电事故安全大检查"、冬季的"冬防保温安全大检查"。通过检查共查出隐患 25 处，已整改解决 23 处。同时，组织开展全员安全知识教育及操作规程教育 260 人次，开展了安全知识竞赛。

【内部管理】

(1)资金管理。主要抓了以下四项工作：一是搞好协调，努力沟通横向、纵向的经济关系，减少经营活动中的不利因素；二是争取领导支持，制定有关政策，保证经营活动的有利开展；三是创造条件，解决各基层站(所、队)在经济活动中遇到的问题，拓宽市场范围，开创新的效益途径；四是定期进行经济分析，随时总结经验，找出差距和问题，不断完善有关管理办法，提高经济效益。

(2)成本管理。1994 年管理局对检测中心实行的政策是以收补支，经费指标包干，全年经费指标 274 万元(其中折旧费 52 万元，全部上缴)，这就要求我们不但在去年各项经费的基础上降低 15%，而且还要自行消化房、水、电等各种涨价因素。因此，通过强化承包考核，责任落实到人，把预测成本纳入承包合同管理中进行考核。突出重点，搞好诊断，较好地控制了成本支出。

【主要成绩】

(1)锅炉压力容器检验所通过天津市劳动局和大港区劳动局的资格认证，并列为天津市工业局第一个资格单位。

(2)能源监测站通过天津能源监测中心的资格认证，9 月取得天津市经济委员会的节能监测证书。

(3)计量站通过天津市计量局和总公司的检定资格验收。同年顺利通过国家技术监督局、中国计量科学院对含水分析仪检定标准的考核。

(4)环境监测站被总公司授予"优秀环境监测站"的称号，有 4 名同志获得"全能监测员"的称号，6 名同志获得"优秀监测员"的称号。

(陈　爽)

设备物资开发利用公司

【概述】　大港石油管理局设备物资开发利用公司(简称设备利用公司)成立于 1992 年，是经中国石油天然气总公司审核批准的大港油田惟一合法经营油田闲置、报废资产的局直属处级单位。截至1994年底,有职工66人,其中专业技术人员和管理人员21人,设有经营科、生产科、技术发展科、综合办公室,下设华隆公司(三产)、资产库房两个基层单位,露天库房占地9万多平方米,封闭库6万多平方米,拥有固定资产181万元。

【废旧设备回收】 1994年,设备利用公司根据管理局下达的生产任务,增加了废旧设备的储备量。一是有计划的组织各单位上缴报废设备1800台;二是组织力量现场回收报废设备、车辆60余台(辆)。从而使库存总量增加30%。

【废旧设备销售】 为保证全年销售指标的完成,公司进行了多次市场调查,制订营销策略,并组织多方力量进行销售,使全年现场销售处理报废设备138台套,报废汽车30辆。全年实现销售收入403.7万元,完成年计划的134.7%,超额完成了公司的销售指标。

【多种经营】 设备利用公司全面完成创收指标,增加公司效益。在圆满完成主业任务的基础上,通过销售废旧汽配件和维修部分报废设备使其增值,从而创收35万元。

【财务管理】 根据油田有关规定,设备公司全面控制公司内部各项费用支出,实行各项成本费用公开,严格费用承包指标,严格执行财务制度。在天津财政局、国家审计署的财务检查中,各项工作均符合要求,并给予充分肯定。

（李华臣）

港城国际贸易发展公司

【概述】 天津港保税区港城国际贸易发展公司(简称港城公司),是1992年7月16日大港石油管理局直接投资经营、在天津港保税区注册、具有独立法人资格的国际贸易企业,是管理局直属处级单位。共有员工18人。

1994年,按照管理局走向社会、走向国际的整体部署,港城公司提出了"服务油田,走向社会,跻身国际市场,发展外贸,扩大合资合作"的工作思路。调整工作思路,改变经营方向,不做或少做国内贸易,在大力推销库存的同时,全力向国际贸易发展,逐步把港城公司建成规模化、多元化、国际化的对外窗口企业,向规范的进出口公司靠拢。当年实现进出口额470万美元,初步打开了国际贸易的局面。

【取得进出口贸易权】 港城公司是大港油田在保税区注册经营的国际贸易企业,在大港油田经营史上尚属第一家,由于大港油田没有进出口权,从事进出口业务就失去了依托,成本费用加大。为了解决这一难题,经公司多方努力,于1994年4月同中国包装进出口总公司合作创办了中包华宇进出口公司天津业务部,由港城公司负责经营,从而取得了进出口权。天津业务部具有对外经济贸易部批准的广泛经营范围,除小汽车、军事用品及特殊报批的商品外,大都可以经营。为开展对外贸易打开了渠道。

【理顺国际贸易】 1994年,国际贸易正式运行遇到的首要问题就是如何按国际惯例开展业务。公司采取请进来、走出去、在操作中学习的方法,向国家有关部门学习,与外经贸部、国务院机电审、海关、商检、卫检、税务、保税区管委会各有关部门加强了联系,初步建立了工作关系。从进出口许可证、批件的报批,报关、减免税、到人员出国考察、谈判、签约、合同制作、审单、议付、外汇筹集、结算都可以直接办理。可靠客户也发展到了美国、加拿大、日本、荷兰、香港、台湾、意大利等十多个国家和地区的财团、商社、工厂。具备了进一步扩大业务的条件。

【建成一个合资企业】 1994年9月17日正式成立中日合资企业——天津名古屋工业有限公司,该公司是港城公司与日本名古屋科技株式会社合资兴办的,双方投资1.2亿日元,中方20%、日方80%。第一期工程,主要生产各种型号的汽车、摩托车软管金属接头,计划投入设备20台自动车床和数控车床,形成6条生产线,年生产能力1000万件。原材料全部由日方供应,成品全部返销日本。员工全部由油田内部提供,管理模式采用日本方式。当年生产产品167万件。

【实现进出口贸易额470万美元】 由于具有保税区优惠政策,公司成功地引进了局机关办公大楼冷水机组一套和两批维修用零部件,合同总金额18.84万美元;为地质研究院引进地震处理解释人机联做工作站一座,合同总金额353万美元;为物探公司进口地震钻机及空气船配件两批，合同总金额 2.8 万美元；为油田总机厂出口劳保服 14500 件，创汇 3.89 万美元；向日本出口减肥茶、机床用钻头等 4 批，创汇 3.97 万美元。实现进出口贸易额 469.26 万美元，为油田进口单位申请免掉海关税和增值税 740 多万元人民币。

【外贸机制初步形成】　1994 年的规章制度和运行机制，参照管理局有关政策，在实践的基础上向规范的进出口公司靠拢，以适应行业特点和国际惯例。在全方位立体化招商、不断扩大国际贸易规模的实践中初步形成了十项制度和一条龙服务体系。对客户实行谈判、签约、制单、审单、调汇、议付、“一关”、“三检”港口业务、短途运输、送货上门、跟踪调查、质检索赔、出国手续办理一条龙服务。以高质快捷的服务，赢得用户的信誉。

（王德志）

黑河鹏程工贸总公司

【概述】　大港石油管理局黑河鹏程工贸总公司即大港油田驻黑河办事处（简称黑河办事处），是油田自主经营、独立核算、自负盈亏，具有法人资格的全民所有制直属单位。

黑河鹏程工贸总公司成立于 1992 年 11 月，主要开展与俄罗斯及独联体国家的边境贸易、劳务输出、技术咨询等。公司注册资金为 300 万元人民币。1994 年总公司有职工 12 人，其中专业技术人员 8 人，下设办公室、经营管理部、计划财务部、驻俄罗斯办事处 4 个职能部室和一个多经企业即大港油田鹏程商贸中心。

【进出口贸易】　黑河鹏程工贸总公司成立以来，在加强各项基础管理和做好各项常规工作的同时，经过中俄互访和贸易洽谈，建立起合作关系。本着贸易活动向广泛领域展开，具体操作向多样化发展的指导思想，与俄方签约进出口贸易总额 84 万瑞士法郎，其中实现进口总额 31 万瑞士法郎，出口总额 26 万瑞士法郎，进口商品国内销售总额 15 万瑞士法郎。

黑河鹏程工贸总公司在大力发展外向型经济的同时，发挥内外结合，以外保内，以内促外的整体贸易思路，寻求新的经济增长点，以强烈的事业心和责任感，乘势而上，敢走新路，实现了资本和效益的有效扩张。

（赵志刚）

大港石油报社

【概述】　大港石油报社为承担《大港石油报》出版、发行工作的直属单位，《大港石油报》是大港油田党委机关报，她的前身《红旗战报》创办于 1965 年。1982 年 1 月 1 日大港石油报正式出刊，现为双日刊，四开四版。大港石油报于 1992 年 3 月 2 日经国家新闻出版署批准，全国公开发行，刊号为 CN12－0023。截至 1994 年底，报社有职工 95 人，其中具有高级职称 2 人、中级职称 10 人、初级职称 14 人。报社机关设办公室、经营科，下设新闻部、记者部、编辑部、专刊部、群工部、广告部和印刷厂，多种经营分为两个企业，即协力公司和金字塔广告公司，报社依法经营广告业务。

1994 年，报社紧密围绕管理局改革和夺油上产工作，遵循自主经营、自我发展的工作方针，充分发挥报纸的宣传鼓动和舆论导向作用。不断巩固和拓宽多种经营的发展途径，从抓职工队伍作风入手，严格管理，各项工作协调发展。全年共出报 139 期，编发稿件 4645 篇，发表言论、社论、短评 232 篇，图片 608 幅，报纸每期发行 10000 份，年总发行 1390000 份。在中国企业报协会、天津市企业报协会、石油记者协会、天津市记者协会好新闻、好稿件评比中，《大港石油报》共有 17 件作品获奖，其中一等奖 4 件，二等奖 5 件，三等奖 8 件。《大港石油报》在 1994 年创办了《月末》版，报纸正刊由周二期增刊为周三期，由转天印刷改为当晚印刷，发行量由过去的 8500 份增加为 10000 份。全年组织新闻高级研讨班一期，通讯员培训班二期，培训通讯员128人。

【集中优势力量做好三篇文章】　1994年《大港石油报》紧密围绕管理局深化改革、勘探开发和扭亏增盈的工作，努力做好三篇文章。一是在加快油田内部转换企业经营机制的工作中，做好宣传改变油田现行用工和分配制度，合理优化组合，实行自我积累、自我发展，促进内部市场形成的文章。上半年，发表了"运输公司酸甜苦辣话市场"、"石油企业进行股份制改造的战略思考"、"实行工资效益挂钩，上不封顶，下不保底"，"放权承包活力来"；连续发表"目标：建立现代企业制度""卸掉沉重的包袱"等九篇社论文章。下半年，采写发表了油田生活社会化改革、新的住房制度改革、开发系统机构改革、普教专业化改革、卫生专业化改革及股份制、现代企业制度、三项制度、劳动保险等一系列专题文章，有力地配合了油田各项改革工作的顺利进行。二是在管理局夺油上产工作中努力做好新区勘探，新区块发展，产能建设，老区稳产宣传鼓动的文章。发表了"抓住有利时机，加快勘探步伐"、"大干二月，反攻上产"、"黄土高原上的大港人"、"枯木吐绿又是春""进行二次创业，开辟第二战场"及实现"43141"奋斗目标的系列宣传，讴歌大干中的好人好事。三是大做扭亏增盈、增产增收、经验分析、经济介绍的专题文章。针对上半年10个二级单位亏损的状况，《大港石油报》开展调查研究、解剖分析，刊出"效益是怎样产生的"、"铮铮铁骨——钻井公司领导班子闯市场纪实"、"阀门启示录"、"一笔买卖赔了200万"等十几篇报道，9月13日发表了"风景这边独好"长篇通讯，专题介绍了在钻井行业不景气的情况下，修井分公司取得良好经济效益的成功经验。8月4日报纸介绍了油建三处五个月节约成本100万元的作法。

【内部管理】　报社实行经费包干落实到部门。根据上级全年经费拨款，将各部门经费发生情况分析汇总实行切块包干，超支罚款，节支奖励。这项措施实施后，各部门由原来争相花钱变为精打细算，使报社成本开支在合理的范围内运行。

分解创收指标到部门，让压力层层传递。为弥补办报经费不足需要有关经营部门广开财源，积极创收。为此报社将全年创收指标测算后分解到印刷厂、经营科、车队，并与部门负责人签订了承包合同。

实行奖金与岗位工资浮动，拉开分配差距，印刷厂浮动部分与产值、成本、效益挂钩，效益好奖金高，记者部、编辑部实行按稿件计酬，按版面计奖，车队实行路单考核，极大地调动了干部职工工作积极性。

（王荫华）

振兴会计师事务所

【概述】　大港石油管理局振兴会计师事务所(简称会计师事务所)是管理局直属处级单位。该所下设审计、财务检查、电算化咨询、综合4个科室。截至1994年底，全所在册人员20人，其中在职人员9人、返聘人员11人。

全年业务收入完成75.6万元，完成年计划50万元的148%；业务支出73.2万元，比计划49.8万元增支46.9%；实现利润2.4万元，比上年增加2.1万元；全员人均产值为3.6万元，比年计划2.5万元增加1.1万元，增加46.8%。

【财会审计工作】

接受委托对8个多种经营企业进行了1993年经营承包审计；对钻井、油建、矿建等13个单位的"递延资产"、"预提费用"情况进行了专项调查；分别为多种经营管理处和有关单位兑现经营承包合同提供了客观公正的依据；为有关部门掌握财会信息，加强上述两费的核算和管理提出了建设性的意见。

接受委托对多经企业福利厂、宏达实业公司等单位进行了领导离任审计，为离任人员在职期间的经营业绩作出了客观公正地评价，为新任领导掌握财会状况，正确制订经营策略起到了一定的作用。

接受委托对钻井"通达总公司"与外商合资项目筹备期间支出费用进行审计，出具审计报告，为该公司因外商无故终止合作向外商提出索赔的经济纠纷诉讼，提供了有力的证据，使我方打赢了官司，维护了我方企业的合法权益。

该所争取到对油田系统内企业的验资权，实现了国家规定的会计师事务所执业范围。从8月份开始到年底共为21个单位进行了开业验资。

受中国石油天然气总公司财会局的委托，该所于

9月下旬组织了19名财会人员赴新疆石油管理局进行财会大检查,从9月26日进点到11月15日结束,历时51天。共查出违纪问题5类26项,违纪金额149.5万元。

【培训工作】 全年共举办多个层次的财会培训班7个班次,培训财会人员871人次。教学质量有了进一步提高,其中财会专业技术职称资格甲种考试培训4个班次计577人次,经过国家统一考试,考试及格率会计师为19.8%、助师为28.7%、会计员为40.7%,均略高于天津市及格率平均水平。

(刘家余)

职工文化体育中心

【概述】 大港石油管理局职工文化体育中心(简称文体中心)为直属处级单位,主要职责是组织职工文化体育活动的服务工作,对全局各单位文化、体育活动进行业务指导,负责局文化宫、少年宫、体育馆的管理和使用,开展少年儿童学前和校外教育。截至1994年底,文体中心共有职工163人,其中高级职称6人、中级职称19人、初级职称45人。拥有固定资产总值191万元。

【文化阵地建设】 为推动文体活动的开展,文体中心对部分机构和场馆负责人再次进行了调整,重新明确了职责范围。1994年,各场馆负责人积极发动群众,开拓思路,想方设法开展各种活动,开设各类教学班,充分发挥阵地功能。体育馆及早准备,抓住夏季炎热游泳旺季时机,从6月中旬至10月底开放游泳池,共接待游泳爱好者47000多人次,举办了三期近300人的游泳训练班。青少年宫全年开设专业学习班13类38个,招收学员660人,举办舞会27场,接待顾客24000人次,举办了少儿业余艺术教育成果展,共展出书画作品54幅。新华书店完成图书销售140多万册,在集团购书疲软的情况下,保持和读者单位的经常联系,采取多种促销手段,推动图书的销售工作,同时以优质的服务完成了去年课本发行及今年的预订工作。图书馆全年共购进新书2000多册,接待借阅人数5000多人次。电影公司发行影片168部、录像片610部,其中组织发行爱国主义教育录像片65部,共放映电影90场,观众达40000人次,放映录像183场,观众达2500人次,接待外来文艺团体5个,共演出8场,观众达10000余人次,同时还为各种会议提供服务140余次,仅制作贴挂会标就达200余幅。

【内部管理】 1994年,文体中心注重抓了党组织、工会组织建设,坚持了党内学习和活动制度,强调党员模范作用的发挥,组织全体党员、入党积极分子上党课,召开民主生活会,坚持做好党员发展工作,在义务献血、义务劳动、向灾区献爱心等项活动中,党员干部始终走在前面。工会、团支部积极组织职工开展排球、足球、台球及卡拉OK等各种文体活动,努力创造宽松和谐的工作环境。工会组织还坚持常年向职工送温暖活动,每逢职工生病住院,都要派人慰问,每逢妇女、儿童节日,工会都有所表示。这些工作对凝聚职工队伍起了重要作用。

1994年,文体中心继续完善并狠抓了各项管理制度的落实,开展了清产核资工作,对中心各类资产进行了系统清理、登记,建立了台账,同时进一步健全了物资采购入库和领取制度,继续实行了用钱先计划、先报批和财务报销“一支笔”审批制度,严格把关,堵塞漏洞,使资金开支始终在计划线以内运行,顺利通过了中企处、天津市、总公司等方面的财税检查。在抓好节约开支的同时,我们还积极开辟财源,利用现有条件,开拓文化市场,努力完成创收任务。文体中心继续对有创收能力的单位实行了创收指标包干,层层分解压力,调动了各方面的积极性。各单位团结一致,群策群力,分别采取了增开服务项目,改善现有条件,延长服务时间等措施,确保创收指标月月在计划线以上运行。1994年抓安全工作不放松,加强安全讲话、防火、防盗、防事故等教育和检查,有效地防止和杜绝了各类事故的发生。

(何 勤)

职工无锡休养院

【概述】 大港石油管理局职工无锡休养院(简称休养院)为直属处级单位,承担接待油田职工休养、小型会议、学习培训及开拓对外服务窗口等任务。截至1994年底,有职工15人(女职工2人)、退休职工5人,从业人员22人,合计员工41人;组织机构为"两部一室",固定资产750万元。

【主要工作】

(1)全年接待休养员、学习班及散客共计1966人次。

(2)为办好各类干部学习班,休养院联系无锡市体改办、华西村、洛社乡镇企业等体制改革的典型单位进行讲课并实地参观考察。

(3)抓安全生产,全年车辆运营近20万千米,无事故。

(4)休养院新建职工宿舍12间,改善了职工生活条件,同时增加了接待能力。

【服务质量】 在全院提倡"一心一意为石油职工服务"的思想,工作人员做到热情服务、有问必答、随叫随到,积极主动地为客人排忧解难,使来院客人感觉到了温暖。同时加强服务人员的业务培训,使服务员的素质得到相当的提高。

(袁明儒)

驻北京联络处

【概述】 大港石油管理局驻北京联络处(简称北京联络处)的前身是大港石油管理局驻北京经济技术联络处,成立于1992年4月,隶属于大港石油管理局机关办公室为科级单位,1993年2月12日经北京市人民政府批准同意大港石油管理局在北京成立办事机构,同时改名为:大港石油管理局驻北京联络处。联络处为直属处级单位,由大港石油管理局机关办公室监管。联络处主要职责是负责大港油田与国家机关、北京地区的联络及信息收集传递;开展对外经济技术协作;提供咨询服务及接待工作。拥有固定资产3800万元,员工总数53人。

1994年,北京联络处围绕着"三个服务"即为油田深化改革转换机制,发展社会主义市场经济服务;加强与北京地区有关部门及单位的横向、纵向联系,为拓宽多方经济技术交流服务;提高工作效率和工作质量,热情为油田职工群众服务。主要抓了几项工作,第一、加强政治学习,岗位培训,提高职工的两个素质。第二、加强领导班子的建设和党的队伍建设,形成一个团结战斗的集体。第三、提高工作质量和工作效率,热情为群众服务。

1994年,北京联络处共接待了客人2万余人次,创收60余万元,向油田缴回现金近40万元;完成领导交办和二级单位、群众托办的大小事情近千件;为油田有关单位提供有价值的经济、科技信息20余条。

(司朝阳)

第十六篇

附　录

工业总产值、销售产值、增加值

项目 年份	工业总产值（不变价）万元	工业总产值（现价）万元	工业销售产值（不变价）万元	工业销售产值（现价）万元	企业增加值（现价）亿元	企业增加值（不变价）亿元	工业增加值（现价）亿元	工业增加值（不变价）亿元
1964—1994累计	1392474							
“三五”及以前	16069							
“四五”小计	122276							
“五五”小计	133012							
“六五”小计	194227	124903						
1981	31949							
1982	34999							
1983	35904	33372						
1984	37613	34880						
1985	53762	56651						
“七五”小计	308190	380413						
1986	55330	56621						
1987	58522	61209			8.12			
1988	61865	71861			9.06			
1989	65516	86578			10.99			
1990	66957	104144			9.20			
“八五”小计	618700	1141657	570604	1159169	73.3			
1991	139001	116885	110441	135236	9.18			
1992	145004	169477	124693	168965	11.13			
1993	161030	300067	161846	303360	21.05			
1994	173665	555228	173624	551608	31.94		28.26	

原油、天然气产量及商品量

项目 / 年份	原油产量 万吨	原油统配商品量 万吨	天然气产量 亿立方米	天然气商品量 亿立方米	天然气外输量,亿立方米 合计	其中 天津市	其中 沧州化肥厂
1964—1994累计	8485.1	5417.2	116.5		83.1	33.6	46.1
"三五"及以前	218.4						
"四五"小计	1557.5		12.1		3.0	3.0	
"五五"小计	1556.2	544.1	39.0		29.2	10.7	16.7
"六五"小计	1556.4	1482.0	30.5		23.8	5.2	17.7
1981	287.2	270.4	7.3		5.6	1.1	4.2
1982	293.0	277.4	6.3		5.0	1.0	3.7
1983	301.4	286.8	5.9		4.0	1.1	2.6
1984	314.8	302.0	5.3		4.4	1.2	3.2
1985	360.0	345.4	5.7		4.8	0.8	4.0
"七五"小计	1996.1	1890.7	20.1		15.7	8.0	7.2
1986	381.1	370.4	4.7		3.8	1.1	2.5
1987	402.0	394.0	4.4		3.4	1.6	1.6
1988	422.0	384.0	3.9		2.9	1.8	1.1
1989	408.0	383.1	3.6		2.8	1.8	0.9
1990	383.0	359.2	3.5		2.8	1.7	1.1
"八五"小计	1600.5	1500.4	14.8	13.7	11.4	6.7	4.5
1991	380.5	356.8	3.6	3.3	2.7	1.7	1.0
1992	390.0	365.7	3.7	3.4	2.9	1.7	1.1
1993	405.0	379.5	3.5	3.3	2.7	1.6	1.1
1994	425.0	398.4	4.0	3.7	3.1	1.7	1.3

原油、注水、天然气生产能力

年份 \ 项目	原油生产能力,万吨/年				油田注水能力,立方米/日		天然气生产能力,亿立方米/年		
	年初达到生产能力	本年新增生产能力	本年减少生产能力	年末达到生产能力	本年新增	年末能力	本年新增	本年减少	年末能力
1964—1994累计		1621.8	1196.8	425	160040	121500			2.50
“三五”及以前		155.3	5.3	150.0					
“四五”小计	150.0	592.9	327.4	415.5	47200	47200			
“五五”小计	415.5	240.3	370.8	285.0	6880	54080			
“六五”小计	285.0	179.0	104.0	360.1	7900	61980			
1981	285.0	24.8	24.0	285.8	—	54080			
1982	285.8	31.2	25.0	292.0	300	54380			
1983	292.0	22.9	20.0	294.9	6900	61280			
1984	294.9	35.1	20.0	310.1	—	61280			
1985	310.1	65.0	15.0	360.1	700	61980			
“七五”小计	360.1	262.5	201.8	421.0	63060	94200			
1986	360.1	54.2	30.0	384.4	2400	64380			
1987	384.4	48.3	24.2	408.5	8980	73360			
1988	408.5	47.4	23.6	432.4	13180	86540			2.61
1989	432.4	60.1	47.9	444.6	17700	82100	0.66	0.62	2.65
1990	444.6	52.5	76.1	421.0	20800	94200	0.48	0.32	2.81
“八五”小计	421.0	191.8	187.8	425.0	35000	121500	1.3	1.61	2.49
1991	421.0	55.0	56.0	420.0	13200	99700	0.30	0.40	2.71
1992	420.0	54.3	49.3	425.0		99700	0.30	0.31	2.70
1993	425.0	45.0	55.0	415.0	21500	121200	0.40	0.60	2.50
1994	415.0	37.5	27.5	425.0	300	121500	0.30	0.30	2.50

原油生产情况

单位:万吨

项目 年份	原油产量	按采油方式分		原油产量中			油田产水量	油田注水量
		自喷	机械采油	新井产量	注水开采油量	措施井增加产量		
1964—1994累计	8485.1	2861.6	5624	711.1	5439.3	394.82	22181.8	27175.84
"三五"及以前	218.4	216.6	1.8	69.5	11.8		22.8	16.37
"四五"小计	1557.5	1140.4	417.1	179.6	522.5		647.8	801.97
"五五"小计	1556.2	640.0	916.2	80.6	968.0		2267.8	3255.71
"六五"小计	1556.4	486.0	1070.4	105.7	1209.1	91.19	4574.9	6264.93
1981	287.2	108.1	179.1	21.8	224.3	8.15	659.8	1085.74
1982	293.0	107.3	185.7	26.6	218.5	11.15	728.4	1161.45
1983	301.4	100.1	201.3	17.3	233.6	16.87	895.4	1278.12
1984	314.8	87.0	227.8	21.0	251.7	20.59	1075.3	1335.05
1985	360.0	83.5	276.5	19.0	281.0	34.43	1216.0	1404.57
"七五"小计	1996.1	246.2	1749.9	164.1	1517.0	137.79	7249.3	8168.16
1986	381.1	64.5	316.6	23.7	318.5	35.52	1260.9	1429.03
1987	402.0	60.1	341.9	27.4	340.8	38.04	1358.3	1535.83
1988	422.0	45.9	376.1	23.0	311.6	23.80	1405.7	1644.44
1989	408.0	39.5	368.5	53.3	278.0	21.51	1637.9	1747.58
1990	383.0	36.2	346.8	36.7	268.1	18.92	1586.5	1811.28
"八五"小计	1600.5	131.9	1468.6	111.6	1210.9	165.84	7419.2	8668.7
1991	380.5	34.4	346.1	25.8	288.9	31.46	1619.4	2009.6
1992	390.0	34.3	355.7	23.8	303.1	47.37	1859.8	2309.9
1993	405.0	28.2	376.8	32.4	305.5	47.01	1917.9	2195.7
1994	425.0	35.0	390.0	29.6	313.4	40.0	2022.1	2153.5

原油加工主要产品产量

项目 年份	原油加工量,万吨		原油加工主要产品产量,万吨										
	合计	其中: 低凝油	商品 液化气	自用 干气	汽油	轻柴油	燃料油	商品 燃料油	溶剂油	化工 原料油	润滑油	石油沥青	商品 原料油
1964—1994累计	993.7	218.3	8.3	4.1	115.4	251.1	356	308.8	24.8	14.4	29.7	81.3	76.8
"三五"及以前	19.0				2.6	5.5	10.4	9.0					
"四五"小计	75.8	1.0			7.2	21.1	47.6	40.8				0.1	
"五五"小计	162.7	38.3			18.8	36.2	79.5	67.3			8.0	10.5	0.3
"六五"小计	155.8	45.6			12.7	31.6	67.6	57.6	10.6	1.2	8.6	18.2	2.6
1981	29.8	11.9			2.9	5.3	15.0	12.6		0.2	2.7	3.3	0.2
1982	29.8	9.6			4.6	5.6	14.5	12.5		0.1	1.5	2.7	0.6
1983	29.8	7.7			5.2	6.1	12.6	10.9		0.3	1.5	3.3	0.4
1984	31.0	7.7				6.9	12.0	10.1	5.4	0.2	1.6	3.9	0.5
1985	35.4	8.7				7.7	13.5	11.5	5.2	0.4	1.3	5.0	0.9
"七五"小计	248.9	63.9	2.0	0.9	23.1	63.3	74.5	66.3	12.1	7.5	6.7	29.2	21.4
1986	38.4	12.7				7.5	13.7	11.9	4.4	0.7	1.5	6.7	2.4
1987	43.2	12.3	0.3	0.1	2.2	10.3	14.7	13.2	4.0	0.5	1.6	5.6	2.9
1988	48.7	12.7	0.5	0.2	6.0	12.7	13.7	12.1	1.3	1.8	1.4	5.3	3.7
1989	53.8	12.5	0.6	0.3	7.3	15.5	14.5	12.9	0.8	2.3	1.0	4.9	4.9
1990	64.8	13.7	0.6	0.3	7.6	17.3	17.9	16.2	1.6	2.2	1.2	6.7	7.5
"八五"小计	331.5	69.5	6.3	3.2	51	93.4	76.4	67.8	2.1	5.7	6.4	23.3	52.5
1991	67.7	12.7	0.6	0.4	7.8	18.4	19.8	18.1	0.8	2.0	1.3	6.2	9.1
1992	75.0	16.2	1.2	0.4	10.3	20.5	19.4	17.5	0.5	2.2	1.1	5.1	11.3
1993	93.1	19.1	2.2	1.3	16.7	26.6	19.1	16.7		1.5	2.0	6.1	15.0
1994	95.7	21.5	2.3	1.1	16.2	27.9	18.1	15.5	0.8		2.0	5.9	17.1

探明、预测、控制地质储量

年份 \ 项目	本年探明		预测		控制	
	含油面积 平方千米	地质储量 万吨	含油面积 平方千米	地质储量 万吨	含油面积 平方千米	地质储量 万吨
“三五”及以前 1964—1970	140.7	23770				
“四五”小计	120.2	14303				
“五五”小计	－57.6	－7177				
1976	0.5	－538				
1977	—	—				
1978	34.3	－1838				
1979	28.2	－5292				
1980	4.4	491				
“六五”小计	—	—				
1981	1.8	268				
1982	13.9	939				
1983	21.4	3243				
1984	22.1	3547				
1985	16.5	3286				
“七五”小计	—	—				
1986	44.0	5485				
1987	12.9	3991				
1988	34.9	5774				
1989	24.6	4038				
1990	22.2	2240				
“八五”小计	—	—				
1991	15.8	3036			15.2	1334
1992	15.3	4027			4.3	248
1993	50.0	3145			8.5	1005
1994	29.1	3132			13	2031

动用可采储量

项目 / 年份	累计动用		新增探明可采储量 万吨
	含油面积 平方千米	地质储量 万吨	
“三五”及以前 1964—1970	74.3	9712	
“四五”小计	431.4	73743	
“五五”小计	—	—	
1976	103.4	20330	
1977	103.4	20330	
1978	144.2	22116	
1979	150.5	23662	
1980	172.3	25977	
“六五”小计	—	—	
1981	172.3	25977	
1982	183.8	27487	
1983	183.8	27489	
1984	188.9	29264	
1985	198.7	31370	
“七五”小计	—	—	
1986	245.7	36081	
1987	255.5	39643	
1988	262.0	41577	
1989	267.0	43164	
1990	280.5	44496	
“八五”小计	—	—	
1991	289.2	45504	
1992	296.6	46243	660
1993	303.9	47322	648
1994	313.7	47753	1384

历年总工作量完成情况

单位:万元

年份\项目	总工作量	基本建设	油田维护	更新改造	开发基金	地质勘探工作量
1964—1994 累计	1669877	566014	365777	181855	326674	229557
1964—1970	56134	44236	5015	400		6483
"四五"小计	121965	69251	27933	21406		3375
"五五"小计	95497.9	42610	24631	24809		3447.9
"六五"小计	213907	66815	49873	28493	56184	12542
1981	26249	8235	8272	5681	3011	1050
1982	31400	8015	8999	4595	8355	1436
1983	41415	13293	10000	7193	9427	1502
1984	58300	13300	11200	5000	23246	5554
1985	56543	23972	11402	6024	12145	3000
"七五"小计	492860	183108	83870	45211	123502	57169
1986	71185	27901	14300	6600	18547	3838
1987	82325	32638	15000	13300	16739	4648
1988	97867	53703	16595	8600	13004	5965
1989	118600	52144	18008	8007	33763	6678
1990	122882	17622	19967	8704	41449	36040
"八五"小计	689513	159994	174455	61536	146988	146540
1991	144919	14799	22000	6350	67740	34030
1992	164278	49795	24000	6700	46413	37370
1993	166168	39000	40000	13800	32835	40533
1994	214148	56400	88455	34686	—	34607

科研成果

项目 年份	科研获奖情况,个		
	国家级	总公司 天津市	集团公司
1964—1994 累计	34	105	1852
“三五”及以前 1964—1970	—	—	—
“四五”小计	—	—	—
“五五”小计	17	1	164
1976	—	—	—
1977	—	—	—
1978	17	—	47
1979	—	—	73
1980	—	1	44
“六五”小计	7	21	265
1981	1	6	56
1982	—	3	35
1983	—	5	43
1984	—	1	60
1985	6	6	71
“七五”小计	7	26	472
1986	3	7	70
1987	—	2	83
1988	1	8	122
1989	1	3	86
1990	2	6	111
“八五”小计	3	47	951
1991	2	2	182
1992	—	12	208
1993	—	19	275
1994	1	14	286

主要设备数量

项目 年份	设备数量总计	钻机，台 小计	其中：大型	井下作业设备台	注采设备台	地球物理设备台	车辆，辆 小计	运输卡车	柴油机台	金属切削机床台
1964—1994 累计	13386	113	51	225	2188	399	4699	2681	216	923
“三五”及以前 1964—1970	1760	39	31	97	90	52	486	276	159	276
“四五”小计	10282	35	72	483	1674	202	2197	1388	827	889
“五五”小计	9381	96	36	116	1585	118	1984	1210	339	938
1976	6782	96	44	116	1267	142	1319	811	439	403
1977	7388	91	33	118	1336	103	1404	862	335	707
1978	8277	92	31	123	1413	110	1615	1012	337	846
1979	8510	99	36	116	1371	97	2663	1025	334	854
1980	9381	96	36	116	1585	118	1984	1210	339	938
“六五”小计	11870	148	67	140	1865	160	2980	1861	311	982
1981	9567	104	43	119	1614	95	1930	1277	420	941
1982	9781	110	40	109	1444	117	2329	1418	265	902
1983	10067	125	56	122	1375	125	2480	1541	267	981
1984	10911	124	55	133	1677	134	2668	1643	258	1003
1985	11870	148	67	140	1865	160	2980	1861	311	982
“七五”小计	14788	158	69	254	2391	456	4146	2836	270	1010
1986	12959	152	68	157	2120	183	3312	2025	312	998
1987	12633	145	71	154	1772	168	3456	2076	317	981
1988	11584	153	68	180	1879	293	3678	2547	304	968
1989	14331	162	67	231	2314	388	3950	2777	291	1000
1990	14788	158	69	254	2391	456	4146	2836	270	1010
“八五”小计	13386	113	51	225	2188	399	4699	2681	216	923
1991										
1992	15657	124	60	284	2678	698	4751	3076	254	981
1993	15582	123	57	267	2600	373	4753	2952	304	941
1994	13386	113	51	225	2188	399	4699	2681	216	923

多种经营经济效益

单位:万元

项目 年份	生产经营总值	经营销售收入	其中社会销售收入	工业产品销售收入	其中工业产品社会销售收入	出口创汇收入	利税总额	其中		增加值
								生产税	利润总额	
1991	34778			18754	2295	453	4391	1491	2900	8469
1992	37974			18745	5337	502	4049	1811	2238	10046
1993	102947	97352	45779	40106	21580	494	14928	3731	11197	29970
1994	110814	104957	53090			745	13003	5158	7845	29611

大港油田年鉴

1996

第一篇

大事记

1995年大港油田大事记

一　月

1日　天津市委书记高德占一行8人来大港石油管理局(简称大港油田或管理局)慰问,管理局局长孙希敬、党委书记姚和清等陪同慰问了采油四厂压气站节日坚持生产的干部职工。

11日　中华全国总工会副主席、书记处第一书记张丁华、天津市总工会副主席张淑华一行来油田慰问。

24日　中国石油天然气总公司(简称总公司)以(95)中油体改字第31号文通知:国家经贸委、国家计委、国家统计局、财政部、劳动部、人事部以国经贸企(1994)743号文公布了1993年度全国大型企业名单,大港石油管理局为石油行业特大型企业。

24—25日　管理局党委召开三届三次全体(扩大)会议。党委书记姚和清主持会议、并代表局党委作了《加强党的建设　凝聚各方力量　为全面实现油田“八五”目标而努力奋斗》的报告;局长孙希敬作了《更新思想观念　转换经营机制　加快走上以提高经济效益为中心的发展轨道》的报告。会议审议通过了《1995年党委工作要点》和《关于认真贯彻落实〈中共中央关于加强党的建设几个重大问题的决定〉的具体措施》。

31日　农历大年初一下午1时左右,中国石油天然气总公司副总经理周永康、总经理助理陈耕一行到管理局采油二厂羊大站慰问,与此时正在该站慰问的管理局党委书记、常务副局长姚和清、工会主席高兰成等人不期相遇,他们向节日坚持生产的职工拜年,并检查了现场管理情况。这次慰问没有事先通知,没有组织迎送。

二　月

28日　管理局召开1995年度科技大会,发布了科技攻关获奖项目184项、新技术推广获奖项目105项;表彰了科技工作先进集体7个、新技术推广先进单位10个、科技工作先进个人44名。

四　月

3日　经天津市授衔专家评委会评审、天津市科委批准,管理局物探公司边国柱同志被授予石油地震勘探专家、测井公司侯士俊同志被授予油(气)井射孔专家、地质研究院倪方天同志被授予油藏工程专家。

10日　采油四厂采油一队管理班班长杨均凤同志被评为全国劳动模范。

同月　由管理局定向井公司、钻井公司及有关单位共同完成的我油田第一口短半径水平井官H_2,经专家鉴定认为:该井井眼轨道控制技术属国内领先,并达到国际90年代初水平。

五　月

9日　美国宾斯石油公司经济顾问大卫·拉姆伦一行3人对管理局自来屯、段六拨等油田进行了考察,并与管理局就合作开发问题交换了意见。

19日　天津市老领导张再旺与市残联、大港区负责同志来我局走访慰问残疾人家庭。

六　月

1—5日　总公司总经理助理陈耕一行11人来我局就现代企业制度试点的有关问题进行了为期5天的现场办公。

6日　苏丹王国能源矿产部长默哈迈德·阿赫迈德·卡拉尔一行,在总公司总经理王涛、管理局局长孙希敬陪同下,参观了我局炼油厂。

27—28日　由国家体委、中国残联、中国残疾人体育协会联合组织的“1995年全国残疾人田径、游泳锦标赛”在河南郑州举行,我局残疾人运动员郝士鹏获两项全国游泳第1名。

七 月

5日　国家体改委副主任洪虎、体改委有关司局领导及天津市体改委、中国石油天然气总公司有关领导一行10人来油田，对管理局现代企业制度试点工作进行指导。

八 月

3日　管理局党委、管理局决定：授予柴洪刚等8名同志为“大港石油管理局青年岗位能手”称号；授予油气开发公司第一采油作业区港西生产区312队等11个基层单位为“大港石油管理局青年先锋号”称号。

24日　管理局关于内部职工提前退休政策出台。一般职工比照正常职工退休条件，最多可提前五年退休；因公致残或患有难于治愈并经有关部门确认丧失劳动能力的男女职工，退休年龄可分别提前到45周岁和40周岁。提前退休的职工，比照正常退休年龄每提前一年增资0.5级，最多增长2.5级，可作为计发退休费基数，并按规定享受退休的其他待遇和1995年在职职工的增资待遇。

25日　经中国石油天然气总公司党组研究并商得中共天津市委同意后决定：王鹏任大港石油管理局党委常委、党委书记；姚和清任大港石油管理局党委副书记，免去其党委书记职务；免去孙希敬大港石油管理局党委副书记、常委职务[见“(95)中油党字第48号”文]。

同日　经中国石油天然气总公司党组研究并商得中共天津市委同意后决定：姚和清任大港石油管理局局长，免去孙希敬大港石油管理局局长职务[见“(95)中油任字第506号”文]。

九 月

6日　位于马西构造南断块的港深8—4井，经井下试油二大队压裂获得高产油气流，用4毫米油嘴求产，日产原油50吨、日产天然气1.4万立方米，含水10%。

19日　管理局“现代企业制度试点方案”得到国家体改委和中国石油天然气总公司行文批准。

24日《管理世界》(1995年第5期)刊载：由国务院发展中心所属中国企业评价协会和管理世界杂志中国企业评价中心进行的1995年度500家最大工业企业评价(按销售收入)排序结果揭晓，大港石油管理局在全国500家最大工业企业中，名列第59位。

28日　管理局自升式组合钻井平台技术设计通过了国家经贸委、中国石油天然气总公司、中国船舶总公司、中国船检局、渤海造船厂有关专家的评审。该钻井平台具有自动升降装置，具有两栖运行的特点，适用于渤海湾0.8米标高以下的海滩和0—2.5米海图水深的极浅海海域内的油气勘探开发。

十 月

7日　管理局地质研究院总地质师杨池银被评为“天津市十大青年科技先锋”；刘庆祥、叶亚中、武文斌、侍铁、顾晓贤五名同志获得“天津市第二届青年改革科技新星”称号。天津电台“走进直播间”节目向全市青工介绍了杨池银成才的过程。

9日　中国石油天然气总公司总经理王涛来油田检查指导工作，并为管理局题词：“进行二次创业，建立现代石油企业”。

17日　天津市委书记高德占来油田检查指导工作，为大港油田题词：“团结奋斗，深化改革，加快发展，再创辉煌”。

22日　经天津市大港区卫生局医院评审委员会评审验收：管理局港东、港南、港北、港中、第二实业公司五所职工医院被评为一级甲等医院，获卫生部颁发的“一级甲等医院”标牌。

十 一 月

1日　位于孔店构造带枣北背斜西断鼻高部位钻探的预探井枣35井，钻至1562.03米玄武岩地层时发生井喷，5分钟喷出原油7立方米。11月26日纳威泵19毫米油嘴2小时47分钟出油19.35立方米，日产油166.8立方米(158吨)，打开了孔南地区火成岩找油新局面。

14日 在天津市公证员协会第二次代表大会上，市人大常务副主任鲁学政为大港油田题词：“加强法制建设，促进油田发展”。

20日 由局党委上报请示，经总公司党组和天津市委、市工业工委批准，大港油田集团有限责任公司党政领导班子组成为：

(1)大港油田集团有限责任公司党委常委成员由王鹏、姚和清、张德寿、陈玉瑾、高兰成、朱敬成、郭德宝七人组成。

王鹏任党委书记；

姚和清、张德寿任党委副书记；

陈玉瑾任纪委书记；

高兰成为大港油田集团有限责任公司工会主席。

(2)大港油田集团有限责任公司董事会董事成员由姚和清、王鹏、汪国良、张德寿、张大德、石彦民、郭德宝、吴照生、高兰成(职工代表)九人组成。

姚和清任董事长；

王鹏、汪国良任副董事长。

(3)大港油田集团有限责任公司监事会监事由陈玉瑾、高凤翔、屈延龄、徐树荣(职工代表)、石桂臣(职工代表)等七人(暂空二人)组成。

陈玉瑾任监事会主席。

(4)大港油田集团有限责任公司总经理班子成员由姚和清、朱敬成、石彦民、张幸福、郭德宝、吴照生、刘厚敏七人组成。

姚和清任总经理。

朱敬成、石彦民、张幸福、郭德宝、吴照生、刘厚敏任副总经理；

石彦民兼任总地质师；

吴照生兼任总会计师；

原大港石油管理局党委常委、书记、副书记、纪委书记、局长、副局长、总地质师、总工程师、总经济师、总会计师职务同时免除[见“(95)中油党字第66号；(95)中油任字第675,676号”文]。

20日 中国石油天然气总公司决定：姚和清任大港油田集团有限责任公司科委主任；张大德、曲经文任大港油田集团有限责任公司科委副主任[见“(95)中油任字第683号”文]。

16—20日 在总公司召开的1995年安全生产工作总结表彰会上，大港油田被评为安全生产先进企业。

同月 在团中央等部门联合开展的评选全国青年岗位能手活动中，管理局钻井公司32183钻井队高洪泉、地质研究院总地质师杨池银被评为“全国青年岗位能手”；柴洪刚、赵敏娇、戚燕斌、王华崇、李爱国、于洪雨6名同志被评为“总公司青年岗位能手”。

十 二 月

1日 大港油田集团有限责任公司成立大会在大港油田体育馆举行。大会由集团公司党委书记、副董事长王鹏主持，集团公司董事长兼总经理姚和清致词。天津市市委书记高德占、中国石油天然气总公司总经理王涛、天津市委副书记、常务副市长李盛霖、国家体改委生产体制司副司长赵晨、河北省政府副秘书长魏秉理等120多名贵宾到会祝贺。高德占、王涛亲自为大港油田集团有限责任公司成立揭牌。天津市工商局局长石栋向集团公司董事长姚和清颁发了营业执照。王涛、李盛霖、赵晨、魏秉理在会上发表了重要讲话。

7日 大港油田集团公司召开机关改革动员大会，传达了《集团公司机关机构改革方案》和《关于集团公司机关职能部门领导聘任的实施办法》。这次集团公司机关改革，不强求机构增减、部门设置，而是从理顺职能入手，强化综合管理部门，完善协调监督部门，精干技术管理部门，简化日常生产管理部门。

20日 大港油田维罗电缆厂质量保证体系经过长城保证中心专家的现场考核，符合GB/T 19001—ISO 9001国际标准要求，获得了经国家技术监督局批准的认证证书。这是全国石油企业多经系统第一个通过ISO 9001国际质量标准现场考核的企业。

22日 全总石化工会副主席刘玉明来油田调研集团公司工会参与企业试点工作的基本做法和经验。

25日 大港油田港城公司与日本日中科学技术株式会社在日本大阪市会签成立“大方国际贸易株式会社”，双方投资比例为：中方90%、日方10%，共投入资金1000万元，并完成了注册手续。

同日 天津市人大原副主任、市企业报协会名誉会长石坚来油田大港石油报社检查工作。

26日 油田集团公司召开两级领导干部会议。副总经理朱敬成作了关于总结1995年、安排1996年工作的报告；副总经理郭德宝宣读了油田集团公司对发现枣园35井有功人员进行奖励的决定，并颁发奖金。党委书记王鹏讲了话。会议提出了1996年工作的总体思路。

第二篇

总　述

综 述

1995年大港油田发展概述

1995年,油田集团公司认真贯彻落实党和国家的方针、政策及总公司、天津市的工作部署,坚持两个文明建设一起抓,按照以提高经济效益为中心、加快发展的新思路,立足发展,深化改革,积极开拓,真抓实干,较好地实现了“改革、发展、管理、效益”四大目标,各项工作任务全面完成。

全年新增探明石油地质储量3100万吨、天然气储量10.9亿立方米,分别为年计划的103.3%和109%;生产原油430万吨,为年计划的102.%;生产天然气3.75亿立方米,外输天然气2.78亿立方米,分别完成年计划的104.2%和103%。

全年实现主业销售收入58亿元,实现内部利润3000万元,均为年计划的100%。

多种经营完成生产经营总值12亿元,实现利税1.2亿元,均为年计划的110%。

1995年,油田取得了以下主要成果:

一、地质勘探取得一批新成果

按照强化陆上、加快滩海的工作思路,以寻找优质储量、提高勘探效益为中心,深化地质研究,优化方案、设计,推广应用勘探新工艺、新技术,推行项目管理,狠抓探井完钻、试油及评价等重点环节的组织与衔接,取得了一批新的勘探成果。

孔南枣北地区发现沙三段玄武岩高产含油区,预测有利含油面积7.6平方千米,预测储量1000万吨;预探评价新村—塘沽地区,发现了千万吨级的勘探目标——新村构造;红湖地区钻探发现沙三段含油构造,预计新增探明含油面积6.2平方千米,石油地质储量590万吨;预探赵东,发现新的含油断块,新增探明石油地质储量653万吨;大张坨—驴驹河—白水头地区天然气评价钻探,探明天然气储量7.45亿立方米;新疆尤尔都斯盆地勘探发现了中央背斜带的巴音1—5号圈闭,总面积1000平方千米,初步计算资源4.97亿吨。

二、油气生产任务较好完成

油田开发围绕完成油气生产任务和提高油田开发水平,狠抓老区综合治理工作和新区产能建设、油气水井的日常管理工作,基本保持了油气生产的稳定,一些开发管理指标有新的提高。

圆满完成了油气生产任务。原油产量比去年增加5万吨,天然气产量和外输量分别比计划增加4.2个百分点和3个百分点;提前1个月完成了全年的产能建设任务,建成原油生产能力39.43万吨;滚动勘探开发新增原油地质储量141万吨,并为1996,1997年优化筛选了19个区块的增储目标。

三、油田改革取得实质性进展

作为全国百家建立现代企业制度试点单位之一,在进行了大量的研究和反复修改论证的基础上,形成了《试点方案》,于9月份经总公司、国家体改委批复通过。按照《试点方案》组建了规范的公司法人治理结构,建立了新的工作程序和制度。12月1日,大港油田集团有限责任公司正式挂牌运营,标志着油田的改革、发展进入了新的历史阶段。

四、经营管理水平有所提高

健全了资金预算管理制度,加强了对货币资金的集中统一管理。清理撤并了68个银行账户,对各单位的银行存款实行限额管理,对货币资金支付加强了审核和监督,加强了对外投资、外借资金的效能监察;在保证勘探、开发及职工住宅建设的前提下,坚持效益优先的原则,积极支持多种经营发展。严把项目立项和审批关,推行项目招、投标管理,严格拨款和工程结算的审查,使投资规模得到有效控制;通过认真落实成本管理责任制,积极推行目标成本管理,实行成本一票否决,有效地遏制了成本上升过快的势头,成本管理水平有了提高;狠抓各项规章制度在基层、班组、岗位的落实,重点抓好生产管理、安全管理和标准化工作,千人死亡率、千人重伤率均控制在总公司下达的指标以内。

五、科技进步工作取得新进展

全年完成科研攻关和新技术推广项目251个,取得科研成果140项,共增产科技油30万吨,科技增效9000万元,在取得的科研成果中,有50项达到了国内先进水平。

六、多种经营保持快速发展的势头

多种经营系统坚持打基础、练内功,走内涵式发展道路,转换机制,加强管理,较好地完成了全年的生产经营任务。全年新办集体企业 3 家,有限责任公司 5 家,股份合作制企业总数达到 18 家。全年实现销售收入 1.5 亿元,利税总额 3000 万元,达到了改制增效的目的。扭亏增盈工作也取得了明显成效,全年实现扭亏 500 万元。全年共开发新项目 8 个,总投产 750 万元,新增产值 3900 万元。多种经营全年产销率达到 95%,社会产品的销售收入占总销售收入的 60%。

七、思想政治工作进一步加强

油田各级党、政、工、团组织正确处理改革、发展、稳定的关系,以邓小平同志建设有中国特色的社会主义理论为指导,抓住改革进程中职工普遍关心的“热点”和“难点”问题,加大宣传教育的力度,有针对性地开展思想政治工作,调动积极因素,化解各种矛盾,有力保证了油田改革和发展的顺利进行。围绕生产经营工作的重点,动员和组织职工,开展形式多样的劳动竞赛、合理化建议和“学模范、做贡献”等活动,把职工群众的注意力引导到加快发展、提高效益上来,同时,坚持不懈地抓干部和职工队伍建设,努力提高干部队伍的理论水平、政策水平和经营管理水平,提高职工的思想素质和技术素质,使各级干部和职工队伍整体素质有了进一步提高。年初安排为职工办的好事、实事,按期完成。职工住宅建设开始实行集资建房政策,建房进度和质量明显提高。全年安排竣工的 31.65 万平方米、4550 户职工住宅合格率 100%,优良率达到 50% 以上。各级工会组织积极搞好困难职工的补助工作,全年救济困难户 472 户,发放救济款 37.3 万元。局工会筹集 7 万元资金,对 139 户困难职工家庭的 245 名在校子女进行了资助。

(陈尚红)

特　　载

在大港油田集团有限责任公司成立大会上的讲话

王　　涛

(1995 年 12 月 1 日)

同志们:

大港油田集团有限责任公司经政府有关部门批准,今天正式成立了,我代表总公司党组和总公司表示热烈的祝贺。国家体改委和国务院有关部门,天津市委、市政府及有关部门,河北省委、省政府及有关部门对大港油田的现代企业制度试点工作十分关心,为大港油田的公司制改建做了大量工作,今天高德占书记亲自前来参加会议,各单位也派了代表参加会议,这是对我们工作的有力支持和很大的鼓舞。我代表总公司党组和总公司表示衷心地感谢!

进行现代企业制度试点,是举国瞩目的大事。党的十一届三中全会以来,我们国家的改革开放和现代化建设已经取得了历史性的成就。经过十几年的改革,国有企业的面貌也发生了较大的变化,企业活力得到增强。但是在总体上说,国有企业在市场经济中还面临着不少困难和问题。最近通过的中共十四届五中全会《关于制定国民经济和社会发展“九五”计划和 2010 年远景目标的建议》,把“国有企业改革作为经济体制改革的中心环节”,列为一条重要的方针;并且再一次强调,建立现代企业制度是国有企业改革的方向。可以说,深化国有企业改革,建立现代企业制度,是一项关系我国社会主义现代化事业成败的重要工程。

石油工业是关系国计民生的重要基础产业,石油企业都是国有大型和特大型企业,国有经济在整个社会主义经济中,占据着支配地位,这些都决定了深化石油企业改革,建立现代企业制度,具有十分重要的意义。大港油田是陆上石油企业中惟一参加全国百家现代企业制度试点的单位,担负着为陆上石油企业建立现代企业制度和向"油公司"体制过渡探索道路的任务，这一任务十分光荣，责任十分重大。

大港油田集团有限责任公司的成立，标志着大港油田现代企业制度试点工作已经完成了试点准备阶段的任务，并且开始进入了方案实施阶段。经过十多个月的艰苦工作，我看主要有三个方面的成果：

一是，在广泛发动群众，认真学习国家试点文件，学习《公司法》和现代企业制度理论，以及深入调查研究的基础上，完成了试点方案的编制工作，通过了总公司和国家体改委联合组织的部级论证并正式批复。中间修改12稿，进行了多次多方面的协调工作，基本上统一了油田广大干部和职工的思想，统一了总公司各有关部门的认识，为今后方案实施奠定了比较坚实的基础。

二是，在国家和地方政府的支持下解决了一些企业的困难问题，如部分"拨改贷"转为国家资本金；返还部分城市建设维护税和教育附加费；批准成立基建招标站等。企业的资产负债结构有所改善，社会负担有所减轻。还有一些重要问题也引起了国家有关部门重视，正在协调解决之中。

三是，按照《公司法》组建了董事会、监事会、经理班子，顺利进行了大港油田领导班子的新老交替，建立起了比较规范的法人治理结构，形成了比较规范的公司企业领导体制，明确了各自的权利和责任，并且已经开始运作。

取得这些成果具有很重要的意义。一是，适应建立符合社会主义市场经济要求的国有资产管理运营体系，明确了企业投资主体，所有者代表到位，并进入企业内部行使所有者权利。在此基础上，企业通过转换机制，成为独立的法人实体和市场竞争主体，探索从根本上解决公有制和市场经济相结合的途径和方式。二是，试点方案和公司章程的确定，从制度上明确了总公司与大港油田的关系，即出资者与公司企业的关系。这是一个十分重要的转变，企业的法人财产权得到法律的保障；国家的所有者权益也得到法律的保障。这个转变，为落实企业各项经营自主权，实行自主经营、自负盈亏、自我约束、自我发展，提供了制度和法律方面的基础。三是，通过建立规范的法人治理结构，企业内部董事会、监事会、经理班子可以形成互相促进，相互制衡的关系，有利于形成决策、执行和监督相结合的机制。当然，方案的确定和领导体制的调整只是为这些转变提供条件和基础，真正实现这些转变还需要在今后的运行过程中不断解决出现的问题。转变观念、提高认识，需要有一个艰苦的实践过程，对建立现代企业制度的长期性和艰巨性我们应有充分的思想准备。

大港油田集团有限责任公司的成立，仅仅是建立现代企业制度的开始，方案实施阶段的任务更加艰巨。希望大港油田新的领导班子认真学习和贯彻党的十四届五中全会精神，全面准确地把握现代企业制度"产权清晰，权责明确，政企分开，管理科学"的基本特征，贯彻"三改一加强"的方针，组织好方案的实施工作，并在实施中进一步充实完善方案。要坚持"三个有利于"的标准，勇于开拓，大胆创新，加大改革力度，力争在试点的重点和难点问题上取得突破；要正确处理改革、发展、稳定的关系，贯彻落实总公司"以经济效益为中心加快发展"的新思路，加强企业管理，推进科技进步，走内涵发展、集约发展的路子；要切实搞好领导班子自身建设，全心全意依靠工人阶级，发挥党组织的政治核心作用，加强企业思想政治工作，保证企业改革和生产发展顺利进行。

改革是发展的动力，改革为了发展。大港油田进行现代企业制度试点工作，要紧紧围绕落实总公司和大港油田的"九五"发展计划来进行。大港油田已确定2000年原油产量要达到460万吨，力争500万吨，年销售收入突破100亿元。这是个鼓舞人心的目标，积极进取的计划。希望大港油田全体员工继续努力，确保实现这个目标，为石油工业贯彻"稳定东部，发展西部"的战略方针做出贡献，为国民经济和地方经济的发展做出贡献。

大港油田现代企业制度的试点工作对总公司机关职能的转变提出了新的要求。总公司机关各部门要认真学习《公司法》和国家现代企业制度试点的有关文件，认真研究大港油田的试点方案和章程，积极支持大港油田实施试点方案。要转变职能、转变管理方式，逐步由直线职能管理转变为通过董事会进行管理，积极为大港油田的改革解决实际困难和问题。

大港油田集团有限责任公司的成立，标明大港油田的改革和发展进入了一个新的时期。过去三十多年，大港油田的历届领导班子带领广大职工，继承和发扬石油工业的优良传统，艰苦创业，在渤海湾边的盐碱滩上建起了一个大型石油工业基地，使大港油田成为我国陆上的主要油气田之一，为我国石油工业发展做出了重要贡献。我相信大港油田通过建立现代企业制度的试点，将会更加具有生机和活力，经过内部改革的不断深化，促进生产建设不断发展，经营管理水平不断提高，职工生活不断改善，为陆上石油工业做出更多贡献。大港油田集团有限责任公司作为油田管理体制改革的先行者，你们的任务艰苦而光荣。希望大港油田的领导班子和广大员工继续发扬石油工人的优良传统，团结一致，奋力开拓，扎实工作，埋头苦干，为石油工业的改革和发展做出新的、更大的贡献，向国家、向天津市、河北省和总公司以及石油战线的广大职工交出一份优秀的答卷！

谢谢大家！

在大港油田处级以上干部会上的讲话

周永康

（1995年9月8日）

同志们：

这次总公司和天津市委有关部门的负责同志一起到大港来，主要是宣布大港油田主要领导同志的调整。刚才张宽信同志代表总公司党组和总公司宣布了任免决定，希敬同志、和清同志和王鹏同志都做了非常好的讲话，十分感人。天津市委、工委对这次班子的调整非常重视，八月中旬派人到北京，与总公司一起商讨，高德占书记专门打电话给我，又做了具体研究，刚才市工委齐书记也发表了重要的讲话，这是对石油工业的支持，对大港油田的关怀。

一、讲一讲大港油田党政主要领导调整问题

这次主要领导同志调整，在大港油田的发展历史上，是一次重要的调整，也是一次正常的调整。说重要是因为“八五”即将完成，“九五”即将开始，“九五”是处于世纪之交的关键时期。同时，大港又是全国百家现代企业制度试点单位，试点方案于近期将通过国家有关部门的论证，然后正式实施。在这之前进行主要领导同志的调整，是为了确保试点方案的全面实施。说正常，是因为这次班子内主要领导同志的调整是新老交替的正常过程，孙希敬同志因为年龄过了，他也多次提出希望总公司提前考虑。根据中央对企业领导任期年龄的规定，从领导岗位上退下来，这是一个自然的过程，总是要不断的充实和调整，让更年富力强的同志来担任领导工作。

孙希敬同志是1990年来大港油田担任局长职务的，在五年的时间里，他为大港油田的发展做出了重要贡献。他有丰富的专业基础知识，是石油行业开发系统中的一名专家，他长期担任油田的主要领导职务，有很丰富的企业管理经验。他能够运筹帷幄，深入调查研究，听取各方面的意见，在重大问题上作出正确的决策，使大港油田在五年间勘探开发有了新的发展，企业效益有了新的提高，改革不断探索新的路子，职工的收入和矿区面貌都发生了很大变化。他在将近40年的石油生涯中，转战了青海油田、大庆油田、江汉油田，又比较完整的参与了南阳油田的勘探、开发、建设和管理，最后转战到大港油田，是对我国石油工业发展做出重要贡献的一位专家、一位领导干部。在此，我代表总公司党组和总公司，感谢孙希敬同志在40年的石油生涯中，为我国石油工业做出的贡献！目前希敬同志身体尚好，又是教授级高工，按照总公司党组研究的意见，还可以从事一些专业工作、咨询工作。在此之前，跟和清同志、王鹏同志商量，昨天在班子会上也提出，今后大港要成立咨询中心，由希敬同志担任这方面的领导工作。

王鹏同志这次从玉门局和吐哈前线调任大港油田党委书记，这是贯彻中央关于干部交流精神的一个重要措施，同时，也是对大港油田领导班子的加强。王鹏同志长期在玉门艰苦的环境中工作，从1985年开始任玉门局党委书记，1990年参加吐哈会战，担任吐哈油田的主要领导职务。他是一个很有开拓精神的领导干部，思想性强，作风民主，也善于团结同志，爱护干部。他离开玉门的时候，玉门局的同志对他报以长时间的热烈鼓掌，说明他在群众中享有很高的威信。吐哈会战是一个新型的会战，是利用新的体制、新的技术，实现高速度、高水平的会战。我们过去说东部技术要往西部转移，东部的人才要到西部去参加会战。现在西部建起的油田可以说接近世界先进水平，吐哈现在三个主力油田，“鄯善油田”、“丘陵油田”、“温米油田”，生产能力大约330万吨，现场管理人员不到350人，基本上实现了百万吨油田只有100人管理，基本实现了管理自动化，人员素质也比较高。最近希敬同志带人去看了一下，认为基本上在国外看到的，在那都能看到，所以说现在西部的管理和技术在许多方面高于东部。王鹏同志在吐哈会战中，积累了许多这方面的经验。

这样的交流，无疑是对东部油田，对大港油田的加强。

和清同志是大家熟悉的一位领导干部，担任局级领导已经10年了。他是从基层、大队、二级单位到局，又从局到二级单位担任主要领导，是经过大港油田各个层次的实践锻炼成长起来的一位领导干部。大家熟悉他，他也熟悉大港。他勤奋好学，待人诚恳，善于团结同志，同时，精通油田的工作业务，这次改任局长，我们相信以姚和清同志为局长，王鹏同志为书记组成的领导集体，一定能带领大港油田在发展的关键时期，继续开拓前进。

我们希望，大港油田的领导班子是一个刻苦学习的班子。我们现在面临的问题很多，情况非常复杂，不用小平同志建设有中国特色社会主义理论把我们的班子成员武装起来，就难以应付这样一个复杂局面，也容易迷失方向。还要认真学习社会主义市场经济的理论，认真学习各个方面的现代化专业知识和管理知识，把我们班子的整体素质提高。工作要上台阶，班子的素质首先要上台阶。

我们希望，大港油田的领导班子是个迎难开拓的班子。现在面临很多困难，可以说有许多"难"字挡在我们前进的道路上，发展难题很多，改革难题很多，提高经济效益、提高职工生活水平难题也很多，如果我们不去排除和克服这些困难，我们就不会前进一步。

我们希望，大港油田的领导班子是一个团结协作的领导班子。两位主要领导必须是亲密无间，以两位主要领导的团结，来带动我们党政班子的整体团结，通过党政班子的团结，来带动我们广大干部和职工队伍的团结。同时，还要跟当地政府，跟兄弟企业，搞好团结协作。

我们希望，大港油田的领导班子是一个清政廉洁的领导班子。领导干部以身作则，严格要求自己，带领大家不断向前发展。希望大家积极支持两位主要领导的工作，积极支持大港油田党政领导班子的工作。

二、讲一讲对大港油田近几年工作的基本估价

大港油田的会战开始于60年代初期。当时，石油部就把大港油田作为石油工业的一个窗口，一个对外的窗口，因为这里靠近北京、天津。经过三十多年的会战，我们有了一个非常好的基础。"八五"期间，在希敬同志和张俊杰同志(后来是和清同志)的带领下，在大港油田党政领导和全局上下的共同努力下，大港油田持续发展，各方面工作都迈上了新的台阶。

首先，在油气勘探上，着眼于黄骅凹陷的陆上、浅海海滩地区，全面展开了区域性会战。"八五"预计可以探明储量1.6亿吨，基本每年探明3000万吨储量，在经过这么多年勘探的地区里获得这样一个成果，我觉得来之不易。也就是说通过"八五"，进一步改善了我们的资源接替状况，从总量来看，每年探明储量按20%的采收率计算，增长就是600万，实际上每年产出是400万，入大于出。不同于全国的形势，全国是入不敷出，全国一年产出大致是1.4亿吨，而增加的可采储量不到1.2亿吨。大港是向好的方向发展，找到的比采出的多，而且，在总公司统一领导下，实施了对外开放，在赵东地区与美国路安公司进行合作，最近连续打了两口井，单井产量都近百吨，路安公司也加大了勘探力度，加快了节奏，它的股票在纽约股票市场是一个劲地升。估计在海上现在已经拿到2000多万吨的储量，按5%算就是上百万吨的能力了，在塘北等地区，又与中信公司进行了风险勘探合作。应当说，大港油田的自营勘探和对外的风险勘探都取得了很好的成果。

第二，在"八五"期间，大港油田的油气生产稳中有升，从年产390万吨到400，410，425万吨，今年预计430万吨，是步子不大、年年迈，每年5万、10万往上长。王部长说箭头只能朝上不能朝下，大港油田还是基本做到了这一点，虽然斜率不高，但是年年上升的。大港一度曾经就掉到最低287万吨，不到300万吨，现在是在长。而且做了大量油田内部调整，采油一厂、二厂为代表的老油田内部的结构调整，完善了注采井网和系统，稳产的基础得到了加强，自然递减、综合递减都减缓了。"八五"期间做了大量的这方面的工作，在调整中，很多区块还稳中有升，老井管理走上了比较有序的轨道。也说明我们的二级单位和基层在工作能力和管理水平上有了很大加强。

第三，大港油田在改革上不断探索新路子，按照"油公司"的模式，按照解体"大而全"、"小而全"的部署，积极开展工作，取得了重要进展。成功的也好，遇到些挫折也好，总是一种有益的探索，积累了经验、趟了路子，为其他局级单位改革提供了经验，也有力地促进了内部经营机制的转变。所以国家才把大港油田确定为全国百家现代企业制度试点单位。

第四，大港油田的效益有了明显提高，职工收入有了明显提高，矿区面貌有了较大改善。同时，自己筹措资金的能力有了很大增强，多种经营的发展也进一步促进了整体效益的提高，职工收入翻了一番。现在办公楼在石油系统已经堪称一流了，马路也像条路了，水也上楼了，住宅已建了90多万平方米，在此期间共有12000多户搬进了新居。通过这些工作，给大家创造了一种安居乐业的生活环境。

"八五"确实应该好好总结一下，总结"八五"是为了增强大家的信心,看到我们经过艰苦创业取得的成绩。“八五”期间大港油田为实施党中央的“稳定东部、发展西部”的方针做出了贡献,我利用这个机会,向大港油田14万干部职工和家属表示衷心的感谢和敬意!

三、讲一讲总公司“九五”设想和对大港油田的工作要求

现在很快就要进入“九五”,总公司也正在研究“九五”发展战略,编制“九五”计划和2010年的发展纲要。目前,国家对油气的需求是十分紧迫的。按国家“九五”计划发展速度必须继续保持8%—9%这样一个水平,这就要求我们石油工业,大致每年要递增500—600万吨,显然我们目前情况难以达到这样一个目标。我们在编制“九五”计划的时候,提出几条基本原则。一是顾全大局,继续为国分忧做贡献的原则,我们是国有企业,承担了国家主要的或者说是绝大部分的油气供给,我们有责任,而且必须多做贡献。二是发展的原则,不管是油、还是气,要坚持发展的原则,产量要向上走,不能降。三是效益原则,一切从效益出发,讲究投入产出的效益,以效益为中心。四是对中长期发展要适当留有余地的原则,要突出重点,兼顾一般,年度计划要超,中长期计划适当留有余地。

我们要坚决贯彻中央财经小组对石油工业的四句话“稳定东部、发展西部、油气并举、扩大开放。我们提出,在“九五”期间,石油储量要探明25—30亿吨,力争探明加控制到40亿吨。天然气探明储量现在是5000亿立方米,力争探明加控制到1万亿立方米,油气当量算下来50亿吨。石油产量我们现在初步计划是年产1.45—1.5亿吨,在1995年1.4亿吨的水平上,低限长500万,高限长1000万。天然气在目前160亿方的基础上,到2000年实现200—250亿立方米,天然气要有比较大的发展。销售收入到2000年突破2500亿元,主业1500亿元,六大支柱产业1000亿元,到2000年,人均油气当量240吨,人均产值接近11万元。目前大港是人均产量60吨,到2000年计划是130吨,全国是240吨,达不到全国的平均水平,恐怕还得加油。

“九五”以至到2010年,我们要努力为国家主要做出三方面的贡献。一是通过加强勘探,提高开发水平,继续稳定油气供应,这是最主要的,不能含糊。二是天然气要上一个大台阶,以此形成全国的天然气管网,通过国内天然气的开发和俄罗斯、中亚天然气的开发引进,形成我国的天然气工业。我们现在还不能叫天然气工业,只有四川一个环形管网。通过“九五”到“十五”十年的努力,我们年天然气生产能力大致上要达到800亿,国内达到300亿,国外引进500亿,这时候,气就送到了沿海,一直到了上海,就可以建10个大化,完成十几个省级以上城市的气化,包括北京、天津、南京、上海、济南这些地方。当然还有天然气化工、化肥和甲醇了。三是要利用好两种资源、两种市场,国内国外一起干。我们想通过引进外资、几轮招标,在国内通过与外国“油公司”合作能拿到500万吨的分成产量;通过打出去,在国外也能拿到500万吨的份额油。把利用两种资源,落实到数量上。对外劳务承包,到2000年,我们要实现20亿美元。这个规划还正在进一步形成过程中,我谈这个规划的意思是大港油田也应当把自己摆到总公司“九五”发展的战略中来,从这样一个角度来认识自己的地位,发挥自己的作用,肩负起自己的历史责任。

现在,再回来谈大港油田的情况。许多事情前面已经说了,进入“九五”也确实面临不少困难。一是资源上的问题。大港油田号称探明储量7.3亿,动用了4.8亿,剩下的将近3亿吨储量,挑来挑去现在能动用的是2600万,明年哪几个地方能建能力,能上产,只要一较劲,就难了。这是一个“难”。二是开发难度越来越大。我对希敬同志说,你来了以后把南阳地下精雕细刻的经验带来了,“八五”基本上通过调整结构,把老油田的潜力挖的相当可以了,留给“九五”继续调整的难度比“八五”大的多,稳产的形势很艰难。三是我们的资金状况、负债的情况很严重。目前,固定资产原值将近100个亿,净值大致52个亿,外部借款60多个亿,负债率按净值讲超过100%,按原值讲也将近70%。当年偿还利息本金的负担很重,按每吨1240元的油价,还运转不起来,炼油厂项目还需要投资。这说明固定资产是个空壳子,搞现代企业制度向国家要了许多政策,最后看国家怎么定。我们争取把拨改贷这块形成国有资本金,把借外资形成的生产能力,在税收上争取些优惠,做出一些调整,恐怕调整个10亿、8亿还是有可能的。现在进行现代企业制度改革试点工作,必须得有效益,必须要靠自身求得发展,改来改去,嘴巴仍张得很大,需要人喂,这样的改革有什么用?四是改革。前一阶段是序曲,9月12日方案论证以后就要实施,实质性的步子就要开始迈。迈出去就难免要磕磕碰碰,闯一条新路是非常艰难的。前一段改了一阵子,一个是生活社会化,还正在搞,一个是开发系统搞作业区。这两件大事下步是继续往前走,还是往后退,走又该是怎么个走法,都是个问题。我想,大港“九五”发展起码要遇到这四大难题,不解决好这四个难题,大港油田的“九五”发展计划就会落空。那么,我说了这么多难,是不是就没有希望,没有前景呢?我赞成大家说的前途还是光明的。

应该看到我们的资源条件还很优越，整个大港油田管辖的七个有利的生油凹陷，总的资源量，大家公认的是25亿吨，目前，才找到了7个亿。从总量来讲，辽河探明程度43%，大港才28%，天然气差距更远，浅海海滩这一块还没有做出全面的评估。所以，在资源方面大港具备成为渤海湾后起之秀的条件，优越于胜利，优越于辽河，这就是发展的基础。

我们经过“八五”开发上的调整，基础打好了，不仅是地下基础、地面基础，还包括人的管理基础。国家宏观政策的调控，对大港1吨油1240元钱的价格政策不会调整，石化公司要一个均价，在均价基础上调一点，但是最终合下来，我们不希望把大港的油价降下来，实际上1240元的油价高于国际油价。同时，随着现代企业制度的试点，国家还要解脱一部分大企业背着的沉重债务负担，这是既定政策，是要实施的，这给大港油田提供了发展中的机遇。

我们年初开了工作会议，明确了以效益为中心加快发展的总思路；年中在辽河开了企业管理工作会议，通过管理要效益，把管理这个轮子好好转起来。过几天，要在大庆召开科技大会，通过科技进步要效益，科技进步这个轮子也要很好的转起来，两个轮子推动效益往前走。我认为大港油田在贯彻这些会议精神中，通过发动全体职工和家属，我们自身的潜力会得到充分的发挥，大港油田的前景应当说还是非常光明的。所以，我非常希望大港油田制订的“九五”计划是一个积极进取的计划，是一个为继续实施“稳定东部、发展西部”做出积极贡献的计划，也是一个贯彻以效益为中心加快发展的计划。

你们现在定的是储量1.5亿吨，产量460万吨，争取500万吨。460万吨就是突破历史最高水平，大港历史上最高水平是1975年450万吨。我看把合资油加起来，有突破500万吨的可能性。当然，合资油是归我们的那部分份额，不能把外国公司的部分加上。产100万，我们51万，这部分可以算上。突破500万吨，这样箭头就有斜度了，比“八五”的斜率要大一点。

我们必须通过深化企业改革，通过现代企业制度的试点，在效益上有新的突破，全面实施资产经营责任制，各个单位占用的国有资产不仅保值还要增值。大港局占用了国家将近百亿元的固定资产，不仅要养活7万多人，还得给总公司交钱。我这次同和清同志到“埃克森”的两个作业区，经过调查，“埃克森”的马来西亚公司一年交给“埃克森”5亿美元，澳大利亚公司也是5亿美元。算一算大港油田交多少，不要5亿美元，1亿元人民币行不行。总公司是陆上石油企业国有资产的监管部门，是国有资产的投资主体，你们是总公司投资的国有资产的经营者，你们要给总公司交钱了。现代企业制度改革就要走这个路子，不是你从我口袋里多要点钱，是你要给我交钱了。要不总公司怎么存在、怎么发展，中国石油工业怎么发展？因此，在改革中逐步从上到下要全面实行资产经营责任制。在计划经济体制下，我们的企业搞的是单纯生产型，在改革中逐步向生产经营型过渡，现在是资产经营型，企业要向投资者交钱。

要认真研究大港“九五”在资产经营上是什么路子，创造什么效益，在这个基础上，职工的生活水平，矿区的面貌，多元开发，炼油化工，都要有新的发展，新的提高。我赞成炼油能力适当扩大，大港有这个条件，总公司规划里也有这一块，渤海湾三家，包括胜利、大港、辽河要形成渤海湾的一个炼化生产基地。

在当前新形势下，还要进一步加强班子建设、队伍建设、精神文明建设。大港油田的精神文明建设还是不错的，多次受到天津市委领导的表扬，发过很多奖旗，得了很多奖状。现在，王鹏同志来了，跟大家一起在党的建设、队伍建设、班子建设上还要做出新的努力，取得新的成绩。石油行业是个相当艰苦的行业。这次我们到藏北开辟新的勘探区，海拔平均5100米，今年第一批队伍1000人，干了四个月，现在基本上人都下来了。在那里氧气缺了51%，剩下49%，这个条件下我们还得干。东部呢，现在苦在一个“难”字上，这个难，那个难。在外国公司都看不到像我们这么苦搞油的。搞油是个吃苦的行业，因此，还要树立奉献精神，艰苦创业精神，只有把队伍士气搞得旺盛，我们才有胜利的源泉。

最后，我想再强调一下当前的工作。这次主要领导做了一些变动，我希望不要影响当前正在进行的生产经营工作。将要批复实施的现代企业制度试点方案，也不要影响当前正在进行的各项工作，必须全力以赴完成好今年的任务，也就是“八五”期间的各项任务。各项工作在原有的基础上，只能做得更好、更精心，没有任何一丝一毫等待的理由，所有工作都必须往前走。两位主要领导已经就职了，下步实施现代企业制度试点方案，董事会、监事会、经理班子等治理机构的确定还有一个过程，有了局长、书记工作可以开展了，所有问题最后都还要落在你们自己头上。所以不应该等待，不应该观望。我们希望大港油田的各项工作能够加速推向前进。祝同志们取得更大成绩！

谢谢大家！

加强党的建设 凝聚各方力量
为全面实现油田“八五”目标而努力奋斗

——在管理局党委三届三次全体(扩大)会议上的报告

姚和清

(1995年1月24日)

同志们:

这次局党委三届三次全体(扩大)会议的主要议题是,以邓小平同志建设有中国特色社会主义理论为指导,深入贯彻党的十四届四中全会、天津市委六届三次全体(扩大)会议、总公司1995年工作会议等一系列重要会议精神,研究1995年油田生产经营、深化改革、党的建设、思想政治工作等方面的工作部署,进一步认清形势,统一思想,理清思路,坚定信心,更好地团结带领广大党员、干部和群众为全面完成今年的各项生产经营指标,顺利推进现代企业制度试点,切实加强企业管理,提高精神文明建设水平,全面实现油田“八五”目标而努力奋斗。

现在,我代表局党委常委,就1994年党委工作的基本情况和1995年进一步推进油田改革、加强党的建设问题,向大会作报告,请大家讨论。

一、1994年党委工作的基本情况

1994年,是我局广大党员、干部和群众思想观念发生深刻变化的一年;是按照建立社会主义市场经济体制的要求,进一步加大改革力度的一年;也是在“八五”前三年工作的基础上,保持持续稳定发展的势头,生产经营取得明显成效的一年。一年来,全局各级党组织按照局党委二届十三次全体(扩大)会议和第三次党代会确定的工作方针和基本思路,把学习邓小平同志建设有中国特色社会主义理论作为贯穿全年工作的主线,以推进油田深化改革、加快发展、提高效益为根本任务,广泛开展“四比一争”活动,努力调动和发挥广大职工的积极性,有效地保证了全局深化改革、生产经营等各项任务的圆满完成。

回顾全年工作,主要有以下几个特点:

1. 学习邓小平理论和党的十四届三中、四中全会精神,重点突出,联系实际,使油田改革与发展有了明确的方向和强有力的思想保证。去年,各级党组织在认真学习贯彻党的十四届三中、四中全会《决定》的同时,重点组织职工学习了《邓小平文选》第三卷、社会主义市场经济理论和现代企业制度知识。局党委重点抓了局处两级领导干部的学习,全年共举办轮训班15期,组织研讨、交流会45次,轮训现职处级干部592人。各二级单位分别采取短期轮训、宣讲辅导、电视专访、专题讨论等多种形式组织了党员和群众的学习,围绕解放思想、转变观念开展讨论。使广大党员、干部和群众普遍增强了五种意识:一是一切工作都着眼于提高效益的意识;二是解放思想、实事求是,敢闯、敢干、敢于实践的意识;三是发展是硬道理,只有发展才能生存,只有发展才有出路的意识;四是眼睛向内,苦练内功,依靠自身力量求生存、求发展的意识;五是全局一盘棋,自觉顾全大局,勇于克服困难、承担风险的意识。职工群众对改革的承受能力进一步增强,闯市场、创效益的积极性日益高涨。在学习过程中,各级党政组织紧密联系实际,运用科学理论指导实践,把学习收获化为新的工作思路,化为推动油田发展的具体行动。局党委、管理局去年一季度先后召开八次全局性会议,组织各级干部、工程技术人员、职工代表,反复研究讨论,确定了全局今后几年改革与发展的总体目标和思路,确定了1994年的工作目标和阶段工作部署。各二级单位也紧密联系本单位实际,研究工作思路,进行具体部署,逐项狠抓落实。钻井工程公司面对油田内部市场工作量不饱满,二、三线队伍包袱沉重、原材料价格上涨等严重困难，引导干部群众转变观念，迎难而上，牢牢地占领了油田内部市场；以不怕吃苦、顽强拼搏的精神和严格履行合同的信誉去开拓外部市场，先后在冀东、辽河、安塞等油田拿到了180口井、31万米进尺的劳务合同，派出了17个钻井队、2000余名职工打入油田外部市场，创产值1.5亿元，为完成全年控亏3450万元赢得了主动权。物探公司在局内工作量严重不足、经济上收不抵支的情况下，确定了“控制内部市场、进军兄弟油田、开辟山地勘探、跻身浅海会战”的生产经营战略，经过一年苦干，终于以完成总工作量1.2亿元，其中外揽工作量6600万元的优异成绩，突破了全年计划。随着改革的逐步深化，油田生产经营和管理工作中的一些深层次矛盾逐渐暴露。面对这些情况，各级党政组织以建设有中国特色社会主义理论为指导，按照建立社会主义市场经济体制的要求，着手分析研究油田和本单位产业结构、产品结构、组织结构以及市场培育和管理等方面的问题，提出了一些解决深层次矛盾和问题的思路和办法。

2．联系改革实际开展的思想政治工作形式多样，针对性强，确保了各项改革举措的顺利实施和职工队伍的稳定。去年，随着油田改革力度的逐步加大，一些直接涉及职工切身利益的改革措施的陆续出台，部分职工思想活跃，改革成为广大职工关心的热点。为了确保各项改革举措的顺利到位，保持队伍的思想稳定，各级党组织注重抓了三个环节：一是加强调查研究，倾听职工群众的意见和建议，及时掌握思想动态，为改革方案的制定和实施提供可靠的依据；二是加强对改革形势和方案的宣传教育，调动广大党员、干部和职工群众支持改革、投身改革的积极性；三是做好深入细致的思想政治工作，及时解疑释惑，化解矛盾，保持职工队伍的思想稳定。同时，各级工会、共青团组织和民事工作部门先后多次开展送温暖、募捐等活动，资助特困职工、特困中小学生和残疾人70余万元，千方百计帮助职工家属解决实际问题。各二级单位紧密结合本单位深化改革的实际，加强思想教育，团结带领广大职工以高度的主人翁责任感做好各项工作，奋力进取，克服困难，以实际行动支持改革，投身改革。油建公司党委为了动员职工群众扭转连年亏损的被动局面，组织职工算了效益、市场和人员结构三笔账，增强了广大职工的危机感和紧迫感，激发了大家闯市场、创效益的积极性，全年共创产值1.41亿元，其中外揽工作量达6000多万元，双双创近几年来最高水平。尽管尚未完成管理局下达的控亏指标，职工收入受到了一定影响，但由于讲清了道理，队伍思想稳定，保持了高昂的情绪。一年来，由于各级党政组织坚持做好改革过程中的思想政治工作，全局始终保持了团结、稳定的局面，有力地促进了深化改革和各项工作的顺利进行。

3．动员广大职工为发展生产、提高效益献计出力，宣传深入，活动扎实，推动了油田生产经营的稳步发展。去年以来，各级党组织针对生产任务繁重、资金比较紧张等实际情况，以“四比一争”活动为载体，以生产经营形势和任务为主要内容，开展了多种形式的宣传教育活动。局党委宣传部总共编发了三万余字的基层宣传教育材料，开展了形势任务教育专题知识竞赛，会同有关部门组织了质量宣传月、科技宣传周和节能宣传周等专题活动，举办了“我身边的共产党员”和“爱国、创业、奉献在油田”演讲活动，进一步增强了广大职工的紧迫感、责任感和主人翁意识。各单位紧密围绕加强管理、发展生产、提高效益，组织广大职工广泛开展增储上产、挖潜增效活动。全年共组织各类劳动竞赛371项，其中一线职工参赛面达93.14%；发动职工提合理化建议37000余条，实施12000余条，创经济效益7000多万元；在广大青年职工中开展“争当技术小能手、小多面手、小状元、小专家”活动，参赛青工达21万余人次；采取多种形式，动员和组织各民主党派和无党派人士为油田经济工作献计出力，有力地推动了生产经营的发展。石油机械厂面对年初主导产品订货减少、减利因素继续增长的严峻形势，在全体职工中开展了以“创五新、求发展、立新功”为内容的第二次创业活动，组织职工深入开展“新的经营增长点在哪里”的大讨论，引导职工为厂分忧，献计献策，组织党员开展最佳岗位活动，内抓质量，外闯市场，终于逐步扭转了生产经营的被动局面，较好地完成了各项经济技术指标。滩海工程公司结合本单位生产经营工作的实际，广泛发动职工争创岗位最佳效益，动员职工人人提合理化建议，总共收到改革、经营和管理等方面的合理化建议166条，实施122条，创综合经济效益22万元。一年来，各级党组织在思想政治工作为生产经营服务上做到了“四到位”，即：制定生产经营工作方案时，思想政治工作运行方案到位；重点工作开展前，思想发动到位；重点工作运行中，宣传鼓动到位；阶段工作结束时，总结表彰到位。从而有力地促进了生产经营的快速发展，确保了全局油气生产任务和经济技术指标的圆满完成。

4．党的自身建设常抓不懈，要求严格，有效地增强了各级党组织的凝聚力和战斗力。去年九月，管理局召开了第三次党员代表大会，选举产生了新的一届局党委和局纪委。结合改革过程中组织机构的调整，新组建了开发公司党委和九个二级单位党委。与此同时，根据新形势对党的建设提出的新要求，突出抓了四个方面的工作：第一，加强了各级领导班子建设。下功夫抓了领导干部的政治理论学习和增强事业心与责任感的教育，强化了以民主集中制为核心的各项制度建设，在二级单位领导班子中选配了一批35岁左右的年轻干部。先后组织召开了二级单位领导班子学习《邓小平文选》体会交流会和思想作风建设经验交流会，总结交流了体会和经验，促进了领导班子整体素质的提高。第二，加强了基层党支部建设。在组建生活服务公司和采油作业区改革试点过程中，结合基层劳动组织的调整，及时组建了23个党总支和140个党支部，并对723个基层党支部进行了换届选举。继续深化党建目标管理，重新修订下发了《基层队(车间)党支部条例》和《基层党支部工作手册》，加强了党内生活制度落实情况的督促检查，使基层各项制度落实率保持在90%以上，更好地发挥了战斗堡垒作用。去年“七一”前夕，有50个基层支部被局党委授予先进党支部称号。同时，以一线职工和青年为重点，搞好党的组织发展工作，全年共发展党员898名。第三，加强了党员的教育与管理。对党员进行了党员标准和建设有中国特色社会主义理论教育，开展了民主评议党员和树形象、做模范、创“五个一流”活动，提高了党员素质，较好地发挥了党员的作用，有349名党员受到局党委的表彰。第四，加强了党风廉政建设。按照中纪委两个“五条规定”的要求，及时修订完善了党政领导干部廉洁自律制度，并在充分准备的基础上，召开两级班子民主生活会，进行了自查自纠。按照中纪委三次全会精神，认真抓了清理纠正机关办实体、油田内部乱收费等不正之风问题。以提高党员、干部队伍的整体素质为目的，广泛开展了党纪政纪教育、正反典型教育和预防教育，做到教育在前、提醒在前，减少了各类违纪问题的发生。与此同时，坚决查处各类违法违纪案件，为油田改革与发展提供了良好的环境。各二级单位党委按照新形势的要求，切实加强党组织的自身建设，不断增强了凝聚力、战斗力。采油三厂党委进一步完善并严格执行了领导班子廉洁勤政、分工负责、联系群众等六大制度，并把六大制度发到基层，接受群众监督，进一步增强了党组织的凝聚力和感召力，激发了职工群众的积极性，赢得了生产经营的好形势，全年超产原油10000吨，节约成本500万元。炼油厂党委采取千分制评比的方法在基层领导班子中开展“争创最佳搭档，做出一流成绩”的竞赛活动，增强了基层班子的战斗力，全厂超额完成了年原油加工计划的106.5%，上缴利润达到年计划的285%。

5. 积极探索新形势下加强思想政治工作的有效途径，勇于实践，务实创新，在适应社会主义市场经济的要求上有了新进展。首先，“抓生产从思想入手，抓思想从生产出发”的观念进一步强化。各级党组织坚持以推进改革、促进发展、提高效益为目标，结合本单位实际，积极做好思想政治工作；生产、行政、技术干部坚持把调动群众的积极性作为做好各项工作的基础，把思想政治工作贯穿于深化改革、生产经营等各项工作的决策与实施过程，把思想政治工作与深化改革和生产经营有机地结合起来，有力地促进了决策的优化、部署的落实、职工群众积极性的发挥。部分实行党政兼职的单位，普遍推行了“一岗两责”，从组织和制度上较好地保证了思想政治工作与生产经营工作的有效结合。采油四厂党政组织面对1994年上产幅度大、投资项目多、改革力度强等实际情况，从克服畏难情绪、增强发展信心入手，在广大职工中开展了“完成任务指标得与失”大讨论和“立足本岗创效益”活动，引导职工群众把完成本单位生产和效益指标与全厂指标、自身利益、对国家的贡献紧紧地挂起钩来，使“厂兴我富，厂衰我贫”的道理日益深入人心，有力地保证了上产目标的实现和改革的平稳推进。其次，切合实际，讲求实效的思想政治工作方法更加多样。去年以来，随着改革的逐步深化，各单位的客观情况和职工的思想状况发生了很大变化。面对变化了的形势，各级党组织在适应中求转变，努力改进方法，讲求实效。采油二厂在部分采油队专业班组试行政治学习与技术学习相结合的“每日一题，每月一评，每季一赛”活动，改变了过去那种单打一的学习方法，增强了学习趣味性和持久性，见到了初步效果。测井公司注重外出施工队伍的思想政治工作，坚持在临行前进行动员欢送，施工中关心家庭，并经常到现场慰问，回来时组织总结庆功，使外出施工的职工经常感受到组织的关心，进一步激发了干劲。第三，思想政治工作的载体日益丰富。随着队伍结构的变化和现代传播媒介在油田的运用与扩展，各单位思想政治工作的载体越来越丰富，覆盖面越来越大。去年，各级党组织继续以各种展览、各种竞赛为载体，开展了专项宣传活动；以专题讨论等活动为载体，开展了形势任务教育；以征集厂旗、厂徽、厂歌活动为载体，开展了艰苦创业精神和企业精神教育；以电视、报纸等大众传播媒介为载体，在搞好经常性宣传教育的同时，组织各种专题报道。如钻井公司制作并播出了《钻井职工明星风采录》，油建公司开办了《闯市场电视论坛》，井下作业公司开办了《井下大视野》节目等等,进一步增强了宣传教育的力度和效果。第四,各级干部做好新形势下思想政治工作的本领进一步提高。去年以来,各级党政组织根据新形势要求,加强培训和锻炼,努力培养既懂生产经营,又会做思想政治工作的“复合型”人才。水电厂采取“双向交叉代职”的办法,组织比较年轻的机关干部到基层代职,基层干部到机关代职,经过实践锻炼,全面提高了干部素质。地质研究院在支部改选过程中注重在生产技术干部中选拔党支部书记,培养提高生产技术干部从事思想政治工作的能力;设计院、钻采院着力培养选拔适应社会主义市场经济需要的基层领导干部,在提高他们的公关能力、决策能力、协调能力、自律能力和技术(业务)能力上下功夫,都见到了较好的效果。

回顾1994年所走过的历程,我们深深地体会到,只有紧密联系思想和工作实际刻苦钻研理论,领会精神实质,把理论观点化为新的观念、新的工作思路,才能使科学理论真正成为指导工作的思想武器,达到学习理论的目的。只有不断强化各级党组织经济工作的中心意识,使党的工作全方位地进入经济工作的思维领域和实践领域,才能充分有效的发挥党组织的政治核心作用,在推进油田改革与发展这个中心任务上使实劲,见实效。只有把握油田工作的大局,正确处理改革、发展与稳定的关系,依靠强有力的思想政治工作,动员群众,组织群众,化解矛盾,保持稳定,才能实现稳定、改革、发展的辩证统一,以稳定促改革、促发展。只有坚持继承与创新相结合,不断改进思想政治工作的内容和方法,克服形式主义,讲求实际效果,才能更加充分地显示思想政治工作的巨大威力,在推进油田改革与发展中见到更加显著的效果。

1994年,在各级党政工团组织的共同努力下,油田党的建设和思想政治工作取得了较好的成绩,管理局继续保持了全国思想政治工作优秀企业称号,局职工思想政治工作研究会被评为天津市优秀研究会,局工会被评为全总石化工会先进集体,局团委再次被评为团市委先进集体。但是,我们也应当清醒地看到工作中存在的问题和不足,主要是:一些单位思想观念的转变还较缓慢,结合建立社会主义市场经济体制的实际,研究探索思想政治工作的新路子还不够深入,实际工作中缺乏新思路、新招法;职工群众参与改革和生产经营决策的制度还不够完善,已有的一些制度也还不够落实;随着改革力度的加大,职工队伍思想活跃,思想问题和实际问题较多,而有针对性地做好思想政治工作还不够及时有力;在油田各单位逐步进入市场的情况下,对外宣传的力度不够,特别是在宣传企业形象、企业产品,提高企业知名度方面还比较薄弱,等等。对此,各级党组织都必须高度重视,认真分析研究,采取切实措施,努力加以解决。

二、准确把握发展趋势,正确处理各类矛盾,坚定不移地把油田改革推向前进

1995年,是我局实施前三年打基础、蓄后劲,后两年求发展、上水平的战略部署,抓住机遇,加速发展,提高效益,确保油田“八五”目标全面实现的最后一年;也是作为全国百家试点单位之一,积极探索,大胆实践,抓紧建立现代企业制度,加快转换经营机制的关键一年。为此,1995年全局总的奋斗目标是:按照总公司确立的以提高经济效益为中心,加快发展的新思路,指导油田各项工作,努力在四个方面取得突破。第一,按照上级批准的改革总体方案,加大改革力度,进一步解体“大而全”、“小而全”,在建立现代企业制度上取得突破;第二,严格把握发展质量和效益,既要实现油气储量和产量的持续增长,完成探明石油地质储量3000万吨、年产原油430万吨、天然气3.4亿立方米的任务,又要谋取最佳效益,实现增储、增产、增效的统一,在提高生产经营效益上取得新的突破;第三,更新管理观念,拓宽管理领域,改进管理方法,加快建立符合新体制要求的管理标准和管理体系,在提高经营管理水平上取得新的突破;第四,进一步加强思想政治工作,全面提高队伍素质,充分调动和发挥广大职工的积极性,继续保持油田稳定,在队伍建设上取得新的突破。

为了实现上述目标,我们必须继续坚持用改革统揽全局,抓住今年国家把搞好大中型企业作为改革重点并在我局进行现代企业制度试点的有利时机,进一步深化油田改革,以此推动生产经营等各项工作的发展,取得新的突破。而抓改革,首先必须抓思想、抓认识。因此,新年伊始,摆在各级党组织面前的突出任务就是要加强宣传教育,统一全局职工对油田深化改革的认识。在这方面,广大干部特别是各级领导干部,必须走在前面,在正确估价去年的改革成果,准确把握今年改革的方向和力度上保持清醒的头脑。

1994年,我们认真贯彻党的十四届三中全会精神,按照国务院及总公司的要求和管理局年初的总体部署,推出了生活社会化、普教与卫生专业化及采油作业区试点等改革。这些改革举措,虽然还有不够完善之处,但从总体上看,是适应了社会主义市场经济需要的,也是符合国务院、总公司有关建立现代企业制度的要求的。油田经过几年来的改革,整体素质逐步上升,活力有所增强,对宏观环境和市场变化的适应能力不

断提高,经济效益得到改善,为油田改革的进一步深化奠定了坚实的物质和心理基础。

去年底,国务院召开了现代企业制度试点工作会议,对试点工作做出了全面部署,要求百家试点企业在两年内完成试点工作。从今年起,油田改革要全部纳入全国百家企业建立现代企业制度的试点工作的轨道,总的任务目标是:认真贯彻落实党的十四届三中全会《决定》和中央一系列会议精神,按照国务院关于建立现代企业制度试点的工作会议要求及国家体改委、国家经贸委、中国石油天然气总公司的安排部署,依据《公司法》,并从油田实际出发,借鉴国内外的先进经验,坚定不移地走"油公司"的路子,把改制、改组、改造和加强企业管理结合起来,优化组织结构,调整产业结构和产品结构,转换企业经营机制,不断提高经济效益,力争年内完成公司制的改建工作,取得试点的阶段性成果。明年正式运作,规范完善,逐步建立起适应市场经济要求和符合油田实际的现代企业制度。通过两年试点,在确立公司制改建的组织形式和明确投资主体、建立健全科学的管理制度、转换企业经营机制、改善企业外部环境等10个方面取得重点突破。

建立现代企业制度是涵盖企业全部经营活动的一项复杂的系统工程,工作要求高,工作领域新,涉及面广,难度很大。一方面,国务院关于建立现代企业制度试点的12个配套办法还未出台;另一方面,油田企业内部也存在不少难点,如债务负担过重,企业办社会包袱大,施工作业、辅助生产等单位走上"四自"道路步履艰难等等。在国家不给优惠政策的情况下,我们必须依靠上级的支持、自身的努力,积极创造条件圆满完成试点任务。我们的试点工作受到社会各界的关注,全国150万石油职工更是对我们寄予厚望,希望我们能闯出一条振兴石油工业的新路子。从这一意义上讲,我们的现代企业制度试点工作已不仅是个经济问题,更是个政治问题。我们肩负着历史性责任,面临着历史性机遇,必须有历史性突破。全局广大党员、干部和群众,特别是各级领导干部,一定要统一思想,提高认识,坚定信念,在思想方法和工作思路上有一个大的转变,下大决心,花大力气,把这件关系到油田兴衰的大事办好。

为了确保现代企业制度试点有条不紊地向前推进,针对去年改革中暴露的问题,当前,我们必须在思想认识上着重处理好五个关系:

一是改革与发展的关系。改革是发展的动力,发展是改革的目的。近些年来,为了转变经营机制,增强内部活力,推动油田更快发展,按照国务院和总公司的部署,我们结合实际进行了一系列改革,效果是明显的。在改革过程中,虽然暴露出一些问题,但主要并不在改革自身,而在于我们有些同志思想观念上仍然习惯于旧体制和旧机制。比如,习惯了"小而全"式的服务,对尚不完善的新的服务方式就不满意;习惯了旧的管理办法,对新的管理方式就不太适应。如果从发展的、长远的角度来看,新的体制尽管暂时不够完善,但它已经并且终将显示出它的先进性,必然要取代旧体制。作为改革者,就应当克服暂时的困难,勇敢积极地支持改革,而不能在新事物刚刚出现、尚不完善的情况下,就否定它。为此,我们各级领导干部必须转变观念,学会用发展的观点来分析问题、从长远的角度去看待问题,准确把握改革与发展的关系,运用改革去推动发展。在这一点上,我们绝不能有丝毫的含糊。

二是改革与效益的关系。效益是改革成果的体现,是检验改革成败的标尺。我们在油田实施各项改革,目的就是要发展生产、提高效益,进而满足职工日益增长的物质文化生活的需要。但是,一项重大改革举措的实施,由于要和传统的体制及机制相碰撞,都有一个取代、磨合、完善的过程,短期内不一定能够看到较明显的成效,甚至有可能会影响个别单位或个人的利益。因此,要求改革在效益上必须立竿见影是不切实际的。去年我们进行采油作业区试点,目的是为了使开发系统按专业化管理的要求高效运作,提高劳动生产率和经济效益,但从短期看,由于多方面的原因,还不能显现出明显效果。如果因此就否定这一改革,那是不对的。应该说,作业区试点的目的是明确的,方向是正确的,问题在于需要继续规范和完善。坚持这个方向,不断加以完善和提高,效果就会逐步体现出来。在这个问题上,也需要我们坚持发展的观点,立足于长远的角度。否则,就很难迈出改革步伐,争取更大的效益。

三是改革与管理的关系。管理也是生产力,是提高企业经济效益最现实有效的途径。建厂30年来,油田的各项工作都积累了不少管理经验,形成了许多行之有效的管理制度和办法。这些管理制度和办法在推进油田发展中起到了重要作用。我们现在进行深化改革,并不是否定过去的一切,而是要按照建立现代企业制度的要求,在坚持和发扬以往行之有效的管理经验基础上,建立健全新的管理体系,以适应发展社会主义市场经济的需要。改革并不抛弃管理,而是要求管理更加科学化,更加适应新的形势。因此,我们必须正确处理改革与管理的关系,在推进改革中,不断更新管理思想,拓宽管理领域,改进管理办法,加快建立符合新

体制要求的管理标准和管理体系，在改革过程中进一步加强管理。通过抓管理，练内功、转机制，全面提高企业素质，增强企业活力，促进油田各项事业快速发展。

*四是改革与转换经营机制的关系。*转换经营机制是国有企业适应市场经济的需要，增强自身活力的必经之路。而管理体制又是经营机制的基础。要转换经营机制，首先必须进行体制的改革。我们去年实施生活社会化和普教、卫生专业化等改革，就是为了变旧体制为新体制，从而建立起新的经营机制。从形式上看，是调整了一些机构，组建了一些新单位，但其意义远不限于此，我们必须透过现象看到本质。机构的调整，劳动组织形式的变化，为新机制建立创造了条件、奠定了基础。而建立新机制还必须健全新的管理办法，实行新的运转方式。如果认为改了体制就有了新机制，这种认识也是片面的。我们应该坚定地推进体制的改革，同时积极学习、努力创造和大胆运用新的管理办法和运转方式，使新的机制能够尽快完善并正常运行。各级领导干部必须以强烈的改革意识，推动全局的转机建制工作。

*五是改革与队伍建设的关系。*广大党员、干部和群众是油田改革的主体，在改革实践中，虽也有方案、举措自身不够完善的情况，但影响改革正常进行的主要症结常常不在方案和举措，而在于人们的思想观念，在于人们的适应能力，在于人们的素质水平。从这个意义上来说，职工队伍的素质有多高，改革的水平就会有多高。因此，与推进改革同步，我们必须不断加强队伍建设，提高队伍的整体素质；必须做好深入细致的思想政治工作，保持队伍的稳定。去年，油田总的形势是好的，一些不稳定因素，由于思想工作比较及时，都得到了平息和化解。今年，按照试点方案的安排，将有更多的改革举措付诸实施。因此，我们要有充分的思想准备，认真做好职工队伍的稳定工作，不断提高职工队伍的素质，更好地发挥人的因素的作用，促进改革上水平。

总之，搞好今年现代企业制度试点，加快油田生产经营的发展，这既是国务院、总公司的要求，也是全局职工家属的意愿。各级领导干部责任重大，必须认清形势，明确责任，统一思想，坚定信心，以实际行动带领广大党员、干部和职工群众投身改革，努力开创油田各项工作的新局面。

三、深入贯彻党的十四届四中全会精神，切实加强党的自身建设，推动油田各项工作的健康发展

根据新的一年油田面临的形势和任务，1995年党委工作总的指导思想是：坚持以建设有中国特色社会主义理论为指导，深入贯彻落实党的十四届三中、四中全会精神和天津市六届三次全体（扩大）会议、总公司1995年工作会议的部署和要求，紧紧抓住油田改革、发展、管理、稳定这个大局，按照新形势的要求，健全党的建设和思想政治工作的运行机制，进一步加强党的建设、领导班子建设和干部队伍建设，加强和改进思想政治工作，动员和依靠广大职工，为完成1995年各项生产经营指标，推进油田精神文明建设，全面实现油田“八五”目标而团结奋斗。为此，在工作的总体要求上，要把握以下几个指导原则：

——坚持用邓小平同志建设有中国特色社会主义理论武装党员和干部头脑，联系实际研究解决深化改革和生产经营中暴露出来的深层次矛盾和问题，做到“两手抓、两手硬”，把油田两个文明建设不断推向前进；

——坚持以生产经营为中心，以提高效益为目标，根据生产经营工作的重点、深化改革的焦点、职工关心的热点和行政领导工作的难点确定思想政治工作的部署和着力点，支持行政领导依法行使职权，更好地发挥服务和保证作用；

——坚持抓住油田工作的大局，处理好改革、发展、管理、稳定的关系，把保持队伍思想稳定作为深化改革、促进发展、加强管理的基础，依靠各级党政工团组织扎实有效的工作，保持队伍的思想稳定和社会的安定；

——坚持把加强党的建设摆在重要位置，全面贯彻实施局党委《关于认真贯彻落实〈中共中央关于加强党的建设几个重大问题的决定〉的具体措施》，下功夫抓好“三项任务”的落实。切实增强党组织的凝聚力、战斗力，更好地发挥党组织和党员的作用。

——坚持全心全意依靠工人阶级的方针，密切联系群众，把一切工作的着眼点放在基层，精心研究基层情况，指导基层开展工作，帮助基层解决问题，充分发挥广大职工群众的积极性，使各项部署和方案在基层落到实处，见到实效。

按照上述指导思想和总体要求，《1995年党委工作要点》安排了七个方面的具体工作。要确保全局今年各项任务的圆满完成，应做的工作很多，但关键是要

把各级党组织建设好，这是完成各项任务的最根本的保证。为此，我就进一步贯彻落实党的十四届四中全会《决定》和总公司的三个"实施意见"，把党的建设工作抓紧抓实，再强调几点意见：

1. 加强思想建设，用建设有中国特色社会主义理论武装全体党员，要在运用理论研究解决实际问题上下功夫。

运用理论研究解决实际问题，必须认真研读原著，深刻领会精神实质。《邓小平文选》一至三卷，是建设有中国特色社会主义理论的精髓。广大党员、干部特别是处以上领导干部，要逐篇逐段逐句地精心阅读和钻研，重点要学习《邓小平文选》第三卷。在系统学习中要突出重点，把握精神实质。如：关于社会主义的本质和任务；关于"三个有利于"的判断标准；关于抓住时机，加快发展，争取国民经济隔几年上一个新台阶；关于科学技术是第一生产力；关于改革是中国的第二次革命；关于两手抓，两手都要硬等等。同时，要进一步学好党的十四届三中、四中全会《决定》。各级党组织要运用多种形式，采取有效措施，精心组织学习。局处两级领导干部要在坚持自学的基础上，积极参加中心组学习，自觉坚持学习制度，做到有计划、有考勤、有自学笔记、有讨论记录、有心得交流。学习是件艰苦的事，不能图轻松，浅尝辄止；也不能学归学、干归干，坐而论道，不解决实际问题；更不能把学习时间作为休息时间，表面在学，实际没钻进去。要注意投入与产出的关系，讲求学习效率和效益。局党委每半年将对二级单位中心组的学习情况进行一次检查通报，三季度召开领导干部学习邓小平理论体会交流会，共同切磋，以求对理论把握得更全面、更透彻，更有利于指导我们的工作和实践。

运用理论研究解决实际问题，更须坚持求深务实。随着油田改革的进一步深化，逐步暴露出了许多深层次的矛盾和问题。处理和解决这些矛盾和问题，关键在于坚持理论与实践相结合，带着实践中的问题到理论上寻求答案，运用正确的理论指导实践。因此，我们在学习中必须紧密联系自己的思想实际和本部门、本单位的工作实际。比如：怎样在实际工作中坚定不移地贯彻执行"一个中心，两个基本点"的基本路线，加快发展步伐，提高经济效益；怎样抓住现代企业制度试点这个难得的机遇，引导广大干部职工转变观念，统一认识，积极推进改革，转换经营机制，促进主业和多种经营的发展；怎样从加快生产力发展这个大局出发，加大"三调"力度，增强油田实力，实现长期稳定发展；怎样坚持两手抓、两手硬，切实加强和改进新形势下的思想政治工作，调动和发挥广大职工的积极性、创造性等等，都是需要在理论指导下深入思考，努力解决的问题。我们要把树立导向力强、特色鲜明、内容具体的市场经济新观念，确立超越自我、领先市场、操作性强的经济发展新思路，作为理论学习的着力点，在解决实际问题上努力形成新思维，想出新招法，拿出新举措，取得新突破。各级干部，尤其是局、处两级领导干部都要运用理论解决好本单位、本系统实际工作中的突出问题，把各项工作提高到一个新水平。

运用理论研究解决实际问题，要以实际成果作为检验标准。谁运用邓小平理论解决现实问题越多，越有成效，就说明谁学习得越好。在大力推进油田改革与发展的新形势下，检验油田广大党员、干部特别是处以上领导干部学习的成效主要看以下几条：一是思想观念是否与建立社会主义市场经济体制、建立现代企业制度及油田深化改革的实际相适应；二是工作思路是否跳出了单纯追求产量、靠堆工作量求发展的旧框框，转移到了以经济效益为中心，依靠科技、依靠改革、依靠管理的轨道上来；三是工作摆布是否把党的建设放到主要位置，并采取切实措施，使基层党组织建设得到加强，作用充分发挥；四是职工队伍是否思想稳定，精神振奋，积极参与和支持改革，发挥主人翁作用；五是生产经营指标是否全面完成，接近或达到先进水平，本单位的经济效益是否有了明显提高。

2. 加强党的组织建设，增强党组织的凝聚力和战斗力，要在落实"三项任务"上下功夫。

首先，要统一思想，提高对落实"三项任务"重要性、必要性的认识。党的十四届四中全会就加强党的组织建设提出了坚持和健全民主集中制、加强和改进党的基层组织建设、培养和选拔德才兼备的领导干部等三项任务。落实"三项任务"，是解决当前油田党建工作中存在问题的需要。近几年来，油田各级党组织结合实际扎扎实实抓党建，做了大量的工作，取得了很大成绩，党组织的状况总体来说是好的，但也确实存在着一些不容忽视的问题。有的基层组织比较薄弱，战斗力不强；有些同志对党的优良传统、基本知识、基本制度缺乏了解，党的观念比较淡薄；少数党员自律意识不强、作风不正、脱离群众，不能很好地发挥先锋模范作用；少数干部公仆意识、服务意识和奉献意识淡化，作风漂浮，思想懒惰，因循守旧，不思进取，个别人甚至走上以权谋私、违法乱纪道路等等。这些问题，都需要认真加以解决。落实"三项任务"，也是完成各级党组织肩负的历史重任的需要。去年九月召开的管理局第三次党代会明确提出了油田今后几年的奋斗目标和工作任务，实现这些目标和任务，必须进一步增强党组织的凝聚力和战斗力，团结带领广大党员和群众，把油田改革与发展不断推向前进。落实“三项任务”，还是发挥各级党组织和党员作用的需要。认真落实“三项任务”，才能把各级领导班子建设成为团结、务实、上进的班子，才能把基层党的组织建设成坚强的战斗堡垒，才能把全体党员教育培养成为能处处发挥先锋模范作用的先进分子。

其次，要抓住关键，认真搞好各级领导班子和干部队伍建设。要全面提高干部素质。各级干部，特别是处以上领导干部，要持久地、刻苦地学习马克思主义，学习社会主义市场经济理论，学习现代管理知识和现代科技知识，学习党和国家的方针政策、法律法规。在建立社会主义市场经济新形势下，通过认真学习和刻苦磨炼，使自身素质不断完善和提高，真正成为领导经济有推动力、改革开放有创造力、团结协调有凝聚力、勤政务实有战斗力、廉洁自律有感召力、博学多才有适应力的新型干部。同时，要抓紧培养一批能够担当起跨世纪重任的优秀年轻干部。各二级单位都要围绕落实管理局提出的建立高水平的石油专家队伍、精通经营管理的企业家队伍、具有市场开拓能力的多种经营队伍和懂得国际惯例、能熟练进行国际经济、技术贸易的对外合作四支队伍的目标，逐年分解计划，并落实到人头。各级党政组织都要更新思想观念，扩大选人视野，改革用人制度，强化培养措施，大胆培养、选拔优秀年轻干部。要按照总公司的要求，在去年工作的基础上，再选拔一批优秀年轻干部充实到各二级单位领导班子中去，使各二级单位领导班子都有一至二名35岁左右的年轻同志，进一步改善班子的年龄结构，增强班子的生机与活力。对在职干部，要进一步抓好学习和培训，不断提高知识层次，拓宽知识面，努力造就更多的复合型人才。随着油田改革的不断深化，还要进一步改革干部管理制度，继续完善干部聘任机制，全面推行“三干法”(本人申请干、群众拥护干、组织批准干)，逐步形成使优秀人才脱颖而出，富有生机和活力的用人机制。广大青年干部要加强自身学习，不断提高理论修养；要深入到生产经营第一线接受锻炼，在实践中增长才干；要严格要求自己，淡泊名利，重在事业，廉洁奉公，在群众中树立良好的形象。

第三，要明确责任，分层次抓好落实。党的组织建设，是一项系统工程，必须依靠各级党组织、党委各部门的共同努力。要坚持一级抓一级，一级促一级，层层抓落实。局党委对全局党的建设负有全面领导责任，要制定具体规划和措施，定期检查指导，树立表彰先进，抓好后进帮促，严格考核讲评，推动油田党建工作健康发展，见到实效。各二级单位党委对本单位基层党组织建设负有直接领导责任，要经常深入基层开展调查研究，每个季度都要分析一次基层党组织建设和作用发挥的情况，针对存在问题，采取有效措施，及时加以解决，使基层党的总支、支部经常保持班子人员齐全，职责明确落实，工作坚强有力，党员作用明显，真正成为能够团结带领群众前进的战斗堡垒。基层党支部是党建工作的基础，支部一班人对本单位党建工作负有重要责任，要结合本单位实际，认真落实党支部工作条例，突出抓好支部一班人的思想作风建设，以实际行动和良好的形象吸引和带领群众按照上级党政组织的部署要求，推进改革，完成本单位、本部门担负的各项任务。党委组织部门对党的组织建设负有检查、指导、帮助的重要责任。要经常深入基层调查研究，分类进行指导，根据基层党建工作实际，制定切实可行的工作措施，并认真做好督促检查工作。加强党的组织建设，书记要全面负责，行政领导要主动关心和支持，努力创造条件。通过层层抓落实，真正把油田党建工作提高到一个新水平。

3. 加强作风建设，坚持全心全意为人民服务的宗旨，要在密切党群关系、廉洁自律上下功夫。

一要牢固树立群众观点。改革和生产经营工作的重大决策要坚持群众路线，充分听取群众的意见和建议，尊重群众在实践中创造的新鲜经验，善于集中群众的智慧和力量，解决本单位改革和生产经营工作遇到的困难和问题。各单位都要结合实际尽快探索建立职工群众民主参与、民主监督的渠道。各级领导和机关干部都要自觉置身于群众之中，与职工群众交知心朋友，真心实意地关心他们的思想、工作和生活，了解他们的意愿和要求，和风细雨地做好思想政治工作，依靠人格的力量来感染和教育群众。要充分发挥工会、共青团等群众组织的桥梁和纽带作用，依靠他们卓有成效的工作进一步密切党群之间的联系。

二要切实关心群众利益。各级党政组织和各级领导干部，想问题、办事情、做决策都要从维护绝大多数职工群众的利益出发，既要考虑长远利益，也要兼顾眼前利益。在建立现代企业制度过程中，凡是重大的改革措施，特别是涉及到职工群众切身利益的改革措施的制定与实施，都要悉心听取职工群众的意见，充分考虑到大多数职工群众的利益和承受能力。要真心实意地为广大职工群众办实事，坚持在生产发展、效益提高的基础上，增加职工收入，逐步改善职工的居住条件和环境，丰富职工的业余文化生活。要特别注意关心有特殊困难的职工，尽心竭力地帮助他们渡过难关。生活服务系统既要有强烈的经营意识，更要努力改进服务态度，提高服务质量，拓宽服务领域，从而提高油田职工的生活质量。

三要坚持廉洁自律，自觉接受群众监督。坚持全心全意为人民服务的宗旨，必须加强党风和廉政建设，深入持久反腐败。我局党风建设的整体状况是好的，绝大多数党员和干部是廉洁奉公的。但也确有个别党员贪污受贿、嫖娼赌博、生活作风不够检点，败坏了党的形象，损害了党在群众中的威信。因此，各级党组织必须切实加强对广大党员特别是党员领导干部的党风廉政教育，严格按照中纪委关于企业领导干部廉洁自律的规定和各项制度办事，不以职务和工作之便谋取制度和规定之外的私利。同时，按照领导干部抓党风责任制，认真抓好本单位和分管系统的党风廉政建设。要通过健全制度、加强监督，继续纠正不正之风。各级纪检监察部门要严格执纪，坚决查处各种违纪案件，特别是对大案要案，要组织专门力量严肃查处。要抓紧建立健全群众监督举报制度。开辟监督渠道，把加强群众监督作为加强党风廉政建设的一项重要措施，逐步规范化、制度化。广大党员、干部特别是处以上领导干部，要牢固树立“公仆”意识，自觉接受组织和群众监督，以实际行动推进油田党风和廉政建设。

4. 加强制度建设，形成适应新形势要求的党的工作和生活机制，要在遵章守纪、完善创新上下功夫。

制度是执行路线的保证。制度建设，是党的建设伟大工程中一项带有根本性、长期性的基础工程。多年来，油田各级党组织结合实际制定的民主集中制制度、党员教育与学习制度、党员民主评议制度和党风廉政建设制度等一系列制度，在油田建设、改革和发展中发挥了重要作用。近几年来，由于社会上各种思潮的影响，不少人头脑中的“制度意识”逐渐淡薄了，有些人甚至把加快发展与制度建设对立起来，这是非常错误的。各级党组织必须加强对全体党员和各级干部的教育，增强他们的“制度意识”。要使广大党员充分认识到，只有加强制度建设，才能使党的工作规范有序，党内生活更加活跃，党组织和党员作用充分发挥，才能增强团结、统一意志、协调步伐，形成强大的凝聚力和战斗力，把油田改革与发展井然有序、健康顺利地推向前进。

制度建设要突出重点，抓住关键。各级党组织要在继续贯彻落实现有各项制度的基础上，根据形势发展的要求，结合建立现代企业制度，重点研究建立四个方面的制度：一是贯彻民主集中制原则的制度，要按照中央颁发的企业党组织工作条例，进一步明确和规范党委会的职责范围、议事规则、决策程序；二是党风廉政建设制度，要按照中央颁发的党内监督条例，明确党内监督的内容、方法和途径，把党内监督同群众监督、舆论监督结合起来，把自上而下的监督同自下而上的监督结合起来，形成有力的监督体系，进一步推进油田党风廉政建设；三是新体制下党组织参与企业重大问题决策的制度，使党组织参与决策的内容、方式逐步走向规范化、制度化；四是全心全意依靠工人阶级，密切党与群众联系的制度，要健全和落实党组织每半年听取一次工会、共青团工作汇报，研究工会、共青团工作中重大问题的制度，完善和落实职代会和基层群众民主管理制度，充分发挥职代会及其专门委员会和基层民主管理组织的作用，进一步密切党组织同职工群众的联系。各级党组织建立的各项制度都要紧密结合本单位实际，做到内容具体、责任明确、易于操作、便于考核、注重实效。

要坚持不懈地抓制度落实。健全制度的意义在于落实。再好的制度，如果不在实际工作中落实，就只能是一纸空文。抓制度落实就必须认真学习领会制度的内容，要把制度当法，做到人人“知法”；必须发挥干部的模范带头作用，严于律己，率先垂范，自觉“守法”；必须搞好监督检查，做到“违法必究”，从而使广大党员和群众逐步形成自觉遵章守纪的良好风气。抓制度落实，还必须经常分析执行制度的情况和经验，及时修订、完善各项制度，使之更加科学、更加完备，更有利于执行和操作，更有利于加强党组织的建设，更好地发挥各项制度在党建工作中的积极作用。

同志们，1995 年是“八五”计划的最后一年，也是油田建立现代企业制度开始起步的一年，做好 1995 年的工作全面完成各项生产经营指标，就能为“八五”做个好结论，为“九五”树个高起点。在这关键的一年中，各级党组织都要适应形势发展的要求，准确把握油田深化改革和加快发展的总趋势，胸怀高远，顾全大局，抓好大事，善谋实干，努力改进工作方式和工作作风，积极进取，勇于开拓，精心组织，抓好落实。我相信，只要我们团结一致，振奋精神，充分发挥党组织的政治核心作用和党员的先锋模范作用，就一定能够团结带领广大群众夺取油田各方面工作的新成绩，为石油工业的发展做出较大的贡献。

更新思想观念　转换经营机制
加快走上以提高经济效益为中心的发展轨道

——在管理局五届二次职代会上的工作报告

孙希敬

（1995年2月27日）

各位代表：

现在，我代表管理局向局五届二次职工代表大会报告工作。报告分两个部分：一是我局1994年生产经营情况；二是1995年生产经营工作的思路、任务和部署。请予审议。

一、1994年生产经营情况

1994年，我局各级组织团结带领广大职工群众，认真学习贯彻党的十四届三中、四中全会精神，贯彻落实总公司、天津市部署、要求，从油田实际出发，积极适应新的形势，深化内部改革，搞好生产经营，强化企业管理，推进科技进步，加强队伍建设，圆满完成了全年的生产建设和经济技术指标。

——全年生产原油425万吨，完成总公司年计划的102.4%，比上年增加20万吨；生产天然气3.98亿立方米，外输3.12亿立方米，分别为年计划的114.6%和121.8%。

——全年新增探明石油地质储量××××万吨，新增天然气储量××亿立方米，分别为年计划的104%和101%。

——全年加工原油95.7万吨，成品油销售收入达到12.1亿元，分别完成年计划的106.4%和100%。

——全年主业实现产品销售收入50.3亿元，比上年增加7.1亿元；实现利税5.95亿元，比上年增加4.5亿元。

——全年多种经营完成生产经营总值11亿元，实现利税1.1亿元，均为年计划的110%。

1994年，我局各系统和各单位认真落实管理局的工作部署，努力转换经营机制，积极改善生产经营状况，取得了新的成绩。

（一）油气勘探开发取得了新成果

地质勘探，在认真搞好陆上勘探的同时，集中资金和队伍力量，在滩海及陆滩地区展开了较大规模的勘探工作，已基本搞清张东是一个××××万吨级的大型含油构造，新增探明石油地质储量××××万吨，控制石油地质储量××××万吨；歧东和新港地区在综合地质研究和圈闭描述上取得重要进展，预探工作全面展开；在白水头～驴驹河构造找到了小而肥的高产富集块，探明石油地质储量×××万吨，天然气储量×亿立方米；赵东合作区勘探成果显著，所钻两口探井均获百吨以上的高产油流。全局全年钻探成功率达到72.2%，超过了全国平均水平，平均每口探井和每米探井进尺探明储量，分别达到100.6万吨和368.2吨。

勘探公司积极探索新的生产经营机制，全面推行项目管理、工程招投标和工序监督制度，积极推进地质勘探的对外合作，不断提高投资效果。各科研单位和滩海工程公司等施工作业单位，为推动我局地质勘探的发展，付出了积极的努力。

我局油气产量在连续两年稳定增长以后，去年继续保持增长。全年在12个区块上实施了“控水稳油”措施，累计增产原油6.3万吨。建成原油生产能力37.5万吨，当年新井产油近31万吨。老区滚动勘探新增原油储量×××万吨，新增可采储量×××万吨。全油田自然递减率和综合递减率分别比上年降低4.13和1.08个百分点，综合含水上升率低于1%。

新组建的开发公司，努力理顺各种关系，划清管理层次，加快建立新的运行机制，认真组织协调各采油单位的生产经营，逐步进入正常的管理轨道。第一采油作业区在推进改革过程中，加强生产组织，保持了油气生产的正常秩序；采油二厂在滚动勘探开发方面取得了明显成果，有效弥补了老油田递减；采油三厂强化油藏和现场管理，深挖增产潜力，为全局原油生产任务的完成做出了突出贡献;采油四厂加快新区块的开发建设,原油日产水平实现了较大幅度增长;天然气公司努力提高天然气商品率,滩海作业区积极做好滩海油田开发准备,综合生产服务公司积极适应市场机制要求,努力搞好生产服务,都取得了新的成绩。

(二)深化改革迈出了新的步伐

1994年,我局从油田实际出发,借鉴国内外的先进经验和作法,着眼于为建立现代企业制度创造条件,坚持走"油公司"的路子,进一步解体了"大而全、小而全",加快了"油公司"、作业服务公司、生活服务公司的管理体制模式的形成。按照整体划出、自成系统、按区布局、跨区经营,逐步达到独立核算、自负盈亏的原则,将原属二级单位的生活后勤全部划分出来,推行生活服务企业化,按区域组建了7个生活(房产)服务公司,加上上年成立的中心区生活(房产)服务公司,共从主业划出人员8600余人。教育专业化管理改革,年底已接收了27所中小学。医疗卫生专业化管理改革,已接收了港内7个医院、730名职工。

按照精干主体,分清决策层、管理层和执行层的原则,以形成职责清晰和专业化程度高、效率高的管理体制为目标,进行了开发系统管理体制改革。组建了油气开发公司,在原采油一厂进行了采油作业区试点,成立了综合生产服务公司,推动了"油公司"体制的建立。

去年,我局改革力度较大。总的来看,广大职工能够适应改革的发展,能够正确对待利益格局的调整。各单位按照改革方案的要求,有力地推进了改革举措的实施。各生活服务公司和教育、医疗卫生系统按照改革方案设计,加快接收速度,主动协调各方关系,处理各种矛盾,推进了新的管理体制的建立,并在实行企业化经营、社会化服务和专业化管理等方面进行了初步探索。

(三)企业经营管理状况有新的改善

1994年,我们积极适应深化改革、加快发展的需要,坚持抓管理、练内功,加强各项专业管理和管理基础工作,促进生产经营发展,促进管理水平提高,保证各项承包指标的完成。去年,我局在借入一定数量银行贷款的基础上,实现了建设资金自求平衡,同时,投入产出略有盈余。

与管理局签订承包经营合同的45个二级单位和局直属处级单位,绝大多数完成或超额完成了承包指标。大多数单位在扩大市场占有、增加收入方面取得了新的成果。各采油单位抓管理、挖潜力、降消耗、控成本,超额完成了管理局下达的内部利润指标。炼油厂积极适应市场变化,调整产品结构,较好地完成了内部利润计划。总机械厂和石油机械厂,加快开发新产品,积极开拓市场,进一步提高了营销工作水平。1994年,是我局施工作业和辅助生产单位全面走向外部市场的一年,钻井、物探、定向井、录井、井下、测井、运输、油建、矿建等施工作业单位纷纷进入了行业和国内外市场,上述9个单位全年共实现对外劳务收入3.45亿元。钻井公司初闯行业市场,工作艰苦,成果显著,全年在长庆、辽河、冀东等油田钻井103口、进尺18万米,实现对外劳务收入1.5亿元。物探公司去年实现对外劳务收入6073万元,比上年翻了一番。

我局按照《"八五"后两年企业管理工作要点》,继续加强企业管理,整体管理水平处于上升趋势。去年末,对10个单位的管理状况进行了问卷调查,认为管理水平"有较大提高"和"有所提高"的占95.3%。质量管理指标稳定提高,现场管理进一步加强。工业安全管理取得了好成绩,管理局被评为总公司1994年度安全生产先进单位。井下公司、物探公司、采油二厂、炼油厂、测井公司实现了全年无工伤、交通、火灾事故。

在去年的工作中,各单位的经营意识、效益观念明显增强,通过多种渠道挖潜增效,创收增收。供应处在保证内部物资供应的同时,积极参与社会物资市场流通,取得了可观的经济效益。水电厂、通信公司加强内部管理,努力增加收入,提高服务质量,收到了较好的内部效益和社会效益。

(四)科技进步工作取得了新的进展

1994年安排的338个科研攻关课题,有150个年内通过了鉴定。全年共推广应用新技术120项,增产科技油40.6万吨。在拿储量的重点战场张巨河地区,开展了油气勘探综合配套应用新技术活动,共推广应用了16项新技术、新工艺,科技增储效果显著,受到了总公司的通报表扬;在枣园油田配套推广应用了4大类23项新技术,确保了枣园油田稳产原油50万吨目标的实现。列为国家重点科技攻关项目的长、中、短半径水平井攻关提前一年完成。

我局进一步推进了科技体制改革,加快了技术市场的形成与完善。全年共实现技术交易额2600万元,是上年的2倍多,其中,对外交易额1614万元。

地质研究院围绕多找优质储量,提高勘探效益,充分发挥科研手段的作用,优化方案,优化部署,较好地发挥了参谋部的作用。钻采研究院围绕提高钻采技术水平,认真搞好新技术、新工艺的研究开发和推广工作,促进了油田技术水平的提高;设计院通过提高设计质量,更好地服务于油田的生产建设。全局广大技术人员都为油田的发展做出了积极的贡献,并有一批年青的技术骨干正在成长起来。

(五)多种经营保持稳步发展

1994年,全局共投入多种经营发展资金8000万元,新上项目19个,当年投产12个,新增产值1亿元,其中,新增产值千万元以上的项目5个,500万元以上的项目9个。新工业区的0.5平方公里起步区的“六通一平”工程全面完成,招商引资工作业已展开。

多种经营系统加快了老企业的技术改造,推行了股份合作制和股份制试点,促进了经营机制的转换。全年,共对5个老企业进行了技术改造,新增产值5000万元。实行股份合作制的企业达到14个,有700多个生产经营厂点实行了风险抵押承包。多种经营系统的整体经营状况有所改善,全年产品销售率达到90%以上,其中,外部市场销售率达60%以上,保持了销售收入和利税的同步增长。涌现出了一批发展快、效益好的先进单位。测井公司全年多种经营实现产值5000多万元,利税400余万元,在全局率先形成了与主业“一体两翼”、“半壁江山”的格局。炼油厂多种经营产值一举突破2亿元大关。采油四厂多种经营连续两年实现产值翻番。第二实业公司在“科技兴农”方面取得了显著成绩。

(六)队伍建设水平有了新的提高

1994年,我们继续把搞好职工队伍建设作为头等大事来抓,提高职工队伍的整体素质,维护油田稳定的局面,保证了油田深化改革与加快发展工作的顺利进行。

加强思想政治工作,在保持油田稳定、调动职工积极性方面发挥了重要作用。油田各级党政组织围绕深化改革和生产经营中出现的“热点”问题,加强宣传教育,耐心细致地做好思想政治工作,化解矛盾,解决问题,理顺情绪。各级工会、共青团组织积极引导职工投身油田改革和各项生产经营活动,组织开展了多种形式的劳动竞赛、合理化建议和“四小”、“五小”、“岗位创效”等活动,推动了我局各项任务的完成。

各级领导班子认真加强自身建设,注重理论学习,全面提高素质,自觉廉政勤政,务实求效,不断提高对新形势的适应能力,有效地组织生产经营。很多单位的领导班子在激烈的市场竞争面前,勇于带领队伍进入行业和社会市场,积极改善经营状况,工作实绩比较突出。

加强基层建设,不断提高队伍素质。涌现出了钻井公司4545钻井队等20个标杆单位,4545钻井队队长邵清泉等35名标兵,以及一批先进集体和先进个人,他们代表着新时期大港职工的精神风貌。

去年,我局职工群众的物质文化生活条件有了新的改善。管理局安排为群众办的实事、好事基本完成。共新建住宅20.7万平方米,完善了4个生活小区的配套建设,建成投产了一批公共设施。职工年平均工资收入比上年有较大幅度提高,进一步增强了油田的凝聚力。

在过去的一年里,公安处积极维护油田正常的生产生活秩序,加大社会治安综合治理的力度。武装部门加强民兵预备役建设,在生产经营中显示了军事组织的特点。教育处和各类学校深化教育改革,不断提高人才培养质量。商业公司积极发挥主渠道的作用,丰富了职工群众的物质生活。我局职工医疗保健工作取得了新的成绩,医疗条件进一步改善,职工总医院创“二级甲等医院”一次验收合格,计划生育工作取得新的成果。

总之,我局1994年各项工作的进展情况是好的,取得的成绩是显著的。这是全局各级领导、职工群众团结一心、共同努力的结果。在此,我代表管理局向各位职工代表,并通过你们向广大职工和家属,向关心、支持油田发展的离退休老干部、老工人,表示衷心地感谢。

在去年的工作中,我们存在的主要问题是:资源接替紧张,提供的能够近期开发的优质可采储量少,我局已连续三年出现储采失衡;油田的总体经济效益不高,生产成本、建设成本上升幅度大;经营机制并未完全伴随着管理体制的改革而转换,增加了改革成本,效益提高不明显;科技进步的成效不够显著,在新技术的成龙配套和转化为生产力方面还适应不了油田发展生产,提高效益的需要;对于产业、产品和组织结构调整工作,虽然调整的思路已经形成,但制定方案进度慢,具体操作尚未进行;在对外经济交往中,因不重视了解对方的资信情况,一些单位上当受骗;物资采购管理存有漏洞,采购价高质次的问题时有发生;在新的形势下,一些干部理论学习抓得不紧,对新情况、新问题的认识理解,还停留在旧思路、旧观念上;一些管理基础工作和某些专业管理还比较薄弱,突出的是去年发生了几起重大交通事故,造成了恶劣影响。对于这些问题,我们在思想上要高度重视,在工作上采取有力措施,认真加以解决。

二、1995年生产经营任务和主要工作部署

1995年,是我局适应新的形势要求,进一步由计划经济走向市场经济的历史性一年,是转换经营机制,

加强经营管理，由生产型走上效益型发展轨道的一年。面对机遇和挑战，我们的思想观念、工作方针、经营战略和经济技术指标的确定，都要有一个大的变化，并体现到提高效益、加快发展上来。

今年，宏观经济环境发生了较大变化，油田内部也出现了一些新的情况。改善油田生产经营状况，提高经济效益，有一些新的问题需要认真加以解决。一是资源接替不上的问题十分突出。截至到去年底，我局共探明石油地质储量××亿吨，已经动用了××亿吨，未动用的××亿吨储量中，绝大部分是难采储量，按目前的技术水平和原油价格，开发效益好的储量很少。去年探明的××××万吨储量，海上的占97%，达不到今年动用的条件。由于资源接替不上，我局从1992年到1994年已经连续三年采出量大于新增可采储量，三年储采亏空×××万吨。按今年的计划安排，还将发生储采亏空。在主力开发区进入高、特含水期的情况下，由于新增可采储量不足，进一步加大了稳产上产的难度。二是资金十分紧张。受多种因素影响，我局的生产成本、建设成本居高不下，直接推动了货币工作量的逐年增加，同时，由于在发展生产、提高效益等方面需要办的事情很多，再加上货款回收困难，造成在资金筹集与需要之间出现了尖锐的矛盾。今年，在计划安排上，虽然对勘探、开发工作量进行了压缩，但仍有缺口。炼厂改造是我局近期调整结构、增加效益的关键项目，也因投资不足，不得不减慢改造的速度。由于外部大量拖欠货款，进一步加剧了我局的流动资金紧张状况。三是随着市场经济的发展，石油行业市场将进一步开放，我局的勘探开发建设项目以及钻井和各项施工作业，将出现多家竞争的局面。对施工作业单位来说，在内部工作量原本不足，缺乏进行市场竞争实力的情况下，面临着新的挑战，必须走新路、想新招，在竞争中求生存、求发展，主动适应市场经济的发展。

总公司前不久召开的1995年工作会议，确立了陆上石油工业以提高经济效益为中心加快发展的新思路，在制定了新的工作指导方针的同时，进一步完善了“两定两自一挂钩”的经营政策，要求我们油田建设资金自求平衡，生产经营自负盈亏，并取得一定的盈利和完成一定的上缴任务。我们必须以经济效益为中心，在工作目标上，由主要追求产量、产值，转变到追求经济效益上来；在资金筹措上，从主要靠政策、靠借贷，转变到靠自我积累和多方开辟筹融资渠道上来；在发展道路上，由主要依靠堆工作量、生产要素大量投入的外延型发展，转变到讲效益、讲质量，依靠科技进步和提高劳动者素质的内涵型发展上来。

总公司1995年工作会议结束后，我局在传达贯彻会议精神的同时，组织副总师以上领导和局机关部门开展了加快发展新思路大讨论，这项讨论活动正在各二级单位深入展开。通过大讨论，加深对我局面临形势的认识，形成新的工作思路和举措，在此基础上，制定“加快使我局走上以提高经济效益为中心的发展轨道的若干意见”。全局各单位、各部门，要正确对待面临的形势，增强责任感和使命感，抓住机遇，振奋精神，开拓进取，以新的思路、新的举措，在提高经济效益上取得新的成果。

1995年，我局整体工作要坚持以下指导方针：

——认真贯彻落实总公司《关于以经济效益为中心，加快发展若干问题的意见》，制定实施好“加快使我局走上以提高经济效益为中心的发展轨道的若干意见”，在提高我局对市场经济适应能力上取得新的突破，逐步使各单位做到有一个好的班子，一个好的机制，一个好的产业或产品，一个好的管理，一个好的效益。

——建立经济储量、经济产量的概念，按照效益标准，优化勘探、开发、建设部署，科学、有效地组织实施，在实现增储、增产与增效的统一上取得新的突破，提高油气生产主业的发展质量。

——按照国务院关于深化国有大中型企业改革的方针政策，依照国家经贸委、体改委的规划、要求，从油田实际出发，加大改革的力度和步伐，在建立现代企业制度试点上取得新的突破，加速经营机制的转换。

——认真规划，分步实施，实行多元开发，加快发展多种经营，在产业、产品和组织结构调整上取得新的突破，形成新的经济增长点。

——苦练内功，加强管理，推进科技进步，大力降低消耗，提高整体素质，在全面提高企业管理水平上取得新的突破，向管理和科技要效益。

——认真贯彻党的十四届四中全会《决定》和中共天津市委六届三次全体(扩大)会议精神，贯彻落实总公司关于坚持和健全民主集中制、加强企业基层党组织建设和全面提高领导干部素质的三个实施意见，在队伍建设和各级领导班子建设上取得新的突破，巩固油田团结、稳定的良好局面，为实现改革、发展、管理、效益目标提供强有力的组织保证。

1995年，我局主要任务指标是：

计划新增探明石油地质储量××××万吨，新增天然气地质储量××亿立方米；原油生产工作安排430万吨；生产天然气3.6亿立方米，外输天然气2.7亿立方米；新建原油生产能力39万吨；加工原油100

万吨。

全年油气生产和加工产品销售收入达到58亿元，实现利润3000万元，上缴1000万元。

投资总规模23.76亿元。

多种经营生产经营总值12亿元，实现利税1.2亿元。

1995年，全局要抓好以下重点工作：

(一)切实转变观念，走效益型发展的路子

今年，我局的一切生产经营活动，都要以提高经济效益为中心。为了做到这一点，全局各单位、各级领导和广大职工，首先要在思想观念和工作思路上有一个大的转变，真正把生产经营活动的出发点和落脚点建立在提高经济效益的基础上。全局上下要清醒地认识油田形势，增强忧患意识。现在我局的油价已经到位，不能再指望通过提高油价增加收入。在这种情况下，如果不把货币工作量的投入和生产成本、建设成本的上升控制住，用不了几年，油田就会由刚刚出现盈利很快变为亏损。真要到了那个时候，油田就难以生存下去，广大职工的生活就要受到严重影响。我们要增强紧迫感和使命感，紧紧围绕提高经济效益，想实招，干实事，挖潜增效，降低消耗，有效遏制成本费用上升的势头，提高盈利水平，实现良性循环。要加快经营机制的转换，坚决打破“大锅饭”。很多单位都有一个深刻的体会，就是吃“大锅饭”吃不出新机制，吃不出新活力，吃不出新效益，所以，打破“大锅饭”，是转机制、增效益的关节点，今年要在打破“大锅饭”上有新的突破。管理局要打破近7万名职工同吃“油饭”的格局，在保持油气主业发展的同时，实行多元开发，建立新的经济增长点。各单位不能再眼睛盯着局里，花钱向局里要，工作量要局里给，亏损了要局里补，要立足于自主经营，自我发展。要增强广大职工的承受能力，打破用工、分配上的“大锅饭”，建立新的机制，增加新的活力。要增强市场意识，提高竞争能力，主动适应市场经济的发展。企业存在的基础是市场，有市场，就会有收入。各单位要大力提高竞争能力，全力做好市场开拓工作，在油田内部要站得住，新的外部市场要进得去，原有的市场要扩大领域，通过提高竞争能力，取得更好的经营成果。

为了强化效益标准，确保我局今年生产经营指标的完成，管理局将以经济效益指标为主线，逐步完善和建立一套新的经济评价标准和经营管理目标体系，建立一套定时定量检查和刚性考核、无情兑现的考核奖惩体系，不再搞因素分析和视同完成。自今年起，评价一个领导班子的工作实绩，评价一个单位的工作成果，不再以完成实物工作量的多少为标准，把经济效益作为核心衡量指标，实行经济效益一票否决。

(二)提高油气主业发展质量，实现增储、增产、增效的统一

油气勘探开发是油田的主体产业，是提高经济效益的重要基础。今年的油气生产，面临着上产难度大和资金紧张两大困难，解决的根本途径是提高勘探开发的经济效益。因此，勘探开发工作要加大科技进步的力度，强化各项管理，优化部署，优化方案，优化设计，提高勘探开发水平，以较少的投资，取得更大的勘探开发成果。

今年的勘探工作要按照三个勘探层次正确部署和有序展开，既要解决好近期储量接替问题，又要为长远发展准备好后备战场，争取更多的新发现和拿到更多的可动用的经济储量。具体勘探部署原则是：强化陆上勘探，寻找优质、高效并能够在近期投入开发的储量；提高滩海勘探开发质量，重点搞好产能评价、开发试验和提高滩海油田勘探开发效益的配套技术准备，力争有所突破，为明年上产创造条件。要广泛采用先进工艺技术，坚持自营与对外合作两条腿走路，继续搞好赵东地区与美国陆安公司的合作勘探开发，加快与总公司新区勘探公司合作的新港地区、与香港中信工业有限公司合作的北塘滩海地区的勘探进程。要严格执行科学的勘探程序，坚决压缩低效勘探工作量，大力提高勘探成功率和投资效益。自营勘探要力争在陆上找到3—5个300—500万吨级的、可供明年开发动用的区块，在滩海勘探上取得新的成果。今年陆上每口探井获得的探明储量要达到60万吨以上，海上达到300—500万吨，平均每吨储量的综合成本控制在15.16元以内，探明储量中经济可采储量的比例达到30%，新增储量动用率达到80%以上。

今年的油田开发面临着可采储量下降，资源接替不上的困难，要打破靠堆工作量完成生产任务的旧观念和旧作法，立足于提高生产管理水平，挖掘生产潜力，确保产量任务的完成，并取得较好的经济效益。在开发模式和管理方式上，要不拘一格，因地制宜，灵活政策，借鉴应用“安塞模式”和“科尔沁模式”，把投入降下来，达到增产与增效的统一。要以提高开发效果和经济效益为目标，对已投入开发的区块单元，进行全面分析，确定开发的边际经济界限，对不同类型的油田，采用不同的开发经济技术政策。要搞好老油田以“控水稳油”为中心的综合治理，在12个区块上实施“控水稳油”措施，全年增产原油5万吨。要组织科研、生产单位的技术骨干，分析地下形势，确定挖潜方向，快速拿出一批今年可以实施的开发区块、单元调整方案。要舍得在采用新技术上花本钱,在加强管理上花气力,在优化部署、方案和设计上下功夫,在施工作业上严把质量关,调整油水井措施结构,大力压缩低效、无效工作量,使增产措施的投入产出比达到1:4以上,年措施增产达到41万吨,将油田综合递减率、自然递减率、含水上升率分别控制在6.21%,16.39%和1.5%以内。要推广应用老井侧钻、钻水平井、微生物采油等先进技术工艺,增加可采储量,改善开发效果。要采取集体、家庭、个人等多种承包方式,挖掘未动用储量、长停井、报废井、边远井、零散井的资源潜力。要认真组织好老区滚动勘探开发,全年新增储量×××万吨以上。新区产能建设,要按照减少投入,提高投资效果的要求,科学合理地制定开发方案,提高施工质量和速度,当年新井产量达到25万吨以上。要加强天然气的生产管理和营销,减少计量输差和集输损耗,加强回收利用,提高商品率。

油气开发公司及所属采油单位,要加快完善新的管理体制,建立起有效控制和降低成本、增加经济产量的新机制,为我局提高效益,加快发展做出新的贡献。

油气产品销售是油田实现效益的关键环节。要积极适应国家对流通体制的改革,依靠政策,拓宽市场,做到信息灵敏,适销对路,搞好产运销平衡。今年要采取借库、租库、建库三步走的方式,增加储运能力。要进一步占领边远市场和缝隙市场,扩大直销用户,搞好与地方的联营,稳定和发展销售渠道。

(三)积极准备,适时推开建立现代企业制度试点工作

按照国家体改委制定的"试点企业工作程序",我局已经成立了试点工作班子,组建了11个试点工作专题组,近期内,要做好摸清企业概况、企业资产状况和企业清产核资的问题及处理情况等工作。分11个大项共计44条拟定意见,为编制试点方案打好基础。对进行公司制改造中遇到的如何改制、如何建立社会保险制度、如何解决历史旧账包袱、如何解决企业办社会、如何解决企业富余人员、如何制定党委工作条例和工会工作条例、如何进行"三项制度"改革等难点问题,进行专题研究和探索,形成试点工作《方案报告》。总的运行安排是:在3月份以前完成试点《方案报告》的制定、咨询论证。《方案报告》形成后,将印发到基层,广泛征求职工群众的意见,并专题召开职代会代表团长联席会议,听取意见和建议,进一步修改完善。《方案报告》报上级主管部门批准后,要抓好组织实施,在规定时间内完成试点任务。

为了适应建立现代企业制度的要求,我们要正确处理好"改制"、"改组"和"改造"之间的关系,在积极准备进行建立现代企业制度试点的同时,要进一步完善油公司、作业服务公司、生活服务公司的体制模式。深化第一采油作业区试点,按照"施工图"的要求,理顺管理层次,划清工作界面,明确职责权限,完善运行机制,达到规范运作。要进一步将施工作业单位和辅助生产单位推向市场,在物探、总机械厂、石油机械厂、实业公司、设计院五个单位进行独立法人试点,其他施工作业单位和辅助生产单位全部按模拟法人运行;要加快完善教育、医疗卫生的专业化管理,各生活服务公司要形成新的经营机制、加快走上自主经营、自负盈亏的道路。

为了形成新的经营机制,要加大三项制度改革的力度。在操作岗位全面推行"上岗、试岗、待岗"三岗制。在优化组织结构的基础上,按满负荷工作的要求,重新确定岗位劳动定额和定员,制定岗位规范,进行岗位资格考核,并进行合理组合,考核合格和被组合者,签订上岗合同,聘任上岗,享受岗位工资。对下岗人员进行妥善安置,或参加培训,或从事多种经营,其中的少数人厂内待业,并允许下岗职工停薪留职,自谋出路。在自愿申请、组织批准的前提下,允许符合局规定条件的职工提前退休。要积极推行全员合同制,今年先对现有合同制职工实行规范的劳动合同管理,年内新增的各类人员全部实行合同制管理,并在独立法人试点单位进行全员劳动合同制试点。在全体干部中推行"本人申请干、群众拥护干、组织批准干"的"三干法",完善干部聘任制度,建立任期目标责任制,做到能上能下,易岗易薪;深化分配制度改革。实行以"两低于"为主要模式的工效挂钩办法,建立正常的工资增长机制。完善基本工资制度,建立与新的职务系列相适应的单位工资标准,实行技能工资考核升级办法。进行经营者年薪制试点,年薪标准按照按劳分配和责任、风险、利益相一致的原则确定。为了体现风险共担的原则,经营者必须交纳风险抵押金;完善社会保障体系。按照单位独立、归口统筹、属地管理、优质服务的思路,今年要建二试一。就是建立完善养老保险制度,建立失业保险制度,进行建立医疗保险制度试点。

在抓好以上改革的同时,还要积极稳妥地推进计划、财务、物资、科技等配套改革,加快我局整体改革步伐。

(四)进一步加强企业管理,向管理要效益

加强企业管理是企业的固本、治本大计。在新的形势下,我们更要抓住加强管理这一提高自身素质的关键环节，根据国家经贸委和总公司统一部署，今年要在全局深入开展“转机制、抓管理、练内功、增效益”活动，切实加强基础工作。结合油田实际情况，各单位要重点加强预算管理、投资管理、物资管理、营销管理、质量管理、现场管理、安全管理、技术管理等管理工作。

加强投资管理，严格控制投资规模。所有建设项目都要明确投资主体，建立投资责任制，谁投资、谁决策、谁承担风险、谁受益。项目经理要对建设项目的投资效果和建设质量负直接责任，有关决策者和项目咨询评估单位要负联带责任。今年，全局主业、多种经营、对外合作和其他投资活动，都要纳入计划和预算，严禁上无效益或低效益项目。对于没有确定项目经理和没有建立项目责任制的项目，管理局不予拨款或贷款。

加强资金管理，实行资金预算制度。油田的一切资金收入和支出，都要纳入预算，做到计划、财务一本账，以收定支，不留缺口。管理局和各单位都要按照效益优先的原则，编制好预算，并把各项收支指标逐级分解落实，严考核、硬兑现。各单位的年度财务预算，需报经管理局批准后实施。要加强审计工作，重点搞好预算执行审计和基建项目投资审计，加强对亏损单位、多种经营单位的审计。要严格成本管理，建立目标成本责任制，实行成本一票否决制度。我局今年的成本控制指标是：采油单位要在扣除油田维护费、储量有偿使用费、固定资产折旧费及消化物价上涨和工资调整因素的基础上，采油成本的上涨幅度不超过5%；钻井成本、施工作业单位成本、辅助生产单位成本和经费单位费用支出，在消化物价上涨和工资调整因素的基础上，上涨幅度控制在5%以内。

要切实加强资金管理，提高资金使用效率。各单位要清理银行开户。一个二级单位只能在银行保留一个账户，三级单位不得在银行开户，多余的帐户一律限期撤销。要重新核定各单位的储备资金定额、生产资金定额和成品资金定额，降低资金占用。全局今年的存货周转率比上年提高10%以上。

切实加强安全工作，提高安全管理水平。要全面落实安全生产责任制，实行安全一票否决制度。加大事故隐患的整改力度，力争用一年半的时间，彻底消除油田生产中存在的主要隐患。要坚持“严”字当头，严格要求，严格管理，严肃处理事故责任者，切实增强各级干部和岗位人员的责任心，做到安全生产层层有人抓，事事有人管，实现“四个杜绝、两个不超标”，即杜绝井喷失控和井喷着火事故，杜绝油气爆炸着火事故，杜绝锅炉压力容器爆炸事故，杜绝一次事故死亡3人以上和直接经济损失50万元以上的重大恶性事故，千人死亡率和重伤率分别不超过0.13‰和0.38‰的控制指标。

要恢复和发扬“三老四严”的优良传统，夯实管理基础，恢复并严格执行岗位责任制，并在新的形势下有所创新，按照建立现代企业制度的要求，加快建立起一套科学严格的管理制度。今年要把严格执行各项管理制度，作为加强管理工作的重要一环来抓，狠抓各项管理制度、管理措施在基层的落实到位工作，坚持严格管理，从严治厂，增强基层和岗位人员的责任心，提高执行制度、遵章守纪的自觉性。

进一步完善经营承包责任制。根据总公司对我局实行的“两定两自一挂钩”经营政策，今年管理局对所属各单位分五类进行承包：对“油公司”单位实行“三定一挂钩”经营承包政策，即定新增经济储量和油气商品量，定上缴利润和管理费，定投资总额，工资收入与效益挂钩；对施工作业和辅助生产单位，按独立法人和模拟法人方式，实行以上缴利润和管理费为主的经营承包责任制；对生活后勤单位实行定经营收入和政策性补贴为主的经营承包责任制；对事业经费单位实行以收抵支、定额补贴经费目标承包责任制；对局直属公司和多种经营单位实行自主经营、自负盈亏，以利润为目标的经营承包责任制。并根据不同承包类型，实行以工效挂钩为主的奖罚政策，加大考核力度。

(五)调整产业、产品、组织结构，形成新的经济增长点

我局长期以来形成的产业、产品、组织结构，存在着比较严重的不合理问题，直接造成了成本的增加，制约着经济效益的提高。主要表现在三个方面：一是施工作业单位设备富裕而又陈旧，内部工作量不饱满又缺乏外部市场竞争能力；二是辅助生产单位产品单一又不适应市场需求，大量厂房设备闲置而又新产品开发能力不足；三是人员普遍富余而在素质上又不适应，急需多元开发而又缺少压力、动力。

上述问题是长期积累形成的，进行调整也需要认真规划、逐步进行。今年，我们将根据不同的单位类型，与多元开发、发展多种经营紧密结合，力争在结构调整上取得突破。基本思路是：在产业结构调整的指导下，进行产品结构调整，以产品结构调整为基础，进行组织结构调整。对能力明显大于市场容量的主体生产单位，要把与市场容量相匹配的部分单列出来，继续从事原专业的生产经营，使其吃得饱、活得好。其他队伍和人员或转产、转岗或开发新的生产经营项目。机加工单位要以开发适销对路的新产品为重点，加速产品的更新换代；施工单位，要开发滩海油田建设、炼化工程建设等新的施工项目，增加收入来源；作业单位要增加技术手段，提高竞争能力，进入行业市场，扩大对外服务。今年要抓紧制定调整计划，加快进行调整运作。

组织“三调”工作，必须认真把握以下几点：第一，要以市场为导向，科学准确地预测市场趋势，不能盲目停产原有项目，也不能盲目地上新项目。分析市场容量，不能仅限于内部市场，要对行业市场和国内外市场全面分析，是市场容量缩小，还是我们缺乏开拓，找准原因后再确定取舍；第二，要扬长避短，充分发挥我们的技术、设备优势，不能盲目地撤销哪些编制，舍弃我们可以利用现有设备、技术开发新的业务的有利条件，去干前景不明和不熟悉、缺少经验的项目；第三，要先找出路，后做调整，先考虑嫁接改造，后考虑上新项目；第四，要严密组织项目开发，建立信息收集和项目筛选、论证、评估、审批一套科学的项目开发工作程序，严格按程序办事，确保项目实施后能见到好的效益。

实行多元开发，加快发展多种经营，既是总体结构调整的重要组成部分，又是局部结构调整的重要依托。我局多种经营的发展，要坚持以市场为导向，以效益为中心，带动产业、产品、组织结构的调整，逐步形成多元化的就业渠道和增效渠道，实现调整、发展、效益的统一。今年要在坚持大、中、小项目并举的同时，重点发展技术含量高、上规模、上档次的大项目，并积极探索形成具有一定特色的企业集团，增强规模经济实力。要加快新工业区建设，加大招商引资的力度，力争在今年内取得实质性进展。要在现有多种经营企业中，继续推行股份合作制和股份制，年内完成股份合作制和股份制改造的企业达到30家。继续推行承包、租赁和公有民营等经营方式，转换经营机制，改善经营管理，扭亏增盈，提高我局多种经营企业的盈利水平。

(六)以增储增产增效为目标，大力推进科技进步

推进科技进步，是推动油田发展，提高经济效益的根本途径。今年，我局要加强科技进步工作组织，使科研力量形成拳头，解决生产经营中的技术难点，挖掘资源、装备、技术、人员的潜力，创造实实在在的效益。全年形成12项龙头、拳头技术，推广应用8项配套新技术、新工艺，研制开发10个高新技术项目，科技增油30万吨，增收节支1亿元，实现技术交易额1500万元。

勘探系统要以扩大找油领域、拿到更多的经济储量为目标，加大地质综合研究深度。要搞好坳陷热历史研究和高频旋回、深层封存箱等技术研究，在古生界、煤层气等勘探方面取得新的突破；深化三维地震技术研究，提高剖面质量；以张东等五个区带为重点，深化主要勘探目的层的沉积体系、有利沉积相带、储层带展布研究，提高钻探成功率；综合应用地震处理解释、测井处理解释、油藏综合评价等技术，开展储层预测研究，提高滚动勘探开发水平。

在开发系统继续完善、配套“控水稳油”技术；加快侧钻技术、水平井技术的应用，扩大注聚合物驱油技术的应用规模；搞好低速低效油田提高开发效果的技术研究，充分发挥油层生产潜力；搞好微生物采油、大张坨凝析油气田循环注气等六个先导性试验；加快滩海油田开发技术的研究，为高效开发滩海油田做好技术准备。

要围绕实施多元开发和发展多种经营，充分发挥技术优势，开发高新技术项目，提高产品的技术含量。要组织职工围绕降低成本、节能降耗、提高效益，开展小改小革活动，努力提高职工队伍的技术素质，把新技术、新工艺的作用充分发挥出来。

要加强科技管理，提高科研和新技术应用的项目经理负责制，把项目研究的时效与水平同项目经理及项目组人员的收入挂起钩来。要加大科技奖励力度，从今年起增设优质高效储量奖、油田科技挖潜增效奖，充分调动科技人员的积极性。

(七)加强领导班子建设和队伍建设，为提高效益，加快发展提供组织保证

在坚持以经济效益为中心，由计划经济走向市场经济的新时期，我们更要抓好各级领导班子建设和职工队伍建设这件大事。

各单位领导班子，要积极适应以提高经济效益为中心、加快发展新思路的要求，破除旧意识，建立新观念，思考新招数，立志创新业、创大业；要抓住重点，驾驭全局，协调组织各方面力量，实现既定目标；要切实提高自身素质，解放思想，实事求是，善于决策，开拓进取，勇于开创新局面；要自觉坚持党的民主集中制的组织原则，识大体，顾大局，维护党委的政治核心地位，支持工、团组织的工作；要廉洁勤政，联系群众，谦虚谨慎，团结同志，公道正派，在群众中建立起较高的威信。

今年要以各级领导班子为重点，深入开展效能监察工作，监督检查各级领导干部贯彻落实上级重大方针、政策和措施情况，履行职责、工作效能和效益情况，及时纠正和查处各种错误作法和违纪行为，促进反腐倡廉工作的深入开展。

要进一步提高现有干部素质，培养选拔优秀年轻人才。加快培养高水平的石油专家队伍，精通经营管理的企业家队伍，具有市场开拓能力的营销队伍，懂得国际惯例、能熟练进行国际经济、技术、贸易的对外合作队伍和技术过硬、作风优良的技术工人队伍，提高油田队伍的整体素质。

当前职工关注的“热点”问题较多，要进一步加强思想政治工作，坚持用小平同志特色理论武装党员、教育职工，提高认识，解放思想，更新观念。各级领导、每个干部都要认真做好职工群众的思想工作，特别要抓住那些新旧观念的“交织点”、三者利益的“矛盾点”、是非界限的“模糊点”和干群关系的“冲突点”，加强对职工群众的教育引导，进行耐心地说服和疏导，及时把群众情绪理顺，使职工队伍始终保持健康向上的精神状态。

要进一步加强基层建设，提高基层组织的战斗力。要充分调动和依靠职工群众的积极性和创造性，实行民主管理，切实保障职工的合法权益。

（八）不断改善职工群众的生活条件，增强油田的凝聚力

今年，我们要继续坚持在生产经营发展、效益提高的基础上，不断改善职工的物质文化生活条件，以解决职工住房问题和相应提高职工收入为重点，年内为职工群众办10件好事、实事。

（1）实行合资建房，全年建设住宅5000户、31.5万平方米，力争用两年的时间基本解决油田住房紧张的矛盾。

（2）在完成生产经营指标、提高效益的前提下，相应提高职工的收入水平。

（3）以新建康复路、花园南路和胜利路西侧商业街一期工程为重点，加快矿区建设。

（4）建设滨海水厂三期工程，缓解油田用水紧张的矛盾。

（5）抓好油田通信程控交换机增容工程建设，积极创造条件与天津联网。

（6）建立职工养老补充保险和职工互济补充保险。

（7）不断改善油田医疗卫生条件，今年在总医院添置一台全身CT机。

（8）适当扩大高中生的招生规模，改善办学条件，提高教学水平。

（9）整顿油田矿容、矿貌，包括建立干线路标和小区标志，提高矿区城市化管理水平。

（10）加快园林绿化，全年植树8.8万株，新增绿地面积4万平方米。

经管理局认真研究，提出了合资建房意见，在广泛听取职工意见的基础上，两次听取职代会代表团团长联席会的意见，并把这项工作作为今年局里为职工办的好事实事突出出来，听取职工代表的意见。目前，我局还有一万多户职工住危旧平房，其他一些职工的住房也需要改善。按照国家新的政策和我局的实际，局里今后的固定资产折旧费主要用于还贷和更新设备。目前，我局已进入还贷高峰期，1994年还贷本息高达9.14亿元，今后的还贷数额还将继续增加。同时，我局的油气勘探和油气生产单位以及施工作业、辅助生产单位，目前普遍存在着设备陈旧老化的严重问题，直接影响了生产和参与市场竞争的能力，为提高这些单位的生存与发展能力，今后局里的折旧资金要重点用于这些单位的设备更新改造上，而用于建房的资金越来越少。这样，光靠局里投资，解决一万户平房和新增职工的住房至少也要五六年时间，显然不能适应职工改善居住条件的迫切要求。为抓住有利时机，缓解我局住房紧张的矛盾，管理局提出了合资建房的意见，力求用两年的时间基本解决目前一万多户职工住危旧平房的问题。今年的合资建房由职工自愿申请，解决平房住户为重点，预交合资款后，年底可分到住房。合资交款交纳标准按照天津市的有关房改政策规定执行。今后，我局住房实行合资建房单轨制，不再执行原有分房政策。希望广大职工理解和支持。

要继续抓好计划生育工作，提高医疗服务水平。继续抓好社会治安综合治理，做好民兵预备役工作，搞好民政事务工作。

要继续做好离退休职工管理工作，关心他们的生活和健康。

要加强两级机关建设，认真转变观念，转变职能，转变作风，提高工作效率和工作水平。机关各部门要认真研究新情况和新问题，主动深入基层调查研究，帮助基层解决实际问题，为基层服好务。

各位代表、同志们，新的一年，我们面临的形势依然是困难与希望并存，挑战与机遇同在。我们各级领导和广大职工一定要正视现实，振奋精神，抓住机遇，开拓进取，坚持以经济效益为中心，扎扎实实地做好每一项工作，取得更大成绩，为实现今年生产经营目标，使我局走上效益型的发展轨道共同努力奋斗。

谢谢大家。

在大港油田集团有限责任公司成立大会上的讲话

姚和清

(1995年12月1日)

尊敬的各位领导、各位来宾、同志们、朋友们：

在党的十四届五中全会精神指引下，大港油田集团有限责任公司正式成立了。这是大港油田发展史上的一个新的里程碑，标志着大港油田在建立社会主义市场经济体制新形势下进入了改革和发展的新阶段。值此集团有限公司成立之际，我谨代表集团有限公司，向前来参加庆典的各位领导、各位来宾和各位朋友，表示热烈地欢迎；向多年来一直关心、支持、指导油田改革和发展的国务院有关部委、中国石油天然气总公司和天津市、河北省等各级党委、政府以及有关部门，向新闻界的朋友们，向油区人民，向各兄弟单位的同志们和朋友们，表示崇高地敬意和衷心地感谢；向油田历届领导、离退休老同志、广大职工家属致以亲切的慰问和真诚的感谢！

忆往昔，峥嵘岁月稠。31年来，大港油田历届领导团结带领广大职工，继承和发扬石油工业的优良传统，艰苦创业，无私奉献，在一片盐碱荒滩上建成了一个集油气勘探、油气生产、原油加工、机械修造、科研设计、施工作业、后勤服务、社会公益、多种经营为一体的综合性能源生产基地。共开发建设了21个油气田，形成了年产原油430万吨、天然气3.6亿立方米的生产能力和百万吨的原油加工能力。到1995年，累计生产原油8915万吨，生产天然气120亿立方米，上缴利税41亿元。党和国家的改革开放政策给油田注入了新的生机与活力，大港油田的生产经营不断有新的发展。至1995年底，实有固定资产原值可达108亿元，净值55亿元，年销售收入58亿元。在全国21个油气田中，按原油产量、油气当量排列，大港油田分别列第7位和第8位。从1989年起，历年均进入全国最大500家企业之列，1995年排序列第59位，为国民经济和地方经济的发展做出了应有的贡献。

我们珍惜过去，更寄希望于未来。在即将到来的“九五”时期，集团有限公司的发展目标是：

——经济效益有明显提高，国有资产得到保值增值。到2000年，集团有限公司销售收入在1994年基础上翻一番，突破100亿元大关，实现利润年增长幅度高于20%；油气主业队伍实物劳动生产率在1994年的基础上翻一番，力争超过130吨(油气当量)/(人年)；销售利润率、资产收益率、社会贡献率等各项效益指标有较大幅度提高。同时，对外经贸有较大发展，创汇收入达到一定规模。

——油气储量和产量持续稳定增长，实现勘探开发良性循环。2000年，原油产量由1994年的430万吨上升到460万吨，力争达到500万吨，同时，发挥主业优势，积极参与国内外勘探开发市场投招标，开拓新的勘探开发领域。

——重点发展炼油化工业、机械电子业、建筑建材业和以运输、商饮服务业为主的第三产业，使之成为油田四大支柱产业。到2000年，集团有限公司多种经营年产值超过30亿元，产值利税率达到10%以上。

——在生产经营发展、经济效益提高的基础上，职工实际收入逐年有所增长。

实现上述目标，必须加大改革力度。为了建立有中国特色、有石油特色、有大港特色的现代企业制度，我们将遵循现代企业制度的规范要求，依照陆上石油工业的总体改革部署，借鉴国内外企业的成功经验，坚持“三改一加强”的原则，按照我们设想的“构建集团，转换机制，运营资产，发展主业，多元开发，提高效益”的思路，整体部署，分步实施，重点突破，平稳推进，形成规范的企业领导体制和组织制度，建立起科学的管理制度，成为独立的法人实体和市场竞争主体，坚定不移地探索出老油田走“油公司”路子的有效途径，把集团有限公司建设成在国内国外具有竞争力的一流企业。

实现上述目标，必须加快发展步伐。我们将按照总公司坚持以提高经济效益为中心加快发展的新思路，注重打牢资源基础，加快滩海和新疆新区的勘探步伐，加大老油田工作力度，加快发展多种经营，实现四个突破，确保稳步发展，再创新的辉煌。一是实现认识上的突破。要坚持唯物辩证法，遵循“实践、认识、再实践、再认识”的认识规律，科学地认识动态事物，对老探区、老油田进行再认识，走出“山穷水尽疑无路”，到达“柳暗花明又一村”；二是实现科技上的突破。要坚持企业的科研姓“企”，推行生产、科研一体化管理，采取“拿来主义”的方式，走产、学、研相结合的路子，加大投入，推进转化，注重实效；三是实现管理上的突破。要坚持以人为本，以资产管理为中心，挖掘人、材、物三大潜力，运营好资本，通过多种运筹方式，实现资本最大化。要从基础抓起，严格要求，严格管理，确保实现明后两年“投资规模不增、生产成本不升”的目标；四是实现队伍建设上的突破。要建立起优秀人才脱颖而出的机制，采取硬性措施，培养造就适应社会主义市场经济要求的、符合集团有限公司发展需要的各类人才。

实现上述目标，必须加强精神文明建设。集团有限公司是社会主义的企业。我们将坚持两个文明建设一起抓的方针，坚定不移地依靠公司党委，充分体现党委的政治核心地位和作用；要全心全意依靠职工群众，充分体现职工群众主人翁的地位和作用，加强和不断改进思想政治工作，充分发挥职工群众的积极性、主动性和创造性。企业精神文明建设要在党委的统筹部署下，注重建设，全面发展，形成大港油田集团有限责任公司特有的企业文化，培育体现石油工人队伍传统的集团有限公司精神，塑造集团有限公司的良好形象，让企业精神成为集团有限公司的灵魂。

实现上述目标，我们充满信心。我们的信心来自于已经打下的继续前进的基础，这个基础就是，我们拥有广阔的勘探开发领域，有比较丰富的探明储量资源，有已经形成的具有相当规模的油气生产能力和原油加工能力，有较高的经济效益，大港在国内国外享有一定的知名度；我们的信心来自于有一支适应市场经济要求的懂业务、会管理、善经营的企业家队伍，有一支思想好、作风硬、技术精的职工队伍。我们更有着技术优势、地理优势、通讯发达、交通便利等得天独厚的优越条件。尤其是令我们倍受鼓舞、充满信心的是，我们有国家有关部委、中国石油天然气总公司和天津市、河北省各级组织、新闻单位、油区人民的关怀、指导和支持，这都是我们发展腾飞的基础、后盾和条件。我们坚信，我们一定能够成功，大港油田集团有限责任公司必将迎来新的发展、新的辉煌。

各位领导、各位来宾、同志们、朋友们，大港油田集团有限责任公司的诞生，在为大港油田的过去划上一个完美句号的同时，也为走向更加辉煌的明天建立了一个新的起点。全体职工将十分珍惜良好的机遇，满怀信心地去迎接新的挑战。衷心希望上级领导和兄弟单位继续关心我们的改革和发展，我们将在你们的大力支持和帮助下，按照党和国家为企业改革设计的蓝图，沿着现代企业制度的道路不断前进，圆满完成改革和发展任务，为我国陆上石油工业的发展、为天津市、河北省的经济发展，再作新的贡献。

谢谢。

团结奋斗　知难而进
求实创新　不辱使命

——在大港油田集团有限责任公司总经理班子第一次会议上的讲话

姚和清

(1995年11月30日)

同志们：

很高兴和大家一起共事，祝愿我们合作成功。

我们这几位同志承蒙党组的重托和职工的信任，受命于大港油田改革和发展的关键时期。现在，上下左右都在看着我们，我们必须保持清醒的头脑，去掉盲目性，增强自觉性，以坚强的意志和奋斗的精神，把大港油田的事情办好。

按照现代企业制度和《公司法》的要求，就其行政而言，公司设立董事会、监事会和经理班子，董事会是集团公司的权力机构和经营决策机构，对出资者——

总公司负责。监事会由总公司委派和聘请。总经理依照公司章程和董事会授权,统一负责公司的日常生产经营管理。总经理对董事会负责,行使以下职权:组织实施董事会决议以及公司行政经营计划和投资方案;拟订公司内部管理机构设置方案和基本管理制度;制定具体章程;聘任或者解聘除应由董事会聘任或者解聘以外的负责管理人员。可见,我们总经理班子是个工作班子,上对董事会负责。

有四个问题,和同志们交换一下意见。

第一、正确认识形势,既要正视问题,更要增强信心,关键是增强信心。

清醒地认识我们面临的形势是我们开展工作的前提。我们今天的发展是在过去基础上的发展。31年来,油田历届领导带领广大职工家属继承和发扬石油工业的优良传统,艰苦奋斗,无私奉献,在昔日的一片盐碱荒滩上建设成了综合型能源生产基地,形成了7.5亿吨探明石油地质储量、430万吨原油生产能力、3.6亿立方米天然气生产能力和百万吨原油加工能力,总资产近百亿元,销售总值可达58亿元;多种经营近年来发展迅速,年产值达到12亿元。无论是资源,还是队伍、装备、技术、人才都达到了相当的规模,在全国最大500家企业中排序第59位。所有这些都是我们继续发展的基础,是我们的宝贵财富,我们应当十分珍惜这个基础。

但是,在发展过程中,我们还存在着诸多的矛盾、问题和困难,虽然都是发展中的问题,但我们必须正确认识,认真解决。

在发展上,困难与潜力同在。我们油田就其原油生产来说,目前正处在第三个发展时期。第一个发展时期是1964年到1975年,开发初期原油产量迅速达到450万吨;第二个发展时期是1976年到1988年,原油产量经过几年徘徊之后,从287万吨两次换字头,达到422万吨;第三个发展时期是从1989年开始,从380万吨起步,稳步发展,今年可以达到430万吨的规模。勘探上,探明石油地质储量近7.55亿吨,是一个很大的成绩,但近几年没有重大发现,提供开发的经济可采储量还不太理想,而且勘探的难度越来越大;开发上,"八五"期间产量连年上升,在老油田做了大量艰苦工作,但是"八五"后两年储采失衡、注采失衡,老油田负担过重,含水上升,递减加大,稳产基础很不牢靠。"九五"末期,设想老油田稳在400万吨,滩海新区产量搞到60万吨。显而易见,滩海得劲于"九五"后两年,目前的眉目还不太清楚。"九五"前两年,老油田的负担仍然很重,要在"八五"大面积挖潜的基础上继续深化,难度是相当大的;多元开发近几年发展迅猛,产值今年可达12亿元,但是拳头产品不多,规模不大;长期以来"大而全"体制所形成的产业结构、产品结构、组织结构的不合理状况一时难以有效调整;经济效益随着油价的到位,虽然摆脱了政策性亏损的局面,但实现利润的数额实在太少,若大的油田、上百亿元的资产,去年实现利润仅仅800多万元。油田人员富余,负债经营,包袱沉重,企业办社会问题突出,社会环境不见明显好转。油田在发展中存在着诸多的制约因素。然而,尽管困难重重,但是,一有很好的基础,二潜力很大,资源的潜力、管理的潜力、人财物的潜力都很可观,这些潜力一旦被挖掘出来,必然加快油田的发展步伐。

在改革上,风险与机遇并存。在前几年,我们油田就是总公司的综合配套改革试点单位,现在又是全国百家现代企业制度试点单位之一,我们在体制、机制等各方面都做了大量的工作,形成的这一本子方案,是孙希敬同志、俞叔武同志组织多少人用心血凝集而成的。现在方案已经批准,"大而全"正在解体,开发公司、作业区应运而生,地区性生活服务公司相继成立、规范运营,文教卫生专业化管理,油公司初见雏形,施工作业单位找市场不找局长的观念举措都很有力度。同时我们面临的问题较多,开发公司三个不像(不像实体、不像机关、不像二级),上不上,下不下,难受在中间,作业区改革无力度,产量效益都令人担忧,生活公司的服务和经营都存在问题。我们的改革工作,今年整整一年,忙于制定方案、讨论修改,上上下下,反反复复,除批准后组建治理结构即将挂牌运营外,整体改革举措还在等待实施,而有的油田无论是力度还是效果都超过我们。挂牌以后任务艰巨,一切都在探索中,我们面临巨大压力,但是,这是建立现代企业制度难得的好机遇,风险与机遇并存,目前改革方案已经批准,新的治理结构已经建立,集团公司正式挂牌运营,加上四面支持八方关注,改革已经进入了突破性的实施阶段。

在稳定上,平静与波动兼有。由于党政工团组织和各级领导同志的过细工作,又由于广大职工的基本觉悟是高的,整体素质是好的,他们不仅团结奋斗、无私奉献,而且积极投身到改革之中,有着良好的心理素质,大港油田职工队伍整体是稳定的,职工和家属的绝大多数对油田的改革和发展是满意的,和社会上比、和周围单位比,越比越感到满意,看着油田的发展,数着收入的增加,得出了一个明确的结论,还是总公司好,还是油田好。但是,伴随着改革的深化,利益格局的调整,长期习惯了的铁饭碗、大锅饭、平均主义必然受到冲击,不平衡的心理油然而生,于是,敏感问题、热点问题、难点问题增多，集体上访、越级上访相继发生。随着改革迈出实质性的步子，这种情况还会发生，矛盾是客观存在的，稳定是相对的，不平衡是绝对的，这是企业发展中的正常现象。

面对诸多的矛盾、问题和困难，我们不要头脑发胀，要看到：①矛盾是无时不在无处不有，旧的矛盾解决了又有新的矛盾产生，任何时候都有问题和困难，只不过内容不一样罢了；②从整体上说，我们的成绩是主要的，主流是好的，问题和困难处于次要地位；③我们的问题和困难是前进中、发展中的问题和困难，有些问题如果不想发展暂时也不会出现，但是最终我们将面临更大的困难，也可能矛盾的主要方面要发生变化；四、我们要面对现实，正视问题。我们应有的原则是"哪壶不开烧那壶"，十壶水一壶不开就烧那一壶，烧开了那一壶，就十壶都开了，不然永远有那么一壶不开。工作就是斗争，有矛盾有问题的地方，解决了它，就向前迈进一步，何况我们有那么多的有利条件，天时——得天独厚，试点探索是一个极好的机遇；地利——地下有资源，地理位置优越，是理想的投资环境；人和——大港职工历来是顾全大局，团结奋斗，他们热爱油田，热爱事业，在各自的工作岗位上自觉地做出贡献，各级领导干部同心同德，同舟共济，同甘共苦，同心协力。天时地利人和我们都占了，我们应当充满信心。当然，我们要在大局上把握以下四个问题：一是领导集团坚强有力，整体充满活力，个体不出问题；二是企业效益连年增长，原油产量箭头朝上，稳步发展；三是探索出陆上老油田走油公司路子的模式；四是职工利益得到保障，收入水平上升，整体满意。我认为，只要我们面对现实，正视问题，增强信心，迎难而上，从大局上把握好这四个方面，我们就能立住身，站得稳，就必然得到职工的拥护和上级的肯定。

第二、正确认识事业，既要继承传统，更要开拓创新，关键是开拓创新。

事业是永恒的，建立现代企业制度是前无古人的崭新事业，作为人生在历史的长河中只是短短的一瞬。一个人的有效工作时间也就是30几年，我们的领导班子一届任期只有3年，但是不要小看了这3年，这3年是结束"八五"进入"九五"的前3年，是实现"九五"目标的关键的3年，我们面临世纪之交，我们要珍惜这3年，我们这一届的任务艰巨而光荣。

"九五"目标，我们已经初步确定。

——经济效益有明显提高，国有资产得到保值增值。到2000年，集团有限公司销售收入在1994年的基础上翻一番，突破100亿元大关。实现利润年增长幅度高于20%；油气主业队伍实物劳动生产率在1994年的基础上翻一番，力争超过130吨(油气当量)/(人·年)；销售利润率、资产收益率、社会贡献率等各项效益指标有较大幅度的提高。同时，对外经贸有较大发展，创汇收入达到一定规模。

——油气储量和产量持续稳定增长，实现勘探开发良性循环。在"九五"期间，新增探明石油地质储量1.5亿吨，天然气探明储量50亿立方米。油气产量保持持续增长，2000年，原油年产量确保达到460万吨，力争达到500万吨。同时，发挥主业优势，积极参与国内外勘探开发市场投招标，开拓新的勘探开发领域。

——重点发展炼油化工业、机械电子业、建筑建材业和以运输、商饮服务业为主的第三产业，使之成为油田四大支柱产业。到2000年，集团有限公司多种经营年产值超过30亿元，产值利税率达到10%以上，并形成15个年产值上亿元的多种经营企业。

——在经济效益提高、生产发展的基础上，职工的收入逐步有所增长。

要实现这个目标，有一个严肃的问题摆我们面前，我们在指导思想上是守还是闯，无需多议，结论是明确的，惟有闯，才有希望，才有发展，才能实现"九五"奋斗目标。

要闯，就必须正确处理以下几个关系：

一是继承和创新的关系。我们的发展不是从零起步，已经有了一个坚实的基础，没有前几届领导集团率领广大职工艰苦奋斗，就没有今天的一切，我们衷心感谢老同志给我们打下了基础，大港油田建厂以来形成的一整套的思路、制度、规范是我们的宝贵财富，我们必须继承，但是，我们不能躺在过去的基础止步不前，必须创新。在新的形势下，我们要有新的思路、新的风格、新的作风，实现新的目标，要有四个突破：一是认识上的突破，认识是无止境的，客观事物是发展变化的，我们的认识不能一成不变，因此，静止的观点，孤立的观点，固步自封，无所作为的观点都是不正确的，惟有发展的观点、联系的观点、全面的观点才是有希望的。大港油田勘探开发30多年，我们应当对它进行再认识，没有认识上的突破，也就没有大港油田的发展，这是世界观问题，我们应当树立辩证惟物主义和历史惟物主义世界观，树立起这样的世界观，我们就会在看似"山重水复疑无路"时，出现"柳暗花明又一村"的境地。二是科技上的突破，企业的科技姓"企"，不同于科研院所、大专院校，要坚持以经济效益为中心。科研课题来自实践，而不是主观愿望，企业要注重推广，采取"拿来主义"，有现成的就不要重复研究，自己没有的，拿钱买来也比自己从头研究快得多,拿钱买不来的走产、学、研相结合的路子。今后所有分公司原则上不搞科研项目,可以集中到研究中心。集团公司要实施大科技工程,理顺体制,整体部署,加大投入,形成规模,加快转化,注重实效,使科技转变成生产力见到实际效果。三是管理上的突破,首先是对经营者的管理,力求决策科学、民主、正确,避免失误,管理要突出资产管理,重点是人财物三个方面,三个方面的潜力都很大。管理就其本质来说是被动的,必须严格要求,从观念、体系、机制、制度、责任上都要上下一番功夫。四是用人上的突破,油田要发展,资源是基础,人才是关键,要有让人才脱颖而出的机制,竞争上岗,动态管理,无功就是过,能者上,庸者下,平者让。四个突破就是要有新的思路。今后,过去形成的规矩,实践证明是可行的要坚持,实践证明不可行的要修改完善,大胆扬弃,但不作伤感情的简单对比,干就是了,有的事情是只干不说,有的问题是多干少说,有的问题先干后说,因为不同的时期,形势、要求不一样,我们为什么要苛求前人,谁在台上也不可能十全十美,我们要注意整体发展趋势,做一些和今后多合拍的事情。

二是执行与创造的关系。我们要认真学习有中国特色的社会主义理论,并以此为指针,指导我们的各项工作,但是学习必须联系实际,重在学习立场、观点和方法。我们要坚决贯彻执行党的路线、方针、政策和上级的指示决定,不能搞上有政策下有对策,要在思想上政治上和中央保持高度的一致,但是不能机械地执行,教条地落实。我们要虚心学习兄弟单位及国内外的先进经验,但是不能照抄照搬,在工作中我们一定要把握一切从实际出发、实事求是,创造性地开展工作,干什么都要有自己的特色。过去我提出过“像自己,熔一体,暖人心,深扎根”的工作思路,这个像自己就是要有自己的特色,因此,我们要把“创造性的工作”叫得响响的,不惟上不惟书只惟实,惟实是创造性工作的思想基础,每做一项工作,我们都要考虑这样几个问题:实情是什么,上级是什么精神,前人是怎样干的,别人是怎么干的,有几个方案可供选择,我们应当怎样干,我们自己的特色是什么。我们的企业是活生生的企业,我们的领导同志是活生生的人,客观事物是千变万化的,是动态的,为什么我们的思路死死板板,我们决不能因循守旧,惟有创造才有活生生的事业。

三是练内功与求外援的关系。在过去计划经济条件下,我们这个独立的矿区基本上是封闭的状态,和外界社会交往很少,在社会主义市场经济条件下,我们必须改革这种状况。我们这个油田得天独厚,濒临渤海,驻津企业,离北京很近,通讯发达,交通便利,地理优势是我们发展的重要条件,因此,我们要学习南方一些地区的经验,通市场,通官场,通洋场,对上多争取,对外多联系,对下多鼓劲,对内严管理。一方面抓好企业内部的事情,苦练内功,严格管理,提高水平,另一方面加强与外部的联系。对上多争取,争取什么,要争取信息的支持、政策的支持、宏观的指导,不争取没有自己送上门来的,争取到了有利于企业的发展,争取不到也不吃亏,何乐而不为。对外多联系,京津两地的大专院校、科研单位林立,人才济济,技术密集,多联系就是多联系信息、人才、技术和项目,联系上了加快企业发展,联系不上也不吃亏,何乐而不为。我们要争取地方各级组织的支持,我们企业再大也是五角星,地方政府再小也是国徽,交往中不能有对等观念,来的都是客,只要是对企业有利的关系都要搞好。要主动搞好关系,有的事不可不认真,有的事不可太认真,不认真失去原则性,对企业不利,太认真失去灵活性,对企业也不利。有人说,关系是特等生产力,我看不无道理,为此,我们在这次集团公司机关机构中强化了政策研究室和对外联系的机构。我们班子中,多数同志性格内向,我们要注意这一点,逐步增强必要的社交能力,这是现代企业制度下企业家必备的能力。

第三、正确认识自己,既要克服弱点,更要发挥优势,关键是发挥优势。

认识自己是人类千百年来的一个重大课题,即使是一些伟人也没有完全成功地解决这个问题。我们这次进入领导集团的同志应该说都是局内的优秀干部,大家有很多长处,既得到了职工的认可,又得到了组织的认可,对此我们在公开的场合都作了必要的说明,但是,我们应当有自知之明。

我们经理班子年轻,但又不算年轻。说年轻,是相对于上届班子,上一届行政班子平均年龄 56.2 岁,这一届 48.14 岁,还有 41 岁的,似乎年轻了一点,但是平均年龄快 50 岁了,算什么年轻。倒排时间,有效的工作时间也就 10 年左右。12 年前,大港局党政班子平均年龄 47 岁,最大的 51 岁,最小的 37 岁,所以说不算太年轻。

我们经理班子文化层次较高,但又不算太高。说较高,都是大专以上文化程度,但是这样的文化程度能够说适应社会主义市场经济要求吗,不能这样说。

我们经理班子能力水平相对较高,但又毕竟是有限的。无论是整体还是个体,都有很多的局限性。就个体来说,恕我直言,有的同志框框较多,视野不太开阔,开拓不足;有的同志专业功底不深;有的同志不善交际；有的同志领导艺术、工作方法亟待提高。就我个人来说，理论功底不深，业务功底不深，思想上求稳怕乱，工作上魄力不大，作风上不够深入，性格内向，不愿出头，决策能力、综合能力、协调能力、公关能力都亟待提高。就整体而言，我们和上届比，资历、经验、水平、思路、宏观控制、驾驭全局的能力以及推动能力都不如老同志，和兄弟单位的领导班子比，我们思想解放的程度、工作的力度、议大事、想整体、顾大局、看长远的能力都有不小的差距。

我们这次组建的班子成员基本上是老五届和大普毕业生，这要从历史惟物主义的高度正确地认识它。历史上的文化大革命已经过去快20年了，但是，这个时代消极影响结出的苦果有的还在品味。40—50岁的人是深受其害的一代人，有机会上大学的，则受极左思潮影响，学的专业知识不深，这一代人中更多的人则没有机会上大学，这是历史悲剧造成的，丝毫不能责怪这一代人，党和国家及各级组织仍然信任这一代人，在干部的选聘中并没有也不可能超越这一代人。这一代人中的佼佼者，经历了左的右的洗礼，政治上比较成熟，他们认准只有社会主义才能救中国，只有中国共产党才是社会主义现代化建设事业的领导核心；思想上比较成熟，既无封建的、教条的、陈旧的观念，又无不合国情的资产阶级自由化的倾向；工作上也比较成熟，他们尊重知识，肯于学习，勤于实践，自学成才，为了取得必要的资历，费尽了超过常人多少倍的心血。这一代人自然是有希望的一代，我们之中的多数人正是这一代人。这就是我们的优势，讲的具体一些，大家政治上比较坚定，思想上较少保守，能够开拓进取，同时又能求实求效。大家有了强烈的事业心，有了高度的责任感，心容易想到一块儿，劲容易拧到一起，共同语言较多，大家都有魄力和较强的领导决策及推动能力，能够摸清职工脉搏，考虑问题更接近于实际。

但是，我们确实有先天的不足。正因为我们有先天的不足，我们要尊重老领导、老同志、老专家，这些老同志为大港油田的发展作出了不可磨灭的贡献，他们是集团公司的宝贵财富，这次他们高风亮节，主动让出位子，让年轻的同志进工作班子，我们要百分之百地尊重他们，充分发挥他们的优势与作用。

正因为我们有先天的不足，我们要有领导者的胸怀，我曾经说过，作为领导集团要着眼于油田的发展，寄希望于年轻人，如果本届不如上届是本届无能，如果下届不如本届，是本届短视，要有勇气培养超过我们自己的高层次的管理人才、专业人才。我们应当欢迎更年轻的同志超过我们自己。我们要采取实质性的举措，加快人才的培养，委托南大办的硕士研究生高层次管理人才班，只是其中的一个举措。关于人才的培养，我们还要整体部署，分步实施。

正因为我们有先天不足，我们要发挥整体优势，依靠集体力量，依靠党委，依靠职工，发挥班子的整体功能，做到优势互补，形成1+1>2的态势。

今天在这个场合讲我们自己的弱点、缺点多一些，是必要的，请大家能够理解，我们要自知不足，同时发挥自身的优势和整体的优势，这样，我们就必然坚强有力，充满生机和活力。

第四、要正确认识权力，既要当仁不让，更要掂量责任，关键是掂量责任。

走上领导岗位，必然要赋予一定的权力，“一朝权在手，便把令来行”，但是，权力和责任是分不开的，我们应当有勇于负责的精神，一是向党和国家以及上级组织负责；二是向职工群众负责；三是向自己及其家庭负责；四是向历史负责。要保持四个负责的一致性，就必须要站得高一些，看得远一些，想得深一些，抓得准一些，做得稳一些。

提出个“十要十不要”，请大家共勉。

一要刻苦学习，不要固步自封。要养成学习的好习惯，再忙也要坚持学习，学习马列主义毛泽东思想，学习有中国特色的社会主义理论，学习必要的专业知识，特别是要学好惟物论、辩证法，学通了可以终身受益。通过学习拓宽视野，增强理论功底，增强工作的原则性、系统性、预见性和创造性。

二要注意政治，不要迷失方向。江泽民同志在党的十四届五中全会上提出的政治方向、政治立场、政治观念、政治纪律、政治鉴别力、政治敏锐性，我们要十分注意。我们是共产党员，面对社会主义市场经济，面对各种内外交往，头脑中政治这根弦不能放松。

三要开拓进取，不要因循守旧。要始终保持良好的精神状态，思路开阔，思维敏捷，注重新的观念、新的方法，要经常迸发出新的思想火花，同时要有良好的心理素质，目标始终如一，有坚强的意志，切忌嫉妒，因为嫉妒是健康情感的大敌。

四要大胆管理，不要做老好人。我们这一届肩负的使命决定了必须大胆探索，要尽快到位，缩短熟悉情况的过程。要边干边熟悉，在干中熟悉。分管的一摊工作，必须敢于负责，严格管理，不当老好人，不怕挨骂，不怕告状，不怕得罪人。

五要同舟共济，不要三心二意。团结就是力量，合力就会成功。“在堡垒里战斗”是班子建设的大忌。我们的目标是共同的，我们的利益是一致的，我们前世无冤，今生无仇，我们要摒弃人们常说的某些中国人的劣根性。

六要遵纪守法，不要自由主义。要做遵纪守法和遵守规章制度的模范，就班子自身而言，要遵守人事纪律、外事纪律和保密制度，要有高度的组织观念，总经理是职务，首先是共产党员，个人服从组织是党的纪律，必须做遵守纪律的模范。

七要克己奉公，不要以权谋私。要坚持全心全意为人民服务的根本宗旨，加强世界观的改造，多考虑国家的利益、企业的利益、职工的利益，要廉洁自律，艰苦朴素，要管好家属、子女和身边工作人员。

八要转变作风，不要脱离群众。我们应有的作风是不吹、不浮、不假，多深入基层，多联系实际，多联系群众，要把群众的情绪当做第一信号，多做暖人心的工作，千万别凉了职工的心，要注意摸实情、说实话、办实事、求实效。

九要讲究方法，不要制造矛盾。领导艺术和工作方法是一门高深的学问。我们要定期务虚，议大事、讲大局、顾整体、想长远；要抓住重点和薄弱环节；要一级对一级负责，不要一杆子搞到底，不要事必躬亲；要多做人的工作，调动各方面的积极因素，包括上级领导者的积极性；要本着"把事办成"的原则，妥当地化解各种矛盾。

十要注意形象，不要忘乎所以。我们应有的形象是：团结、开拓、公正、求实、奉献、廉洁，我们中多数同志是刚进集团公司的领导层，因此，给职工的第一印象十分重要，人们的感觉往往是先入为主，首次印象不好，较长时间难以改变，所以，大家要注意你的第一次讲话，召集的第一个会议，决定的第一个问题，表扬和批评的第一件事。

我们的各位同志都有分管的一摊工作，但这仅仅是分工而已，每一位总经理都应从集团公司整体利益的高度，顾全大局，协调关系，千万不要把所分管的系统和部门变成独立王国，水泼不进，针插不进，个人意见第一。班子中的任何个人在研究问题时都要充分发表意见，怎么讲都行，但一旦决定了就必须按决定的意见办。在工作中要对董事会负责，按照职责大胆地工作，不可超越权限。要依靠党委，确保党委的政治核心地位和作用，并创造必要的条件，给予必要的物质支持。要注意发挥工团组织的作用，特别是要搞好职工民主管理。要自觉地接受来自各方面的监督，包括党内的、监事会的、群众的监督。

还有一点要说及的就是，我们这一届班子最起码的要求是在经济方面和生活作风方面不出问题。无数事实说明，在财和色方面出问题最不值得。我们这一级领导，政治上不会出大的问题，思想上有点问题也不要紧，工作上有点失误人们也会谅解，即使上述几个方面有点问题也无民愤。老百姓最讨厌贪官污吏和生活作风不检点的人，或公开议论或背后骂娘，因此这不是小事一桩，而是关系到班子整体形象的一件大事，必须严肃地对待这个问题，我 1991 年到三厂兼职时就进过这番话。钱够花了就行了，我们现在的工资基本上能满足目前的需要，不愁吃，不愁穿，不愁住，要那么多钱干什么。封建帝王的权力至高无上，享不尽的荣华富贵，有几个是长寿的，他们的子子孙孙又有几个是富翁。我不是提倡过穷日子，在自己工资收入的前提下，把生活安排得好一些也是应该的，但决不能搞工资奖金以外的不正当收入。我们处在复杂的环境中，又处在这么个位子上，求我们办事的人很多，各种心态的人都有，搞点额外收入是容易的，如果那样，将来总有一天是不好交代的。生活作风检点一些好，我们成了家，有老婆孩子，不要忘乎所以。兄弟如手足，妻子也不是像衣服那样可以随便更换的，不要做对不起老婆孩子的事情。时下社会风气不算太好，我们自己时时处处注意一点好。我讲这两点，不是说我们目前就有问题，大家也不要神经过敏，我讲的目的在于，一是这两个方面不出问题是对我们的起码要求，二是这两个方面出问题最不值得，三是别有用心的人正是想在财色这两方面上做文章。我们以身作则，一身正气，两袖清风，天衣无缝，他就无可奈何。

同志们，12 月 1 日就要召开集团公司成立大会了，大家要马上到位，要有志气。《聊斋志异》的作者蒲松龄曾在铜镇尺上刻下一副对联："有志者，事竟成，破釜沉舟，百二秦关终属梦；苦心人，天不负，卧薪尝胆，三千越甲可吞吴。"这是何等的气魄。古人尚且能以此自勉，我们自然更应当有这样的志气和苦心。

事在人为，记住它，我们就一定能够成功。

在大港油田集团有限责任公司总经理班子第一次会议上的讲话

王 鹏

（1995年11月30日）

同志们：

刚才，总公司人教局苏士峰同志宣布了大港油田集团有限责任公司领导班子组成人员的决定。我完全拥护总公司党组及天津市委关于大港油田集团有限责任公司董事会、监事会组成人员的决定，拥护公司总经理、副总经理的人员组成，拥护公司党委常委的人员组成。和清同志在这次会上作了很好的发言，我也完全拥护和赞成。

这次理顺的法人治理机构，是经总公司、天津市批准同意，依照一定的法律程序组建的班子，应该说是一个能够坚持党的基本路线，勇于改革开放的领导集体；是一个符合“四化”要求，革命事业心强，有干劲、有闯劲、朝气蓬勃的领导集体；是一个结构比较合理、优势可以互补的跨世纪的领导集体。新班子每个成员也都是有政绩的。我认为，这个新班子应该说是广大职工能够接受和企盼的班子。我对这个新班子搞好今后的工作充满信心。我深信，新的班子在石油工业和大港油田承上启下的新的发展时期，一定能认真贯彻党的“一个中心、两个基本点”的基本路线，贯彻“两手抓、两手都要硬”的基本方针，贯彻总公司提出的“稳定东部、发展西部”的战略部署，贯彻总公司和天津市的一系列要求，为大港油田的改革、发展和稳定做出新的贡献。

和清同志刚才对班子成员提出了十个方面的要求，很好。下面，我讲五点意见：

第一、一定要加强班子的思想、作风、组织、制度建设。通过积极努力的工作，把我们这个班子建设成为开拓进取、迎难而上、勤奋学习、团结协作、勤政廉洁、知人善任的领导集体；建设成为坚决贯彻党的基本路线，全心全意为人民服务，具有领导建立现代企业制度和现代化建设能力的坚强集体。要进一步增强领导班子的整体凝聚力，尽快树立起良好的整体形象。这里，我特别强调发挥好集体的力量。

第二、一定要着眼于大港油田的未来，在发展问题上做几篇大文章。要高度重视、下大力气解决关系全局的重大问题。在勘探方面，要以获得更多的重大发现为目标，加大勘探力度；在开发方面，既要充分发挥老油田的生产潜力，尽量稳住430万吨原油生产能力；也要经济有效地动用新的储量，增加新的生产能力；在炼化加工方面，既要达到既定的250万吨炼油加工目标，也要着手制定深度加工、高倍增值规划，增加炼化效益；在多种经营方面，要加大投入，超常规、跳跃式发展。要充分利用好京、津、冀及其他周边地区大发展的有利条件，争取安排更多的富余人员，争创更多的效益，使多种经营真正成为油田的半壁江山。

第三、一定要以推进现代企业制度为契机，深化油田内部改革。要把企业的改革同改组、改造和加强管理、依靠科技紧密结合起来，构建产业结构优化、经济高效运行的内部机制。要通过现代企业制度的建立，逐步把大港油田建设成为自主经营、自负盈亏、自我约束、自我发展的法人实体和市场竞争主体。同时还要发挥集团公司的优势，闯出一条具有中国特色、符合老油田实际的“油公司”的路子，促进油田发展目标的实现和经济效益的提高。与此同时，职工的收入也要逐年增加，生产生活条件也要逐年改善。

第四、一定要进一步加强党的建设，加强和改进思想政治工作。在现代企业制度的改革中，如何进一步搞好党委的工作，加强党的建设，加强和改进思想政治工作，意义重大，任务艰巨。集团公司各级党组织及广大政工人员、广大职工都十分关注。公司党委一定要按照《党章》的规定，按照大港油田集团有限责任公司党组织工作的实施办法及最近中宣部、国家经贸委制定的《关于加强和改进企业思想政治工作的意见》，进一步提高对加强油田党的建设、加强和改进思想政治工作重要性的认识，落实好“充分发挥党组织的政治核心作用、坚持和完善厂长（经理）负责制、全心全意依靠工人阶级”这三项原则，从抓好党的思想、作风、组织、制度建设入手，切实加强党委对思想政治工作的统一领导，努力实现党委的职责。即：主持制定思想政治工作的总体规划、年度计划和重要制度，并组织实施；参与公司重大问题决策，保证监督党和国家方针政策在油田贯彻执行；坚持“党管干部”的原则，适应现代企业制度的特点，依法参与公司人事管理工作，抓好行政业务人员队伍特别是领导班子的思想作风建设；支持行政领导依法行使职权，动员职工实现集团公司建立现代企业制度的目标，完成生产经营等各项任务；充分发挥基层党组织的战斗堡垒作用、党员的先锋模范作用，并发动党员做好群众工作；及时掌握职工思想动态，对职工进行思想政治教育，支持职工代表大会开展工作；领导工会、共青团做好思想政治工作，搞好政工队伍的建设。

同时，我也希望总经理班子及其他行政领导能积极参与思想政治工作重大问题的决策；在领导生产经营和管理工作的过程中，重视并带头做好思想政治工作，与党组织共同抓好各级行政领导班子的思想作风建设；检查、督促行政管理部门、行政业务人员做思想政治工作；健全民主管理，加强班组建设，支持职工代表大会开展工作，保障职工民主权利；为思想政治工作提供必要的物质条件。我也希望工会、共青团组织要发挥各自的优势，担负起思想政治工作的责任。总之，要形成一个党委统一领导，党政共同负责，党政工团齐抓共管，专职政工人员为骨干，职工群众广泛参与的思想政治工作的生动局面。

在抓好思想政治工作的同时，我们还要坚持紧紧围绕经济建设这个中心，坚持“标本兼治、综合治理”的方针，深入持久地开展反腐败斗争。也要形成党委统一领导、党政工团齐抓共管、部门各负其责、纪委组织协调、依靠群众支持、共同形成合力的反腐败斗争的领导格局和坚持抓“领导干部廉洁自律”、抓案件查办、抓“纠正行业部门不正之风”的工作格局。

第五、一定要加强领导干部个人的人品修养。我认为，人品修养是为官立业之本。领导干部自身的道德风尚、行为方式、精神风范、品行作风等人格因素，能够在工作中产生很强的说服力和号召力，也对干部、群众有很强的凝聚力。从这个意义上讲，领导就是影响。作为一个领导干部，应该具有较强的影响力。这种影响力，除了领导者的职位、权力所带来的强制性之外，最重要的是领导干部自身的人品修养。在建立现代企业制度、发展社会主义市场经济的历史条件下，加强领导者的人品修养更有其特殊的意义。有的同志讲：“好人不见得是好官，但好官必须首先做好人。”领导者要清清白白做官、踏踏实实做事；必先要堂堂正正做人。人格品行是一个人基本的精神风貌，是领导者权威的基础。这种权威，上级封不出来，权力压不出来，宣传吹不出来，耍小聪明编不出来。只有注重自身的人品修养，以身作则，自觉养成堂堂正正的人格品行，做出样子，群众才能接受。

自觉养成堂堂正正的人格品行，我认为主要应做到：一是事业第一。像孙中山所告诫的那样“要立志做大事，不要立志做大官”；二是道德高尚。以德树威，以德感人；三是胸襟开阔。做到心胸坦荡，宽容待人，能容得下各种各样的人，甚至在必要时能够忍耐各种误解。宽容大度是领导者人格品行方面的重要心理素质；四是表里如一。对上对下，人前人后，当官前和当官后，言行都要一致，也就是做一个忠诚老实、实事求是、襟怀坦白的人；五是为人清正，平等待人，廉洁自律；六是感情真挚，以诚待人。

刚才，和清同志的讲话中，有一段辩证地分析了我们新班子存在的问题。我理解这一段的意义是：我们这届班子要想取得事业成功，最难克服的困难不在别处，而在自身的盲目性和局限性；最要紧的不是战胜别人，而是战胜自己。惟有战胜自己，才能赢得其他。这里，我想关键是改造自己的世界观，增强搞好自身修养的主观能动性，把修养建立在高度自觉的基础上。那么怎样才能不断增强自身修养的自觉性呢？我想，这就是江泽民同志在五中全会讲话中提出的八个字，即：自重，即自我尊重，这是进行自我修养的内因；自省，即自我省悟，自我检查，自我解剖，也就是要自知之明，在自我意识的修养中，不断找差距；自警，就是自我警惕、自我戒备、自我约束的一种修养方法；自励，就是自我勉励，自我激励，时刻发扬积极向上的精神，激励自己探索不息，工作到老，自我修养到老。

我就讲这几点意见，供大家参考，谢谢。

第三篇

油气勘探

油气勘探综述

【概述】 1995年，油田勘探工作的指导思想是：强化陆上勘探、加快滩海勘探步伐，积极探索新区、新领域、争取更多的新发现，拿到更多的经济储量，努力提高勘探效益。具体勘探工作按照三个层次展开：

（1）以新村—塘沽、孔南、红湖、张东、赵东、白水头—驴驹河—大张坨等区带为重点评价钻探，确保油气储量的完成。

（2）积极预探歧东、新港、马棚口等目标，开展白东、涧南南—大神堂的前期准备工作，寻找后备增储战场。

（3）积极预探深层、古生界及新区新领域，为"九五"开辟新的勘探战场。

1995年大港探区新增探明储量3351万吨，探明天然气地质储量11.72亿立方米，凝析油储量26.8万吨，按1000立方米天然气折算1吨原油计算，探明石油地质储量为3495万吨，完钻探井33口，探井进尺11.2395万米，勘探投资5.009亿元，直接投资4.7亿元，平均单井探明石油地质储量105.91万吨，每米进尺获储量311.06吨。

【勘探工作量完成情况】

1. 物探

1995年大港探区动用地震队11个，完成二维地震野外采集1182.54千米（其中自营区1102.54千米，新港滩海80千米）为年计划660千米的167.05%。其中，景县609.9千米、歧东27.05千米、扣村西61.0千米、北大港水库143.5千米、尤尔都斯盆地261.0千米；完成三维地震野外采集292.94平方千米（自营区236.34平方千米，新港合作区56.6平方千米）为年计划272平方千米的107.7%，其中，歧东86.95平方千米，白东114.29平方千米，新村35.1平方千米。完成VSP测井7口：塘32、塘40、港深44—1、白20—4、板65、旺38、军8。完成尤尔都斯盆地1∶20万重力11600平方千米，航磁8490.3平方千米，化探1540千米，大地电磁岩性测点233个点。

通过地震资料解释，新发现局部圈闭7个，圈闭面积223.5平方公里，重新复查落实局部构造圈闭48个，总圈闭面积705.3平方千米。

2. 钻井

1995年勘探动用钻机10台，新开钻探井38口，跨年度探井3口。完钻井33口，其中下套管井26口，地质报废井7口，完成进尺11.2359万米，探井取心井28口，总进尺377.37米，心长累计370.27米，平均收获率98.12%，获各类含油岩心累计118.93米，占总心长的32.12%。

3. 试油

1995年勘探动用5个试油中队，完成试油井26口，完钻试油层83层，获工业油气流井18口、低产井2口、无油井8口。全年压裂11口，12次，地层测试37层次，原钻机试油4井次。

4. 探井试采

1995年探井试采原油42215.205吨，创产值3503.86万元。

【主要勘探成果】 1995年，大港油田油气勘探取得主要成果如下：

1. 预探红湖地区——发现油气勘探新区块

红湖地区位于北大港构造北翼，大张坨断层上升盘，勘探面积100平方千米。该区地表条件差，处于水库及泄洪区内，过去勘探程度很低，二维地震测网密度1×1千米，只有少量探井钻达沙三段目的层。通过三维老资料的重新解释成图，在北大港构造带北翼地区发现了沙二、三段几个有潜力的断鼻圈闭。1995年共钻探井8口，完钻交井6口：板65、港99—1、港199、红1—1、红2—1、红5—1。正钻井2口：红6—1、红5—1—1。获工业油流井4口：板65、港99—1、港199、红1—1。地质报废井2口：红2—1、红5—1。完成钻井进尺21027米，探明石油地质储量608万吨。其中：板65井自2788米进入沙三段，见各类油气显示23层83米，电测解释油层15层50.5米，有效厚度33.6米，可能油气层3层12.6米，试油射开沙三段3277.0—3337.5米，平均液面1554米，折日产油15.03吨，压裂改造后4毫米油嘴自喷，日产油18.9吨，天然气3547立方米，新增探明石油地质储量432万吨。板65井西台阶的港99—1井沙三段获工业油流，港199、西G1等井上第三系获成功；板65井及其东侧的板64、板63、红1—1井于馆陶、东营、沙二段获工业油流，说明该区是以沙三段为主，同时明化镇、馆陶、东营、沙二等多层系含油的复式油气聚集带，预测石油地质储量1700万吨。

2. 枣35井获高产工业油流——枣北火成岩勘探取得新发现

枣北构造位于孔店潜山构造带东北侧，是一个向西南、西北倾伏，走向北东的大型断鼻，面积约100平方千米。整体构造受枣26井、自来屯、孔西三条北东向大断层控制，形成三排反向断鼻群。1995年初利用二维资料重新解释，进一步落实了枣32井西、枣35井两个断鼻、背斜构造，经综合分析，认为具有良好的含油性。1995年共钻探井4口，完钻交井1口——枣35井；正钻井3口，进尺5336米；获高产工业油流井1口：枣35井。枣35井背斜夹持在孔西断层与李天木断层之间，沙三段火成岩顶界为北西走向的不完整背斜构造，圈闭面积11.4平方千米。1995年在构造西部高点部署的预探井枣35井，采用平衡钻井技术钻至沙三段火成岩1562.03米发生井涌，5分钟喷出原油7立方米，录井见到油浸显示1层34米，油斑显示2层30米，并出现气测异常，全烃含量达99.9%，从而发现了沙三段玄武岩含油目的层。电测解释油层1层27.1米，可能油气层2层17.7米，主要裂缝带1层3.6米，次要裂缝带1层3.4米。油层具有高孔、高渗的特点，测井孔隙度达28.7%，渗透率500—1000×10^{-3}平方微米。对1470.18—1545.95米玄武岩采取原钻机试油，纳威泵求产，19毫米油嘴日产原油158.5吨，累计测试出油88.02立方米，属埋藏浅、高丰度、高产、中差原油性质的玄武岩油藏。预测有利含油面积7.6平方千米，预测储量达1000万吨。

3. 赵东合作区勘探——发现新的含油断块

1995年在赵东C—2井北侧及西侧分别钻探两口评价井C—2—2、C—3井，其中在C—2井北侧钻探的C—2—2井，由于位置偏低而未见油层，但基本明确了明化镇组油藏的油水界面。C—2井西高点部署实施的C—3井，在明化镇组划分油层有效厚度33.2米，馆陶组划分有效厚度2层4.2米，沙一段划分有效厚度1层6.6米。明化镇、馆陶组、沙二段试油6次均获工业油流，日产量在145.9—226.5吨之间，进一步展示该区是一个多含油目的层的复合聚油区。赵东D区探井D—1井在石炭二叠系地层中发现巨厚的煤系地层(1973—2554米)厚达581米，井底揭示奥陶系灰岩107米，砂岩风化壳及灰岩内部裂隙均被次生方解石充填而未见油气显示。试油除在上第三系明化镇、馆陶组获工业油流，并于二叠系上部厚层砂砾岩1785—1794.5米试油见油花，初步证实赵东潜山已有油气进入，是较有希望的潜在含油目的层。1995年赵东地区新增探明石油地质储量487万吨，控制石油地质储量1457万吨。成为海上较理想的勘探开发区块。

【勘探工程管理】 1995年，勘探工作以经济效益为中心，强化了勘探工程管理这一核心环节，采取了一系列措施，收到了良好的效果。

(1)注重地质论证，优选钻探目标，优化勘探部署，力争做到少井多储量，少井高效益；同时根据勘探形势及钻探情况及时进行部署调整。

(2)强化项目管理，将勘探任务、工作量、投资及效益指标分解到各项目组，赋予井位初审权、现场监督管理权、资金结算审查权，同时将地质研究院、物探研究所的地区组作项目技术支撑单位，实行课题、井位、储量承包合同制。

(3)加大改革力度，对部分探井工程项目进行公开招标，加强合同管理，约束双方行为；加强生产管理，积极组织协调，进行现场监督，及时发现问题，及时处理，提高施工质量和速度。

(4)依靠科技进步，应用新理论、新技术、新工艺取得较好成果。1995年，在红湖、张东、赵东、新村、塘沽等地区开展油藏描述及储层评价，同时利用自然伽玛能谱、地层倾角测井、长源距声波测井、地化录井、探边测试等新技术，提高对特殊岩性及油层的识别能力和对探井的综合评价能力。对新疆尤尔都斯风险勘探项目，利用大地电磁岩性探矿技术，进行了盆地早期评价的新尝试，收到了较好的效果。

【其他】 1995年赵东合作区勘探，C—3井、D—1井上第三系获高产工业油流，新增探明石油地质储量487万吨，含油面积0.7平方千米，新增控制含油面积9.4平方千米，石油地质储量1457万吨；塘沽—长芦地区塘32、塘38—2、塘39—2井试油获工业油流，探明石油地质储量432万吨，含油面积4.4平方千米，并被总公司评为1995年全国油气勘探的两个重要发现。

(董树政)

大港探区陆地油气勘探

【中北区油气勘探】 1995年中北区主要在新村、炮台、北大港北翼、大中旺等地区进行预探，在板桥—大张坨、南大港、羊二庄等地区进行评价。

(1)预探新村构造，塘40井获工业油流，展示北塘凹陷良好的勘探前景。新村构造是1994年初通过塘沽三维与蔡家堡二维测线拼接解释发现的一个沙河街组沉积时期形成的东南倾中型完整断鼻。它位于北塘凹陷西端，为茶淀—新河村构造向东南的延伸部分，面积50平方千米。北北东走向的两条主要断层塘14井东断层及塘42井东断层把构造切割成两部分，形成东西两排高点。1995年在新村地区完成三维野外采集35.10平方千米，钻探井4口，完钻2口——塘40、塘42—1，正钻井2口——塘40—1、塘42—3，进尺13762米。位于新村构造东侧高点北断块的塘40井，录井于沙三^{3}段见19层46.5米油气显示，电测解释油层7层18.7米，油水同层3层5.1米。试油射开沙三^{3}段3556.0—3597.9米，油层6层14.9米，测液面1419米，求产后，折日产油34.4吨，首次在北塘凹陷区(除塘沽构造以外)获工业油流，新增控制石油地质储量239万吨，预测石油地质储量930万吨。

(2)评价塘沽地区，发现塘沽东有利含油区块。塘沽构造为一个基岩潜山型的继承性断鼻，主要目的层沙三^2、沙三^3、沙三^{4}段。1995年塘沽三维与塘沽东三维进行连片处理、解释，发现了位于塘1井断层与海河断层之间的塘沽东鼻状构造，面积20平方千米。它属塘沽构造的围斜区，被北东东向的次级断层切割形成多个北东倾的断块构造。1995年该区完钻探井3口——塘32井、38—2井、39—2井，进尺11846米，试油均获工业油气流。塘32井位于塘沽东构造南断块，电测解释油层2层11.1米，可能油气层5层15.2米。试油射开沙三^{3}段3411.40—3435.90米油层及可能油气层3层14.6米，平均液面995.0米，折日产油43.8吨，后6毫米油嘴自喷，日产油15.8吨，天然气882立方米。位于塘32井北断块的塘38—2井射开沙三^{3}段3091.9—3904.8米干层、油层、可能油气层2层6.7米，测液面1544米，折日产油15.6吨，不含水。构造西翼腰部的塘39—2井，沙三^{3}段电测解释油层5层12.4米，沙三^{4}段解释可能油气层4层28.6米。试油射开沙三^{4}段凝灰岩3549.1—3568.0米可能油气层2层18.5米，射流泵求产3.94毫米油嘴日产油7.07吨。沙三^{3}段2915.1—2927.4米油层2层4.5米，8毫米油嘴自喷，日产油61.2吨，水5.0立方米。塘32井今年新增探明储量193万吨，塘39—2井新增探明储量239万吨。塘东地区预测资源量为968万吨，总资源量为1177万吨，为整装含油区块。

(3)大张坨—板桥地区天然气评价钻探取得新进展。大张坨构造位于板桥构造带西南侧，大张坨断层下降盘，为一大型断鼻构造，整体形态北倾，面积20平方千米。自板59、板深2井在构造主体部位发现沙一下(板2、滨Ⅰ)、沙二段滨Ⅱ油层，试油获高产油气流之后，1994年底在板深2井南断块钻探了板深2—1井，该井在沙二段滨Ⅲ油组电测解释油层1层5.2米。1995年1月射开3409.4—3414.4米，油层1层5.0米，5毫米油嘴自喷，日产凝析油11.7吨、天然气25421立方米、水17.2立方米，获得高产气流，使构造主体区的北、中、南三个断块均有高产井控制。在构造北侧翼部完钻的板深2—3井电测解释油层1层6.3米，可能油气层2层14.9米。试油射开沙三段3568.6—3547.9米，油层1层6.3米，5毫米油嘴，日产凝析油26.1吨、天然气18116立方米，从而扩大了大张坨气田的含油气范围，1995年新增探明天然气储量2.51亿立方米。板中断块板深38井区高部位部署的开发评价井板深38—1，在板2油组电测解释可能油气层1层1.3米，试油射开3101.67—3113.47米，5毫米油嘴自喷，日产凝析油15.9吨、天然气51529立方米、水2.9立方米，新增天然气储量2.90亿立方米。

(4)南大港老区滚动评价效果显著。南大港构造带的勘探工作起步较早，已发现高尘头油田和王徐庄油田，在中东段发现了一些含油构造，但由于构造带北侧为歧北凹陷斜坡带，南靠歧南凹陷，使构造带形态窄而长，另外深浅层圈闭面积小，幅度低、储量小，致使油气富集程度远比不上板桥、北大港构造带，开展大规模勘探，效益不明显。1995年对本区的三维地震进行连片处理，精细解释，综合研究，优选区块进行滚动评价工作，在西、中、东三组圈闭群中部署评价井5口——歧133—1、歧134—1、歧135—1、歧136、歧137，并对歧132井进行试油和试采，4口井获工业油流。由于油层埋藏浅(1200—3200米)，且产量较高(10—40

吨),是油田开发建设产能的重点区块。

【南区油气勘探】 1995年南区在枣北、军马站、捷地地区共完成探井4口,获工业油气流井1口。枣35井沙三段火成岩获高产油流后,研究认为枣北复式地堑带成藏条件优越,具有沙三段、孔一段、孔三段多套含油组合,且储层发育。位于北侧的枣6—12井沙三段火成岩已获工业油流,枣8—11井沙三段火成岩套畅自喷,日产油42.7吨。位于低部位的枣6—12井重新复查,于沙三段解释火成岩油层4层16.6米。试油,平均液面1171米,日产油1.67吨,酸化施工后,油套畅日产油30.3吨,南侧的枣31井孔二段试油获工业油流,充分说明枣北地区是多套层系含油的复式油气聚集带。

(董树政)

黄骅坳陷滩海油气勘探

【自营区油气勘探】 1995年加大滩海勘探的力度,在自营区范围内投入了较大的工作量。

在张东地区下降盘钻预探井张海6井,在上升盘针对沙一段钻探张参1—4井,为深入认识张东地区油气富集规律、开展油藏描述及申报各级储量打下了基础。在白、唐、马滩海区,钻探白10—3、白20—4、港深44—1等井,在主要目的层段中电测均见到油气显示,目前正处于试油中。在歧东地区完成了120平方千米三维地震资料处理、解释,落实了六个圈闭构造;在白东地区完成了1000千米的二维地震资料处理解释工作,落实明化镇组、陶馆组和东营组的构造形态,为下步勘探创造了条件。

【合作区勘探】 1995年合作区勘探集中在新港合作区和赵东合作区,新港合作区共完成二维地震野外采集80千米,三维地震野外采集56.6平方千米,完钻探井1口——港海2—1井,完钻井深4140米。港海2—1井位于海河断层下降盘,未钻至主要目的层而地质报废。赵东合作区共完钻探井3口,2口获工业油气流,新增探明石油地质储量487万吨,含油面积0.7平方千米,新增控制石油地质储量9.4平方千米,控制石油地质储量1457万吨。

(董树政)

新疆尤尔都斯盆地油气勘探

【概述】 尤尔都斯盆地是大港油田在总公司风险招标中中标的新探区。招标之前,仅做过1:100万重力普查及1:20万磁力普查。该区位于天山西段,介于中天山和南天山之间,为一呈近东西向的山间中新生代沉积盆地,凹陷面积7600平方千米。由于尤尔都斯为高原高寒气候,每年施工期很短(5—10月),在管理上,采用“四边、三结合”工作法(边采集、边处理、边分析、边部署及地球物理勘探与野外地质调查相结合、盆地周缘研究与盆地内部研究相结合、陆壳盆地与山间盆地分析相结合)开展了新盆地的勘探工作。

1995年用100天的时间完成了对野外露头实测丈量,共8条6579.1米,完成观测剖面7条,完成1:20万重力11600平方千米,1:10万、1:20万航磁8490.3平方千米,遥感解释20000平方千米,大地岩性探测点75个,部9条261千米的二维地震,发现了中央背斜带的巴音1—5号圈闭,总面积1000平方千米。该区主要目的层为侏罗系(厚度2000—3000米),主要生油层为下侏罗系的八道湾组、三工河—西山窑组。用氯仿沥青“A”法初步计算资源量4.97亿吨,是下步盆地评价的重点地区。

(董树政)

第四篇

油气田开发

油气开采

【概述】 1995年,大港油田已有16个油气田、24个开发区投入开发,动用含油面积327.5平方千米,石油地质储量48899万吨(其中含凝析油695.5万吨),可采储量14001.2万吨(其中含凝析油278.2万吨),注水储量35533万吨,水驱储量28647万吨;动用天然气储量652.41亿立方米,天然气可采储量256.38亿立方米。共投产油气水井2931口,其中采油井2137口(含采气井42口)、注水井794口,注采井数比1:2.69。

1995年,油气井开井1697口(含产气井开井20口),日产油水平11333吨,油田综合含水83.98%,年产油430.0043万吨,累计产油8915.27万吨,地质储量采油速度0.88%,采出程度18.23%,可采储量采油速度3.07%,采出程度63.68%,剩余可采储量采油速度7.80%;共有纯气井43口,加之供气区伴生气,天然气日产水平167.85万立方米,年累计产气3.8163亿立方米,总累计产气127.1455亿立方米,累计外输天然气83.2258亿立方米,天然气采气速度1.05%,采出程度37.77%;注水井开井584口,总日注水平66165立方米,月注采比0.73,年注水2142.3327万立方米,累计注水29304.8298万立方米,累计注采比0.71。

(董树政)

【不同类型油气藏开采情况】

1. 油藏分类情况

油田各开发区按油藏地质条件、油藏特征共划分为六种油藏类型。即中高渗透层注水砂岩油藏、裂缝性碳酸盐岩油藏、低渗透油藏,复杂断块油藏,天然能量开发油藏和特殊类型油藏。

2. 油田开发水平分级

对六种类型油藏中的21个开发区根据开发水平共分为三个级别:1类开发水平、2类开发水平、3类开发水平。

(王希朝)

【滚动勘探开发】

1. 工作部署

1995年对羊二庄油田外围、南大港、王官屯油田西部等区带进行前期物探地质综合研究评价工作,计划钻滚动探井6口、进尺1.8万米,增加石油地质储量300万吨。

2. 实施情况

1995年共进行三维地震资料野外采储32.06平方千米,重新处理273平方千米,综合解释298平方千米,钻滚动探井6口、进尺1.7558万米。

3. 效果

1995年滚动勘探新增含油面积4.6平方千米,新增天然气地质储量9.21亿立方米,新增凝析油26.8万吨。

【区块控水稳油治理工作】

1. 工作部署

1995年计划在18个区块开展控水稳油综合治理工作,方案设计措施工作量214井次,动态监测工作量234井次,计划年增油6.80万吨。

2. 实施情况

1995年18个控水稳油综合治理区块实施措施工作量348井次,监测工作量217井次。

3. 效果

1995年18个控水稳油综合治理区块有12个区块见到明显效果,全年累计增油6.8921万吨。

【三次采油】 1995年1月16日,大张坨凝析油气藏开始循环注气开发,实施2注2采循环注气开发方案,方案设计注采比0.80,当年注采比0.78。

1995年10月,在港西四区进行了微生物驱实验。

(蔡明俊)

【油气井动态管理】

1. 动态监测

1995年油水井试井共完成1318口/2623井次,各种试井计划完成情况如下:

(1)采油井测压:1995年计划测压700口,实际完成998口/2253井次,完成年计划的141.1%,测压井数占常开井数的58.2%,比1994年提高了0.6%。其中,固定井点测压年计划300口,实际完成379口/967井次,完成年计划的126.3%。

(2)注水井测压:年计划200口,实际完成320/370井次,完成年计划的160%,比1994年提高了18.5%,测压井数占常开注水井数的54.8%。

2. 生产测井

1995年生产测井共完成530口/528井次,各种测井计划完成情况如下:

(1)产液剖面:年计划完成 77 口,实际完成 69 口/72 井次,完成年计划的 89.6%,测压井数占常开油井数的 0.4%。其中,自喷井年计划测井 2 口,完成 8 口/8井次,完成年计划的 400%;机械采油井年计划 75 口,完成 61 口/64 井次,完成年计划的 81.3%,其中,环空测井年计划 30 口,完成 10 口/10 井次,完成年计划的 33.3%。

(2)注水剖面测井:年计划 300 口,完成 329 口/331 井次,完成年计划的 109.7%,测压井数占常开井数的 56.3%。

(3)工程测井:年计划 50 口,完成 41 口/43 井次,完成年计划的 82%,测压井数占常开井数的2.19%。

(4)碳氧比测井:年计划 35 口,完成 24 口/24 井次,完成年计划的 68.6%,测压井数占常开井数的 1.41%。

(5)电缆地层测井:年计划 10 口,完成 38 口/38 井次,完成年计划的 380%。

(6)井间监测:年计划 11 口,完成 29 口/20 井次,完成年计划的 182%。

(王希朝)

【举升工艺】 截至 1995 年底,大港油田共有采油井 2137 口。其中自喷井 116 口,机械采油井 2021 口。机械采油井占总井数的 94.57%,机械采油井年产量 384.46 万吨,占总产量的 91.58%。机械采油井的举升工艺方案主要有:电泵采油工艺、空心杆电加热采油工艺、空心杆热载体循环加热采油工艺、螺杆泵采油工艺、玻璃钢杆采油工艺。这几种举升工艺方式基本上满足了油田对高凝、高粘、深斜井采油的需要。

1995 年,油田共有空心杆热载体循环采油工艺井 91 口,较 1994 年减少了 41 口。由于含水上升和地面掺水系统的原因,使该工艺应用范围逐渐缩小。但在双高油田的开发初期,含水率较低的情况下,该项工艺发挥了较好的作用。目前该工艺单井日产液 7.5 吨,日产油 7.0 吨,纯抽泵效 16.3%,检泵周期 333 天。使用空心杆电加热采油工艺的 91 口井,平均单井日产油 8.0 吨,单井日产液 11.8 吨,纯抽泵效 35%,检泵周期 186 天;该项工艺是大港油田解决双高原油开采的主要举升方式,已在产能建设采油工艺方案中配套使用。1995 年 10 月板 838 井转注,目前有板新 836、板 9 和板深 56 三口玻璃钢杆采油井,平均单井日产液 31.9 吨,平均单井日产油 4.52 吨,纯抽泵效 65.1%,检泵周期 695 天。由于该类采油工艺的采油井调掺难度大,选井困难,所以始终没有推广使用。1995 年采用螺杆泵举升工艺的有 10 口井,平均单井日产油 6.04 吨,日产液 8 吨,该项工艺主要用于解决高粘及出砂井的举升问题,但由于其扬程和排量的限制,不能推广应用。由于提液的需要,1995 年电泵井数由 1994 年的 238 口增加到 318 口,平均单井日产油 12.9 吨,日产液 75.45 吨,检泵周期 394 天,泵效 96.7%,年产液量 815.1 万立方米,年产油量 139.7 万吨,占全年产油量的 33.26%。

(1)1995 年成立了采油工程计算机协会。本着为油田开发生产服务,推广先进的应用软件,培养计算机应用技术人才为宗旨,当年为采油工程专业配套应用软件 210 套;举办计算机学习班 5 期,共培训人员 210 人次。

(2)1995 年对来自 9 个生产厂家的 15 台抽油机节能控制柜进行了现场和室内的对比试验,测取数据 3000 多个,从质量、价格、服务和可维护性几个方面综合考虑,优选出了质优价廉的生产厂家。

(3)1995 年 5 至 6 月对低泵效井进行了大调查工作,统计结果表明,泵效小于 30%的有 306 口井,占全油田有杆泵井开井数的 22.4%,其主要原因有供液不足(122 口井),工作制度不合理(94 口井),油层低能低渗(38 口井),地层出砂(19 口井)。该项调查基本摸清了低泵效的原因和现状,为下一步工作奠定了基础。

【采气工艺】 1995 年天然气累计产量为 3.8163 亿立方米,其中工业气井气为 1.1507 亿立方米,工业油井气 2.6656 亿立方米。有天然气井 45 口,主要分布在板桥油田和唐家河油田,天然气出水井数为 24 口。1995 年新投产天然气井 4 口,年累计产气 0.2121 亿立方米;天然气井措施 8 井次,年累计增产 0.27803 亿立方米。

1995 年 1 月 16 日,大张坨人工岛凝析气田循环注气工程正式开始投产注气。从 1993 年 12 月国外定货,至 1994 年 12 月全系统建成,缩短建设期一年。大张坨凝析气田循环注气开采获得成功,开创了我国凝析气田循环注气开采的先例,对我国此类凝析气田的开采起到借鉴作用。坨注 1 井和坨注 2 井为注气井,板 52 井和板 53 井为采气井,实施了“两注两采”的循环注气开采方案,在工艺上采用了射孔、试油、试采、注气一次完成的管柱结构,并能够满足生产测试和试井的需要。1995 年注气量 6740 万立方米,产出井流物 8868 万立方米。

【注水工艺】 1995 年油田共有注水泵站 58 座,日注水能力 11.53 万立方米;有配水间 257 座,有注水泵 259 台,总功率 56630 千瓦;有精细过滤水处理站 9 座,精细过滤器 40 台套,设计总能力2.1万立方米/日,处理水质均为清水。共有分注井224口,占分注井数的28.2%,分注总层数517层;其中一级两段156口312层;两级三段67口井201层,三级四段1口井4层。

(1)枣大站污水处理站投产,日处理能力6000立方米。塘一注水站投产,日注能力300立方米。

(2)在塘一注、枣五注注水罐内进行了注水罐隔氧试验,可使含氧量保持在0.1毫克/升以下。

(3)枣园油田枣五注水站,进行注水泵变频调速自动控制系统试验,降低了能耗及人工劳动强度,简化了工艺流程,使整个系统更加合理。

(4)为解决注水站内系统管线振动问题,与南京晨光机械厂合作,在枣四注水站进行了注水泵出口软连接防震试验,取得较好的效果,使原来经常外漏的现象大有改观,提高了时率。目前已在采油三厂全面推广。

(5)1995年对31座注水站的七项水质指标进行了化验分析:其中,清水悬浮物粒度中值、清水含油量、污水溶解氧含量三项指标的合格率为100%。

【油气集输】 1995年油田共有联合站16座,接转站35座,计量站282座,担负着全年500万吨地产原油和3007万吨地产液量的集输、脱水、计量和外输的任务。脱水站共有14座,一次沉降能力达到每天6.3万吨的能力,电化学脱水为0.92万吨/日的能力。含油污水处理站15座,总处理能力9.96万立方米。

(1)1995年系统调整改造共投资1.425亿元,立项35项,当年竣工33项,其中投资超过1000万元的有5项,它们是:

1)西二联扩建,投资1151.0万元,扩建污水处理规模1万立方米/日,完善消防系统、辅助设施配套及除砂系统。

2)官一联改造,投资3206.0万元,完成1.2万立方米/日的污水处理站、输油系统土建、仪表、消防供电施工、原油稳定系统及轻烃回收系统设计。

3)枣大站改造,投资2997.0万元,完成掺水泵房,脱水操作间,辅助厂房2002平方米,快装加热炉5台,直径3×12分离缓冲罐2台,掺水系统等项目。

4)板深51区续建,投资1140万元,完成注水井5口,配水间2座,500立方米/日注水站1座,水管线及道路建设。

5)压气站技术改造,投资1350.0万元,安装设备、新建化验室、站内消防路、装油及液化气停车场。

(2)分别对10个点的原油外输泵口、电脱水出口进行了原油含氯和化学药剂含氯的抽样化验分析;含氯量最高为枣园联合站4号外输泵口样品,其值为0.0319%;含氯量最低为西一联二号泵入口样品,其值为0.0049%。

(3)产能建设配套,新建计量站14座(第一采油作业区6座,采油二厂2座,采油三厂3座,采油四厂1座,滩海采油作业区2座),新建拉油点4座(采油二厂3座,采油四厂1座),新建计量接转站1座(采油二厂歧二站)。

(马建林)

【井下作业】 1995年井下作业工作以优化措施结构、实现三个转换为中心,实现了年措施增产41万吨的工作目标。即:“有一般性措施向进攻性措施转移;有单项措施向综合配套措施转移;有单井措施向整体区块转移”。全年完成井下作业工作量3976井次,其中:油井3548井次,水井428井次。优质井率96.3%,施工一次合格率98.6%。老井措施工作量1078井次,年累计增产油量53.72万吨,占当年原油产量的12.4%,年累计增注60.33万立方米,措施有效率86.1%,措施平均有效期186天。

1995年一季度,大港油田开放井下作业市场,引入竞争机制,经过公开招标,有54口大修井分别被胜利、中原等油田的大修队伍中标,通过近半年的施工,有42口井相继投入正常生产,形成生产能力300吨/日,累计增油2.01万吨。

1995年7月,油田根据井下作业市场的需要,抽调各有关单位的35名业务骨干,在华北油田按照中国石油天然气总公司的《井下作业监督》培训教材进行了井下作业监督培训,经过一个月的学习培训与考核,获管理局颁发的局级井下作业监督资格证书。

为使长期不能发挥效益的长停井、报废井、疑难大修井(全称“三类井”)得以修复利用,油田制定了相应的修复激励政策,并拿出900万元用以补贴对“三类井”修复,至10月底就修复“三类井”23口,累计增油3.75万吨。

1. 压裂工艺

(1)在马西深层、长芦、官997、官39等区块上,开展了区块整体优化压裂设计,采取相对集中施工的方式进行整体区块压裂改造,共压裂施工15井次,累计增油2.2万吨。

(2)继续推广应用有机硼压裂液、高温压裂液和自生热压裂液。

(3)推广应用水平压裂增注工艺技术8井次,累计增注3.1万立方米。

2. 酸化工艺

(1)先后在港深31、歧40井、歧111井、枣1224—2

井、塘 39—2 井上推广应用热酸酸化施工工艺。

(2)推广磁化酸化工艺技术 21 井次。

(3)推广应用低伤害酸酸化工艺技术 10 井次。

3. 大修工艺

(1)在港深 27 井首次进行套管补接新工艺实验,并获得成功。

(2)在港 2—62、港 20—4、港深 8—4、港深 6—4、港4—64井上应用取套工艺,其中港 2—62 井和港 4—64 井是在无技术套管的情况下进行取换套工艺施工,最深换套位置达 500 米。

(3)在定向斜井的港 5023 井应用套管内侧钻工艺技术并获得成功,开窗深度 2562 米,裸眼钻深至 2740 米,下入外径 102 毫米、内通径为 90.1 毫米的尾管。

(4)首次在油层套管内通径为 124.26 毫米的枣1286—4 井上应用套管内侧钻定向井工艺技术,并获得成功,开窗深度为 1790 米,裸眼钻深至 2080 米,井底总方位为 14.3 度,下入外径 102 毫米、内通径为 90.1 毫米的尾管。

(李富友)

【资源投入产出分析】 1995 年新区以动用港西开发区港 194、港 195 地区,张巨河为主,新动用地质储量 451 万吨;老区调整以港东二区,港西一区、二区、三区、五区,南中段歧 50—55 地区,王官屯油田官 3、官 39、官 36、官 104 断块为主。当年新老区合计增加可采储量 158 万吨,全年油田采油 430 万吨,投入产出比 0.37:1。

1995 年新动用天然气地质储量 11.47 亿立方米,共增加天然气可采储量 4.07 亿立方米,当年生产天然气 3.8163 亿立方米,天然气的投入产出比 1.07:1。

【分油田开发状况】

1. 港西油田

截至 1995 年 12 月底,港西油田动用含油面积 29.2 平方千米,动用地质储量 6830 万吨,共有油井 349 口,日产液 11919 立方米,日产油 1574 吨,综合含水 86.7%,年产油 57.45 万吨,累计产油 1485.93 万吨,地质储量采出程度 22.85%;共有注水井 140 口,开井 122 口,日注水平 18713 立方米,月注采出 1.04,累计注采比 1.02。

港西开发区 1995 年新区有港 194、港 195 地区、房 24、房 25 等断块投入开发,新增含油面积 3.8 平方千米,新增动用地质储量 327 万吨。对老区进行了进一步加密调整,共钻新井 37 口,建成生产能力 5.7 万吨。

港西开发区 1995 年加强了油田注水工作,其年平均日注水量由 1994 年的 13696 立方米提高到 18713 立方米,稳定了油田压力,增强了稳产基础。

1995 年 10 月在港西四区进行了微生物驱实验。

2. 王徐庄油田

截至 1995 年 12 月底,王徐庄油田动用含油面积 21.8 平方千米,动用地质储量 1950 万吨,共有油井 59 口,开井 46 口,日产液量 2152 立方米,日产油 571 吨,地质储量采油速度 1.01%,年产油 19.79 万吨,累计产油 482.73 万吨,地质储量采油速度 24.76%;共有注水井 25 口,开井 18 口,日注水 1626 立方米,月注采比 0.97,累计注采比 0.79。

1995 年,王徐庄油田对南中段歧 50、歧 55、歧 124、歧 119 进行了调整,钻井 12 口,建成生产能力 3.136万吨。

1995 年,王徐庄油田开展了 1 口井的聚合物延缓胶联深部调剖试验。

3. 枣园油田

截至 1995 年 12 月底,枣园油田动用含油面积 16.4 平方千米,动用地质储量 5303 万吨,共有油井 267 口,开井 184 口,日产液 3338 立方米,日产油 1364 吨,综合含水 59.1%,地质储量采油速度 0.94%,年产油 49.77 万吨,累计产油 418.74 万吨,地质储量采出程度 7.9%;共有注水井 138 口,开井 95 口,日注水 7285 立方米,日注采比 1.55,累计注采比 1.30。

1995 年勘探发现枣 35 玄武岩双孔介质高产油藏。

1995 年枣 1281 断块进一步加密调整,共钻新井 10 口,建成生产能力 1.568 万吨。

1995 年枣园油田进一步加强有效注水工作,通过投转注,注水井补层、酸化、防膨、压裂增注及分注调剖等工作,油田主要开发指标好于 1994 年,按中国石油天然气总公司油藏开发水平分级的分类方法,其主力开发区风化店开发区由 1994 年的 2 类开发油藏升级为 1 类开发油藏。

4. 王官屯油田

截至 1995 年 12 月底,王官屯油田动用含油面积 41.7 平方千米,动用地质储量 7277 万吨,共有油井 315 口,开井 258 口,日产液量 7396 立方米,日产油量 2188 吨,综合含水 64.95%,地质储量采油速度 1.15%,年产油 83.9 万吨,累计产油 664.83 万吨,地质储量采出速度 9.14%;有注水井 129 口,开井 93 口,日注水 9228 立方米,月注采比 0.92,累计注采比 0.79。

1995 年官 104 断块自然递减加大,进入递减阶段。

5. 板桥油田

截至1995年12月底，板桥油田动用含油气面积60.7平方千米，动用原油地质储量3008万吨，凝析油地质储量679万吨，天然气地质储量197.01万吨，共有油气井142口，开井79口，日产液1636立方米，日产油678吨，日产气77.27立方米，地质储量采油速度0.70%；年产油25.86万吨，年产气29232万立方米，累计产油447.55万吨，地质储量采出程度12.14%；共有注水井38口，开井29口，日注水2336立方米，月注采比0.83，累计注采比0.40。

1995年大张坨凝析油气藏投入循环注气开发，转注气井2口，实行二注二采开发方案，方案注采比0.8，当年注采比0.78。

1995年对板中19—1，板北831块进行加密调整，钻新井7口，建成生产能力2.852万吨。

6. 张巨河油田

1995年成立滩海开发作业区，将新投入开发的张北断块及其他老井划归滩海作业区管理。

截至1995年12月底，张巨河油田动用含油面积1.2平方千米，动用地质储量74万吨，共有油井9口，开井4口，日产液量89立方米，日产油59吨，地质储量采油速度2.17%，年产量1.6万吨，钻井2口，建成生产能力1.12万吨。

（蔡明俊）

【产能建设】

1. 方案部署与投资

1995年产能建设方案部署动用地质储量487万吨，钻井182口，总进尺41.3178万米，新老区产能建设比例0.11:1，建成天然气生产能力0.30亿立方米。

2. 方案实施情况及效果

1995年产能建设新动用地质储量451万吨，动用天然气地质储量11.4亿立方米，钻新井184口，总进尺39.3383万米，建成原油生产能力39.434万吨，建成天然气生产能力0.30亿立方米，新老区产能建设比例0.11:1。

大张坨凝析油气藏投入循环注气开发，共开井2口，建成生产能力3.0万吨。

张巨河北断块投入开发，共投产5口井，建生产能力1.12万吨。王徐庄油田南中段歧50、歧55地区投入开发，共钻井6口，建成生产能力2.296万吨。

（王希朝）

油田地面建设

【产能建设工程】 1995年，油田地面建设工程与地质开发方案和采油工艺方案密切结合，认真分析油田建设现状，突出老油田已建地面设施能力，减少地面建设工程量，降低投资。距老油田系统较近的断块，只建设相应的单井井口和单井管线，直接进入附近的计量站汇入系统。由于老油田骨干工程已形成，在能力上可以保证原油集输，而且老系统的任何改造都会增加投资，因此，在集输流程上，仍延用油田原有的集输流程。如板桥油田的单管加热、高低压分输密闭集输工艺流程；羊二庄油田的单管加热集输流程；白水头等油品性质较好的地区则采用单管不加热集输流程、不加热通球集输流程；北大港一些高含水油田的单管常温集输流程或双管掺常温水集输流程；南部分散的高凝、高粘油田采用的双管掺热活性水集输流程。

1995年，油田进行了一定规模的产能建设，全局共布井191口，其中，采油井133口，注水井58口，新建产能39.434万吨/年。其中新区布井31口，新建产能5.912万吨/年，最大的开发区块是大张坨，布井4口，2采2注，新建年产能力3.00万吨。大张坨属凝析油气田，采用了循环注气工艺开采，在多方案论证、优化和市场调查的基础上，确定了2采2注，注采比0.8，采出井流物40万立方米/天，回收凝析气中的C_3^+组分，回注C_1，C_2干气的方案。

1995年推荐实施方案为3采2注，注气7年，开采15年，注采比0.75。板52、板53是生产井，板57作为观察井，坨注1与坨注2为注气井，全部设在河道内。为该工程需要修建了一座长260米，宽75米，黄海高程5.3米的人工岛。从板52、板53井采出的井流物首先加热，节流降压至60兆帕去活动单井计量站计量后，经过一条直径159×6保温管线输到板三站进行气液分离和气体脱水，使气体露点达到集输要求，再输到气体处理厂集中进行轻烃回收，处理后的干气(C_1，C_2)通过一条低压直径325毫米气管线输到大张坨人工岛上的注气站，增压后注入坨注1井和坨注2

井。为此，新建观察井口 1 套，生产井口 2 套，产气能力 40 万立方米/天，注气井口 2 套，注气站 1 座，注气能力 32 万立方米/天，三甘醇脱水装置 1 座，处理能力 35 万立方米/天，，活动单井计量站 1 座，管线阴极保护站 2 座，油气集输管线 31 千米，高压注气管线 5.4 千米，燃料气管线 7.7 千米。

除大张坨产能开发区块外，其他产能建设区块大都能依托于老油田骨干工程进行建设，地面建设工程量较少，主要为单井井口、计配站、配电变压器、集输管道、供配注管道、供配电线路、进站路、单井路等。投资较少，绝大部分区块的产能建设可行性研究与评估结果表明，主要技术经济指标好于总公司规定的基准参数，经济效益较好。

【系统及技术改造工程】 油田系统技术改造工作以节能降耗为中心，以提高油田地面建设系统运行效率，从而提高油田开发整体经济效益为目的，针对老系统年代久远、设备陈旧、故障频繁、安全性差等进行改造，确保油田生产顺利进行。老油田系统骨干工程是油田原油集输与处理的核心部分，对油田生产起着重要作用。

(1)滨海站至炼油厂输油管线更换。原直径 159×5 输油管线地处花园路中间，已运行十多年，腐蚀严重、穿孔漏油，影响正常输油；随炼油厂技改工程的实施，原油处理能力增加，该管线输油能力已无法满足生产的需要。因此，将滨海站至炼油厂输油管线更换为直径 273×8 管线，保证输油畅通。

(2)对西二联实施改造，同年 10 月投产。由于站内原有污水处理装置低效、老化，能力不能满足生产需要，1995 年建设了规模 10000 立方米/日的压力式污水处理装置。原油处理系统配套除砂装置、消防系统得到进一步完善，使改造后站内各系统高效平稳运行。

(3)对羊三木联合站实施改造，当年投产。针对原油处理系统存在的问题，对工艺流程进行调整，对原流程中的加药、脱气、加热、分离等环节进行了调整改造，站内遗留问题给予了解决处理。

（曲昌萍　袁满仓）

第五篇

油　气
加工与销售

原油加工

【概述】 1995年,大港油田原油加工能力为100万吨/年,主要生产车用汽油、轻柴油、润滑油、民用液化气、燃料油、溶剂油等7大系列29种产品。年加工原油100.6万吨,生产汽油16.7万吨、柴油29.7万吨、润滑油2.3万吨、液化气2.6万吨、沥青4.6万吨。

【产品及质量】 1995年,大港油田生产石油产品92.5万吨,主要产品有:

(1)石油燃料类产品65.3万吨,比1994年增加3.1万吨,占石油产品总量的70.6%。

1)汽油16.7万吨。其中:70号车用汽油15.3万吨、90号车用无铅汽油1.1万吨、93号车用无铅汽油2663吨。

2)柴油29.7万吨。其中:0号轻柴油20.3万吨、-10号轻柴油9万吨、-20号轻柴油4000吨。

3)燃料油18.9万吨。其中:商品燃料油16万吨、自用燃料油2.9万吨。

(2)润滑油类产品2.3万吨。

其中:压缩机用油2137吨、内燃机用油258吨、电气绝缘用油3800吨、汽轮机用油62吨、其他润滑油1.7万吨。

(3)溶剂油类产品2.3万吨。

(4)沥青类产品4.6万吨。

其中:道路沥青3.4万吨、建筑沥青9746吨、专用沥青1827吨(防腐沥青)。

(5)外供原料油18.3万吨。

其中:抽出油1.4万吨、裂化原料油13.3万吨、脱蜡机油料1.5万吨、其他商品原料油1.9万吨。

(6)生产商品液化气2.6万吨,自用干气9710吨。馏出口合格率达99.36%,比1994年同期提高0.22%;产品出厂合格率100%;天津市质检53站对油田45号变压器油、L-DAB150空气压缩机油抽查,合格率100%;国家质检中心抽查重质燃料油,合格率100%。

【经济效益】 1995年,大港油田原油加工完成工业总产值4.4亿元(按1990年不变价计算),实现销售收入13.1亿元,创内部利润1.32亿元;综合商品率达到91.9%。

(刘洪庆)

原油、成品油销售

【概述】 1995年,大港油田原油与成品油销售,除在油田直接销售外,还在外地设立了成品销售点,有天津开发区港发公司、北京公司、山西公司、盐山公司、江阴公司。

【成品油销售】

(1)1995年大港油田按照“挤进去、站住脚、求发展”的工作方针,各销售点均在所在地区初步占领了市场,创出油田的牌子。年各销售点共销油品21.6万吨,占总销量的40%,比1994年同期增长一倍。

(2)利用价格杠杆调节供求,力争多创效。随着市场变化,1995年对油品价格适时进行调整。成品油加权价格(含税)2016元/吨,比1994年提高14元。全年共调价50次,其中汽、柴油价格调整30次,液化气调价11次。

(3)抓紧抓好清欠贷款工作。为尽快催收货款,油田成立了专职清欠小组,负责油品销售后的资金回笼工作。1995年共清回欠款8868万元。

【重点工程】 1995年先后竣工投产了重整、加氢两套装置,其中重整装置10月初投产,到年底生产93号无铅汽油2600多吨。

【经济效益】 1995年,大港油田完成原油配置401.44万吨,完成成品油销售49.85万吨。

(刘洪庆)

天然气加工

【概述】 大港油田天然气加工装置,生产产品主要有稳定轻烃、液化石油气和净化天然气。稳定轻烃日产量为55吨,液化石油气日产量为45吨,天然气日处理能力为120万立方米。净化天然气主要供应沧州化肥厂、天津市部分民用气及油田内部生产和生活用气;液化气主要供应油田内部及天津周围地区的生活用气;轻烃产品销售到山东、河北、江苏、辽宁、吉林等10多个省市的化工企业。

【主要装置】 1995年大港油田天然气加工装置,除1994年在用的装置仍在使用以外,又增加了深冷装置和轻烃深加工装置及两座液化气贮罐和轻烃深加工产品贮罐。

(1)深冷装置(液化气回收装置)。该装置1995年5月建成投产,从美国pro—quip公司成套引进,日处理能力为100±15万立方米。

(2)轻烃深加工装置。1995年5月轻烃深加工装置建成投产。年处理轻烃为2.5万吨。

(3)贮罐。1995年4月,两座1000立方米球型液化气罐建成并投入使用。

【主要产品及储存】 天然气加工装置,生产稳定轻烃、液化石油气、净化天然气和戊烷等多种产品。

(1)稳定轻烃贮存在一个200立方米、一个80立方米卧式贮罐及三个60立方米的高架卧式轻油罐内,总储存量为260吨。

(2)液化石油气贮存于7座120立方米球罐内和两座1000立方米液化气贮罐内。

(3)净化天然气由管道直接外输供沧州化肥厂、天津市及油田居民。

(4)戊烷贮存在5个100立方米卧式贮罐内。

(5)6号溶济油、120号溶剂油分别贮存在4个100立方米卧式贮罐内。

(6)30号石油醚贮存在1个100立方米卧式贮罐内。

(刘怀义　尚　伟)

天然气销售

【天然气管理】 1995年,严格执行"天然气公司是大港油田天然气归口经销管理部门,其他单位和个人不得擅自经营天然气。"的规定,建立分级管理网络,实行独家经营多家受惠政策。天然气公司对二线工业、多种经营、个体户等进行垂直管理、直接收费;各生活公司负责本区域内的居民生活、职工福利用气的管理、收费。同时,天然气公司对生活公司和其他二级单位采取委托收费管理的方式。

1995年推广运行合同机制,取缔非法用户,使油田户均用气量由7.07立方米/日下降到1.5—2立方米/日,全年节气1000万立方米以上。

【天然气销售】 1995年,大港油田完成工业产气量38161.8万立方米,是年计划的106%。完成商品天然气33873.3万立方米,是年计划的109.3%。外销天然气30272.5万立方米,为年计划的112.1%,其中外销天津17052.7万立方米,超计划552.7万立方米;外销沧化12552.6万立方米,超计划2052.6万立方米。油田内销天然气3600.8万立方米。

【天然气价格变化及其影响】 1995年1季度,油田运用国家对天然气价格政策的变化的有关规定(企业自销气价格——井口价0.90元/立方米上下浮动10%,再加管输、净化费),经过与天津煤气总公司协商,将大港油田对天津的超产气井口价格由0.907元/立方米,提高到0.99元/立方米,每立方米天然气增值0.083元。1995年将供天津的多余气量以对沧化超供价格转供,1995年转供量为1006万立方米,增收300多万元。

【经济效益】 1995年大港油田天然气实现销售收入18735.1万元,实现内部利润8533.4万元,为年计划指标的189.6%。

(刘怀义　尚　伟)

第六篇

辅助生产

公路与运输

【概述】 1995年,大港油田的公路和运输管理工作延续1994年的管理模式。

【运力运量】 1995年,大港油田有货运车辆1351台,营运总车吨13021吨,完成货运量394万吨,货物周转量27540万吨千米,总车里程4212万千米,吊车运转304万吨小时,重驶里程2709万千米,工作车率63.7%,完好车率88.1%,里程利用率64.3%,实现产值12979万元,总成本15631万元。

1995年元月,由生产处组织运输公司等单位,采用两台40吨平板车头尾相对加转盘的特殊方式,完成了由港东运输到油田炼油厂的特大型设备(直径6.524米,重76.4吨)的运输任务,既解决了承载不够,又降低了设备装车高度,创油田运输史之最。

【公路建设与养护】 1995年油田投资906.2万元分别对花园路1.2千米、开发二路北段3.5千米、港西公路5.5千米、康复路0.8千米进行了拓宽改造,对油田近500千米干线专用公路进行了维修和养护。

(吕文华)

供水能力建设

【概述】 1995年,大港油田有供水站33座,水源井298口(其中:北大港地区196口、采油二厂33口、采油三厂53口、团泊洼12口、周李庄2口、万家码头2口),日供水能力15万立方米,水厂1座,日供水能力9万立方米。全年恢复井2口,新钻水源井6口,回填报废水源井6口。供水3876万立方米。其中:滦河水480万立方米,北大港水库水101万立方米,地下水3295万立方米。全年停水源井32口,节约地下水1780万立方米。

【工程建设】

(1)1995年大港油田投资5984.43万元,完成滨海水厂扩建一期工程,日增加水处理能力6万立方米。铺设DN325—DN920管线15千米,增加水处理装置1套,工程于1995年3月初开工,11月底竣工并投产使用,缓解了中心区、港东、港中三个地区杂用水紧张的局面。

(2)1995年大港油田完善了三号院五大建筑消防工程,工程铺设管线近4千米,建供水泵房1座,有库水和滦河水两种水源供给达到消防部门的要求。

(3)开辟了东水源水源地。为了确保大港油田炼油厂扩建工程用水,1995年新打水源井7口。

(丁长良 许贺永)

电力供应

【概述】 1995年,大港油田有110千伏和35千伏变电站27座,主变52台,容量366000千伏安,电源变电站的供电能力18.531万千瓦。燃气轮电站1座(装有1台W101G型8000千瓦燃气轮发电机组)。油田有6—110千伏线路140条、1443.07千米。

【用电情况】 1995年,油田用电总量107036.13万千瓦时,最高用电负荷15.8万千瓦。其中:在天津网上用电62868.53万千瓦时,最高负荷9.65万千瓦;在沧州网用电42881.96万千瓦时,最高负荷6.62万千瓦;自发电1285.64万千瓦时。1995年大港油田在电力创效方面做了如下几项工作:

(1)从天津电力局争取到退役机组电量10313万千瓦时,节省高价电费1455.16万元。

(2)从沧州电业局争取到新机定向电量2290万千

瓦时，节省高价电费 168.54 万元。

(3)对天津网电费中加收的公用路灯费比例经与天津电力局交涉，由原来的按总用电量电费的 2%收取改为按 1%收取，全年少缴电费 53 万元。

(4)在全油田范围内开展了项目节电和管理节电活动，全年节电 3435 万千瓦时，创效 1683.15 万元。

【电网建设】

(1)1995 年 9 月港西 35 千伏变电所主变增容至 2×10000 千伏安。

(2)1995 年 10 月港中 35 千伏变电所主变增容至 2×6300千伏安。

（王淑珍　蒋泽恩）

物资供应

【概述】 1995 年，大港油田采购资金计划支出 8.5 亿元，实际支出 8.38 亿元(其中国内采购 6.05 亿元，国外采购 2.33 亿元)，是年计划的 98.58%。全年实现销售收入 9.5 亿元，实现外部利润 1000 万元(含代管费、劳务费等)，是承包指标的 111%。

【供应渠道】 1995 年，在物资采购、物资供应上仍采用 1994 年供应渠道和行之有效的方法及措施，特别是在“定点代管、代销代储、用后付款”上加大操作力度，“借鸡下蛋”，努力降低采购成本，加速资金周转。

【供应量】 1995 年，销售额计划为 9 亿元，实际完成销售额为 9.5 亿元，是年度计划的 105.50%。年末库存物资价值 35304.65 万元，全年库存平均占用为 30849.80 万元。

1995 年，物资供应总量为 80 万吨，其中：主要物资供应量：一般钢材 5.34 万吨，专用管材 4.91 万吨，水泥 15.45 万吨，煤炭 12.74 万吨，木材 5826 立方米，玻璃 4006 重量箱，石油产品 6.72 万吨，化工原料 3000 吨，其他物资 30 多万吨。

（陈跃增）

通　信

【概述】 1995 年，大港油田电话总容量为 28900 门，居民安装电话普及率为 25%，实现了油田与天津公网和石油专网的等位拨号，方便了油田生产及各项业务的开展和居民的需求。市话接通率 66.4%，机线障碍历时 2.15 分/(月线)，会议三保合格率 100%，局内设备完好率 100%，局外设备完好率 97.3%。全年完成通信业总收入 3453.6 万元，是年计划的 119.9%，实现利润 129.5 万元，是年计划的 129.5%。

【能力建设】

(1)电缆工程。1995 年油田投资 550 万元，先后完成了二道沟、港东、港西三大电缆工程的主干和配线电缆的建设，共敷设电缆 47 皮长千米。

(2)设备增容。1995 年油田投资 1750 万元，实施了“9591”万门程控扩容工程。

(3)数据库建设。油田综合数据库完成了 10 个区域和一套中心机站，开通了主干网。完成了勘探、开发、钻井三个专业路的数据库设计。

【制度建设】 1995 年油田规范通信收费业务，严格控制电话费特别是长途话费的支出，降低成本，于 10 月油田下发了《关于入网后调整有线通信业务收费标准的通知》，这次调整费用包括：月基本租费、一次性费用收费、专线收费、临时电话及短期电话收费、装移机手续及其他手续费、利用市话线路开多路通信设备收费等六大项标准。

（熊跃进　万玉柱）

机械修造

【概述】 1995年，大港油田机械修造业，重点在提高资金使用效益和挖掘内部潜力上作文章，开展“闯市场、降费用、增效益”活动，合理使用资金，严格控制财物支出，并加大货款回收力度。加强生产过程成本控制，降低了能耗。研制成功了一批新产品，增强了企业发展的后劲。1995年大港油田机械修造业完成工业总产值1.8792亿元，实现销售收入1.7657亿元，实现利税636.2万元。

【质量管理】 1995年油田机械修造业，全面理顺和规范了质量管理工作。将质量手册和程序文件进一步与每个岗位的具体工作相结合，严格按文件要求进行程序操作，1995年总机厂通过天津长城质量保证中心的ISO 9000质量认证。

【新产品研制】 1995年油田研制成功XKZZ－5000型数控转子加工机床，采用计算机控制自动完成各种螺旋曲面加工；试制成功异形游梁抽油机(双驴头抽油机)，当年生产26台，在采油一、二、三厂和滩海公司应用，取得显著效果；开发了“管式、防气、防砂、稠油、分采、电热、环空测试等十多种特种泵，产品占领了国内十多个油田市场并销往印度、秘鲁、印尼、俄罗斯、土库曼斯坦等国，出口创汇131万元；为适应高粘度、高凝点和高含蜡原油的开采，油田建成了年产30万米的空心抽油杆生产线；研制开发了电加热空心杆装置。

【主要产品完成情况】 1995年完成各种工业泵135台，其中：三柱塞泵36台、五柱塞泵37台、小排量泵16台、注聚合物泵46台。另外，生产螺杆钻具264套、金刚石钻头767只、链条51.26万标节、异形抽油机26台、整筒抽油泵5625台、泵筒2212根、空心抽油杆428179米、潜油电泵机组修造334套、注聚合物装置1套、三机修理166标台。

(万升才)

第七篇

科学技术与人才开发

科学技术

【概述】　1995年，全油田完成国家科研攻关项目1项，完成总公司项目3项，完成局重点科研项目143项，推广应用新技术、新工艺275项，共有137个科研课题通过了技术鉴定。全年科技增油43.7万吨，获得经济效益1.5695亿元。

1995年，油田加快了技术商品化的步伐。一是举办了“东部九油田科技协作区”第二届技术交流交易会，成交额达5000万元；二是扩大了技术交流，通过技术市场引进了一批先进技术；三是参加了由国家科委和天津市政府联办的国家级北方技术市场，实现了内部市场与外部市场的对接，享受了税收优惠政策。

在科技进步奖励方面，1995年油田有4项成果获中国石油天然气总公司科技进步奖，3项成果获得天津市优秀新产品项目奖，225项成果获大港石油管理局科技进步奖。

【物探技术】

(1)应用油藏描述技术指导长芦地区滚动勘探开发，应用多种处理手段，对主要测线进行目标处理，改善资料品质，提高解释质量和预测精度。应用多种层位标定技术进行了准确的层位标定，应用多参数分析，分频吸收系数计算、微地震相解释、油气灰色预测及神经网络预测等手段推测可能的含油气范围，为井位部署提供依据。通过油藏描述技术为滚动勘探开发预测有利含油范围，优化开发井位部署，提供开发井位15口，完钻11口，均获得成功。仅该区打滚动开发井一项，就增加探明含油面积0.9平方千米，增加探明石油地质储量295万吨，创经济效益7835万元，为油田增储上产奠定了基础。

(2)北大港低信噪比资料处理技术研究项目应用的资料为1989年采集的老资料，其信噪比低，层位关系不清，不能应用于构造圈闭落实精细解释，为了查明洪湖构造的形态，搞清断层走向和组合关系，落实圈闭范围，对18条老测线进行了精细目标处理，在该区老资料处理中，采用了迭前去噪技术压制野外资料上的各种强干扰，采用反Q滤波和反褶积相结合的反滤波处理技术，大大改善了反褶积效果，有效提高了分辨率，采用迭后去噪技术，进一步有效提高了剖面的信噪比。通过采用上述新技术，使处理的剖面信噪比提高，波阻特征明显，层位对应关系清楚，反射波反映的地质现象清楚，为落实洪湖构造圈闭提供了可靠依据。经过解释，该地区提供6口井位，取得了较好的处理效果。

(3)FX和FK域联合插道技术和克服假频插道技术是地震资料处理的两种方法，它们以线性预测理论和二维付立业变换为理论基础，以克服空间假频为目的，利用迭加剖面同相轴连续光滑的特性，在FX域和FK域中进行插道处理。这两种方法是全三维处理的配套项目，达到了克服假频的目的，插出的道均衡自然，背景活跃，较以往的插值方法有较大的质量改进。以上两种方法已用于二维和三维资料的处理，增强了计算中心的处理能力和竞争实力，取得较好的经济效益。

(4)利用迭前资料研究储层方法，首先对以往迭后储层预测方法进行了详细的研究和总结，发现由于迭加对振幅的严重改造，使迭后储层预测的精度受到严重影响，而迭前单一利用AVO分析方法很难建立解释标准。通过两年来的科研攻关，证明除振幅随炮检距变化外，其他诸如频率、频带、能量、波形等特征参数也是随储层炮检距的变化而变化，利用迭前多种参数随炮检距变化来进行储层预测不仅可以提高预测精度，增加预测可信度，而且首次建立二维角道集三维区，使迭前储层分析可以充分利用人机连作解释工作站的三维解释和显示，使模糊聚类和神经网络两种方法较好地结合在一起。

【地质综合研究】

1．黄骅坳陷天然气藏形成条件及有利区带评价

黄骅坳陷天然气藏形成条件及有利区带评价是“八五”国家重点科技攻关项目“大中型天然气田形成条件、分布规律和勘探技术研究”下属的三级课题。在“八五”期间取得了六大成果：

1)证实板桥地区天然气和凝析油来源于受微生物强烈改造的陆源油机质，从而对陆相油气生成理论作出了有益的补充和修正。

2)通过黄骅坳陷第三系天然气盖层的系统评价，明确了盖层类型，从微观和宏观两个方面对其封盖能力进行了评价，并依据盖层特征指出了有利的勘探方向。

3)泥岩压实、排液及古流体势研究，为分析油气运

移趋势提供了可靠的依据。

4)对古生界原生油气藏形成条件有了新的认识。

5)盆地模拟计算大港探区天然气资源量还很大,第三系总资源量为4512亿立方米。

6)"八五"前四年在板桥、大张坨、驴驹河、白水头、唐家河北大港地区累计探明储量62亿立方米,为"八五"计划任务的完成奠定了基础。

2. 大港探区前第三系成油条件研究及勘探成果

该课题为勘探公司下达的重点课题,取得的主要成果:

1)采用国际先进的波动地质学法,对地层做了剥蚀厚度的恢复,解决了"三史"研究中最疑难的问题。

2)首次对奥陶系碳酸盐岩的有机质丰度和生烃潜力进行了恢复。

3)对生烃热演化史做了深入分析,首次定量消除了火成岩对烃源岩的热影响。

4)对砂岩储层的欠压实带形成史进行研究,证实了在欠压实带形成较早的地区,深部老地层砂岩储层的有效性。

5)通过有裂隙样品和无裂隙样品的定量对比,证实欠压实带对油气良好的封存箱作用,同时也证实晚期断层对古生界原生油气保存不利。

6)从华北地区区域资料入手,搞清了本地区中下侏罗和奥陶系地层的有利沉积相带。

7)评选出四个有利区带和目标。

3. 枣园油田未开发区地球物理综合研究

该研究报告共分四大部分,通过应用层位标定技术,变通时深转换技术,剖面多方式显示及放大技术,构造立体显示等先进的技术,对枣园油田未开发区的构造进行整体分析研究,对未动用储量在构造上的分布特征有了清楚的认识。通过应用层拉平地震相分析技术,变密度显示技术,平均速度分析技术和神经网络技术,结合地质资料对重点区块储层及含油性进行了横向预测。

4. 石油储量管理系统

该软件包含三个子系统:储量数据管理子系统;可采储量计算子系统;储量经济评价子系统。该软件取得的主要成果:

1)在储量评价方面,在对储量(特别是未动用储量)的特点进行认真分析的基础上,提出了陆上油田储量经济评价办法。

2)软件总体设计上,通过巧妙的构思,利用数据库系统实现三个子系统之间的数据共享。

3)在可采储量计算方面,改变了传统软件中可采储量计算与选值相互分离,彻底实现了用多种方法计算可采储量、选值及数据管理自动化。

4)软件实现了储量数据、试油数据、试采数据等与储量有关信息的综合查询。

5)软件输出的表格符合中国石油天然气总公司规定的标准。

6)软件图文并茂、界面友好、帮助功能较强。

5. 采油微生物小试产品

该成果主要为:

1)筛选出的国产采油微生物菌种具有较高的开发实用价值,研究方向正确,筛选方法科学、合理。

2)应用工业发酵技术成功生产出采油微生物小试产品,可降低原油粘度,增加原油流动性,降低油水界面张力等性能。

3)经两口井矿场试验表明,小试产品能减慢结蜡速度,延长清蜡周期,提高油井产量。其中港7—17井增产原油达20%,矿场应用投入产出比大于1:8以上。

4)本产品经天津市卫生局防病中心检验为无毒产品。

6. 大张坨凝析油气藏循环注气开发方案

该项目在国内外凝析油气田多年开采经验和研究成果基础上,结合大张坨地区实际地质情况,进行了多项配套技术研究。从地质特征再认识、注入介质、注气周期、最佳注采比的确定和多组分数值模拟研究等多方面进行了详细的论证,经过一年的初步实施,验证与矿场试验结果基本吻合。

7. 大港油田港西四区聚合物驱完善配套技术研究

通过攻关研究,建立了聚合物驱防窜新技术,完成港西四区先导试验区最终效果评价和聚合物驱工业矿场试验的攻关研究,完善配套注入工艺,注入液和产出液处理技术,国产粉剂聚合物溶解混配达到工业化生产并推广使用,制定出聚合物使用性能测试方法的标准,形成一套聚合物驱技术经济评价方法。实验表明应用防窜技术后聚合物在油井突破时间推迟,产出量明显增加,油井增产降水效果显著。

8. 大港高温高盐油藏聚合物延缓交联提高采收率技术研究

聚合物深部调剂体系在高温(90摄氏度)高盐(矿化度:50克/升)条件下,形成胶体强度高达10帕·秒以上,6个月内未见水解,具有较强封堵效果和耐冲洗性能,可降低高渗透层渗透率10倍以上,交联时间可控制在0—50天。增加胶体强度5倍以上,实现了聚合物国产化。矿场试验效果表明：该体系可有效封堵水窜高渗层，大幅度提高中低渗透层波及体积，明显改造了油层纵向非均质程度，调整了吸水剖面，提高了储层动用率。矿场耐高温高达 115 摄氏度，有效期长达一年以上。该技术是解决高温高盐油藏暴性水淹，改善开发效果的有利手段。体系具有浓度低、强度高、费用廉、施工便、见效快、有效期长等优点，为注水井分注问题提供了一项成功技术，具有良好前景。

9. 板桥凝析油气开发模式研究

该项成果通过对板桥凝析油气田多年的实际开发经验和成果研究，在综合学习国内外成功经验的同时提出了地质模型到气藏工程的整套开发模式，为今后其他油气田类似气藏的开发提供了有价值的参考素材。该项成果得出了板桥凝析油气藏合理开发方式的优选方法，其结论依据充分，详实可靠，有较高的参考和应用价值。

【钻井工程】

1. 正电胶钻井液、完井液技术研究

该课题在大斜度润滑技术研究方面取得成效，新型加重聚合物应用研究有所进展。正电胶钻井液、完井液技术在 4 口井实验，与同地区同类井比较平均少用钻头 3.48 只，机械钻速提高 4.09 米/小时，减少复杂37.5小时，井径扩大率减少 3.79%，共节约成本 5.9 万余元。大斜度井润滑技术在五口井实验，钻井周期共比设计提前 202.09 天，共节约成本 545 万余元。

2. 固体润滑剂

在高难度定向井中的应用和港东地区沙河街防塌钻井液技术推广项目中均取得良好的经济效益。固体润滑剂在 15 口高难度定向井中的应用推广，中完和完井电测成功率都达到 100%，钻井周期减少 156 天，获经济效益 121 万元。港东地区沙河街防塌钻井液技术推广 2 口，电测成功率达到 100%，全井无事故复杂。

【录井技术】

1. 运用 CBE 系统开发综合录井职业教育系统

成果运用国际上先进的 CBE 教育理论，制定了综合录井岗位规范，分析了综合录井专业 13 项综合能力和 309 项专项能力，在此基础上完成了综合录井专业课程开发及模块教学设计，编制了综合录井专业模块教学计划及教学大纲，编写了部分配套教材。这项研究成果，通过综合录井职业能力分析，制定培养目标和教学计划，彻底打破了单科式教学计划旧模式，建立起综合录井专业 CBE 教学新模式，使培训工作标准化、规范化。

2. 探井工程随钻评价方法和专家系统研究

根据专家评价油气的经验，用逻辑思维方式与实际结合，采用先进的计算机技术评价油气层，解决多年来人工解释油气层偏差较大，解释符合率较低的问题，解决在不同资料信息，不同录井阶段下的油气评价问题，提高了录井综合解释水平。

3. 探井数据库及应用子系统

主要研究在探井数据库的支持下完成录井系统全部资料处理计算机化，并具有其他辅助功能。此系统在对完井地质资料一次性加载后，同时完成探井数据库、录井数据库及全部地质归档资料的处理。采用了标准文件“品名库”与“井号库”引导新技术，解决了信息规范化与数据库管理中长期不能解决的“时空”矛盾。研究出电测曲线回放的数学模型及计算机模型。解决了规范区域内最佳幅度、最佳比例尺、最佳曲线的回放。实现了录井行业中全部资料处理计算机化，并具有地化解释、气测解释功能及现场应用处理资料功能。

4. 综合录井资料采集及单井油层评价技术

属于“张巨河综合勘探配套技术”子项目之一，主要内容包括应用法国综合录井仪及 DJ—936 汉化系统进行现场综合录井，及时发现评价油气层，预告各类工程事故 3 次，开展地层压力预测；应用野外现场快速评价技术进行现场岩样孔、渗分析及薄层鉴定等，提供储层物性参数；应用地化录井技术对单井储层进行烃组分析、综合评价；应用油气层综合评价系统对单井进行评价。

【测井技术】

1. 生产井两相流产出剖面解释方法研究

该系统具有滑脱模型、漂流模型、图版法及井下刻度技术。可以完成产出剖面、注入剖面、气举找卡水资料的定量解释，其分层产量解释相对误差控制在 10%以内。

2. 水淹层测井解释方法

该方法利用神经网络技术、C/O 比测井等新测井技术，对枣园油田水淹层的测井响应及水淹级别进行划分，通过多口井 80 余层试用，解释符合率达 75%以上。

【石油开采技术】　循环注气井管注设计及配套工艺研究是中国石油天然气总公司“八五”期间“凝析油气田循环回注开发”项目的子课题。研究的主要目的是为合理有效地开发大张坨凝析油气藏，从技术上为我国已发现和将发现的凝析油气田采用循环注气开发方式提供可靠的经验。该项目已完成了坨注 1、坨注 2 井两口注气井的管注结构设计、井下工具配套和现场施工工艺设计,并成功地进行了两口井的现场施工。

【工程设计】

1. 土壤腐蚀基础研究

该课题对油田土壤腐蚀性做了评价及分类,绘制了大港油田盐渍土强腐蚀区域示意图,大港油田土壤腐蚀性分级分类图,对所有腐蚀数据采用微机处理。

2. 大地沉降观测

该技术利用国内先进的GPS卫星定位技术,采用空间三维的测量方法对油田地面沉降量及各种建筑物的变形和油管断裂进行监测,预测油田地面沉降的变化趋势并采取相应的措施加以控制,对保证油田的正常开采和建筑安全具有十分重要的意义。

【原油炼制】 推广应用两段再生工艺:该工艺采用不同的温度,第一再生器在较低的再生温度(660—690摄氏度)下将催化剂上的部分炭和全部氢烧掉,降低了第二再生器水蒸气分压。虽然第二再生器温度高许多(720—760摄氏度),但由于没有水蒸气存在,因而使催化剂免于水热失活。

【机械制造】

1. 电杆过泵加热装置

该装置是针对电加热空心抽油杆在现场应用中存在的问题,特别是在稠油井中,原油不进泵或进泵困难而研制的系列产品。产品自1995年5月投放市场后,在辽河、大港、胜利、青海等油田推广应用223套,并出口墨西哥等国家,产生巨大的经济效益。

2. 空心抽油杆扶正器

该产品是为防止空心抽油杆及电加热抽油杆在斜井中应用,造成摩擦、磨损而研制的配套设备,经专家评议及现场试验,产品在深1000米,井斜26—30度,温度为300摄氏度的条件下,均能满足生产要求。目前,产品已在大港、胜利、南阳及俄罗斯普尔等油田试用。

【新技术推广】

1. 油藏描述一体化技术在滚动勘探开发中的应用

利用油藏描述一体化技术,将构造条件十分复杂、断块破碎、储层物性变化大、油层分布规律不清,但又很有潜力的港东二区东营组作为实验区块,在工作站上重新认识油藏特点,发现了7个有利高点。利用该成果,在有利区块钻成的东6—22井,井深2485米,油层总厚62.3米/13层,探明储量30万吨,含油面积0.44平方千米,经7毫米油嘴试油,日产油44吨。

2. 张巨河最优探井井眼轨道设计与控制技术推广

该课题主要依据先进的软件程序,选取不同参数,做井身剖面设计,然后再进行优选。运用定向新技术,保证井眼质量,科学地确定井身结构,优选钻井液类型与设计,优选钻井参数,优质钻头的选型与使用等来进行设计。通过钻井的实施,大位移井平均机械钻速略有增加,钻井周期比以前缩短了42%,建井周期比以前相对缩短了38%。在进行优化设计15口井中,开钻12口井,交井11口井,其中6口大位移精简轨迹设计节约成本716.89万元,5口位移较小的井及直井优化设计节约成本396.9万元,共计节约成本1113.7万元。

(陈善勇)

信息工作

【产业项目】 1995年,油田信息产业总体目标是建立“石油综合信息系统”,形成以总公司为中心,以油田信息系统为主体,以二级单位信息为基础,以基层单位为信息源的四级分布式综合信息系统。围绕这个总体目标,油田信息部门组织开展了全局建网建库工作。成功地完成了大港油田勘探开发钻井数据库设计工作,其数据库是管理局1994年下达的重大科研项目,且为总公司石油综合数据库的一个子系统,是大港油田数据库建设工程的重要组成部分。

【信息开发】 1995年,油田信息开发工作先后完成了“远程计算机局域网互联技术研究”、“勘探开发数据库联网技术研究”、“异种计算机和异种网络互联技术研究”及“异型数据库间的数据转换”等科研信息项目任务;并以油田开发系统为试点,与西南石油学院合作开发了“油田管理信息系统平台和油田开发网络应用软件”。这些项目的完成,为今后油田全面开展信息工作奠定了基础。

(左积田)

人才开发

【职工技能开发】 为落实劳动部关于职业技能鉴定的有关精神，1995年2月，油田成立大港石油管理局职业技能鉴定中心，列副处级单位管理，定员7人，下设鉴定科和试题科。“中心”成立后，开始了建章立制抓基础工作，根据专业特点筹建了14个专业技能鉴定站，分10批培训了千余名考评员，并于1995年10月在采油专业第二鉴定站首次对采油工进行技能鉴定。当年，油田共培训操作人员29288人次，其中，参加技术等级培训的有14993人。

（左积田）

【职工学历教育】 1995年，油田的职工学历教育依据“发挥优势、适度发展、突出重点、办出特色”的原则，在办学规模、招生计划、专业配比、层次分布、办学形式等方面进行改革。

1995年初，确定职工学历教学改革的重点是定向井工程专业、建筑工程预算专业、开发专业、采油工程专业；成立了教学文件、教材建设、实践教学、教学管理、命题考试等5个教学改革小组；制订、完成了8个专业的能力分析表、教学计划、教学大纲和部分训练大纲、考核标准及知识点双向明细表等约70万字的改革方案；起草了其他10个专业有关教学文件；本着经济、实用的原则，基本建成了拥有60台微机3个教学机房的计算机训练室、微机局域网和多媒体计算机投影系统、石油地质训练室；初步规划了钻井、采油、预算专业技能训练室的筹建工作；利用微机训练室承担了大量微机应用教学和技能训练任务；在推行“2+1”模式和CBE教学法的基础上，狠抓了实践教学各环节的组织管理，试点专业培养的学生应用能力明显增强。

1995年7月，在中国石油天然气总公司的职业教育改革研讨会上，大港油田职工学历教学改革成果及其钻井、采油、地质、预算等四个专业能力分析大表，定向井、地质专业的模块教学大纲等展示工作，受到有关领导和兄弟院校的好评。

（徐立萍）

【职工培训】 1995年，油田进一步加大职工培训工作的改革力度，不断提高培训质量，使培训工作更好地适应了改革与发展的需要。全年共举办各类培训班63期，培训学员4068人次。其中计划内培训班34期，培训学员1606人次。

（1）规范性岗位培训。根据中国石油天然气总公司要求，1995年，油田首次举办了经营管理系统和党群系统处职领导岗位任职资格培训班，有58名现职处职领导取得了中国石油天然气总公司颁发的岗位任职资格证书。

（2）计算机系列培训。计算机系列培训在1994年初具规模的基础上，1995年重点对油田局机关管理人员办公自动化系统进行培训，共开班12期，其中，初级班10期，中级班2期，培训职工363人。

（3）政治思想教育系列培训。1995年，油田开展了对党员进行建设有中国特色社会主义理论和党章的学习培训。首先组织编写了党员培训教材，全油田党员每人一册；其次开办了1期党员教育师资培训班，9期局机关党员培训班。

（4）非规范性岗位应急培训。根据油田生产和管理的需要，油田开办了财务电算化、质量管理、市场营销、经济合同法、统计法等培训班23期，培训职工1212人次。

（孙淑华）

【专业技术人才队伍建设】 为适应市场经济和石油企业发展的需要，1995年，油田与南开大学联合开办了“企业管理专业研究生课程进修班”，从油田选拔出37名在职优秀大学毕业生参加进修班学习，年龄均在28—38岁之间，旨在为油田培养一批具有扎实理论基础和高层次管理水平的跨世纪优秀中青年企业家。同时，为适应现代化技术发展和对外合作的需要，共选派17名优秀专业人才到全国有关院校攻读硕士研究生；选派29人参加外语强化培训。

根据总公司关于职称评审“自我约束、自我控制”的要求，油田在职称评审条件上进行了量化、细化，在评审程序上采取了评委打分的方式，在评审方法上实行正常晋升人员5%的硬淘汰指标，整体上强化了竞争机制。1997年共评审出高级137人、中级455人，向天津市、总公司推荐共92人，其中教授级15人、高级28人、中级49人。同时，审核经济、会计、审计、卫生等以考代评人员2100人。

（崔贵维　王　姣）

第八篇

经营管理

企业管理

【生产现场管理】 1995年，油田继续强化生产现场管理升级达标工作，实现了生产现场达标率在70%以上；基层队现场管理达标率在50%以上。

【管理现代化】 1995年，在管理现代化工作方面，油田共取得局级以上成果85项，其中局级29项，天津市51项，中国石油天然气总公司5项，管理局被评为“天津市推广应用价值工程先进单位”。

（杨金凡）

【质量管理】 1995年，油田开展了企业质量攻关和降废、减损活动，共取得8项局级质量攻关成果。其中，采油四厂“应用热媒炉加热新技术，努力提高轻烃质量和效益”及综合生产服务公司“300毫米长缸套管式泵制造”两个项目分获天津市优秀质量攻关成果一、二等奖；降废、减损工作完成降损额481万元；质量管理活动QC小组共取得局级以上优秀成果73个，其中局级55个，中国石油天然气总公司优秀成果7个，天津市优秀成果10个，国家级成果1个。

在48项质量指标考核中，全局指标稳定提高率为97.92%，比1994年同期提高2.09个百分点。大港石油管理局继续荣获“天津市质量工作先进单位”称号。

（裴玉起）

【标准化管理】 1995年，油田完成石油行业标准制订、修订16项，油田企业标准81项。其中，“DQ型人造金刚石单晶孕镶式取心钻头”、“RQ3聚晶金刚石取心钻头”、“5ZB型37/170五柱塞泵”和“140号道路石油沥青”通过了采用国际标准的复审工作，并取得证书。

（郭进德）

【计量管理】 1995年，油田下发了“大港油田医疗卫生系统工作管理规定”企业标准，从而使油田医疗卫生计量工作纳入规范化轨道，为油田医疗卫生工作实行规范化管理，提高服务质量，提供了参考依据。

（张社民）

【节能工作】 1995年，油田在勘探开发、地面建设和生活后勤等系统广泛推广先进的“四新”节能技术，重点推广应用了包括三相分离器、单管冷输流程、变频调速液位控制、高效悬流除砂及轻烃回收、大罐抽气、双驴头抽油机、高效燃烧器等技术，进一步扩大燃油掺水节能的实施范围，使油田的技术水平不断提高。经过努力，全年完成技措项目89项，累计节能3.15万吨标准煤，价值1945万元。

油田节能监测站还通过了天津市技术监督局计量认证和总公司资格考核，被天津市节能领导小组命名为“天津市节能监测一站”，获得了天津市范围内进行节能测试的资格，对32个单位的568台耗能设备进行了监测。通过开展节能工作，油田全年实现了控制总能耗增长幅度小于3%的目标。

（梁惠勋）

生产管理

【生产管理制度】 1995年，油田逐步开始实行专业化管理，生产系统组织生产的方式也相应改变。特别是油气开发公司成立后，各采油厂改制为采油作业区归属油气开发公司管理，油田生产管理部门不再直接负责油气日常生产工作，改变了以往“一杆子插到底的生产管理方式”，一般不再干预各单位日常生产工作，有力的支持了各级生产调度系统独立开展工作。其主要处理有关全局性的重大关键环节发生问题与矛盾，以维护全局整体利益和效益，确保全局整体部署和各项生产经营任务的完成。

按照新的生产管理体制和油田生产特点，生产管理部门仍然执行以下生产管理制度。

1.“36524”全天候值班制度

油田及各二级生产单位、辅助生产、后勤单位始终坚持全年365天办公，全天24小时值班制度，及时掌握生产动态，进行监督服务、运行协调和生产管理工作。

2. 月(季)生产例会制度

根据油田年度、季度计划安排和总体工作部署，及时召开月度生产准备会、月度生产衔接运行会，总结考核上月指导计划和重点工作完成情况，安排部署下月生产经营指导计划和重点工作部署，逢季安排季度计划及重点工作。主要职责是保证油田年度各项生产经营指标任务的完成。

3. 生产分析制度

生产处会同有关处室和部门每月对重点生产建设项目、生产经营任务完成情况进行分析和综合，不定期地对油田重点工作、市场动态进行分析预测，及时为领导决策提供依据，保证油田重点工作顺利进行。

4. 生产汇报制度

1)每日汇报。主要二级生产单位在每日下午4点前将本单位当日生产情况汇报生产处生产调度科(值班室)，然后统一汇总上报中国石油天然气总公司开发生产局。

2)旬、月度汇报。主要二级生产单位在每旬末、月末向生产处汇报生产进度、重点工作完成情况及存在的问题，并排出下旬、下月生产运行衔接大表，由生产处汇总后上报总公司开发生产局。

每月由生产处将收集整理的油田生产经营情况，于下月初上报天津市经委。

3)季、半年、年度汇报。每季、半年、年度由生产处收集分析整理各主要生产经营单位完成情况，及下季、下半年、下年度计划安排、重点工作安排情况，上报总公司开发生产局。

4)随时汇报。对需协调解决的重大生产问题、重大突发事件、重大生产事故、人身事故和重点工程的进度，由二级单位随时向生产处汇报，并通报给主管生产领导，经领导批准后向总公司及天津市政府汇报。

【钻井工程】 1995年，总公司为开放钻井市场，实施渤海湾地区钻井队资质认证工作，大港油田有34支钻井队获得了总公司乙级钻井队资质，7支钻井队获得了总公司丙级钻井队资质，通过对钻井队进行资质认证工作，促进了钻井队伍技术素质、设备配套水平、钻井队现场管理水平及钻井井控技术的提高。

全年油田平均动用钻机23.86台；完成井216口，其中探井29口；完成钻井进尺52.34万米，其中探井进尺10.02万米；平均机械钻速10.07米/时；钻机月速度2161米/(台·月)；平均队年进尺21936米；平均生产时效91.64%；井身合格率100%；固井合格率100%；取心收获率98.58%。

【土地管理】 为完善和加强油田内部土地管理，1995年，管理局制定下发了“大港石油管理局局管土地管理实施办法”(试行)。并对油田现有土地进行清产核资，评估了275.04公顷工业用地，单列土地资产3225.30万元。全年征地153宗，约55.57公顷，取证99本。新修共建道路18.95千米，维修共建道路46.10千米，复垦土地约43.33公顷。调整了马西道路土地，将该路东侧原属大港区沙井子乡的约26.67公顷土地划归油田。

1995年，油田土地管理部门还对油田港内1200余口油水井、144座站、12个队点进行了清查取证工作，并开展了港西油田1400余口(座)井站的地籍调查和测量工作。

【生产建设运行机制变化】

钻井市场：1995年7月，油田钻井市场首次对外公开招标，项目是塘37—1等4口井的钻井工程。参加投标的兄弟油田有辽河油田、中原油田、胜利油田和华北油田。经过激烈竞争，4口井分别由内、外部队伍中标，成交合同金额1598万元。全年通过油田内部招标，成交42口，合同金额13176.3万元；通过议标成交164口，合同金额54322.4万元。

基建市场：1995年底，经与天津市政府协商，油田基建市场第一次取得自办招标(议标)权，为进一步搞活基建市场、充分行使经营者权利打下了良好的基础。全年内部招议标工程成交68项，中标金额16184.2万元；对外招议标工程成交518项，中标金额34339.9万元。

运输市场：1995年，由于运力过剩，油田各单位实行独立核算、自负盈亏，内部运输市场较为萧条，全年货物周转量27540万吨千米，总车公里4212万千米。其中，通过内部议标成交8项、金额850万元。

井下作业市场：1995年3月，油田井下作业市场首次对外公开招标，项目是油水井大修。参加投标的外部单位有胜利油田、中原油田和华北油田，结果兄弟油田单位中标23口井、合同金额806.38万元。至此，井下作业市场正式开放。5月和6月，各进行了一次大修作业井的对外公开招标，对外交易量分别是12口井305万元和5口井94万元。全年内部议标成交600口，金额17134.76万元。

(宁家群　王福元　张月舜　许剑波)

劳动工资管理

【劳动力管理】　1995年，油田进一步规范和完善劳动力市场的运作，通过劳动力市场分配油田技校生965人；为油田一线生产单位、集体、多经企业招聘568名油田待业子女，从事短期劳务；办理调出油田职工36人，调入油田53人；安置退伍军人67人；办理油田内部调动498人；办理油田退休2514人，其中正常退休职工95人，提前退休职工2102人，病退职工317人。

根据天津市职工待业保险暂行办法有关规定，油田按照职工的工资总额比例，征缴了失业保险金，并给油田980名厂内待业职工发放了失业救济金。

（郭　斌　张敏杰）

规划计划管理

【规划管理】　1995年，油田计划部门在规划管理方面主要完成以下几项工作：

（1）进一步完善和审定油田“九五”发展计划及2010年远景目标并汇编出版，为油田“九五”期间和2010年确定了总体发展目标。

（2）编制出大港油田“三调”规划。1995年，油田成立“三调”（即产业结构、产品结构、组织结构）办公室，并在全局范围内组织近千人进行规划。在调整产品结构的基础上调整产业结构进而调整组织结构，力求达到生产要素合理、优化。以机修、运输、基建、井下作业四大系统为重点，编制出了全局“三调”总体规划，以此促进其他行业的调整。

（3）编制西苑小区规划。1995年8—12月，完成了油田第一个试点小区——西苑小区规划。小区总用地面积37.73公顷，总建筑面积21万平方米，其中住宅楼91栋，采用11种住房型号，住户2632户，配套公建有小学、托幼、商业服务、综合楼等，绿化用地7.3公顷，绿化覆盖率达48%，各项指标均优于国家标准。

（李宝存）

【基本建设投资管理】　1995年，油田全面实行资金预算管理制度，油田和各二级单位的一切资金收入和支出都要纳入预算，做到计划、财务一本账，实现以收定支，量入为出，建设资金自求平衡。

全年油田安排投资278545万元，其中：勘探47078万元，开发100686万元；实际完成273898万元，其中：勘探44083万元，开发100980万元。建立了投资管理责任制，严格控制住了投资规模，杜绝了计划外项目和预算外支出。根据当年运输能力大于运输工作量的实际情况，全局停止了对5吨以下货运车辆的购置。

（王俊山）

【生产计划管理】　为完成中国石油天然气总公司油气配置等指令性计划，油田计划部门不断加强生产计划管理，在制定1995年计划指标中增加了工业增加值及增加值全员劳动生产率指标，促进了计划工作由生产型向生产经营型的转变，同时对各项计划指标进行认真测算并与执行单位反复讨论，提高了计划工作的质量。

（李新民）

【外资计划管理】　1995年，油田进一步加强外资引进工作管理，制定下发了《大港石油管理局技术设备引进管理办法》及《关于推行招标采购方式引进技术设备工作的通知》，规定了各管理部门和引进项目单位的职责，提出了采用招标方式进口技术设备的有关要求。对所有引进项目都成立了项目组，编写了可行性研究报告、询价方案和谈判方案，使引进技术设备的先进性、经济性和实用性相结合，避免了只追求技术设备的先进性而不顾其有效性和实用性及低水平重复引进现象的发生。

全年油田签订引进项目合同35个，计划用汇3700.8万美元，实际签约金额为3270.37万美元，比计划节省了430.43万美元。当年实际用汇1752万美元，完成人民币投资工作量27488.1万元。

（王世林）

财 务 管 理

【概述】 1995年，油田财务工作紧紧围绕企业改革，确保生产发展，提高经济效益的主题，积极筹措、统筹安排、灵活调度资金，保勘探开发，严格控制投资规模，大力压缩各项成本费用支出；严格财务管理，落实经济责任制，加大考核力度，消化各种外部涨价和内部调资因素，全年实现利润13712万元，超额完成总公司下达的利润指标，油田生产经营状况得到了进一步改善。

【资金预算管理】 1995年是油田实行资金预算管理制度的第二年，当年4月，管理局下发了《大港石油管理局资金预算管理暂行办法》文件。文件对资金预算内容和收支范围、预算组织机构的职责、预算编制和调整程序、预算执行和检查、预算审计和报告都做了比较详细的规定。经过实施两年资金预算管理制度，油田的资金预算管理水平迈上新的台阶。

【严控建设规模】 油田按建设资金自求平衡的原则，严格控制基本建设规模，确定了基本建设和维护简单再生产的建设规模为237600万元，对有些效益较差甚至没有效益的项目坚决不上。建立了投资责任制，实行项目经理负责制，对于投资责任不落实的项目一律不予拨款。从1995年全年的情况看，投资规模得到有效控制。

【筹集资金】 1995年，油田在筹集资金上重点抓了两个方面的工作，一是进一步加强清欠工作的力度；二是重新组织核定各单位的流动资金定额，把多余的资金启用起来，压缩资金占用。

在改善职工住房条件方面，油田出台了集资建房的方案，在资金来源上由单一的管理局投资向多方筹资发展，一定程度上缓解了油田职工家属住房紧张的矛盾。

（王育山　周　鹏）

物资装备管理

【概述】 到1995年底，油田拥有主要生产设备14271台(套)，装机总功率152万千瓦，期末原值19.8亿元，新度系数0.37，设备利用率70.2%，完好率94.3%。全年发生上报大型及以上设备事故3起，直接经济损失10.72万元，比1994年减少了19.83万元。

【更新改造】 根据总公司关于钻井装备更新改造情况的通知精神，油田重点对王牌钻井队的装备进行更新改造以增强其竞争能力。在调查研究的基础上，与宝鸡石油机械厂签订了研制新型32L钻机的合同。1995年8月滩海工程公司的E－2100电动钻机投入使用。

按照国家经贸委《关于加快风机、水泵节能改造的意见的通知》要求，油田制定了“风机水泵改造规划”，从1995年开始，用四年时间计划改造163台套，资金687.3万元，其中1995年安排43台套，资金252.2万元。1995年油田共完成设备更新改造资金2.31亿元。

【现场管理】 在设备现场管理上继续开展“远学大庆，近学井下压裂大队”活动，按照总公司“第二次机动工作会议纪要”的要求，把设备巡回检查、“十字”作业、回场检查、维修保养、定人定机、油水管理等规章制度落实到单机、人头，并开展定期检查，发挥经济杠杆的作用。油田各单位从10个方面开展向设备管理要效益活动，1995年，全油田共增收节支3400万元。地球物理勘探公司、石油机械厂、测井公司、井下作业公司和第二采油厂被评为1995年度总公司设备管理优秀单位。测井公司、井下作业公司和总机械厂三个单位被天津市命名为技术装备素质优秀单位。

【设备大修】 为规范油田内部市场，1995年油田先后下发《大港石油管理局内部运输市场机修市场运作有关规定》和《关于颁发机修厂站内部生产许可证的通知》等文件，凡取得生产许可证的机修厂站，才有权进入油田内部机修市场，按照规定的经营范围承揽业务，否则合同部门不盖章，财务部门不核销付款。为了解各单位文件执行情况，油田组成检查小组，对主要生产单位进行了检查，使油田内部机修市场得到了进一步的规范。1995年建立了"天津汽车特约维修服务站"。全年计划设备大修理944台，大修理费4936.9万元，实际支出费用5587万元。

【设备诊断技术应用】　1995年9月，总公司在大港石油管理局召开了第二次设备诊断技术研讨会，会议认为：大港油田在设备诊断技术工作上开展比较全面，对炼油设备、风机、注水泵、输油泵、发电机组等旋转设备及汽车、锅炉压力容器、井架、数控机床的控制系统等多种设备进行检测与诊断，取得了比较好的经济效益。比如炼油流程设备通过三年的检测与诊断，避免发生设备事故8起，减少过剩维修18次，创经济效益211.98万元。另外，大港油田与大庆石油学院秦皇岛分院合作，对25部A型和3部塔式井架进行了检测，创经济效益750万元。

（苏德安）

【物资管理】　1995年4月，油田对物资采购范围进行了重新界定，将下放给二级单位的各大类物资采购权全部收回，由物资供销公司统一进行采购、管理，实行统一采购资金计划审批，统一货源渠道，统一内部物资市场，统一管理，从而形成了"四统一"的采购管理模式，这种模式运行后收到了良好的经济效益，仅半年多时间，就节约采购资金6000多万元，平均库存下降700多万元。

（顾　佳　陈跃增）

国有资产管理

【概述】　1995年，油田国有资产管理工作围绕提高国有资产经营效益这个中心，本着服从改革，服务改革的宗旨，不断加强国有资产管理基础工作，以适应建立现代企业制度的需要。进一步建立完善国有资产管理的各项规章制度，重新修订"大港油田国有资产管理办法"（讨论稿），为适应资产经营工作的需要，财务资产管理部门编写了"大港油田内部资产经营责任制试行办法"（讨论稿），并组织开展了1995年度资产清查工作和报废资产的鉴定、审批及清产核资的土地估价工作。

【资产清查】　1995年，油田全面开展资产清查工作，要求各单位通过清查要进一步健全各种账、卡、折，要补充各种基础数据的资料，并结合清产核资土地估价工作，对各单位占用的土地都要按照土地估价的结果入账。通过清查，1995年油田拥有固定资产账面原值1061403万元，实际拥有固定资产原值1061370万元，其中：在用固定资产1047890万元，未使用固定资产11900万元，不需用固定资产664万元，待报废固定资产916万元，经清查盘盈38万元，盘亏71万元。经核实批准盘盈固定资产150万元，批准盘亏固定资产1万元。

【经营承包】　1995年，油田进一步完善内部承包政策，明确和规范管理局与二级单位的经济关系。对全局所属51个单位分为"油公司"主体、施工作业和辅助生产、生活后勤、事业经费、局直属公司和多种经营五种类型，实行了不同形式的经营承包责任制。年底考核结果有39个单位全面完成了承包指标，12个单位未全面完成承包指标。

【设备物资开发利用】　1995年，油田设备物资开发利用工作，依据闲置资产报废处置暂行规定，积极回收处置、调剂闲置报废资产，充分挖掘报废资产回收的潜力，最大限度的变现报废资产，回收资金。全年回收报废资产441.45万元，实现销售收入612.55万元。

（张社民）

审计工作

【概述】　1995年，油田审计工作完成审计项目65个，审计单位52个，使审计单位覆盖率达94.55%，创历史最高水平，审计资金95.5亿元，查出有问题金额3868.5万元，取得直接经济成果952.09万元，人均取得经济成果22.67万元,比上年增加54.8%。另外,对22个基本建设项目进行了开工前审计。同时,基本建设审计取得突破性进展,审减决算50.83万元。

【预算执行情况审计】 根据中国石油天然气总公司《关于实行预算审计制度的意见》精神,1995年油田第一次开展了资金预算执行情况审计,对20个单位实施了就地审计,其他单位实施了送达审计,实现了审计覆盖面100%。

【大港油田内部审计工作手册汇编出版】 为了提高油田的内部审计项目质量,加强审计基础建设,1995年油田审计部门汇编完成了《大港石油管理局内部审计工作手册》,该手册收集了近几年管理局制订的一系列审计规章制度以及国家、总公司有关审计方面的重要法规,为提高审计人员执法水平起到了积极的帮助作用。

(丁云青)

安全环保管理

【安全生产管理】 1995年,油田技安部门积极探索和实施了安全管理新举措,用新的管理手段,加强基础管理,致力于提高基层安全管理水平。

1. 落实各级责任制,加大约束管理力度

1995年初,管理局专门制订下发了《安全生产风险抵押金管理暂行办法》,在全油田实行了全员安全风险抵押金制度,共计交纳风险抵押金814.5万元,有效地提高了各级干部职工管好安全、参与安全的积极性。通过分解安全指标,管理局与43个二级单位签订了责任书,各二级单位与所属基层单位签订了6000多份责任书,将安全生产责任落实到油田的各个单位,促进了全员、全方位、全过程的安全生产。

2. 开展专项治理,创造安全环境

1995年,油田主要进行了两项专项治理活动,一是开展重大事故隐患治理活动,通过层层查找隐患,共确定重大事故隐患68项,其中管理局负责整改17项,二级单位整改51项,全部重大事故隐患基本得到了全面治理;二是围绕"治理隐患、保障安全"的主题,及时开展安全生产周活动,把倡导安全文化建设作为活动的主要内容,动员油田各单位积极参加全员宣传活动,同时组织了各单位参加的论文研讨会,共收集论文58篇,其中16篇获得管理局奖励。通过两个专项治理活动的开展,达到了安全工作深入基层、全面促进的管理效果。

3. 强化"三标"建设

油田在"三标"建设工作中,加大宣传的力度,制定了各种评分标准和考核办法,年初编制下发了《基层队"三标"建设考核标准》,在油田内部分系统、分专业开展达标升级验收和考核,使"三标"工作逐步走上正轨。1995年,油田所属876个基层队、5028个生产班组通过自查、本单位检查和管理局抽查验收,有767个基层队分别达到甲级和乙级队水平,达标率87.6%,有4451个班组被评为"三标"班组,达标率88.5%,有力地促进了基层安全建设水平的提高。

通过安全治理,油田全面完成各项安全管理指标,截至1995年12月31日,油田全年共计发生各类工业伤亡事故5起,其中死亡3人、重伤2人,直接经济损失11.9万元。

【环境保护管理】 1995年,油田认真推行环境保护目标责任制管理和环境综合定量考核工作,严格执行环境影响评价和环保"三同时"制度,全面完成了中国石油天然气总公司、天津市下达的考核指标,连续第六次获天津市环保先进企业称号。

1. 强化措施,促进油田环保工作向良性循环发展

年初,管理局根据新形势对环保工作的要求,专门召开了环境保护委员会会议,部署了年度重点工作,分级下达了环保考核指标,决定在污染治理方面实现三个突破:一是在敏感地区消灭泥浆池、土油池、污水池和全面恢复作业地貌;二是在雨季防污染方面重点抓好排涝站的外排污水达标;三是炼油厂废气排放达标治理和多种经营企业的污染控制。通过层层签订环保考核达标责任书,有效地调动了各级单位环保工作的积极性。

2. 依靠科技进步,不断改进工作质量

为了控制污染物排放总量,实现增产不增污和污染物逐年递减的管理目标,1995年管理局共计投入1.17亿元资金,加大了环境治理力度。主要项目有:

(1)投资1.1亿元对官大站、枣大站和西二联的污水处理站进行改造。

(2)投资40万元,治理超标排放烟尘锅炉9台。

(3)投资18万元,用于钻井泥浆固化技术研究和钻井污水治理。

(4)投资5.6万元，用于落地原油治理和回收。

(5)投资6万元，用于改造人工岛的防污染治理设施。

通过科技攻关和改造，进一步提高了油田污染防治能力，促进了环保管理由事后治理向事前预防控制的转变。

3. 加强环境监理工作，规范环境监理机制

全面完成油田排污费的收、缴、返工作，并着手对多种经营企业排污情况进行调查，为下年度有针对性地治理多种经营企业污染源提供基础资料。同时对固体废弃物、污水、噪声等10项污染物进行排污申报登记，为实行排污许可证制度打下基础。

1995年油田主要环保指标完成情况：

(1)工业废水排放达标率　95%。
(2)工业废水处理率　98%。
(3)锅、窑炉烟尘排放达标情况：
1)治理率　>98%。
2)监测率　100%。
3)达标率　80%。
4)黑度达标率　>95%。
(4)工业固体废弃物综合利用率　99%。
(5)工业固体废弃物综合治理率　100%。
(6)固定声源达标率　95%。
(7)大、中型项目“三同时”执行率　100%。
(8)采油污水回注率　95%。
(9)炼化污水外排合格率　90%。

(周　国)

【交通安全】　1995年，管理局把完善道路交通安全责任制作为交通安全管理的主要工作，建立各级交通安全组织42个，司机家属组织158个，形成了交通安全网络。各级领导认真贯彻“谁主管、谁负责”的原则，逐级签订了交通安全责任书，层层承包交通安全指标。管理局与二级单位签订交通安全保证书42份，各二级单位与驾驶员签订交通安全保证书12050份，使交通安全责任落实到了单位、班组、个人。

至年底，油田发生上报交通事故91起，死亡7人，致伤52人，直接经济损失60.1万元。各项指标分别占年控制指标的45.5%，36.8%，40%，30%；纠正交通违章122448件，罚款45.8万元，扣证5014本，扣车1181台，违章汇转1675件，查处“三区”违章车辆87台；检验机动车5244台，审验驾驶员10088人。

(于　洁)

【消防安全】　1995年，油田消防安全部门切实加强油田消防安全宣传教育、监督管理和防范检查工作，并取得了一定工作成绩：

(1)油田消防安全管理认真抓好“两书”的签订工作。即：管理局与二级单位第一责任人签订消防责任书45份，与矿大队级单位第一责任人签订消防责任书400余份，与车间班组签订消防责任书7000余份；签订禁放烟花爆竹责任书45份，签订率达100%。

1995年1月，管理局决定从1995年起在油田范围内禁止燃放烟花爆竹。在春节前夕，组织开展了大规模的宣传活动，并在“小年、除夕、初一、初五、十五”等燃放高峰期，组织油田“禁放”队伍600余人，数十辆机动车，在油田各个区域进行巡逻检查，对违禁者进行教育和处罚。在油田范围内，未发生一例因燃放烟花爆竹造成的火灾及人身伤亡事故，同时也对减少环境污染起到了积极的作用，深得油田广大职工、群众的支持和赞同。

(2)确定重点，广泛开展形式多样的消防安全宣传教育活动，不断提高干部职工的防火安全意识。全年在二号院、三号院组织各单位集中上街宣传2次，展出板报761块，播放宣传录像85次，下发宣传资料20000余份；举办消防知识竞赛4次；举办消防知识培训学习班2次，参加人员1900余人；大港石油报刊登消防专题文章8篇；消防工作电视专访1次；义务消防演练21次。

(3)结合生产实际，突出消防重点，积极开展防火检查，监督整改隐患。根据油田的生产特点和消防现状，先后开展了公共娱乐场所检查验收、“春防战役”、“五一”、“十一”防火安全检查、夏季易燃易爆物品防潮降温检查、“四队”防火检查、个体饮食店防火检查及冬季防火安全检查等大规模的检查活动10次，开展了集输油站、成品油库、液化气站、加油站专项治理；开展了夏季危险物品防潮降温、大型物资仓库、居民区防火专项治理等大规模的专项治理6次，其中对重点生产、易燃易爆、化学危品场所检查110部位次、公共娱乐场所50部位次、其他场所50部位次。共查出各类火险隐患1345个，整改982个，整改率73.2%，建立了火险隐患立案、销案制度，实现了跟踪整改，对一时整改不了的隐患也都制定了临时防范措施，有效地保证了生产岗位的安全。

(4)狠抓建筑审核工作，杜绝建筑设计中埋藏火险隐患。年内共参加各种立项审查会80余次，审批各类建筑项目168个，从而把好新建项目的防火安全关。

(5)认真进行火灾事故调查，依法处理违章肇事。针对当年发生的火灾认真进行调查和火灾原因分析，对违章肇事者依法处罚132人，保证了油田生产、生活

中的消防安全。

全年油田共发生工业火灾4起，占全年火灾起数控制指标的15.4%，火灾起数与上一年持平；火灾直接经济损失20090元，占全年经济损失指标的6.9%，与上一年相比下降了71.6%；工业火灾无人员伤亡，杜绝了重大特大火灾事故。

（李明智）

多种经营

【概述】 1995年，油田多种经营系统超额完成生产经营指标。完成生产经营总值14.34亿元，比1994年的11.08亿元增长29.06%，为年计划12亿元的119.5%；实现利税1.855亿元，比1994年增长50.4%，为年计划1.2亿元的150%；实现净利润7773万元，比1994年增长63.6%，为年计划的173%。

1995年，油田多种经营完成投资6265万元，资金主要投向化工、建筑、机电等行业，投资资金来源主要依靠企业的自身积累，达到4281万元，占全部资金来源的68.3%。

1995年，大港油田重油公司等12个企业被天津市人民政府授予天津市城市集体经济百强企业称号，大港油田维罗电缆厂等55个企业被天津市人民政府集体经济办公室授予“明星企业”称号，大港油田多种经营部被大港区人民政府评为达标先进单位，大港油田重油公司等16个企业被大港区人民政府评为城市集体经济星级企业，油田多种经营财务年终决算报表被总公司财务局评为第三名。

【企业规模】 截至到1995年末，油田多种经营固定资产原值达到2.8亿元，有多种经营厂点876个，其中法人企业278个。年生产经营总值500—1000万元的企业29个，生产经营总值达2.06亿元；1000—5000万元的企业22个，生产经营总值达4.44亿元，5000万元以上的企业2个，生产经营总值达2.13亿元。

【产品外销】 1995年，油田多种经营已拥有化工、机电、建材、运输及商饮服务等10余种行业，产品1400多种。其主要产品有：油田化学助剂、农牧产品、服装鞋帽、钢钉、设备修造等。油田多种经营企业十分注重产品质量和拓宽产品的外销工作，1995年出口产品的品种和数量有较大幅度的增加，膨胀石墨、铅笔、皮鞋、灯头、服装、汽车高压吸管接头、绗缝工艺品皮革和钢钉等产品分别出口日本、澳大利亚、香港、俄罗斯、东南亚、西欧及北美等国家和地区，创汇近1000万元人民币。

【项目开发】 1995年油田多种经营新建工业项目5个，有全封闭免维护电瓶、铵盐项目扩建、轻烃回收装置、摩托车轮毂和果蔬蛋奶，总投资1792万元，设计产能5162万元。

【企业改制】 1995年末，油田多种经营系统有股份合作制企业18家，实现销售收入1.89亿元，净利润1904万元，总股本金达到2165万元，其中个人股1112万元，股本收益率达到92.9%。

【农副业生产】 1995年，油田农副业生产主要分布在团泊洼地区，并分别由钻井公司、物探公司、公路工程公司、建设工程公司、运输公司、物资供销公司和团泊洼开发公司等七个二级单位分别种植管理。耕地总面积1082公顷，粮食总产量3671吨，禽蛋总产量3672吨，水果产量260吨。农用机械278台，从业人员1187人。

（郭义琦　刘新平）

法律事务工作

【概述】 1995年，油田法律事务工作紧紧围绕企业深化改革，建立现代企业制度，提高经济效益这个中心，积极贯彻石油企业法律事务工作会议精神，认真研究和探索新形势下企业法律事务工作的模式和特点，促进了油田法律事务工作的深入开展。

(1)法律服务继续向高深层次发展。一年来，共向各级领导提供法律咨询128次，风险论证材料48份，其中被领导采纳45项，有效地维护了企业的合法权益。

(2)合同管理工作得到进一步加强。一年共审查各类经济合同3359份，总标的金额达130947.38万元，其中参与重大合同谈判签约497项，节约资金901.6万元。

(3)"重合同，守信誉"活动取得重大进展。1995年，又有地质研究院、滩海工程公司、定向井公司、炼油厂等四个单位被天津市政府命名为"重合同，守信誉"单位，使企业的信誉和知名度进一步提高。

(4)法律预防和保护能力明显增强。1995年共处理各类纠纷案件68起，争议金额2282.25万元，年底结案59起，避免经济损失962.6万元，挽回经济损失386.5万元。

(5)公证工作为规范企业行为服务。自1995年初油田公证办事处成立以来，已办理经济类公证70份，涉及金额3000万元，有效地规范了企业的签约行为。

【法律咨询】 1995年初，油田被国家经贸委选定为全国企业法律顾问工作联系点，为了进一步推动油田法律顾问工作的全面开展，按照发展、规范、提高的原则抓好落实，管理局制定了《关于对企业经营决策进行法律咨询论证的暂行规定》，使油田所属各单位把法律咨询、论证作为企业重大经营活动决策前的必经程序，基本做到了每一项重大改革方案的出台以及重大经营决策都有法律工作人员事前参与，提供法律意见，其内容涉及企业设立、投资、内外贸易、房地产开发、建设项目、劳动人事、文教卫生等各个方面，使管理局法律咨询服务工作向制度化、规范化方向进一步迈进。

在油田建立现代企业制度过程中，法律事务工作参与了油田"建立现代企业制度"、实行"公司制改造"等课题的研究，针对油田改革的利弊、风险及其存在的难点问题，寻找解决问题的途径，研究法律上的对策，并积极配合有关部门制定、起草、修改有关文件，为改革提供全方位的法律服务。

【合同管理】 根据新形势下企业法律事务工作的特点和大港油田建立现代企业制度的要求，1995年，法律事务工作进一步强化合同管理，继续开展"重合同守信誉"达标活动，为树立良好的企业形象，提高油田在市场中的竞争力做出了努力。

(1)按照建立现代企业制度的要求，健全完善合同管理制度，基本上形成了一套完整的企业合同管理模式。

在总结油田多年来开展法律事务工作经验的基础上，制定、修改和完善了《管理局对外经济合同管理实施细则》等一系列法律事务工作制度，内容涉及合同管理、履行监督、检查、验收、统计分析、法律咨询、办理公证、工商登记、对外纠纷处理与申报审批等七大方面。

(2)继续开展"重合同守信誉"达标活动，增强企业的竞争力，开拓市场，提高企业经济效益。

通过不断健全合同管理制度和管理网络，加大对全员进行"重合同、守信誉"教育的力度，提高合同管理人员素质，严格执行合同管理制度。截至1995年底管理局已有12个单位被市政府命名为"重合同、守信誉"单位。

(3)组织整理企业规范合同文本，进一步完善合同管理体系，维护企业的合法权益。

1995年，油田为了解决改革后新组建单位合同经办人员未经严格的上岗培训，对合同中的法律用语掌握不准、出现纠纷后处于被动局面等实际问题，结合油田勘探、开发的行业特点，为便利经办人员在签约过程中的实际操作，实现合同文本规范，条款齐全、完备，表达准确的要求，法律事务部门抽出专人对油田所使用的合同文本分别进行归类整理，把容易出现纠纷的条款固定化，合同文本制作由原来的填写方式改为选择填空方式。

(4)加快合同管理微机化进程，提高现代化管理水平。

在多年推行使用经济合同管理系统的基础上，1995年新建了"中国法律法规规章数据库"、"地方性法规规章数据库"、"合同管理数据库"，工作中可以直接在数据库中查询所需要的法律、法规、规章的条文和所需要的合同文本，能随时为油田各单位、各部门提供优质、高效、快速、准确的法律服务。

【工商登记】 1995年，管理局重新修订和下发了《大港石油管理局工商登记内部管理办法》，配备了专人负责管理全油田国有企业工商登记事宜，及时办理油田企业的工商登记、年检等事务，为油田企业的生产经营活动服务。全年共为40多个单位办理了企业年检、执照变更、注册登记及变更法人授权委托书等工作。

【公证事务】 1995年初，经天津市司法局批准，正式成立了大港区公证处大港油田办事处。办事处成立后，采取全方位、多层次、机动灵活的服务方式，为大港油田地区的企业事业单位提供了公证服务。如：1995年管理局开放油田油水井大修市场，对北大港、王官屯、枣园、羊二庄、板桥等油田23口油水井实行对外招投标。油田公证办事处积极参与整个招投过程，使投标、评标、决标活动均符合招标文件的规定，保证了招标工作的规范、公证，使招标工作圆满完成。

（房四立）

档案管理

【概述】 1995年，全油田共接收进(馆)室各类档案4.12万卷，提供利用档案15.4万卷次，4.46万人次，利用档案年创经济效益达458万元。档案(馆)室总建筑面积达1.2万平方米，比上一年度增加3232平方米。配备各类设备141台，比1994年增加18台，全油田共有专职档案员133名，其中大专以上学历58名，助理以上技术职称77人，分别占总人数的43.6%和57.9%。

【档案系统"五个一"活动成效显著】 1995年，油田档案系统在全油田范围内开展了"五个一"活动，主要内容是：每个档案员要提出一项对本企业生产或管理工作有成效的合理化建议；反馈一条利用档案创出经济效益或社会效益的信息；完成一件主动超前服务且收到实效的事例；撰写一篇理论联系实际的论文；编写一篇高质量的编研材料。通过开展这一活动，有效调动了档案人员的积极性和创造性，全局档案人员共为企业提合理化建议131条，其中有70条合理化建议被有关部门采纳，有的建议还在本单位工会组织的合理化建议评比中获奖。此外，档案人员还主动为本单位重点工作提供服务267次，撰写专业论文100余篇，编写编研材料140种。其中有20篇论文被推荐参加天津市档案系统青年学术论文交流，有29篇论文在管理局档案专业论文评比中获奖。

同时，有18种编研材料参加了天津市档案创效成果展览，28项编研材料获局级编研项目奖。档案系统"五个一"活动的开展，有效促进了油田档案队伍素质的提高。

【工程档案实行保证金制度】 为保证基建工程竣工档案及时、完整归档，1995年，管理局制定下发了《大港石油管理局建设项目交纳工程档案保证金管理办法》，明确了交纳工程档案保证金的范围、交费标准、办理程序和考核办法等。该办法将于1996年开始正式实施。

(朱玉行)

信访工作

【概述】 1995年，油田进一步强化信访工作，完善各级信访工作领导小组职责和信访网络，坚持阅批来信、接待来访、主持研究和处理疑难信访事项等工作制度。

油田信访部门认真贯彻落实《天津市信访条例》，推动信访工作深入开展。在组织各单位学习《条例》，培训有关人员的同时，充分利用广播、板报、竞赛、举办座谈会等形式，广泛深入宣传《条例》精神，加大了宣传力度，注重贯彻实效。

坚持信访工作目标管理、责任考核，完善了各级信访网络，进一步夯实了基层信访工作。各单位较好地坚持了"分级负责、归口办理"的原则，就地解决问题与疏导教育相结合，大量信访问题在基层得到了化解。

油田各级信访部门注意加强信访信息网络建设，通过推荐聘用等方式，设立了两级信访信息员44名。相应完善了信息收集报告制度，采取阶段情况定期排查分析、重大问题经常跟踪反馈、突发事项随时沟通联系等措施，开展了信访动态分析预报工作。全年，油田信访部门共出《信访情况反映》7期、《信息动态》6期。举办内部业务培训班1期、培训90人次，组织骨干外培4批、11人次，指导各二级单位自办培训班38期，轮训基层信访网员842人次。

全年，油田信访部门共受理群众来信来访780件次。其中，来信413件，比1994年上升13%；接待群众来访367件、2555人次，比1994年上升88%。其中，接待集体上访81批次、2163人次，比1994年分别上升35%和105%。

(李亚娜)

行政事务工作

【概述】 1995年，油田行政事务部门(机关党委)以服务工作上水平为主要目标，实行量化考核，坚持经营承包，调动机关工作人员的主动性、创造性，为开创油田机关各项工作的新局面做出努力。

量化考核：将油田机关各处室的党务、行政工作完成情况进行量化，并根据标准打出分数，分数与月奖、评优挂钩。月奖中，行政分数占70%，党群分数占30%；“七一”表彰时，行政占30%，党群占70%；年终评比时各占50%。实行量化考核以后，在分数面前平等，各类评比有了依据，促进了各项工作的开展。

“三五”普法教育：按照油田党委的统一部署，机关党委组织机关全体干部职工深入学习“三五”普法知识，1995年11月，选派了400名机关干部代表油田参加了天津市工业工委举办的验收考试，成绩良好，被评为大港区“三五”普法先进单位。

(李亚娜)

第九篇

油田改革

第九篇

油田改革

油田改革

【概述】 1995年，大港油田加快了建立现代企业制度试点工作的进程，严格按照《公司法》的要求和总公司关于陆上石油工业改革的总体部署，以继续建立现代企业制度，构建油公司体制为目标，全面落实"产权清晰、权责明确、政企分开、管理科学"的基本要求，做好试点方案的制订与实施、总体设计和配套运作。全年，管理局体制改革在五个方面取得了进展。

(1)完成了油田建立现代企业制度试点方案及相关配套文件的调研、起草、论证、修改及报批工作。

(2)组建了大港油田集团有限责任公司董事会、监事会、总经理班子等法人治理结构，完成了集团公司的一系列筹建工作，实现了集团公司的正式挂牌运营。

(3)继续推进以解体小而全为主要内容的企业组织结构调整，进一步实施了医疗卫生系统的专业化重组，制订了一系列政策规定，规范完善了开发系统、生活后勤、医疗卫生系统、普教系统等的运作，巩固了体制改革的成果。

(4)积极推进三项制度改革和机关机构改革，分配上强化工效挂钩的激励约束机制，用人上认真推行"三岗制"和"三干法"，按照现代企业制度的要求对总部机关进行了机构改革。

(5)强化项目管理，规范企业内部市场运作，推进各专业管理系统的改革，企业内部新的管理控制体系开始运作。

(李长虹)

【大港油田集团有限责任公司成立】 1995年9月，由国家体改委和中国石油天然气总公司在北京联合主持召开了大港石油管理局建立现代企业制度试点方案论证会，并于1995年9月19日以(95)中油体改字第543号文件联合批复，同意大港石油管理局依照《公司法》改组为国有独资公司，更名为"大港油田集团有限责任公司"。

方案批复后，油田依法组建了董事会、监事会、总经理班子等公司法人治理结构，形成了新的企业领导体制。为规范运作法人治理结构，相继制订了《集团公司董事会工作条例》、《集团公司监事会工作条例》、《集团公司总经理工作条例》和《集团公司党委议事规则》等工作制度。

大港油田集团有限责任公司于1995年11月正式进行了工商登记注册，领取了法人营业执照，12月1日，油田隆重召开大港油田集团有限责任公司成立大会，油田集团公司开始正式挂牌运营。

(于洪胜)

【人事制度改革】 1995年12月，在大港油田集团公司挂牌运营的同时，油田在干部聘任方面进行大胆改革，采用"三干法"(即本人申请干，群众拥护干，组织批准干)聘任领导干部。首先对油田机关部室65个职数中的58名领导进行公开竞聘，择优上岗。在此期间，油田共有278人报名竞聘58个职位，111人自荐正职，167人自荐副职，22个部门58人参加了竞聘演讲，大约1320人次参加了划票推荐。这次机关部室负责人岗位竞聘在油田产生了重要影响，一是机关部门负责人整体素质有所提高，受聘人员平均年龄45.2岁，比原来机关部室负责人平均年龄下降了4.3岁，大专以上文化程度有58人，占机关部室负责人职数的89%，提高了12个百分点，女领导干部由原来1人增加到4人。二是推进了领导干部的岗位交流，由二级单位交流到油田机关和机关部室之间交流的人数达20人，占聘任人数的30.8%。三是观念的突破，利用"三干法"聘任干部，有助于领导干部能上能下，使油田一批优秀人才脱颖而出。

(裴显华)

【机关机构改革】 油田集团公司成立后，按照试点方案的原则要求，制定并实施了油田集团公司机关机构改革方案。新的总部机关从理顺战略规划、生产运行、经营管理、技术支持、对外合作、监督调控、社会服务、公共关系等职能入手，按照职责明确、结构合理、运转灵活、人员精干、注重效率的原则重新设计。公司机关共设25个部(室)，人员编制435人，比改革前减少了5个处室。

(赵芳秋)

【医疗卫生系统改革】 1995年，在抓紧制订《试点方案》的同时，继续推动组织结构调整。主要进行了医疗卫生系统的专业化改革。重点将医疗卫生机构、网点从各二级单位剥离出来，实行职工总医院—各区分院或门诊部—保健站三级医疗预防保健网络管理。职工总医院直接管理8个分院和1个门诊部、21个保健站。至1995年底职工总医院人数由1994年底的934

人增至 1907 人。

（马玉林）

【三项制度改革】 1995 年，油田加大了三项制度改革力度，在操作岗位全面推行“上岗、试岗、待岗”三岗制。在优化组织结构的基础上，按满负荷工作的要求，重新确定岗位劳动定额和定员，制定岗位规范，进行岗位资格考核，并进行合理组合，考核合格和被组合者，签订上岗合同，聘任上岗，享受岗位工资。对下岗人员进行妥善安置，或参加培训，或从事多种经营，其中的少数人厂内待业，并允许下岗职工停薪留职，自谋出路。在自愿申请、组织批准的前提下，允许符合局规定条件的职工提前退休。积极推行全员合同制，对现有合同制职工实行规范的劳动合同管理，年内新增的各类人员全部实行合同制管理，并在独立法人试点单位进行全员劳动合同制试点。在全体干部中推行“三干法”，完善干部聘任制度，建立任期目标责任制，做到能上能下，易岗易薪。深化分配制度改革，实行以“两低于”为主要模式的工效挂钩办法，建立正常的工资增长机制。完善基本工资制度，建立与新的职务系列相适应的单位工资标准，实行技能工资考核升级办法。为了体现风险共担的原则，经营者必须交纳风险抵押金。完善社会保障体系，按照单位独立、归口统筹、属地管理、优质服务的思路，建立完善养老保险制度，建立失业保险制度，进行了建立医疗保险制度试点。

【规范油田内部市场运作】 1995 年围绕内部市场的建立和完善，油田继续深入推行甲乙方合同制，实行内部工程招标、投标。对油田有关市场合同规章制度进行了补充和完善。制定下发了《油田市场准入规则》、《油田内部市场管理的补充规定》等，同时建立了市场准入和合同签订前的申报审批制度、参与市场主体资格审查制度、合同履行注销制度及合同履行完的归档制度。

（吴　云）

【住房制度改革】 1995 年初，油田开始施行公有住房出售政策，并依据房改方案，鼓励职工购房。同时，油田从 1995 年始，实行职工住房合资建房单轨制，不再执行原分房政策。油田特制定下发了《大港石油管理局关于集资建房若干政策问题的规定》及《补充规定》等有关政策。

（宋丹阳）

第十篇

对外合作与交流

第十篇

对外合作与交流

对外交流

【概述】 1995年,大港石油管理局共派出出国考察和技术培训人员77批、210人次。到油田来进行技术服务、科技交流和洽谈合资合作的外宾共107批、386人次(18个国家和地区)。

【主要交流活动】

(1)1995年3月14日,以巴巴耶夫总地质师为团长的土库曼斯坦石油天然气部代表团一行5人来油田访问,来访客人参观了总机械厂螺杆钻具车间、石油机械厂整筒抽油泵车间、滨海输油站和修井现场。

(2)1995年4月27日,以李钟根副会长为团长的韩国大陆石油开发株式会社石油事业协议代表团一行8人来油田访问,双方就炼油厂扩建和投资问题等进行了洽谈。

(3)1995年6月6日,以默罕迈得·阿赫迈得·拉尔部长为团长的苏丹能源矿产部代表团一行4人,在中国石油天然气总公司王涛总经理的陪同下来油田进行友好访问。代表团一行参观了炼油厂,详细询问了整套炼油装置情况。

(4)1995年11月16日,联合国开发计划署亚太经社会天然气价格与投资技术协商研讨会代表团一行12人来油田访问,考察了压气站新处理装置,并就双方感兴趣的问题进行了探讨。

(路惠卿)

对外经济技术合作

【对外合作】

1.赵东区块合作项目

1995年,赵东区块C区新钻评价井2口(C—2—2井、C—3井),D区新钻预探井1口(D—1井)。其中C—2—2井落实了油水界面,C—3井除明化镇组油层外,又发现了馆陶组和沙河街组新油层,单井组合产量达5768桶,使探明石油储量升级为Ⅱ类,新增含油面积0.7平方千米,石油地质储量487万吨,为滚动开发提供了物质保障。预探井D—1井在馆陶组见到了良好的油气显示,在明化镇组获得高产油流(这在羊二庄断层上升盘尚属首例),经初步测算控制含油面积9.4平方千米,石油地质储量1457万吨。D—1井在二迭系上部厚层砂砾岩也见到良好油气显示且试油见到油花,说明赵东潜山仍是较有希望的潜在含油目的层。

1995年8月11日,经中华人民共和国对外经济贸易合作部批准,路安中国(有限)公司将作业者的权益转让给阿帕奇中国公司。

1995年9—12月,中方专家组赴美国协助作业者阿帕奇中国公司进行赵东初始开发区(包括C区和D区已发现含油区)总体开发方案的编制工作。

2.沈家堡区块合作项目

1994年12月12日—1995年2月28日,美国宾斯公司远东部经理阿兰·史密斯等5人在北京与中国石油天然气总公司开发生产局刘宝和副局长、国际合作局胡乃人总工程师等就扩大合作问题进行了磋商,双方一致同意将沈家堡的合作评价扩大到自来屯南、枣园西斜坡、段六拨南、北等5个段块,总计未动用储量6643.0万吨。

1995年3月7日—4月2日,阿兰·史密斯等5人在油田实地考察并收集扩大合作区块的有关资料。1995年8月,宾斯公司邀请于庄敬(总地质师)等7人去美国宾斯公司参加联合评价。

1995年10月5—12日,美国宾斯公司阿兰·史密斯等5人来油田通报初步评价结果。

3.北塘区块合作项目

1995年,北塘区块合作项目东Ⅰ区完成39.18平方千米三维地震采集工作,采集CDP面元25×50米,60次覆盖及一条12千米二维测线的采集工作。涧南南Ⅰ区完成40平方千米三维地震资料采集工作,采集CDP面元15×30米、120次覆盖及两条共计12千米的二维测线的采集。

4.巴基斯坦印度河(N—55)公路工程项目

矿区建设工程公司驻巴项目组克服工程前期施工中的种种困难，合理部署，工程进展顺利，至1995年底，完成了该工程总量的18%。

5. 技术服务项目

1995年，定向井技术服务公司、地球物理勘探公司凭借其优良的装备，过硬的技术，良好的服务，积极开拓国外市场，为美国、伊朗等国的石油公司提供定向井技术服务和地震资料处理共24口井次，受到外商的赞誉。

【产品出口】 1995年，大港石油管理局产品出口总额为1749.7万元人民币，其中石油机械产品（整筒泵、电加热抽油杆等3460件）出口创收49.7万元人民币，多种经营产品（膨胀石墨等12种）出口创收1700万元人民币。

【技术设备引进】 1995年，大港石油管理局对外签订技术设备引进合同23个，用汇金额（包括日本第三次能源贷款、中国人民银行贷款、银行购汇）524.78万美元。其中用汇在100万美元以上的合同有两个：

（1）1995年6月9日，滩海工程公司自升式气垫钻井平台液压顶升和电子控制系统引进项目与荷兰哈焦丹公司签约，合同号为95GHCCA/382—DG202HL。

（2）1995年6月28日，炼油厂DCS集散控制系统引进项目与美国HONEYWELL公司签约，合同号为95HYC0026—1—4/USA。

（路惠卿）

第十一篇

党群工作

第十一篇

党群工作

组织工作

【领导班子建设及干部管理】 1995年初,局组织部对38个二级单位、15个局属处级单位、28个局机关处室的领导班子和342名处级干部进行了年度工作考核,共组织1787人参加民主测评,考核谈话525人,经综合分析将考核情况向有关单位作了反馈。对考核不称职的2名处职干部予以解聘;对4名群众认可程度低、政绩不突出的处职干部实行"黄牌"警告,责令限期提高;对4名因民主作风差、决策失误或严重失职造成巨额资金被骗、外漂的处职干部,停发岗位工资和奖金,责令离职追债。并将这一考核结果通过《大港石油报》进行了公开报道,引起了不小的震动。1995年11月集团公司成立后,成立了人事部,作为党政共管部门,专门负责处职干部队伍建设,原组织部干部管理科归人事部。

1995年12月,钻井公司、教育处下属副处级单位的处职干部分别由钻井公司与教育处管理。

(裴显华)

【党组织建设】 油田从1995年3月中旬开始,开展了一年一度的民主评议党员活动,经过层层评比,共评选出局级先进党支部57个,优秀共产党员361名,优秀党务工作者71名。6月30日召开纪念建党74周年暨"创先争优"总结表彰大会,对先进党组织及优秀个人进行了表彰。从1月中旬至9月底,油田在各级党组织和全体党员中开展了"党员先锋模范作用、党支部战斗堡垒作用、党员领导干部的表率作用"的大讨论。有1478个基层党支部,19804名党员和393名处级以上党员领导干部参加了学习和讨论,提高了党员队伍的整体素质,增强了党组织的战斗力和凝聚力。

【党员发展】 1995年油田把发展党员的重点放在生产、科研工作一线的青年同志和优秀知识分子身上。严格按党章规定的党员标准和程序进行发展,严格履行入党手续。1995年共发展党员965名,申请入党人数达到6835名,占非党员职工人数的12.1%。

【统战工作】

(1)党外知识分子工作。1995年,油田在党外知识分子中开展了以"热爱油田、热爱岗位、做贡献"为主题的"两爱一做"活动,动员广大党外知识分子立足本职岗位,进行科研攻关、技改技革、提合理化建议活动。

(2)民主党派工作。1995年油田党委协助九三学社开展了建社50周年庆祝活动;组织民盟成员参观抗日胜利纪念馆,开展纪念反法西斯教育活动。在提高民主党派现有成员素质的基础上,按照"三个为主"的原则做好组织发展工作,对不符合原则和有关规定的现象,及时给予指正。到1995年底,油田有6个民主党派的成员共计73人,其中民革、民进、民盟、九三学社4个党派在油田设立了5个基层组织。

(3)对台工作。1995年,大港油田在对台工作中,注意做好台胞来油田探亲接待和台属赴台前思想教育工作。共协助台属接待台胞来油田探亲26人次,办理职工家属赴台探亲3次。

(4)调研工作。1995年,油田开展了统战调研活动,有7篇论文获天津市统战部奖励,油田被市委统战部评为调研工作先进单位,并在天津市统战调研总结表彰会上介绍了经验。

(吴开元 陆纪林)

宣传工作

【概述】 1995年,油田宣传工作突出三个重点:一是开展了"发展要有新思路"大讨论。引导职工进一步转变观念,统一思想,强化四种意识,即强化忧患意识,强化以经济效益为中心的经济意识,强化管理意识,强化市场竞争意识;二是以改革发展为主题,大力开展宣传教育工作。注重抓重点工作,解决主要矛盾,总结和宣传生产经营管理经验,树立先进典型,增强了广大职工参与、支持改革的自觉性;三是进一步加强职工队伍建设。培养广大职工的主人翁精神,树立爱厂、爱岗、视厂如家的责任感和事业心,深入开展职业道德教育,引导职工为维护企业的形象和信誉尽职尽责。

（李文强）

【政治理论教育】 1995年，油田党委紧紧围绕"什么是社会主义，怎样建设社会主义"这个首要的基本理论问题，以《邓小平建设有中国特色社会主义理论学习纲要》为指南，组织广大党员、干部、职工学习《邓小平文选》，学习党的十四届四中、五中全会文件。开展了"工作要有新思路大讨论"，进一步促进了思想观念的更新。主要采用"四个结合"的学习方法：一是分散自学与集中研讨相结合；二是脱产培训与开办讲座相结合；三是专家面授与观看录像辅导相结合；四是看书学习与其他学习方式相结合。以油田党校为阵地，举办了8期副处级以上干部学习社会主义市场经济理论和全国建立现代企业制度试点工作会议文件的轮训班，共培训学员301名。通过领导宣讲、班组讨论、知识竞赛、群众讲演等多种形式，组织广大职工学习理论。10月份，油田召开了第二次领导干部学习邓小平建设有中国特色社会主义理论体会交流会。

（蒋益林）

【党员教育】 1995年，油田党委认真贯彻十四届四中、五中全会精神，在全油田开始了为期三年的学习建设有中国特色社会主义理论和党章的党员"双学"活动。于3月27至31日，举办了党员教育师资培训班，61人参加了培训。油田各基层单位党委举办了骨干培训班32期，培训师资力量1280余名。1995年开办各种形式的学习班522期，共培训党员20892人、要求入党积极分子585人。整顿或组建34个基层党校，有72名专(兼)职党校教员上岗。油田党委宣传部和党校共同组织编写了油田第一本党员轮训教材。

（宋功彪）

【思想政治工作】

(1)1995年，油田把爱国主义、集体主义、社会主义教育同油田的生产经营实际结合起来，同学习孔繁森结合起来，同培育企业精神结合起来，同职业道德建设结合起来，并根据油田全年各阶段生产经营工作的重点，联系职工队伍的思想实际，组织开展教育活动，使思想政治教育与生产经营工作融为一体。

(2)1995年，油田的宣传思想工作围绕着油田建立现代企业制度，超前进行思想引导。把全国建立现代企业制度试点工作会议的有关文件汇编成册，组织领导干部分期举办培训班。将正式出台的《大港油田现代企业制度改革试点方案》改编成通俗易懂的宣传提纲，供基层职工学习。针对职工普遍关心的有关集资建房等问题，及时编写了《集资建房宣传提纲》，印发到班组，使职工对有关政策和规定有了全面的了解。

（高清祥）

【精神文明创建活动】 1995年，油田把精神文明建设的重点放在抓好基层建设上。各单位认真落实油田基层建设工作会议精神，按照党委关于开展基层建设"达标、创优、夺旗"活动的部署，根据对列入基层建设考核范围的819个基层单位的检查考核，达标单位793个，占基层队的97%，其中有50个单位被评为1995年度基层建设红旗单位。

（王春永）

【普法工作】 1995年，油田组织广大职工重点学习了《劳动法》、《经济合同法》、《会计法》、《环境保护法》等各项专业法律知识。举办《劳动法》学习班6期，参加学习人员达500多人次；组织《会计法》学习班15期，有1460人次参加学习；举办了《统计法》学习班，有136名专(兼)职统计人员参加了学习；举办《环境保护法》学习班14期，培训人数达895人次。油田和各基层单位共办各类法规学习班196期，培训23265人。

（高清祥）

【新闻工作】 1995年，油田新闻单位积极配合油田的体制改革和生产经营，营造舆论氛围。《大港石油报》组织了"发展要有新思路"大讨论。讨论历时两个月，为油田的改革和发展起到了促进作用。在由市委宣传部、市新闻出版局组织的天津市公开刊号报纸首次质量评估中，《大港石油报》被评为天津市一级报纸。在由国家新闻出版署、中国新闻工作者协会、中国企业报协会联合举办的全国企业报"十佳、百优"评选中，《大港石油报》被评为全国"百优企业报"。《中国石油报》驻大港记者站被《中国石油报》评为先进记者站。1995年底，电视台完成了三号院北区西里600户居民及中区西里500户居民的闭路电视设施的安装调试。

（丁　和）

【职工思想政治工作研究】 1995年，在油田全面实施现代企业制度的新形势下，油田职工思想政治工作研究会提出了"凝聚力工程"的设想，使油田思想政治工作更加科学化、系统化。政研会深入到18个二级单位、23个基层队、站、车间开展调研，形成了《油田思想道德建设的现状及对策》、《关于思想政治工作与管理工作的关系》、《关于在油田深化改革过程中职工的思想状况》、《关于钻井公司等六个施工作业单位基层建设工作情况》等调查报告，组织撰写论文178篇。

（蒋益林）

纪检监察工作

【概述】 1995年,油田纪检监察部门围绕油田改革、发展和稳定的大局,全面履行纪检监察职能,党风廉政建设健康发展,领导干部廉洁自律成效明显,查办大案要案有了新的进展,效能监察成效显著,党风党纪教育进一步深化。油田纪检监察部门连续三年被天津市纪委授予"十佳纪检监察组织"称号。

【领导干部廉洁自律】 1995年,油田纪检监察部门采取措施抓了四个环节的工作:即抓组织领导,加大反腐败力度;抓宣传教育,增强各级领导干部廉洁自律意识;抓领导干部的严格要求,认真解决廉洁自律重点问题;抓监督检查,保证各项制度的落实。通过工作,促进了领导干部廉洁自律,取得一定成效。一是领导干部廉洁自律意识明显提高。油田各级领导干部拒收礼品、礼金124人次,拒收金额13.6万元;主动上缴礼品、礼金93人次,上缴金额10.5万元;二是对超标准进口小汽车进行了认真清理纠正。全年共清理排气量在3.0以上(不含3.0)的超标准进口豪华小轿车13辆,2.6—3.0的进口小轿车17辆,2.4—2.0的进口小轿车14辆;三是公款吃喝玩乐之风得到遏制。通过对10个重点二级单位的抽查,1—10月份,共发生招待费49万元,比去年同期的64万元下降了23.4%;四是狠刹用公款向领导机关和领导干部送钱送物歪风;五是纠风成果得到巩固,群众反映的"热点"问题明显减少。

【违纪案件的查处】 1995年,油田纪检监察部门共收到群众信访举报313件,其中反映处级干部的46件,科级干部的118件,一般干部的113件,其他人员的36件;两级纪检监察部门共初查核实线索381个,其中办结案313件,信访办结率100%,优质办结率97%,共立案查处违纪案件63件,解决1994年遗留案件10件。新立案数与上年同期的47件相比上升了34%,其中自办案件35件,比上年同期上升了88%;大案要案20件,与上年同期的15件相比,上升了33%。

通过查办案件,收缴违纪金额123万元,为油田挽回经济损失469.37万元。

【效能监察】 油田监察部门围绕管理增效这个重点,瞄准造成企业经济效益流失的突出问题和关键部位,集中精力,开展效能监察工作。一是对外投资管理效能监察取得了阶段性成果。全面掌握了对外投资管理状况,取得了直接经济效益2538万元。二是医疗药品采购管理效能监察成果突出。摸清了医疗卫生系统医药采购的底数,发现整改了药品采购管理中存在的133个问题,修订完善管理制度70项240条;发现案件线索8个,立案查处5件,为油田挽回经济损失39万元。

【加强防范工作】 重点进行了政策法规教育和系列案例教育。1995年开展各种教育活动68次;举行法纪政纪知识讲座121场;举办法纪知识竞赛72场次;播放录像156场次;总结宣扬遵纪守法、廉洁勤政典型43个;对违纪人员进行回访教育97人次;对科级以上干部进行谈话教育798人次;下发案例通报27个。

通过党风党纪教育,使各级干部受到震动,正确履行职责的观念进一步增强;发现纠正了一些违反纪律的问题;建立完善了监督制约制度86个,修订生产经营管理措施172项,达到了预期的教育目的。

【自身建设】 1995年,油田纪检监察干部开展了"尊敬我职业,热爱我岗位,忠于我职守"等活动,教育全体干部增强敬业意识,弘扬敢于碰硬、讲求实效、忠于职守、乐于奉献精神,增强了队伍的凝聚力和战斗力。

【调研工作】 1995年,油田针对现代企业制度下的查办案件、效能监察、党风党纪教育、自身建设等新课题,组织52名纪检监察干部开展了调研活动,撰写纪检监察调研报告、论文25篇,其中2篇论文获石油天然气总公司奖励,1篇被中纪委采用,14篇论文在全局纪检监察系统交流,5篇论文被局、处两级党政领导采纳。其中《新形势下石油企业纪检监察工作的任务及改革方向》一文,受到中纪委、石油大学以及中国石油天然气总公司有关学者、专家的好评,收录到《石油企业纪检监察教程》,作为石油系统纪委书记岗位培训的试讲教材。

(高运仓)

工会工作

【概述】 1995年，油田各级工会，坚持以邓小平建设有中国特色的社会主义理论为指导，以油田经济建设为中心，支持和参与改革，认真贯彻实施《劳动法》，维护职工利益，全面履行工会的各项职能，调动广大职工群众的积极性和创造性，在推进现代企业制度试点工作，促进油田的发展与稳定中充分发挥了作用。

【职代会】 2月27日至28日，大港油田第五届职工代表大会第二次会议召开。工会主席高兰成同志致开幕词，会议听取和审议了孙希敬同志所作的《更新思想观念，转换经营机制，加快走上以提高经济效益为中心的发展轨道》的工作报告；听取和审议了佟志民同志所作的《关于1994年财务决算情况和1995年财务预算安排的报告》；油田党委副书记张德寿同志在会上作了《充分发挥职工群众的聪明才智走出一条以经济效益为中心加快发展的新路子》的重要讲话。会议表决通过了油田工作报告、财务预决算报告的实施决议。

【民主管理】 1995年，油田工会积极参与现代企业制度试点工作，组织职工代表对《试点方案》进行了讨论，提出意见和建议103条，整理归纳为83条，被油田采纳71条，并按照职工代表的意见进行了修改，使现代企业制度试点工作一开始就具有广泛的群众基础。油田工会起草了试点方案的配套文件《大港油田集团有限责任公司工会和职工民主管理工作的实施办法》，为在建立现代企业制度中加强工会工作和民主管理工作打下了基础。

【群众生产】 1995年，油田工会先后组织开展了"实现硬过半，人人做贡献"百日系列劳动竞赛活动，包括百日流动红旗拉力赛；控水稳油优秀地质方案设计竞赛；产能建设项目短、平、快竞赛等。下半年，组织开展了以稳油控水、确保完成各项承包指标为主要内容的厂际竞赛、地质竞赛和优质工程竞赛活动。在勘探系统开展了优化勘探部署，实现增储增效系列竞赛活动。在主要生产单位开展了以"投资规模不增，生产成本不升"为主要内容的争当优秀厂长(经理)竞赛活动。开展了闯市场信息竞赛活动，广大职工为钻井、运输等9个单位提供外部市场信息230条，落实204条，实现产值2.28亿元，创利润1914.8万元。合建工作继续朝规范化、制度化方向发展，进一步完善了合建领导和评审机构，制订了合建问题的补充规定，完善了合建工作程序。1995年，共征集合理化建议和技术改进项目49721件，采纳31004件，实施22383件，创经济效益7136万元，油田被天津市人民政府评为合建工作明星单位。继续组织开展了消除事故隐患，促进安全生产的"两个一"活动，全年共提出事故隐患5624项，消除事故隐患5372项，纠正违章908次，避免事故906起，避免经济损失2933万元，审查"三同时"项目50个，总投资3.93亿元，提出建议253条。

【生活保障】 1995年，油田工会与劳资处、财务处先后联合下发了《关于发给死亡职工的遗属定期生活困难补助费和提高社会救济费标准的通知》、《关于提高职工生活困难补助费标准的通知》、《关于调整职工死亡丧葬费和工伤全残职工护理费标准的通知》等文件，从政策上维护了职工的利益。为465户社会救济户和特困户发放救济款和补助款共45.5万元。为139户特困职工家庭的245名子女资助学费近7万元。1995年，设疗养点15个，安排职工疗养5000人；为161名各届省市级以上劳动模范办理了补充养老保险，为16名劳模家属办理了农转非户口；组织了182对青年职工新婚旅行。油田工会被全总石化工会评为职工疗养工作先进单位，职工物价监督检查站被评为市级先进单位。

【自身建设】 1995年，油田工会加大工会干部培训力度，努力提高工会干部素质。举办了有100多名专(兼)职工会干部参加的培训班，请上级工会人员讲授有关集体合同、劳动合同和劳动争议等方面的知识；与天津工会管理干部学院联合举办了3期工会干部《劳动法》学习班；召开了贯彻《劳动法》、维护职工权益经验交流和典型事例发布会。深入开展建设职工之家活动，评出了16个先进职工之家、15个合格职工之家和57个基层模范职工之家，并推荐1个全国模范职工之家。开展了优秀调研成果评选活动，收到调研报告95篇，调研成果的数量和质量较往年有大幅度提高。

【女工工作】 1995年，油田工会组织开展了女职工队伍状况专题调研活动，发放调查表4000份，通过调研活动基本上掌握了女职工队伍状况，为做好女职工工作打下了基础。4月20日，大港油田工会女职工委员会换届，第二届女职工委员会由22人组成。

(陈士瑞)

共青团工作

【概述】　1995年,油田共青团组织全面推行和实施"号手联动工程"活动。油田团委坚持一手抓青工的思想道德建设,一手抓青工技术水平的提高,使"号手联动工程"活动协调发展。制定并落实了《集团公司团委自身建设标准》和《工作例会制度》,重新修订了《团支部工作手册》,采取内外培的方式,加强团干部培训,做好"双推"工作,为各类青年人才的脱颖而出创造了条件。

【青年工作】　1995年,青年工作开展了"四个教育"活动,即开展特色理论(建设有中国特色的社会主义理论)和油田改革形势教育,引导广大青年正确认识改革,安心本职工作;开展岗位规范教育,引导广大青年树立牢固的岗位意识;开展岗位学雷锋和青年志愿者活动,引导广大青年干一行、爱一行、精一行;开展大庆精神和油田创业史教育,引导广大青年岗位奉献。通过四个教育活动的开展,强化了青年岗位成才意识。在"号手联动工程"活动中,油田团组织以青年岗位技能训练为核心内容,开展了青年技术(业务)基础理论学习活动,岗位练兵活动,师徒共保、拜师学艺活动,选树技术(业务)典型活动。1995年8—10月油田举办了首届青工技术节,促进了青年技术素质的提高。油田团组织始终围绕油田生产建设的中心发挥突击作用,开展青年岗位建功竞赛活动,开展"急、难、新、险、重"任务突击竞赛活动,开展以"四个一"为主要内容的挖潜增效活动,开展青年"五小"科技攻关活动,这些活动的开展有力地促进了油田的生产建设。

【少儿工作】　1995年,油田少工委进一步深化"回顾老前辈创业史,争做石油人好后代"主题系列教育活动,以"手拉手"活动为纽带,油田30个少先队与新疆、湖北等8个省市的30所学校建立"手拉手"联谊关系,有近4000名少先队员参加到活动中来,其中二小、七中、钻井机关小学、油田三中与"手拉手"学校实现了互访。同时,少工委还积极倡导在少先队员中开展与石油人手拉手、师生手拉手等油田内部的"手拉手"活动,拓展了"手拉手"活动内容和教育范围,真正做到了队员人人参与,人人受益。

(曹宗海)

武装工作

【概述】　1995年,油田组织了民兵预备役教育训练、组织整顿、兵役登记等项工作,完成了征兵工作,人防和交通战备工作进一步完善,武器装备管理安全无事故。

【民兵预备役组织】　1995年,油田按照上级军事部门的要求进行了民兵预备役组织整顿。组建民兵连510个,民兵专业技术分队4个,民兵应急分队24个,民兵高炮营1个,有民兵2.5万人。组建天津陆军预备役二师师直高炮营1个,二师五团炮兵营1个,预任官兵838名。

【军事训练】　1995年5月25日,油田民兵预备役参加了大港区武装部、预备役五团组织的代号为"95525"应急分队拉动演练,应急分队成员500人参加。1995年油田组织了3000人的军事训练,完善了民兵训练设施。

【国防教育】　1995年,油田结合纪念世界反法西斯战争胜利50周年和我国人民抗日战争胜利50周年,组织了万人参加的国防知识竞赛。油田代表队参加了大港区国防知识现场抢答赛,获团体第二名,并代表大港区参加了天津警备区组织的考核,获第三名。

【武器管理】　1995年,油田民兵武器装备库及油建公司、运输公司、炼油厂、总机械厂、采油一厂、井下公司等各武器存放点均加强了武器装备管理,做到了"五有四无"。以安全防事故为重点,加强看管人员队伍建设,加强防护设施建设,实现了武器管理的安全无事故。

【民兵预备役活动】 1995年,油田组织民兵预备役人员开展了以下活动。

(1)生产经营活动。在民兵中开展了"四个一"活动(即每人提一条合理化建议,搞一项技术革新、创一千元经济效益、建一个优质岗位)。创造经济效益2200万元。民兵完成承担急难险重任务120多项。

(2)社会治安综合治理活动。组织民兵治安巡逻队50多支,成员500多人,参加油田社会治安治理活动。

(3)防汛抢险活动。油田民兵防汛抢险队于5月中旬调整健全,有民兵4500人,并以演练的方式完成了包括油田重点防汛工程14.3千米子牙河北堤的维护加固等多项工程施工。

【人防和交通战备工作】 1995年,人民防空工作重点加强了设在中心区、港中区、港西区和港狮区警报器的维护,保证其处于完好状态。交通战备工作坚持双向纳入,12月1日,油田交通战备办公室组织钻井公司交通战备专业保障队伍,结合井队设备搬迁进行大型综合演练。演练共设军事课目8个,使用装备器材100多种,车辆40多台,100多人参加。

(李以和)

第十二篇

社区管理

人口管理

【概述】　1995年大港油田居民总户数39805户，总人数129146人。其中：天津工业户24205户、85170人；天津农业户3671户、7496人；沧州工业户4132户、18878人；河北农业户7797户、17602人。

【"农转非"工作】　1995年，油田根据中国石油天然气总公司(95)人教开字第066号《关于寄送1995年石油普通中专分专业跨省招生来源计划的函》、(95)劳力字第29号《关于印发1995年中国石油天然气总公司技工学校招生计划的通知》和天津市有关中专招生等文件精神，经请示天津市和河北省普通中专、技工校招生部门同意，对招收天津农业户口、河北农业户口的技工学校学生679人办理了"农转非"手续。

【随矿户口管理】　1995年，油田随矿证核对率为95%，因升学户口农转非等其他原因共注销随矿人口900余人。

【常住户口管理】　1995年，根据对生活、教育、卫生等系统从主业分离出来，造成的人员变动大，给户籍管理工作带来的实际问题，户籍管理人员及时完善微机管理跟踪人口的变化情况，保证了油田人口信息资料源的完整和准确。

【暂住人口管理】　1995年，油田暂住人口年平均人数为9005人。1995年，油田对暂住人口以及油田出租房屋情况进行了专题调研，重新进行了摸底，针对油田暂住人口中存在的问题，于8月28日下发了《关于印发暂住人口管理规定的通知》，使暂住人口管理制度进一步得到完善。

（武超英）

基础教育

【概述】　1995年底，大港油田有中小学35所，教师1835人，在校学生20528名。有托幼园所35个，教职工795名，其中：教师287名，收托婴幼儿4386名。

【学前教育】　1995年，油田幼教工作进一步全面贯彻《幼儿园工作规程》，坚持保教结合的原则，加强教学工作管理，各园所通过形式多样的教育方式，重视培养幼儿良好品德行为习惯、卫生习惯和学习兴趣，提高了幼儿初步的生活自理能力。

【普通教育】　1995年，在油田中小学普遍开展了"和谐教育"，以课堂改革为重点改进教法；积极采用现代化教学手段，加大课堂密度，提高课堂教学效率和质量，减轻学生课余负担；全面落实活动课程，使学生全面发展，学有特长。以教学手段现代化为目标的多媒体教学手段和方法的改革，在中小学得到普遍推广。年初，把中小学升旗仪式录制成录像带，进行交流，互相促进，使这一重要的爱国主义教育形式更趋规范化；为纪念世界反法西斯战争胜利50周年，油田组织师生参加了各种纪念活动，为每个学校录制了爱国主义教育电视片录像带；举办"第四届校园艺术节"，共有60个节目参赛，评选出4个节目参加了天津市校园艺术节的演出。1995年评选出市级三好学生166人、区级三好学生402人、校级三好学生1155人。

（崔　刚）

医疗卫生

【概述】　1995年，大港油田有医疗卫生机构46个，其中：职工总医院1所，基层职工医院8所，卫生所19

个，保健站 17 个，卫生防病站 1 个。截至 1995 年底油田卫生系统职工总数 2333 人，其中：技术人员 1820 人、管理及工勤人员 513 人。技术人员中有高级技术职称的 36 人、中级技术职称的 325 人、初级技术职称 1459 人。1995 年有病床 722 张，收治住院病人 9572 人次，治愈好转率 96.5%，门诊诊治 1424381 人次。

【医疗卫生工作】

(1)1995 年港东、港南、港西、港北、港中、团泊洼等职工医院通过大港区医院评审委员会检查验级，达到一级甲等医院标准。《大港油田药品采购管理办法暂行规定》于 10 月 10 日开始执行，药品采购管理施行统一计划，定点采购。

(2)医学继续教育按天津市统一要求制定了《大港油田医学教育管理办法》，开办了第二届临床医学大专考前文化补习班，有 104 名学员参加补习，36 名护士通过护理高自考取得大专毕业证书。

(3)1995 年有 10 人取得高级职称资格，19 人取得中级职称资格。经天津市政府有关部门批准，为 80，83，85 届油田护训班毕业生解决了遗留问题，承认其成人中专学历。

【预防保健工作】

(1)1995 年油田发生传染病 6 种共 701 例，总发病率为 512.2/10 万，比 1994 年下降 21.14%。猩红热 3 例，比 1994 年下降 76.9%；麻疹 2 例，比 1994 年下降 98.21%；性病 40 例，比 1994 年上升 25%；"急性感染性腹泻"47 例，比 1994 年下降 45.4%。

(2)1995 年加强了肠道门诊工作，严密监测"急性感染性腹泻"疫情动态，采取综合性防治措施，使发病率有较大幅度下降。

(3)1995 年新登记结核病人 48 例，涂片阳性 15 例，治愈 13 例，痰菌阴转 13 例，阴转率 86.67%。

(4)儿童计划免疫"四苗"覆盖率 92.8%，第三轮强化"灭灰"接种入户调查 0—47 月龄儿童 10982 名，二次服苗率达 99% 以上，1995 年没有发生白喉、百日咳、小儿麻痹、破伤风、小儿结核性脑膜炎等病例。

(5)监测医疗单位紫外线灯 338 支，合格率 88.7%，手术室、妇产科、注射室空气监测 29 份，合格率86.2%。

(6)油田卫生防病站 5 月份成立妇幼保健科，检查验收 17 个妇产科门诊，组织培训 23 名基层妇幼保健人员，建立散居儿童管理网络，完成学龄前儿童"421"查体 3529 名，体检率 80%，查出各种疾病 992 名，并落实防治措施。

【公共卫生监督检测】

(1)1995 年油田组织公共场所从业人员体检 578 人次，体检率 98.5%。加强公共场所卫生监督检查，对生活用水、游泳池水监测，首次监测合格率 47.6%，复验合格率 100%。

(2)补充天津市工业企业劳动卫生档案 17 份，换发放射人员个人计量监测盒 110 个，监测有毒有害作业场所 271 个，完成从业人员查体 1183 人，受检率 90%。

(3)1995 年油田食品卫生从业人员查体 3548 人，体检率 99%，查出阳性者 29 人，全部调离食品卫生行业；培训 3548 人，培训率 98%；全年审验办证 1132 户次，监督检查 2521 户次，处罚 106 户次，没收并销毁违法食品 2067 公斤，食品监测 498 份，合格 261 份，合格率 52.4%，1995 年无较大范围食物中毒事故发生。

【卫生专业化管理】 港内 38 个医疗机构(包括 5 所基层医院，1 所门诊部，15 个卫生所，17 所保健站)有 1006 名在职职工，132 名离退休职工，医疗设备 356 台件，总价值 825.1 万元，房屋 3.2 万平方米，原值 1409.1万元，全部由职工总医院接收管理，并按卫生区域管理要求，对原医疗机构和一级医院病床进行了调整。

【重要活动】

(1)1995 年油田开展了评选优秀护理工作者活动，评选出 38 名优秀护理工作者，推荐刘军同志为天津市优秀护理工作者，"5·12"护士节之际召开了表彰大会，优秀护理工作者代表在大会上作了专题演讲和经验交流。

(2)1995 年按照青工技术节活动安排，在医疗系统青工中开展了医疗、护理技术比武活动。

(3)1995 年收集外投医学论文 165 篇，其中在石油天然气总公司大会交流 17 篇，优秀论文 12 篇，会议刊登交流 104 篇。9 月职工总医院儿科主任医师曹克定参加了在埃及举行的第三届国际儿童学科学术交流会。

(范竹玉)

计划生育工作

【概述】 1995年，大港油田出生人数1139人，人口出生率为9.19‰；其中“一孩”出生1114人，出生率为97.8%；计划内“二孩”出生25人。全年结婚1240对，其中晚婚1190人，晚婚率96%。计划生育率100%，人口自然增长率6.65‰。

【计划生育管理】 1995年进一步完善各级人口与计划生育目标管理责任制。围绕承包指标，进一步完善责任制内容，明确各有关部门职责。新组建的生活服务公司与油田补签了1995年人口承包书，落实人口承包内容，并及时成立人口与计划生育领导小组，进一步加强了计划生育工作的领导。

坚持一年两次育龄妇女孕检制度，育龄妇女孕检与健康检查结合起来进行，各单位采取有力措施，促进了长效节育措施落实工作的开展。圆满完成年度药具的供应发放任务。

【宣传教育活动】 1995年油田利用报刊、广播、闭路电视等媒体传播计划生育信息和有关科学知识。元旦春节期间，开展了以《条例》为主要内容的法制宣传教育活动，讲清政策，分别与申请二胎生育的育龄人员签订合同书，大大减少了先孕后批现象的发生，使油田二胎审批合格率达100%。2月份开展了“12亿人口日”的宣传活动，油田设12个宣传点，有369人上街开展了社会宣传。出展牌13块，黑板报778块，大小标语716条，发放宣传材料3600多份。4月份开展了《中国计划生育工作纲要》的宣传活动，在层层培训的基础上，开展了学《纲要》知识竞赛16次，有500多名基层骨干参加。“六一”期间开展了“三优”知识宣传服务活动，对9000多名独生子女家庭进行了慰问。组织了700多名育龄妇女参加了大港区计生委组织的药具知识答卷活动。从转变群众婚育观念入手，坚持经常性的人口与婚育知识教育，发放宣传材料6000余份，利用办班、放录像等多种形式，使90%以上育龄群众受到教育。

【基础工作】 1995年油田坚持计划生育“三为主”的方针，强化了计划生育基层基础工作。落实《天津市企事业单位计划生育工作职责》，油田计生办转发了区计生委(95)5号文件《关于继续开展争先创优活动的通知》，并把《优秀单位》、《合格单位》标准发到基层。年底经检查验收全部达到合格单位的标准。合格率为100%，其中优秀单位占47.6%，良好单位占30.9%，一般单位占21.5%。

1995年油田完成了人口发展规划和年度人口计划的编制与调整，统一使用油田编制的《计划生育工作手册》，实行“七账一卡”规范化管理，严格推行了生育证和基层月报表制度，加强了对计生人员统计工作培训和人口出生统计的监督和检查，人口出生统计误差率由1994年的1%下降到1995年的0.4%。

【队伍建设】 1995年针对油田的机构调整，部分计划生育工作人员新的特点，油田组织了统计、政策法规、基层基础工作管理等方面的业务培训，培训骨干783人次。

【流动人口管理】 油田计生部门利用例会，学习《流动人口计划生育管理细则》，召开生活系统专职人员座谈会。组织12个检查小组，对流动人口计划生育管理情况进行调查，写出调查报告12份。

（孙玉兰）

生活服务

【概述】 1995年，大港油田生活服务工作由原来的单纯福利型变为服务经营型，将生活服务项目进行了细化。即将生产环节的后勤服务项目（一线食堂、浴池、公寓、茶炉房等）确定为生活服务型项目，成本自理，给予承包、租赁等灵活的经营政策；将矿区维护、房屋维修和环卫绿化项目确定为公益型项目，按照服务范围和测定价格，实行专项补贴，超支不补；对于生活服务型项目（如供水、电、气、暖），根据经营运行的实际情况，测算价格，做到以收抵支，欠收不补，节约分成；对于多种经营项目，确定以市场为导向，以效益为中心，实行自主经营,自负盈亏的经营政策。1995 年油田拨出 2000 万元专款,改造了生活后勤服务设施。

(任得永)

【住宅建设】 1995 年,油田实行了集资建房政策,拆除平房住宅 6 万余平方米,建新住宅楼 4542 套,建筑面积 31.09 万平方米。为了搞好新建住宅的管理和分配工作,油田下发了《关于做好集资建房中新建住宅分配管理工作的通知》,通知中具体制定出了住房标准、分房分数计算和计分排队办法等一系列规定。至此,大港油田楼房和平房住宅达到 4.4725 万户,住宅总建筑面积达到 246.23 万平方米,人均居住面积达到 9.4 平方米。

(田雨和)

【后勤服务】 1995 年,油田对原关停的近 20 家粮菜店进行了恢复启动,面向职工家属进行服务,仅 1995 年第四季度,就销售粮油 1428 吨,蔬菜 2795 吨。1995 年底,油田对后勤服务项目进行了调整,调整后的职工食堂 76 个,职工浴池 26 个,液化气站 30 个,自行车棚 123 个,茶炉房 22 个,粮菜店 30 个,职工公寓 15 个。春节期间慰问生产一线职工 2500 人,生活系统供暖工 1900 人、节日执勤干警 800 人,慰问品金额 110 万元。

(郑 武)

【托幼工作】 1995 年,油田在用托幼园所 32 个,教职工 764 人,收托幼儿 4078 名。托幼工作的重点是:

(1)积极办好"家长学校"、"家长开放日"、"家长座谈会",向家长宣传幼儿的集体教育的重要性。

(2)充分利用有线电视、广播、家访等方式,宣传现行收费政策的必要性。

(3)开展适合年龄特点的美术班、音乐班、珠算班、智能学习班等,提高幼儿学习兴趣。

(4)组织园所长、保健员参加卫生保健知识培训,受培人数 59 人。

(5)从 1995 年 1 月开始托幼园所实行按级收费。

(郑 武 李秀荣)

【绿化工作】

(1)1995 年,油田植树 9.9 万株,补植、新植绿篱近万米,月季 4 万株,草坪 2 万平方米,新增绿地 8.5 万平方米,新建花窖 2 个(宾馆花窖 168 平方米,医院花窖 90 平方米)。

(2)1995 年,油田投资 270 多万元,用于实验中学、陵园、一中门前、医院门诊楼、技校、报社等处的绿化储备工程建设,共 3 万多平方米。投资 260 万元用于中心区胜利路西侧商业街前绿地和三号院中区居民楼区绿地土建工程建设,面积约 2.7 万平方米。

(3)全民义务植树工作。从 1995 年起,油田每个职工每年为绿化固定投资 108 元,各二级单位按职工人数向油田交纳绿化栽管费,年内此项筹资 690 多万元。为保护好六七十年代栽植的胸径在 30 厘米以上的大树,油田明确规定:油田重点保护树木,未经绿化委员会批准,不得迁移或损坏。

(曹海林)

社会保险管理

【养老保险】

(1)1995 年,油田增加了离退休人员生活补贴,并调整基本生活补贴。离退休人员随在职职工调整技能工资标准增发的生活补贴和调整基本生活补贴从 1995 年 7 月 1 日起执行。随晋升技能工资增发的生活补贴从 1995 年 10 月 1 日起执行,所需资金从养老保险统筹基金中列支。

(2)享受范围和标准。1994 年底以前离退休人员和 1994 年底到达离退休年龄 1995 年办理离退休手续的人员(不含组织批准延长的人员)按在职同类人员增资水平的一定比例增发生活补贴。离休人员:抗战前参加革命工作的离休人员按 80%、解放战争时期参加革命工作的离休人员按 70%,退休人员按 60%增发生活补贴,并可作为增发 10%基本离退休金的基数。1995 年 1 月 1 日到达离退休年龄(含组织批准延长至 1995 年退休)并办理了退休手续的人员均按规定执行调整后的技能工资标准,对符合升级条件的,可免考晋升一级技能工资,作为计发离退休费基数,并随在职职工工资一起发放,所需资金在养老保险统筹基金中列支。

(3)本年度生活补贴的发放情况:本年度增加生活补贴的离退休人员 8974 人,技能生活补贴月增资 47.80万元,10%补贴月增资 4.78 万元,基本生活补贴月增资 69.86 万元,三项月增资合计 122.44 万元,补发合计541.69万元。

【失业保险】 根据天津市有关失业保险制度的规定，大港油田从1991年开始酝酿和制定职工失业保险制度，到1994年基本正式开始运作。油田经与天津市劳动局商榷，决定将1994年度应上缴天津市的失业保险金与1995年一并上缴。两年合计向天津市劳动局缴纳失业保险金331万元，返还127万元，返还金全部发放给油田待业和失业职工。

（杨奎英）

离退休职工管理

【概述】 1995年，大港油田办理退休手续的职工2759人，截至到1995年底，油田离退休职工总计11440人，其中离休干部438人、退休干部3906人、退休工人7096人。在离退休干部中，有高级专业技术职称958人、中级专业技术人员1706人。

【离退休工作】

（1）1995年，油田新建、改建活动室6600多平方米，新建门球场12个；油田和各二级单位召开离退休职工茶话会、座谈会100余次，走访慰问1368人次，其中入户869人次，到医院看望416人次，到外地看望83人次。

（2）油田加强了离退休职工党组织建设。建离退休党总支16个、党支部123个、党小组386个，4000多名党员参加了一年一度的民主评议党员活动，146名党员分别被授予局、处两级优秀党员，油田钻井公司的老干部党支部被评为天津市先进党支部。

（3）在离退休职工中开展了思想政治工作研究活动。油田为了发挥老年思想政治工作研究会的作用，1995年在离退休职工中开展了思想理论研究，组织撰写论文19篇，其中李培中的《发挥老干部的政治优势和作用》被中国天然气总公司出版的《石油金秋》一书选用。

（4）发挥了老同志的余热。一年来，全油田约有900余人从事社会治安、种植、养殖、受聘某单位、某部门工作；建立老同志自管组织365个，有近800名老同志义务工作；管理局兴办老年实体14个。

（5）组织了962名离退休职工分别到桂林、杭州、海南等15个疗养点疗养，各单位离退休工作部门组织了1084名离退休职工分别到大连、北京等地参观，使老同志们开阔了视野，进一步了解祖国的发展变化。

【文体活动】 1995年，离退休职工文化体育活动做到了基层天天有活动，月月有比赛。一年组织各种大型活动12项21次。油田组织离退休职工参加了广州、天津、中国石油天然气总公司的多项大型比赛，并获得了天津市“三八”和“百老迎春”门球赛第一名；天津市“今晚报”杯台球赛老年普通组冠军；在广州举行的全国第七届老干部台球邀请赛中获第三名；油田承办了全国石油系统第三届离退休干部台球赛，并获得团体冠军；举办了第五届离退休职工运动会，1100名离退休职工参加了比赛；开办了第六期老年大学；开设了书法、裁判员学习班；举办了庆祝抗日战争胜利50周年系列活动，其中有座谈会、茶话会、走访慰问、文艺汇演等项目，出各种节目74个，700多名离退休职工参加了演出；举办了绘画、书法、摄影展，展出156件作品。

（孙秀竹）

民政工作

【婚姻登记】 1995年，油田经地方授权办理结婚登记1542对，平均结婚年龄24.09岁，晚婚率为65.34%。建立婚姻档案31卷，建立婚姻工作卡片1542份。自1995年5月1日起，油田婚姻登记站不再受理离婚登记工作。

【双拥工作】 1995年，油田有优抚对象320人，其中革命伤残军人75人，现役军人家属208人，烈属36人，老复员退伍女兵1人。革命伤残军人享受伤残保健金额为12426元。另有42户义务兵家属为油田农业户口,油田按规定拨款50022元,每月按比例发放到每一户家庭。享受定期定量补助金的烈属有7人,享受总金额为104496元,享受复员退伍军人定期定量补助金1人,享受金额为1704元。年内油田接待196师部队来油田驻训,发放价值3.8万元的慰问品。年内解决了67名退伍兵的安置问题。

【殡葬管理】 1995年,油田进一步完善陵园设施,投资70万元完成第一期绿化工程,建绿地0.7万平方米,建荷花池2500平方米,整修美化了园内道路,安装通风扇8台,通风沙窗32个,维修供水管线,设置消防栓。截至到年底,累计存放骨灰盒865具。

【民调工作】 1995年,油田对原人民调解网络进行了整顿,建立各级人民调解组织1201个,调解网员4745人,班组信息员3372人。1995年12月在天津市司法局召开的人民调解工作总结表彰会上,大港油田钻井公司被评为市级人民调解工作优秀集体。乔寅虎、李艳英被评为市级优秀人民调解员;刘卫东、陈秀荣被评为市级防矛盾激化最佳调解员和优秀调解员。

(陈　群)

【残疾人工作】 1995年,油田有福利厂8个,职工544人,其中残疾人293人,占职工总人数的53.9%,8个福利厂实现年产值2604万元,利润400万元。

1995年7月,油田推行了社会残疾人养老保险工作,有144名残疾人进行了投保,占16—40岁社会无业残疾人的77.3%;投保金额16.46万余元,其中所在单位和油田残联共补贴5.42万元,人均补贴378元。

1995年,油田建立各级残疾人工作协调委员会或领导小组44个、成员365人。

在1995年4月7日天津市第三届残疾人运动会上,油田残疾人代表队有14人参加了48个项目的比赛,获得46项单项名次,获28个单项冠军。

5月份,油田录制完成了一部反映残疾人事业的电视片《让我们同行》,在油田有线电视台播放。

(陈　群　王文涛)

文化工作

【概述】 1995年,大港油田文化工作坚持为油田生产建设和广大职工服务的方向,围绕油田改革的总体思路,积极探索文化工作的新途径,广泛开展多种形式的文化活动。

【文化工作管理】 1995年3月21日,大港石油文联第二次代表大会开幕,大会通过了《天津市大港石油文联章程》,表彰了1994年度先进集体37个、先进个人167名。6月23日,大港石油文联决定开展创建“文化工作红旗单位”活动。由各单位每年末自行申报,大港石油文联、文体中心按照《文化工作红旗单位标准》进行验收,合格者授予“文化工作红旗单位”称号。

【群众文化活动】 1995年,油田举办了书画、摄影展、交谊舞比赛、时装表演、文艺作品汇演等17项群众文化艺术活动。举办了油田第三届卡拉OK(港南杯)歌手大赛,有94名歌手参赛。

(徐　波)

体育工作

【概述】 1995年,大港油田体育工作认真宣传贯彻《全民健身计划纲要》和《体育法》,加强组织制度建设,广泛开展群众体育活动,油田被天津市体委、市总工会评为职工体育工作先进单位,被天津市政府授予第43届世乒赛组织工作先进单位,被评为全国全民健身宣传周先进单位。

【群体活动】 1995年,油田体育工作本着“动在基层、活在基层、抓住重点、精心组织”的工作思路,先后组织开展了职工长跑、游泳、华牌、桥牌、排球、足球及第十届职工田径运动会等比赛活动。在油田第十届职工田径运动会上,565名运动员参加了5个组别32个项目的比赛。同时还组织开展了小型多样、丰富多彩的体育活动231项次，参加活动职工5万人次。

(1)健全组织，完善制度。4月20日，大港油田体协召开第二次代表大会，选举产生了新一届体协理事会，修改了协会章程，制定了新的工作目标，成立了射击协会，调整完善了气功协会，初步形成了工作有计划，活动有安排，年中有检查指导，年终有考核评比的工作格局。

(2)大力宣传贯彻《全民健身计划纲要》和《体育法》。组织了"全民健身徒步行"活动，2000多名职工参加了活动。8月5日组织了"全民健身宣传日"活动，散发宣传资料8700多份，悬挂宣传布标45幅，展出黑板报67块，为1000多人进行了健身咨询。

(3)纪念大港油田体协成立十周年，举办了三项庆祝活动。一是举办了以反映十年来油田体育成就为主要内容的体育摄影展览。二是制作了一部反映十年来油田体育工作历程的电视专题片《攀登》。三是召开了油田体协成立十周年庆祝大会。

【竞技体育】　1995年，组织油田残疾人参加了天津市第三届残疾人运动会，夺得22枚金牌。油田在天津市"五一"职工长跑比赛中获团体总分第一名。5月30日，郭庆山代表国家参加了在马来西亚沙巴举行的亚洲铁人三项锦标赛，夺得20—29岁年龄组冠军。9月30日，在北戴河举行的亚洲铁人三项系列赛中，郭庆山获得男子优秀运动员组第三名。

【体育设施】　1995年，油田在原有体育设施的基础上又投资近百万元修建了1个网球场、2个门球场、4个地掷球场。油田在井下公司投资500多万元兴建了2个标准游泳池；在教育处投资200多万元兴建了塑胶地面体育馆；研究院投资2万元兴建了一个小型田径场；在滩海工程公司投资8万元修建了2个灯光球场；在通信公司投资3万元修建了2个台球室；在水电厂投资17万元建起了一个足球场、2个篮球场。

（刘承珠　董　标　高福来）

矿区建设

【概述】　1995年，大港油田矿区建设建筑总面积34.9万平方米，计划投资3.3亿元，4月份开工，11月份竣工。竣工面积33.5万平方米，竣工率96%，12月底投入使用。1995年审批预算823份，核减326.6万元。

（刘宝臣）

【矿区建设总体规划】　1995年，油田进行了"九五"发展规划及2010年远景目标的编制。提出在1995至1996两年内根据国家房改政策，结合油田实际，以集资建房的形式解决约11600余户居住环境较差的平房住宅户住楼房问题。1995年，开始编制西苑小区建设规划，小区规划以跨世纪小康住宅标准为目标，规划总占地面积37.73公顷，居住户数2632户，建筑面积21万平方米，绿地率达48%。

（熊小春）

【合同管理】　1995年，油田审查签订工程施工合同205项，合同金额74211.02万元。其中民建合同120项，合同金额56130.1万元，工建合同85项，合同金额18080.92万元。工程竣工率100%，工程质量优良率73%。

【招、投标管理】　1995年，油田招标工程103项，建筑面积317596.29平方米，审定标底21349.25万元，中标工程造价21373.5万元，中标工期满足招标文件规定要求，中标工程质量为天津市优良标准。

（刘宝臣　熊小春）

防汛工作

【概述】

1. 北大港地区

该地区地势中间高，东西低，天然降雨全部自西北向东南靠机排入海、入青静黄排水渠。东侧防潮工程主要依靠海堤。

2. 外围地区

⑴上古林地区。该地区南北长约5.0千米，占地面积160公顷，排水主要靠机排入板桥河，防潮主要靠东侧轻卤池及板桥河西河堤。

⑵王徐庄地区。排水主要靠一座雨污合流的泵站排向廖家洼排水渠。

⑶王官屯地区。该地区位于河北省沧县北关镇境内，占地46.12公顷，老区靠自然流入廖家洼排水渠，新区靠1座雨水排放站机排入廖家洼排水渠。

⑷团泊洼地区。该地区占地约2838.62公顷，其中可耕地1358.66公顷，工矿基地19.055公顷，农田及基地排水主要靠2座排涝站排入独流碱河。

【设施及能力】 1995年，油田防汛设施外排系统在1994年已有设施的基础上，又修建了一些小区内排雨水泵站及中心区暗排系统工程。小区排水由各生活服务公司负责。小区雨排工程的建设大大提高了小区的强排能力。1995年油田外排水能力与1994年相同。

（莫中浩　宁家群）

综合治理

【概述】

(1)治安情况。1995年，油田没有发生政治案件和危害生产及改革的突发事件；各类刑事案件、治安案件得到有效控制，交通安全、消防安全工作形势平稳。

(2)民事调解工作。1995年油田民事调解列入各级领导议事日程。民间纠纷调解成功率达到98%，巩固率达到95%。

(3)群众来信来访情况。1995年群众来信呈下降趋势，但来访上升幅度较大。对群众反映和关心的问题，各有关部门积极给予解决，使群众的疑问和问题及时得到满意答复。

(4)刑满释放、解除劳教人员都得到了妥善的安置。1995年41名刑满释放人员中，重新录用29人，安排临时工岗位3人，支持帮助9人自谋职业。

(5)1995年抓获处理各类违法犯罪分子209人，其中油田内部职工犯罪16人，占职工总数的0.023%。

(6)油田在校中小学生犯罪率为零。

【主要工作和成绩】 油田狠抓综合治理领导责任制的贯彻落实和综合治理"一票否决制"的实施，健全各级党政领导抓综合治理工作的激励和监督机制，各部门切实按照职责，保证综合治理工作及时到位。

继续抓好综合治理宣传教育，突出宣传工作重点。综合治理的宣传重点放在基层，宣传教育与"严打"斗争和重点治理等重要工作相结合，3月29日是每年综合治理宣传月中的集中宣传日，各单位综合治理领导机构结合实际，制定具体宣传方案，充分利用标语、板报、广播、闭路电视等形式，认真组织宣传。各单位共出动200余人，车辆16台，展示板报60余块，发放各类宣传品4000多份。

油田采取措施，继续严厉打击油区内偷油盗电，盗窃破坏生产设施、搞土炼油等不法分子；加强对文化娱乐场所的治安管理；加强流动暂住人口管理，进一步强化管理措施，在对暂住人口和出租房屋问题调研的基础上，完善对暂住人口的管理办法，明确部门责任，依法管理。

狠抓综合治理各项措施的落实。坚持"打防并举，重在治本"的综合治理工作原则，各部门按综合治理职责分工，认真履行本部门的职责。首先是强化综合治理措施，狠抓基层防范工作，把落实防范措施放在基层，搞好群防群治。其次是深入开展法治宣传教育，提高广大职工家属遵纪守法的自觉性。加强青少年思想教育和法治教育，贯彻《天津市未成年人保护条例》，重点抓好中小学生的法治宣传教育，把学校教育、家庭教育、社会教育紧密结合，全面提高青少年整体素质。第三是以化解矛盾纠纷为重点，加强调节疏导工作。正确处理职工群众内部矛盾，预防和减少群众上访等事件，把问题解决在基层，解决在萌芽状态。

进一步加强综合治理执行机构的建设。按照油田贯彻天津市社会治安综合治理条例实施办法的规定，健全各项综合治理机构，并保持人员的相对稳定，人员变化及时进行调整补充。同时加强思想、组织、业务建设，人员素质和办事效率得到新的提高。

（赵惠林　赵文华　赵洪武）

第十三篇

机构与队伍

第十三篇

机构与队伍

机　构

【概述】 1995年，大港油田根据港油总发[95]1号文件《转发中国石油天然气总公司、国家体改委〈关于同意大港石油管理局现代企业试点方案的批复〉的通知》，大港石油管理局改制为大港油田集团有限责任公司。依据港油总发[1995]4号文件《关于印发〈大港油田集团有限责任公司机关机构改革方案〉的通知》，油田集团公司设机关部室27个，机关附属单位25个；油田集团公司设直属单位20个，其中：新成立3个（*号），设二级单位（分支机构）40个，其中：更名的2个（*号）。

1. **大港油田集团有限责任公司机关**（27个）

党委办公室
党委组织部（统战部）
党委宣传部
工会
团委
办公室（董事会秘书处）
生产协调部（工农关系部）
基建工程部
科技开发部
技术安全部
物资装备部
规划计划部
企业管理部
财务资产部
劳动工资部
国际合作部
卫生管理部
多种经营管理部
公共事业部
审计部
法律事务部
人事部
监察部（纪委）
政策研究室
武装部
离退休职工管理部（老干部处）
行政事务部（机关党委）

2. **机关附属**（25个）

职业介绍交流中心
职业技能鉴定中心
社会保险中心
基建质量监督站
基建招标管理办公室
计划定额站
物资商情站
土地开发站（土地监察科）
律师事务所
科技信息室
机关劳动服务公司
供应站
行政处服务队
离退休服务队
防疫站
畜牧检疫站
招待所（宾馆）
小车队
档案馆（史志办）
打字、收发室
多种经营管理部车班
陵园
弹药库
电视台
记者站

3. **直属处级单位**（20个）

勘探公司
实业开发公司
销售公司
*工程建设监理公司（房地产开发公司）
设备物资开发利用公司
技术监督检测中心
文化体育中心
经济研究所（经济技术咨询公司）
大港石油报社
会计师事务所
石油审计所
无锡休养院

驻京联络处
新工业区管理处
黑河鹏程工贸总公司
港城国际贸易发展公司
经济技术贸易公司
*财务结算中心
*油气井修复利用中心
中油物资设备公司天津分公司(代管)

4. 所属二级单位(40个)

地球物理勘探公司
钻井工程公司
定向井技术服务公司
地质录井公司
滩海工程公司
油气开发公司
(开发公司采油二厂)
(开发公司采油三厂)
(开发公司采油四厂)
井下作业公司
测井公司
油田建设工程公司
矿区建设工程公司
运输公司
总机械厂
石油机械厂
水电厂
炼油厂
供应处(物资供销公司)
通信公司
地质勘探开发研究院
勘察设计研究院
钻采工艺研究院
职工总医院
教育处
职工培训中心
大港石油学校
技工学校
大港商业公司(代管)
第二实业公司
公安处
中心区房产公司
中心区生活服务公司
港东生活服务公司
港南生活服务公司
港西生活服务公司
港北生活服务公司
港中生活服务公司
*港狮生活服务公司
*港骅生活服务公司

(井会忠)

职工队伍

【概述】 截至1995年底,大港油田职工总数为69500人,其中女职工22534人,占职工总数的32.42%,职工中大学本科以上学历4454人、大专学历5630人、中专学历9181人、技校生12339人、高中生5423人、初中以下32473人。各类干部21747人,占职工总数的31.29%,其中高级专业技术职务人员1062人,占干部总数的4.88%;中级专业技术职务人员4506人,占干部总数的20.72%;初级专业技术职务人员12553人,占干部总数的57.72%。

(孙茂文)

职工队伍构成

序号	队伍名称	队伍个数	人数	序号	队伍名称	队伍个数	人数
1	地质勘探队伍	3	5517	10	机械制造维修队伍	2	2631
2	钻井队伍	3	10683	11	供应队伍	1	1151
3	采油气队伍	6	14751	12	勘探设计队伍	1	536
4	井下作业队伍	1	3277	13	科研队伍	1	750
5	炼油、石化队伍	1	2282	14	文教队伍	4	3488
6	油田建设队伍	2	4405	15	卫生队伍	1	2070
7	输油气队伍			16	管理机关	1	1049
8	水电、通信队伍	2	2137	17	其他	32	13680
9	运输队伍	1	2268				

专业队种情况

序　号	队　种	队　数	总人数	工人人数	序　号	队　种	队　数	总人数	工人人数
1	地质队	35	581	284	17	井架安装队	5	269	255
2	测量队	4	129	85	18	钻机搬迁队	4	318	296
3	地震队	13	2187	1994	19	采油队	45	3523	2887
7	综合研究队	22	1059	250	20	试油队	6	461	403
8	专题研究队				21	大修(井)队	11	370	302
9	电测队	24	432	213	22	井下作业队	41	1322	1121
10	射孔队	15	205	137	23	酸化压裂队	5	306	281
11	气测队	12	108	75	24	试井队	7	306	240
12	钻井队	47	2946	2945	25	油建安装队	15	1124	1008
13	水井队	1	33	30	26	输油气队	21	1890	1552
14	固井队	3	280	245	27	汽车运输队	30	2096	1910
15	综合录井队	8	91	29					
16	管子站	1	462	390					

（孙茂文）

领导干部

【概述】 1995年在保持两级领导班子相对稳定的基础上，根据实际情况和工作需要，对部分二级单位和直属公司领导进行了调整充实。年底集团公司挂牌，总公司对局级领导班子做了调整。集团公司对机关部室的处职领导进行了公开招聘。

领导干部（现职局级、正处级或主持单位工作的副处级以上干部统计数字，截至到12月30日）

油田集团公司党委领导名录

序　号	职　务	姓　名
1	党委书记	王　鹏
2	党委副书记	姚和清
3	党委副书记	张德寿
4	党委常委、纪委书记	陈玉瑾
5	党委常委、工会主席	高兰成
6	党委常委	朱敬成
7	党委常委	郭德宝

油田集团公司董事会成员领导名录

序号	职　　务	姓　名
1	董事长	姚和清
2	副董事长	王　鹏
3	副董事长(总公司委派)	汪国良
4	董事	张德寿
5	董事	张大德
6	董事	石彦民
7	董事	郭德宝
8	董事	吴照生
9	董事	高兰成

油田集团公司监事会成员名录

序　号	职　　务	姓　名
1	监事会主席、纪委书记	陈玉瑾
2	监事、纪委副书记(正处)	高凤翔
3	监事(总公司委派、副处)	屈延龄
4	监事(正处)	徐树荣
5	监事(正处)	石桂臣

油田集团公司总经理班子成员名录

序　号	职　　务	姓　名
1	总经理	姚和清
2	副总经理	朱敬成
3	副总经理、总地质师	石彦民
4	副总经理	张幸福
5	副总经理	郭德宝
6	副总经理、总会计师	吴照生
7	副总经理	刘厚敏

油田集团公司科委副主任、总经理助理名录

序　号	职　　务	姓　名
1	集团公司科委副主任(副局)	张大德
2	集团公司科委副主任(副局)	曲经文
3	集团公司科委副主任(正处)	李文瑞
4	总经理助理(正处)	宫文欣
5	总经理助理(正处)	徐志龙
6	总经理助理(正处)	周嘉玺
7	总经理助理(正处)	解春贵

油田集团公司机关部室领导名录

序　号	部　　室	职　　务	姓　名
1	党委办公室	主任	马鹏龄
2	党委组织部	部长	曹承敏
3	党委宣传部	部长	刘志谦
4	工会	副主席(正处)	徐树荣
5	团委	书记	徐宜阳
6	办公室	主任	高金水
7	生产协调部	主任	马金琨
8	基建工程部	主任	汪毓元
9	科技开发部	主任	李　淦
10	技安环保部	主任	周　国
11	物资装备部	主任	杨芳云
12	规划计划部	主任	王开庆
13	企业管理部	主任	王鹤龄
14	财务资产部	主任	兰立鹏
15	劳动工资部	主任	李遵义
16	国际合作部	主任	尹长阁
17	卫生管理部	主任	华勇魁
18	多种经营部	主任	刘志鹏
19	公共事业部	主任	鲁智慧
20	审计部	主任	张　有
21	法律事务部	主任	刘经华
22	人事部	主任	马宝琦
23	纪委监察部	主任	高凤翔
24	政策研究室	主任	常守智
25	人民武装部	部长	韩恩国
26	离退休职工管理部	主任	师丙辰
27	行政事务部	主任	杜忠仁

直属公司领导名录

序　号	单　　位	职　　务	姓　名
1	勘探公司	经理	吴永平
2	实业开发公司	经理	郭景海
3	销售公司	经理	崔学成
4	工程建设监理中心	主任	黄梦勤
5	设备物资利用公司	副经理	徐希明
6	技术监督检测中心	主任	周伯奇
7	文化体育中心	主任	蒋永佑
8	经济研究所	所长	陈一桥
9	大港石油报社	社长	尹　明
10	振兴会计师事务所	所长	刘家余
11	凯业审计事务所	所长	黄根兴
12	无锡职工休养院	副院长	袁明儒
13	北京联络处	副主任	刘长山
14	新工业区管理处	副主任	姜祖国
15	黑河办事处	主任(经理)	李树仁
16	港城国际贸易公司	副经理	曹荣峥
17	经济技术贸易公司		
18	财务结算中心	主任(兼)	兰立鹏
19	油气井修复中心		高毓中(副)

所属单位正处级领导名录

序号	单位	党委(群)		行政	
		职务	姓名	职务	姓名
1	地球物理勘探公司	党委书记	王德增	经理	毛立言(兼)
2	钻井工程公司	党委书记	李宏运	经理	李克敬
3	定向井技术服务公司	党委书记	郭世升	经理	纪家源
4	地质录井公司	党委书记	宋兆仁	经理	孙宝绪
5	滩海工程公司	党委书记	王　勇	经理	李国良
6	油气开发公司	党委书记	张幸福(兼)	经理	张幸福(兼)
7	油气开发公司	党委副书记	周　标		
8	油气开发公司	工会主席	高治功		
9	油气开发公司	副经理			张立高
10	油气开发公司	副经理			霍峰山
11	油气开发公司	总地质师			马世煜
12	油气开发公司	总工程师			马双才
13	油气开发公司第一采油作业区	党委书记	郭积录	经理	郭积录
14	油气开发公司综合生产服务公司	党委书记	赵永同	经理	赵永同
15	油气开发公司滩海采油作业区			经理	李承虎
16	油气开发公司天然气公司			经理	刘怀义
17	油气井修复中心				高毓中(副)
18	油气开发公司第二采油厂	党委书记	侯培学	厂长	崔均生
19	油气开发公司第三采油厂	党委书记	徐竹春	厂长	徐竹春
20	油气开发公司第四采油厂	党委书记	石桂臣	厂长	石桂臣
21	井下作业公司	党委书记	赵汝勤	经理	张永德
22	测井公司	党委书记	魏震球	经理	魏震球
23	油田建设工程公司	党委书记		经理	陈乃兴
24	矿区建设工程公司	党委书记	王振声	经理	郭进光
25	运输公司	党委书记	袁国明	经理	高福荣
26	总机械厂	党委书记	王　骥	厂长	王　骥

续表

序号	单位	党委(群)		行政	
		职务	姓名	职务	姓名
27	石油机械厂	党委书记	钱虹章	厂长	孟庆和
28	水电厂	党委书记	董格宪	厂长	林播穗
29	炼油厂	党委书记	梁绍瑜	厂长	谢久志
30	供应处(物资供销公司)	党委书记	韩朝阳	处长(经理)	王建东
31	通信公司	党委书记	范铁民	经理	范铁民
32	地质勘探开发研究院	党委书记	李学琦	院长	李学琦
33	勘察设计研究院	党委书记	张显文	院长	张显文
34	钻采工艺研究院	党委书记	果旭昌	院长	王兆胤
35	职工总医院	党委书记	李振权	院长	李振权
36	教育处	党委书记	焦双春	处长	焦双春
37	职工培训中心	党委书记	侯福录	主任	贺锡海
38	大港石油学校	党委书记	王　斌	校长	王建华
39	技工学校	党委书记	毛宗志	校长	毛宗志
40	大港商业公司	党委书记	王宝余	经理	张秀兰
41	第二实业公司	党委书记	颜秋庭	经理	颜秋庭
42	大港石油公安处	党委书记	赵贺灿	处长	赵贺灿
43	中心区房产公司	党委书记	段恩伦	经理	段恩伦
44	中心区生活服务公司	党委书记	宋秀勤	经理	宋秀勤
45	港东生活服务公司	党委书记	胡培成	经理	胡培成
46	港南生活服务公司	党委书记	姚连生	经理	姚连生
47	港西生活服务公司	党委书记	张胜华	经理	张胜华
48	港北生活服务公司	党委书记	李德明	经理	李德明
49	港中生活服务公司	党委书记	李调军	经理	李调军
50	港狮生活服务公司	党委书记	高绍山	经理	高绍山

（裴显华）

第十四篇

先进集体与个人

综合先进

先进集体

被授予单位	授予单位	称号
钻井工程公司 4545 钻井队	中国石油天然气总公司	先进集体
地质勘探开发研究院开发规划室	中国石油天然气总公司	先进集体
采油四厂采油二队	中国石油天然气总公司	先进集体
采油三厂修井公司 311 队	天津市模范集体	先进集体
地球物理勘探公司研究所	天津市模范集体	先进集体
总机械厂钻头制造分厂	天津市模范集体	先进集体
钻井工程公司 45129 钻井队	大港油田集团有限责任公司	先进集体
钻井工程公司 4545 钻井队	大港油田集团有限责任公司	先进集体
钻井工程公司 4586 钻井队	大港油田集团有限责任公司	先进集体
开发公司第一采油作业区 312 队	大港油田集团有限责任公司	先进集体
开发公司综合生产服务公司 109 队	大港油田集团有限责任公司	先进集体
采油二厂修井 203 队	大港油田集团有限责任公司	先进集体
采油三厂修井 311 队	大港油田集团有限责任公司	先进集体
采油三厂一矿四队	大港油田集团有限责任公司	先进集体
采油四厂采油二队	大港油田集团有限责任公司	先进集体
井下作业公司试油二大队五中队	大港油田集团有限责任公司	先进集体
建设工程公司金属结构厂铆焊车间	大港油田集团有限责任公司	先进集体
地球物理勘探公司研究所	大港油田集团有限责任公司	先进集体
运输公司顺达汽车修理厂	大港油田集团有限责任公司	先进集体
测井公司数控测井队	大港油田集团有限责任公司	先进集体
总机械厂钻头分厂	大港油田集团有限责任公司	先进集体
石油机械厂抽油泵厂	大港油田集团有限责任公司	先进集体
地质勘探开发研究院规划方案研究室	大港油田集团有限责任公司	先进集体
教育处实验中学九四届高三年级组	大港油田集团有限责任公司	先进集体
滩海工程公司 4504 钻井队	大港油田集团有限责任公司	先进集体
供应处总库机务队	大港油田集团有限责任公司	先进集体

先进个人

被授予人员	所属单位	授予单位	称　号
邵清泉	钻井工程公司	中国石油天然气总公司	劳动模范
王丛伟	钻井工程公司	中国石油天然气总公司	劳动模范
田景伟	第一采油作业区	中国石油天然气总公司	劳动模范
张义胜	井下作业公司	中国石油天然气总公司	劳动模范
王振忠	建设工程公司	中国石油天然气总公司	劳动模范
杜焕德	教育处	中国石油天然气总公司	劳动模范
王立海	炼油厂	中国石油天然气总公司	劳动模范
郭旭跃	第三采油厂	中国石油天然气总公司	劳动模范
韩金尧	第一采油作业区	中国石油天然气总公司	劳动模范
刘厚良	石油机械厂	中国石油天然气总公司	劳动模范
杨书遂	勘察设计研究院	中国石油天然气总公司	劳动模范
史华珍(女)	地球物理勘探公司	中国石油天然气总公司	劳动模范
杨均凤(女)	采油四厂	天津市政府	特等劳动模范
张长生	钻井工程公司	天津市政府	劳动模范
曹秀兰(女)	第一采油作业区	天津市政府	劳动模范
邹　景	采油二厂	天津市政府	劳动模范
顾本厂	采油三厂	天津市政府	劳动模范
张文建	采油四厂	天津市政府	劳动模范
孙家祥	井下作业公司	天津市政府	劳动模范
黄乃央	运输公司	天津市政府	劳动模范
苏金龙	录井公司	天津市政府	劳动模范
段德培	测井公司	天津市政府	劳动模范
李鹤岭	水电厂	天津市政府	劳动模范
姜德民	炼油厂	天津市政府	劳动模范
吴永平	地质勘探开发研究院	天津市政府	劳动模范
张金成	钻采工艺研究院	天津市政府	劳动模范
杨俊全	港东生活服务公司	天津市政府	劳动模范
安治华	职工总医院	天津市政府	劳动模范
高　钧	第二实业公司	天津市政府	劳动模范
邵清泉	钻井工程公司	大港油田集团有限责任公司	标兵
王丛伟	钻井工程公司	大港油田集团有限责任公司	标兵

续表

被授予人员	所属单位	授予单位	称　　号
张长生	钻井工程公司	大港油田集团有限责任公司	标兵
刘汝行	钻井工程公司	大港油田集团有限责任公司	标兵
马文润	钻井工程公司	大港油田集团有限责任公司	标兵
曹秀兰(女)	油气开发公司	大港油田集团有限责任公司	标兵
田景伟	油气开发公司	大港油田集团有限责任公司	标兵
韩金尧	油气开发公司	大港油田集团有限责任公司	标兵
张　苗	油气开发公司	大港油田集团有限责任公司	标兵
邹　景	采油二厂	大港油田集团有限责任公司	标兵
郭旭跃	采油三厂	大港油田集团有限责任公司	标兵
顾本厂	采油三厂	大港油田集团有限责任公司	标兵
杨均凤(女)	采油四厂	大港油田集团有限责任公司	标兵
张文建	采油四厂	大港油田集团有限责任公司	标兵
孙家祥	井下作业公司	大港油田集团有限责任公司	标兵
张义胜	井下作业公司	大港油田集团有限责任公司	标兵
王振忠	油建公司	大港油田集团有限责任公司	标兵
史华珍(女)	物探公司	大港油田集团有限责任公司	标兵
黄乃央	运输公司	大港油田集团有限责任公司	标兵
苏金龙	录井公司	大港油田集团有限责任公司	标兵
段德培	测井公司	大港油田集团有限责任公司	标兵
李鹤岭	水电厂	大港油田集团有限责任公司	标兵
高佰武	总机械厂	大港油田集团有限责任公司	标兵
刘厚良	石油机械厂	大港油田集团有限责任公司	标兵
姜德民	炼油厂	大港油田集团有限责任公司	标兵
王立海	炼油厂	大港油田集团有限责任公司	标兵
吴永平	地质勘探开发研究院	大港油田集团有限责任公司	标兵
杨书遂	勘察设计设计院	大港油田集团有限责任公司	标兵
张金成	钻采工艺研究院	大港油田集团有限责任公司	标兵
杨俊全	港东生活服务公司	大港油田集团有限责任公司	标兵
安治华	职工总医院	大港油田集团有限责任公司	标兵
杜焕德	教育处教师	大港油田集团有限责任公司	标兵
高　钧	第二实业公司	大港油田集团有限责任公司	标兵
王树禹	供应处	大港油田集团有限责任公司	标兵
张玉海	矿建公司	大港油田集团有限责任公司	标兵

系统先进

先进集体

被授予单位	授予单位	称号
大港石油管理局	天津市政府	先进集体
大港石油管理局	天津市委、市政府	先进集体
大港油田	天津市政府	先进集体
大港石油管理局	天津市政府	先进集体
大港石油管理局	天津市体委、市总工会	先进集体
大港石油管理局	天津市民政局	先进集体
大港石油管理局	中国石油天然气总公司	先进集体
大港石油管理局	中国石油天然气总公司	先进集体
大港石油管理局	中国石油天然气总公司	先进集体

先进个人

被授予人员	授予单位	称号
吕春阳	国家劳动部	全国技工学校优秀教师
吴永平	团中央、劳动部、经贸委	全国青年岗位能手
莫中浩	天津市政府	防汛工作先进个人
刘学增	天津市政府	天津市绿化先进个人
程学英	天津市政府	天津市民族团结进步先进个人
吴永平	天津市政府	天津市十大杰出青年　天津市政府奖
于洪雨	天津市团委、市教卫工委、市教卫委、市教育局	天津市十佳青年教师
蒋益林　石桂臣	中国石油天然气总公司	优秀思想政治工作者
王连旺　张永德　郑绍良　张学录　刘晓冰　李传尧	中国石油天然气总公司	绿化先进工作者

第十五篇

基层单位

钻井工程公司

【概述】　截至1995年底,钻井工程公司(简称钻井公司)有职工总人数8347人。专业技术人员1220人,其中高级职称31人、中级职称232人、初级职称957人。

1995年末,有主要生产设备1388台(套),固定资产原值4.47亿元,净值1.92亿元,设备新度系数0.35,当年实有钻机45部,其中大庆Ⅱ型24部,ZJ45J型19部,F320钻机2部。

钻井公司全面完成了1995年与管理局签订的经营承包指标。控亏指标在3450万元之内,上缴管理费780万元,全员劳动生产率增加值13518元/(人年);多种经营产值8168万元,实现销售收入7271万元,实现利税1335万元,纯利润536万元,超额完成了年承包指标。

【生产规模】　1995年,油田内部市场平均动用钻机22.44台,累计完成钻井工作量为:开钻213口,交井210口(探井28口,生产井182口),进尺499099米。完成井平均井深2384米,平均队年进尺22243米,钻机月速2185米。于1995年10月24日提前完成了当年油田产能建设井钻井任务。

外部市场共动用钻机16台,1995年完成合同钻井工作量为:开钻116口,交井124口,进尺204697米,创产值1.6亿元。

【钻井工作量】　1995年,公司积极贯彻油田夺油上产的总体部署,强化生产运行,狠抓钻井速度和工程质量,增强工作紧迫感,发挥一、二线协同作战的整体优势,集中力量抓好钻井主业创收,优先保证重点探井和开发井的生产,满足了局内市场需求。4545钻井队在枣北地区钻成了枣35高产油井,单井日产原油158吨,单井探明石油地质储量300万吨。

【开拓外部市场】　1995年在内部市场不景气,开拓外部难度大,生产能力过剩的困难形势下,依靠自身努力,发挥行业优势,组织市场调研,展开投标竞争,广大职工树立起靠市场创收,自己养活自己的新观念,在长庆安塞的4个钻井队普遍达到了每月“三开三完”的高速度,32425队创造了1275米的五段制定向井建周期7天的该地区钻井新记录。钻井二线辅助生产单位积极开发内外部技术服务以及土方、运输等社会市场,1995年对外创收1000余万元。

【内部管理】　1995年,公司主要抓了五个环节的工作:一是完善了经营承包体系,年初核定各单位的效益指标,中途不作调整,定期考核兑现;二是实行了资金预算制度,压缩投资规模,对小金库进行清理,限制了非生产性设备的购置;三是全面推行目标成本管理,明确党政一把手是成本控制的第一责任人,两级班子成员实行风险抵押,把创收节支目标落实到班组岗位;四是实施了阶段性经济活动分析,重点单位重点帮促;五是开展了全员、全方位的双增双节活动,创效1260万元。

1995年,在安全生产和现场管理方面,以石油天然气总公司钻井队资质认证和井控检查验收为契机,认真吸取克拉玛依火灾事故教训,开展了“学规程、纠违章、改隐患、保安全”活动,进行全员安全技术培训,成立了两级安全纠察执法队,常年不间断地对基层进行检查,实现了当年安全生产目标,一线45个钻井队三标达标率97.8%,二线290个班组达标率96%。

设备管理上推广应用三新技术,对老旧设备进行技术改造,精心加强油水管理保养和整改,延长了设备使用寿命,设备完好率92.13%,机修时间只占总时间的0.53%。

质量管理以提高固井、井身质量和保护油气层的质量工作为重点,1995年采取摆问题、查原因、算损失、订措施、抓落实等方法,相继召开了事故、复杂、井身、固井质量、服务质量五个专题质量分析会,增强了全员质量意识,各项工程和服务质量都达到了甲方的满意。如对港西调整井的钻井施工中,总结制定了54个质量控制点,实行二次优化设计,收到了较好效果。

在定向井、高难度井的钻井技术方面有了新的突破。1995年完成定向井113口,为全年交井数的52.31%;打成大位移定向井9口,各项质量、技术指标都达到了设计要求。为进一步控制事故复杂的发生,工程技术人员变被动处理为主动预防,变重点预防为施工全过程控制,使事故复杂控制在预定目标之内。

【科研工作】　1995年完成了油田下达的科研攻关任务,在高效能钻头、螺旋钻铤配套技术、打捞技术、老井侧钻,新型系列套管头技术推广等方面见到了成效。共完成技术推广项目12项,科研项目5项,综合项目17项。

【多种经营】　1995年,公司的多种经营企业由依赖主业，内向封闭式经营向外向开放式经营转化，全年开发出7个新项目和新产品，新增产值130万元。

【32支钻井队通过资质认证】 1995年，按照石油天然气总公司关于钻井队资质认证的通知精神，公司做了精心的准备工作，在人员素质、设备装备及现场管理等方面都有了新的提高，通过了1995年总公司资质认证达标验收，32支钻井队达到了乙级队的资质标准，取得了进入内外部市场的资格。

【队年进尺突破2万米】 1995年平均队年进尺达到22243米，首次突破2万米大关。事故、复杂时效分别为2.41%和2.65%，降至历年最低点，比上年减少经济损失376万元。

(王专恩)

地球物理勘探公司

【概述】 截至1995年底，地球物理勘探公司(简称物探公司)有职工2436人(一线职工总数为1120人)，其中干部795人，具有高级职称45人、中级职称101人，初级职称302人。拥有各类生产装备1340台套，固定资产原值3.115亿元，净值1.757亿元。

1995年，公司坚持以经济效益为中心，努力开拓市场，强化经营管理，大力发展多种经营，推进科技进步，实现了物质、精神"两个文明"双丰收，全面完成了各项生产和经营指标。

(1)野外采集：包括劳务工作量在内，全年完成二维3203.98千米(油田内部1101.54千米，劳务2102.44千米)，三维420.04平方千米(油田内部236.34平方千米，劳务183.7平方千米)；VSP测井9口，电磁岩性测试221个点，小折射619个点；

(2)资料处理：全年完成二维资料处理9091.9米，三维497.66平方千米，VSP测井处理14口；

(3)资料解释：全年完成解释剖面94048.5层千米，完成各类成果图283张，提供钻探井位36口；

(4)主业实现产值1.65亿元，实现内部利润246万元；面对激烈的市场竞争，公司上下齐参与，先后赢得9项合同，实现劳务产值7885万元以上；

(5)全员增加值劳动生产率2.63万元/(人年)；

(6)多种经营完成产值3200万元，利润74万元，分别为全年计划的106.7%和105.7%。

【资料采集】 1995年，公司取得采集合同17项，合同总额达1.4亿元。主要实施以下工作：

(1)积极服务于油田勘探和开发工作。1995年，相继完成了油田内部沧县隆起、景县、歧东、扣村西、白东Ⅱ、白东Ⅲ、北大港水库、马东、新河村、新港、羊二庄等地区和35井区的地震勘探任务。根据勘探公司要求，组织精干队伍，奔赴新疆完成了尤尔都斯盆地试验勘探任务。根据开发公司要在羊二庄实施滚动勘探的部署，物探公司几次踏勘工区、调查摸底，制定出多种详尽的方案优选筛选，完成该项任务后，双方又在王官屯、南大港地区进行了技术合作。

(2)集中精力，抓住重点，积极承揽国际反承包任务。物探公司在抓住赵东反承包任务的同时，将中信—北塘地区作为开拓反承包市场的重点，赢得了北塘地区39平方千米施工劳务。

(3)发挥优势，依靠信誉，开拓油田外部市场。全年，物探公司继续实施"四优一高"的市场策略。在去年高分辨优质施工的基础上，今年又获得了大庆永乐地区的高分辨率勘探项目；在辽河，完成了仙鹤南片采集工作，为保持采集市场中的技术优势，物探公司进行大偏移距、井中埋检波器、深水打井、高覆盖次数等各种提高质量的施工方法攻关，圆满完成了大清河地区火成岩勘探试验工作、石臼坨地区的高分辨率地震采集工作。物探公司的VSP测井队首次为中国南方石油公司进行测井服务。

【资料处理】 1995年，完成了常规二维处理3967千米、特殊处理4267千米、其他处理856千米；完成了歧北东、歧东Ⅰ、歧东Ⅱ、新村、沈家堡、南大港、羊二庄、王官屯等地区的三维处理任务。此外，公司计算中心注重加强科研技术攻关，不断开发提高处理能力和提高资料处理质量的工作方法，在实施一步法偏移和全三维处理方面有了一定进展，取得了一批科研成果。

【资料解释】 公司研究所深化地质研究，大力推广新技术和新方法，从而确保了工作质量和工作进度，发现重新落实了一批构造圈闭，新发现局部构造圈闭7个，总面积223.5平方千米，重新落实局部构造圈闭48个，总圈闭面积705.3平方千米，向油田提供探井37口，其中18口获工业油流，钻探成功率达到54.5%。

在新村—塘东发现了沙三段有力含油区，探明石油地质储量386万吨，控制储量292万吨，预测石油地质储量2062万吨，发现了一个2000万吨级的含油构造。在沈东—红湖地区板65井发现厚油层，预测石油地质储量1611万吨，通过砂体分布初步计算该区有3000万吨的资源规模。枣北地区枣35井区控制储量300万吨，预测火成岩潜在资源储量可望达到900万吨，该区整体含油目的层预测储量2000万吨。此外，物探公司研究所在王官屯、南大港地区滚动开发方面做了大量的工作，增储30万吨。

公司研究所注意市场开拓工作，获得了150万元的对外劳务产值。

【内部管理】 1995年，公司围绕经营工作目标，狠抓各项基础工作。

(1)成本管理。进一步完善了成本目标责任制，形成自上而下、逐级承包的成本控制机制。分单位、分类别的将各项成本指标层层分解，落实到单位、项目、个人，明确了责任，并与经济效益挂钩，严格考核，坚决落实成本一票否决权。

(2)资金管理。严格执行了资金预算制度和资金集中管理制度，各项支出预算严格控制在资金预算之内，未列入预算的一律不得支出。同时，取消供销分公司等3个银行账户，达到资金预算、成本支出的事前控制和有效监督。

(3)现场管理。依靠典型引路，及时将好的形式、方法推广到各个施工小队；狠抓现场"三标"工作，使每项工作、每道工序都做到了"标准化、程序化"。同时加强职工安全规程、操作规程、基础管理和生产岗位的应知应会教育，强化了质量、市场、效益意识。

(4)质量管理。物探公司从宣传贯彻GB/T 19000国标和ISO 9000系列国际标准入手，以"质量月"活动为契机，深入开展全员质量管理活动，牢固树立"质量就是企业生命"的观念；编写了《地震勘探质量管理手册》，成为指导公司质量管理活动、引导职工按质量标准、程序办事的主要文件；积极向国际ISO 9000系列标准靠拢，与天津环球科技公司签订了认证咨询协议；积极推行质量工资制度，全年共奖励优秀项目和个人15万元，处罚造成质量问题的有关单位、个人7.8万元，促进了全员质量意识的提高。

(5)安全管理。调整了安委会成员和领导承包要害岗位，落实各级安全员，修订职责，完善各项制度；狠抓了HSE管理，实行了全员安全生产抵押金；重点抓了海上安全管理，健全了海上安全制度，积极开展"四小证"培训工作，确保了海上施工安全无事故；在交通管理上，公司采取了安全验车、强化A类司机培训，提高司机素质、强化长途车管理等办法，确保了公司全年无安全重大事故发生。

(6)设备管理。进一步理顺了专业化管理后的设备管理体制，健全各项规章制度，狠抓操作手的管理，强化日常保养、维修工作，设备机械事故明显下降，设备完好率明显上升；为增强公司发展后劲儿，增强市场竞争能力，公司积极筹措资金，引进了两套先进仪器，建造了两套震源船，实现了公司资产的保值增值。

(7)其他专业管理，如合同管理、节能管理等，针对企业的特点制定了切实可行的措施，提高了专业管理水平。加强地震队等级队建设，物探公司有2个地震队通过总公司甲级队认证，8个队通过乙级队认证。

(8)完善政策体系，规范市场运作。公司调整完善充实了1995年经营承包政策与规定，鼓励各单位增产节支，增效节约，达到挖潜、降耗、增效的目的。以政策规定的形式划清了劳务与服务的界限，制定了鼓励参与竞争的激励政策，进一步完善了内部采集市场、科技市场、专业化市场，规范了市场运行机制。

(9)进一步完善经营承包责任制。根据油田对物探公司实行的"以上缴利润和管理费为主的经营承包责任制"，今年继续按照"分灶吃饭、分块管理"的原则，进一步完善了"效益目标承包、模拟法人承包、经费承包、多种经营法人承包"四种承包方式，并将供销分公司从模拟法人单位划出来，转入经费承包单位，新增加了2504队为模拟法人承包单位。

(10)继续深化三项制度改革。按照年初确定的"劳动生产率要增长15%，力争20%的目标"，及时修订了定额定员标准；在用工制度上，推行单位内部分成若干小组，优化组合，双向选择，竞争上岗；加强内部劳动力市场的管理，普遍推行"三岗"制，建立了"上岗、试岗、待岗"的动态管理机制；在分配政策上，公司对地震队与专业化单位分配政策进行了调整，采取同工同酬，利益共享，风险共担的机制，进一步调动了职工的积极性。

【人才培养】 1995年，公司投入大量资金，派出部分技术人员赴广州、四川外语培训中心、中国石油大学、西安等高等学院进行外语培训达25人次，以缓解公司外语人才短缺的局面。按照总公司要求，经过总体平衡，派出部分人员进行了队经理、地球物理师、涉外合同管理、会计师等岗位的培训，加强了一级队的建设。同时公司内部也注重加强职工培训，并以技能鉴定为契机，开办了各种培训班，培训各类人员900多人次。

【科研工作】 1995年，公司积极承揽管理局科研课题，推行课题承包办法，全年完成课题研究9项，新技术推广项目4项，并已全部通过管理局鉴定验收。科研及新技术推广项目取得的效益是：

(1)烃类地震检测技术应用于南大港的歧65井区、歧55井区、歧50井区，增加探明石油地质储量114.6万吨。

(2)断层封堵性分析研究技术应用于塘沽、新港及小站地区，增加探明石油地质储量70万吨，预测储量200万吨，直接经济效益2951万元。

(3)利用迭前资料研究储层的方法应用赵东地区，探明地质储量60万吨。

(4)地震响应与岩性组合关系研究，在六间房歧81井区沙一下段提供了有利勘探区块，预测地质储量100万吨；在新港地区对火成岩进行了研究，预测地质储量1350万吨。

(5)无线遥测仪器易损件国产化研究所开发的产品，如TELSEIS，OPSEIS仪器天线、电池包等完全可以替代进口的部件，节约进口费用206万元。

(6)油藏描述技术在长芦地区的推广应用，增加探明储量295万吨。

(7)储层横向预测技术在板桥地区的推广应用，增加探明石油天然气储量88.3万吨，预测油气储量321.7万吨。

(8)浅海橡皮艇研制节约引进费用370万元。

(9)1995年公司级技术革新、技术改造等科研成果共增收节支460万元。

【多种经营】 公司多种经营系统对规模小、管理松散的5个企业进行了关停并转，使企业内部优势互补，逐步向规模、集约经营转变。改革了以往松散的财务管理模式，各实业公司成立了财务中心，实现了集中统一管理。物探公司皮革制品厂在巩固已有市场的基础上，又开辟了胜利油田、天津大无缝等市场，恒昌科贸公司也扩大销售队伍，积极在全国各地建立销售联系。

另外，物探公司宏业总公司改变分配办法，制订了《多种经营企业实行效益工资制度的规定》，增强了干部、职工的紧迫感、危机感，调动了职工的生产积极性，促进了全年经营目标的实现。

(郭呈栋　张　惠)

定向井技术服务公司

【概述】 1995年，定向井技术服务公司(简称定向井公司)有职工324人，其中具有高级职称12人、中级职称48人、初级职称119人。拥有固定资产原值7278.41万元、净值4489.95万元。

1995年，公司遵循"抓住机遇、深化改革、扩大开放、促进发展、保持稳定"的方针，以经济效益为中心，积极开拓市场，强化管理，推进科技进步，加强思想政治工作，充分调动广大职工的积极性和创造性，各项工作取得了较好的成绩。

在大港油田完成各类定向井107口，全年在16个地区签订对外服务合同28份，完成各类定向井测斜井219口，全年在油田外部完成的工作量第一次超过油田内部的工作量，完成对外服务产值占公司总产值的52%，特别是成功地打入菲律宾地热井市场，在国际市场上开展了规模经营。全年完成产值3407万元，其中港内完成1636万元，油田外部完成1771万元，实现利润66万元，全员劳动生产率增加值3.34万元/(人年)。

【定向井技术】 1995年，定向井技术迅速发展，尤其在大位移井、水平井、套管开窗侧钻井技术方面取得了长足进步。完成了大于1000米位移的井10口，在张巨河完成的张18—30井创造了国内最大位移2032.42米；完成了大港油田第一口小井眼套管开窗侧钻井枣1286—4K井；在青海油田南1斜1井创造了3129米深开窗钻井纪录。同时，坚持"以技术改造为主，以仪器设备开发为主"的工作方针，积极开展仪器国产化工作，MWD仪器配件国产化已达到90%以上，大大降低了生产成本，为进一步开拓市场增强了竞争力。

【内部管理】 1995年，公司进一步完善了《公司内部结算办法》，大力推行"内部承包经营责任制"，落实各级成本管理责任制，坚持定期进行经济分析，对各基层单位和机关科室下达了利润(控亏)、成本、质量、安全等方面的经营承包任务，加强了内部经济合同管理，制定了内部经济合同管理办法和仲裁办法，在经营承包中实行利润、质量、安全、成本一票否决。积极开展增产节约、挖潜降耗活动，全年在降耗方面节约支出70万元。积极深化三项制度改革，全面推行"三干法"和"三岗制"，增强了职工的竞争意识，调动了职工的生产积极性,提高了劳动生产率。

【多种经营】 1995年,公司的多种经营工作坚持转换机制,加强管理,1995年完成产值207万元,实现利润35万元,走上了健康稳定发展的道路。

【精神文明建设】 公司面对改革和生产经营的新形势,加强自身建设,发挥党组织政治核心作用和党员的先锋模范作用,尤其是针对对外服务增多的现状,加强了流动党员的管理,成立临时党小组制度,有效地发挥了广大党员在对外服务中的作用。全年涌现出2个先进党支部,36名先进生产工作者,36名优秀共产党员,10名十佳青年岗位能手,10名优秀青年岗位能手,工程队党支部被评为局级先进党支部。

(唐士刚)

地质录井公司

【概述】 1995年底,地质录井公司(简称录井公司)职工总数1205人。共有干部482人,其中,具有研究生学历的1人、本科学历的82人、中专学历的277人。共有专业技术人员478人,其中,具有高级职称19人、中级职称72人、初级职称361人。拥有固定资产原值3379.4万元、净值1867.4万元。有563件设备。总收入2513万元,利润-896万元,超亏396万元。

【录井工作成果】

(1)孔西枣北勘探有新突破。枣35井在沙三段玄武岩获高产,在1507.1—1541米井段采用纳维泵求产日产油1580吨。1995年岩屑录井240口,其中探井28口。发现各类油气显示13923.5米/2493层,其中探井1577.5米/294层。钻井取心34口,其中探井28口,进尺747.01米,心长732.96米,收获率98.12%。取获含油岩心长279.95米,油砂比38.19%,井壁取心76口,其中探井36口,共取2801颗,其中含油876颗,油砂比38.51%。气测录井28口。综合录井10口。地化录井15口。井位测量初测264口,其中探井35口。复测222口,其中探井44口。初、复测及时率、准确率均100%。完井资料验收219口,其中探井32口,一类资料206口,一类率94.06%。

(2)塘沽—新村喜获工业油流,含油面积继续扩大。塘32井,试油射开3411.4—3435.9米井段,日产油15.8吨,气882立方米。塘39—2井,试油射开3549.1—3568.10米井段,日产油7.07吨。塘38—2井,试油射开3091.9—3904.8米井段,日产油15.6吨。塘40井,试油射开3556—3597.9米井段,日产油34.4吨。

(3)板桥大张坨地区板深54—3井和板深2—3井试油均获工业油气流。

(4)红湖构造有新突破。红1—1井馆陶组获工业油流。

(5)马棚口构造港深44—1井深层喜获工业油流,在3944.1—3952.2米井段试油,日产油7.5吨。

(6)港西浅层含油面积继续扩大。港99井、港99—1井明下段试油均获工业油流。

(7)南大港地区歧133—1井馆陶组发现浅层油气藏,在2427.5—2431米试油,日产油42.7吨。该井馆陶组喜获高产工业油流,为南大港中东段浅层勘探提供了新的勘探领域。

【开拓外部市场】 1995年,公司共有15个小队分别在7个地区进行市场录井服务,截至年末外部共创收529万元。

【内部管理】 1995年,公司完善了一线经营承包责任制,重新核定出1995年各项录井日费标准,以中队为核算单元,独立核算,以收抵支、自负盈亏。该措施促进了一线中队积极参与市场竞争、加强现场管理和成本控制,工作质量随之得到了提高。钻井取心油砂比比1994年提高12.75个百分点。

公司强化各项安全管理措施,认真开展了专项安全检查,加强了安全教育的力度,提高了全员的安全意识,有力保障了公司各项工作的顺利开展。全年未发生任何工伤事故,未发现任何污染,全面完成了管理局部署的工作。

1995年,公司对资金实行切块管理,在详细测算的基础上,对使用资金进行成本切块,一票否决。对每个单位切块资金使用情况做到月检查、季考核,半年兑现。对超出成本的单位"亮红牌",并与单位的工资奖金挂钩,使公司的成本得到一定的控制。

【科研工作】 1995年,公司开展科技攻关和新技术推广项目18项。其中局级项目6项,公司级6项,共完成13项。《张巨河配套技术综合录井资料采集和单井油层评价技术》通过局和总公司的验收。

【精神文明建设】 1995年，公司各级组织带领职工进一步学习了邓小平建设有中国特色的社会主义理论，贯彻落实了党的十四届四中全会《决定》的精神，加强了党组织的自身建设，抓好了党员教育和管理，搞好廉政建设，围绕提高经济效益这个中心，加强了思想政治工作，尤其做好一人一事的思想政治工作，积极为职工办实事。通过多种形式的思想工作，理顺了职工情绪，稳定了职工队伍，促进了公司各项工作正常开展。

（刘洪铁）

测井公司

【概述】 1995年，测井公司有职工总数1596人，其中干部694人，具有高级职称27人、中级职称129人。拥有固定资产原值14934.9万元、净值11135.9万元。

1995年，测井公司完成各类测井1245口，其中完井236口，完成测井标准工作量7358万条件米，射孔942口，取心94口，射孔标准工作量完成12.8万个标准炮。生产井解释率92.72%，探井解释符合率77.51%，完井资料合格率100%，完井资料优等品率82.76%，取心收获率87.58%，射孔一次成功率99.26%，各项主要生产技术指标均超过管理局下达的指标。全年主业实现销售收入7774.5万元，利润4.6万元，超额完成了管理局下达的承包指标。

在1995年总公司组织的生产测井队资质认证中，公司的DDL—V测井队列总公司评出的五个甲级队首位，物二队通过乙级队认证。

【生产管理】 1995年，公司针对油田“反攻上产”的形势和市场萎缩的现实，强化了生产经营管理，组织人员深入甲方和施工现场，优化施工设计，进行用户回访，搞好优质服务。创出了板65井3700数控测井一次成功，三次射孔成功率均在100%的成绩。局重点探井枣35井，使用3700常规测井及特种方法测井均一次成功，为该井日产原油158吨提供了技术保证。

【开拓外部市场】 1995年，公司在局内部搞好服务的同时，积极参与行业大市场竞争，在开发测井打入了海洋、冀东市场的基础上，继续稳定二连和冀东的射孔市场，数控水平井测井首次打入长庆油田，并取得一次成功的好成绩。

【科研工作】 1995年，公司共承担科研推广项目170项，其中总公司级2项、局级19项、公司级149项，全部实行了项目承包，有6个项目通过了局级验收。在测井资料处理上推广应用了有地区特色的配套评价技术，单井精细解释和多井综合评价在局重点井中见到效果。在老井复查中，应用了综合解释技术，取得了较好的地质效果。仅港东—张家河地区，新发现各类油层60层、431.13米。102型、127型强力射孔枪和高能气体压裂弹技术的推广应用，使甲方受益，拓宽了射孔新技术市场。

【多种经营】 公司多种经营1995年实现产值7672.97万元，销售收入6781.78万元，利润151.47万元，超额完成了管理局下达的承包指标。多种经营企业维罗电缆厂，通过了ISO 9001质量认证，并取得了证书。该厂的管理和质量保证体系基本达到了和国际标准接轨的水平，为“维罗”牌产品扩大国内市场，打入国际市场创造了条件。

【DGS－94环空四参数组合测井仪获得国家专利】 测井公司研制的DGS—94环空四参数组合测井仪，于1995年6月18日获得国家专利。专利号为：ZL　94　2　22766.2。

该项目是1990年油田下达的科研课题，经过4年的研制获得成功。该电动伞集流器，增加释放装置，集流效果稳定，起动流量小(可小于2.5—5立方米)，成功率高，安全性能强。该高频持水率计有较高的分辨率，95%以上含水时仍有较好的分辨率，有更宽的使用范围。该仪器体积小，耐温性好，井下工作可靠，采用脉冲传输电压切换，一次下井可分次测量，取得磁定位、井温、持水率、流量四种参数。该仪器的研制成功，为生产井提供了新的录取资料手段，较示踪流量测流速和使用电容法测含水等方法有了一个大的进步。该仪器达到国内领先水平，可进行半定量、定量解释，具有较好的地质效果和经济效益。

（王　莉）

井下作业公司

【概述】 1995年,井下作业公司(简称井下公司)职工总数3276人。具有高级职称26人,占职工总数的0.8%;中级职称122人,占职工总数3.7%;初级职称493人,占职工总数15.1%。拥有固定资产原值2.86亿元、净值1.38亿元,其中石油专用设备608台、修井机21台、通井机62台、压裂酸化设备112台、运输机械303台、机加工设备105台。

1995年,公司面对开放的作业市场,以市场为契机求发展,在确保公司各项核心业务优势的基础上,以"重塑井下形象"为口号,群策群力,使得公司在生产、经营、科技管理等方面取得了显著成绩,全年公司完成综合劳务收入2.4亿元,全年完成150万元管理费上缴任务后,公司实现收支平衡,并略有盈余,其中主业收入2.05亿元,试采产油4万吨,创收3000万元,对外劳务创收501万元,多种经营实现销售收入3924万元,利税460万元,净利300万元,公司全面完成集团公司下达的六项经营承包指标,其中全员劳动生产率达21919元/(人年),比计划20935元/(人年)提高了4.7%。

【油水井侧钻技术】 公司于1994年开始立项侧钻工艺。1995年3月油田第一口斜井内深井侧钻港5023井开钻,该井设计于2562米外开窗,裸眼长178米,井段井斜24度转盘驱动复式铣锥,PDC双心钻头,最优化钻井模式均取得实质性进展,该井建井周期45天,纯钻时间16天,后经试油日产27吨;1995年11月,油田第一口定向侧钻井——枣1286—4井开钻,导斜器定向,开窗跟踪,裸眼钻进,均一次成功,各类工具与MWD随钻测斜器仪配套施工获得成功。该井全裸长308米,纯钻进时间12天,靶心距17米,各类测井参数一次合格,后经试油日产30吨。同时,公司在侧钻技术管理、工具配套、设备配套等方面均取得优异成绩,获得局级科研攻关成果一等奖。

【措施技术】 低渗透油层改造完成三大配套技术,即压裂酸化工艺技术配套,施工管柱及工具系列化配套、设备配套,通过系统配套施工成功率及效率明显提高,取得经济效益近千万元,其中应用于张巨河油气勘探综合配套技术获局级科技推广二等奖。试油技术完成五大系列配套,即优化设计和射孔技术配套,地层测试技术配套,排液技术配套,封层技术配套,资料解释技术配套,为油田年增地质储量591万吨。防砂技术实现四项配套,即:井筒预处理技术配套,地层处理技术配套、防砂管柱工具配套、防砂方法及方式配套,推广应用25井次,取得有效成功率大于80%,平均有效期大于6个月,油井平均产油效提高5%,年累计增油14323.3吨,增收4741.1万元,节支133.6万元。

集成酸化技术,是随着油田基质酸化多元工艺技术不断的提高,无机的堵塞解除、防膨、防二次沉淀,缓速,杀菌和保持铁离子稳定等技术集于一身的酸化工艺技术,1995年实施集成酸化技术施工29口,综合成功率达89.9%,有效率96.6%,累计增注234667立方米,创效益776.7万元。

【内部管理】

(1)制订并执行了一套有效的激励约束机制。1995年,公司实行的以上缴两费为主要内容的经营承包办法,在三个方面有较大突破:一是突出了对效益指标的考核,减少了过去考核工作量、产值等过程指标,把经营成果直接落实到"两费"上来;二是加大了工效挂钩的比例,经营成果与自身利益联系更加紧密;三是进一步明确了一线的主体地位,促进了内部市场的形成。通过真承包,严考核、硬兑现,把职工个人的利益同单位的经济效益更加紧密地结合进来,使职工明白不但要多完成工作量、多创收、关键还要把成本控制住,取得实实在在的经营成果,才能保住个人利益。

在承包办法的落实过程中,公司多次组织调研和总结分析工作,针对各单位的不同情况,帮助开展成本分析,召开经济活动分析会,揭矛盾、找差距,定措施,促进各单位更加重视节支降耗工作。同时为了使承包单位对承包指标的完成更加重视,根据不同单位的责任大小,实行了多层次的风险抵押金制度,使责权利做到有机统一。硬性考核,刚性兑现,督促了后进,鼓励了先进,增强了各单位的效益观念,调动了各单位搞好生产经营管理工作的积极性。

(2)加大目标成本管理的力度,喜见成效。

1)结合承包考核办法,实行全方位立体承包:一是对各基层单位全部下达目标责任成本指标。一、二线大队、计量队、机关小车队等全部下达了责任成本,并把责任成本同工资和奖金挂钩考核。二是对公司31项专项费用实行切块承包,大到设备大修费、房屋维修费、保险费,小到几千元的科室办公费都实行专项费用切块承包,把单项费用承包给主管领导和主办科室。公司财务每月对各项费用进行核算和考核,当接近费用指标时,给以黄牌警告。做到横向到边,纵向到底,形成全公司整体指标控制体系。

2)加强成本的有效管理,及时掌握成本支出动态。公司首先实行了资金全额预算管理,各单位的资金收支全部纳入各自的预算之内,以收定支,量入为出,自求平衡,加强了资金的统一调度,防止了资金的闲置、流失,加速了资金周转,降低了利息支出,从而提高了全公司的效益。其次,定期开展经济分析活动,及时掌握资金流向,建立了三级成本分析体系,有效调整了增效降耗措施,形成坚固的成本控制网。

3)严格进行考核,刚性兑现,促使广大职工眼睛向内,深挖潜力,大搞修旧利废及增效降耗工作。

(吴照亮)

油田建设工程公司

【概述】 1995年,油田建设工程公司(简称油建公司)坚持两个文明建设一起抓,按照以提高经济效益为中心加快发展的新思路,立足发展,深化改革,积极开拓,真抓实干,较好地实现了"改革、发展、管理、效益、稳定"五大目标,全面完成了各项工作任务。

全年完成自营产值1.643亿元,比上年增长17.1%,多种经营完成生产总值6000万元,主副业生产经营总值首次突破2亿元大关。

【开拓市场】 1995年,公司按照巩固老市场、开发新市场、开发一块、巩固一块的工作思路,加大了开拓市场的人力、物力的投入,市场开拓有了新的突破,除继续占领油田和周边市场外,天津开发区、大港开发区、天津石化、民航燃料公司和广东省番禺管道防腐等都有了一定的市场份额。全年外揽社会市场工作量6000多万元。

【企业资质取证】 1995年,公司把提高综合实力作为一项关系今后生存和发展的重点工作来抓,通过天津市劳动局、天津市工业局、天津市建委、天津市技术监督局等部门的审查认可,截至1995年底,公司先后取得了一级石油化工施工、二级海洋工程施工、二级市政工程施工、一、二类压力容器制造、三类压力容器现场组焊、C类锅炉安装、110千伏高压电气试验等配套施工、安装、试验资质证书,使企业综合能力进一步增强,进一步拓宽了施工领域。

【大型压力容器预制圆满完成】 1995年,公司承揽了油田炼油厂二期扩建工程的6×24米的大型压力容器的预制任务,金属厂严格按照ISO 9000标准要求,圆满完成预制任务,为公司制造压力容器积累了经验。

(熊万武)

矿区建设工程公司

【概述】 截至1995年底,矿区建设工程公司(简称矿建公司)有职工1251人。有专业技术人员253人,其中具有高级职称12人、中级职称59人、初级职称182人。拥有固定资产原值6144.93万元、净值4411.73万元(不包括国外部分)。

1995年,公司共完成总产值7317万元,其中国内完成施工产值6117万元,与1994年同期完成的5212.2万元相比增加了905万元,创历史最高水平。实物工作量房建施工面积13676平方米、竣工10098平方米、竣工率74%,道路施工155097平方米、竣工155097平方米、竣工率100%,预制砼5208立方米,油田内部所承揽项目全部竣工并已交付使用。国内全员劳动生产率增加值42157元/(人年),比计划指标提高8157元/(人年)。工程质量一次合格率94.4%,交工质量合格率100%,优良率90.6%,完成了质量指标。国内设备完好率93%,利用率65%。安全生产无重大事故,千人死亡率、千人重伤率均为零,实现了全年安全生产指标。三材节约率:水泥2.55%、钢材3.52%、木材2.6%,完成了规定指标。万元产值综合能耗为1.85吨标煤,达到了控制指标。成本亏损887万元,实现了全年900万控亏指标。

【内部管理】

(1)明确目标,落实责任。1995年,公司推行了以完成效益指标为重点的三种类型经营承包责任制,层层落实责任:

1)从公司领导到工程处、厂(站)领导和机关科室长按照职务分别交纳了经营承包风险抵押金。

2)公司对各基层单位下达了成本控制指标,并签订了承包责任书,对机关科室实行了定额费用承包。

3)明确了各单位行政主要领导是成本第一责任人,对本单位的成本控制负全责。经过一年的努力,为控制成本奠定了坚实的基础。

(2)转换内部经营机制。为了保证成本的有效控制,1995年继续完善了管理机制。一是进一步深化了“三项”制度改革,发挥内部激励机制的作用,公司围绕经济效益实行了以工效挂钩为主的奖罚政策,加大考核力度,实行效益成本一票否决。拉开奖金档次,打破了分配上的平均主义。二是深化物资体制改革,较好地解决了供销分公司与生产单位的关系。三是有重点地推进项目法管理,对具备条件的工程实行了项目法管理,在长芦公路、炼油厂大罐基础等工程实行了项目经理责任制,增强了项目班子领导的责任心,受到甲方的好评。四是实行了内部运输管理办法,使车辆利用率有所提高。五是推出了项目开发奖励制度,调动了职工开拓市场的积极性。

(3)公司在抓生产进度的同时还强化了成本管理,一是建立目标成本责任网。在全公司构成全方位的目标成本责任体系,按照年初制定的经济承包责任制将成本逐级进行分解,层层确定了目标成本。二是做好运行中目标成本控制。开展经常性经济分析活动,着重抓了工程的预结算工作。加强了对各单位成本的检查和考核力度,动员职工“过紧日子”。一年来,大修理资金得到了有效控制,水电气等能耗费用降低了,机关后勤及附属单位非生产费用压缩了。基层单位挖掘内部潜力,节支降耗成效显著。

【开拓市场】　1995年,公司在生产建设中,坚持以市场为导向,积极开拓市场,落实生产任务。一是全员参与共同走向市场,从1994年末开始,公司推出了开拓市场做贡献人员奖励办法,发挥各种潜能广揽生产任务,并加强了信息开发工作,紧密注视市场动向,先后去山东、石家庄、长庆组织市场开发工作。二是提高信誉,占领市场。公司明确提出要做到“干一项工程,创一方信誉”。在生产建设中狠抓工程质量,注重现场文明施工,搞好优质服务。使公司的信誉不断提高。1995年,公司在油田二级单位承揽了40余项工程,价值6200万元。

【质量管理】　1995年,公司把质量管理作为全年工作的重点来抓。一是从基础工作做起,提高全员质量意识,年初制定了公司质量监督检查实施办法,宣传贯彻了GB/T 19000质量系列标准,组织职工学习了计量、标准化知识,开展了群众性QC小组活动,对提高全员质量意识,加快贯标步伐起到了促进作用。二是明确创优标准。公司坚持凡是有条件的工程项目,一律推行创全优工程管理办法,做到起步稳,出手高,严格按规范、规程和标准办事,各基层单位都相应采取签订协议、作业面挂牌等措施,提高了操作人员创优质工程的自觉性。三是采取措施,严格监督检查。为了提高各道工序质量,模拟了国外工程施工经验,实行了内部质量监理制,在质量管理过程中除日常质量监督检查外,还结合“质量月”活动,加大质量管理力度,做到发现问题及时整改。一年来,全公司的工程质量较过去有了很大提高,长芦公路、歧十计量站、水电厂管线、消防管线等项工程均受到甲方好评,为公司赢得了荣誉。

【多种经营】　1995年,天顺实业公司结合自身实际,做到工、农、商相互促进,稳步发展。全年完成了1200万元产值,比1994年多完成186万元。

【党工团工作】　加强党的基层组织建设,充分发挥基层党组织在深化改革和经济建设中的政治核心作用。一是对3个党总支、22个党支部进行了组建和改选工作,加强了基层党的领导力量。二是狠抓基层领导班子的思想建设,坚持了党政班子民主生活会制度。基层及公司领导班子都能坚持每季度召开一次民主生活会,沟通思想,消除隔阂,增强了各级领导班子的凝聚力和战斗力。

在党员思想教育方面,一是公司党委举办轮训班,组织全体党员学习了邓小平理论、市场经济知识和现代科技知识,还在全体党员中开展了三个作用即党员的先锋模范作用、党支部战斗堡垒作用及党员领导干部表率作用大讨论。二是在全体党员中开展了塑造“公司形象”、“矿建人形象”和大力提倡五种精神以及党员身边“无质量事故、无安全事故”的活动。

公司工会紧紧围绕提高公司工程质量、进度、经济效益,开展多种形式的劳动竞赛和群众性的合理化建议活动。

公司团委围绕“青工技术年”,开展了“号手联动工程”,以岗位成才为落脚点,以提高质量和信誉为目标,进行岗位练兵比武活动。还组织了“四小”活动成果展。

(程立芝)

地质勘探开发研究院

【概述】 1995年,地质勘探开发研究院(简称地质院)有职工750人,其中有工程技术人员576人,高级职称59人。拥有固定资产7447万元、净值4851万元,全年获局级科技进步一、二、三等奖39项,其中获总公司一等奖1项、三等奖2项。

【探明储量】 1995年新增探明储量3351万吨,含油面积47.7平方千米,包括11个油田21断块。新增石油储量中大于100万吨的区块共10个,新增储量中以Ⅲ类探明储量占绝大多数,占新增储量的84.3%。1995年新增储量中,中丰度储量1930吨,低丰度储量933万吨,分别占新增储量的57.6%和27.5%。

【产能建设】 1995年产能建设任务是钻井182口,进尺41.2338万米,建成原油生产能力39.434万吨,当年采油25万吨。1995年实际完钻开发井182口,钻井进尺41.2338万米,建成生产能力39.434万吨,新井当年采油30.4866万吨,新井产能转化率77.3%。

【多种经营】 1995年,多种经营整体运行较好,全年实际完成产值818万元,利税127万元,纯利35万元。

1995年,万通公司开拓了辽河、海洋、胜利等七个新的技术服务领域,同时进一步增加了技术服务项目,将电子压力计探边测试打入了西部市场,使对外创收上升了一个新的台阶,年创产值400万元。

1995年,制图印刷厂引入了项目负责人制度,从管理上理顺了业务关系,保证了实效性和产品质量,大大提高了整体效益。通过技术改造,彩色印刷形成了规模生产能力,业务范围除油田之外还辐射到了京津地区,全年的对外业务量,占全厂业务量的50%。全年产值达400余万元。

1995年,万丰公司重点加强了商品房的管理,积极催收租金,特别是加大了催还到期不交租金、拖欠押金的力度,创造了租金、押金收回率的历史最高水平。全年收入达到40万元。

【精神文明建设】 1995年,院党政工团组织正确处理改革、发展、稳定的关系,以邓小平同志理论为指导,加强党的建设,职工队伍建设,加强和改进思想政治工作,广泛深入地开展了基层建设"创优夺旗"活动,有力地推进了基层建设整体水平的提高,确保了地质院改革和科研生产的顺利进行。加大宣传教育的力度,着重进行了社会主义教育,爱国主义教育,以加强基层建设为目的,强化党支部的自身建设和干部队伍建设,集中精力抓了以"双学活动"为内容的党员教育,共举办党员培训班四期,培训党员234名,培训党支部书记19人,培训入党积极分子22人,发展新党员20人;加大群众举报案件的查办力度,查结信访件7件,有效地开展了效能监察工作;工团组织围绕科研生产等重点和难点,开展形式多样的劳动竞赛、五小活动、青年突击手、合理化建议和"学模范、做贡献"等活动,把职工群众的注意力引导到加快发展,提高效益上来。1995年共评出7个优秀党支部,其中油田地质室党支部获集团公司的红旗党支部。

(高国林　张　景)

勘察设计研究院

【概述】 截至1995年底,勘察设计研究院(简称设计院)职工总数536人。其中高级职称49人、中级职称113人。全院离退休职工人数131人,占在职职工人数的24.4%。拥有固定资产原值2041万元。

1995年,设计院以"改企建制,细化管理,提高素质,增强实力,站稳油田,拓展市场,产值一千万,人均过三万"为目标,扎扎实实开展三项活动,取得了突破性进展。全年完成产值1690.6万元,实现利润306.6万元。有4项勘察设计获总公司奖。其中一等奖1项,二等奖2项,三等奖1项。创局级基层红旗单位1个;创局级先进党支部1个;杨书遂同志被评为部级"八五"劳模。

【主要工作】 1995年,设计院主要以"三项活动"为主线。开展了五方面重点工作。

三项活动是:增收节支,挖潜增效的效益年活动;以质取胜,增强实力的质量年活动;以人为本,提高素质的培训教育年活动。

五项重点工作:一是优化设计产品结构,重点进行了七个领域的延伸与拓展。即工程设计向工程总承包及工程监理延伸;陆上设计向海上设计延伸;油气加工设计向石油化工设计延伸;矿区设计向市政设计延伸;工程勘察向岩土工程延伸;科研攻关向成果转化、技术服务延伸;国内向国际延伸。二是以增强实力为目标,建立了质量、技术、服务、信誉、信息"五位一体"的市场机制。三是深化了企业内部改革,在全体干部中推行了"本人愿意干,群众拥护干,组织批准干"的三干法,建立起了自下而上一级聘一级,一级对一级负责的干部聘任制度;在全体职工中推行"三岗制",建立起了"上岗、试岗、待岗"的动态运行机制。四是加大了人才培养的力度,确定了1995年为提高素质培训教育年。五是规范了多经企业,确定了从整顿劳动纪律和工艺纪律入手,以稳定产品质量,改善服务质量为主,扩大市场,搞好营销的方针。并撤换了不胜任的厂点领导,解聘了不服从指挥的职工,完善了各厂点的规章制度,实行了多经财务统一管理。

(张文明)

钻采工艺研究院

【概述】 1995年,钻采工艺研究院(简称钻采院)有职工590人,其中干部434人、工人156人。具有高级职称41人、中级职称83人、初级职称310人。离退休职工有83人。全院拥有设备、仪器462台套,固定资产原值1882.35万元。

【内部管理】 1995年,钻采院按照"转换机制、理顺体制、调整结构、优化管理"的改革思路,不断深化改革。一是继续实行以科研生产任务、科研经费、经营管理、专业管理、基层建设为主要内容的三种承包模式,加大控亏和奖罚力度,严格控制成本。二是理顺管理体制。调整了部分科室的管理职能,组建了油田化学研究所。另外,还建立健全了内部竞争机制,推行课题竞争上岗。

1995年,在资金管理方面,坚持了预算制。一切收入都纳入预算计划,成立了资金预算委员会,负责组织资金的编制、执行、检查、决算和审计,确保了资金预算的合理性和可行性。在专业管理和基础工作方面,全年制定工作标准143项,岗位责任制162个,各项管理制度7项。另外,编写了钻采工艺研究院《科研成果及产品介绍》,并在东部九个油田双交会上作了介绍发言,促成技术合同69万元。

【科研工作】 1995年,院坚持"科技兴油"的指导思想,组织科技攻关。全年共承担科研课题67项,有24个课题达到技术验收的条件,有22个科研课题通过了技术鉴定,其中有2个达到国际水平,有6个达到国内领先水平,有5个达到国内先进水平。组织编制产能建设采油工艺调整方案5个,产能建设采油工艺方案36个。完成钻井工程设计218口井,完成采油工艺措施设计127井次,技术服务25口井。当年增油55481吨,增注34038立方米。

【多种经营】 1995年,院按照市场经营的要求,坚持主业与多种经营并举的发展格局,扩大产销规模,注重开发新产品和抢占油田内外市场,形成从销售到技术服务和工程承包多元开发经营的产业体系。全年多种经营创产值2355.6万元,销售收入1992万元,利润总额528.7万元,净利润352.3万元。

【精神文明建设】 1995年,院抓了基层党支部、基层领导班子和职工队伍的建设。组织全院职工深入学习了邓小平理论和党的十四届三中、四中、五中全会精神。对23个党支部进行了换届改选,举办党支部委员学习班1期,外语培训班3期,技术讲座62场次,对57名科级干部进行了德、能、勤、绩的全面考评,对397名专业技术干部进行了年度考评。

【张巨河最优探井轨迹设计与控制技术】 该项目利用计算机先进的程序,对张巨河地区探井井眼轨道进行优选、设计,井身结构设计,运用定向新技术保证井身质量,钻井液选型与设计,钻井参数的优选和钻头的使用。该项目在张巨河地区进行井眼轨道优化设计和控制,运用了国际上较先进的工艺技术,并且创出一口井多信息、多目标的黄金轨迹,创直接经济效益1113.79万元。

(陈润乾)

滩海工程公司

【概述】 截至1995年底,滩海工程公司(简称滩海公司)有职工548人,其中干部172人、工人376人。退休人员22人。拥有各类专业技术人员130人,占公司总人数的24%。拥有固定资产原值8042.88万元、净值6339万元。

1995年,公司主业全年完成总工作量9221万元。全员平均劳动生产率增加值18349元/(人年)。钻井工程总造价7560万元,动用钻机2部,开钻7口,进尺24747米,完钻6口,进尺21183米。工程合格率100%,井身质量优良3口,占完井数的50%;固井质量优良2口,占完井数的33.3%;双优井2口,占完井数的33.3%;取心收获率100%。

【科研工作】

(1)高难度定向井优质、快速、高效钻井技术,该项技术取得了1995年局科技进步二等奖。

(2)最优探井轨迹设计与控制技术,该项技术取得了1995年局科技进步一等奖。

以上两项技术的应用使得建井周期比设计缩短20%—30%、机械钻速比邻井提高10%—20%、钻井直接成本比设计降低5%—15%。

(3)滩海地区溢油清理试验研究,该项研究成果解决了在滩海地区钻井长期得不到解决的环保问题。于1995年12月通过国家海洋局鉴定。

【多种经营】 天海企业发展总公司为中小型企业,1995年销售总收入886万元,上缴税金40万元,净利润76万元,人均收入3800元。本年胶合板厂已不再生产,亚北公司扩建,投资200万元,开始生产摩托车车轮。

(范家坤 薛丽娟)

水电厂

【概述】 截至1995年底,水电厂有职工1607人,专业技术人员363人,其中具有高级职称18人、中级职称65人、初级职称280人。1995年,水电厂按照以管理求效益的水电发展思路,坚持以提高经济效益为中心,强化管理、降低成本、挖掘潜力、提高效益、加强思想政治工作和队伍建设,促使各项工作顺利进展。

供电系统紧紧围绕油田发展,密切配合油田开发系统开展的“29150”会战及“60天奋战”活动,强化供电运行与管理,不断完善配套供电网络、增加供电能力蓄后劲,保证电网安全运行,保证安全、经济供电。全年供电10.44亿千瓦,安全供电率达99.99%。完成了113线路降压运行和羊二庄363电源线的架设工程。113线路降压运行工程的投产,使得中部油田的孔店、羊三木两个油区实现了环状供电,大大提高了供电可靠性。羊二庄变电站363线路的沟通,改善了羊二庄油区供电条件,既增强了该地区的供电可靠性,又实现了节能降耗、减少不必要的费用支付。检修35千伏、6千伏供电线路418000米,对12座变电所的高压设施进行检修,危急缺陷进行处理。对全部25座变电所进行预防性试验和接地电阻测试。至此,油田电网已形成了3个强有力的供电网络:一是以王官屯110千伏变电站为中心的南部网络;二是以王徐庄110千伏变电站为中心的中部网络;三是以港东110千伏变电站为中心的北部网络,并形成了110千伏双回路,35千伏环开形供电的格局。

供水系统积极在开源节流、统筹调配、加强管理上下功夫,做文章,竭力提高水井设施的完好率和利用率,尽最大努力满足生产生活用水需求。全年供水2581万立方米,正常供水率为92.3%。强化运行与管理,做到三个确保:一确保滦河水24小时供给。二确保稳压均衡供水。三确保供水质量完全合格。在确保正常供水的前提下,集中精力,集中技术力量,先后对二号院、滨南等4个水站的设备及流程进行了完善改造。

【内部管理】　1995年，水电厂开展发展新思路的大讨论活动，确定了走以管理求效益的发展路子。通过反复分析研究，形成共识，肯定了走管理效益型的发展路子，关键在于管理。明确了强化质量管理、增强全员质量意识，在适应和驾驭油田供水、供电服务的市场中，增加自身的效益是工作的关键。在认真贯彻ISO 9000系列标准的同时，在站、所、线的检修质量、净化水生产全过程的程序监督和水电供给服务质量上下功夫，促使工作质量、服务质量、管理水平和经济效益得到稳步提高。开展"转机制、抓管理、练内功、增效益"活动，以此作为推动和促进企业加强管理，全面提高企业整体素质的重要途径，通过局、厂《加强企业管理，提高企业整体素质三个计划》及《"八五"后两年管理工作要点》的实施，使专业管理、基础管理有所加强，确实见到了实效。尤其是生产现场的管理取得了有益尝试。

【科研工作】　推进科技进步工作，重点是作好大力推进供水、供电系统的自动化管理。在充分调研的基础上，确定了科学的技术方案，积极地组织实施，促使供水供电系统的生产指挥、经营管理逐步形成自动化管理和系统网络。在15座水站中，已对12座具备条件的水站安装了变频调速器，保证了恒压均衡供水。积极推广应用井下电视测井洗修井，节能变压器等新工艺、新技术，开展对外劳务，进行技术服务。

【多种经营】　1995年，水电厂的天水实业公司已经拥有13个分公司、4个子公司，固定资产总额达到了495万元。实现了两个突破：一是产值突破2000万元，二是利润突破200万元，被天津市评为市集体经济百强企业先进单位。

【精神文明建设】　1995年，水电厂结合现代企业制度和配套改革政策的宣传，加大职工思想观念的转变，引导职工增强忧患、机遇、人才、效益4个意识，从而增强职工对改革的承受能力，激发和调动职工投身生产建设和经营管理工作的积极性。一是开展形势任务教育，编写了《形势与任务教育材料》，发动职工为企业的生存与发展出谋划策，增强职工对改革和发展的紧迫感、责任感。二是深入开展"爱国、敬业、奉献"系列活动，进行爱国主义教育。三是开展形式多样的劳动竞赛，调动了职工生产积极性，保证厂生产建设任务、经济指标的顺利完成。

1995年水电厂涌现出局级先进党支部1个、厂级先进党支部5个、局级优秀党员8名、厂级优秀党员56名。有9个单位创优，1个单位夺旗。有3个单位被厂评为先进集体。

（李凤忠　李春雨）

通信公司

【概述】　截至1995年底，通信公司有职工530名（包括39名全民合同制工人、31名合同工）。其中管理和技术干部172人、生产工人288人。在专业技术人员中，具有高级职称11人、中级职称47人、初级职称82人。

1995年，通信公司以提高经济效益为中心，加快发展油田通信。准确把握用户需求信息，大胆采取了符合市场经济运行的策略，用有限的资金解决了油田专网入天津公网双路问题、号码资源问题、部分移动通信问题，1995年由于实施了万门程控扩容，改善了通信条件，使申请装机用户比上年增加了30.5%，升类用户也比1994年增加了110.8%，全年仅电话装机新增收入475万元。

【营收管理】　实施了营收业务的全程计算机管理，使业务管理更加严密、准确和规范，有效地减少了话费的"跑"、"冒"、"滴"、"漏"，话费的收缴率由1994年的96.32%提高到98.9%。1995年完成总收入3453.6万元，是年计划的119.9%，比上年增加30%；实现内部承包利润129.5万元，比年计划增加了29.5万元；完成全员劳动生产率增加值2.577万元/(人年)，是年计划的100.13%。

【多种经营】　通信公司坚持以市场为依托，靠服务求生存，向管理要效益的思路稳步发展，全年多种经营完成产值2273.6万元，完成利税194.5万元，实现净利56.6万元。当年通利实业公司多种经营跨入天津市百强和油田十佳行列。

【电缆工程建设】　1995年，通信公司共投资550万元，先后完成了二道沟、港东、港西三大电缆工程以及作业一区、井下公司、物探公司等主干和配线电缆的建设，全年共敷设电缆47000米。

【设备工程建设】　1995年，通信公司投资1750万元，实施了"9591"万门程控扩容工程，选用的设备是美国

AT&T公司5ESS－2000型程控交换机。该项工程于7月15日完工，比计划提前45天投入运行。此项工程的建成，使油田电话总容量达到了28900门，电话普及率从原来10.25%上升到25%，缓解了二、三号院地区容量不足的矛盾；增加了油田各交换局之间的中继线，提高了全网畅通的可靠性；利用局用交换机的功能，作为油田对外联系的出口，实现与天津公网和石油专网的方便连接；新设备可满足和天津公网联网的需要，实现等位拨号；可大力开发非话音业务功能和增值业务。

【内部管理】

(1)加强业务管理。针对通信业务逐渐扩大的情况，10月份成立了公司营业室，负责办理国内、国际长途电话及传真业务；电话装拆移、改名、过户、换号；无线电通信业务及通信新业务等。

(2)实施目标管理。实行"3002"目标，即：3个100%(用户满意率、话务应答及时率、故障查修及时率)，两个0(吃拿卡要为0、私串乱接电话为0)，一个2(局内、外机线障碍历时小于2.8分/(月线)。当年几项主要指标完成情况是：市话接通率66.4%，机线障碍历时2.15分/(月线)，会议三保合格率100%，局内设备完好率100%，局外设备完好率97.3%。

(3)为了规范通信收费业务，严格控制电话费特别是长途话费的支出，降低成本，1995年10月管理局批转了通信公司《关于入网后调整有线通信业务收费标准的请示》，这次调整费用包括：月基本租费、一次性费用收费、专线收费、临时电话及短期电话收费、装移机手续及其他手续费、利用市话线路开多路通信设备收费等六大项标准。

(熊跃进)

运输公司

【概述】 1995年，运输公司有职工2499人，其中各类管理人员428人，具有高级职称17人、中级职称76人、初级职称258人。共有车间、车队级单位34个。有营运车辆414辆，营运车吨位4769吨，平均单车吨位12.7吨，拥有固定资产原值为1.52亿元。

1995年完成货物周转量1.26亿吨千米、总货运量131.4万吨、汽车修理1732台次、实现总产值7107万元。

【运输生产】 1995年，运输公司采取稳定油田内部货源，积极参与外部竞争，拓展新的运输领域的经营方针，在油田内部发挥现有设备的优势，积极承揽货源，扩大内部市场的占有份额。全年实现油田内部收入3738万元。在油田外部，建立货运代理公司，实现了变间接货源为一手货源，变单纯运输为全面代理，变单纯一方服务为多方服务。积极向大客户、大中型企业宣传，争取稳定可靠的货源。全年对外货运收入达到1024万元。

【汽车维修】 根据市场的需要，着力发展专用车型的特色修理。充实和新建了各种车型的维修站(中心)。这些维修站(中心)相对独立，自负盈亏，既为厂家搞好售后服务，又形成自己的拳头产品；既面向油田，又面向社会市场，使整个修理行业形成管理专业化、服务一体化、技术专业化的公司支柱产业。全年实现收入1373万元。

【结构调整】 运输公司把产品、产业和组织机构调整，作为全年工作重点，确定了涉足新的产业领域，确定新的发展项目，大搞转岗分流，实现多元发展的工作部署，调整和组建了汽车货运、汽车客运、汽车维修、汽车检测、职工培训、汽车技术服务和汽车配件贸易等八大中心，构建了第二次创业的经济增长点。在"三调"的同时，新项目开发进展顺利。汽车起动机项目进入试生产阶段；拖车制造项目抓挂靠、抓定单、上目录、上规模。多种经营系统全年共创产值2370万元，利税63.6万元。

【经营管理】 以经济承包责任制为手段，强化内部激励机制。对生产经营实体、辅助生产单位、费用单位、多种经营单位和公司机关分别实行"基数利润承包"、"金额自保承包"、"三费控制承包"、"一挂三联承包"，确定了各单位的经营目标、经济责任、经营权限和应得利益。以压缩费用为突破口，打破成本"钢性"概念，实行效益考核，落实成本承包制，纳入成本控制专业管理范畴和强化日常成本监控等措施，成本控制收到较好效果。

【精神文明建设】 运输公司党委开展了"长志气、鼓斗志、树形象、比贡献"活动，发动职工群众为企业献计出力。在"围绕中心抓人心，凝聚人心为中心"思想政治工作新思路的指导下,把思想政治工作与送温暖活动、为群众办实事联系在一起,极大的调动了职工的生产积极性,全年共征集合理化建议 1400 条,创效 592 万元。

(程兴伟)

物资供销公司

【概述】 截至 1995 年底,物资供销公司(又称供应处)有职工 1212 人,其中全民 1151 人,含工程技术人员 117 人,具有高级技工 266 人。拥有固定资产原值为 7519 万元。

1995 年,油田建立以"油公司"为主体的现代企业制度。物资系统进行了相应改革,管理局成立物资装备部,行使管理职能;物资供销公司承担物资经营职能,实现经营与管理职能的分离。

1995 年,物资供应总量约 80 万吨,其中,一般钢材 5.34 万吨,专用管材 4.91 万吨,水泥 15.45 万吨,煤炭 12.74 万吨,木材 5826 立方米,玻璃 4006 重量箱,石油产品 6.72 万吨,化工原料 3000 吨,其他物资 30 多万吨。采购资金计划支出 8.5 亿元,实际完成 8.38亿元,为年计划的 98.58%;销售额计划 9 亿元,实际完成 9.5 亿元,为年计划的 105%;全年库存平均占用 30849.80 万元;库存资金周转天数 78.75 天,比核定指标 120 天加快 41.25 天,加快率 34.37%。

1995 年 3 月,完成出版《大港石油管理局物资统计资料汇编》。该书汇编了大港油田建厂以来物资统计的所有资料,真实地再现物资供应战线的职工的先进业绩,客观评价了物资供应的成败得失,对于探索油田十年生产建设发展过程的物资收入、发生消耗和库存等发展变化的规律以及指导工作具有重要意义。

组织领导了大港石油管理局物资供应系统第三次工业普查,为大港油田集团第三次工业普查荣获全国先进单位作出贡献。

【"四统一"物资供应管理模式确定】 供应处强化物资供应管理,实行统一采购资金计划审批,统一内部物资市场,统一采购,统一管理的"四统一"物资供应管理模式。即各二级单位须自行采购时,必须先把采购计划报到供应处,经价格评审和库平后,到指定厂家网络采购。

根据这一模式,修订编写了适应新的市场机制的供应管理制度,形成了新的《大港石油管理局物资供应管理制度》。该制度增补完善了物资供应中的计划管理,采购管理、供应管理、价格管理、配送管理、质量管理等内容,共十四章,是体制改革后形成的重要的物资管理制度。

【仓储管理有较大发展】 1995 年,按照四统一模式,实行统一管理的要求,供应处重点抓好仓储管理。撤并了各二级单位供应站的三级库,实行两级设库,两级管理;按照总公司物资仓储等级标准要求,细化制定 18 种台账,全面规范仓储管理。

【计划管理显著加强】 强化经营计划职能,负责对全处以及全系统的物资采购、价格、质量管理,组织招标定货以及本处多种经营、基本建设、对外合作及其他投资活动,按照四统一模式,严格把关,控制资金流向,杜绝资金外流。

(白旭峰)

炼 油 厂

【概况】 截至 1995 年底,炼油厂有职工 2282 人,专业技术人员 429 人,其中具有高级职称 32 人、中级职称 134 人,初级职称 263 人。拥有固定资产原值 3.7 亿元。1995 年,炼油厂坚持以市场为导向,以提高经济效益为中心,依靠加大管理力度、开展双增双节、推动科技进步和灵活的营销策略,挖掘内部潜力,广开增效渠道,努力实现增产与增收的统一。1995 年,炼油厂加工原油 100.61 万吨,实现利润 1.32 亿元,

【节能降耗】 千方百计降低能耗。以装置生产全面达标为主线,实施节能技术改造项目,开展了以加热炉、锅炉热效率和燃料油单耗为内容的小指标劳动竞赛。全厂综合能耗 64.87 千克标油/吨,比 1994 年下降了 1.22 千克标油/吨;单位能量因数耗能也由 1994 年的 17.79 千克标油/吨因数降至 17.46 千克标油/吨。因数,达到了总公司 17.7 千克标油/吨因数的标准。降低物耗方面,深挖内部潜力,特别在节约化工原材料方面成绩显著,全年节约烧碱、糠醛、白土、聚合铝等各种化工原材料 1592 吨,降低成本 280.39 万元。通过开展全方位的降成本活动,使得生产成本得到有效控制,吨油加工费为 106.48 元,比计划的 122 元/吨下降了 15.52 元,比 1994 年同期下降了 4.93 元,全年总计降低生产成本 1561.5 万元。

【技术改造】 技术改造工程取得阶段性成果。1995 年是炼油厂技改工程实施的高峰年,总计完成技改投资 3.52 亿元,一年当中,成功地投产了非临氢降凝、空分、重整、加氢、空压站等 5 套装置;80 万吨/年重油催化和 150 万吨/年常压装置主体工程形象进度按计划到位。

【产品质量】 强化质量管理,坚持"质量第一、信誉至上"的方针,强化全员的质量意识,严把生产过程中各工序的质量关。全年馏出口合格率 99.36%,比 1994 年提高 0.22%;产品出厂合格率 100%,天津市质检 53 站抽查 45 号变压器油、L-DAB150 空气压缩机油,国家沥青质检中心抽查重质燃料油,抽检合格率均为 100%。

【精神文明建设】 认真学习时事,增强企业凝聚力。炼油厂积极组织职工学习十四届五中全会精神以及邓小平理论,先后举办各类干部学习班 16 次,200 多名干部参加了不同类型的学习班;另外,利用业余党校分期分批对党员进行了培训,全厂 90% 以上的党员学习市场经济理论,现代企业制度等有关知识。

（窦洪阁　续春津）

总机械厂

【概述】 截至 1995 年底,总机械厂有职工 1868 人,其中全民职工 1712 人、混岗集体工 156 人;在职职工中有党员 373 名、共青团员 365 名,正式干部 327 人、代干 193 人,包括各类专业技术人员 347 人,其中高级职称 27 人、中级职称 88 人、初级职称 222 人。

总机械厂主导产品电动往复泵、螺杆钻具、金刚石钻头、石油链条均已系列化、规格化。3H-8/450 型高压三柱塞泵、LZ165 螺杆钻具等 7 项主导产品获得国优产品银牌奖、天津市一流产品和部优、市优产品称号,产品行销全国 26 个油田和地区。潜油电泵已从修理逐渐转为修造并举,异形抽油机的规模生产能力也在不断扩大。全厂固定资产原值 11367.44 万元,净值 7288.12 万元。

1995 年,生产各种工业泵 135 台,其中三柱塞泵 36 台,五柱塞泵 37 台,小排量泵 16 台,注聚合物泵 46 台;生产各型螺杆钻具 264 套;生产各类金刚石钻头 767 只;生产各型石油滚子链条 51.26 万标节;生产抽油机 26 台;完成电泵修造 334 套;完成"三机"修理 166.3 标台;完成铆焊件 1355.6 吨、锻钢件 324.2 吨。热处理件 992.6 吨、电镀件 2014.3 平方米。

全年完成工业总产值 11489 万元,完成年计划的 91.9%;实现销售收入 11418 万元,完成年计划的 105.1%;实现利润 2.7 万元,完成了管理局下达的盈亏平衡的年度承包指标;上缴利税 246 万元;实现全员劳动生产率增加值 15489 元/(人年)。

【市场营销】 总机械厂在 1995 年的销售工作中,密切关注市场变化,实行了销售人员分片包干、指标分解、订货回款一条龙的销售承包责任制。同时加强了市场预测工作,由单纯的产品销售向市场科学预测、果断决策、培育市场的方向转变。各主导产品分厂根据产品市场变化的实际情况,发挥各自优势,分别确定自己的主攻方向和营销策略,为扭转不利的经营形势作出了艰苦的努力,在稳定老市场和扩展新市场上都取得新的进展。

截至 1995 年底,全厂四大主导产品市场占有情况是:各类柱塞泵的市场覆盖率达 90% 以上,市场占有率为 45%;螺杆钻具的市场覆盖率为 98%,市场占有率在 45% 以上,并有少量出口,PDC 等各类钻头的市场覆盖率达 80% 以上,市场占有率为 35% 左右;石油链条的市场覆盖率为 90%,市场占有率为 27%。

1995 年全厂主要产品销售量分别为:各种工业泵 149 台;各型螺杆钻具 273 套;各类金刚石钻头 694

只;各型石油链条51万标节,异形抽油机24台;电泵机组242套;小扁电缆98条。工业产品销售率为104.2%。

【新产品开发和科技攻关】 1995年,总机械厂全年共完成6个新产品开发项目。新试制成功的YCYJ12-5-48HB型异型游梁式抽油机,在采油一、二、三厂和滩海公司推广应用,取得显著效果,全年生产26台,创产值450万元。该产品1995年11月通过天津市经委鉴定。研制成功的XKZZ-5000型数控转子加工机床,采用计算机控制自动完成各种转子螺旋曲面加工,为工厂节约了500余万元的外购设备费用。该机床1995年生产钻具转子100余根,为工厂节约外资费用50多万元。研制成功的3ZY-7/40型注水泵,属于中等排量的液力平衡增压注水泵,可适应中原、南阳、胜利等油田的需要,全年生产30多台,创产值200多万元。上述三个项目均获得了大港油田1995年科技进步一等奖。板式链条、旋流除油器和TC轴承等三个新品试制项目也分别于1995年10月和11月通过了管理局的鉴定。1995年开发研制的产品还有潜油电泵新机组、长寿螺杆钻具、5LZ89x7Y螺杆钻具、排量1立方米和2.3立方米的两种注聚合物泵和高压平行闸板阀等,转子加工、TC轴承试制的成功,完善了钻具的厂内配套生产。1995年研制成功的新产品,均已具备批量生产能力,形成了新的经济增长点,新产品产值1858万元,占全厂总产值的17%。新产品开发的成功,也使全部主导产品进一步增加了品种规格,实现了品种规格系列化。

【内部管理】 1995年,针对部分产品市场萎缩、成本增长过大的不利形势,总机械厂重点在提高资金使用效益和挖掘内部潜力上作文章,取得显著成果。一是突出强化资金管理,坚决执行财务预算和一支笔审批制度,严格按计划控制财务支出,合理平衡使用资金,确保生产急需。同时千方百计动员全厂销售力量以及社会力量加速货款回收,收到了实在效果。与上年相比,全年流动资金占用减少了10.78%,全部资金占用减少了7.75%,节约财务费用318万元,超额完成了150万元的年节约指标。二是结合“转机制,抓管理,练内功,增效益”活动的开展,加强生产过程控制,强化专业管理,努力降低消耗,千元产值成本为856元,实现了与上年基本持平的控制指标。三是节约挖潜工作成效突出,全年修旧利废167.67万元,节约钢材136.54吨,回收废钢铁334.4吨,分别完成了年计划的419%,113.8%和111.47%。科技节材效果尤为显著,仅链板材料改质一项就节约价值128万元。同时,总机械厂被天津市经委命名为“1995年天津市技术装备素质优秀企业”。

【ISO 9001标准认证】 ISO 9000标准取证是总机械厂1995年的一项重点工作,总机械厂以ISO 9000标准取证工作为主线,全面理顺、规范质量管理工作,完成了质量手册、32个程序文件和136种质量记录的编制,通过了长城(天津)质量保证中心的认证评审,并于1995年11月26日获得了长城(天津)质量保证中心颁发的证书。通过ISO 9000体系的建立和认证,全年机加工废品率比上年降低了0.11个百分点,直接废品损失比上年减少了近30%,零部件抽检合格率和产品质量稳定提高率都好于上年水平。

【多种经营】 1995年,沧海实业公司把项目达产和扭亏增盈作为全年工作的重点,加强完善专业管理,理顺公司所属各基层单位的经营机制,以项目负责人制为主要经营方式,以经济效益为中心,实现了所属大部分亏损单位消灭亏损、全公司扭亏为盈的可喜成绩。1995年沧海实业公司完成工商业经营总值3960万元,销售收入3980万元,实现利润53.97万元。超额完成了油田下达的经营承包指标。

【党工团工作】 在领导班子建设方面,以提高干部素质为重点,着重抓了领导班子的组织思想作风和廉政建设,并抓了后备干部的培养工作。两级领导班子的各项制度落实率和中心组学习出勤率均达90%以上。在基层党支部建设方面,以强化党建工作为核心,狠抓了党建目标管理,全厂380名党员在争创“五个一流”党员模范岗活动中,共实现效益580万元,节约资金117万元,党员人均贡献18342元。全年发展新党员28名,其中35岁以下青年15名,全厂申请入党的人数占非党职工总数的比例由年初的9.5%上升到13.4%。10名同志被评为局级优秀党员和党务工作者,电泵分厂党支部被评为局级优秀党支部。

全年共收集合理化建议1082条,被基层完善和采纳实施的有458条,创直接或间接经济效益540多万元,全厂职工通过各种途径共计挖潜创效681.36万元,人均达3913.61元。

厂工会围绕企业生产经营,组织开展各项专题活动,厂工会被评为大港油田工会民主管理优胜单位、大港油田工会先进职工之家和天津市总工会职工教育先进单位,厂工会主席冀全举同志被评为1995年度天津市总工会优秀工会积极分子。

厂团委以提高青工的思想、技术素质为重点,全面启动“号手联动工程”。开展了操作人员理论和实际操作比赛,计算机CAD比赛和仿宋体书写比赛;征集32

项“五小”科技成果,累计创效60多万元。螺杆钻具分厂团支部被评为局级先进团支部,厂团委获得“最佳组织单位”称号。

(李东升)

石油机械厂

【概述】 1995年底,石油机械厂有职工1061人,其中全民固定工957人、混岗集体298人、劳务工9人;有干部287人,具有高级职称26人、中级职称59人、初级职称175人;有离退休职工123人。1995年底,拥有固定资产原值8359万元、净值5479万元。主要生产设备364台,设备原值近4230万元。其中金切机床153台(包括进口设备2台)、锻压设备12台;热处理16台(包括进口设备1台);压合机2台;中频设备1台;运输车辆65台;起重设备24台;其他普通设备6台。

1995年,全年生产抽油泵5625台,泵筒2212根;空心抽油杆(包括短节)428179.40米;注聚合物装置1套。产品产量2549.92吨,共完成工业总产值7126.01万元,比1994年同期增长了1474.13万元;上缴税金368.44万元,实现利润2.13万元,上缴局管理费50万元;全员劳动生产率增加值2179元/(人年)。

【市场营销】 石油机械厂在1995年的销售工作中,研究制定了“稳定老市场、老用户,凭借产品质量的优势和满意的服务,努力开拓新市场,争取新用户,并在以往工作的基础上,争取在出口的品种、数量和地域上有新突破”的营销策略,有效地遏制了国内市场严重滑坡的势头,稳定了老市场、老用户,并打破了以往的禁区,使产品挤进了西部市场,弥补了主导产品长期在西部市场是个空白的缺憾。

在国内市场求生存,国外市场求发展的大思路指导下,1995年石油机械厂成功地完成了在土库曼斯坦和哈萨克斯坦电热杆下井的试验,包括为印尼生产的41台整筒泵也已按期交货。同时,还与中国联合石油公司、中加、奥地利等很多中外进出口公司建立了联系,为产品顺利进入国际市场奠定了基础。截至1995年底,全年完成销售收入6239.2万元,比1994年同期增长了1474.13万元。

【内部管理】 1995年,为保持厂内的收支平衡,抓住了两个重点:一方面是稳定老市场,拓宽新市场;另一方面是在成本管理上下功夫,全厂实行“破产警告式管理”和“扭亏式”目标成本责任管理。各单位、各部门从改进生产工艺,加强生产现场管理和物资采购管理以及修旧利废等方面进行工作。抽油泵分厂修订了各种辅助材料,低易品消耗定额,实行了收发料制度;设备配件全部实行集中管理,交旧领新。同时加强修旧利废,全年回收喷焊粉2935千克,节材29万元,修复废旧柱塞1100多支,节材11万元,修复废旧泵筒700多根,节材30余万,从而使抽油泵的制造成本大幅度降低。抽油杆分厂从管理和改进工艺入手,解决探伤盲区问题,每根杆减少材料损失200—300毫米,全年节资40多万元。物资供应站全年节资达200万元。

【多种经营】 隆昌实业公司,在经济管理、生产规模、经济效益、职工收入诸方面都取得长足的进步。目前,已形成集工贸为一体的多种经营企业,下属共有9个经营实体。主要生产套管扶正器、汽车水箱、(火车)内燃机轴瓦、钻采配件、夏利汽车变速箱、二四档衬套、排档杆、冲压件、一二档阻尼片、行星齿轮垫片等。此外,该公司还承揽维修任务,如:抽油机修理、泥浆泵修理等。全年共完成销售收入1052万元,比下达的指标超额252万元,比1994年有了较大幅度的增长。1995年实现利税总额149万元,其中利润46万元,分别比1994年同期增长31.86%,71.64%。

(尤道富)

第二实业开发公司

【概述】 截至1995年底,第二实业开发公司有职工554人,含大集体职工47人,有各类专业技术人员237人,其中高级职称13人,中级职称69人,另有家属劳动力215人,劳务工300余人,离退休人员310人。拥有固定资产原值4834.8万元,净值3440万元。

1995年,公司播种面积4443亩,因播种的2000余亩玉米发生"条纹矮缩病"以及虫害影响,导致农作物大幅度减产。粮食总产108万千克,水果生产26万千克,蛋鸡存栏35.25万只,全年产鸡蛋525万千克,产销扒鸡、白条鸡3.7万千克,产销橡胶沥青358吨,产销饲料1.2万吨,产销赛福奥生命蛋61.7万枚,孵化甲鱼2.1万只。

【内部管理】 1995年,公司加强了资金的集中统一管理,撤并了5个银行账户。在大港区人民法院的配合下,依法收回了广州客商的长期拖欠款21万元。

1995年公司为控制养鸡业的亏损势头,实现养鸡生产的良性循环,全面开展了以"调整鸡群结构,调整鸡群素质"为主要内容的"双调"工作。两大鸡场的产蛋率由58.9%提高到73.8%,料蛋比由3.4下降到2.68,产蛋量稳步提高,不仅创造了团泊洼养鸡的历史最高水平,而且也是同行业和天津地区的先进水平。

1995年,公司实现生产经营总值7135万元,超计划18.9%。全年经费开支比局下达指标节约支出3.14万元。由于鸡饲料价格猛涨,鸡蛋受市场供求关系和天津市政府行政干预影响,售价偏低,三大鸡场出现严重亏损667万元,导致全公司亏损466.8万元。

1995年,公司年产3000吨的新型儿童饮料——益加一饮料项目,通过了专家评审论证,并完成了厂房建设的主体工程。乳化沥青产品通过了交通部门的技术鉴定。修建了工农路延伸段公路,交通环境大大改善。安全管理水平有了大幅度提高,实现了安全生产目标。全公司没有发生一起火灾爆炸事故、机械设备事故、工程和重大交通事故,在油田组织的消防安全专业路检查中被评为一级达标单位。

【科技工作】 1995年,公司的"北方甲鱼种苗繁育技术研究"、"盐碱地高产栽培技术研究"、"降低蛋鸡死淘率研究"等荣获局科技进步二等奖。"冀牧93法氏囊鸡胚胎弱毒疫苗推广应用"、"ABT生根粉在玉米上推广应用",分别获局科技推广二、三等奖,公司农科所获油田"八五"科技先进集体称号。

(王兆祥)

职工总医院

【概述】 截至1995年底,职工总医院(简称总医院)有职工920人,其中医疗技术人员651人,具有专业技术职称495人,高级技术职称41人、中级职称174人、初级职称280人。床位编制452张,实开床位447张。拥有固定资产8269万元,仪器设备644台,其中包括美国GE公司产4000I全身CT机,ATL公司产彩色多普勒,日本东芝产850MAX光机,德国拜尔公司RA-2010全自动生化分析仪及先进的电子内窥镜等一系列大型仪器设备。

总医院下属有5所职工分医院和1个中心门诊部,共包括15个卫生所,15个保健站。全年完成门诊量273272人次,超出计划24.2%;完成病床使用率75.5%,比1994年计划超出3.5个百分点;床位周转次数15.7次,比1994年计划增加0.1次;诊断符合率95.7%,比1994年超出5.7个百分点;治疗有效率95.6%,比1994年计划超出0.6个百分点;四苗覆盖率100%,超出计划11个百分点;门诊处方合格率98.5%,比计划多2.56个百分点。全年共收住病人6870人次,进行各类手术1752人次,住院病人平均住院日17.4日;共完成有毒有害作业人员查体1183人次,受检率达90%,比局承包指标多5个百分点。5家基层医院全年共完成门诊量313842人次,实际病床使用率44.6%,诊断符合率98.6%,治疗有效率98.2%,平均病床周转次数12.42次,共收住病人1785人次。

总医院全年实际支出管理费3591.3万元,比油田下达的3770万元指标节余178.7万元。全年实际医疗费收入4498万元,未突破油田下达的医疗费收入控制在4500万元以内的指标。

【新技术应用】 总医院注重发挥科学技术在医疗工作中的重要作用,不断引进新技术、新疗法,并有计划地开展科研项目。同时利用有限资金购置了一系列先进设备,并成立了脑系科生理研究室,为科研和引进新项目打下了物质基础。1995年总医院开展了脑恶性肿瘤电化疗实验研究,并取得初步成果。此外有21项新技术项目获院内优秀奖,其中一部分已得到广泛推广,使一些疑难病症得到及时检查治疗。总医院还采用"内引外联"的方式与天津、北京等有关医院实行长期技术合作,并聘请了有关专家定期来院进行技术指导,使医院的技术水平得到显著提高。1995年共抢救病人119人,成功率为82%,最佳抢救成功病例20例。

【人才培养】 1995年,医护系统多次组织业务学习和操作训练,提高医护人员的"三基"水平;护理系统共组织技术表演赛2次,另有临床、医技科室的120多人参加了8月份的青工技术比赛。

坚持"科教兴院",有重点地送出各类医护人员外出进修学习465人次,送出研究生1名,并经天津市卫生局批准在医院设立了内、外科住院医师培训基地。护理人员有36人获自学护理大专毕业证书。1995年全院共收集论文264篇,其中在省部级刊物上发表36篇,全国会议发表4篇。9月份儿科主任医师曹克定参加了在埃及举办的第二十一届国际儿童学科学术交流会,填补了医院出国学术交流的空白。

【内部管理】 加强对改革方案的宣传,增强职工心理承受能力。在劳动用工上实行了"上岗、试岗、待岗"的内部劳动用工制度;根据院内实际情况,清退了20名(包括基层医院15名)计划内用工和外雇劳务工,压缩了费用开支,分流了富余人员。

根据油田卫生专业化管理工作的部署,于9月份全面完成了港内医疗单位的接收工作,共接收港内18个二级单位原所属的5所职工医院和1个中心区门诊部,15个卫生所、15个保健站;接收职工1006人,离退休职工132人,医疗设备总价值约825.09万元。

加强基层医院的管理,制定了《基层医院管理制度》,及"一甲"考核标准。1995年底5家基层医院全部进入国家"一甲"医院行列。

【医德医风建设】 1995年,医院重新规范了《医务人员廉洁从医五不准》等五项规定,并在院内广泛开展了以"赛医疗质量、赛医德医风、赛服务态度、赛坚守岗位"为主要内容的"全程优质服务活动"。共青团也在各病区开展了"文明岗"和"先锋号"活动。1995年医院对648名医技人员从廉政从医、遵纪守法、不以医谋私等七个方面进行了医德医风考评,并对全院68名科级干部从党风党纪、廉政建设方面进行了考核。在多次的调查问卷中患者满意度均在90%以上。

(王　欣　付汉林)

大港石油公安处

【概述】 截至1995年底,大港石油公安处(简称公安处)有正式职工524人、大集体工4人、农民轮换工266人。其中大学毕业7人、大专毕业36人、中专毕业188人;高级职称1人、中级职称37人、初级职称249人。1995年,公安处继续围绕油田大局稳定这一中心,动员全体干警,切实发挥油田公安保卫的职能作用,严厉打击各类刑事犯罪活动,整顿油田内部治安秩序,完善和加强治安防范和管理,全面完成了各项工作任务和指标,并第七次荣立天津市公安局集体三等功。

(1)1995年,油田治安案件得到了有效遏制。全年发生治安案件97起,比去年同期下降29.2%;查结治安案件96起,查结率为99%,比承包指标90%提高9个百分点。

(2)1995年,全油田发生刑事案件54起,破46起,破案率为85.2%,重大案件35起,破31起,破案率为88.6%。全年发案破案与去年相比,发案上升12.5%,破案率提高0.4%,比承包指标提高15.2个百分点;重大案件上升9.4%,破案率比承包指标80%提高8.6个百分点。

(3)1995年,发生车管交通事故91起,比去年同期下降30%,死亡7人,比去年同期下降50%,致伤52人,比去年同期下降35.8%,直接经济损失601063元,比去年同期下降65%

(4)1995年,发生工业火灾4起,占全年火灾起数指标的15.4%；造成的直接经济损失20090元，占全年直接经济损失指标的6.9%；与去年相比火灾起数持平，经济损失下降了71.6%；工业火灾无人员伤亡；杜绝了重大、特大火灾事故的发生。

(5)1995年，通过案件侦破共抓获处理各类违法犯罪分子209人，其中逮捕35人，劳教3人，行政拘留53人，治安罚款70人，其他处理32人；待处理16人。

【治安工作】 1995年，公安处针对油田实际，加强现金贵重物品存放点、特业和音像销售、放映点、各类文化娱乐场所、暂住人口管理；剧毒、爆炸、放射物品的管理；落实监督检查，对在岗人员进行安全知识培训以及强化巡逻堵卡和清查清理工作。全年通过检查发现和整改各类问题67个。对问题严重或因防范措施不落实而发生问题的单位，全年共处罚单位12个，11人，扣发奖金12229元；通过巡逻堵卡和清查清理，破获各类案件112起，其中刑事案件31起，抓获潜逃犯2名和其他违法犯罪人员234名；截获原油164.69吨、废旧钢铁76.54吨、被盗摩托车8辆、被盗自行车63辆，以及油田其他物资；通过治理取缔土炼炉180座、净化厂(点)8处、取缔原油回收队20个，非法收油点20个，查处非法用电7处，没收电缆线400余米；摧毁盗窃和破坏油田物资、设备的犯罪团伙6个，追回原油50余吨，以及其他大量物资。同时，配合地方公安机关召开严厉打击盗窃，破坏油田物资设备犯罪分子公开处理大会，对27名犯罪分子宣布了处理决定。

【破案工作】 1995年，刑侦部门不断完善破案手段，上下密切配合协同作战，加强案件侦破工作，一举破获了一批有影响的案件。如南部油区"5·15"油管被盗案、测井华星服装厂被盗案、钻井家属区系列被盗案、油建公司撬盗保险柜案、地质研究院铜带被盗案、团泊洼运输农业站43个液化气罐被盗案、出租车女司机被劫持强奸案、"10·28"出租车女司机被杀案等一批重大案件。及时有效地打击了犯罪活动，为国家和群众挽回了经济损失。全年通过侦察破案追回赃款及赃物折款169.14万元。

【交通工作】 1995年，公安处针对油田交通安全实际，坚持内管与路管相结合，检查与治理相结合，抓源头、清路面、查三区、纠违章、压事故，开展了一系列治理整顿活动。

(1)开展以整顿酒后驾车为重点的专项治理，从严查处了5名酒后驾车司机。开展以"八查"为主要内容的检查活动。收取非职业司机驾驶证照545个，停驶非营运性客车12台。局安委会制定了"大港石油管理局客运车辆管理暂行规定"。

(2)开展以整顿个体和客运车辆、零散车辆、非机动车辆为重点的"三整顿"活动，摸清了底数，掌握了动态。开展以整顿摩托车为主的专项治理活动，开展了7次突击检查，查摩托车1054台次，扣不合格车辆432台。开展了全局万名驾驶员参加的驾驶员技术比武活动；车管干部、安全员交通安全知识竞赛以及普及交通法规和安全常识为目的的全民知识竞赛活动，发放试卷1.5万份，回收率78%。

(3)开展规范"三区、六路、三种车"行车秩序为主要内容的矿区道路交通秩序治理整顿活动。全年共纠违章122448起，扣车1181台，扣证5014本，罚款367005元；组织夜查93次，查车6519台，纠查无证照车辆、"三区"乱停乱放车辆等各类问题4394个。开展年审年检工作，全年共年检机动车5244台，审验驾驶员10088台，换发牌照3778副。

【消防工作】 1995年，公安处认真贯彻落实"预防为主，防消结合"的方针和"谁主管，谁负责"的原则，增强广大群众的消防安全意识，突出重点消防部位、各大油气集输系统、物资仓库、居民区及公共场所为重点，完善措施，加强监督管理。

(1)强化责任，搞好检查，落实隐患整改。全年，进行防火安全检查236次，查出问题1345个，下发"意见书"和"整改通知书"155份，整改率达73.2%；验收公共场所84个、发放合格证20个。全年累计共罚款23150元，处罚26人，单位16个，其中违章罚款8880元，火灾罚款14270元，现场处罚3330元。

(2)严格管理手段，在全油田各单位层层签订了消防安全责任认定书，把责任落实到基层。同时，举办了311名公共场所人员培训班，经过严格考核，发放了合格证书，使公共场所人员做到了持证上岗。

(3)落实在油田范围内禁放烟花爆竹工作。采取安全教育、签订责任书、开展集中检查等形式。

(4)切实做好审建工作。共审建项目168个，严把了审建关。

(5)强化队伍训练，在全体专职消防队员中开展了业务大练兵活动，培养和训练了一批业务尖子。全年共完成火灾扑救90次，参加动火值班357次。

【户籍管理】 1995年，公安处内部户籍管理的主要工作：加强与局新成立的五个生活公司联系，经过一年的工作，推动了各生活公司户籍管理工作的正常运行；参加1995年技校毕业生进入劳动力交流市场户籍的审核工作，共计587人；参加局1995年中考招生工作中考生户籍和审核，共计2800人；在全局集资建房工作中协助局房改部门做好各类户口的审查核对，共审核

4500户；更换油田部分随矿农业户口的随矿证485户；办理各类户口落户手续共697人。其中：技术干部家属59人的户口"农转非"、技校毕业生分配322人的户口"农转非"等报批手续、大中专毕业生分配296人的户口、职工正常调入70人的户口等落户手续；配合公安部门及协助群众查询与案件有关人员或地址不详人员67人次；办理全局所属二级单位河北沧州工业户口的居民身份证637人。

【队伍建设】 1995年，公安处从自身实际出发，不断加强队伍建设。

(1)抓干警思想教育，强化思想政治工作。组织干警认真学习邓小平理论和党的十四届四中。五中全会精神，深入地开展了思想、纪律、作风教育和"摆议查"活动，深化服从服务意识，切实从调研入手，解决干警中的不良倾向，把一人一事的思想政治工作纳入日程，常抓不懈，确保了队伍的思想稳定。特别是四季度在全局公安系统开展的"争最佳创一流、大干一百天"活动，进一步统一了广大干警的思想，激发了干警的工作热情，为确保全年工作任务的完成发挥了积极作用。同时，工会、共青团配合公安处中心工作，发挥群众组织作用，活跃干警业余文化生活。加强各级领导班子建设，调整和选拔了一批年轻干部充实领导岗位，使基层领导班子充满了生机和活力。

(2)抓队伍培训，把着眼点放在提高队伍素质，增强队伍凝聚力和战斗力上。1995年，干警集中封闭训练培训3批122人；业务骨干和消防警、经警共培训11期393人。通过选拔28名基层后备干部参加团泊洼20天封闭式训练，进一步提高政治业务素质，到基层领导岗位和重要专业岗位中都发挥了重要作用。

（王　辉）

教育处

【概述】 1995年，普通教育系统在专业化管理的新体制下正式运行。截至到年底，大港油田有中小学35所，其中：小学校18所、初中校5所、完中校5所、高中校1所、九年制学校6所。有小学教师859人、初中教师733人、高中教师243人。有小学生10112名、初中生7771名、高中生2645名。有托幼园所35个，教职工795名，其中教师287名，收托婴幼儿4386名。

【学前教育】 1995年油田幼教工作，坚持保教结合的原则，各园所领导把职业道德教育列入幼儿园首要工作任务。加强岗位培训和业务考核，认真执行教学工作计划，每日有教学效果记载，每周有教学笔记小结，坚持时间和内容落实，常规要求明确、合理，重视培养幼儿良好品德行为习惯、卫生习惯和学习兴趣，提高了幼儿初步的生活自理能力。

【加强师资队伍建设】 教育处组织编写的《教育处工作制度汇编》于1995年9月4日成书。其中包括党和国家有关教育的法律法规、教育处各岗位职责、工作程序和工作制度四部分。

教育处在各中小学推行校长负责制，建立健全了以校长负责全面工作、党(总支)支部保证监督、教代会民主管理的一整套管理制度。要求校长制定办学目标、办学特点等项工作的计划，经有关部门审查后，形成校长目标责任书。校长把全年的工作目标，层层分解，落实到学校各个部门、年级，直到每个教职工。教育处举办了小学教师大专学历班，有380名教师参加学习。有200余名中小学教师参加了"专接本"学历学习。在原有基础上，各校继续采取"老带新"、"结对子"、听"推门课"等不同方式，对青年教师进行现岗培训。7月底，组织中小学校长、主任参加国家教委在中央党校举办的"全国中小学教育管理研讨班"。

【教学成果】 1995年油田小学生入学率为100%、巩固率100%、学生留级率控制在2%以内、升学率为99.36%。初中毕业合格率为99.38%。中考成绩突出，明显高于市内六区平均水平。95届高中毕业会考合格率为99.8%。高考升学上线率为55.2%，居全市第三名。实验中学高考升学上线率为93.18%，列全市34所重点中学第4名。

【教学经费】 1995年油田实拨经费9900万元，实际发生9860万元，节约40万元。管理费指标为560万元，实际完成558万元，节约2万元。工资总额指标为2359.6万元，实际完成2359.6万元。

【校办企业】 1995年校办企业完成工贸总产值2700万元，完成油田下达任务2600万元的104%；实现利税380万元，完成油田下达任务280万元的136%；获纯利290万元，完成油田下达任务120万元的242%。

（崔　刚）

职工培训中心

【概述】 截至1995年底，职工培训中心(简称职培中心)教职工303人，其中管理人员30人、专业技术人员189人、操作人员84人。具有高级职称41人、中级职称99人、初级职称67人。有专、兼职教师164人，其中副教授(高级讲师)有37人、讲师有73人、助教(助理讲师)有47人。职培中心共有在校学历班63个，学生2467人。拥有固定资产原值(不含房产)555.8万元。

1995年，职培中心在油田加快建立现代企业制度步伐，实行以经济效益为中心的形势下，坚持"两个转变"，以学历教育改革为中心，不断扩大培训领域，大力推进科技进步，全面加强教师队伍建设，努力把中心建成规模适度、具有特色的油田综合培训基地。

石油高函分部被石油大学成人教育学院授予1994—1995教学年度优秀函授站(分部)称号，在1995年7月总公司召开的全国石油成人中专教育工作表彰会上，职工中专荣获石油成人中专教育先进单位称号。

【教育改革】

(1)明确改革方向。通过开展人才需求调查和新思路大讨论，使职工对办学宗旨、培训目标、教学模式等重大问题取得共识，并确定了以油田主要专业为主的、有一定改革基础的钻井(侧重定向井工程)专业、企业管理(侧重建筑工程预算)专业、石油地质(侧重开发)专业和采油工程专业等4个重点改革专业。

(2)确定改革任务。认真贯彻以职业能力为基础的指导思想，围绕培养目标，全面分析各专业面临的岗位群，所需要的综合能力及每项综合能力包含的心智技能和操作技能，进而确定了教学计划、课程设置计划、教学大纲、考核标准及训练基地建设等。

(3)坚持厂校结合，实施改革。结合每个专业的特点到有关生产、科研单位征求意见、收集实例、积累资料外，还多次聘请有关专家到校内召开专业改革方案论证会、评审会，多方征求生产一线管理者和操作者意见，以进一步改进工作。

【培训工作】

(1)从油田的需求出发，认真确定培训的专业，制定专业的培训大纲，安排职培中心教师承担绝大多数课程，培训的效益有了明显提高。

(2)扩大培训领域，试行系列化规模培训。系列化规模培训包含有关专业的规模培训、连续培训和培训手段、管理程序的科学化、规范化。在规模培训、连续培训上，共举办集团公司机关党员培训班和各二级单位党校师资班10期，培训人数396人；财务电算化和集团公司机关办公自动化培训班7期，培训人数217人；计算机初、中级培训班13期，培训人数394人；多种经营培训班3期，培训人数186人。在培训手段、管理程序上，许多班次引入了多媒体微机投影系统，并加强了培训管理和培训评估工作。

【科研工作】 1995年共独立或参与完成国家级课题1项，省部级课题4项，局级课题8项，中心级课题8项，技术服务课题6项，其中"张巨河地区地震地质解释技术"获局新技术推广一等奖；出版著作1部；在国家二级以上刊物或学术会议或中心学刊上发表论文31篇，编写讲义3部。

【职工队伍建设】 1995年，职培中心坚持适应性培养的思路，一方面明确提出教师队伍建设的奋斗目标，即：争取利用一年的时间，着手培养20名左右学术带头人或技术尖子；有40%的专业课教师既能讲授专业理论，也懂得本专业的主要职业能力，向"双师型"教师的目标迈进；有50%的教师既能担任学历班的教学任务，也能承担有关职业培训课程；有30%的讲师以上的教师参与科研课题，撰写论文或编写讲义，并取得一定成效。另一方面继续采取了一些行之有效的措施，主要包括给青年教师压教学担子、在中青年教师中开展教学竞赛、组织教师带着任务下现场实习调研、安排部分中青年教师担任班导师、支持教师开展科研活动、动员教师积极参加教学改革、注意发挥教师的作用等。

【后勤管理】 进一步加强了学生管理，健全了学生管理网络，进行了校风校纪教育，扩展了第二课堂，丰富了学生业余文化生活，保持了正常的教学秩序；后勤管理有所改进，完成了大量的房屋维修、路面建设和校园绿化工作，学生食堂提高了饭菜质量和服务态度，就餐学生满意程度不断提高；多种经营管理在抓好现有项目的同时，注重经济效益，积极开展了修复四类井工作，全年完成营业额216万元，利税18.3万元，纯利润6.4万元。

【教学改革日趋深化】 1995年按照培养应用性、技能型人才目标的要求，完成了钻井、工程预算、石油地质和采油工程四个专业的职业能力分析表、教学计划、教学大纲和部分训练大纲、考核标准及知识点双向明细表等，大约70万字；加强了校内训练室软、硬件建设，基本建成了拥有60台微机3个教学计算机训练室和石油地质训练室，初步规划了钻井、采油、预算技能训练室筹建工作。通过改革，试点专业所培养的学生突出的特点是适应性强，大部分毕业生毕业后成长较快。

【职培中心成立天津计算机应用初级培训考核点】 受油田劳动工资部的委托，经天津市教委批准，中心于1995年10月成立天津市计算机应用初级培训考核点。这将对加强计算机应用能力的培训考核，提高职工队伍整体素质起到积极的推动作用。

【联合举办管理专业研究生课程进修班】 1995年9月11日，中心与南开大学联合举办的管理专业研究生课程进修班正式开学。进修班是根据油田的安排，为油田培养跨世纪的复合型人才而举办的。来自油田所属的29个单位的37名学员参加了进修。在这些进修学员中，处级干部有10人，科级干部有27人。进修班采取集中授课的方法，时间为1年零9个月，开设课程22门。根据规定，学员学完规定课程，经国家统一组织的外语考试合格者，授予硕士学位。

【积极参与油田外部技术市场，开展技术服务活动】 1995年5月10日，首次参加东部9油田技术交流交易，精选了"实用灰色理论数值计算软件包"等4个软件参加交流交易，9月初，又在大庆召开的科研成果展示交流会上，获总公司颁发的铜牌奖1枚。

（王炳文）

石油学校

【概述】 1995年，石油学校有教职工348人，其中专任教师155人，具有高级职称24人、中初级职称131人。拥有固定资产原值3008.16万元。

1995年在校学生2136人，开设石油钻井、石油开采、石油地质、综合录井、地球物理测井、工业企业电气化、机电技术应用、计算机及应用、电子声像设备、市场营销、普通师范、中师英语、中师音乐、中师美术、幼儿师范、涉外财会、室内设计、对外贸易业务、精细化工等专业，暑期毕业学生329人，招收新生542人。

【教学改革】 1995年，学校顺利实施以"21833"(2个教改试点班，18个单项教改方案，3个专业实行大类招生，开办3个新专业)为目标的教学改革，坚持职前教育与职后教育并举、学历教育与非学历教育并举、为企业服务与为社会服务并举，探索适应现代企业制度和市场经济需要的办学新路子。全年输送合格毕业生330名，学生德智体综合考核合格率达95%，体育达标率达90%。

在教学模式上，以"512"厂校联合办学为基础，完成7个工科专业职业能力分析表，地质专业"构造地质模块式教学法"和企电专业"改毕业设计答辩为综合职业能力考核"，教学改革取得明显成效，毕业生在人才市场上受到普遍欢迎。在天津市计算机、英语水平测试中，取得2项团体总分第一名，企电专业学生100%获得计算机操作合格证。

1995年，全校完成理论教学5.6万学时，完成170个班次5270个学时的实验教学和101个班次372周的实习任务。

【内部管理】 学校推行以一校多制、一教多能、一岗多责、一专多能为内容的"四个一"管理模式，开展在职培训、职后教育和技术服务，对学校不同岗位实行不同管理体制，压缩非教学人员，增加岗位工作量，学校师生比例达到1:14.92，降低了办学成本，提高了办学效益。

学校将全年的教育目标分解到科室、基层教研室、班组和个人，定期召开阶段推动会，有效促进了全年目标的实现。强化教学常规管理，组织教学质量检查和分析，广泛开展单项技能竞赛，保证了教学秩序的稳定和教学质量的提高。学生管理充分发挥德育工作"五个系统"的育人作用，以课堂教学为主渠道，开展各种形式的思想教育，学生德育考核优良率达97%。学校总体工作取得突出成绩，校长王建华被评为天津市优秀教育工作者。

【职工队伍建设】 学校抓住改革过程中职工普遍关心的热点问题，有针对性开展思想政治工作，将职工注意力引导到推进学校改革发展上来。按照教师队伍建设"四个规划"要求，全年有23名教师取得本科学历，11

名教师参加研究生和专接本学习,44名教师进修第二学历,教师本科达标率接近90%。学校支持鼓励教师参加生产实践锻炼,组织开展"八证考核"、论文征集、教材编写、生产科研、计算机英语培训等工作,全年教师撰写论文162篇,在省部级刊物发表9篇,批准教材立项6个,承担或参与完成科研课题5项,有2项经专家验收达到国内领先和国内先进水平,一批适应现代职业教育需要的教师骨干和学科带头人脱颖而出。

【后勤管理】 后勤工作树立服务第一的思想,按教学规律制定常规运行表。食堂稳定饭菜价格,并开办了第二食堂,进一步满足学生就餐需要。车队加强车辆使用计划性,全年用车里程较上年减少8万千米,节约燃油费2万元,安全行车无事故。学校加强卫生防疫和爱国卫生工作,为300名教职工和6335人次学生进行体检。学校获得天津市绿化和爱国卫生先进单位称号。

校办产业立足油田,广开销售渠道,全年完成产值188万元,利税52万元,纯利45万元,还清全部贷款。

【总公司企业教育调研组到大港石油学校考察】 2月28日,由总公司教育指导委员会主任黄凯、副主任贾皋带队,总公司人教局、中国石油教育协会和大庆、华北、辽河、胜利石油局教育处负责人一行13人到大港石油学校调研考察。调研组通过现场参观图书馆、技能训练基地等教学设施,了解教学和管理情况,对学校转换办学机制、深化教学改革、加强学生德育等方面的思路和做法给予高度评价。调研组认为:大港石油学校领导班子朝气蓬勃,带领全校教职工艰苦奋斗,走出了一条新路,很值得其他中专学校学习。并在总公司教育指导委员会和中国石油教育协会编发的简报上给予通报表扬。

(李竞春)

技工学校

【概述】 截至1995年底,技工学校教职工总数392人,其中教师119人,具有高级职称9人、中级职称35人。当年招生631人,毕业909人,在册学生达2392人。开设有钻井、地质、采油、输油、机工、电工、焊工、电器、建筑等专业。

1995年,学校总的指导思想是"坚持以邓小平同志建设有中国特色社会主义理论为指导,认真贯彻执行上级的方针、政策,坚持以改革统揽全局,以《国家级重点技工学校标准》为奋斗目标,积极整改,重点加强基本功操作训练,提高毕业生的质量。通过加强各项管理工作,发挥党政工团的综合作用,在抓好物质文明的同时,加强校风和技校精神教育,促进学校的精神文明建设。

【教学工作】 1995年,学校打破了传统的教学模式,突出操作技能训练,提高了毕业生质量。根据技工教育特点,加大了教改力度,把突出现场训练作为重点,体现文化课为专业课服务,使学生一毕业就能顶岗。为了实现这个目标,首先从提高教学质量入手,继续充实并进一步完善了试题库,严格考风,实行统一命题,统一判卷,调动了教与学两个积极性。其次在理论教学方面,根据市场需要,调整了专业设置,尽量适应市场需要。在实习中,突出操作技能训练,不断改善实习教学条件,使教学设施逐步满足中级工培训的需要,使实习教学走上了正规化、课题化。

【内部管理】 学校积极研究落实办法,采取了把指标层层分解,对基层实体进行承包,严格考核,奖惩兑现。在管理中,做到年有设想、月有计划、周有安排,工作有布置、有检查、有考核。物资管理做到账、卡、物对号,安全、节能、档案、计生管理有措施。在学生管理中,提倡以正面教育为主,重视对后进生的转化,举办了后进生学习班,每学期系列教育活动不断线,特别是在学生中开展了党的基础知识教育和团的基础知识教育,广泛开展了球类、棋类、拔河、长跑、趣味小组等第二课堂,陶冶了学生情操,使教育寓于活动之中,使违纪率低于2%。

【职工队伍建设】 加强了领导班子和干部队伍建设。在领导班子中,建立了政治学习制度,民主评议制度;在干部队伍建设上,积极推行"三干法",对干部的要求是:加强团结,振奋精神,思想艰苦,勤于学习。举办了一期科级干部学习班,系统学习了市场经济知识、现代企业制度,提高了基层干部的适应能力,增强了带队伍意识。为了促进廉政建设,在科级干部中建立了廉政档案,在招生、招待费使用和对学生收费方面都做出了严格规定,取得了一定成效。

在提高职工队伍素质方面，掀起了学习业务的高潮，教师认真备课、授课，刻苦钻研业务，机关人员认真履行职责，不断改进工作作风，努力为基层服务，后勤职工努力学习基本技能，为教学和其他方面提供优质服务。全校形成了一个兢兢业业干事业，扎扎实实做学问，认认真真学业务的良好风气。

【精神文明建设】　在继续开展职业道德和“三风”教育的同时，又开展了忌事忌语教育，结合文明育人活动，评选出了“十佳育人模范”。

（杜林旺　贾绍芳）

商业公司

【概述】　1995年，商业公司有营业网点38个，覆盖整个油田区域，其中有中型零售商场4个，批发公司4个。从业人员1152人，其中干部131人、工人1021人，具有各种专业技术职称的107人(其中高级职称6人、中级职称17人、初级职称84人)。拥有固定资产原值746万元、净值558万元。1995年，购进商品总值11145万元，总销售额12066万元，社会商品零售额8086万元，实现利税327万元。

【经营管理】　1995年，商业公司采取“加速发展中心，放开搞活外围”的指导思想，不断拓宽服务领域，增加服务项目。中心区各商场，以经营中高档商品为主，增加规模效益。1995年商业公司超额完成了各项经济指标。

【制度建设】　1995年，商业公司注重强化服务手段，落实服务措施。在全体售货员中实行了等级考评制度，印发了《服务员手册》，规范了售货员的行为。1995年商业公司获得市政府“1995年度打假先进单位”，滨海百货商场被市政府命名为“经销商品质量信得过单位”。

（杨春杞）

中心区生活服务公司

【概述】　截至1995年底，中心区生活服务公司(简称中心生活公司)有职工522人，其中管理人员138人、工程技术人员21人、离退休职工48人。拥有固定资产254.9万元。

【经营承包】1995年，中心生活公司对实体单位签订承包合同，自主经营、独立核算，自负盈亏。各单位从实际出发，组织安排产品生产，从各项制度的建立，到产品的产供销，都进行了精心策划，多数单位严格按合同办事，对内狠抓产品质量和管理，对外狠抓销售和市场，生产的管理水平不断提高。

1995年，公司对半服务性半经营性单位实行了费用切块，以收抵缺的承包办法。这些单位按人均1.2万元拨给费用，资金不足部分，通过服务收费和挖潜解决。从运行效果看，实行费用补贴以收抵缺对于逐步走向市场，放开经营，加快实现“四自”具有一定的促进作用。托幼服务公司狠抓服务质量和服务水平，实行收费以来，入托儿童比收费前有明显增加，月平均儿童入托1039名。物资经销公司利用信息快、渠道多的优势，狠抓了产品的购进和销售。饮食服务公司狠抓服务质量和产品开发，进行了多品种、全方位主动上门服务。

【市场营销】　1995年，公司以市场为导向，确定销售为龙头，千方百计把产品销售搞上去的指导思想，狠抓市场和销售，大力开展营销活动，采取了三项措施：第一，采取自荐与招聘相结合的方法，选调销售人员，充实销售队伍。第二，采取专职与兼职相结合的办法，提高销售力度。对专职销售人员，每月定销售指标，完成销售指标的发放工资、奖金。超额完成给予奖励，完不成销售指标的相应扣发一部分工资和奖金，对公司内其他人员，鼓励他们销售自己的产品，并给予一定的销售提成。第三，在沈阳、天津、南京、西安、临沂、太原等城市建立了公司的销售网点和代销点，初步形成了销售网络。

【产业结构调整】　1995年根据各单位的经营情况，公司通过关、停、并、转，对产业结构进行了调整，对原有食堂进行了合并，撤消了首站食堂、矿建食堂和采油四厂食堂，成立了以设计院食堂为主的主、副食加工点，集中了烹调技术人员，发挥了集中加工、集中销售的作用，全年仅饮食服务行业产值193万元，毛利润30万元。同时，由于关、停了几个单位，也降低了房屋、水、电、气、暖等费用。

（汤红兵）

中心区房产公司

【概述】 截至1995年年底，中心区房产公司（简称房产公司）有职工613人，其中管理人员167人、工程技术人员57人、离退休人员97人。拥有固定资产4.89亿元。负责中心区范围内的水、电、气、暖供应及系统维修、房屋建设及维修、环卫、绿化、公园管理等工作。

1995年，公司按照油田的总体部署，走专业化改革的路子，狠抓经营与管理，强化质量和服务意识，紧密围绕经济效益这个中心开展工作，实现了经营收支平衡略有节余的目标，圆满完成了全年的各项工作任务，为公司在“四自”道路上迈出更大步伐奠定了坚实的基础。全年完成销售总收入8070.2万元。其中，收费收入5529.8万元、局补贴2088.4万元、驻矿单位收费费用166万元、其他业务利润5万元、营业性收入3万元、职工住宅利息278万元。全年完成销售总支出7743.11万元，实现经营利润327.09万元，其中多种经营完成生产经营总值4400万元，实现利税257万元，上缴管理费121万元。

【“四供”服务】 1995年，公司为保证水、电、气、暖供应达到了经济运行。采取了如下措施：一是取消了钻采院、录井公司等两座锅炉房，扩建改造了研究院锅炉房，实行分片集中供暖。到9月底，研究院锅炉房增容扩建工程全面竣工，并按期投入运行，使录井公司、钻采院、研究院地区供暖质量差的问题得到了彻底解决。二是调整了矿建和采油四厂机关两个浴池的锅炉容量，实行经济供热。三是在调整供暖布局的同时，下大力气改造供暖低温区7个，先后进行维修改造供暖不热户310户，提高了供热质量，完成安全供暖96.7万平方米/142天。据统计，房产公司1995年共完成供水512万立方米，其中滦河水147.3万平方米；完成供电2181.8万千瓦/小时；供石油液化气125296吨（83万瓶）、天然气208.04万平方米。

【基建工程】 1995年是油田集资建房的第一年，建房数量之大为中心区前所未有。据统计，到2月末公司共拆除平房47栋（9400平方米），铺设各种管线2000余米，拉运土方10000立方米，平整场地40000平方米，使施工场地及早地达到了“三通一平”的要求，同时提前备料1000余吨，为住宅工程按期开工创造了条件。矿区建设完成投资建设总额1.04亿元，完成大小工程施工项目120个，完成施工面积7.08万平方米，质量合格率100%。1995年公司管理的28栋（94套）住宅楼工程，经天津市质管站和大港区建委多次检查测评，除1栋外，其余全部达到优良工程。1995年，公司在抓好住宅建设的同时，还投入人力物力狠抓了花园路雨水排放工程的建设，修建了康复路和花园路，彻底改变了医院南区一条街的道路环境。

【工程改造】 为解决一批老楼房设施老化，使用功能衰退等诸多老大难问题，1995年公司主要做了三件事：一是对团结村住宅区上水系统进行了改造，彻底改变了这一地区长期供水不足的问题；二是为120户老楼房住户彻底进行了下水系统维修，解决了下水堵塞问题；三是继续为部分老楼房分别做了房顶防水和加厚房顶隔热层的施工改造，较好地解决了房顶漏雨和顶层房间过热的问题。同时，还为5000户居民安装了空调增容线路。

【计量管理】 1995年，公司为提高管理水平和工作效率，重点抓了完善计量手段和自耗能源的管理，到9月底，共为住户更换安装水表1800块，安装电表540块，检修测试水电表3450块，使居民装表率达到100%，准确率达100%，同时对公司内部各单位耗用的水电气全部安装了计量表，实行严格计量，并作为内部经营承包的一个指标进行考核。

【绿化环卫工作】 1995年，公司将绿化带片分段进行个人承包管护，使树木成活率达到了87.2%，自己培育种植花草25000平方米，新增绿地面积4.5万平方米，并完成绿化管护面积22万平方米。1995年公司认真调整了环卫队领导班子，充实了环卫人员，投入资金120多万元，更换了27台无堵塞污水泵，并添置了环卫垃圾车和喷药车等环卫设备，将住宅区、办公区、公共区卫生分为三档，分别划为环卫队和各房管站管理，实行分片包干、各负其责，坚持环卫工作制度化、规范化管理。全年环卫队在各房管站的配合下，共清运各种垃圾3000吨，抽排污水162万立方米，疏通下水道2.4万米，抽粪1548万吨，清井36212井次，做到了生活垃圾日产日清，在辖区内基本消灭了卫生死角，环卫工作受到局领导和主管部门的表扬，被大港区评为创建全国卫生城市管理先进单位。滨海公园管理步入正规化，实现了经济效益和社会效益双丰收，全年接待游人12万人次，实现票款收入31.2万元。

【节能工作】 1995年，公司一是继续抓好锅炉渣油掺水新技术的维修和使用，使渣油掺水率由以往的8%—10%提高到12%—16%。全年142天供暖期共掺水2680立方米，节约渣油1460吨，折合资金94.9万元。二是积极抓好热水回收利用，针对大港区水库水质差，对锅炉有害的问题，将西区回收的热水调到三号院北炉、南炉、地质研究院锅炉房使用，提高了锅炉使用原水温质，节约了能耗，提高了锅炉的使用寿命。同时，增加了泵排，提高了热回收率，全年共回收热水23.8万立方米，节约成本10万元。1995年公司还节约渣油26吨，节电58万千瓦/小时、节煤226吨、节约钢材32吨、节约木材6立方米、修旧利废价值19万元。完成节能2734吨标准煤，增收182.2万元，实现了人均节约3000元的目标。

（汤红兵）

港中生活服务公司

【概述】 截至1995年底，港中生活服务公司（简称港中生活公司）有职工1083人，其中专业技术人员和管理人员237人，其中高级职称2人。拥有固定资产2.028亿元。

1995年，全年服务项目经营总收入2742万元，成本费用总支出5806万元。供水333万立方米，供电1714万千瓦/小时，供天然气158万立方米，供液化气1752吨，供暖72万平方米，新建住宅楼25栋888户，计6.2万平方米。自测用户综合服务满意率83%，全年安全生产无重大事故。

【内部管理】 港中生活公司继续坚持经营承包考核办法，与各单位签订经营承包责任书，指标层层分解，压力层层传递；继续开展优质服务劳动竞赛；层层健全安全管理网络，制定了安全工作制度，推行了各级领导安全挂点承包责任制。组成规划定额小组，深入现场实地考察，确定了各单位的自耗定额指标。与主业单位合作，更换安装水、电表9000多块，防盗电盒4500多块，并积极回收、合理调剂使用了大量废旧物资。

经过优化组合和双向选择，完成了对275名职工和136名劳务工的分流转岗，其中大部分人员转岗安置到了环卫绿化岗位和多种经营行业。办理了154名职工的提前退休。停发了食堂、茶炉房、浴池、自行车棚岗位职工全年、采暖系统职工停炉期间4个月奖金，停发了多种经营系统职工每月人均300元工资。把这部分人推向市场，参与竞争，在“四自”道路上先行一步。对所属部分交叉重叠，效益低微，收不抵支的服务设施与项目，及时果断地做了调整。在中心区关停了原钻前分公司职工食堂、幼儿园和一台热水锅炉、原固井分公司幼儿园、原测井公司浴池和九连地区锅炉房、原物探公司三大队职工食堂、单身公寓，还关停茶炉房2个，通过关停项目节约直接费用200余万元。公司把一切生产活动都纳入计划管理，坚持财务、计划一本账。资金紧跟项目走，项目按照计划定，实行资金切块，专款专用，成本费用核定包死，执行成本一票否决权。全年对外创收27.93万元，修旧利废13.82万元，节能降耗86.81万元。

【多种经营】 1995年，公司筹措资金300余万元，开办了木器厂、电器厂、铝合金钢窗厂、建筑安装队（均行政隶属基建分公司）等10个多种经营单位。全年多种经营创产值1378万元，创利润83万元，分流转岗职工182人。

【精神文明建设】 公司制定了基层建设与政治思想工作“达标创优夺旗”考核实施细则，与各单位签订了政治思想工作目标任务书，坚持了季考核、年评比，与效益挂钩进行奖惩兑现。全年26个基层党支部达标率100%。

（黄连营）

港南生活服务公司

【概述】　截至1995年底，港南生活服务公司（简称港南生活公司）职工总数999人，其中在职职工675人、退休职工324人，中级职称16人、初级职称88人。机关机构设置3部2室，所属基层单位科级6个，直属队5个。

1995年底，拥有固定资产17048.45万元、净值15383.92万元，其中民用住宅13684.74万元，占全部固定资产的80.27%。

1995年，公司实现服务收入1658万元，控制费用支出3641.10万元，加上油田补贴，收支差额－627.1万元。四供服务满意率90%以上，幼儿入托率为80%，新建居民住宅合格率100%，市优率94.4%，新植绿地面积3000平方米。安全生产实现大小工伤、交通、火灾事故四个零，被评为油田安全生产先进单位。

【基础工作】　港南生活公司确定1995年为基础年，重点夯实了公司生存与发展的基础。

(1)夯实了经营机制的基础，初步实行了经营承包。

1)公司采取各单位的经营效果与岗位工资、奖金挂钩，按月累计，季度考核兑现和根据各单位班子成员责任大小实行风险抵押的三项措施，促进各单位经营承包指标的完成。

2)建立内部银行，负责成本核算，科级单位建立核算小组，基层队设立成本核算员，形成了公司调控、分公司(站)实施、队控制的三级成本管理网络和月成本管理体系。

3)形成了横向到边，纵向到底的综合计划管理网络，做到了年、季有综合经营计划，月有安排，建立了综合经营计划体系。

(2)夯实企业管理的基础，企业管理工作得到了加强。

1)建立健全了托收资料、收支情况、盈亏情况等经营台账和财务报表、经营报表、水电气购销报表等基础资料，制定了包括物资供应管理、生产指挥管理、安全生产管理等130多项基本制度。

2)加强了资金管理，实行全额预算管理和目标成本管理，有效地降低了成本。加强了劳动力管理，清退了计划外用工176人，对55名职工进行了内部调整。加强了房屋管理，完成了1700户居民新楼分配、旧房调整工作。加强了安全生产管理，开展了“三查、四整顿”活动，实行了要害部位领导承包和现场监督。加强了能源管理，安装水表2000余块、电表600余块、监测总表38块，有效地进行节能监控，减少了能源浪费。

【多种经营】　1995年，公司采取多种发展支柱项目，整顿亏损项目，开发新型项目的举措，收到一定效果，其中裕华酒店全年营业额达到220万元。

【工程改造】　1995年，公司投资400万元，完善了供水、供电、采暖、房屋维修四大系统的。供暖　系统改扩建锅炉房两座，新增锅炉2台，内部改造1台，大修锅炉7台，增设上煤机1套，新建采暖管网8千米，更换采暖管线850米，检修机泵阀门1200多台件。供水系统新建管线12.5千米。供电系统更换电缆电线6.2千米，更换、安装电表463只。房修系统做屋面防水7238平方米，换修楼房钢窗1400平方米，入户维修更换管线404户。新建液化气站1座，汽车修理间1座、垃圾转运站1座、排污站1座。

【队伍建设】　1995年，公司加强了领导班子和职工队伍的建设，强化领导干部的实干精神，增强班子团结能力，形成了心齐气顺的领导集体。积极引进67名专业人员，招收9名大中专生，并广泛开展了技术练兵比武活动，开展了3次技能比赛，改善了职工队伍素质结构。通过组织职工旅游、联欢会、秧歌会、卡拉OK大赛等活动，增强了职工队伍的凝聚力。全年干部职工积极为公司发展献计出力，提合理化建议256项，公司采用182项。

（高风军）

港东生活服务公司

【概述】 截至1995年底,港东生活服务公司(简称港东生活公司)有职工1588人,集体工44人,合同工145人,离退休职工504人。1995年,公司全年实现收入5725万元,总支出6485万元,因素亏损760万元,多种经营产值820万元,利税120万元,挖潜增效创收300万元。各种综合服务满意率80%以上,绿化保洁率60%,施工质量和维修质量合格率100%,安装质量合格率100%,物资采购合格率100%,食品卫生合格率100%,要害部门安全率、治安查结率、查处率100%。在扣除职工调级、天然气涨价、工程管理等客观因素费用的情况下,公司全年经营基本持平。

【内部管理】 1995年,公司以经济效益为中心,制定了《1995年经营管理工作要点》、《专业管理考核标准》,相继出台了40多个方面的管理措施。制定和实行了"三定、两自、一挂钩"承包政策,全面推行风险抵押连锁承包责任制。"以收定补,以补促收,收补定支"的补贴政策,使死补变活补,消除了干部和职工对补贴的依赖心理,变压力为动力。在连锁承包中,层层签订承包合同,交纳风险抵押金。在实行经营承包制的过程中,一是划小核算单位,把核算的内容和外延从以三级单位为核算单位,逐步向队级核算推进,使队级核算率达到90%。有的采取了招标经营与选聘经营相结合的经营方式,切断"皇粮",自己养活自己。二是经营承包指标与个人收入挂钩,以效益定工资奖金,分配上拉开档次,月度考核,季度兑现。使公司上下焕发出巨大的内在潜力,促进了干部职工有偿服务意识的增强,提高了闯市场、占市场和自我生存的能力。

【后勤服务】 为了实现以服务求效益,公司上下积极端正服务态度,牢固树立"用户至上、服务第一"的思想。为了提高辖区服务质量,一是搞好各种管网设施的维修改造,在资金短缺的情况下,全年投580多万元,共改造各种管网1900米,改造维修居民楼电路10栋,实施了20多项系统工程,提高了居民供水供电能力和质量。二是保温工程,及时堵塞跑、冒、滴、漏。三是强化服务管理职能,增设9个饮食服务网点,成立5个菜店,实行上门服务,全年共入户服务2624次。公司的专业化管理、社会化服务的效果得到了辖区广大职工群众的认可。

(王祖英)

港西生活服务公司

【概述】 截至1995年底,港西生活服务公司(简称港西生活公司)有职工908人,退休职工283人。拥有固定资产1.49亿元,其中房产1.35亿元、设备1071.2万元、其他334.2万元。全年总收入2132万元,总支出4435万元,扣除油田补贴指标,实际收支差额-672.6万元。原水和滦河水检测率98%,为原计划的103%;供电检测率99%,为原计划的104%;滦河水收费率达83%,原水收费率达82%,电费收费率达87%。节约挖潜技改项目完成249万元,为计划的124%。综合服务满意率基本达到要求。新建住宅楼14幢,全部被天津市评为优良工程。

【内部管理】 1995年,港西生活公司结合自身特点,积极稳妥推进内部改革,增强了企业适应能力。

(1)在转换机制上,采取三条措施:

1)给各基层单位定经营收入,定支出费用,自己挣钱分灶吃饭,走自主经营道路。

2)内部实行独立核算,划小核算单位,形成小经营主体。

3)明确责权关系,自己的事自己办好,不等不靠,主动寻求发展,增强了企业活力。

(2)在强化经营管理上,全面推行经营承包责任制,层层分解指标,层层传递压力,形成"千斤重担众人挑,人人肩上有指标"的局面。主要措施:一是推行目标成本管理,在年初测算评估和广泛调研基础上,结合实际将全年成本分解到各服务站、直属队、自上而下层层考核,与经营效益直接挂钩,强化广大职工经营意识，使上下形成精打细算过紧日子的局面，使生产成本得到有效控制。二是与各单位签订承包经营责任书，各单位也与基层签订承包协议，责任逐级承担，压力层层传递，使各单位纳入量入为出、计划开支、自我控制的良性循环轨道。

(3)在积极推进三项制度改革方面呈现三个良好开端：

1)全体干部职工分批分期进行教育培训考核，调动职工学业务、学技术的积极性。第四服务站在干部职工中率先推行“三干法”和“三岗制”，定期考核评比，鼓励有能力、有技术的干部挑大梁，取得了好的效果。

2)奖金分配采用适当倾斜政策，优先向苦、脏、累、险、高的岗位倾斜。

3)组织岗位管理，开展“四定”工作。先后完善了一部分操作岗和管理岗的归级，开展“精干主业、减少环节、兼岗并岗、提高工效”的四定工作，对80名职工内部分离，分流到多种经营和环卫绿化岗位。

【节能工作】 1995年，港西生活公司落实油田部署，坚持挖潜增效，积极控亏降耗，主要加强了三个方面的工作。

一是加强成本管理，实行成本一票否决。对油、水、电、气、煤五大能源进行指标控制，杜绝“跑、冒、滴、漏”，加强劳动工资管理，调整部分家属清扫工，控制加班工资；材料上实行统一管理，归口采购发放，严格“三审制”，避免浪费，对成本控制情况实行月汇报、季分析、半年测评。

二是加强资金管理，实行全额预算管理，一切按计划执行。采用资金切块、包干使用等方法，严格执行谁超资谁负责的原则，促使机关、基层经营观念的转变，提高资金使用的有效率。

三是广泛深入开展修旧利废、节能降耗活动。把节能降耗与经济效益挂钩，调动了基层积极性，各单位多方寻找渠道，节约挖潜，收到明显效果。渣油比定额少耗986吨，原煤比定额少耗2500吨，水电消耗也比1994年相对减少，全年综合利用废钢材62.83吨，修旧利废值达30万元。

【“四供”服务】 1995年，港西生活公司紧密围绕“优质服务求生存”的工作思路，找对方向，看准目标，精心组织，认真实施，全力搞好服务工作。

在供水、供电方面，做到有条件的24小时供水、供电，没有条件的做到按时供水、供电，尽最大努力方便职工生活。全年水管网维修5000米。为加强计量管理，做到准确计量，全年共更换水表4752块，电表985块，减少了能源损耗。1995年水电收费率比1994年提高两个百分点。

在供暖方面，抓住了高质量检验和安全运行两大环节，在锅炉维修、保养上坚持超前调查，精心维修，层层把关，保证质量的原则，全年完成锅炉维修改造22台，附机60台，管网保温4000米，维修管线7820米，更换闸门1680个。

在安全运行上，实行全员培训持证上岗，领导机关上岗值班，各级管理人员明确职责，实现入冬点炉一次成功，安全运行无事故。

在安全供气方面，液化气站组建以来从抓管理入手，建立健全各项规章制度，以提高服务质量，确保安全供气为主要内容，抓管理、抓整改、抓服务，全年检查气瓶1690个，倒残液2400个，基本完善了各气站安全设施，做到按时供气，过秤检测，服务上门，安全保证。全年深入区片检查安全用气4000余户。

【多种经营】 1995年，多种经营完成生产总值937万元，上缴利税32.9万元，净利润10万元。超额完成计划指标，实现了零的突破。

（王分良）

港北生活服务公司

【概述】 截至1995年底，港北生活服务公司(简称港北生活公司)有职工总数516人，专业技术人员77人，其中具有高级职称2人、中级职称12人、初级职称63人。

【维修服务】 1995年，港北生活公司在资金紧张的情况下，对采暖系统、排污排涝系统等基础设施进行了维修改造，同时，对片区主要道路的路灯也进行了维修，保证了夜晚居民区和干道的照明。全年维护、维修及改造共完成实物工作量435万元，保证了片区房、水、电、气、暖正常供应。

【多种经营】 1995年，港北生活公司多种经营工作有了较快发展，全年共实现产值118.1万元，创利税11.5

万元,安置企业富余职工 20 人。实现了销售收入、施工产值和利税的同步增长。

【后勤服务】 1995 年公司共销售各类蔬菜 100 多万千克,粮油 38.4 万千克,各类副食 7.5 万千克。1995 年,港北菜店被评为局级先进单位。

【精神文明建设】 1995 年,各级党组织先后开展了“一个党员一面旗,一个支部一个堡垒”活动,在公司维修会战、采暖管线施工等关键时刻,充分发挥了基层党支部的战斗堡垒和党员先锋模范作用。工会组织结合公司生产经营实际,认真开展了“四个一”竞赛活动。共提合理化建议 127 条,完成小改小革 8 项,修旧利废 1461 件,组织生产突击 161 次,共创效 37.4 万元。

(佟 丹 李淑珍)

港狮生活服务公司

【概述】 港狮生活服务公司(简称港狮生活公司)于 1994 年 11 月,根据港油局(94)315 号文件成立,为处级单位,管辖采油三厂驻地和王官屯、枣园、小集、段六拔、舍女寺油田等地区。主要服务项目有房、水、电、暖、天然气、液化气、食堂、幼儿园、粮菜店、浴池、公寓、自行车棚、茶炉房、道路、桥涵、路灯、环卫绿化等。1995 年底,共有职工 618 人,其中专业技术人员 66 人;机构设置为机关 3 部 1 室,所属基层单位共 8 个,其中科级单位 6 个、直属队级单位 2 个;拥有固定资产 12683 万元、净值 11529 万元,其中房屋、住宅 11173 万元、机械设备 770 万元、库存物资 313 万元。

1995 年,全年经营、基本建设指标全面完成。实现服务收入 958 万元,超指标完成 26 万元;多种经营开发边远井 3 口,增采原油 1800 吨,实现利润 14 万元;油田开发建设投资 906 万元,比油田计划投资指标节约投资 57 万元。

全年供水 121.6 万立方米,供液化气 885.7 吨,建住宅办公楼面积 13438 平方米,绿化面积 4.4 万平方米,栽种各种苗木 84049 株,为 1.3 万名职工家属提供了餐饮服务。完成了供暖系统管网、上煤、除渣等近 400 万元的工程改造任务。节省燃煤 60 吨/日,节水 110 立方米/日,节省劳力 30 人。参与市场竞争,创建正泰橡胶厂,当年已生产销售再生橡胶产品 20 余吨。

【内部管理】 1995 年,港狮生活公司转变观念,建立机制,自我改造求发展。首先从思想认识抓起,转变观念。先后在干部、工人中就“如何走上‘四自’道路”等问题,开展了“自己救自己”的大讨论。使职工认识到只有转变观念,统一思想,才能使公司稳步地向前发展。其次是建立激励机制,层层激发活力。转换以前干好干坏一个样的经营机制为合同承包的经营机制,放权给各分公司,同时公司组织有关人员对 6 个分公司,2 个直属队的工资、水电费、取暖费等 15 项成本支出项目进行了仔细测算,制定了切实可行的承包方案。三是牢固树立用户即上帝的观念。公司从转变机制、开展优质服务活动入手,狠抓“低、老、坏”,使各项服务标准、服务质量有了明显的提高。四是加强成本管理,严格控制资金使用,仅房产公司和一公司在两项工作中就为公司节省材料费 7 万余元。全年还精打细算,眼睛向内挖潜力,共提合理化建议 489 条,实施 96 条,创效 30 万元。

【精神文明建设】 公司围绕生产经营任务开展了“学、树、比”活动(学先进、树典型、比贡献),树立了一批先进典型,同时也对违章违纪人员做了严肃处理。把思想政治工作与生产管理工作紧密结合。针对公司以服务为主的特点,开展了两次岗位责任制大检查活动,推动了双项考核制度,提高了两级干部的经营管理水平和广大职工的思想、技术素质。各级工会组织做好困难职工的补助工作,全年救济困难户 8 户,慰问职工 25 名,发放救济款 3550 元。

1995 年底,公司的行政管理、党务管理、生产管理等工作在集团公司名列前茅,有 5 项专业路工作进入集团公司先进行列,其中绿化环卫工作获“全国石油系统绿化百佳厂区(住宅区)”荣誉称号。

(刘春亚)

油气开发公司

【概述】　截至1995年底,油气开发公司(简称开发公司)有职工14721人,共管理16个油气田的24个开发区,动用含油面积327500平方米,石油地质储量48899.5万吨,可采储量14001.2万吨,拥有固定资产55.26亿元。

1995年,开发公司以增产增效为根本目标,以深化改革为动力,精心组织生产,强化经营管理,推进科技进步,狠抓精神文明建设,全面完成了各项生产经营任务。全年生产原油422万吨,在面临诸多开发矛盾的情况下,实现了产量的基本稳定。年天然气工业产气量达到3.028亿立方米,分别比计划增加了6个百分点和12.13个百分点,超额完成了向天津和沧州化工厂的供气任务。开发系统创销售收入24.7172亿元,投资控制在10.9813亿元,节约投资260万元,上缴管理局内部利润2952万元,上缴管理费7800万元,全员劳动生产率增加值10.4746万元/(人年),全系统单位综合成本控制在495.93元。

【产能建设】　1995年,开发公司针对产能建设块小分散、新区及滚动区块风险大等特点,优化方案,加强跟井对比,及时调整部署。全年钻井184口,建成原油生产能力39.434万吨,新井当年产油30.4866万吨,新井产能转化率达到77.3%。

【滚动勘探开发】　开发公司注重了前期地质综合研究评价,加强了潜力调查分析,比较准确地确定了主攻方向,全年钻探滚动井9口,新增含油面积5600平方米,新增地质储量451万吨,新增天然气储量275万立方米。

【注水工作】　1995年,年注水量达到2142万立方米,年注采比为0.67,在20个注水开发单元中,有6个区块注采比达到0.9,实现了注采平衡。

【综合治理】　通过应用数值模拟、沉积相分析、构造精细解释等手段,深化了油藏地质认识,优选14个区块实施控水稳油工作,其中8个区块见到明显效果,尤其是港东一区二断块效果显著,自然递减为零,为有效扼制自然递减非正常提供了经验。同时,以马西深层整体压裂为代表的油田稳产增产措施取得了较好效果,全年实施措施974井次,措施增产量达到53.7万吨;以微生物采油为代表的三次采油技术也见到较好效果。

【内部管理】　无形上产工作逐步得到各层次干部职工的认可,并逐步提到重要日程,各单位摸索出了符合不同油田、不同开发阶段的管理办法,并涌现出港东101队、羊三木采油队、三厂采油四队、四厂采油二队等一批管理先进采油队。管理工作的加强,使老油田稳产经受住了严峻的考验。

【科研工作】　1995年,开发系统共推广应用新技术12项,科技增油46.0459万吨,增效2194.1万元。

(刘文涛)

第一采油作业区

【概述】　截至1995年底,第一采油作业区(简称作业一区)有职工3586人,拥有固定资产原值131195.99万元。

作业一区有油井839口,开706口,平均单井日产5.40吨,油田日产水平3809吨,采油速度0.74%,可采储量采油速度2.11%,剩余可采储量采油速度6.52%,日产液量30917立方米,综合含水87.66%,采液速度5.99%,累积采油4768.07万吨,采出程度24.52%,可采储量采出程度69.72%。有注水井279口,开215口,平均单井日注150立方米,油田日注32150立方米,月注采比0.77,累积注水17123.79万立方米,累积注采比0.75,累积地下亏空5590.26万立方米。有分注井126口302层段,分注井测试完成86口157层段,分注合格率90,6%。据181口测压井资料统计,地层压力13.36兆帕,地层总压降4.60兆帕,平均流压10.91兆帕,生产压差2.42兆帕。全年生产原油141.8293万吨,完成承包指标的99.18%;外输天然气1.3966亿立方米,完成承包指标的

111.73%；油田注水1082.42万立方米，完成承包指标的98.85%；新建产能16.5万吨，完成年度计划的105.1%，当年采油11万吨，完成计划指标的104.76%；科技增油11.9万吨，完成年计划的119%；措施增油20.6万吨，完成年计划的137.3%；安全生产继续保持了“三个为零”的形势；实现劳动生产率增加值398.2吨/(人年)，比1994年同期提高了43.2吨/(人年)。

【开展挖潜增效】 突出整体部署，注重适时调整，引导全区生产工作朝着主动的方向发展。及时召开了一系列重大会议，明确了工作思路和主攻重点，统一了广大干部职工的思想和行动。多次地进行了部署调整和完善，制定和实施了一系列非常上产措施，形成了不同阶段的强烈上产气氛，有效地调动了广大职工的积极性。

强化地质研究，扩大挖潜效果，千方百计狠抓上产主动权，不断深化油藏再认识，狠抓措施结构调整和老区调整，加大强攻措施力度，使挖潜工作见到了突出成效。共在23个区块上布井完钻87口，进尺16.6万米，建成产能16.5万吨。在5个区块实施的稳油控水工作均见到明显效果，与上年相比，油田平均综合递减率、自然递减率和含水率分别下降了15.1，15.6和1.28个百分点；措施工作通过调整结构，压裂、大修和卡堵水三项措施增产量比上年增长3.7倍。

针对产量紧迫形势和阶段特点，多次采取大力度的夺油会战举措，积极地扭转和稳定了上产局面。连续组织了“大干百日比贡献”、“背水一战、确保实现双过半”、“决战60天，搞好最后冲刺”等大型会战，不遗余力地进行反攻上产。

结合老油田实际，强化适用技术的推广和应用，围绕科技增油，重点在396井次上实施了油井解堵、水井调剖、抽油泵增效、油井诱喷、油井防砂等十几个方面新技术，累计增产科技油11.5万吨；应用新的测井技术、微机技术等，取得了良好的技术经济效果。

围绕增储工作，在北大港和周清庄两大油田的六个区块上，推广应用了滚动勘探开发新技术，增加新的含油面积10200平方米，新增地质储量125万吨。

【内部管理】 1995年突出抓了“四个推进”和“三个强化”：四个推进是：抓了转变改革观念和增强管理意识的推进工作，引导职工转变了管理观念，增强了改革意识。抓了营造内部市场的推进工作，促进了内部市场机制的建立和竞争小气候的形成。抓了生产过程中强化协调和质量监控的推进工作，对推动施工作业质量和时效的提高起到了一定的作用。抓了提高专业化管理水平的推进工作，使专业管理的主攻方向更加明确地转到了提高油田整体开发效果上。三个强化是：强化了“无形上产”工作，大搞危险井抢救，千方百计控制躺井率；合理优化生产参数，努力提高油井泵效；大力缩短停抽时间，认真提高油井生产时效；大做非正常井文章，着力提高油井利用率，通过在4508个井次上做工作，累计实现增油5.3万吨。强化了以落实岗位责任制为核心的现场管理工作，使油田管理薄弱状况初步得到改善，部分井站改变了陈旧面貌，提高了现场管理水平。强化了各专业系统的有效管理，重点抓了合同把关、质量管理、双定和劳动力计划管理，全方位管理制度落实到基层等工作，都见到了好的效果和好的经济效益。

1995年，通过有效措施，在保产量的同时最大限度地控制了成本上升和超支势头。主要做了五个方面的工作：一是通过改进承包办法，加大成本控制力度，在确保生产的同时严控成本上升。二是通过加强物资管理，压缩材料费支出，严控成本上升并确保原油上产。三是在积极适应外部客观环境上做调整，通过做大量的改善内部主观工作保原油稳产。四是通过实施一系列严控成本超支的制约办法确保生产。五是通过大力开展群众性双增双节活动，用创收节支成果确保生产。

（王爱民）

第二采油厂

【概述】 截至1995年底，第二采油厂（简称采油二厂）有职工2491人，其中管理人员和技术人员608人。拥有固定资产原值57992.38万元。含油面积48.3平方千米，开发储量8873万吨，可采储量2635万元。共有油井335口、注水井119口，累计生产原油2350.35万吨，累计生产天然气181286.56万立方米，累计注水7012.56万立方米，采油速度0.8%，采出程度26.5%，综合含水比为91.9%。全年计划生产原油64万吨，实际生产原油64.0511万吨，完成年计划的100.08%；完成原油商品量60.8437万吨，完成年计划的100.1%；计划注水296万立方米，实际注水296.4019万立方米，完成年计划的101.36%；计划新增地质储量50万吨，实际完成100万吨，完成年计划的200%；计划新建产能4.452万吨，实际完成4.452万吨，完成年计划的100%；科技投入799万元，获效益814万元，投入产出比为1:5.6；共完成科研项目1项，先导性试验2项，完成计划的100%；完成新技术推广项目19项，完成年计划的112%；实现科技增油4.739万吨，完成计划的118.4%；增收节支141万元，完成计划的141%。1995年，采油二厂被总公司评为先进采油厂；二厂文体中心被局文体中心推荐为"红旗单位"，计划生育工作被评为局先进单位。

【综合挖潜】 1995年，面对各主力油田出现的"三高、三低、一老化"情况，不断强化科技意识，实现"五个思想转变"，围绕"增储、上产、增效，提高油田开发水平，完善工艺配套"这个重点，主要抓了六个环节的工作：强化挖潜措施，减缓老油田递减的速度；加强中高含水区块的稳油控水工作，确保全厂各油田的生产稳定；严密组织，加快产能建设，弥补老油田的递减；强化中低含水区块层系的有效注水，进一步夯实稳产基础；加大综合治理的力度，努力改善低效难采区块的开发效果；向滚动开发要产量、要储量，不断增加油田发展后劲。

【内部管理】 1995年，大力开展"转机制、练内功、强管理、增效益"活动，各级领导班子不断更新管理观念，拓宽管理领域，改进管理方法，深挖管理潜力。一方面从进一步落实以岗位责任制为中心的各项规章制度入手，强化干部职工的岗位责任心；狠抓以"定编、定责、定岗、定员"为主要内容的"四定"工作，全面加强劳动组织的管理；坚持"安全第一，预防为主"的方针和"谁主管，谁负责"的原则，实现了全年安全生产；开展"优质方案、优质设计、优质工程、优质服务"活动，提高了质量管理水平。另一方面，强化资金管理，全面实行资金预算制度、目标成本管理制度、投资项目管理制度，严格控制操作费用开支，严格控制投资总额，保证原油稳产。以促进生产发展、提高经济效益为目的，不断加大改革力度，在完善内部市场、转换经营机制上狠下功夫。一年来，在劳动制度改革上，开始实行"上岗、试岗、待岗"的内部用工制度，在干部制度"三干法"的改革上，也基本有了较为成熟的思路和方案。在建立内部市场上，本着"边建立、边推广、边完善"的原则，修井、维修、测试、物资供应等内部市场运行机制日趋完善，竞争机制初步形成，并在全厂的生产经营活动中发挥了十分重要的作用。在内部分离上，继生活系统分离后，又完成了文教、医疗卫生系统的编制、机构、岗位、人员的"四定"工作，为下一步深化企业内部改革创造了条件。

【精神文明建设】 厂各级党政工团组织充分发挥党的政治优势，开展"转、入、变、提、增"活动，形势任务教育活动，"争四新、创两佳"活动，"党员先锋岗"活动，"人献一条计、人增一百元"活动和多种形式的劳动竞赛、青年突击、岗位练兵、技术比武等活动，有效的加强了干部队伍、党员队伍和职工队伍的建设，各级领导干部的思想作风有了进一步的转变，各级党组织和广大共产党员在生产经营中的战斗堡垒作用和先锋作用得到了充分的发挥。

（范兰锁　乔　华）

第三采油厂

【概述】 截至1995年底，第三采油厂（简称采油三厂）职工总数5095名，其中固定工3085名、合同制工人1632名、劳务工378名；有干部1450名（含技术干部），其中正式干部1026名、聘干422名。全厂共有采油队15个、作业队15个、输注队8个、计量站81座、注水站18座、注水泵99台，配水间67座。拥有固定资产原值28.49亿元。

开发管理5个油田（王官屯、小集、枣园、段六拔、舍女寺）62个开发单元，总面积20.9平方千米，动用储量1.744亿吨，采出程度12%，采油速度1.2%，综合含水68.3%，年自然递减为13.4%，综合递减在4.37%左右。共有油井760口，正常开井数540口左右，注水井总数352口，正常注水218口左右。全年共生产原油179.6097万吨（包括"四类井"1万吨），为年计划的100.06%；完成注水量686.8886万立方米，基本完成年初制定的注水总量指标；综合吨油操作成本423.11元，比计划400.52元/吨上升22.59元，增幅0.56%；油田综合含水70.68%，老井自然递减

18.59%，综合递减4.26%，含水上升率1.15%。以上部分指标好于往年，并实施措施工作量465井次，措施增油达24.85万吨。

【产能建设】 1995年，厂实际完成钻井61口、进尺1.47万米，其中投产生产井51口、建成产能11.114万吨，增加日产能力545吨，当年产油超计划3.4万吨。通过优化设计，老区37.5%的调整井获得20吨/日以上产量，滚动勘探3口井新增地质储量68.6万吨。同时加强计划和项目管理，严格控制投资规模，使投资未突破计划指标。

【控水稳油】 通过采取针对性措施，侧重对高含水、高采出程度4个区块实施控水稳油方案，以水井分注、调剂、油井卡堵水为主，同时加强油井提液，年实际完成工作量97井次，为计划的135%，控水稳油见到一定效果，全年增油8.27万吨，其中枣2等3个区块产量实现了稳中有升。

【综合治理】 1995年立足于治理一块、稳住一块、提高一块、巩固一块的原则，全年共在10个区块进行了重点综合治理，累计完成工作量103井次，累计增产原油2.95万吨，日注水增加120立方米，改善了5个区块的开发效果。特别是在突出有效注水在油田开发中的基础作用，治理工作迅速得到了强化。第一，强化思想认识，加强组织领导，厂部成立注水领导小组，切实加强了管理；第二，狠抓注水平面调配，改善注水结构，全年共调配230井次，使其119口油井见效，增油4.76万吨；第三，加大资金投放，促进措施结构向注水工作倾斜，下半年仅在注水方面的投资就达2000多万元，是历年来投入较多的一年；第四，改善注采井网，提高水驱控制程度，全年共在12个区块上投转注21口，补层完善层系18口，日增注水量1183立方米，新增受益井26口，同时还改造了104地区的注水系统，提高注水压力，培养了注水的“明星”区块；第五，加强层间矛盾治理，缓解注采矛盾，全年新增分注井8口、调剂36井次；第六，开展注水劳动竞赛，有效提高了注水“四性”、“五率”和管理水平。

【内部管理】 1995年，内部管理在4个方面取得了明显成效：一是严格控制成本，坚决推行成本一票否决，无情考核，刚性兑现。各单位较好地执行了“一个明确、六个严禁”的经营管理纪律，上上下下加强资金管理和成本核算，大搞经济分析，认真考核、严肃兑现，使压力得到逐级传递。二是广泛开展十大挖潜，大搞修旧利废，增效节支，确保了效益目标。坚持在能耗、躺井、停产井、闲置设备器材、低泵效、无功低效作业、油田治安、质量管理、安全生产和人的积极性十个方面挖掘潜力，全年实现节油6930吨，工艺措施节电1142万千瓦/小时，节水80.37万立方米，节约原油1.97万吨，共折合资金2104万元。三是抓检查、搞带促，加强以电泵为重点的单井管理有突破。摸索总结出了单井承包、井组承包、群体承包、夫妻边远井站承包和A、B、C分类承包的多系列、配套化管理办法。四是强化监督、创优达标，全面质量管理水平稳中有提高。全厂涌现出了十座红旗井站、十佳采油工和百名优秀采油工，检查验收评出了一类站27座，一类井214口。

【多种经营】 1995年共创产值6825万元，实现利税665万元，分别完成计划5810万元和515万元的117%和129%，达到了改制增效目标。

【科研工作】 全年科技投入2129.7万元，完成科技攻关和新技术推广项目25项，科技增油18.8万吨，增效747.7万元，全部超额完成了计划指标。

【精神文明建设】 围绕提高队伍战斗力，增强企业凝聚力和完成生产建设任务，深入扎实地开展思想政治工作，全年共收到合理化建议3100条，采纳2710条，实施1800条，创经济效益520万元。各级工会组织积极搞好困难职工的补助工作，全年救济困难户67人次，发放救济款10080元。

（王坤龙　冀芝霞）

第四采油厂

【概述】 截至1995年底，第四采油厂（简称采油四厂）有职工2062人，专业技术人员366人，其中具有高级职称17人、中级职称103人、初级职称246人。管理油气井168口、注水井39口、计量站（包括计量接转站）44座、油气综合集输大站1座、天然气加工处理站1座。拥有固定资产原值6.98亿元。

全年共生产原油359112吨，完成年计划的100.59%；生产天然气2.253亿立方米，外输3.027亿立方米，分别为年计划的102.4%和112.1%；生产轻汽油18679吨，完成年调整计划的100.97%；生产液化气 20603 吨，完成年调整计划的 117.7%；实现年注水 73.3 万立方米，为年计划的 104.7%。其中原油生产和油田注水两项指标创厂历史最高水平。

【内部管理】 1995 年，各单位以经济效益为中心，强化成本管理力度，在搞好全额资金预算管理的基础上，严格控制成本支出，加强组织协调，严格财务统计监督制度，走出了一条依靠内涵扩大再生产的路子。

在管理工作中，以“转机制、抓管理、练内功、增效益”为主题，强化综合管理，在进一步完善经营承包责任制的同时，在基层组织学习，开展竞赛，培养典型，推广经验，强化现场管理力度，并结合生产实际，推广应用现代化管理方法，搞好无形上产，提高经济效益。

厂通过强化油田管理，狠抓无形上产，促进了开发水平的整体提高。全厂年自然递减为 17.56%，综合递减为 12.13%，含水上升率控制在 0.95%以下，措施成功率达到 90.6%，各项开发指标均保持了较高水平。经营工作成效显著，通过进一步强化经营承包管理，建立健全操作成本控制网络，采取全额资金预算管理制度，全年操作费用实现收支平衡并略有节余。

1995 年，紧密围绕“科技兴厂、科技兴业”的方针，加速科学技术向生产力的转化。首次运用中美合作艾菲系统找油气技术，提出了测区的物源方向、储层分布、断层分布与走向，指出了有利的含油气范围，为滚动开发方案的确定和实施提供了保证。其中，板 G5 井实施后获油气流，试油日产原油 12.2 吨，日产天然气 2.88 万立方米，新增含油气面积 1900 平方米，探明天然气储量 6.31 亿立方米。

【科研工作】 1995 年，科技进步显示出巨大潜力。全厂 18 项科研项目和 31 项新技术推广项目都取得了不同程度的进展。全年科技增油 11.66 万吨，增收节支 545.8 元。

【重点项目建设】 重点项目建设基本到位，为油气产量的增长奠定了基础。大张坨凝析油气田循环注气项目是局重点工程，也是总公司“八五”重点科研项目，于 1995 年 1 月份建成投入运行，日注气量 10 万立方米。该项目的两套注气压缩机组由美国引进，单台功率 1237.5 千瓦，最高注气压力可达 31 兆帕，日注气量高达 16 万立方米，属国内领先。

1995 年 5 月份，投资近 1 亿元人民币，油田成套引进的最大项目——压气站技术改造工程核心部分液化石油气回收装置，联动试运成功。这套设备属国际专利，为亚洲首次引进，投产运行后液化气平均日产由 60 吨提高到 170 吨。

【精神文明建设】 面对严峻的经营形势和繁重的生产任务，全厂各级党政工团组织围绕改革与发展这个目标，积极发挥自身优势。各级党组织坚持把思想政治工作作为稳定队伍、促进发展的重要手段，在实际生产中，以提高人的素质和根本觉悟为主，在深度上下功夫；以稳定职工队伍为主，在理顺情绪上下功夫；以促进生产管理和提高经济效益为主，在求实上下功夫。在“结合、渗透、到位”上做好文章，使生产经营与思想政治工作有机融合、相互促进，从而增强广大职工克服困难、完成任务的信心和勇气。

1995 年，通过开展“爱国、敬业、做主人”等主题教育活动，极大地调动了广大职工的积极性，职工思想、技术素质明显提高，对深化改革的承受能力不断增强。在油田转机变制的过程中，保持了队伍稳定，为全面完成各项任务奠定了坚实的思想基础。被天津市工业工委评为“思想政治工作优秀单位”，授予“工业系统党员立功立项活动优秀组织单位”的荣誉称号。

（孙建德　米和勇）

勘探公司

【概述】 1995 年，勘探公司认真贯彻总公司勘探会议和东部开发会议精神，以“强化企业管理，深化地质研究，优化部署方案，提高施工质量”为指导思想，以“强化陆上勘探，加快滩海勘探，积极探索新区新领域，争取更多新发现，拿到更多新储量”为工作方针，全年完成二维地震野外采集 1182.5 千米，完成三维地震野外采集 292.94 平方千米（其中，合作区二维地震 80 千米，三维地震 56.6 平方千米），开钻井 220 口，交井 216 口，总进尺 524,603 米，其中开钻探井 38 口，完成探井 33 口，探井 112359 米，为年计划 10.68 万米的 105.2%。全年完成试油层 251 层，试油井 157 口，其中探井试油层 83 层，试油井 26 口。探井成功率达到 61.29%，圈闭钻探成功率达到 62.5%。在物价上涨幅度较大的情况下，全年勘探成本仍然维持在 12.172

元/吨，取得了明显的经济效益。

【工程管理】 1995年，勘探公司重点抓了管理体制和管理程序的建立与完善，实行了项目管理、合同管理。一是对内实行项目管理，各项目经理部都是勘探公司下属的经营承包实体，实行从勘探工作量、储量、经费、效益等各项指标总承包，各项责任、权力都有明确规定，形成了有力的内部运行机制，促进了勘探效益的提高。二是对外实行合同管理，公司作为甲方，对物探、钻井、录井、测井、井下等施工作业单位实行了合同管理，严格按合同条款及标准对勘探工程实施定期检查、监督与验收，促进了甲乙双方的责任心，提高了工作质量与效益。

（赵利民）

销售公司

【概况】 1995年，销售公司完成原油配置量401.44万吨，是年计划的100.08%；完成成品油销售49.85万吨，是年计划的107%；上缴内部利润2817.4万元，完成年计划的281%；公司其他业务利润1731.47万元。

【原油管理】 1995年总公司把原油配置的月度、季度计划衔接工作下放给油田。公司为抓好原油生产的产、运、销衔接，针对4—5月间，因石家庄炼油厂未落实配置计划，造成原油库存增高，给油田正常生产造成很大困难的问题，通过与天炼等有关部门和单位的协调，采取增加原油加工等措施，及时调整库存，保证了油田正常生产。公司还加强了对边远零散井和落地原油的管理，采取汽车拉运等措施，把这部分原油倒入系统，1995年达3.3万吨。

【成品油销售管理】 1995年工作重点是实行政策倾斜，支持分公司快速发展。各分公司均在所在地区初步占领了市场，并形成一定的社会影响，创出了油田的牌子。全年各分公司共销油品21.6万吨，占总销量的40%。

利用价格杠杆调节供求，力争多创效。为了适应市场变化，搞活经营，公司在做好市场价格信息收集、反馈的基础上，对油品价格适时进行调整。1995年成品油加权价格（含税）2016元/吨，比去年提高14元。全年共调价50次，其中汽柴油价格调整30次，液化气调价11次。

加强组织领导，明确责任，抓紧抓好清欠工作。为尽快催收货款，公司成立了专职清欠小组，专门负责清欠难度大、拖欠时间长的“困难户”、“钉子户”。公司对各部室、分公司都下达了清欠指标，明确了责任，每月安排、检查、考核。针对一些“危险户”、“赖账户”，运用了法律手段，维护公司权益。1995年公司清回欠款8868万元。

（刘洪庆）

天然气公司

【概述】 1995年，天然气公司围绕公司全年的生产经营指标，完善天然气管理体制，加强生产、经营管理。截至到1995年底，完成工业产气量38161.8万立方米，完成计划的106%；天然气商品量完成33873.3万立方米，为计划的109.3%；外销天然气完成30272.5万立方米，为计划的112.1%，油田内销3600.8万立方米。公司实现销售收入18735.1万元，上缴内部利润8533.4万元，比计划指标4500万元超4033.4万元，为计划指标的189.6%。公司初步形成了集天然气生产、集输、内外供应及销售经营为一体的管理网络。

【生产管理】

（1）加强天然气生产、计划、产气、供气的衔接平衡工作，对天然气的生产、集输进行合理调配。

（2）建立健全生产汇报制度，作好日常处理生产工作记录，采取不间断进行跟踪的做法，及时准确地掌握天然气的生产动态，并总结生产规律，客观的加以分析，制定常规应对措施和应急措施。

(3)抓好压气站、沧州大化停产检修期间天然气的产供调节平衡工作，制定一系列的技术、安全保障供气措施，调节好气量，保证安全进行检修，减少天然气的放空浪费。

【营销管理】

(1)外销管理。主要采取两项措施：一是严格履行国家计划，实行均衡供气，对国家计划指标内的供气量控制使用。调节好油田天然气生产，不浪费国家资源，天然气公司根据不同季节天然气用量的不同，合理调配对天津和沧化的输气量。二是在天然气营销工作中，用足用活国家政策，在不损害国家利益的前提下为公司多创收。

(2)在内销管理方面。全面贯彻大港油田[1995]48,49号文件精神，“强调天然气公司是我油田天然气的归口管理部门，油田所属其他任何单位和个人不得擅自经营本油田生产的天然气”，加强了天然气管理的权威性和惟一性，采取了两项措施：

1)建立分级管理网络，实行独家经营多家受惠政策。天然气公司对油田所属二级单位、多种经营、个体户等进行垂直管理，直接收费；各生活公司负责本区域内的居民生活、职工福利用气的管理、收费，天然气公司对生活公司和其他二级单位采取委托收费管理的方式。

2)推广运行合同机制，坚决取缔非法用气户，减少资源浪费，使油田用户的平均用气量由7.07立方米/日下降到1.5—2立方米/日，全年共节气1000万立方米以上。

(刘怀义 李国强)

房地产开发公司(工程建设监理中心)

【概述】 1995年，房地产开发公司(工程建设监理中心)按照油田矿区整体规划，开发建设了胜利路西侧商贸楼共计10000平方米。该项工程坐落在胜利路西侧，由明排水河沟填平的地段，地下管网、电缆复杂，公司职工克服困难，精心组织施工，工程质量达到了优良标准，房屋销售情况良好，创纯利150万元。

1995年10月10日，管理局决定在房地产开发公司的基础上，组建成立了大港油田工程建设监理中心。房地产开发公司的职责、业务继续行使，同时由工程建设监理中心按照有关工程建设监理的要求，开始在油田实施工程建设监理制。

(田志敏)

经济研究所

【评价与评估工作】 1995年，经济研究所对10个项目进行了经济评价、32个项目进行了评估及政策咨询，创收260万元，实现利润6.1万元，超额完成了管理局下达的上缴利润5万元的考核指标。

(1)评价工作。主要是围绕油气勘探、多种经营和公用工程等三个方面开展，全年编制可行性研究报告(经济评价)10个，投资总额16.67亿元，其中：勘探项目4个，投资总额16.04亿元；多经项目5个，投资总额3374.45万元；公用项目1个，增量投资2952.2万元。

(2)评估工作。全年共评估(包括复评)项目31个，总投资达17.54亿元，其中：勘探项目1个，投资3.96亿元；产能建设项目8个，投资总额6.85亿元；系统工程、公用工程和其他工程项目11个，投资总额4.75亿元；多种经营项目11个，投资总额1.98亿元。

【课题研究工作】 1995年，经济研究所在课题研究方面坚持了理论先导，结合油田实际，深入经济研究的原则，主要研究课题为：

(1)“石油企业建立现代企业制度基本构思、难点分析、工作准备及实施意见”课题基本完成。三个专题报告《石油企业建立现代企业制度基本构思》、《石油企业建立现代企业制度的难点分析》、《石油企业建立现代企业制度的工作准备及实施意见》基本定稿。《大港油田冗员、债务、办社会负担调研报告》基本完成。

(2)"新税制实施问题研究"和"石油工业区域市场研究"两个课题已经完成,并申请验收。

(3)经济评价应用软件经修改完善,参加了对EEAS软件进行的补充完善工作,完成了软件版本升级和"总体研究报告"、"操作手册"、"评价案例"三套软件。该评价软件向吉林、辽河等油田转让,扩大了软件在国内同行业的影响,也取得了一定的经济效益。

(4)配合美国安达信咨询公司完成了"CNPC股份制改建研究"项目;完成了《大港油田建立现代企业制度可行性研究报告》、"大港石油管理局改制后两年效益预测"和前期研究工作;配合局财务处修改完善了《大港油田集团有限公司财务制度》;配合局劳资处完善了《局、厂长奖励基金试行办法》。

(赖豪魁)

新工业区管理处

【加快招商引资步伐】 1995年,新工业区管理处先后参加了天津、北京、山东等地召开的招商会、新闻发布会,发放新工业区"投资指南"3000多份,并与20多个国家和地区的100多名客商进行了接触和洽谈。同时注重完善投资环境,做好客商的接待、洽谈、代办手续方式。先后接待20多位外商来新工业区实地考察,签订投资意向书,协议投资5000万元人民币。

【积极开发新项目】 1995年,新工业区管理处先后赴北京、山东、江苏、上海、石家庄等考察了彩色夹心板、生物降解树脂、热电联供、轻质隔墙板(CL板)、混凝土凝土砌块等项目,经过筛选确定先上轻质隔墙板(CL板)。在油田有关部门和天津市墙改办的支持下,只用了3个月的时间,第一个新项目CL板厂投入生产。当年生产CL板2800平方米。在油田港中、港东居民住宅楼、天津市武警办公楼进行试用,效果良好。

(张汉光)

技术监督检测中心

【概述】 1995年,技术监督检测中心坚持为油田生产建设服务,为油田环境管理服务,取得了较显著的成绩。全年完成监测项目35项,共24576台(件),取得各类监测数据73718个,创收50.92万元,经费支出298.5万元,为局拨经费的99.5%,经费指标得到了较好的控制。1995年10月被天津市政府授予"八·五"天津市节能先进单位。1995年11月,被中国石油天然气总公司授予1995年度优秀环境监测站。

【开辟了新的监测项目】 1995年,技术监督检测中心在管理局油气开发生产中开展了4个方面的监测工作:一是以油气开发生产的区块为基础,对机械采油、输油系统、注水系统、加热系统和电力变压器系统进行全面监测,提高节能降耗水平;二是开展油气开发生产中的锅炉、压力容器的检验工作,为油田开发生产提供安全保证;三是开展生产中的计量仪器仪表的检定,为油气开发生产提供准确可靠的数据;四是开展油田污水回注水质的监测工作,提高回注污水的质量。另外,锅检所争取到专用容器检验权,增加了专用容器检测600台;计量站增加含水分析检定70台;能源站扩大抽油机监测60台。这些项目的开展,维护了油田的经济利益。

【设备管理】 1995年,技术监督检测中心在确保检测仪器和试验设备准确可靠方面采取了5项措施:一是严格把好仪器设备的进货渠道,仪器设备在采购前严格按ISO 9000质量体系作业文件中的规定,搞好质量认证工作;二是仪器设备购进之后,严格进行验收,并经检定合格后投入使用;三是对所有仪器设备列出检定周期表,定期进行检定,确保仪器设备准确可靠;四是对所有的检测仪器、设备实行标识管理,分别贴上国家技术监督局计量司认证办公室统一制定的标志,即:合格证(绿色)、准用证(黄色)、停用证(红色);五是所有的仪器设备均设专人保管,专人负责检定,档案资料、使用记录齐全。

(李华西)

设备物资开发利用公司

【概述】 1995年,设备物资开发利用公司加大回收销售力度,取得了显著的成绩。一是认真组织报废物资的回收和对残值成本的返还工作,全年组织回收各类报废设备1200台(套),返还二级单位报废设备残值成本200余万元。二是加强市场调研,开辟经营销售的新渠道,先后到河北、山东等地进行市场调研,了解市场行情,重新评估价格,使国有资产得到增值。全年销售报废设备600多台套,报废管线500多吨,销售收入450余万元。

(李华臣)

港城国际贸易发展公司

【概述】 1995年,港城国际贸易发展公司(简称港城公司)坚持以经济效益为中心,以服务质量和信誉为保证,积极开拓国内、国际市场,经营额突破千万美元,初步实现了依托油田,面向社会、走向世界市场的奋斗目标。全年签订合同总金额1400万美元,完成进出口额1082万美元,其中,进口额为948万美元,出口额为134万美元,养活进口代理费用外流120多万元人民币,为国家创汇127万美元,为油田进口设备仪器申请免税2700万元人民币,实现利税62.7万元人民币。

【国际贸易功能进一步增强】 1995年,港城公司经常走访有关外贸部门,向他们学政策、学知识、交朋友、练操作,与海关总署免税司、外贸部、卫检、商检、动检、银行、进出口机电审以及保税区各部门建立了良好关系;巩固了中国包装进出口总公司华宇天津业务部,使公司具备了进出口权和申办免征关税、增值税、自由调汇、对外自主签约、开证、议付、结汇、报关、三检、提货、验收、运输、出国手续办理等功能,保证了合同履行的快捷顺利。1995年82个合同的履约率、质量率、准确率均为100%。

【业务领域进一步拓宽】 1995年,港城公司进出口业务的范围和规模扩大、品种增加,服务对象有了新发展。规模扩大了3.5倍,品种增加到36个,范围扩展到美国、日本、荷兰、台湾、香港、马来西亚、新加坡、澳大利亚、南非、美国、德国、韩国、智利、意大利等国家和地区的数十个财团、企业和商社。服务对象由油田扩展到了天津、河北、山东、福建、江苏、华北油田等地区的企业、厂家。

【内部管理进一步规范】 1995年,港城公司根据业务运作实际,加强了内部管理:一是理顺了内部机制,明确了业务部、办公室、财务部的职责,把项目合同的运行落实到了每一个人,实行了项目专责制。二是加强了合同管理,建立了合同分类管理档案,查阅有档,借阅手续严格,可操作性强。三是建立并严格执行了出国人员护照的管理,建立了管理台账和审报手续,全年出国团组16个,人员达81人次,没有出现任何差错,为客户到国外谈判、签判、签约、验货、监装、监制、培训提供了方便。四是按国际惯例要求和市场需要,完善了以财务管理为中心的物资进出库管理、票证管理和财务会计专责制。五是坚持了每周信息筛选,可行性研讨,重大项目集体决策制度,有效地避免了错误信息导向和决策上的重大失误,工作效率提高了2.5倍。

【合资企业运营正常】 1995年,港城公司所属中外合资企业一天津名古屋工业有限公司,加工汽车摩托车零配件价值99.27万美元,产品全部返销日本;员工培训、内部管理纳入正轨,并解决了油田42名职工就业问题。

(王德智)

黑河鹏程工贸总公司

【概述】 1995年,黑河鹏程工贸总公司在进口俄罗斯商品积压严重,资金周转不畅的情况下,以融通资金,内外贸兼顾为主线,广泛收集信息,引入销售机制,加强售前售后服务,较好地遏止了公司1993,1994年连年亏损的趋势,取得了赢利。全年销售商品总值250万元人民币,存货周转率达到152.02%,较1994年提高了5.8倍;实现生产经营总值299万元,销售收入167万元,利润16万元。

（王荫华）

大港石油报社

【概述】 1995年,大港石油报社以报纸工作为中心,深化改革、稳步发展,各项工作取得了可喜的成绩。《大港石油报》荣获全国企业报"百优"和天津市一级报纸的称号;承办了天津市企业报1995年年会;12月1日庆祝集团公司挂牌成立,出版了建报以来的第1期彩色报纸;被管理局评为"双文明先进单位"。

【坚持正确的舆论导向】 1995年,《大港石油报》围绕油田生产经营方式的转变,围绕管理局"发展要有新思路的大讨论",围绕油田加强企业管理等项重要工作,坚持报纸的正确导向,发挥报纸的舆论宣传作用。2月16日,报纸发表了局长孙希敬"发展要有新思路"、局党委书记姚和清"树立新观念"的文章,开始了"发展要有新思路"的大讨论。在三个多月的时间里,连续刊登了21篇局处两级领导撰写的文章。从8月下旬开始,报纸连续发表七论加强企业管理工作的评论文章,在全局上下形成了强大声势。此外,报纸在版面设计、栏目配置上进行了积极探索和有益尝试。如讴歌一线职工夺油会战英雄事迹的栏目"百日会战";宣传科学技术是第一生产力,推广新技术新工艺的栏目"科技与经济";反映油田职工风采的栏目"大港人"以及"经纬交点"、"企业大视野"、"党员风采"等等。

（王荫华）

振兴会计师事务所

【概述】 1995年,振兴会计师事务所完成业务收入126万元,完成年计划的167%;业务支出111.2万元,比计划超支52.33%;实现利润14.8万元,比上年增加12.36万元;人均产值达到6万元,比上年增加2.4万元。全年共计实施审计项目40个,当年完成39个。审计项目包括:财会决算审计、经理离任审计、技术改造投资项目审计和资金预算执行情况审计。从审计项目的数量和类别上看,业务范围有了一定的发展和拓宽。1995年10月,市财政局和市注册会计师协会组织检查验收批准振兴会计师事务所获得对外资企业的执业资格。

【验资验证业务稳步发展】 1995年,振兴会计师事务所先后对11个单位进行了验资验证,验资金额达1200万元,使这些单位及时办理了登记、注册手续。

【会计电算化咨询服务开始起步】 1995年,振兴会计师事务所开展了会计电算化评审和咨询服务工作,实施会计电算化评审项目9个,在评审中严格按规定组织评审,并协助被评审单位搞好会计电算化的管理。

（刘家余）

文化体育中心

【概述】 1995年，文化体育中心进一步健全组织，理顺内部关系，建立健全各项规章制度，较好地完成了各项任务，全年先后承担了油田大型活动的服务工作60余次；完成新闻图片的拍摄、制作和展出任务10期、300幅；发行电影拷贝52部，放映电影61场；发行录像带500余盘，放映录像154场；接待各种会议107次，举办讲座40次，小型演出5次；借阅周转图书18000余册，接待阅览读者15100多人次；开办各类专业教学班10个32个班次，招收学员660人；开办游泳培训班2期15班次，招收学员近200人，接待游泳爱好者近5000人次；从外埠调进学生课本21次15600册，保证了油田各校学生教学用书；承办了东部油田科技交流会，团委“号手联动成果展”，职工美术、摄影、书法展及文化博览月展览；承担制作天津档案、天津青交会等各种展牌、展台、模型70件；书写会标42条，完成植字50500余字；接待参观人数17600人次；开设场馆10个，接待57100多人次；举办健身健美培训班9期，培训学员达750人。

【抓好阵地建设】 1995年，文化体育中心根据新疆克拉玛依市发生特大火灾事故的教训和管理局关于整顿各活动场馆火灾隐患的要求，一方面克服困难，自己动手，清查整改事故隐患，抓好安全制度的建立和落实，层层签订安全承包责任书，修订完善岗位责任制，组织职工进行安全知识培训，坚持持证上岗；另一方面主动配合房管部门和施工单位对内部场馆设施进行配套完善，经上级有关部门安全检查验收合格，确保了各项文体活动的开展。

（何　勤）

职工无锡休养院

【概述】 1995年，职工无锡休养院积极转变观念，以提高服务水平、服务质量为宗旨，全面完成了各项生产经营任务。全年接待3161人，与上年相比增加62.2%，其中，油田休养员705人，油田学习班475人，外部团体及散客1981人，创建院以来的最高水平。对院内绿化环境进行改造，建成江南特色园林，动土130立方米，增加绿地2000平方米，植树79株。进行了休养院改扩建的前期准备工作，征地6.74亩，使用资金124.22万元，其中当地两个工厂拆迁费30万元。改善了休养院接待条件，对1号楼27间客房更换家具，三楼9间客房卫生间改造，新建围墙244米，加高旧围墙108米。全年实际创收补贴经费28.3万元，超额完成管理局下达的创收15万元经济指标。

（袁明儒）

驻北京联络处

【概述】 1995年，驻北京联络处坚持以经济效益为中心，圆满完成了各项任务。接待住宿宾客22.36万人次，上缴油田38.24万元；成立了外联信息部，与北京有关信息网络接轨，向油田传递有价值的信息10余条；协助油田有关部门，对油田联络处新址进行了调研，配合有关部门选点、调研、谈判，在年底前促成了建楼协议的签订；认真执行北京市区、街道有关管理规定，被北京市朝阳区亚运村安委会评为二类单位，被亚运村综合治理办公室评为合格单位。

（刘长山）

第十六篇

附　　录

工业总产值、销售产值、增加值

项目 年份	工业总产值（不变价）万元	工业总产值（现价）万元	工业销售产值（不变价）万元	工业销售产值（现价）万元	企业增加值（现价）亿元	企业增加值（不变价）亿元	工业增加值（现价）亿元	工业增加值（不变价）亿元
1964—1995 累计	1573451							
“三五”及以前	16069							
“四五”小计	122276							
“五五”小计	133012							
“六五”小计	194227	124903						
1981	31949							
1982	34999							
1983	35904	33372						
1984	37613	34880						
1985	53762	56651						
“七五”小计	308190	380413						
1986	55330	56621						
1987	58522	61209			8.12			
1988	61865	71861			9.06			
1989	65516	86578			10.99			
1990	66957	104144			9.20			
“八五”小计	799677	1832514	751615	1850930	110.96			
1991	139001	116885	110441	135236	9.18			
1992	145004	169477	124693	168965	11.13			
1993	161030	300067	161846	303360	21.05			
1994	173665	555228	173624	551608	31.94		28.26	
1995	180977	690857	181011	691761	37.66		33.46	

原油、天然气产量及商品量

项目 年份	原油产量 万吨	原油统配商品量 万吨	天然气产量 亿立方米	天然气商品量 亿立方米	天然气外输量,亿立方米		
					合计	其中 天津市	沧州化肥厂
1964—1995 累计	8915.1	5820.2	120.3		86.1	35.3	47.4
"三五"及以前	218.4						
"四五"小计	1557.5		12.1		3.0	3.0	
"五五"小计	1556.2	544.1	39.0		29.2	10.7	16.7
"六五"小计	1556.4	1482.0	30.5		23.8	5.2	17.7
1981	287.2	270.4	7.3		5.6	1.1	4.2
1982	293.0	277.4	6.3		5.0	1.0	3.7
1983	301.4	286.8	5.9		4.0	1.1	2.6
1984	314.8	302.0	5.3		4.4	1.2	3.2
1985	360.0	345.4	5.7		4.8	0.8	4.0
"七五"小计	1996.1	1890.7	20.1		15.7	8.0	7.2
1986	381.1	370.4	4.7		3.8	1.1	2.5
1987	402.0	394.0	4.4		3.4	1.6	1.6
1988	422.0	384.0	3.9		2.9	1.8	1.1
1989	408.0	383.1	3.6		2.8	1.8	0.9
1990	383.0	359.2	3.5		2.8	1.7	1.1
"八五"小计	2030.5	1903.4	18.6	17.3	14.4	8.4	5.8
1991	380.5	356.8	3.6	3.3	2.7	1.7	1.0
1992	390.0	365.7	3.7	3.4	2.9	1.7	1.1
1993	405.0	379.5	3.5	3.3	2.7	1.6	1.1
1994	425.0	398.4	4.0	3.7	3.1	1.7	1.3
1995	430.0	403.0	3.8	3.6	3.0	1.7	1.3

原油、注水、天然气生产能力

项目 \ 年份	原油生产能力,万吨/年				油田注水能力,立方米/日		天然气生产能力,亿立方米/年		
	年初达到生产能力	本年新增生产能力	本年减少生产能力	年末达到生产能力	本年新增	年末能力	本年新增	本年减少	年末能力
1964—1995累计		1661.2	1236.8	424.2	160040	120400			2.49
"三五"及以前		155.3	5.3	150.0					
"四五"小计	150.0	592.9	327.4	415.5	47200	47200			
"五五"小计	415.5	240.3	370.8	285.0	6880	54080			
"六五"小计	285.0	179.0	104.0	360.1	7900	61980			
1981	285.0	24.8	24.0	285.8	—	54080			
1982	285.8	31.2	25.0	292.0	300	54380			
1983	292.0	22.9	20.0	294.9	6900	61280			
1984	294.9	35.1	20.0	310.1	—	61280			
1985	310.1	65.0	15.0	360.1	700	61980			
"七五"小计	360.1	262.5	201.8	421.0	63060	94200			
1986	360.1	54.2	30.0	384.4	2400	64380			
1987	384.4	48.3	24.2	408.5	8980	73360			
1988	408.5	47.4	23.6	432.4	13180	86540			2.61
1989	432.4	60.1	47.9	444.6	17700	82100	0.66	0.62	2.65
1990	444.6	52.5	76.1	421.0	20800	94200	0.48	0.32	2.81
"八五"小计	421.0	231.2	227.8	424.4	35000	120400	1.60	1.92	2.49
1991	421.0	55.0	56.0	420.0	13200	99700	0.30	0.40	2.71
1992	420.0	54.3	49.3	425.0		99700	0.30	0.31	2.70
1993	425.0	45.0	55.0	415.0	21500	121200	0.40	0.60	2.50
1994	415.0	37.5	27.5	425.0	300	121500	0.30	0.30	2.50
1995	425.0	39.4	40.0	424.4		120400	0.30	0.31	2.49

原油生产情况

单位:万吨

项目 年份	原油产量	按采油方式分		原油产量中			油田产水量	油田注水量
		自喷	机械采油	新井产量	注水开采油量	措施井增加产量		
1964—1995累计	8915.1	2896.2	6018.9	741.1	5753.6	448.52	24439.3	29314.84
“三五”及以前	218.4	216.6	1.8	69.5	11.8		22.8	16.37
“四五”小计	1557.5	1140.4	417.1	179.6	522.5		647.8	801.97
“五五”小计	1556.2	640.0	916.2	80.6	968.0		2267.8	3255.71
“六五”小计	1556.4	486.0	1070.4	105.7	1209.1	91.19	4574.9	6264.93
1981	287.2	108.1	179.1	21.8	224.3	8.15	659.8	1085.74
1982	293.0	107.3	185.7	26.6	218.5	11.15	728.4	1161.45
1983	301.4	100.1	201.3	17.3	233.6	16.87	895.4	1278.12
1984	314.8	87.0	227.8	21.0	251.7	20.59	1075.3	1335.05
1985	360.0	83.5	276.5	19.0	281.0	34.43	1216.0	1404.57
“七五”小计	1996.1	246.2	1749.9	164.1	1517.0	137.79	7249.3	8168.16
1986	381.1	64.5	316.6	23.7	318.5	35.52	1260.9	1429.03
1987	402.0	60.1	341.9	27.4	340.8	38.04	1358.3	1535.83
1988	422.0	45.9	376.1	23.0	311.6	23.80	1405.7	1644.44
1989	408.0	39.5	368.5	53.3	278.0	21.51	1637.9	1747.58
1990	383.0	36.2	346.8	36.7	268.1	18.92	1586.5	1811.28
“八五”小计	2030.5	167.0	1863.5	141.6	1525.2	219.54	9676.7	10807.7
1991	380.5	34.4	346.1	25.8	288.9	31.46	1619.4	2009.6
1992	390.0	34.3	355.7	23.8	303.1	47.37	1859.8	2309.9
1993	405.0	28.2	376.8	32.4	305.5	47.01	1917.9	2195.7
1994	425.0	35.0	390.0	29.6	313.4	40.0	2022.1	2153.5
1995	430.0	35.1	394.9	30.0	314.3	53.7	2257.5	2139.0

原油加工主要产品产量

项目 年份	原油加工量,万吨		原油加工主要产品产量,万吨										
	合计	其中:低凝油	商品液化气	自用干气	汽油	轻柴油	燃料油	商品燃料油	溶剂油	化工原料油	润滑油	石油沥青	商品原料油
1964—1995累计	1094.3	232.0	10.9	5.1	132.1	280.8	374.9	324.9	27.1	14.4	32.0	85.8	95.1
"三五"及以前	19.0				2.6	5.5	10.4	9.0					
"四五"小计	75.8	1.0			7.2	21.1	47.6	40.8				0.1	
"五五"小计	162.7	38.3			18.8	36.2	79.5	67.3			8.0	10.5	0.3
"六五"小计	155.8	45.6			12.7	31.6	67.6	57.6	10.6	1.2	8.6	18.2	2.6
1981	29.8	11.9			2.9	5.3	15.0	12.6		0.2	2.7	3.3	0.2
1982	29.8	9.6			4.6	5.6	14.5	12.5		0.1	1.5	2.7	0.6
1983	29.8	7.7			5.2	6.1	12.6	10.9		0.3	1.5	3.3	0.4
1984	31.0	7.7				6.9	12.0	10.1	5.4	0.2	1.6	3.9	0.5
1985	35.4	8.7				7.7	13.5	11.5	5.2	0.4	1.3	5.0	0.9
"七五"小计	248.9	63.9	2.0	0.9	23.1	63.3	74.5	66.3	12.1	7.5	6.7	29.2	21.4
1986	38.4	12.7				7.5	13.7	11.9	4.4	0.7	1.5	6.7	2.4
1987	43.2	12.3	0.3	0.1	2.2	10.3	14.7	13.2	4.0	0.5	1.6	5.6	2.9
1988	48.7	12.7	0.5	0.2	6.0	12.7	13.7	12.1	1.3	1.8	1.4	5.3	3.7
1989	53.8	12.5	0.6	0.3	7.3	15.5	14.5	12.9	0.8	2.3	1.0	4.9	4.9
1990	64.8	13.7	0.6	0.3	7.6	17.3	17.9	16.2	1.6	2.2	1.2	6.7	7.5
"八五"小计	432.1	83.2	8.9	4.2	67.7	123.1	95.3	83.9	4.4	5.7	8.7	27.8	70.8
1991	67.7	12.7	0.6	0.4	7.8	18.4	19.8	18.1	0.8	2.0	1.3	6.2	9.1
1992	75.0	16.2	1.2	0.4	10.3	20.5	19.4	17.5	0.5	2.2	1.1	5.1	11.3
1993	93.1	19.1	2.2	1.3	16.7	26.6	19.1	16.7		1.5	2.0	6.1	15.0
1994	95.7	21.5	2.3	1.1	16.2	27.9	18.1	15.5	0.8		2.0	5.9	17.1
1995	100.6	13.7	2.6	1.0	16.7	29.7	18.9	16.1	2.3		2.3	4.5	18.3

探明、预测、控制地质储量

项目 / 年份	本年探明		预测		控制	
	含油面积 平方千米	地质储量 万吨	含油面积 平方千米	地质储量 万吨	含油面积 平方千米	地质储量 万吨
“三五”及以前 1964－1970	140.7	23770				
“四五”小计	120.2	14303				
“五五”小计	－57.6	－7177				
1976	0.5	－538				
1977	—	—				
1978	34.3	－1838				
1979	28.2	－5292				
1980	4.4	491				
“六五”小计	—	—				
1981	1.8	268				
1982	13.9	939				
1983	21.4	3243				
1984	22.1	3547				
1985	16.5	3286				
“七五”小计	—	—				
1986	44.0	5485				
1987	12.9	3991				
1988	34.9	5774				
1989	24.6	4038				
1990	22.2	2240				
“八五”小计	—	—				
1991	15.8	3036			15.2	1334
1992	15.3	4027			4.3	248
1993	50.0	3145			8.5	1005
1994	29.1	3132			13	2031
1995	38.5	3351			21	2040

动用可采储量

项目 年份	累计动用		新增探明可采储量 万吨
	含油面积 平方千米	地质储量 万吨	
“三五”及以前 1964—1970	74.3	9712	
“四五”小计	431.4	73743	
“五五”小计	—	—	
1976	103.4	20330	
1977	103.4	20330	
1978	144.2	22116	
1979	150.5	23662	
1980	172.3	25977	
“六五”小计	—	—	
1981	172.3	25977	
1982	183.8	27487	
1983	183.8	27489	
1984	188.9	29264	
1985	198.7	31370	
“七五”小计	—	—	
1986	245.7	36081	
1987	255.5	39643	
1988	262.0	41577	
1989	267.0	43164	
1990	280.5	44496	
“八五”小计	—	—	
1991	289.2	45504	
1992	296.6	46243	660
1993	303.9	47322	648
1994	313.7	47753	1384
1995	315.6	48204	811

历年总工作量完成情况

单位:万元

年份＼项目	总工作量	基本建设	油田维护	更新改造	开发基金	地质勘探工作量
1964—1995累计	1943775	652659	449923	232508	326674	282011
1964—1970	56134	44236	5015	400		6483
“四五”小计	121965	69251	27933	21406		3375
“五五”小计	95497.9	42610	24631	24809		3447.9
“六五”小计	213907	66815	49873	28493	56184	12542
1981	26249	8235	8272	5681	3011	1050
1982	31400	8015	8999	4595	8355	1436
1983	41415	13293	10000	7193	9427	1502
1984	58300	13300	11200	5000	23246	5554
1985	56543	23972	11402	6024	12145	3000
“七五”小计	492860	183108	83870	45211	123502	57169
1986	71185	27901	14300	6600	18547	3838
1987	82325	32638	15000	13300	16739	4648
1988	97867	53703	16595	8600	13004	5965
1989	118600	52144	18008	8007	33763	6678
1990	122882	17622	19967	8704	41449	36040
“八五”小计	963411	246639	258601	112189	146988	198994
1991	144919	14799	22000	6350	67740	34030
1992	164278	49795	24000	6700	46413	37370
1993	166168	39000	40000	13800	32835	40533
1994	214148	56400	88455	34686	—	34607
1995	273898	86645	84146	50653	—	52454

科研成果

项目 年份	科研获奖情况,个		
	国家级	总公司 天津市	集团公司
1964—1995 累计	34	109	2077
"三五"及以前 1964—1970	—	—	—
"四五"小计	—	—	—
"五五"小计	17	1	164
1976	—	—	—
1977	—	—	—
1978	17	—	47
1979	—	—	73
1980	—	1	44
"六五"小计	7	21	265
1981	1	6	56
1982	—	3	35
1983	—	5	43
1984	—	1	60
1985	6	6	71
"七五"小计	7	26	472
1986	3	7	70
1987	—	2	83
1988	1	8	122
1989	1	3	86
1990	2	6	111
"八五"小计	3	51	1176
1991	2	2	182
1992	—	12	208
1993	—	19	275
1994	1	14	286
1995	—	4	225

主要设备数量

项目 年份	设备数量总计	钻机，台		井下作业设备 台	注采设备 台	地球物理设备 台	车辆，辆		柴油机 台	金属切削机床 台
		小计	其中：大型				小计	运输卡车		
1964—1995 累计	14271	107	47	223	2094	374	4685	2552	206	925
“三五”及以前 1964—1970	1760	39	31	97	90	52	486	276	159	276
“四五”小计	10282	35	72	483	1674	202	2197	1388	827	889
“五五”小计	9381	96	36	116	1585	118	1984	1210	339	938
1976	6782	96	44	116	1267	142	1319	811	439	403
1977	7388	91	33	118	1336	103	1404	862	335	707
1978	8277	92	31	123	1413	110	1615	1012	337	846
1979	8510	99	36	116	1371	97	2663	1025	334	854
1980	9381	96	36	116	1585	118	1984	1210	339	938
“六五”小计	11870	148	67	140	1865	160	2980	1861	311	982
1981	9567	104	43	119	1614	95	1930	1277	420	941
1982	9781	110	40	109	1444	117	2329	1418	265	902
1983	10067	125	56	122	1375	125	2480	1541	267	981
1984	10911	124	55	133	1677	134	2668	1643	258	1003
1985	11870	148	67	140	1865	160	2980	1861	311	982
“七五”小计	14788	158	69	254	2391	456	4146	2836	270	1010
1986	12959	152	68	157	2120	183	3312	2025	312	998
1987	12633	145	71	154	1772	168	3456	2076	317	981
1988	11584	153	68	180	1879	293	3678	2547	304	968
1989	14331	162	67	231	2314	388	3950	2777	291	1000
1990	14788	158	69	254	2391	456	4146	2836	270	1010
“八五”小计	14271	107	47	223	2094	374	4685	2552	206	925
1991										
1992	15657	124	60	284	2678	698	4751	3076	254	981
1993	15582	123	57	267	2600	373	4753	2952	304	941
1994	13386	113	51	225	2188	399	4699	2681	216	923
1995	14271	107	47	223	2094	374	4685	2552	206	925

多种经营经济效益

单位:万元

项目/年份	生产经营总值	经营销售收入	其中：社会销售收入	工业产品销售收入	其中：工业产品社会销售收入	出口创汇收入	利税总额	其中：生产税	其中：利润总额	增加值
1991	34778			18754	2295	453	4391	1491	2900	8469
1992	37974			18745	5337	502	4049	1811	2238	10046
1993	102947	97352	45779	40106	21580	494	14928	3731	11197	29970
1994	110814	104957	53090			745	13003	5158	7845	29611
1995	143351	127991	51989	60924	33128	882	19528	7764	11764	36922

编 后 记

本书是在大港油田集团有限责任公司领导的亲切关怀和大力支持下问世的。1998 年 4 月，油田集团公司下发了“关于编辑出版《大港油田年鉴》的通知”，成立了以姚和清总经理为主任，张德寿副书记、朱敬成副总经理为副主任，集团公司机关有关部室和有关单位主要领导组成的年鉴编委会。张德寿副书记在年鉴工作会议上对年鉴的编写组织工作提出了具体明确地要求，朱敬成副总经理也做了重要批示，为年鉴的顺利出版提供了有力的组织保障。在年鉴编写工作后期，各专业路主管领导抽出了大量时间，花费了许多精力，严格审核稿件内容，确保年鉴的权威性、准确性，为年鉴的顺利出版奠定了基础。

本书的问世得到了油田集团公司所属各单位的大力支持。许多部门、单位的领导积极落实本部门、本单位负责的编写任务，指定联系人和撰稿人，保证了稿件按时完成，而且许多领导同志亲自参加撰稿或担负审订工作，保证了稿件的质量。

本书的出版还与各单位联系人、撰稿人的辛勤工作密不可分。经过大家积极努力，广泛收集，反复核实，精心编写，使多数稿件形成了材料丰富，真实可靠，文字流畅，缜密严谨的特点，从而保证了稿件的水平。

在本书的编辑出版过程中，各位组织者和编辑人员也做出了很大的努力，在此一并表示深深的谢意。

年鉴具有很强的科学性、权威性和实用性。尽管编辑人员做出了极大的努力，但由于初次涉及此项工作，经验和水平有限，仍会有疏漏、不妥甚至讹错之处，欢迎读者批评指正。

《大港油田年鉴》编辑部

1999 年 5 月